한성백제박물관 학술자료총서

한성백제 유물자료집 I

서울 백제유적 출토 외래유물

한성백제박물관
SEOUL BAEKJE MUSEUM

일러두기

1. 이 책은 한성백제박물관 백제학연구소가 백제학 아카이브 구축을 위해 2018년 서울시 역사문화재과가 발주하고 백제학회가 수행한 '서울 백제역사유적 출토 외래계 유물 조사집성 용역' 결과를 수정, 보완하고 분석 논고를 추가하여 새로이 구성한 것이다.

2. 대상 자료의 범위
   집성 유물은 공간적으로 서울특별시에서 출토되었고, 시간적으로 백제 한성기에 도입 또는 제작된 것을 대상으로 삼았다. '백제 한성기'의 시간적 범위는 고고학계에서 일반적으로 통용되고 있는 편년관(대략 3세기 중엽~ 475년)에 기초하고 있다.

3. 개념과 분류
   유물의 산지는 국외와 국내로 대분류하였다. 국외산 유물의 산지는 일본과 중국이며, 토기류, 자기류, 도기류, 금속류로 구분하였다. 국내의 범위는 한반도이며, 산지는 낙랑, 가야, 백제의 지방, 미상으로 구분하였다. 백제의 지방은 경기, 충청, 전라지역 등 백제의 지배력이 미쳤을 것으로 인식되는 지역을 이른다. 백제의 지방과 가야 유물 중 산지와 계통을 특정할 수 있는 것은 괄호 안에 부기하였다.
   고구려와 신라 유물은 475년 전과 후의 구분이 모호하여 일괄 제외하였다.

4. 유적 명칭
   유적의 명칭은 문화재청에 등재된 '문화재 명칭'을 인용하되 '서울'을 생략하여 사용함을 원칙으로 하였다. 이에 따라 '풍납동 토성', '몽촌토성', '석촌동 고분군'으로 통일하였다.
   다만, 논고에서 집필자들이 사용한 '풍납토성'은 학계에서 관습적으로 통용되고 있는 학술적 명칭임을 감안하여 예외로 하였다.

5. 유적 내 구역별 명칭

각 유적 내 중·소 단위 구역의 명칭은 발굴조사 보고서에 제시된 명칭을 우선적으로 인용하되, 통일성 및 학계의 통용 정도를 고려하여 다음과 같이 정리하였다.

1) 풍납동 토성 내 구역은 재건축부지 명칭을 우선적으로 사용하고 지번을 부기하였다. 예를 들어 '미래마을부지(풍납동 197-1번지 일대)'와 같다. 다만 '경당지구(풍납동 136번지 일대)'는 이미 고유명사화된 사례로 인정하여 예외적으로 '지구'라는 용어를 그대로 두었다.

2) 몽촌토성 내 구역은 발굴조사 보고서의 구획을 인용하여 '동북지구', '동남지구', '북문지 일원' 등의 명칭을 사용하고, 1980년대 발굴조사 구역에는 조사 연도를 부기하였다.

3) 석촌동 고분군 내 구역은 주요 고분과 주변 구역별로 나누어 집성하였다. 다만 가락동 2호분은 위치의 인접성 및 고분 유형의 동일성을 고려하여 석촌동 고분군에 포함하였다.

6. 구성과 형식

대상 유물은 유적, 유적 내 구역, 유구별로 수록하였다. 본문은 〈표〉 형식으로 구성하여 소재지, 조사기관, 유구명과 성격, 추정산지, 해당유물 명칭과 수량, 공반 유물, 참고문헌, 유물 제원을 기재하였다. 하반부에는 유물 도면과 사진, 유구 도면과 사진, 대표적인 공반 유물 도면을 수록하여 유물의 특징과 함께 출토맥락을 이해할 수 있도록 하였다.

7. 도면 축척

외래 유물의 축척은 1/6을 기준으로 하였고, 공반 유물은 1/6, 1/12로 정리하되 편집 형편에 따라 일부 예외를 두었다.

8. 자료 출처

수록 자료는 발굴조사 보고서, 자문회의 및 현장설명회 자료 등 공식적으로 발간 또는 공개된 자료에서 발췌하고 〈표〉내에 참고문헌으로 출처를 제시하였다.

목 차

발간사 7

책머리에 9

Ⅰ. 풍납동 토성 13

1. 현대연합주택부지(풍납동 231-3번지 일대) 19
2. 미래마을부지(풍납동 197번지 일대) 31
3. 동성벽 121
4. 외환은행 직원숙소부지(풍납동 281-1번지 일대) 122
5. 소규모 주택 신축부지(풍납동 142-1번지) 123
6. 대진 · 동산연립주택부지(풍납동 410번지 일대) 124
7. 서성벽(추정) 125
8. 삼화연립부지(풍납동 172번지) 126
9. 경당지구(풍납동 136번지 일대) 131

Ⅱ. 몽촌토성 177

1. 성 내부(1985년 조사구역) 181
2. 동북지구(1987년 조사구역) 189
3. 동남지구(1988년 조사구역) 198
4. 서남지구(1989년 조사구역) 203
5. 북문지 일원 209

Ⅲ. 석촌동 고분군 233
1. 석촌동 1호분 및 주변 지구 237
2. 석촌동 2호분 및 주변 지구 238
3. 석촌동 3호분 242
4. 석촌동 4호분 246
5. 석촌동 5호분 248
6. 석촌동 76-파괴분 249
7. 석촌동 3호분 동쪽 고분군 251
8. 석촌동 2호분 동쪽 260
9. 석촌동 5호분 남쪽 파괴 지역 261
10. 가락동 2호분 264
11. 석촌동 1호분 북쪽 연접적석총 266

논고 289
1. 한성 백제의 대외교류 양상과 의의(성정용) 291
2. 통계로 본 서울 소재 백제 왕도유적 출토 외래계 유물(윤정현) 297
3. 국외 외래계 유물에 대하여(한지선) 311
4. 중국 자기류에 대하여(조가영) 325
5. 백제 한성기 도성 일대 출토 충청·전라지역 토기 검토(서현주) 333
6. 서울 소재 백제역사유적 출토 가야토기에 대한 검토(하승철) 345
7. 서울 백제 한성기 유적 출토 낙랑(계) 토기 검토(정치영) 363

부록 373
목록 1. 유적별 외래유물 산지 통계표 375
목록 2. 유적별 외래유물 목록 378

발 간 사

한성백제박물관은 백제학 관련 아카이브를 구축하기 위해 백제 한성도읍기의 중요 유적 · 유물을 한눈에 살펴볼 수 있는 학술자료총서를 발간하고 있습니다. 2017년에 처음 펴낸『한성백제 유적자료집』제1권 서울편을 시작으로 제2권 경기 북부편, 제3권 경기 동부편, 제4권 경기 용인편까지 차례로 발간하였는데, 해당 지역에 분포한 각 유적의 개요를 설명하고 관련 지도와 사진을 첨부하는 방식으로 구성하였습니다.

그에 이어서 올해부터는 한성백제 유물자료집을 시리즈로 발간합니다. 제1권 서울 백제유적 출토 외래유물은 서울 소재 백제유적에서 출토된 낙랑(계) · 가야 · 백제의 지방과 중국 · 일본계 유물을 집성하였습니다. 백제 한성도읍기 물질문화의 교류 양상을 파악하고 백제문화의 국제성 및 보편성을 입증할 수 있는 기반자료를 정리함으로써 향후 서울의 백제문화유산을 세계유산으로 등재하는 데 학술적 뒷받침을 하고자 하였습니다.

이번 기초 자료는 2018년 서울시 역사문화재과가 발주하고 백제학회가 수행한 '서울 백제 역사유적 출토 외래계 유물 조사집성 용역'성과를 활용하였으며, 이에 대한 보완과 추가 논고를 다시 백제학회에 의뢰하여 진행하였습니다. 그러므로 이 자료집은 서울특별시와 백제학회가 공동으로 정리한 서울의 고대문화유산 학술자료집이라고 할 수 있습니다.

이 자료집을 통해 우리가 백제유적 · 유물을 비롯한 서울지역 고대문화유산의 역사적 가치와 문화재적 가치를 더 잘 이해하고 그 문화를 더 잘 복원할 수 있기를 기대합니다. 자료 정리에 성실히 임해주신 백제학회 성정용 회장님과 연구자 여러분께 깊이 감사드립니다. 그리고 더 나은 성과를 얻기 위해 노력한 백제학연구소 직원들께도 감사와 존경을 표합니다.

2020년 12월

한성백제박물관장

김기섭

책머리에

서울 송파지역은 백제의 도성이 자리 잡았던 천혜의 터전이었다. 경기도 광주에 속하였다가 1960년대에 서울로 편입되어 대규모 신도시로 개발되는 과정에서 한강의 유로가 바뀌고 잠실 일대가 매립되는 상전벽해의 변화를 겪으면서 자연 경관은 물론 문화 경관도 크게 달라졌다. 그럼에도 불구하고 이 지역에는 풍납동 토성, 몽촌토성, 석촌동 고분군 등 백제 한성기 도성의 핵심 유적들이 보존되어 있어 백제 역사의 실체를 보여주고 있다.

1970년대 이래 본격적으로 진행되어 온 발굴조사를 통해 이 유적들에서 출토된 수많은 유물들은 백제의 역사와 문화상을 복원하는 결정적 자료가 되고 있다. 이 중에는 전형적인 백제 유물이 절대 다수를 차지하고 있지만, 다소 이질적인 유물들도 포함되어 있다. 육조 청자, 허리띠 부속구, 초두와 같은 중국산 유물을 비롯하여 스에키(須惠器) 토기와 하니와(埴輪)와 같은 일본산 유물이 대표적이다. 이와 같은 국외산 유물뿐만 아니라 국내 각지의 유물도 확인되고 있다. 또 서북한 지역에서 유래한 낙랑(계) 유물, 서부 경남을 중심으로 성장한 가야의 토기, 그리고 경기·충청·전라 지역을 기반으로 하는 토기들이 발굴조사의 확대와 유물에 대한 변별력이 높아지면서 그 수효가 늘어나고 있다. 이러한 유물들은 백제의 국가형성과 성장, 지배력의 확대와 영역화 과정을 반영하는 자료로서 의미가 크다. 도성에서 보이는 이와 같은 물질문화를 통해 백제의 방대한 정치·문화적 네트워크는 물론 국가 경영의 정치적 전략과 문화적 역량도 가늠해 볼 수 있다.

이 책은 이러한 인식을 기반으로 서울의 백제역사유적에서 출토된 외래 유물을 한데 모은 자료집이다. 수록 대상 유물은 공간적으로 서울시 소재 유적에서 출토된 것, 시간적으로는 백제 한성기에 도입 및 제작된 것, 그 실체는 백제 한성기 중앙 양식이 아닌 것으로 한정하였다. 이러한 기준에 맞추어 검토한 결과 해당 유물이 출토된 유적은 풍납동 토성, 몽촌토성, 석촌동 고분군으로 수렴되었다. 최근 발굴된 하남 감일동 고분군 등 백제 도성권역으로 이해할 수 있는 몇몇 유적의 자료는 수록 대상이 아니었으나 왕성과 왕릉 등 핵심유적의 자료만 집성됨으로써 집중도가 높아진 점은 의도치 않은 효과라 할 수 있다.

한편 고구려와 신라의 유물은 포함하지 않았다. 두 나라는 백제와 국경을 맞대고 영역을 다투는 대외교류의 주요 파트너로서 관련 자료 검토 대상 1순위라 해도 과언이 아닐 것이다. 하지만, 고구려와 신라가 순차로 한성지역을 점령하여 경영하였기 때문에 본서 수록 대상의 기준인 백제 존속 이전과 이후의 자료 변별은 정치한 편년을 수반한 별도의 작업이 요구되었다. 뿐만 아니라 이러한 과정을 거친다 해도 모호한 자료가 적지 않을 것으로 예상되었기 때문이다.

가야와 백제 지방산 유물은 자료 변별과 추출, 분류, 그리고 최종 수록 여부 결정 등 전 과정에서 최대 난제였다. 최근 석촌동 고분군에서 출토된 아라가야계 통형고배나 몽촌토성에서 출토된 비화가야계 대부완처럼 국적은 물론 계통까지 비교적 명확한 자료도 있지만, 변별하기 쉽지 않은 자료가 대부분이다. 이는 기왕에 가야 유물로 거론된 토기에 대한 전공 연구자들 사이의 견해차를 통해서도 이미 예견된 문제이다. 지방산 유물 역시 현지 생산품과 현지 전형의 요소가 가미된 아류를 구분하고 적시하는 방안도 필요하였다. 구체적인 산지를 특정하기 어렵거나 광역의 분포권이 형성된 토기는 유입지를 특정하기 어려운 한계도 있다. 특히 대부호류의 경우처럼 충청지역과 가야에서 유행한 토기나, 광구소호와 같이 가야와 영산강유역에 분포권을 둔 토기들은 그 산지나 유입지에 대한 적지 않은 고민을 요구하였다. 결국 현 시점에서 모호한 것들은 확정적인 결론을 내리기보다 지방산과 지방계를 구분하고 복수의 추정산지를 병기하여 수록하기로 하였다. 이 과정에서 최대한 전문 연구자의 자문을 구하고 그 견해를 본문에 반영하여 변별과 분류안의 신뢰도를 제고하고자 하였다. 이를 위해 충청과 전라지역산 토기에 대해서는 서현주 선생님(한국전통문화대학교), 가야토기에 대해서는 하승철 선생님(경남연구원)의 견해를 반영하고 관련 논고를 책의 후반에 수록하였다.

이 자료집은 서울시와 백제학회, 한성백제박물관의 공동 작업의 소산이다. 2018년 서울시 역사문화재과 기획 및 발주(문은순)로 백제학회가 수행한 '서울 백제역사유적 출토 외래계 유물 조사집성 용역'의 결과가 이 자료집의 기초가 되었다. 이 조사용역은 당시 백제학회 권오영 회장(서울대학교)이 총괄하고 성정용 기물연구반 반장(현 백제학회장, 충북대학교)이 책임연구를 맡아 한지선(국립중원문화재연구소)·조가영(남강선사유적박물관)·윤정현·신화영· 정치영(한성백제박물관) 등이 참여하여 자료집성을 진행하였다. 2019년에는 서울시 역사문화재과 주최로 조사 결과에 대한 발표와 토론회가 개최되었는데 한지선과 정치영이 국외 유물과 국내 유물의 집성 결과를 분담하여 발표하고 권오영 선생님을 좌장으로, 박중균(한성백제박물관)·신희권(서울시립대학교)·심재연(한림대학교)·조윤재(고려대학교) 등 네 분이 토론자로 참여하였다[1].

이후 금년에 한성백제박물관에서 2018년도에 만든 자료집성 결과를 수정 보완하고 관련 논고들을 집중 작성하는 학술용역을 백제학회에 의뢰함으로써 여러 연구자들의 견해를 반영하여 자료의 미비점을 최대한 보완하는 한편 좀 더 진전된 분석 논고를 본서에 수록할 수 있게 되었다. 결국 이 책은 서울시와 한성백제박물관이 갖고 있는 백제역사에 대한 지대한 관심의 결과물이라 할 수 있다. 모쪼록 이 자료집이 백제 한성기의 대외교류상 연구의 기초자료로 적극 활용되기를 기대한다.

2020년 12월

백제학회

---

1) 서울특별시, 2019,『2018 서울 백제 역사유적 학술기초조사의 성과와 과제』- 2019 서울 백제역사유적 전문가 토론회(2019. 6. 17.)-

도면 1. 서울 백제 한성 도성 및 인근 지역 삼국시대 유적(한성백제박물관, 2019, 『서울 석촌동 고분군 Ⅰ』)

풍납동 토성 전경, 국립문화재연구소, 2017, 『풍납토성 XI』

Ⅰ. 풍납동 토성

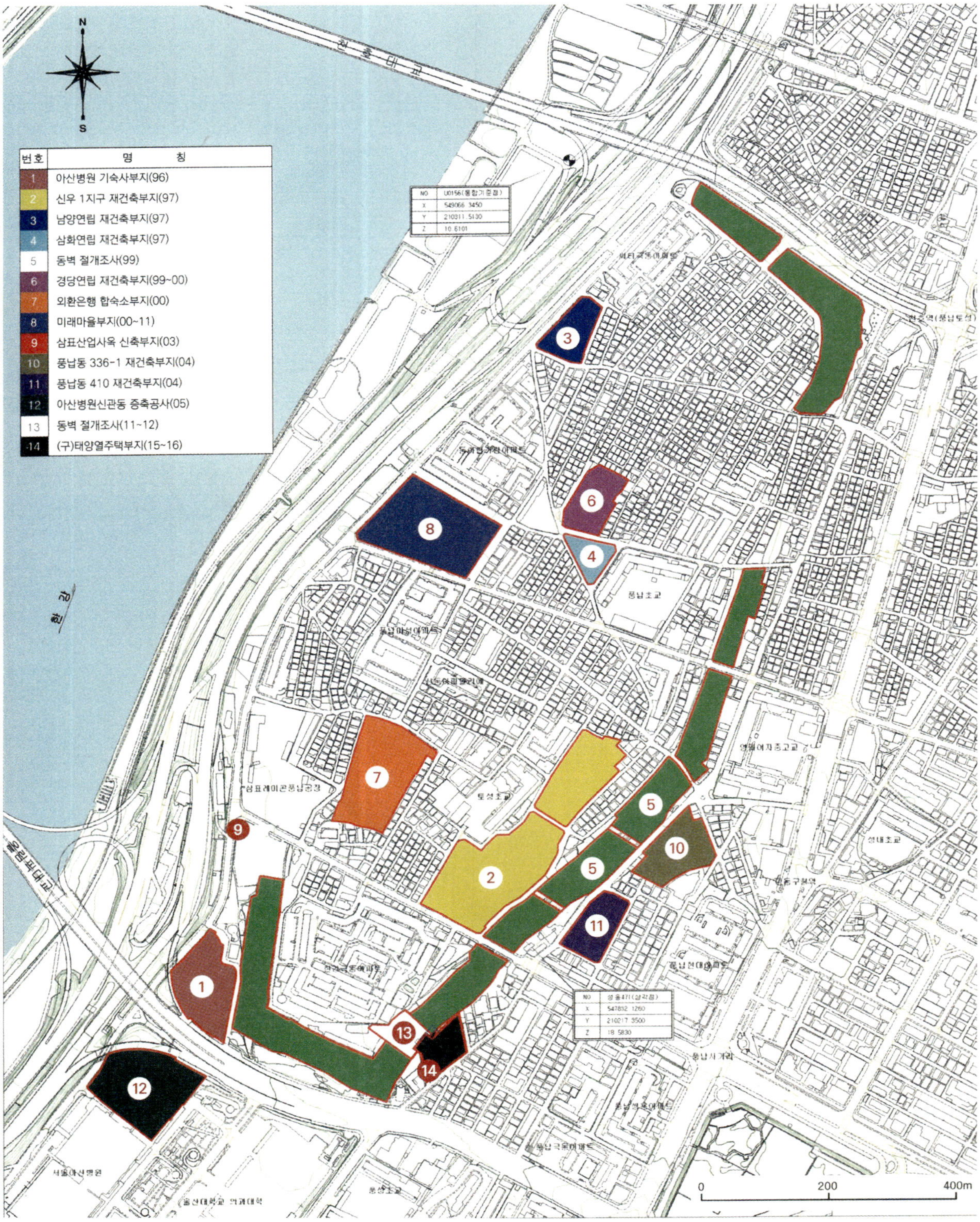

도면 2. 풍납동 토성 일원 발굴조사 현황도(국립문화재연구소, 2017, 『풍납토성 XVIII』)

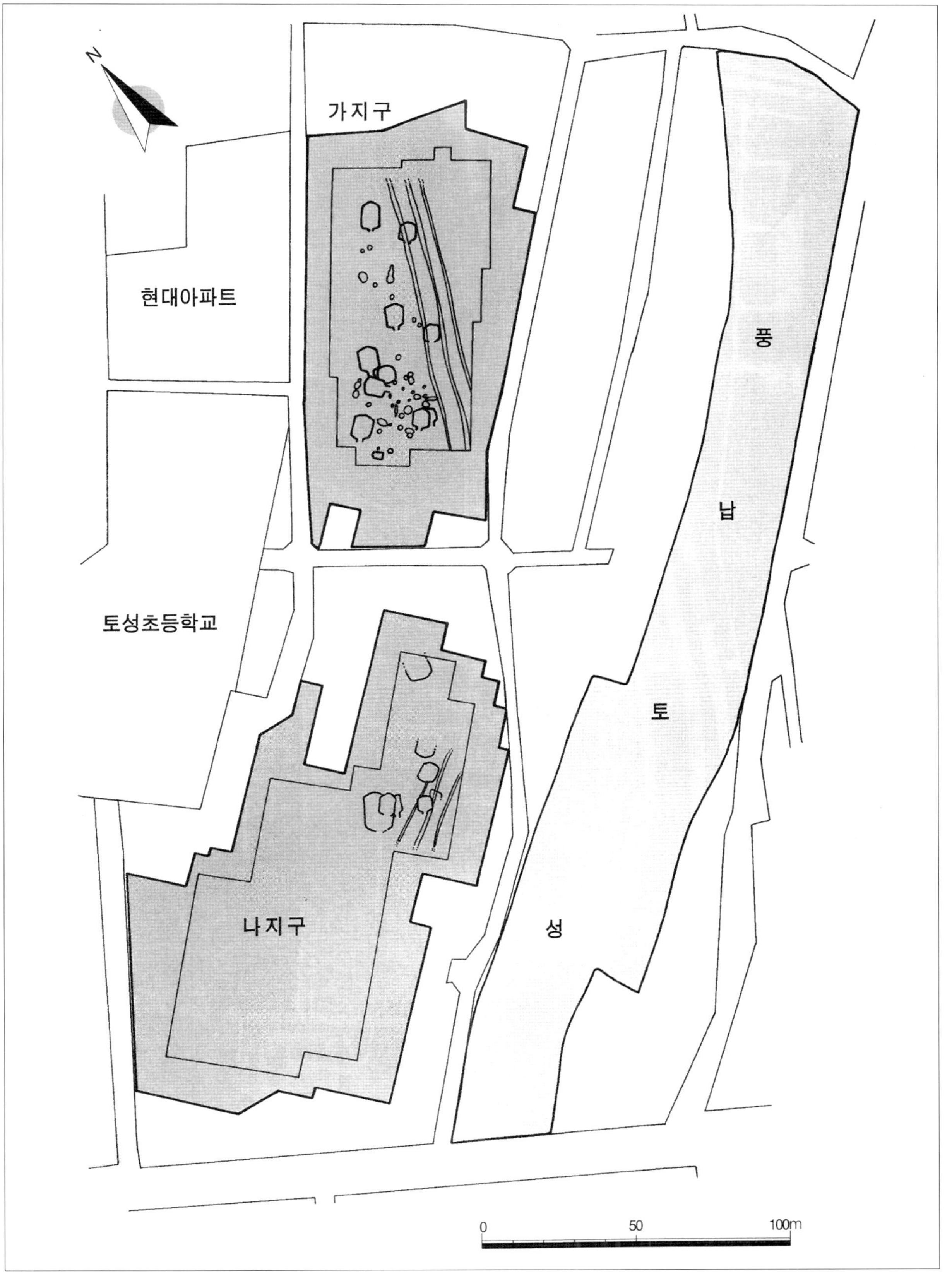

도면 3. 풍납동 토성 현대연합주택 부지 유구배치도(국립문화재연구소, 2001, 『풍납토성 Ⅰ』)

도면 4. 풍납동 토성 미래마을부지 유구현황도(국립문화재연구소, 2012, 『풍납토성 XIV』)

도면 5. 풍납동 토성 경당지구 유구 현황(한성백제박물관 · 한신대학교박물관, 2015, 『풍납토성 XVII』)

1. 현대연합주택부지(풍납동 231-3번지 일대)

(1) 가-9호 주거지

소 재 지	송파구 풍납동 231-3번지 일대	조사기관	국립문화재연구소
유 구 명	가-9호 주거지	유구성격	주거
추정산지	가야	비　고	
외래유물	고배(1점)		
공반유물	부뚜막테, 심발형토기, 와당, 뚜껑 등		
참고문헌	국립문화재연구소, 2001,『風納土城 Ⅰ』		

외래계유물(국내)

연 번	유물명	도면번호	사진번호	제원(cm)	추정산지	특징
1	고배편	56-⑤	107-④	잔존길이 7.5	가야 (아라가야)	경질, 가늘고 긴 나팔형태, 이등변삼각형투창 6개

1

유구도면

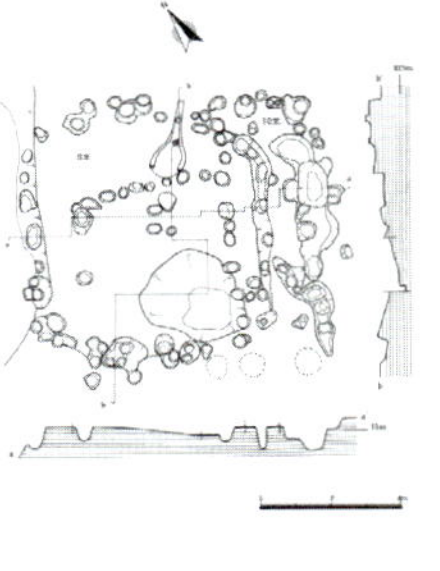

대표적인 공반유물

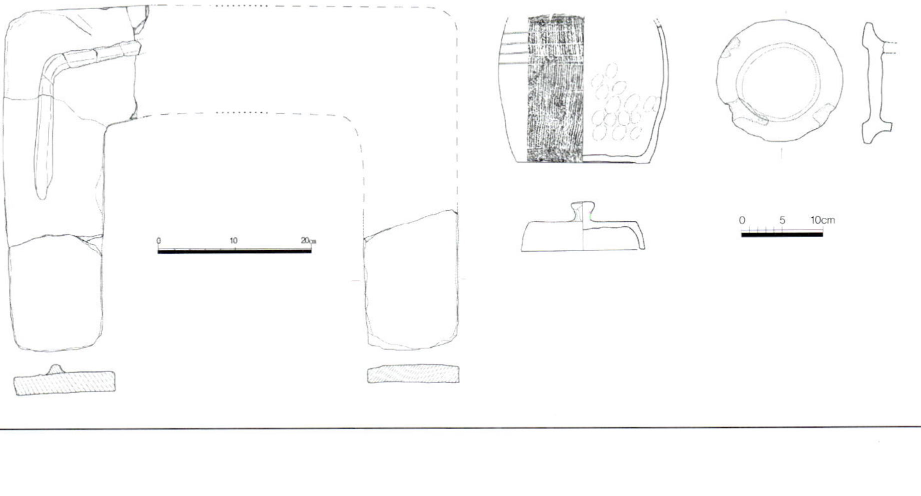

(2) 가-16호 수혈

소 재 지	송파구 풍납동 231-3번지 일대	조사기관	국립문화재연구소
유 구 명	가-16호 수혈	유구성격	폐기
추정산지	지방	비 고	
외래유물	뚜껑(1점)		
공반유물	심발형토기편, 대옹편, 완 등		
참고문헌	국립문화재연구소, 2001, 『風納土城 Ⅰ』		

외래계유물(국내)

연 번	유물명	도면번호	사진번호	제원(cm)	추정산지	특징
2	뚜껑	99-④	166-⑤	높이	지방산 (경기 서부, 충청)	중경질, 신부 평평하게 성형, 다수의 원형 선각 시문

2

유구도면

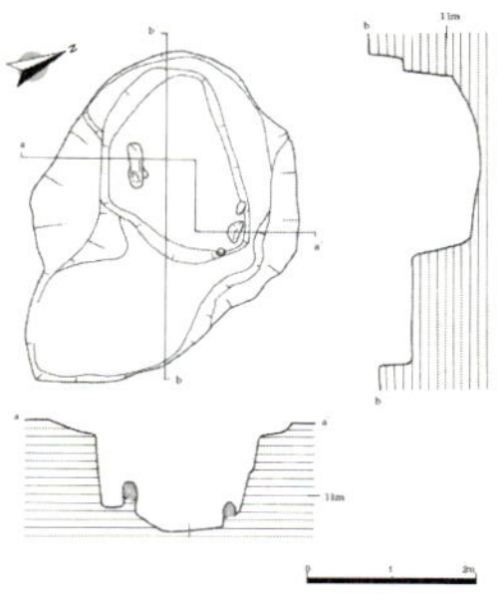

대표적인 공반유물

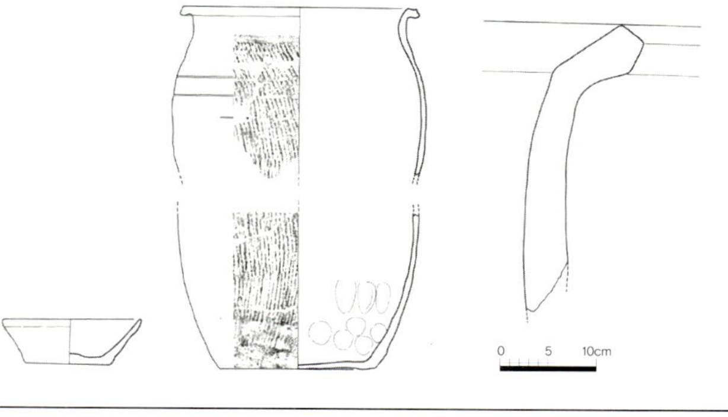

(3) 가-26호 수혈

소 재 지	송파구 풍납동 231-3번지 일대	조사기관	국립문화재연구소
유 구 명	가-26호 수혈	유구성격	폐기
추정산지	지방	비 고	
외래유물	뚜껑(1점), 평저호(1점)		
공반유물	심발형토기편, 대옹편, 완, 토관 등		
참고문헌	국립문화재연구소, 2001, 『風納土城 Ⅰ』		

외래계유물(국내)

연 번	유물명	도면번호	사진번호	제원(cm)	추정산지	특징
3	평저호	110-②	179-②	잔고19.3, 추정구경17.8, 추정저경22.4	지방산 (경기서부)	연질, 격자문타날, 동체부 4조 횡침선
4	뚜껑	110-③	179-③	기고4, 직경14.8, 구경13.4	지방산 (경기서부)	개신 평평하게 성형

3

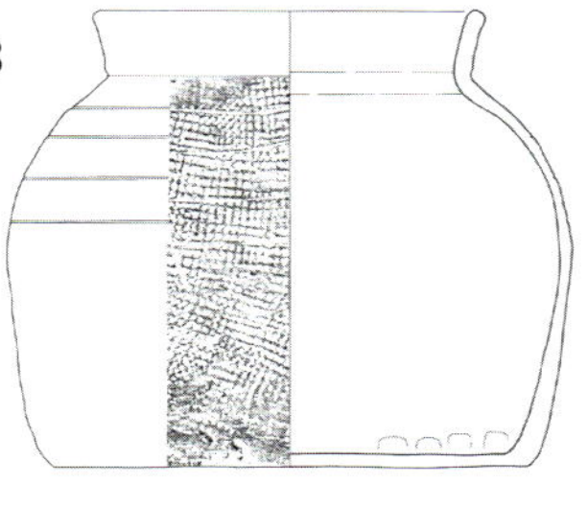

4

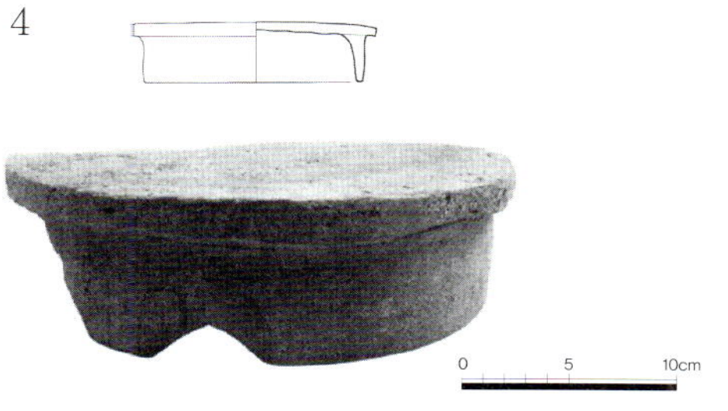

유구도면

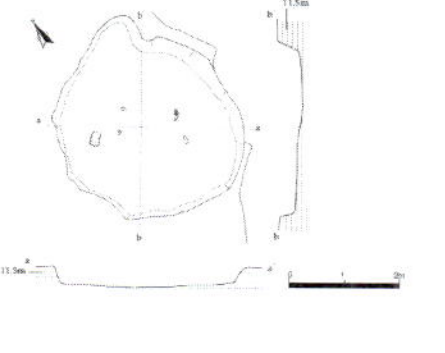

대표적인 공반유물

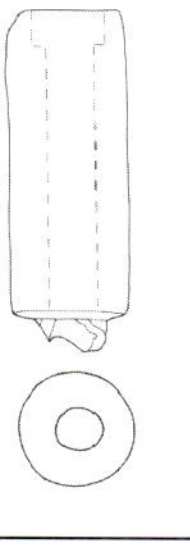

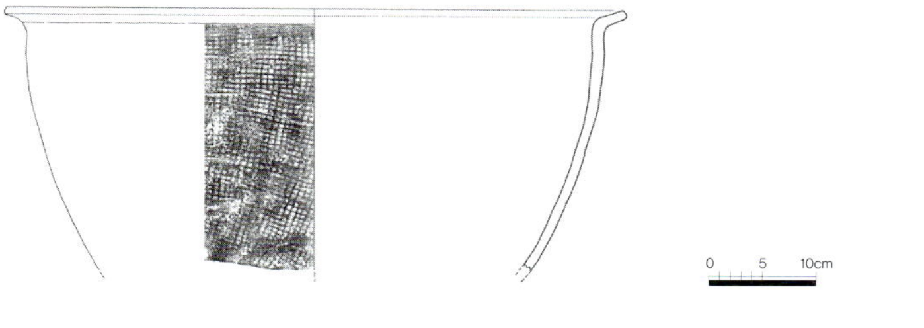

(4) 토기폐기유구

소 재 지	송파구 풍납동 231-3번지 일대	조사기관	국립문화재연구소
유 구 명	토기폐기유구	유구성격	–
추정산지	중국, 지방, 미정	비　고	
외래유물	(국외) 시유도기, 반구호, 이수편 / (국내) 호, 고배, 토제거울		
공반유물	완, 심발형토기, 합, 뚜껑, 삼족기 등		
참고문헌	국립문화재연구소, 2001, 『風納土城 Ⅰ』		

외래계유물(국외)

연 번	유물명	도면번호	사진번호	제원(cm)	추정산지	특징
5	이수	134-⑥	213-①	잔고10.5, 기벽0.6	중국	녹유, 고리형 작은 2개의 귀가 나란히 부착
6	호	134-⑦	213-②	잔고5, 경부경8	중국	녹유, 청자형의 경부편
7	호	134-⑧	213-③	잔고6, 두께0.8-1.2	중국	녹유, 내면 요철면
8	호	134-⑨	213-④	잔고21.5, 저경12.4	중국	녹유, 내면 요철면
9	반구호	134-⑩	214-①	잔고5.6, 구경14.2	중국	흑갈유
10	호	134-⑪	214-②	잔고6.8, 저경15.8	중국	흑갈유, 내면 요철면
11	시유도기	135-①	216-①	잔고9, 저경26 두께 2-3	중국	흑유, 녹갈유, 부분적으로 격자문타날 확인
12	시유도기	135-②	216-③	잔고19, 저경33.4, 두께1.3-2.1	중국	흑갈유, 부분적 녹유, 외면 격자문타날, 내면 요철면
13	시유도기	135-③	215-②	잔고13.5, 구경34	중국	흑유, 녹갈유
14	시유도기	136-①	215-①	잔고42, 구경36	중국	흑유, 하부 녹갈유, 외면 격자문타날, 내면 박자흔

5

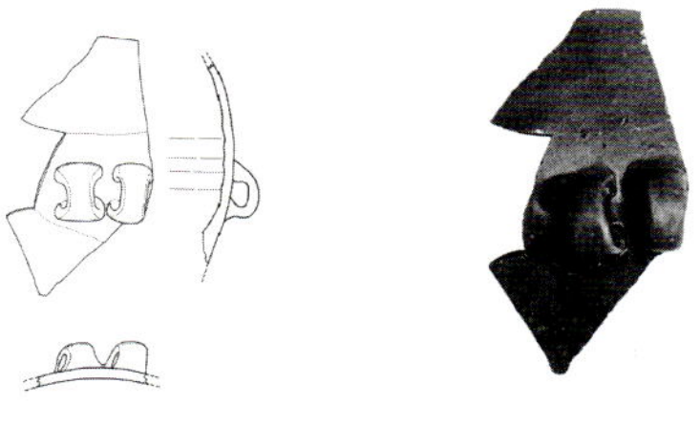

6

7

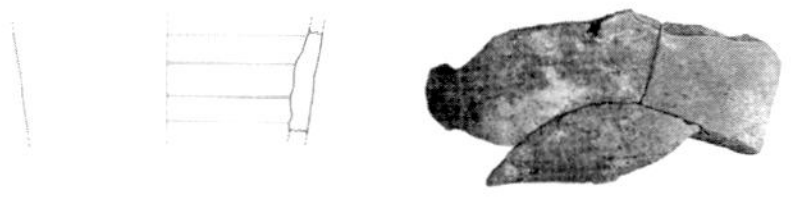

8

9

10

11

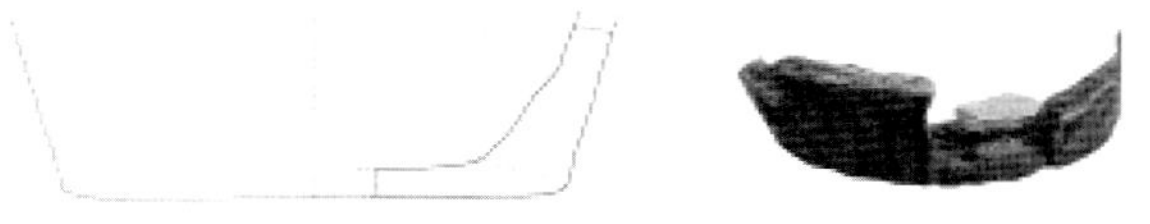

12

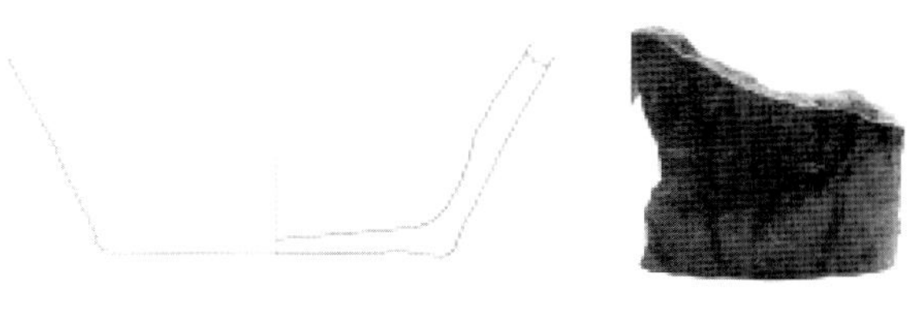

13

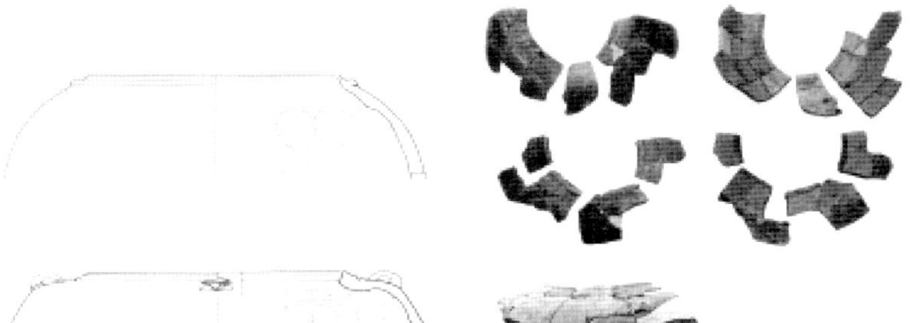

14

외래계유물(국내)						
연 번	유물명	도면번호	사진번호	제원(cm)	추정산지	특징
15	호	133-	211-	잔고7.7,추청구경24	지방산 (충청,전라)	경질, 구연약간 외반, 경부 1조 돌대
16	고배	133-	212-	대각고5, 대각저경11	지방산 (전라)	대각편, 회청색, 나팔상, 돌대1조
17	토제거울	136-	216-	잔고2.2,추정직경17	미상 (중국모방품)	연질, 토제, 꼭지부착흔

15

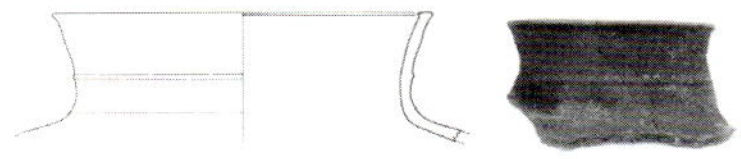

16

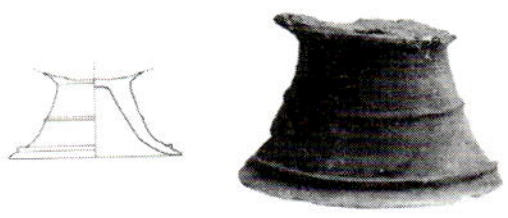

17

유구도면

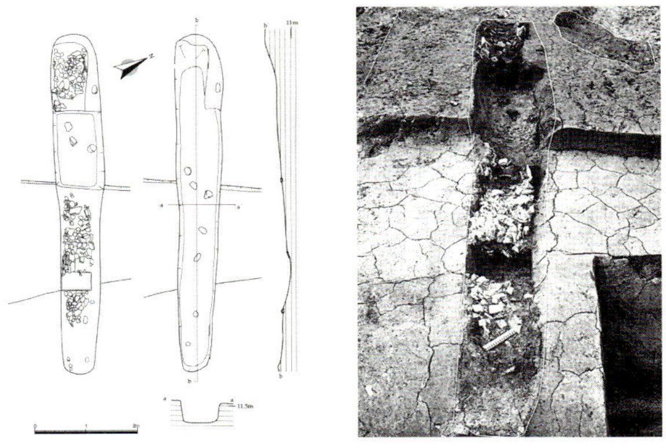

대표적인 공반유물

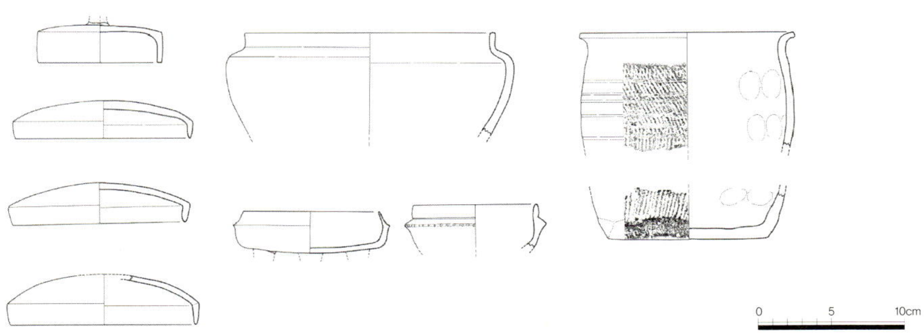

(5) 가-토기산포유구, 트렌치

소 재 지	송파구 풍납동 231-3번지 일대	조사기관	국립문화재연구소
유 구 명	가-토기산포유구, 트렌치	유구성격	-
추정산지	지방	비 고	
외래유물	세란형토기, 광구장경호, 완, 대완, 뚜껑		
참고문헌	국립문화재연구소, 2001, 『風納土城 I』		

외래계유물(국내)						
연 번	유물명	도면번호	사진번호	제원(cm)	추정산지	특징
18	세란형토기	143-4	223-4	잔고22.6, 구경15.6	지방산 (경기남부)	S0W2 내 토기산포유구 연질, 동체상부 집선문 타날잔흔
19	광구장경호	146-1	226-3	잔고14, 구경17.6	지방산 (충청, 전라)	S4E0 내 토기산포유구 경부 단면 삼각형 돌대 1조
20	광구장경호	146-2	226-5	잔고19, 저경8	지방산 (충청)	가-서쪽 트렌치 경부 단면 삼각형 돌대 1조 외면 자연유 부착
21	완	157-5	244-1	기고4, 구경13.2, 저경9.2	지방산 (충청)	가-서쪽 트렌치 연질, 구순 약하게 외반
22	대완	163-3	253-3	기고7.1, 구경19.6, 저경11	지방산 (전라)	가-동쪽 트렌치 경질, 뚜껑받이턱 하단 2조 홈선, 동체 집선문 타날잔흔
23	뚜껑	164-4	253-5	잔고6	중국지방산 (충청, 전라)	연질, 삿갓모양, 고리형 꼭지 부착

18

19

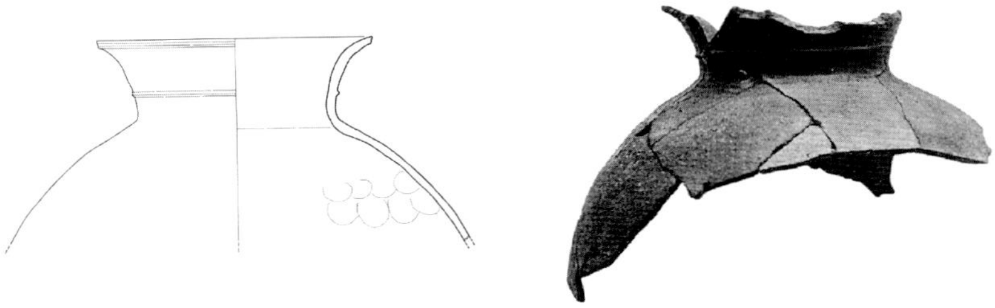

20

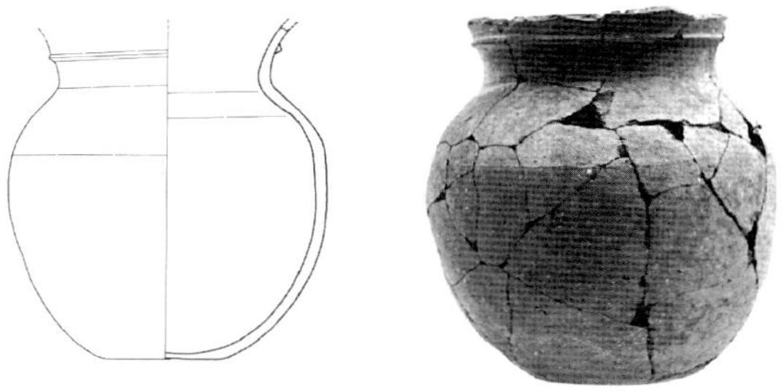

21

22

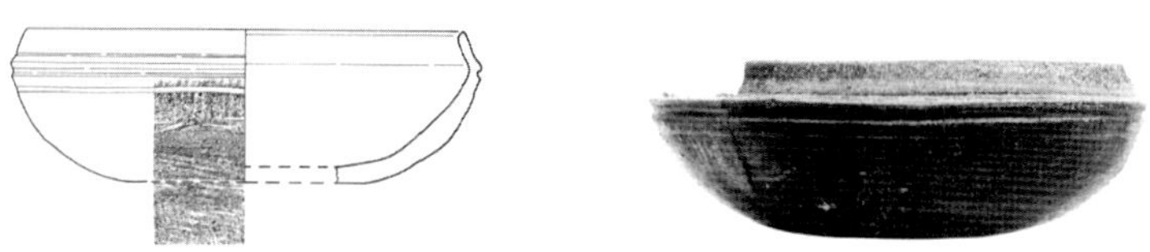

23

(6) 가-그리드 및 유물포함층

소 재 지	송파구 풍납동 231-3번지 일대	조사기관	국립문화재연구소
유 구 명	가-그리드 및 유물포함층	유구성격	-
추정산지	중국, 가야, 지방, 미정	비 고	
외래유물	(국외) 시유도기, 반구호, 이수편		
	(국내) 뚜껑, 고배, 파수, 시루, 기대		
참고문헌	국립문화재연구소, 2001, 『風納土城 Ⅰ』		

외래계유물(국외)

연 번	유물명	도면번호	사진번호	제원(cm)	추정산지	특징
24	시유도기	159-④	248-①	잔고8,추정구경36	중국	황갈유, 직립구연, 구순 짧게 외반
25	반구호	177-⑨	270-⑦	잔고4.5,추정구경15	중국	녹유, 속심 자색, 구순 미약한 凹면 성형
26	시유도기	180-③	272-⑨	잔고6.5,추정구경38	중국	녹유 내지 황갈유, 직립구연
27	시유도기	188-⑧	283-③	잔고6.5, 추정구경38	중국	녹갈유 내지 황갈유, 직립구연, 구순 짧게 외반

24

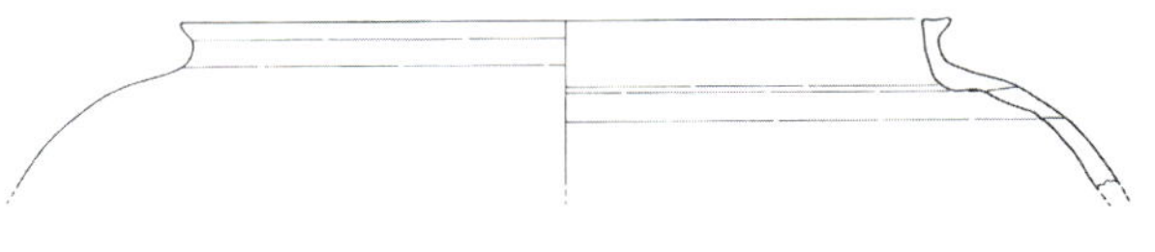

25

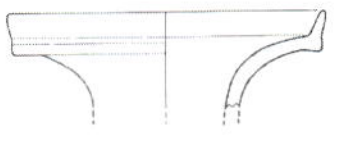

26

27

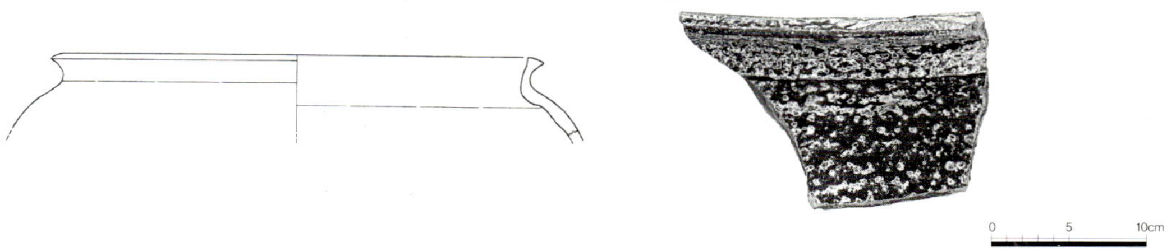

외래계유물(국내)

연 번	유물명	도면번호	사진번호	제원(cm)	추정산지	특징
28	이수편	4-⑦	305-①	길이3.2,두께0.9	중국	녹유, 단면 원형 고리 형태, 청자 사이호의 편으로 추정
29	뚜껑	172-②	264-②	잔고3.4, 구경7.7	미상	흑색, 개신부안쪽으로 둘여 드림부 부착, 꼭지 결실
30	고배	197-⑧	296-③	기고7.4, 구경11.6, 대각높이2.5	지방산 (충청,전라)	회청색, 긴 구연이 동체경보다 벌어진 형태, 八자대각
31	고배	197-⑨	296-⑤	잔고3.6, 추정구경 16.8	미상	회색, 긴 구연이 동체경보다 벌어진 형태
32	고배	199-⑧	299-⑧	높이6.1, 구경9.4 대각높이3	지방산 (경기남부, 충청)	배신 깎기로 인 각짐 뚜렷
33	뚜껑	200-⑤	300-⑤	진고12,구경46, 드림높이2	지방산 (경기서부)	회색, 개신 평평하게 성형
34	고배	203-⑤	304-⑤	높이5.8,구경10, 대각높이1.9	지방산 (경기남부, 충청)	배신 깎기로 인한 각짐 뚜렷
35	파수	204-⑥	304-⑪	길이5.5, 두께3.5-4.5	미상	반타원형, 외면 톱니바퀴모양 홈
36	시루	228-⑨	329-②	두께0.7	미상	도구로 길게 짼 투공형태
37	원통형 토기	230-⑧	331-①		가야	회색연질, 대각부가 나팔상으로 벌어짐

28

29

30

31

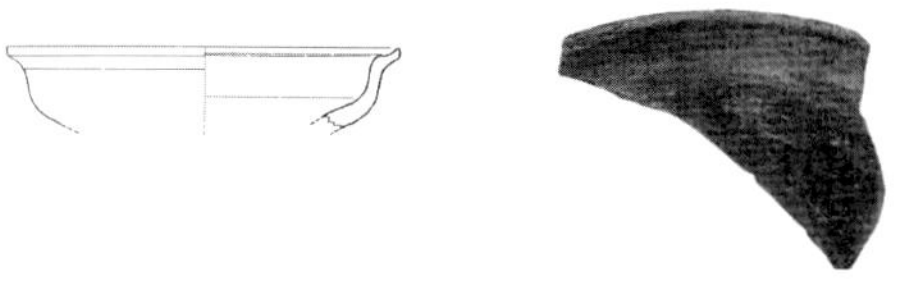

32

33

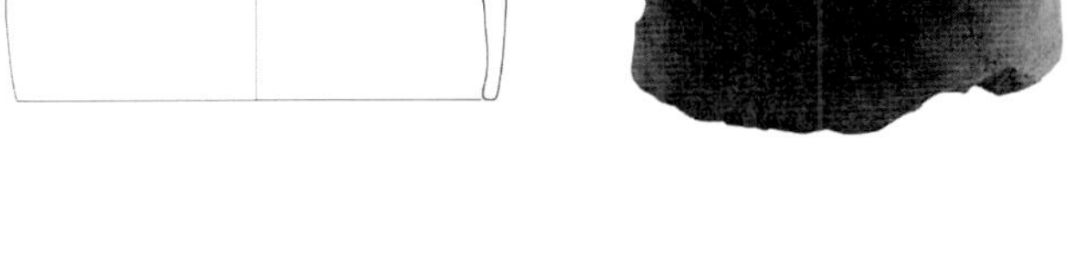

34

35

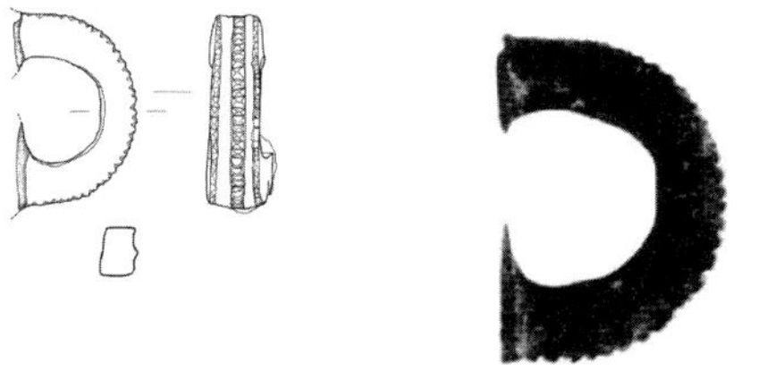

36

37

2. 미래마을부지(풍납동 197번지 일대)

1) 가지구

(1) 가-1호 주거지

소 재 지	송파구 풍납동 197번지 일대	조사기관	국립문화재연구소
유 구 명	가-1호 주거지	유구성격	주거
추정산지	미정	비 고	
외래유물	호(1점)		
공반유물	합, 호, 삼족기, 병, 소호, 석제벼루, 석제절구 등		
참고문헌	국립문화재연구소, 2009, 『風納土城 XI』		

외래계유물(국내)

연 번	유물명	도면번호	사진번호	제원(cm)	추정산지	특징
38	호	164	164	기고17.1, 구경11, 두께0.8	미상	말갈계토기, 구순각목, 동체부 줄지어 점문 시문

38

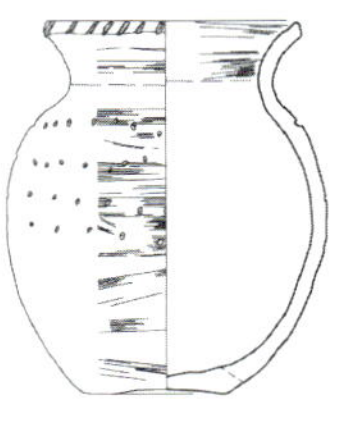

유구도면

대표적인 공반유물

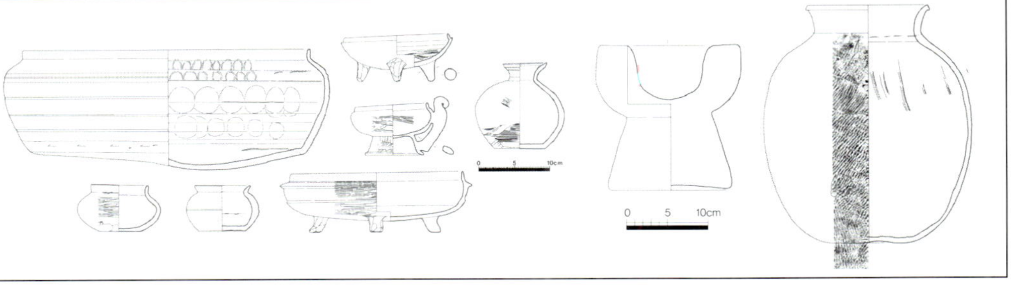

(2) 가-3호 주거지(상층)

소 재 지	송파구 풍납동 197번지 일대	조사기관	국립문화재연구소
유 구 명	가-3호 주거지(상층)	유구성격	주거
추정산지	지방	비 고	
외래유물	기대(1점)		
공반유물	호, 개배, 고배, 장란형토기, 광구장경호, 소호 등		
참고문헌	국립문화재연구소, 2009,『風納土城 XI』		

외래계유물(국내)

연 번	유물명	도면번호	사진번호	제원(cm)	추정산지	특징
39	기대	261	261	기고25.3,구경37.5, 대각저경25.7	지방산 (전라)	발형기대, 돌대 사이로 파상집선문 시문

39

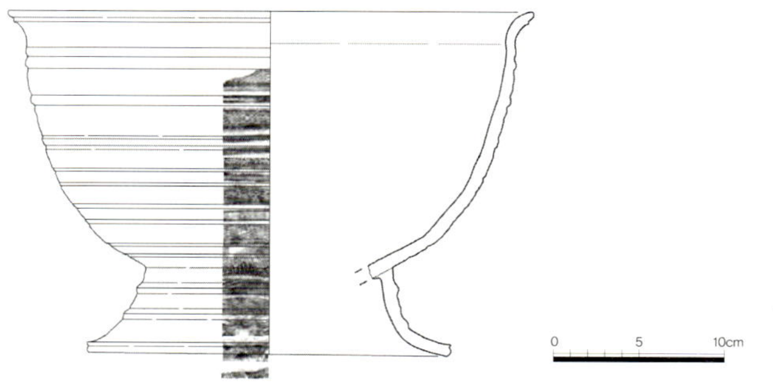

유구도면	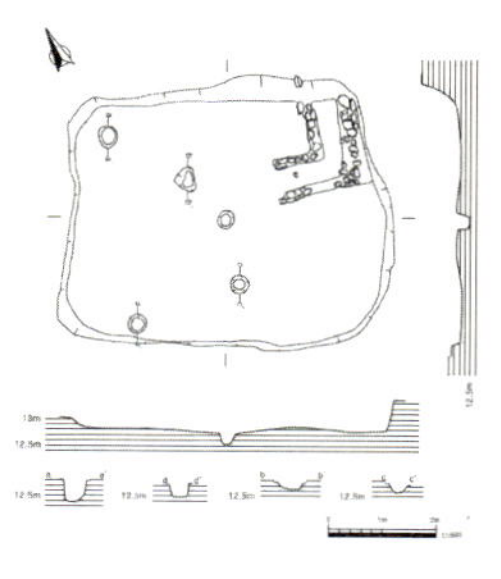 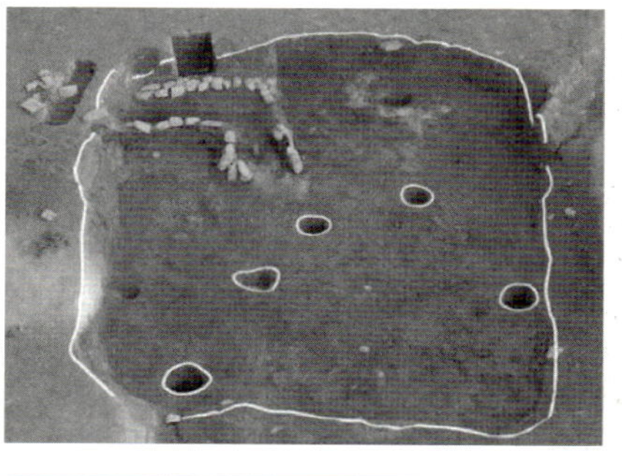
대표적인 공반유물	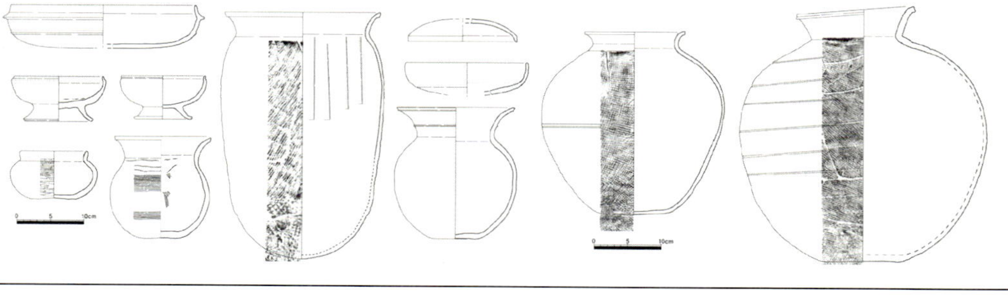

(3) 가-5호 주거지

소 재 지	송파구 풍납동 197번지 일대	조사기관	국립문화재연구소
유 구 명	가-5호 주거지	유구성격	주거
추정산지	중국	비 고	
외래유물	시유도기(1점)		
공반유물	병, 호, 고배, 뚜껑 등		
참고문헌	국립문화재연구소, 2009, 『風納土城 XI』		

외래계유물(국외)

연 번	유물명	도면번호	사진번호	제원(cm)	추정산지	특징
40	시유도기	445	445	잔고4, 두께0.8	중국	황갈유 시유

40

유구도면

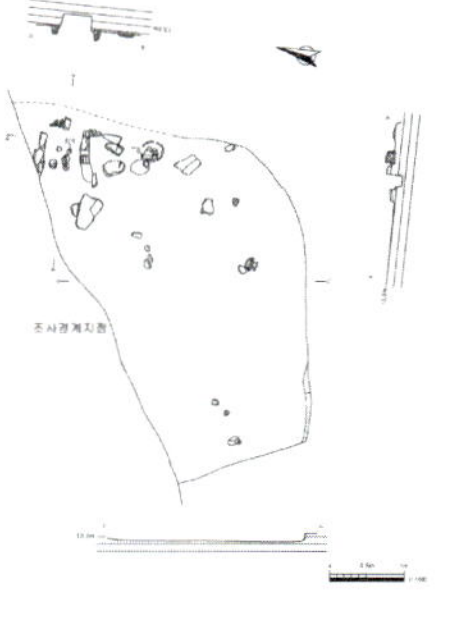

대표적인 공반유물

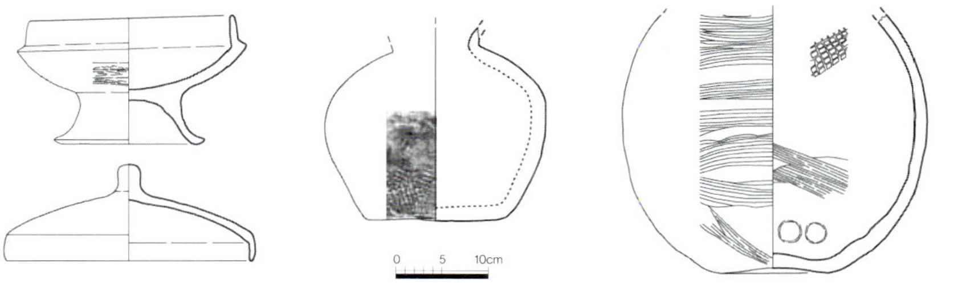

(4) 가-30호 수혈건물지

소 재 지	송파구 풍납동 197번지 일대	조사기관	국립문화재연구소
유 구 명	가-30호 수혈건물지	유구성격	주거
추정산지	중국	비 고	
외래유물	완(1점)		
공반유물	대옹, 완, 이중구연토기편, 뚜껑, 소호 등		
참고문헌	국립문화재연구소, 2009, 『風納土城 XI』		

외래계유물(국외)

연 번	유물명	도면번호	사진번호	제원(cm)	추정산지	특징
41	청자완	559	559	잔고3.4, 저경12, 두께 0.9-1.3	중국	흑갈유, 내저면 비짐눈흔 4곳확인

41

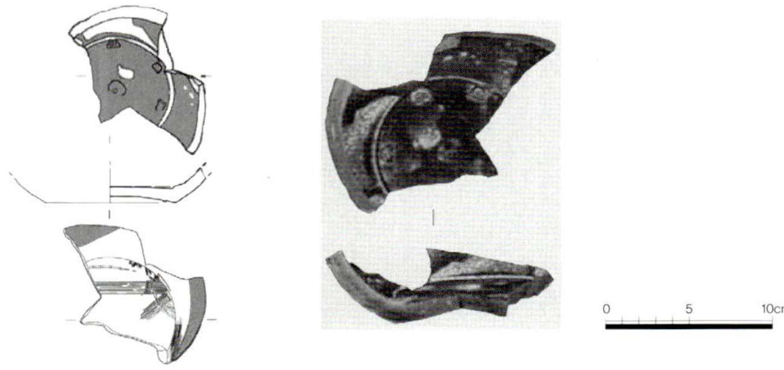

유구도면

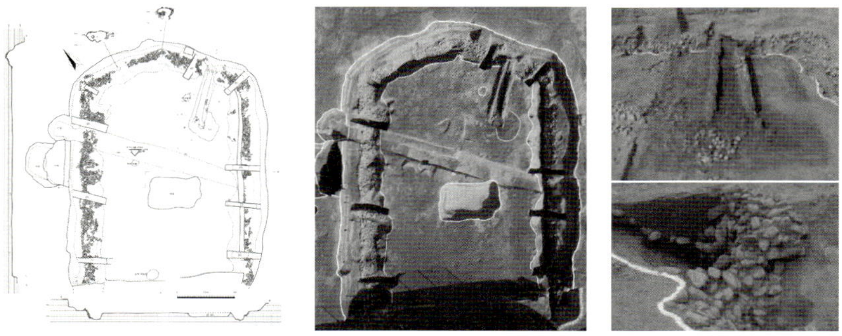

대표적인 공반유물

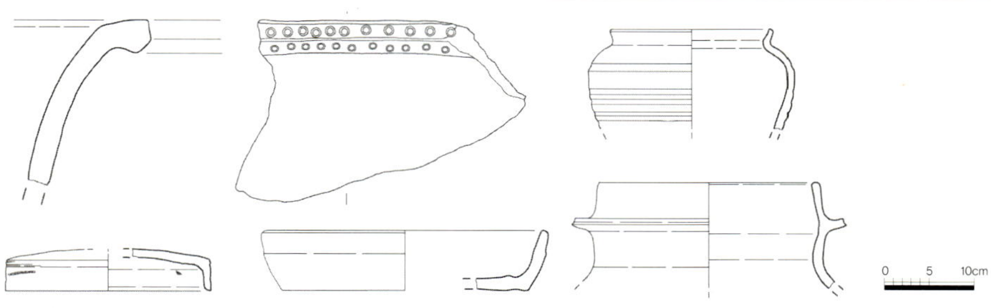

(5) 가-4호 부뚜막

소 재 지	송파구 풍납동 197번지 일대	조사기관	국립문화재연구소
유 구 명	가-4호 부뚜막	유구성격	주거
추정산지	가야, 중국	비 고	
외래유물	호(1점), 시유도기(1점)		
공반유물	대호, 시루, 병, 호, 대합, 접시, 완, 대부호 등		
참고문헌	국립문화재연구소, 2009, 『風納土城 XI』		

외래계유물(국내)						
연 번	유물명	도면번호	사진번호	제원(cm)	추정산지	특징
42	호	670	670	잔고7, 구경16.2, 두께0.3	가야	경부 2조 돌대 사이 파상집선문 시문
42 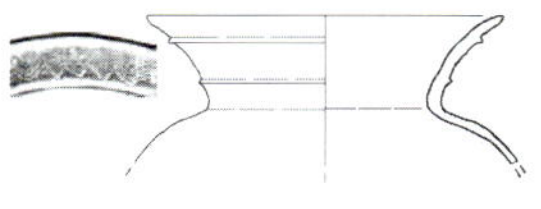 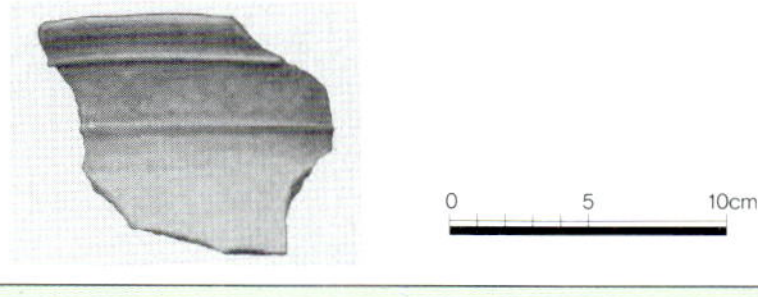						
외래계유물(국외)						
43	시유도기	700	700	잔고6, 두께1-1.7	중국	녹갈유, 격자문타날 시문
43 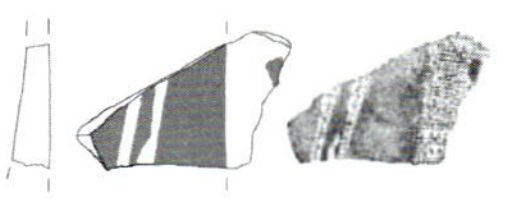 						
유구도면	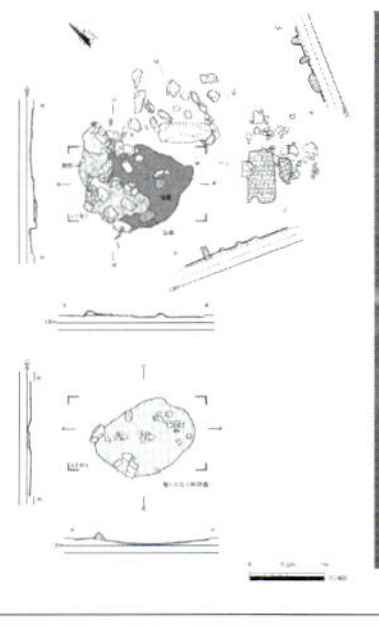 					
대표적인 공반유물	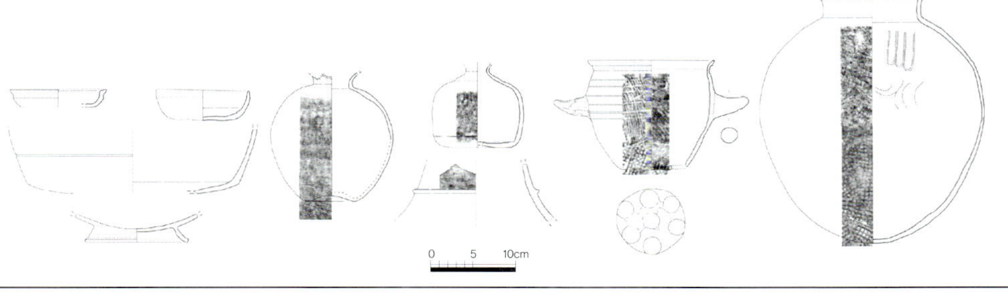					

(6) 가-7호 부뚜막

소 재 지	송파구 풍납동 197번지 일대	조사기관	국립문화재연구소
유 구 명	가-7호 부뚜막	유구성격	주거
추정산지	가야	비 고	
외래유물	호(1점)		
공반유물	동이, 호류 등		
참고문헌	국립문화재연구소, 2009, 『風納土城 XI』		

외래계유물(국내)

연 번	유물명	도면번호	사진번호	제원(cm)	추정산지	특징
44	광구장경호	716	716	기고20.8, 구경15.3, 두께0.4-0.6	가야	동체 횡선부가 집선문 타날, 동체하부 격자문타날

44

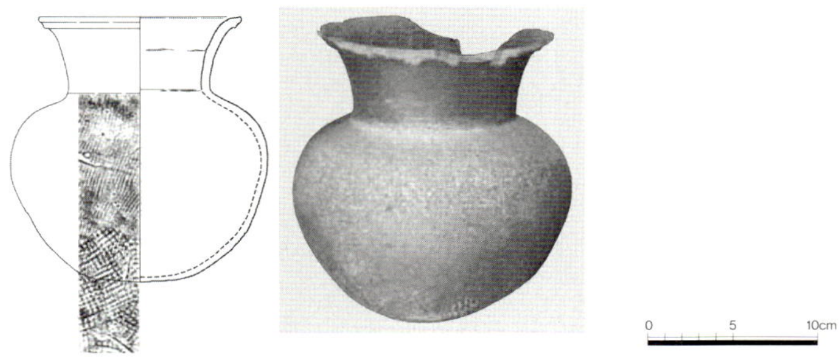

유구도면

대표적인 공반유물

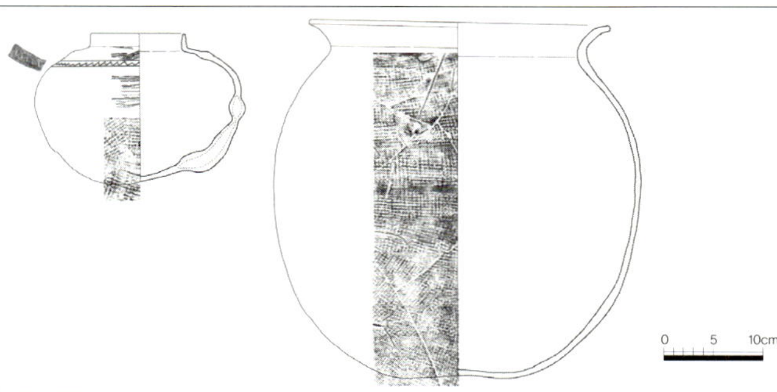

(7) 가–1호 석축수로

소 재 지	송파구 풍납동 197번지 일대	조사기관	국립문화재연구소
유 구 명	가–1호 석축수로	유구성격	폐기
추정산지	지방	비　고	
외래유물	고배(1점)		
공반유물	경질무문토기, 고배, 호, 기와 등		
참고문헌	국립문화재연구소, 2009, 『風納土城 XI』		

외래계유물(국내)

연 번	유물명	도면번호	사진번호	제원(cm)	추정산지	특징
45	고배	729	729	잔고5.6, 두께0.6–1.5	미상	돌대 사이 파상집선문 시문 내외면 회전물손질

45

유구도면

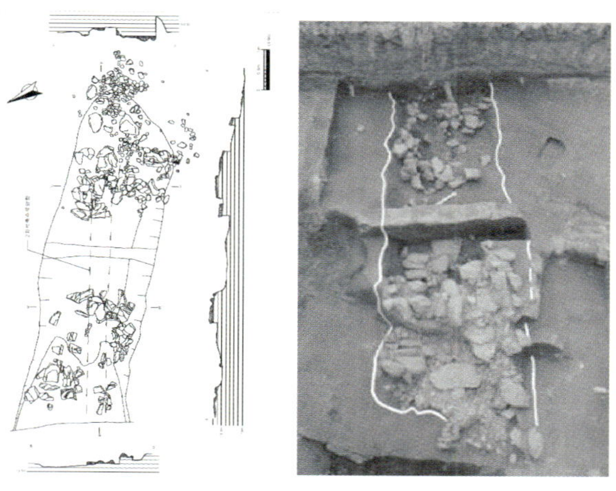

대표적인 공반유물

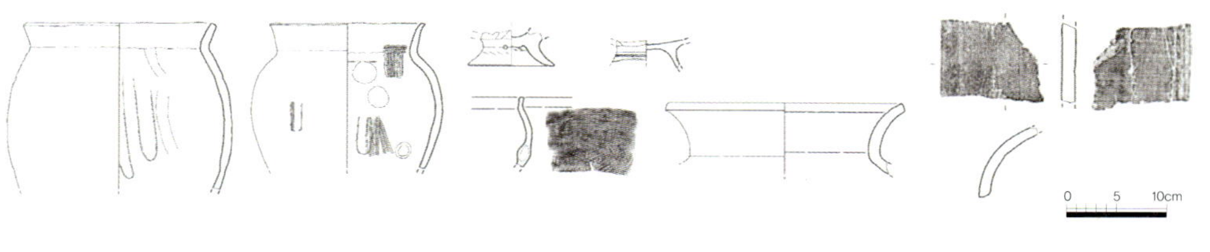

(8) 가-1호 수혈

소 재 지	송파구 풍납동 197번지 일대	조사기관	국립문화재연구소
유 구 명	가-1호 수혈	유구성격	폐기
추정산지	중국, 지방	비 고	
외래유물	고배(1점), 뚜껑(1점), 직구평저호(1점), 외반호(1점), 전문도기(1점), 시유도기(5점)		
공반유물	호, 장란형토기, 뚜껑, 기와, 와당, 토관, 아궁이테, 대옹, 소호, 합, 세, 고배 등		
참고문헌	국립문화재연구소, 2009,『風納土城 XI』 국립문화재연구소, 2012,『風納土城 XIV』.		

외래계유물(국외)

연 번	유물명	도면번호	사진번호	제원(cm)	추정산지	특징
46	청자완	1466	1466	기고 5.1,구경 16.4, 저경 9.4, 두께 0.5-0.7	중국	녹청색유약, 내면 바닥 비짐흔(5곳) 확인
47	백색옹	1467	1467	잔고 6.8, 두께 1.4-2.2	중국	낙랑계, 백색토기, 직립구연
48	전문도기	1468	1468	잔고 8.9, 두께 0.9-1.6	중국	직립구연, 각진 구순, 동체외면 전문, 흑갈유시유
49	시유도기	1469	1469	잔고 4.6, 구경 36.5, 두께 0.7-1.1	중국	직립구연, 단면 삼각형 구순,구연 내면시유
50	시유도기	1470	1470	잔고 7.0, 두께 0.9-1.1	중국	직립구연, 외면과 구연내면 시유
51	시유도기	1471	1471	잔고 19.5, 두께 1.1-1.6	중국	내면 흑갈유시유, 외면 격자문타날 위에 사각형 선문
52	시유도기	1472	1472	잔고 14.7, 두께 1.3-1.7	중국	외면시유, 격자문타날, 내면 박자흔
53	시유도기	1473	1473	잔고 6.9, 두께 0.6-0.9	중국	외면시유, 세격자문타날

46

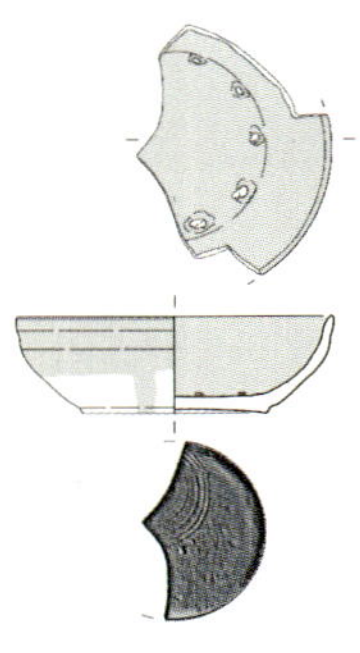

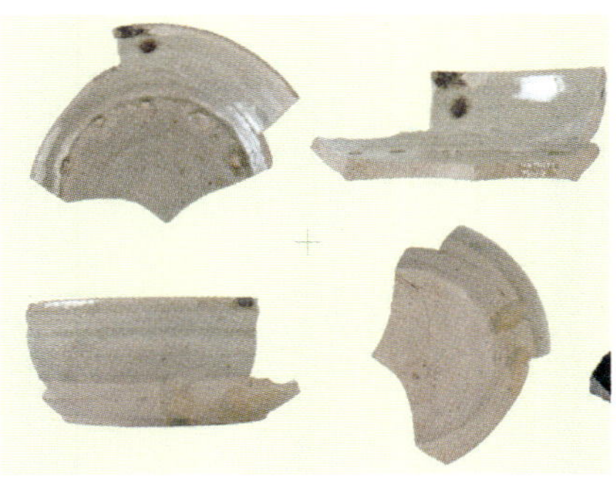

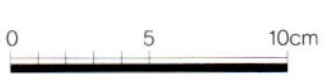

47 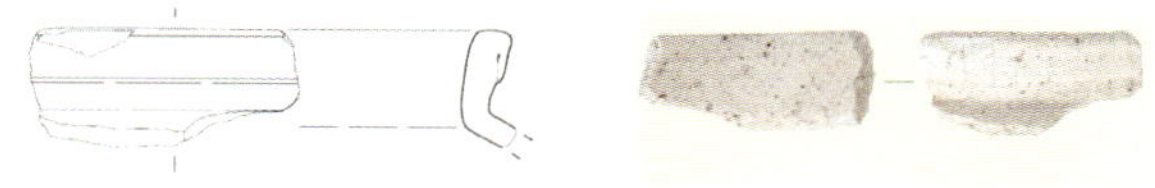

48 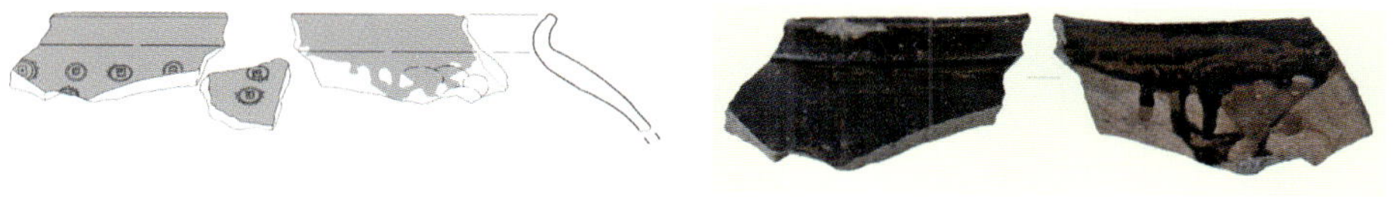

49 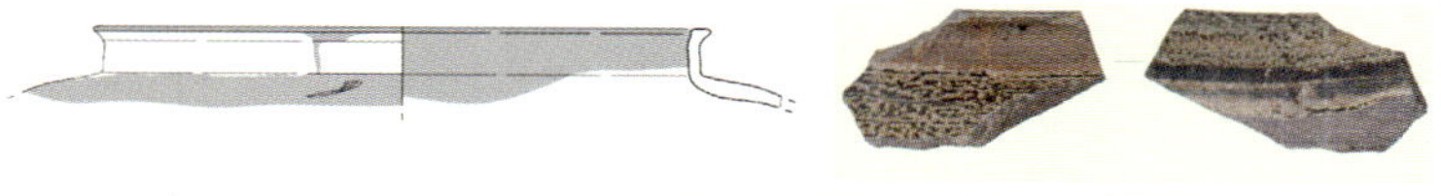

50 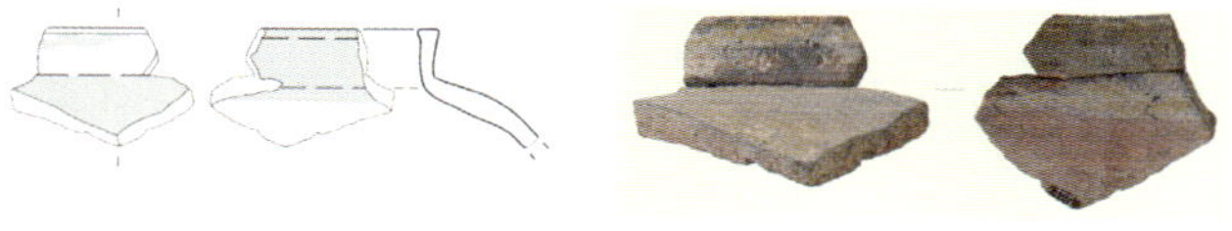

51 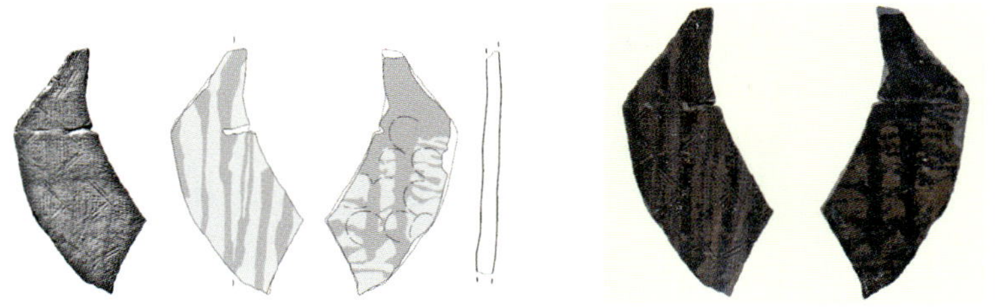

52 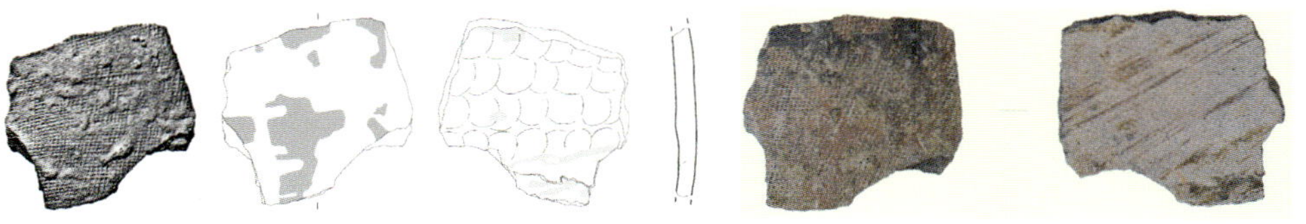

53 

외래계유물(국내)						
연 번	유물명	도면번호	사진번호	제원(cm)	추정산지	특징
54	고배	1357	1357	잔고 7.9, 구경12.3, 두께 0.4-1.0	지방산 (전라)	외면 마연, 동체부 3조 돌대장식
55	뚜껑	1384	1384	잔고 5.8, 구경14.4, 두께 0.7-0.8	지방산 (경기서부, 충청)	편평신부, 신부 돌출 단면 T형태, 내외면 물손질
56	뚜껑	1385	1385	잔고 5.8, 구경14.2, 두께 0.6-0.9	지방산 (경기서부, 충청)	편평신부, 신부 돌출 단면 T형태, 내외면 물손질
57	외반호	1410	1410	잔고4.7,구경18.5, 두께 0.5-0.7	지방계 (낙랑)	흑색, 외면마연 (경부 종방향)

연 번	유물명	도면번호	사진번호	제원(cm)	추정산지	특징
58	직구평저호	1411	1411	잔고5.2, 구경 11.1, 두께 0.6-0.7	지방계 (낙랑)	외면 마연(경부 종방향), 동체-저부경계면 회전깎기, 외저면 방형축흔
59	호	1420	1420	잔고5.9, 구경14.7, 두께0.5-0.6	미상	경주 강항 요철면 성형, 내외면 회전물손질
60	대완	1443	1443	잔고8.6, 직경24.9, 두께0.7-1.3	미상	외면 교차선문타날, 회전물손질

54

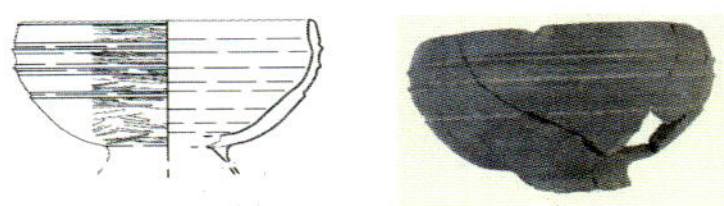

55

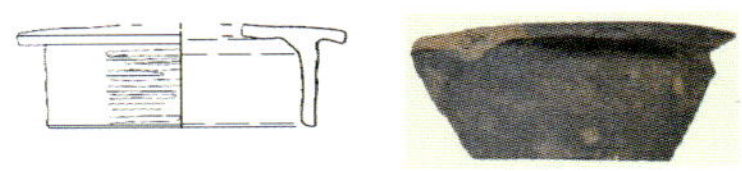

56

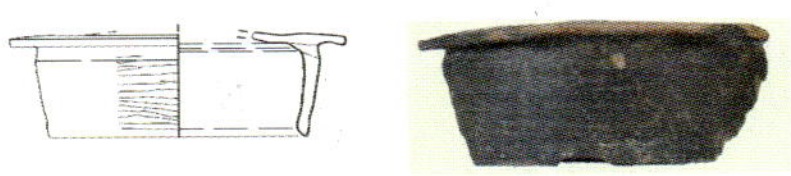

57

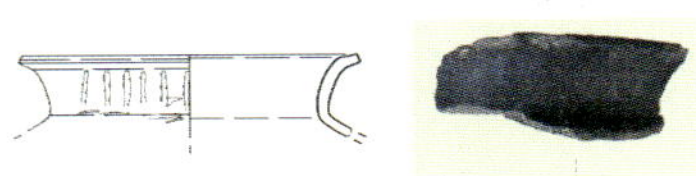

58

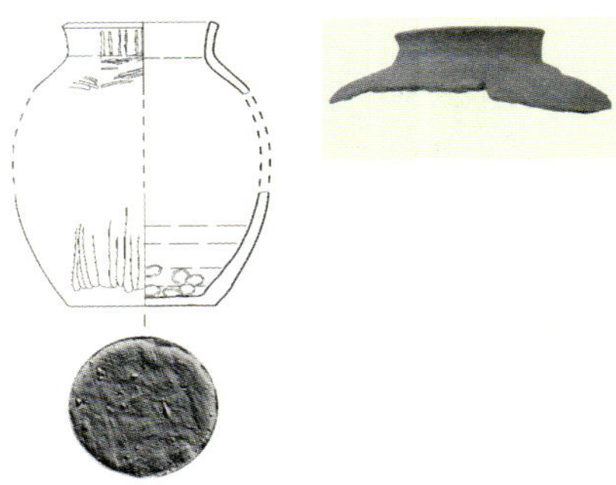

59

60

유구도면

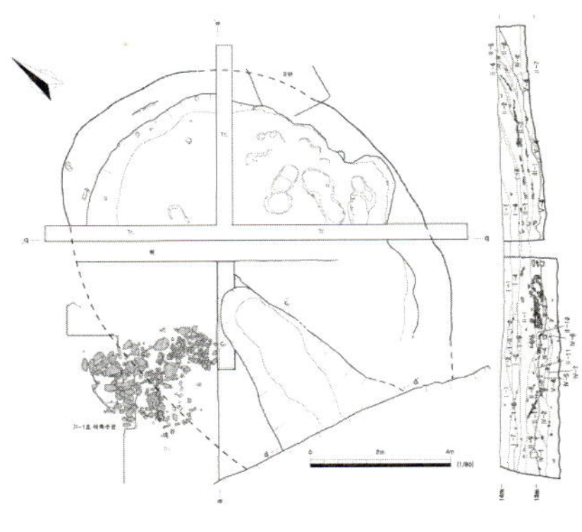

대표적인 공반유물	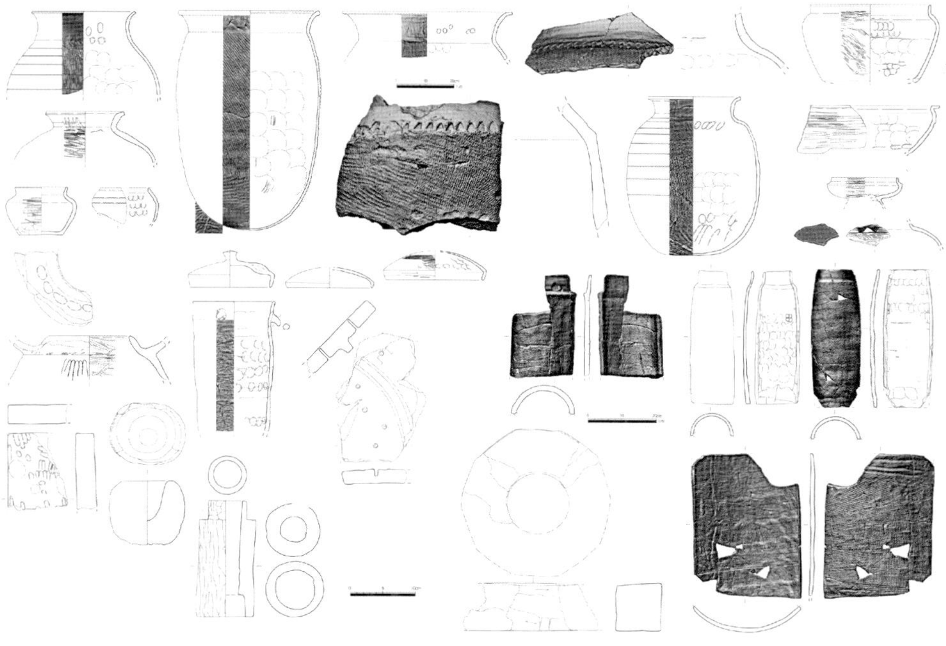

(9) 가-12호 수혈

소 재 지	송파구 풍납동 197번지 일대	조사기관	국립문화재연구소
유 구 명	가-12호 수혈	유구성격	폐기
추정산지	중국	비 고	
외래유물	시유도기(1점)		
공반유물	개배, 뚜껑, 호류 등		
참고문헌	국립문화재연구소, 2009,『風納土城 XI』		

외래계유물(국외)

연 번	유물명	도면번호	사진번호	제원(cm)	추정산지	특징
61	시유도기	895	895	잔고9, 두께1.9	중국	흑갈유 시유

61

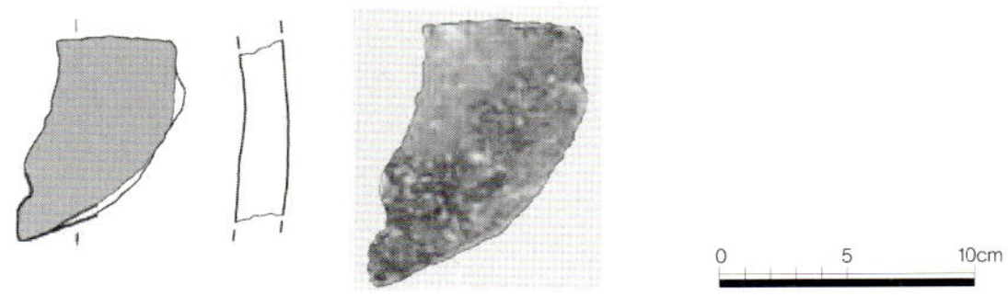

유구도면

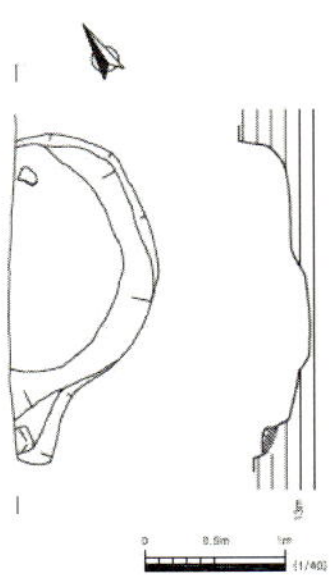

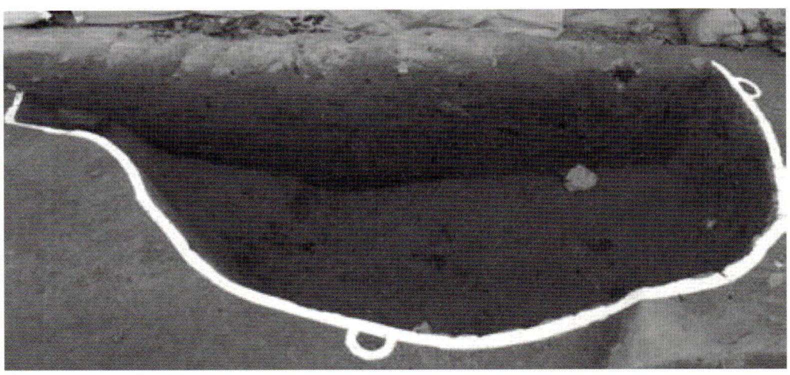

대표적인 공반유물

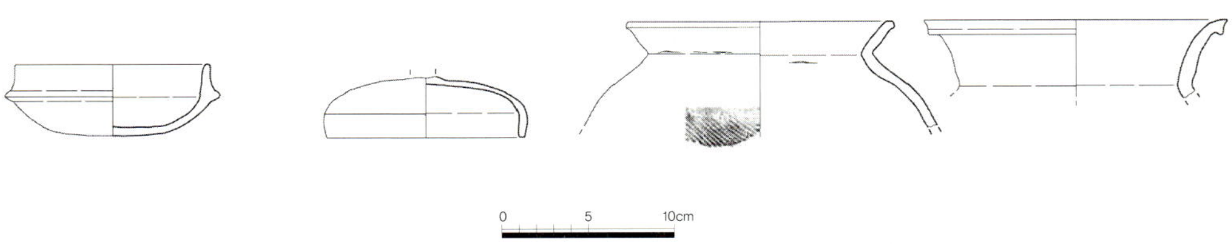

(10) 가-37호 수혈

소 재 지	송파구 풍납동 197번지 일대	조사기관	국립문화재연구소
유 구 명	가-37호 수혈	유구성격	폐기
추정산지	지방	비 고	
외래유물	시유도기(1점)		
공반유물	개배, 뚜껑, 호류 등		
참고문헌	국립문화재연구소, 2009, 『風納土城 XI』		

외래계유물(국내)

연 번	유물명	도면번호	사진번호	제원(cm)	추정산지	특징
62	기대 혹은 원통형토기	1107	1107	잔고4.1, 구경19.8, 두께0.6	지방산 (전라)	외면 약한 요철면 성형, 내외면 물손질

62

유구도면

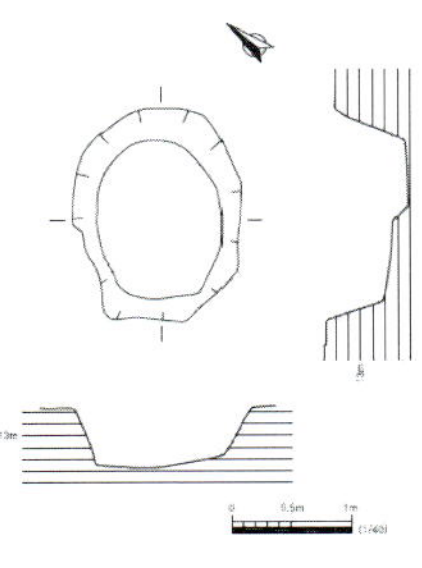

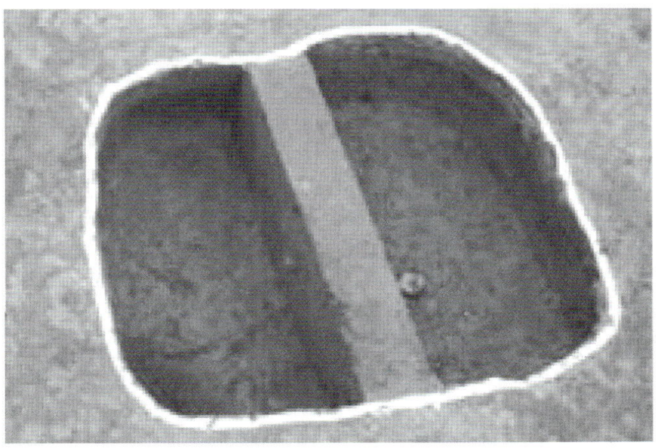

대표적인 공반유물

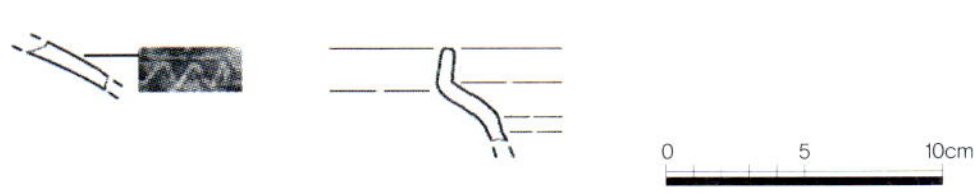

(11) 가-48호 수혈

소 재 지	송파구 풍납동 197번지 일대	조사기관	국립문화재연구소
유 구 명	가-48호 수혈	유구성격	폐기
추정산지	지방	비 고	
외래유물	부형토기(1점)		
공반유물	완, 뚜껑, 호, 합, 심발, 장란형토기 등		
참고문헌	국립문화재연구소, 2009, 『風納土城 XI』		

외래계유물(국내)

연 번	유물명	도면번호	사진번호	제원(cm)	추정산지	특징
63	부형토기	1341	1341	잔고12.1, 구경13, 두께0.5-0.7	지방산 (충청)	동체중부 돌대, 격자문타날 후 물손질, 접합흔 확인

63

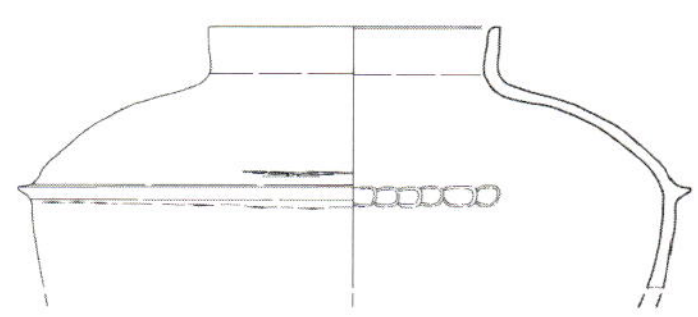

유구도면

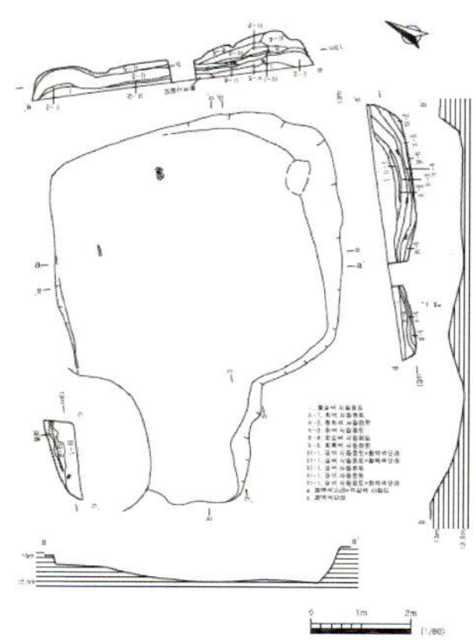

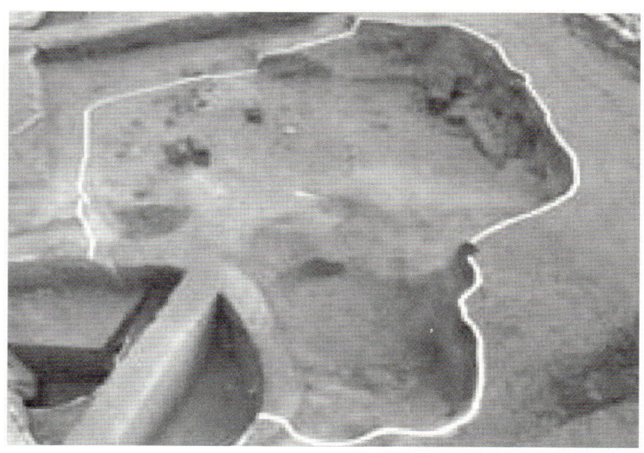

대표적인 공반유물

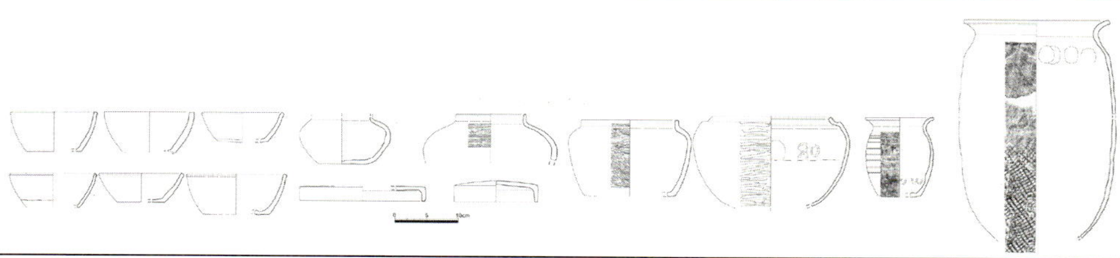

(12) 가-2호 폐기지

소 재 지	송파구 풍납동 197번지 일대	조사기관	국립문화재연구소
유 구 명	가-2호 폐기지	유구성격	폐기
추정산지	지방	비 고	
외래유물	광구장경호(1점)		
공반유물	완, 소호, 병, 삼족대합, 뚜껑, 삼족기, 대호 등		
참고문헌	국립문화재연구소, 2009,『風納土城 XI』		

외래계유물(국내)

연 번	유물명	도면번호	사진번호	제원(cm)	추정산지	특징
64	광구장경호	1650	1650	잔고22.6, 구경20.6, 두께0.6-0.7	지방산 (전라)	경부 2조돌대, 사이에 파상집선문 시문, 동체 전면 평행선문타날 후 물손질, 타날흔 잔존

64

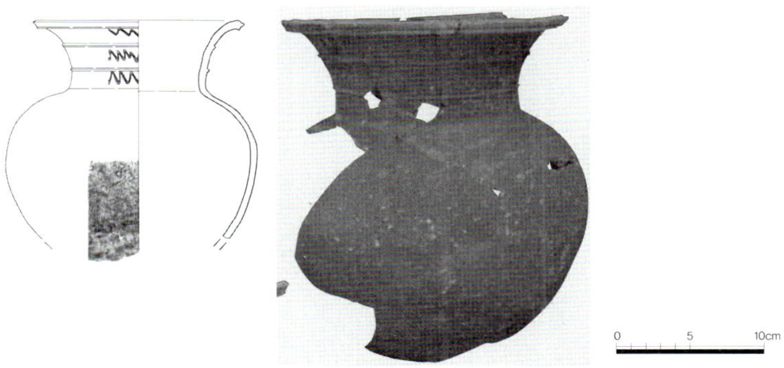

유구도면

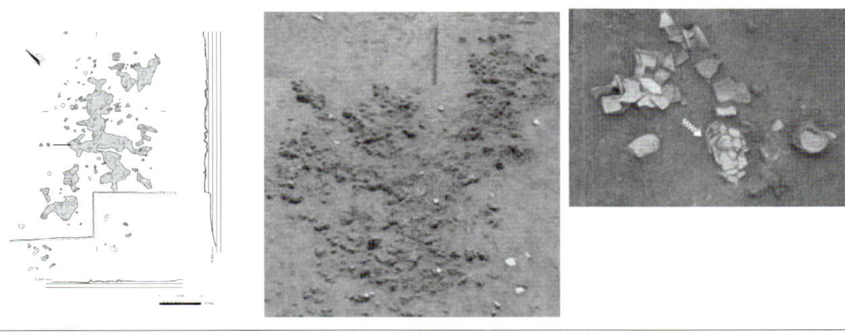

대표적인 공반유물

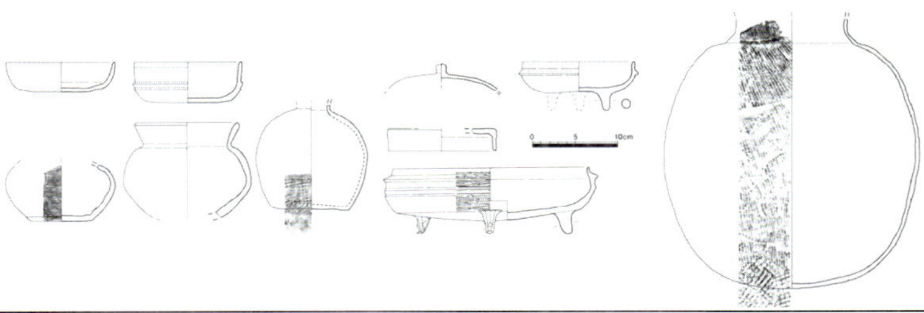

(13) 가-31호 폐기수혈

소 재 지	송파구 풍납동 197번지 일대	조사기관	국립문화재연구소
유 구 명	가-31호 폐기수혈	유구성격	폐기
추정산지	지방, 미정	비 고	
외래유물	소호(1점), 조족문호(1점)		
공반유물	완, 뚜껑, 호, 합, 직구단경호, 장란형토기 등		
참고문헌	국립문화재연구소, 2009, 『風納土城 XI』		

외래계유물(국내)

연 번	유물명	도면번호	사진번호	제원(cm)	추정산지	특징
65	소호	1708	1708	기고7.2, 두께0.7-0.8	지방산 (전라)	저부경계면 깎기, 내외면 물손질
66	조족문호	1798	1798	잔고10.8, 두께0.4-0.5	미상	조족문 타날, 내면 물손질

65

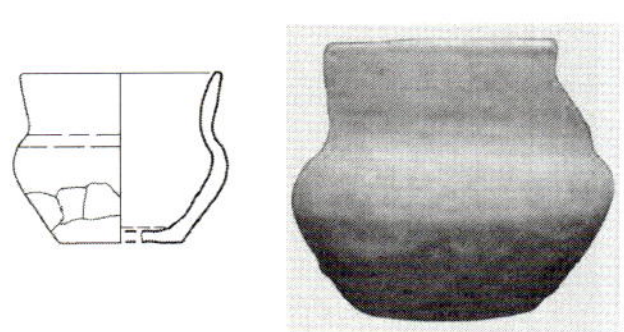

66

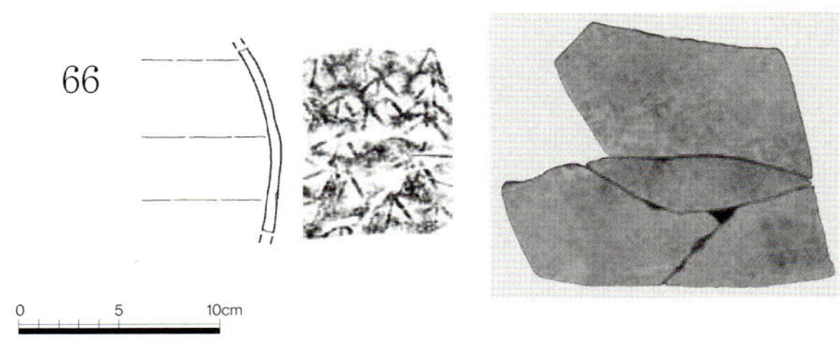

유구도면	대표적인 공반유물
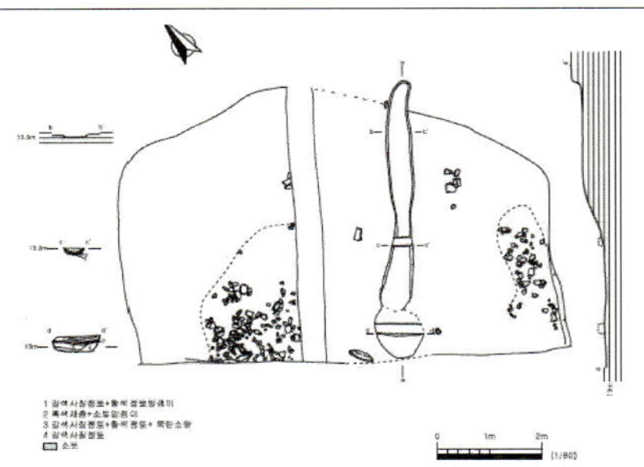 	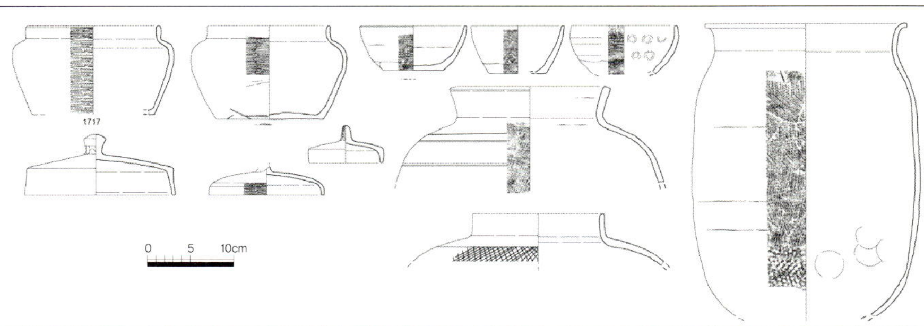

2) 나지구

(1) 나-2호 주거지

소 재 지	송파구 풍납동 197번지 일대	조사기관	국립문화재연구소
유 구 명	나-2호 주거지	유구성격	주거
추정산지	중국	비　　고	
외래유물	시유도기편(1점)		
공반유물	흑색마연토기 직구평저호편 및 직구단경호편, 와당, 심발형토기, 장란형토기, 대옹편 등		
참고문헌	국립문화재연구소, 2012, 『風納土城 XIII』.		

외래계유물(국외)

연 번	유물명	도면번호	사진번호	제원(cm)	추정산지	특징
67	시유도기편	74	74	잔존길이 2.7, 두께 0.9-1.1	중국	고리형 파수부 잔존, 외면 시유, 내면 지두압흔

67

유구도면

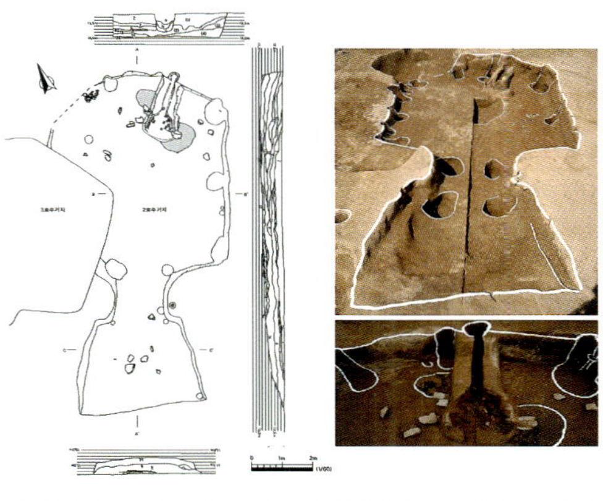

대표적인 공반유물

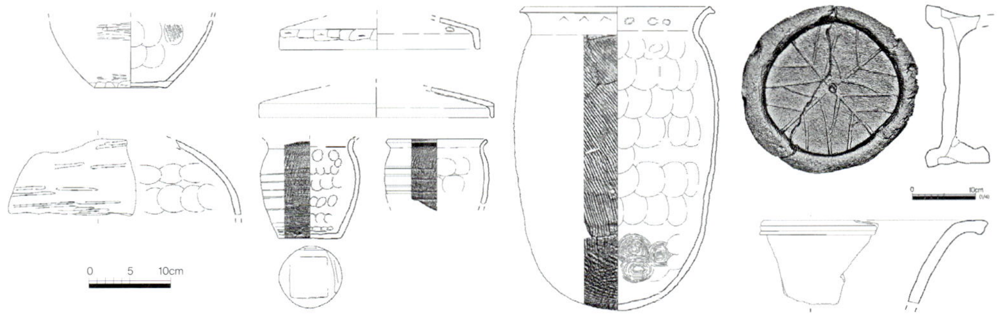

(2) 나-4호 주거지

소 재 지	송파구 풍납동 197번지 일대	조사기관	국립문화재연구소
유 구 명	나-4호 주거지	유구성격	주거(폐기)
추정산지	중국	비 고	
외래유물	시유도기편(1점)		
공반유물	뚜껑, 배신, 완, 합, 심발형토기, 아궁이테 등		
참고문헌	국립문화재연구소, 2012, 『風納土城 XIII』.		

외래계유물(국외)						
연 번	유물명	도면번호	사진번호	제원(cm)	추정산지	특징
68	시유도기편	144	144	잔존길이 6.7, 두께 0.8-0.85	중국	격자문타날, 녹색 자연유, 내면 지두압흔
68 						

유구도면	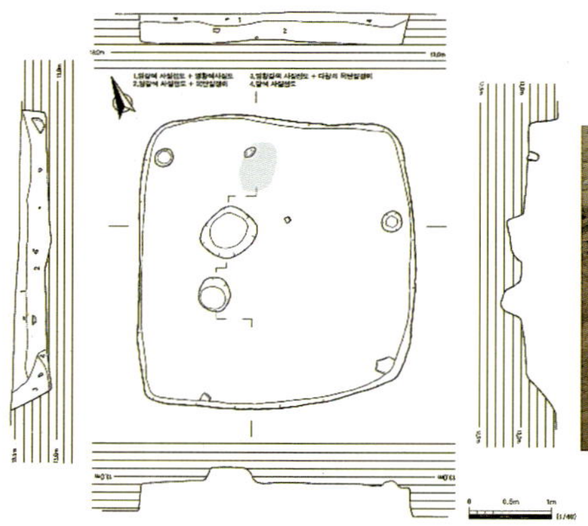 
대표적인 공반유물	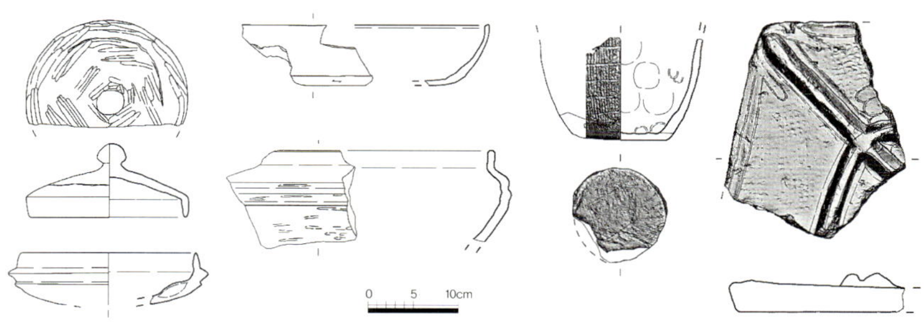

(3) 나-7호 주거지

소 재 지	송파구 풍납동 197번지 일대	조사기관	국립문화재연구소
유 구 명	나-7호 주거지	유구성격	주거(폐기)
추정산지	중국	비　고	
외래유물	청자완편(1점)		
공반유물	뚜껑, 경질무문토기, 대옹편 등		
참고문헌	국립문화재연구소, 2012, 『風納土城 XIII』.		

외래계유물(국외)

연 번	유물명	도면번호	사진번호	제원(cm)	추정산지	특징
69	시유도기편	166	166	잔존길이 4.1, 두께 0.9	중국	동체-저부 경계면 회전깎기, 내면 지두압흔, 외면 긁힌 흔적

69

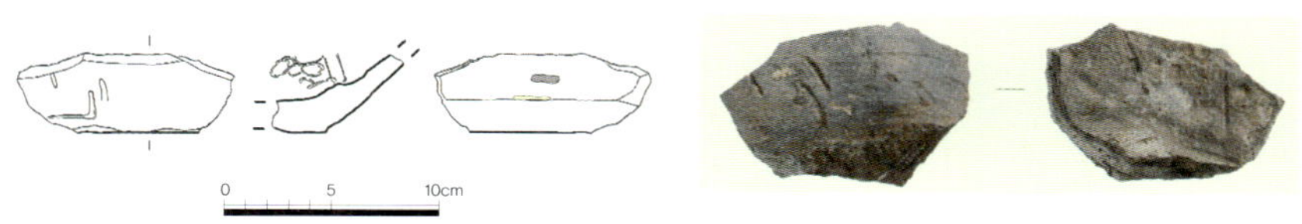

유구도면

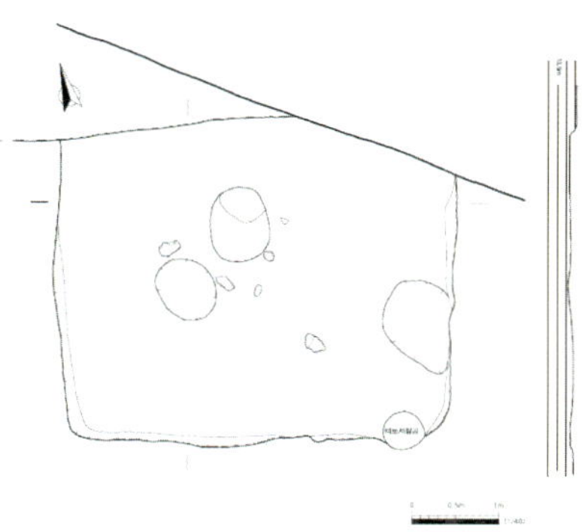

대표적인 공반유물

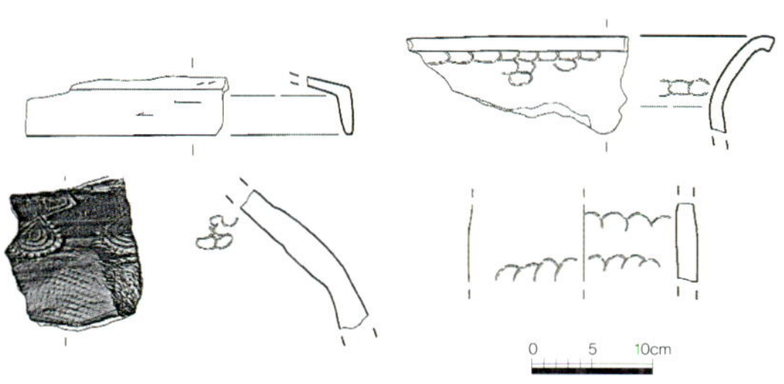

(4) 나-18호 주거지

소 재 지	송파구 풍납동 197번지 일대	조사기관	국립문화재연구소
유 구 명	나-18호 주거지	유구성격	주거(폐기)
추정산지	중국	비 고	
외래유물	청자완편(1점)		
공반유물	뚜껑, 경질무문토기, 발, 반류, 대옹편 등		
참고문헌	국립문화재연구소, 2012, 『風納土城 XIII』.		

외래계유물(국외)

연 번	유물명	도면번호	사진번호	제원(cm)	추정산지	특징
70	청자완	384	384	잔존길이 3.5, 두께 0.4-0.6	중국	구순 하단 홈선, 내외면 유약 시유

70

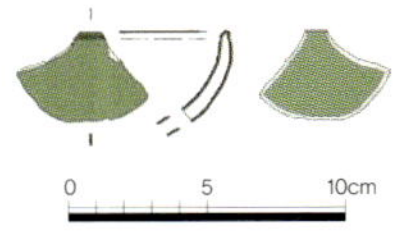

유구도면

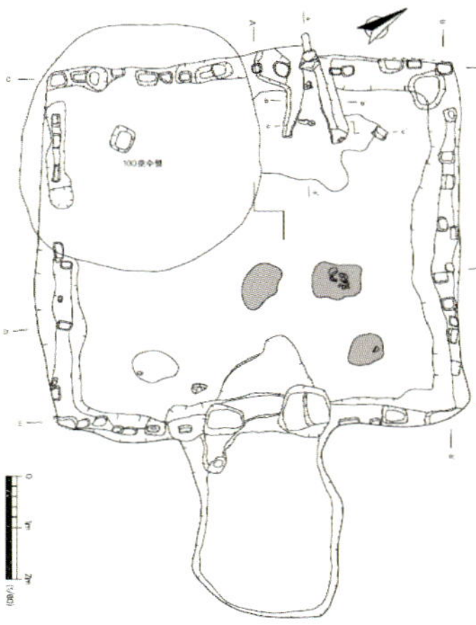

대표적인 공반유물

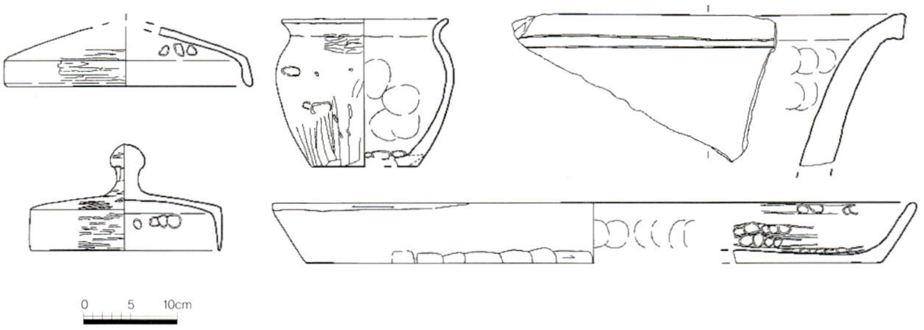

(5) 나-2호 수혈

소 재 지	송파구 풍납동 197번지 일대	조사기관	국립문화재연구소
유 구 명	나-2호 수혈	유구성격	폐기
추정산지	중국	비 고	
외래유물	시유도기편(1점)		
공반유물	대합, 세, 뚜껑, 삼족기, 직구단경호, 개배, 완, 전달린접시, 기대편 등		
참고문헌	국립문화재연구소, 2012, 『風納土城 XIII』.		

외래계유물(국외)

연 번	유물명	도면번호	사진번호	제원(cm)	추정산지	특징
71	시유도기	560	560	잔존길이 8.8, 두께 1.5	중국	무문, 자연유없음, 외면 긁힌 흔적, 내면 물레성형으로 강한 요철면 확인

71

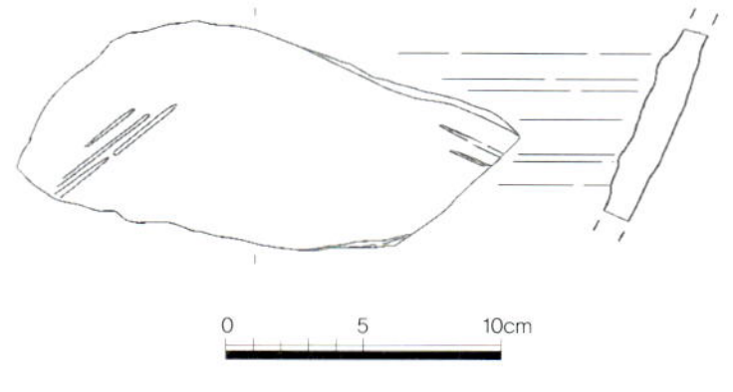

유구도면

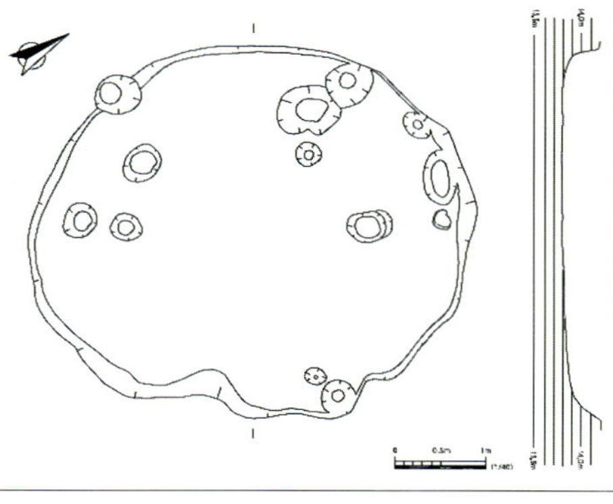

대표적인 공반유물

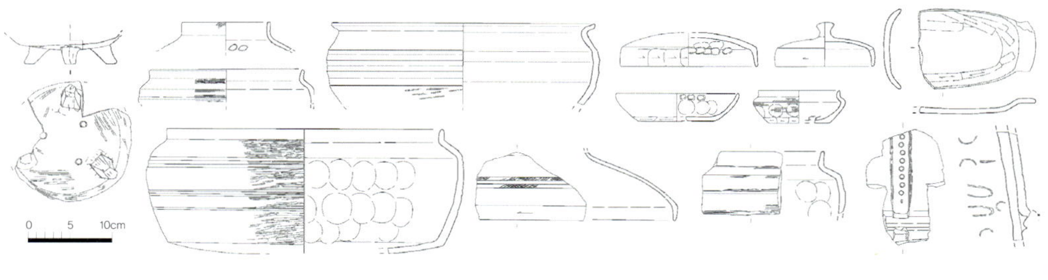

(6) 나-5호 수혈

소 재 지	송파구 풍납동 197번지 일대	조사기관	국립문화재연구소
유 구 명	나-5호 수혈	유구성격	폐기
추정산지	중국	비 고	
외래유물	시유도기편(1점), 은제 귀고리장식(1점)		
공반유물	뚜껑편, 개배, 세편, 기대편, 장란형토기편 등		
참고문헌	국립문화재연구소, 2012, 『風納土城 XIII』.		

외래계유물(국외)

연 번	유물명	도면번호	사진번호	제원(cm)	추정산지	특징
72	시유도기	625	625	잔존길이 5.4, 두께 2.1	중국	외면 전면 자연유, 내면 동체부 지두압흔
73	은제장식	626	626	길이5.2, 폭1.6, 두께 0.1	중국	귀고리장식, 완형, 선단부 0.3cm 투공

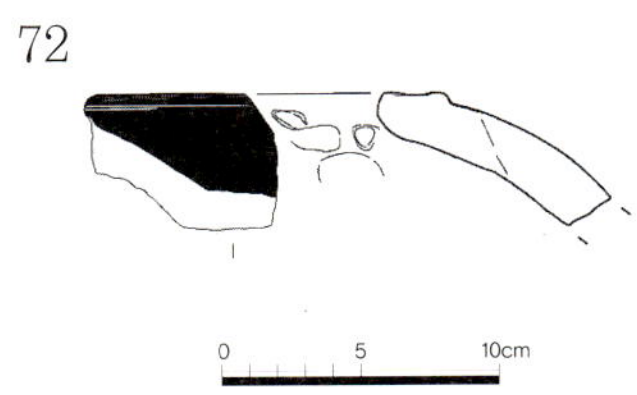

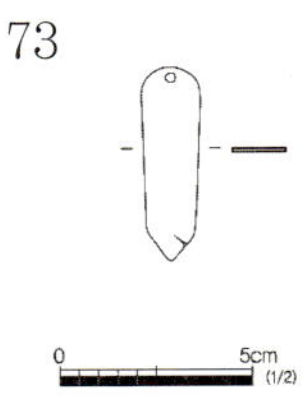

유구도면

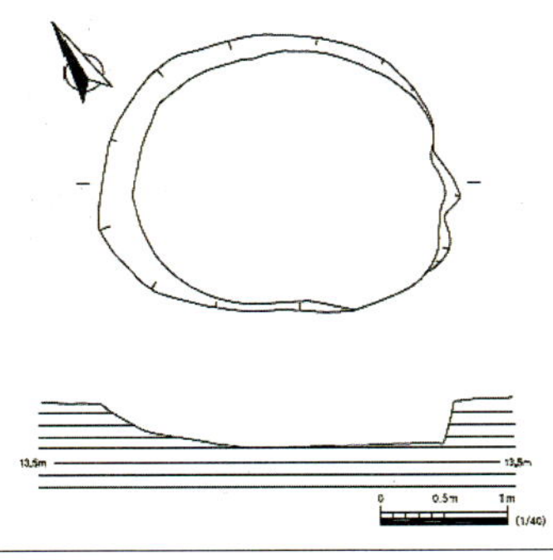

대표적인 공반유물

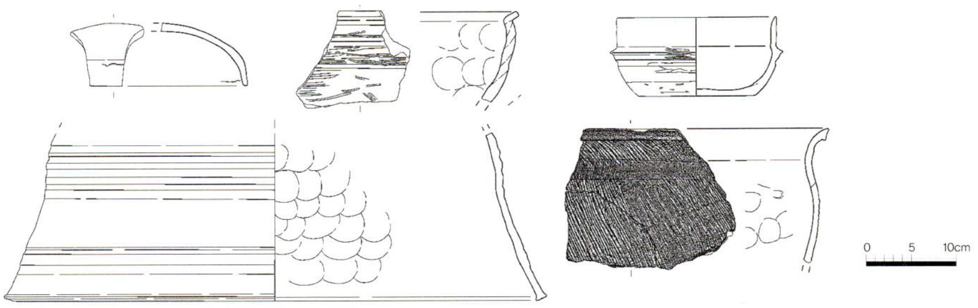

(7) 나-21호 수혈

소 재 지	송파구 풍납동 197번지 일대	조사기관	국립문화재연구소
유 구 명	나-21호 수혈	유구성격	폐기
추정산지	중국	비 고	
외래유물	시유도기편(2점)		
공반유물	대합편, 뚜껑, 호류, 대옹편, 기와편 등		
참고문헌	국립문화재연구소, 2012, 『風納土城 XIII』.		

외래계유물(국외)

연 번	유물명	도면번호	사진번호	제원(cm)	추정산지	특징
74	시유도기	734	734	잔존길이 8, 두께 0.6	중국	매우 얇음. 내면 물레성형에 대한 요철면 확인, 내외면 자연유 부착
75	시유도기	735	735	잔존길이 12, 두께 0.8-0.9	중국	내외면 자연유, 내면 요철면 확인, 동체-저부 경계면 회전깎기

74 75

유구도면

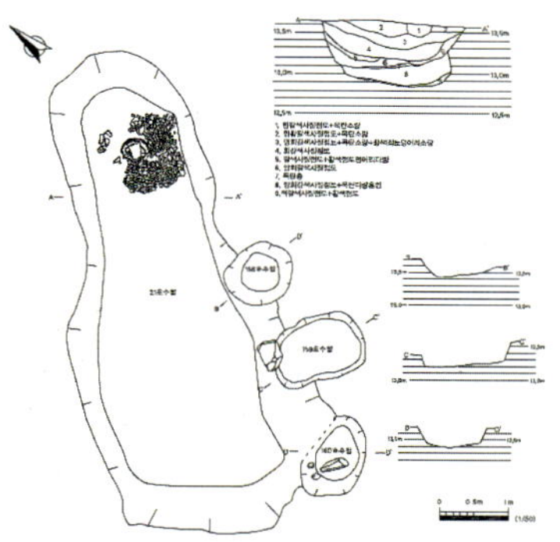

대표적인 공반유물

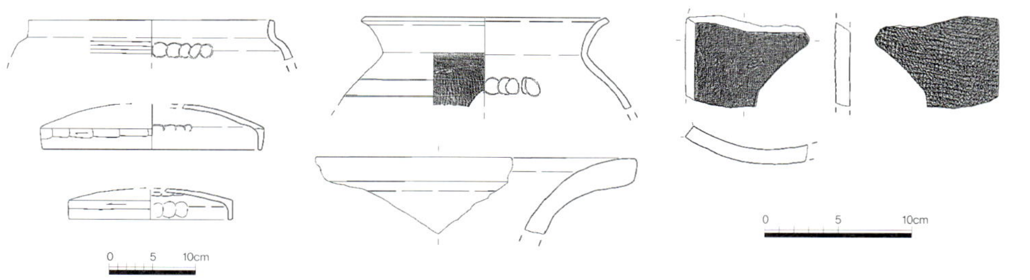

(8) 나-22호 수혈

소 재 지	송파구 풍납동 197번지 일대	조사기관	국립문화재연구소
유 구 명	나-22호 수혈	유구성격	폐기
추정산지	중국	비 고	
외래유물	시유도기편(1점)		
공반유물	개배, 대합, 완, 호류 등		
참고문헌	국립문화재연구소, 2012, 『風納土城 XIII』.		

외래계유물(국외)

연 번	유물명	도면번호	사진번호	제원(cm)	추정산지	특징
76	시유도기	752	752	잔존길이 6.8, 두께 1.9	중국	흑색 자연유 시유, 내면 물손질

76

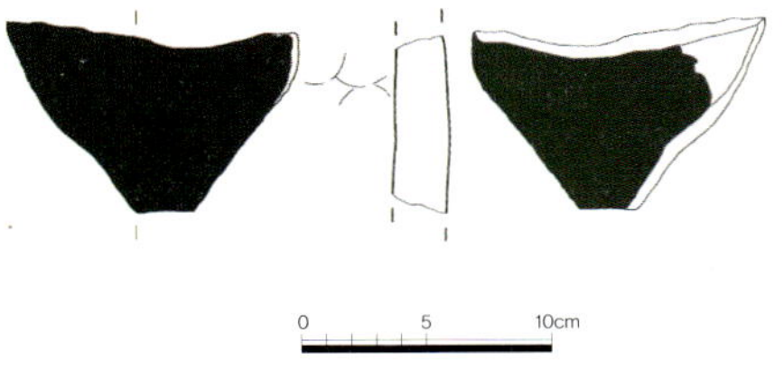

유구도면

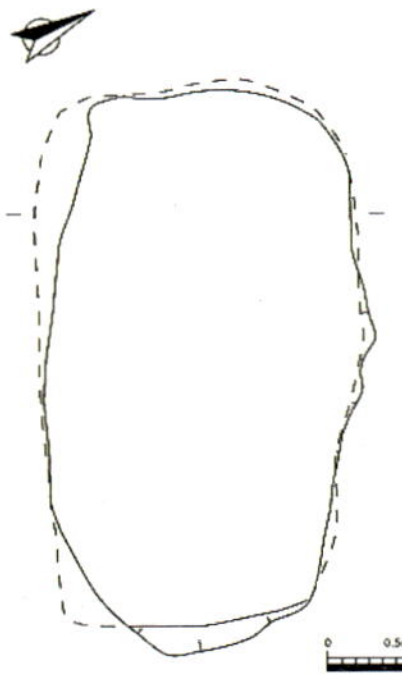

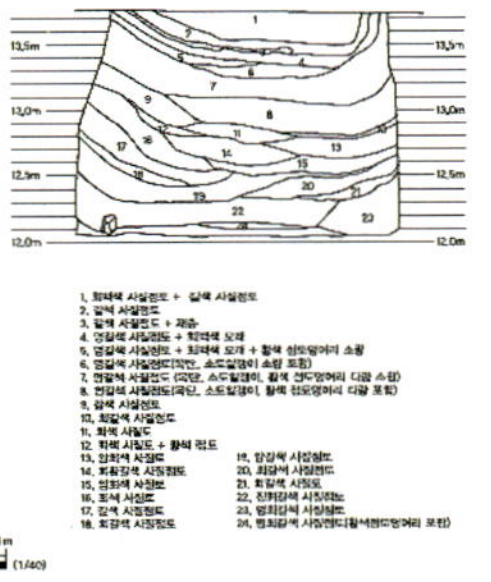

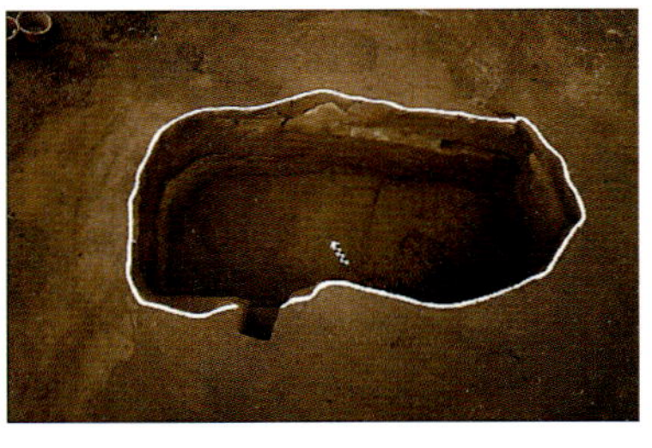

대표적인 공반유물

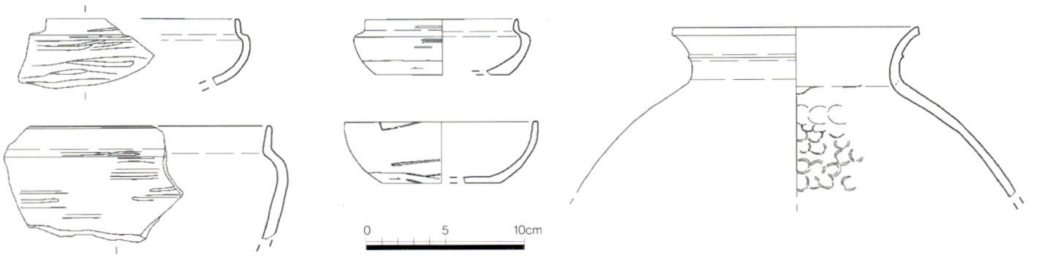

(9) 나-24호 수혈

소 재 지	송파구 풍납동 197번지 일대	조사기관	국립문화재연구소
유 구 명	나-24호 수혈	유구성격	폐기
추정산지	중국	비　　고	
외래유물	시유도기편(1점)		
공반유물	고배, 뚜껑, 완, 직구단경호, 대합, 심발형토기, 호류 등		
참고문헌	국립문화재연구소, 2012, 『風納土城 XIII』.		

외래계유물(국외)

연 번	유물명	도면번호	사진번호	제원(cm)	추정산지	특징
77	시유도기	776	776	잔존길이 4.5, 두께 1.8	중국	자연유 시유

77

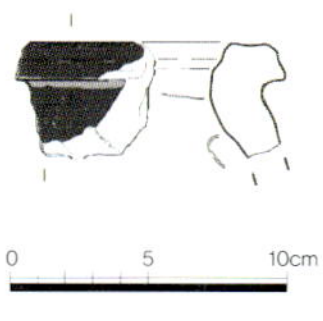

유구도면

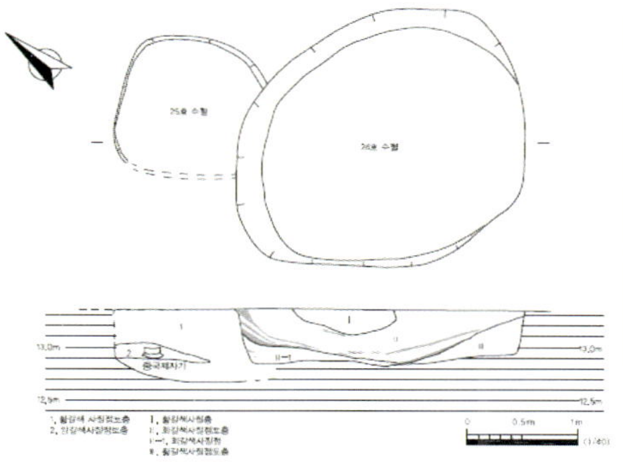

대표적인 공반유물

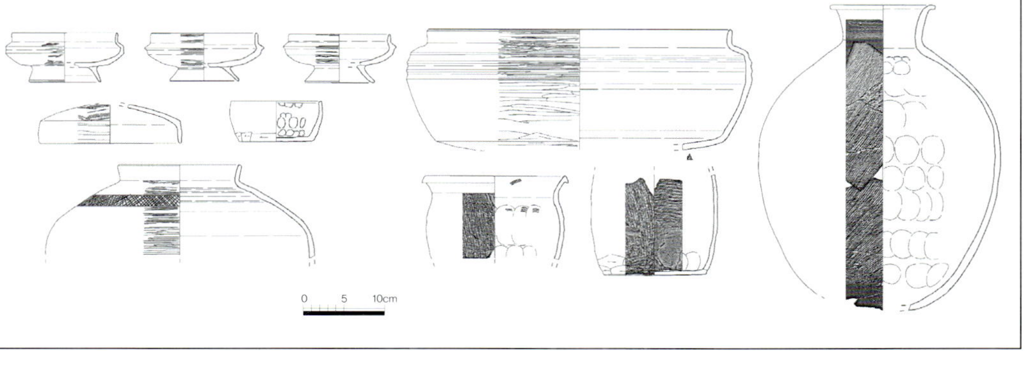

(10) 나-25호 수혈

소 재 지	송파구 풍납동 197번지 일대	조사기관	국립문화재연구소
유 구 명	나-25호 수혈	유구성격	폐기
추정산지	중국	비　　고	
외래유물	청자반구호편(1점)		
공반유물	심발형토기		
참고문헌	국립문화재연구소, 2012, 『風納土城 XIII』.		

외래계유물(국외)

연 번	유물명	도면번호	사진번호	제원(cm)	추정산지	특징
78	청자반구호	779	779	잔존길이 8, 두께 1.1-1.4	중국	외면에 회녹색 유약이 전면 시문, 견부 얇은 침석장식 있음.

78

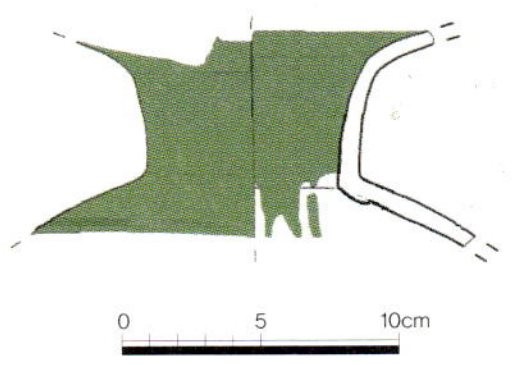

유구도면

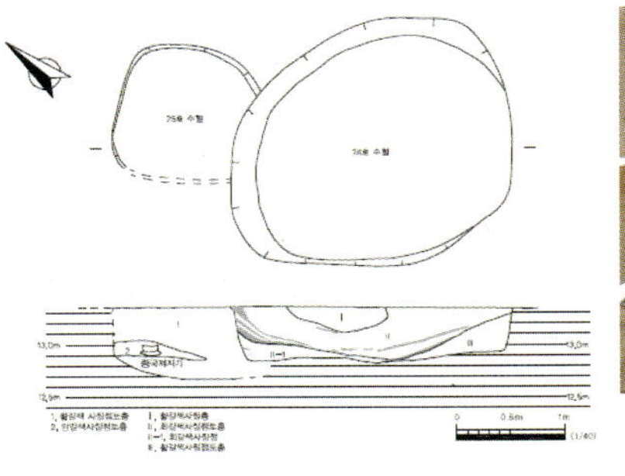

대표적인 공반유물

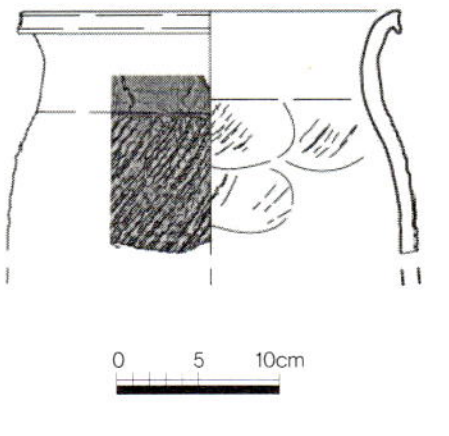

(11) 나-37호 수혈

소 재 지	송파구 풍납동 197번지 일대	조사기관	국립문화재연구소
유 구 명	나-37호 수혈	유구성격	폐기
추정산지	중국	비 고	
외래유물	청동포수(1점)		
공반유물	없음		
참고문헌	국립문화재연구소, 2012, 『風納土城 XIII』.		

외래계유물(국외)

연 번	유물명	도면번호	사진번호	제원(cm)	추정산지	특징
79	청동포수	889	889	길이 3.5, 폭3.3, 두께 0.2-0.5	중국	기본 방형, 상부에 세개의 삼각면을 조성하고 삼각의 끝단을 모두 고사리형으로 말아 장식, 내면에 짐승의 얼굴문양을 투조함

79

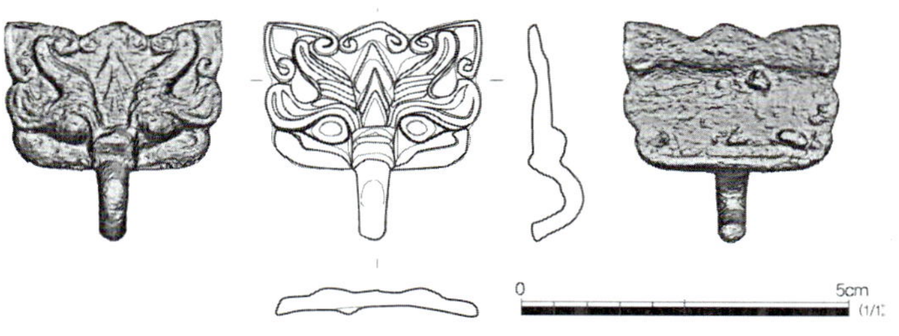

유구도면

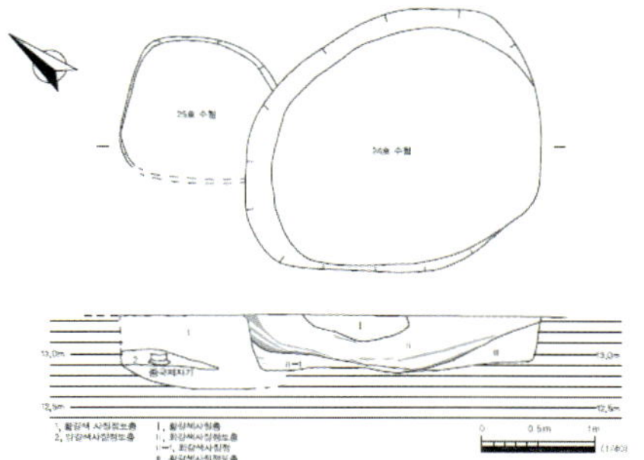

(12) 나-41호 수혈

소 재 지	송파구 풍납동 197번지 일대	조사기관	국립문화재연구소
유 구 명	나-41호 수혈	유구성격	폐기
추정산지	중국	비　　고	
외래유물	시유도기편(1점)		
공반유물	고배, 직구단경호, 대합, 뚜껑, 개배, 완, 호류 등		
참고문헌	국립문화재연구소, 2012,『風納土城 XIII』.		

외래계유물(국외)

연 번	유물명	도면번호	사진번호	제원(cm)	추정산지	특징
80	시유도기	960	960	길이 8.7, 두께 1.5	중국	외면 자연유, 약간 기포흔, 내면 원형의 소형 박락면 확인

80

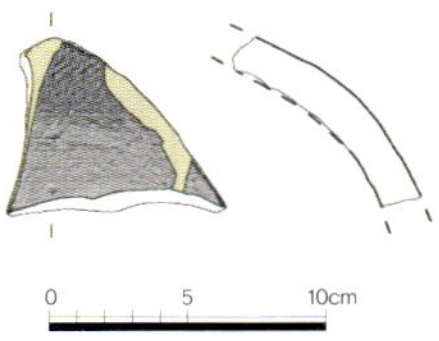

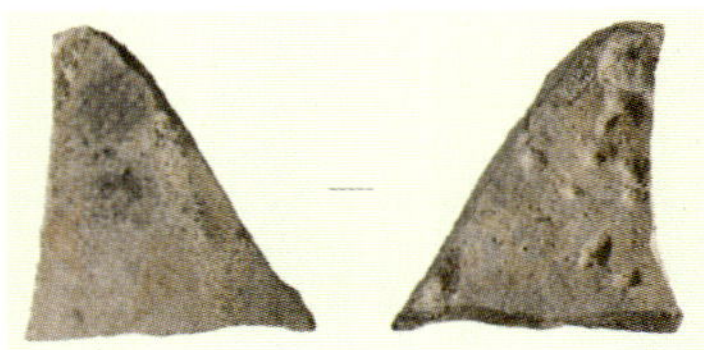

유구도면

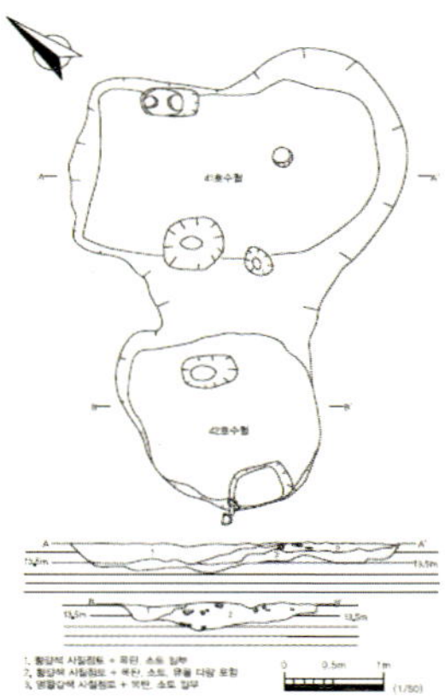

대표적인 공반유물

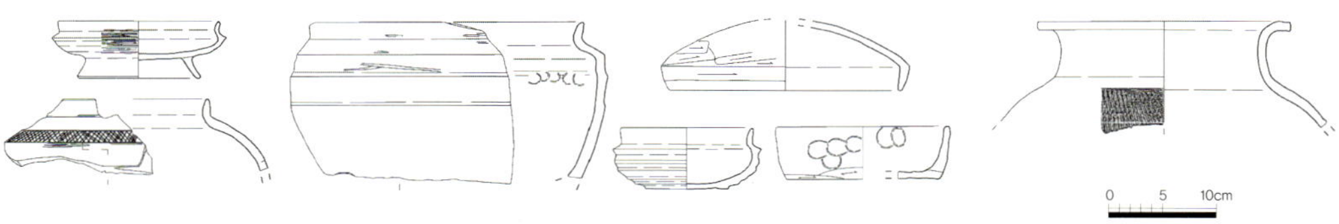

(13) 나-3호 구상유구

소 재 지	송파구 풍납동 197번지 일대	조사기관	국립문화재연구소
유 구 명	나-3호 구상유구	유구성격	폐기
추정산지	중국	비　고	
외래유물	청자완편(1점)		
공반유물	뚜껑, 호, 기대, 부뚜막테 등		
참고문헌	국립문화재연구소, 2012, 『風納土城 XIII』.		

외래계유물(국외)

연 번	유물명	도면번호	사진번호	제원(cm)	추정산지	특징
81	청자완편	1305	1305	길이 8.7, 두께 1.5	중국	외면 자연유, 약간 기포흔, 내면 원형의 소형 박락면 확인

81

유구도면

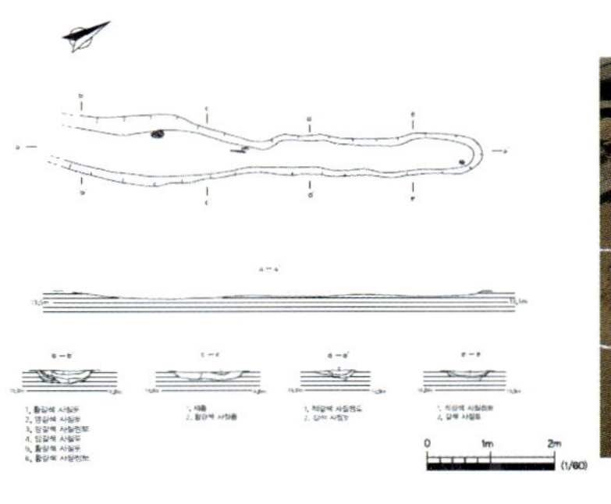

대표적인 공반유물

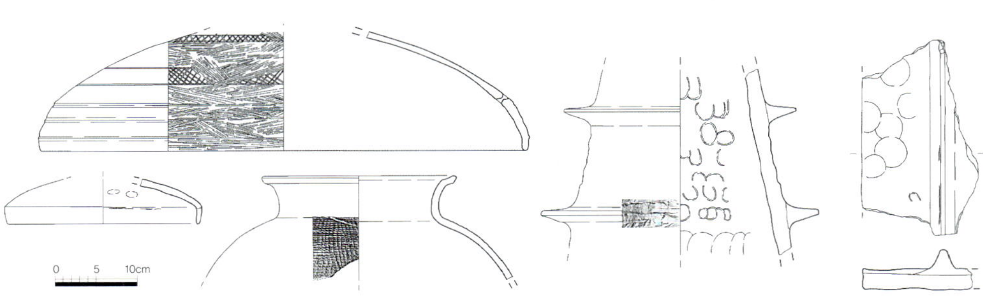

3) 다지구

(1) 다-5호 주거지

소 재 지	송파구 풍납동 197번지 일대	조사기관	국립문화재연구소
유 구 명	다-5호 주거지	유구성격	폐기
추정산지	지방, 미상	비 고	
외래유물	호(1점, 상면 교란층)		
공반유물	시루, 대합, 뚜껑, 호, 전달린 접시 등		
참고문헌	국립문화재연구소, 2013, 『風納土城 XV』.		

외래계유물(국내)

연 번	유물명	도면번호	사진번호	제원(cm)	추정산지	특징
82	반	7	7	잔고7.5, 두께0.6-0.9	미상	강한 요철장식대, 내외면 회전물손질
83	호	10	10	잔고 7.9, 두께 0.5	지방산 (충청)	산수리삼룡리호, 평행선문타날+횡침선, 내부 박자흔

82

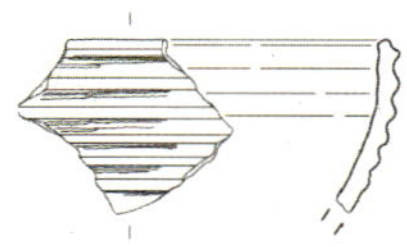

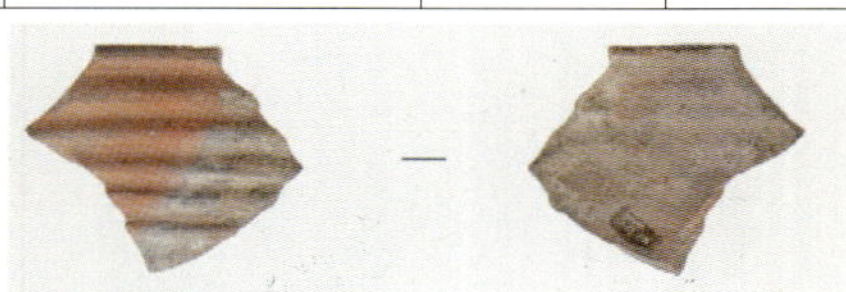

83

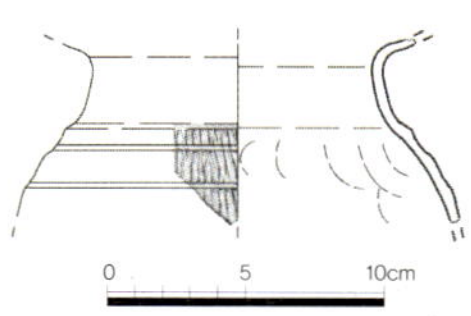

유구도면

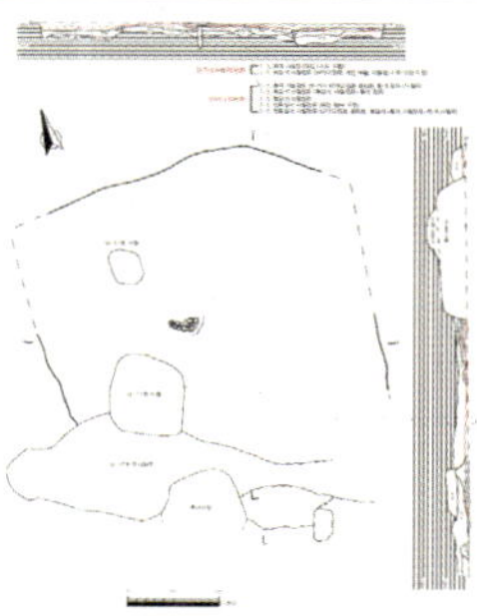

대표적인 공반유물

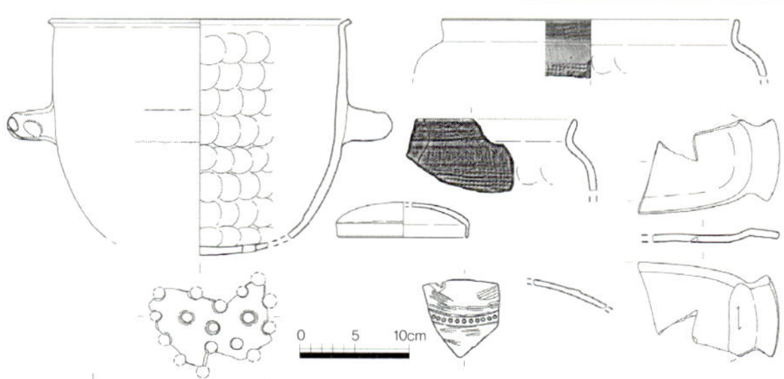

(2) 다-6호 주거지

소 재 지	송파구 풍납동 197번지 일대	조사기관	국립문화재연구소
유 구 명	다-6호 주거지	유구성격	주거
추정산지	지방, 중국	비 고	
외래유물	낙랑계토기(2점), 시유도기(1점, 교란부 출토)		
공반유물	호, 중도식토기, 시루편, 철겸 등		
참고문헌	국립문화재연구소, 2013, 『風納土城 XV』.		

외래계유물(국내)

연 번	유물명	도면번호	사진번호	제원(cm)	추정산지	특징
84	호	22	22	기고17.8, 구경9.3 저경10.4, 두께0.6-0.8	지방계 (낙랑)	동체저부경계면 정지깎기, 내면 박자흔
85	호	23	23	기고26.7, 구경11.4 저경15, 두께0.5-1.1	지방계 (낙랑)	외면 격자문타날+횡침선, 내면 박자흔

84

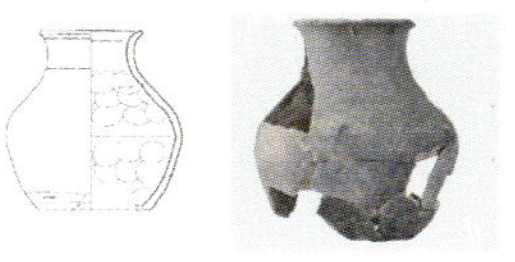

85

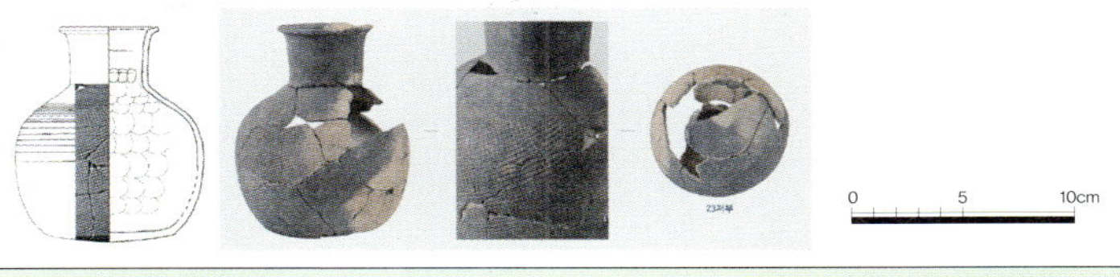

외래계유물(국외)

연 번	유물명	도면번호	사진번호	제원(cm)	추정산지	특징
86	시유도기	58	58	잔고8.3, 두께0.5-0.7	중국	외면 일부 시유

86

유구도면

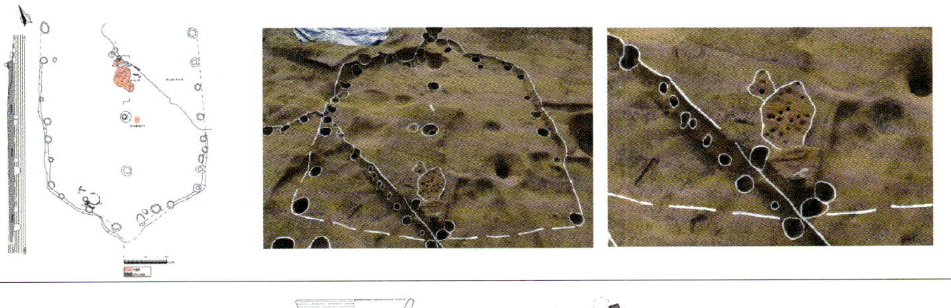

대표적인 공반유물

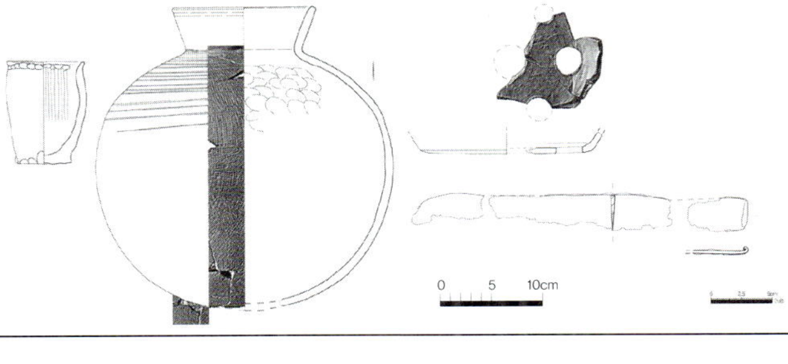

(3) 다-9호 주거지

소 재 지	송파구 풍납동 197번지 일대	조사기관	국립문화재연구소
유 구 명	다-9호 주거지	유구성격	주거(폐기)
추정산지	중국	비 고	
외래유물	시유도기(1점)		
공반유물	경질무문토기, 완, 방추차 등		
참고문헌	국립문화재연구소, 2013, 『風納土城 XV』.		

외래계유물(국외)

연 번	유물명	도면번호	사진번호	제원(cm)	추정산지	특징
87	시유도기	72	72	잔고3.3, 두께0.9-1.4	중국	내외면 시유, 물손질

87

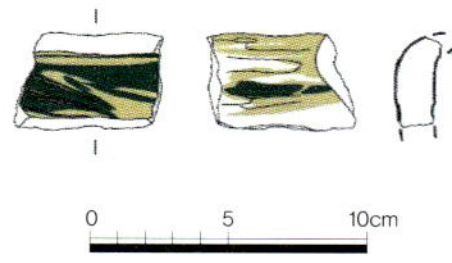

유구도면

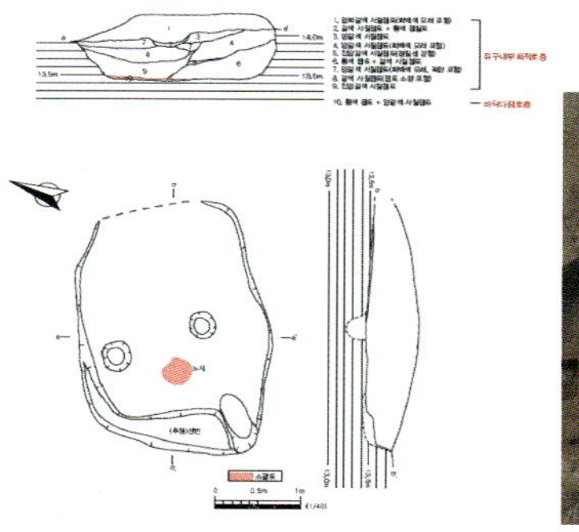

대표적인 공반유물

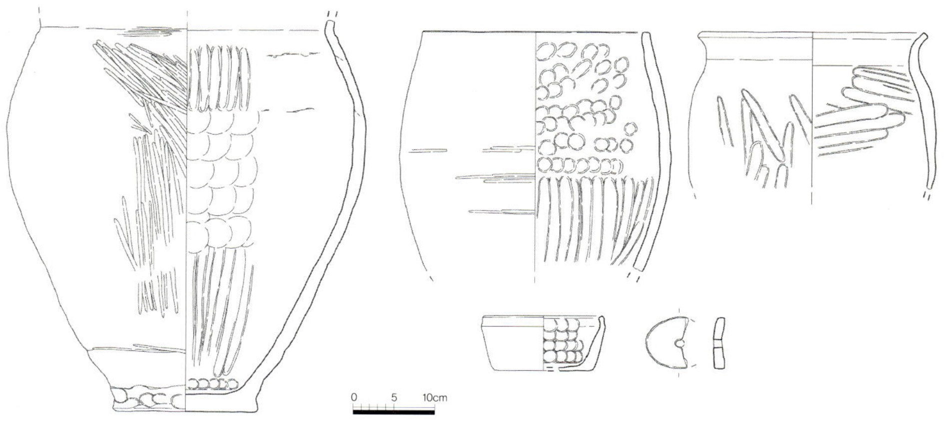

(4) 다-14호 수혈

소 재 지	송파구 풍납동 197번지 일대	조사기관	국립문화재연구소
유 구 명	다-14호 수혈	유구성격	저장(폐기)
추정산지	중국	비　　고	
외래유물	시유도기(1점)		
공반유물	대옹, 철착, 기와편 등		
참고문헌	국립문화재연구소, 2012, 『風納土城 XV』.		

외래계유물(국외)

연　번	유물명	도면번호	사진번호	제원(cm)	추정산지	특징
88	시유도기	518	518	잔고 8.2, 두께 0.8-1.2	중국	내외면 굴곡, 내면 자연유

88

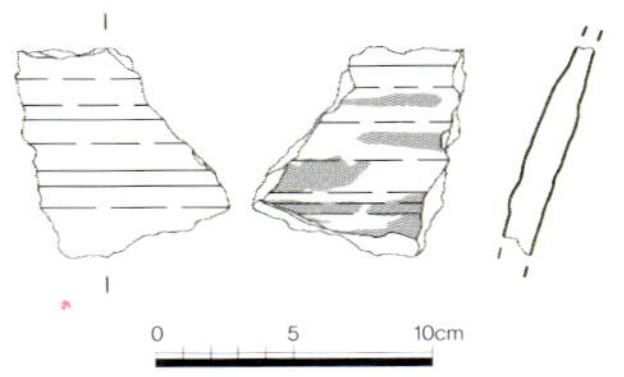

유구도면

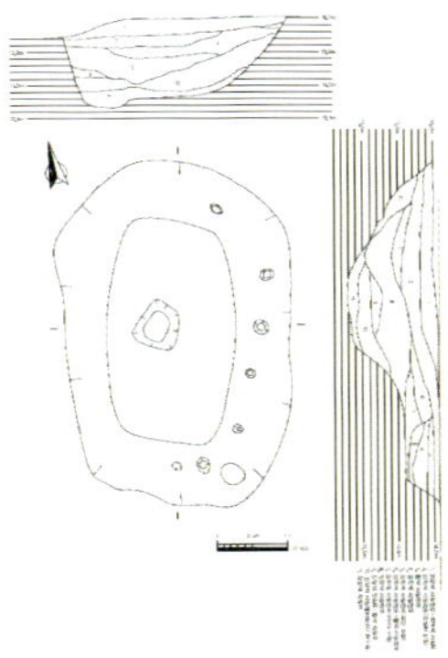

대표적인 공반유물

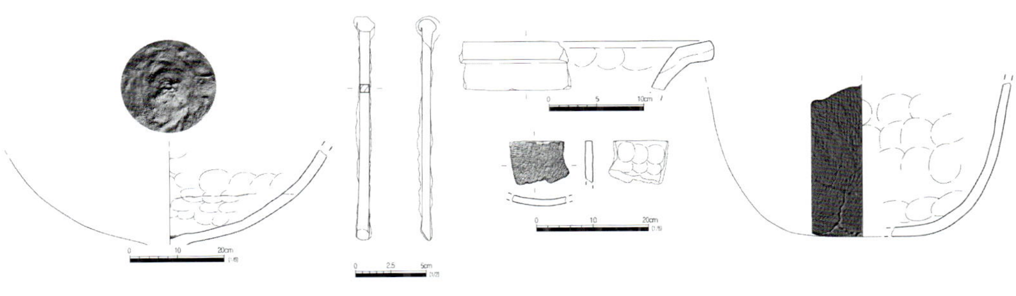

(5) 다-38호 수혈

소 재 지	송파구 풍납동 197번지 일대	조사기관	국립문화재연구소
유 구 명	다-38호 수혈	유구성격	저장
추정산지	중국	비　고	
외래유물	청자완(1점)		
공반유물	대옹, 찰갑편 등		
참고문헌	국립문화재연구소, 2012, 『風納土城 XV』.		

외래계유물(국외)

연 번	유물명	도면번호	사진번호	제원(cm)	추정산지	특징
89	청자완	558	558	기고5.6, 구경9.9, 저경5.1, 두께0.5-0.8	중국	연화문청자완, 연잎7개 음각 내외면 투명한 녹유시유

89

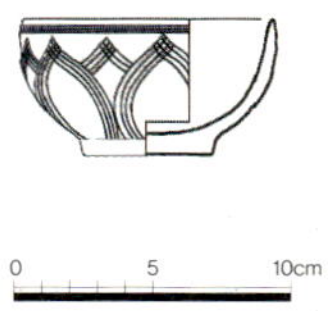

유구도면

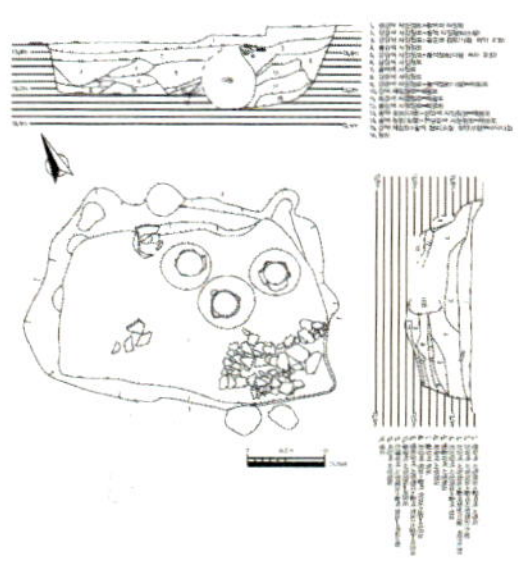

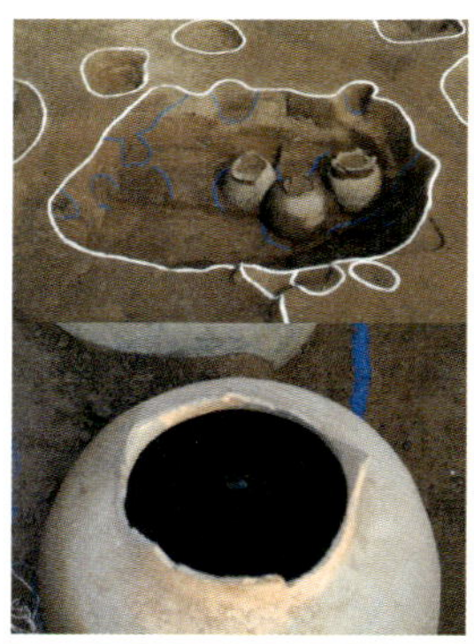

대표적인 공반유물

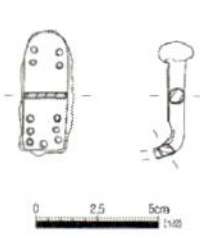

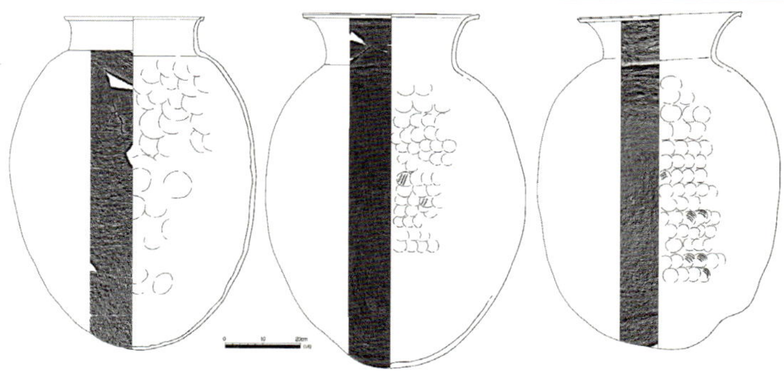

(6) 다-60호 수혈

소 재 지	송파구 풍납동 197번지 일대	조사기관	국립문화재연구소
유 구 명	다-60호 수혈	유구성격	저장(폐기)
추정산지	중국	비 고	
외래유물	자기(1점), 청자(1점)		
공반유물	호류, 뚜껑, 대합, 대합뚜껑 등		
참고문헌	국립문화재연구소, 2012, 『風納土城 XV』.		

외래계유물(국외)

연 번	유물명	도면번호	사진번호	제원(cm)	추정산지	특징
90	자기	606	606	잔고 3.3.,두께 0.5	중국	내외면 시유없음
91	청자	607	607	잔고 5.1, 저경13.9, 두께 0.5-1.1	중국	외면 바닥제외 시유, 회전물손질에 의한 요철면, 호류

90

91

유구도면

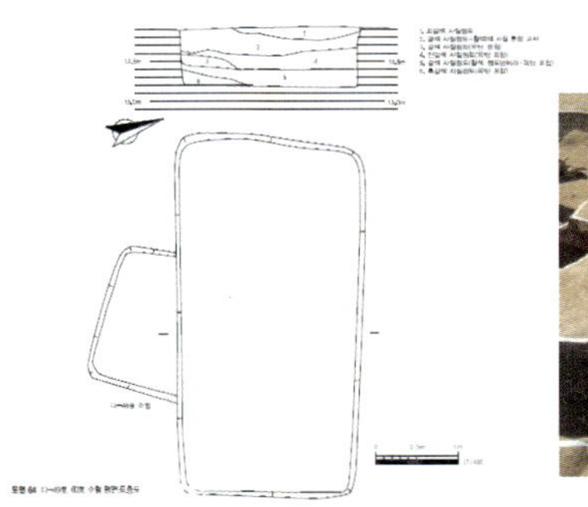

대표적인 공반유물

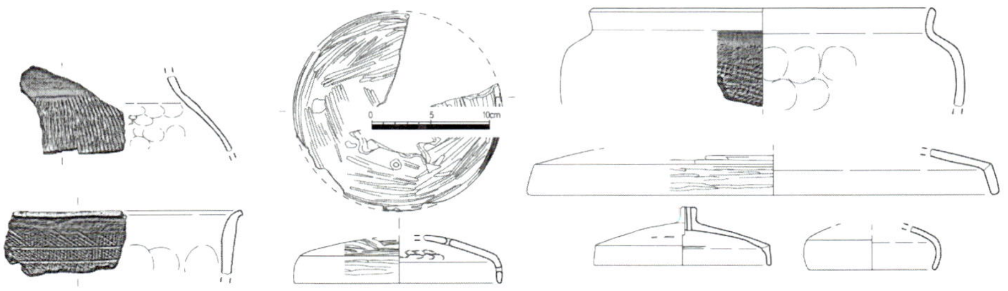

(7) 다-84호 수혈

소 재 지	송파구 풍납동 197번지 일대	조사기관	국립문화재연구소
유 구 명	다-84호 수혈	유구성격	저장(폐기)
추정산지	중국	비 고	
외래유물	시유도기(1점)		
공반유물	대옹편, 기대편(추정)		
참고문헌	국립문화재연구소, 2012, 『風納土城 XIV』.		

외래계유물(국외)

연 번	유물명	도면번호	사진번호	제원(cm)	추정산지	특징
92	시유도기	662	662	잔고 5, 두께 1.8	중국	외면 시유, 내면 박자흔

92

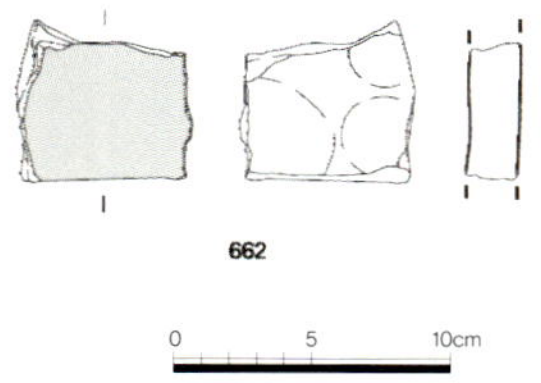

유구도면

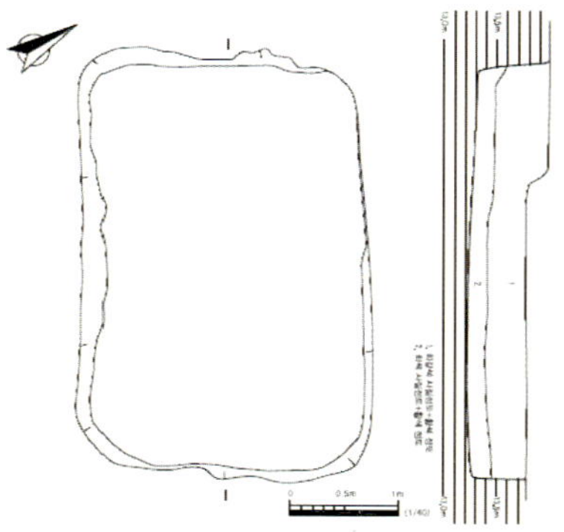

대표적인 공반유물

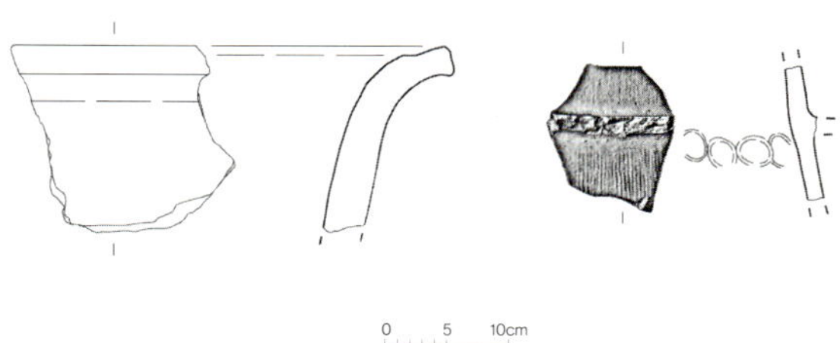

(8) 다-90호 수혈

소 재 지	송파구 풍납동 197번지 일대	조사기관	국립문화재연구소
유 구 명	다-90호 수혈	유구성격	저장(폐기)
추정산지	중국	비 고	
외래유물	시유도기(1점)		
공반유물	대옹편, 뚜껑, 직구호류, 와당편 등		
참고문헌	국립문화재연구소, 2012, 『風納土城 XIV』.		

외래계유물(국외)

연 번	유물명	도면번호	사진번호	제원(cm)	추정산지	특징
93	시유도기	679	679	잔고 8.8, 두께 0.9	중국	외면 시유, 내면 지두흔

93

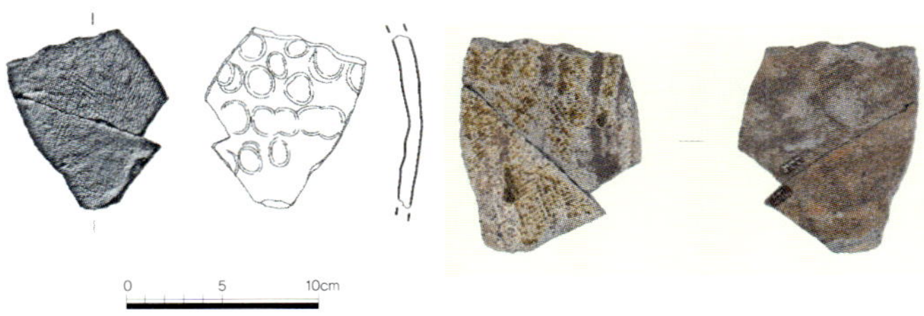

유구도면

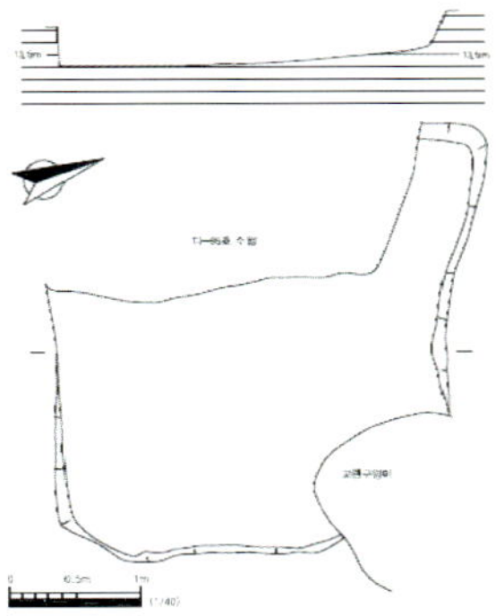

대표적인 공반유물

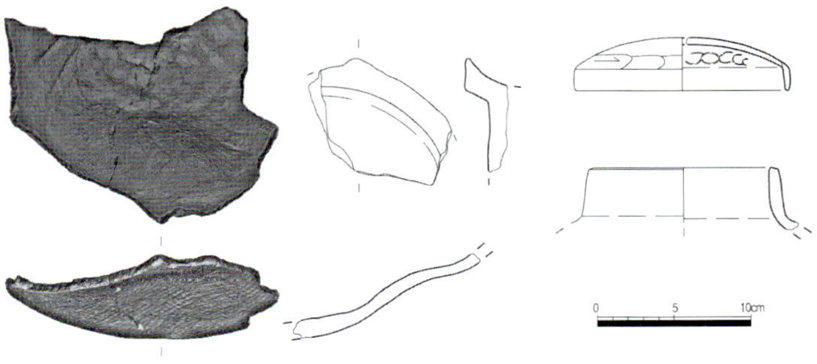

(9) 다-96호 수혈

소 재 지	송파구 풍납동 197번지 일대	조사기관	국립문화재연구소
유 구 명	다-96호 수혈	유구성격	폐기
추정산지	중국	비 고	
외래유물	시유도기(1점)		
공반유물	대옹편, 뚜껑, 호류, 동이류 등		
참고문헌	국립문화재연구소, 2012, 『風納土城 XIV』.		

외래계유물(국외)

연 번	유물명	도면번호	사진번호	제원(cm)	추정산지	특징
94	시유도기	707	707	잔고 9.1, 두께 0.5-0.9	중국	외면 시유, 내면 지두흔, 접합흔

94

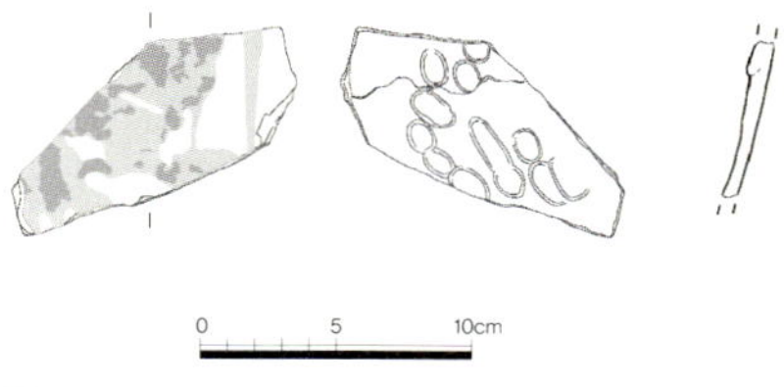

유구도면

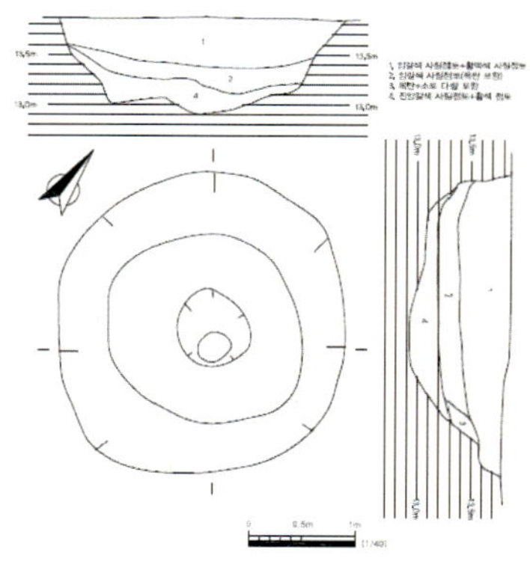

대표적인 공반유물

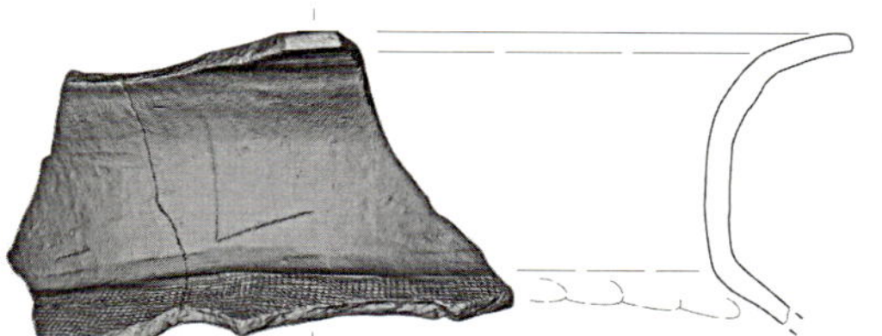

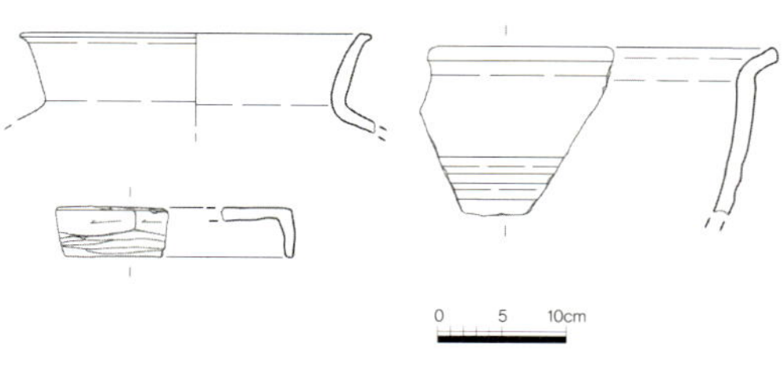

(10) 다-101호 수혈

소 재 지	송파구 풍납동 197번지 일대	조사기관	국립문화재연구소
유 구 명	다-101호 수혈	유구성격	저장(폐기)
추정산지	중국	비 고	
외래유물	시유도기(1점)		
공반유물	경질무문토기, 발		
참고문헌	국립문화재연구소, 2012, 『風納土城 XIV』.		

외래계유물(국외)

연 번	유물명	도면번호	사진번호	제원(cm)	추정산지	특징
95	시유도기	716	716	잔고 3.5, 두께 0.7-1.0	중국	이부편, 외면 시유, 내면 지두흔

95

유구도면

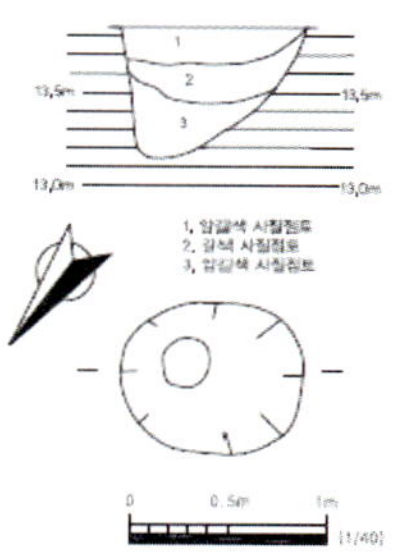

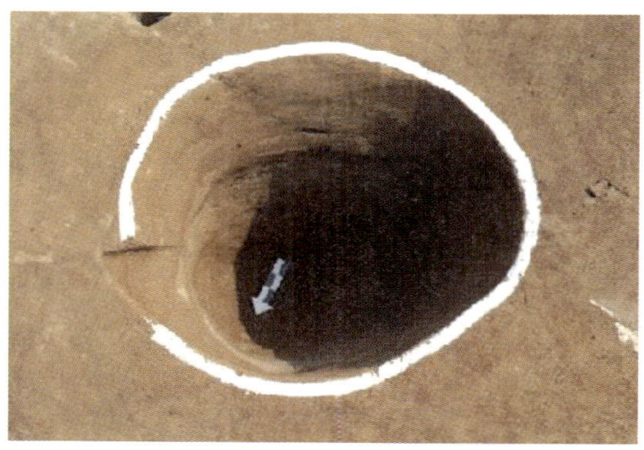

대표적인 공반유물

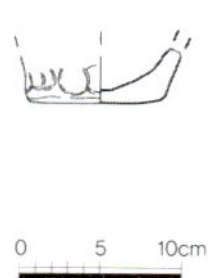

(11) 다-103호 수혈

소 재 지	송파구 풍납동 197번지 일대	조사기관	국립문화재연구소
유 구 명	다-103호 수혈	유구성격	저장(폐기)
추정산지	중국	비 고	
외래유물	시유도기(1점)		
공반유물	장란형토기, 호, 토관 등		
참고문헌	국립문화재연구소, 2012, 『風納土城 XIV』.		

외래계유물(국외)

연 번	유물명	도면번호	사진번호	제원(cm)	추정산지	특징
96	시유도기	724	724	잔고 6.6, 두께 1.9-2.0	중국	외면 시유, 내면 박자흔

96

유구도면

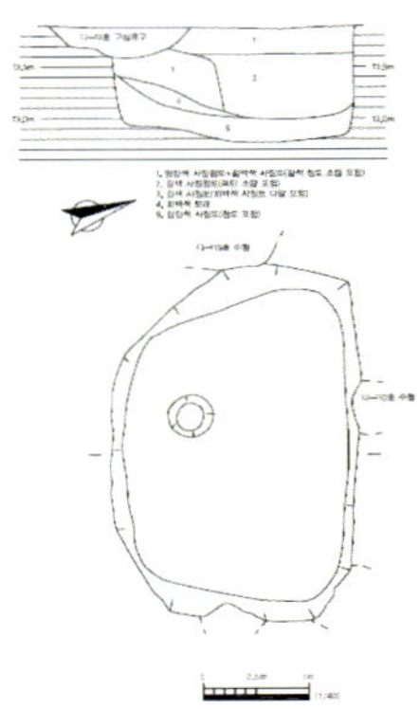

대표적인 공반유물

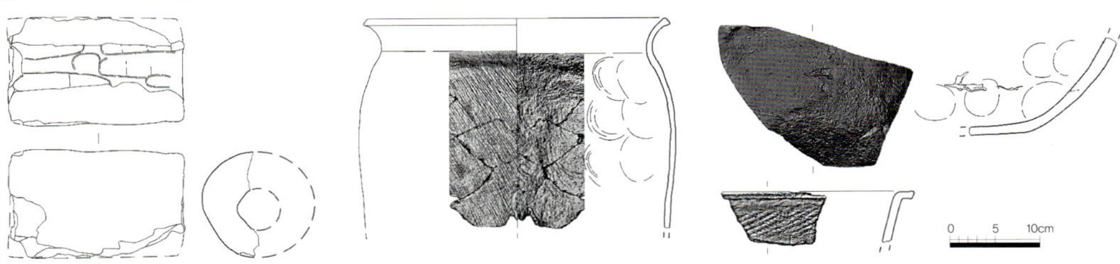

(12) 다-3호 구상유구

소 재 지	송파구 풍납동 197번지 일대	조사기관	국립문화재연구소
유 구 명	다-3호 구상유구	유구성격	폐기
추정산지	중국	비　　고	
외래유물	시유도기(1점)		
공반유물	호편, 철정 등		
참고문헌	국립문화재연구소, 2012, 『風納土城 XIV』.		

외래계유물(국외)

연 번	유물명	도면번호	사진번호	제원(cm)	추정산지	특징
97	시유도기	1191	1191	잔고 6.8, 저경 23.6, 두께 1.6-1.7	중국	외저면 다량 모래부착, 내면 접합흔

97

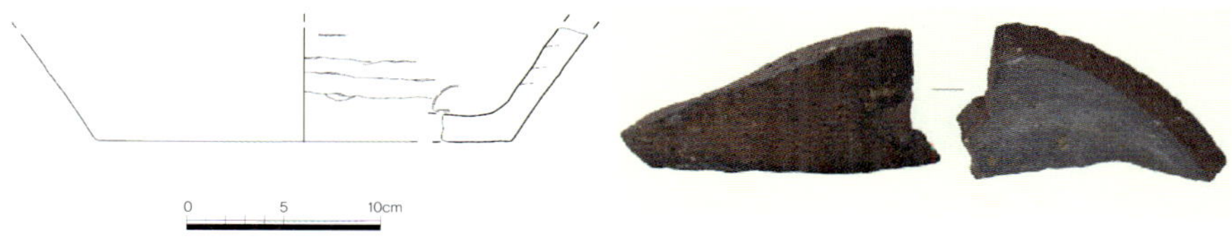

유구도면

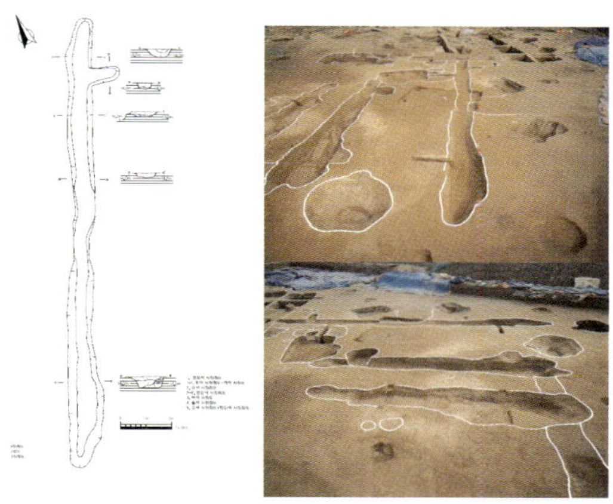

대표적인 공반유물

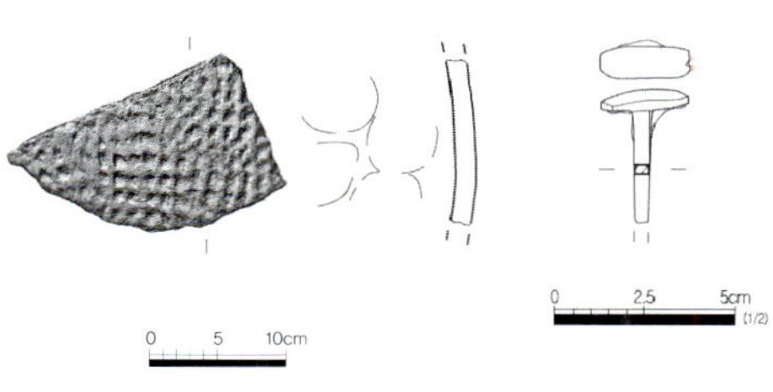

(13) 다-12호 구상유구

소 재 지	송파구 풍납동 197번지 일대	조사기관	국립문화재연구소
유 구 명	다-12호 구상유구	유구성격	폐기
추정산지	가야, 중국	비　고	
외래유물	호(1점), 청자(1점), 시유도기(1점)		
공반유물	기대, 토관, 뚜껑, 호, 완 등		
참고문헌	국립문화재연구소, 2013, 『風納土城 XIV』.		

외래계유물(국내)

연 번	유물명	도면번호	사진번호	제원(cm)	추정산지	특징
98	호	1064	1064	잔고 10.1, 구경 24, 두께 1.0-1.3	가야	내외면 회전물손질, 외면 고리형파수 부착

98

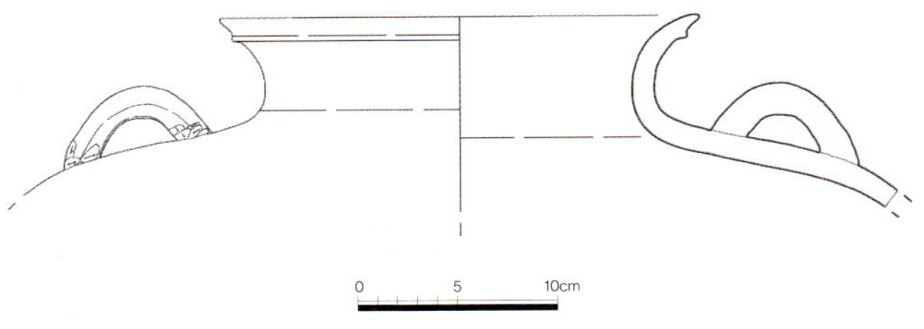

외래계유물(국외)

연 번	유물명	도면번호	사진번호	제원(cm)	추정산지	특징
99	호	1077	1077	잔고2.4, 두께 0.7	중국	외면 시유, 내면 회전물손질
100	시유도기	1078	1078	잔고8.9, 두께 0.8-1.3	중국	외면 시유, 내외면 회전물손질

99

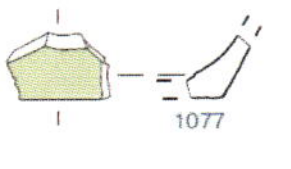

100

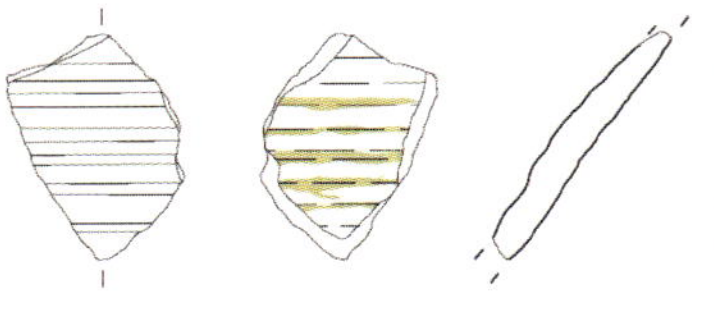

유구도면	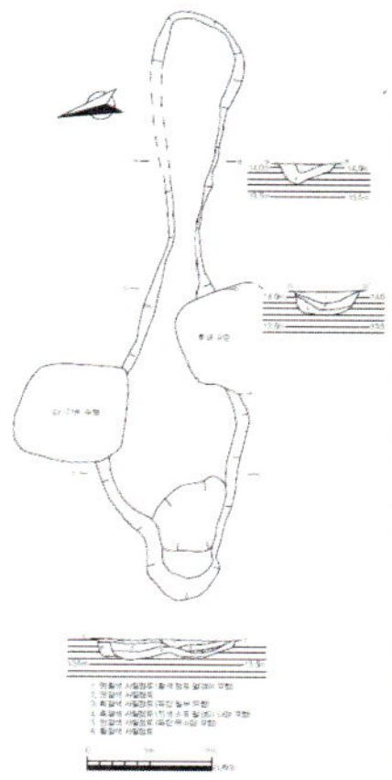 
대표적인 공반유물	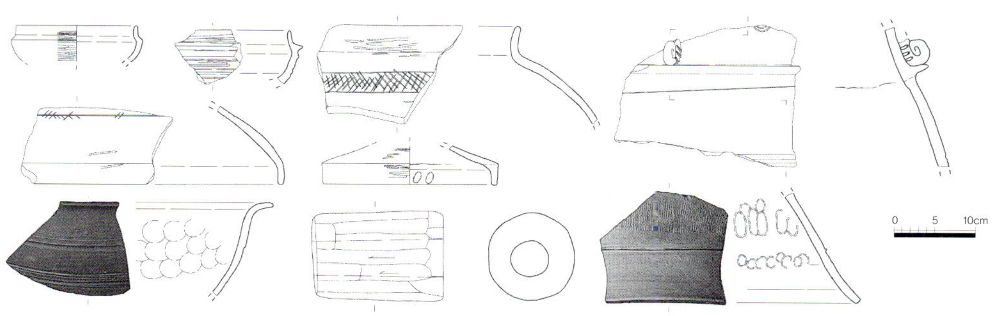

(14) 다-13호 구상유구

소 재 지	송파구 풍납동 197번지 일대	조사기관	국립문화재연구소
유 구 명	다-13호 구상유구	유구성격	폐기
추정산지	중국	비 고	
외래유물	시유도기(2점)		
공반유물	직구호, 삼족기, 부뚜막테, 기대, 뚜껑 등		
참고문헌	국립문화재연구소, 2012, 『風納土城 XIV』.		

외래계유물(국외)

연 번	유물명	도면번호	사진번호	제원(cm)	추정산지	특징
101	시유도기	1265	1265	잔고 10.2 두께 1.5-2.0	중국	외면 시유, 내면 박자흔
102	시유도기	1266	1266	잔고 14.5 두께 1.6-2.0	중국	외면 시유, 내면 박자흔

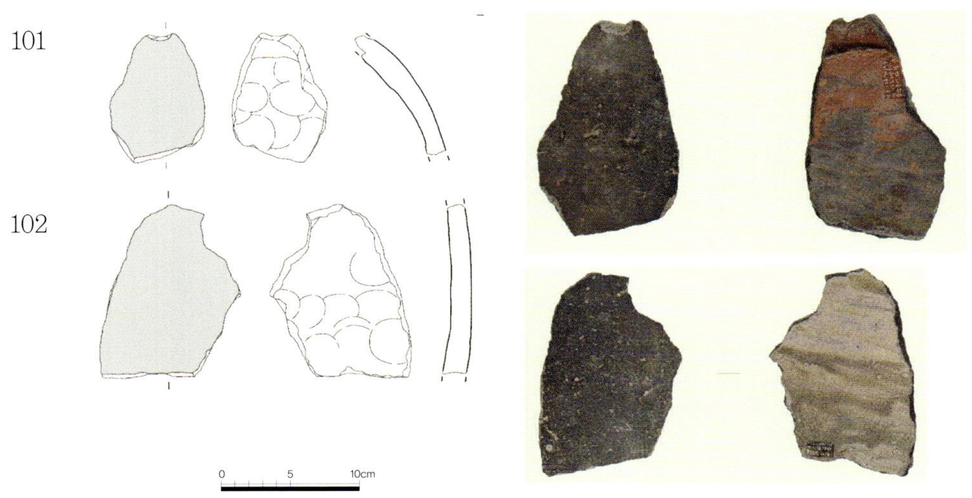

유구도면	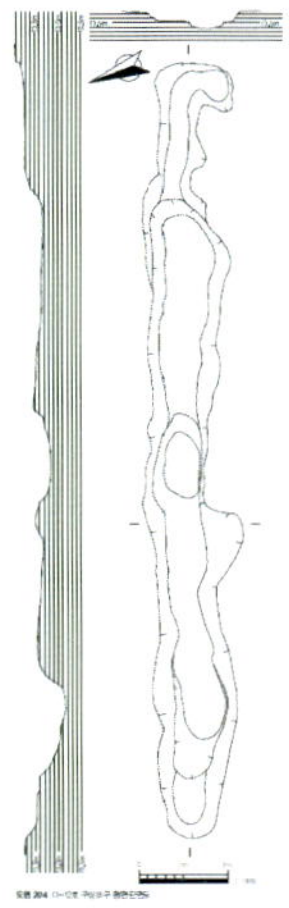 
대표적인 공반유물	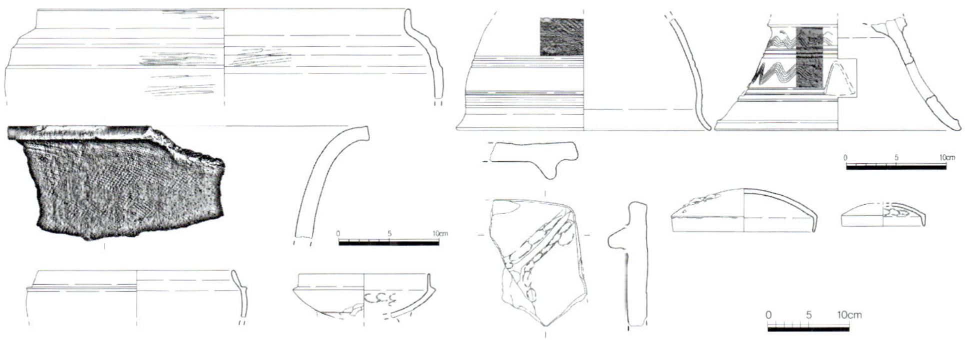

4) 라지구

(1) 라-1호 주거지

소 재 지	송파구 풍납동 197번지 일대	조사기관	국립문화재연구소
유 구 명	라-1호 주거지	유구성격	주거
추정산지	지방, 중국	비 고	
외래유물	시유도기(1점)		
공반유물	장란형토기, 삼족세, 합, 뚜껑, 심발, 완, 기와 등		
참고문헌	국립문화재연구소, 2013, 『風納土城 XV』.		

연 번	유물명	도면번호	사진번호	제원(cm)	추정산지	특징
외래계유물(국내)						
103	산수리식호	90	90	기고28.3, 구경17.9, 두께 0.4-0.8	지방산 (충청)	산수리삼용리식타날문호, 외면 평행선문타날+횡침선
외래계유물(국외)						
104	시유도기	119	119	잔고5.7, 두께1.1-1.2	중국	외면 유약 내면 박자흔
105	청자완	120	120	잔고1.6, 저경 4.2	중국	연화문청자완저부편, 시유

103

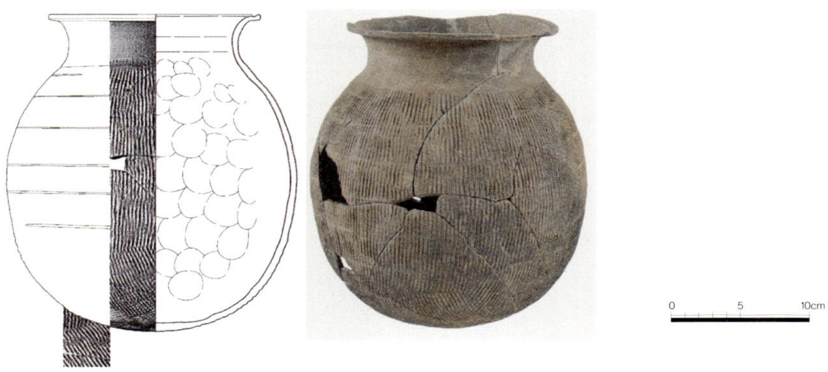

104

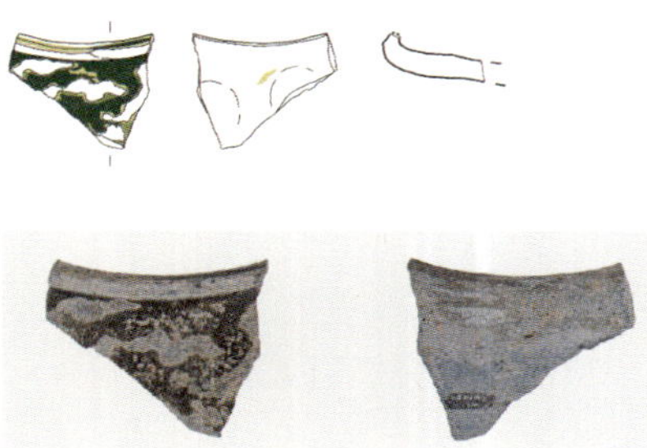

105

유구도면	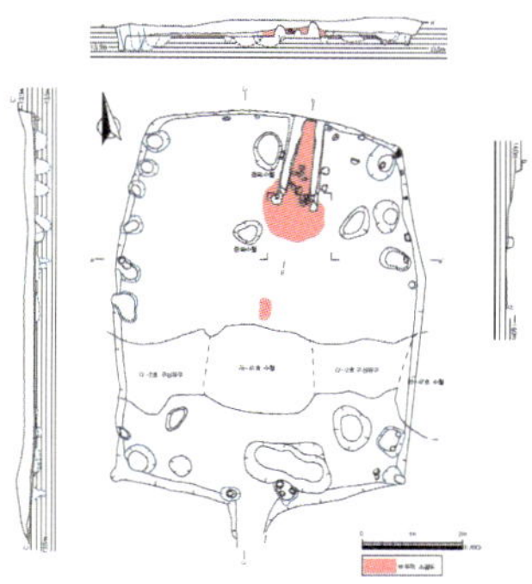  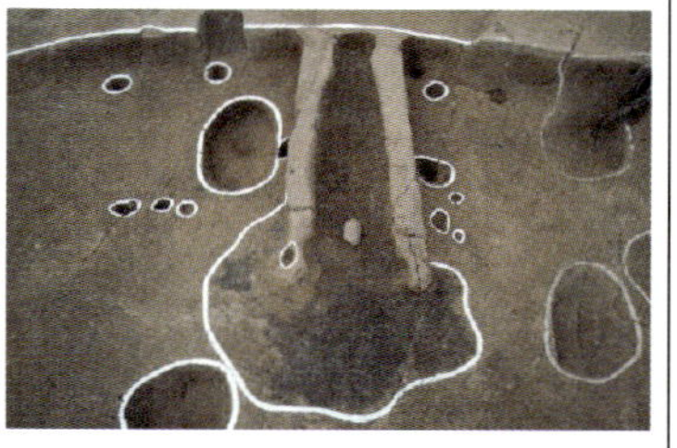
대표적인 공반유물	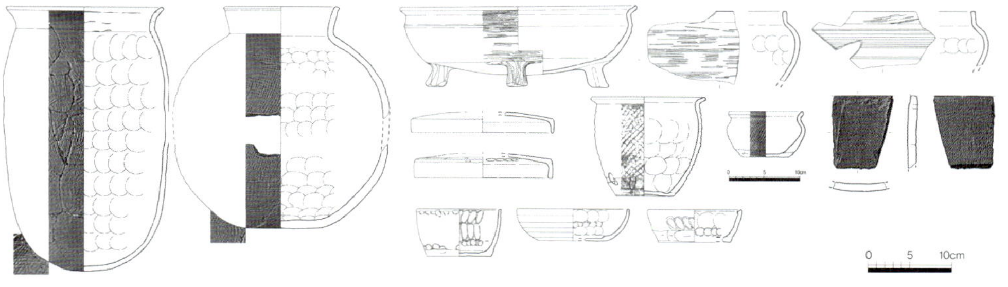

(2) 라-3호 주거지

소 재 지	송파구 풍납동 197번지 일대	조사기관	국립문화재연구소
유 구 명	라-3호 주거지(교란 주변부)	유구성격	주거(폐기)
추정산지	지방	비 고	
외래유물	완(1점)		
공반유물	장란형토기, 대옹편, 호류 등		
참고문헌	국립문화재연구소, 2013, 『風納土城 XV』.		

외래계유물(국내)

연 번	유물명	도면번호	사진번호	제원(cm)	추정산지	특징
106	완	154	154	잔고5.2, 두께0.4-0.6	미상	외면 7조 횡침선, 내면 자연유

106

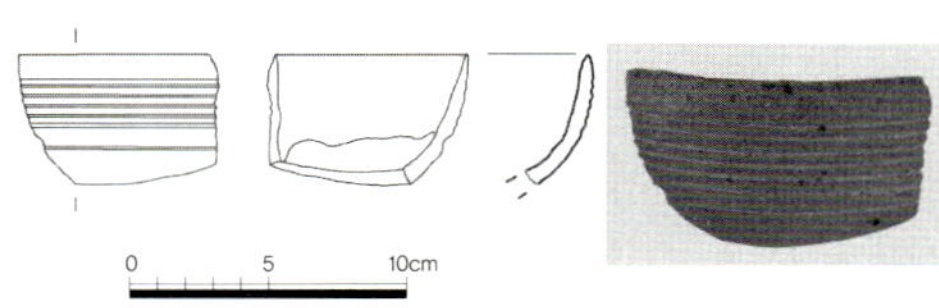

유구도면

대표적인 공반유물

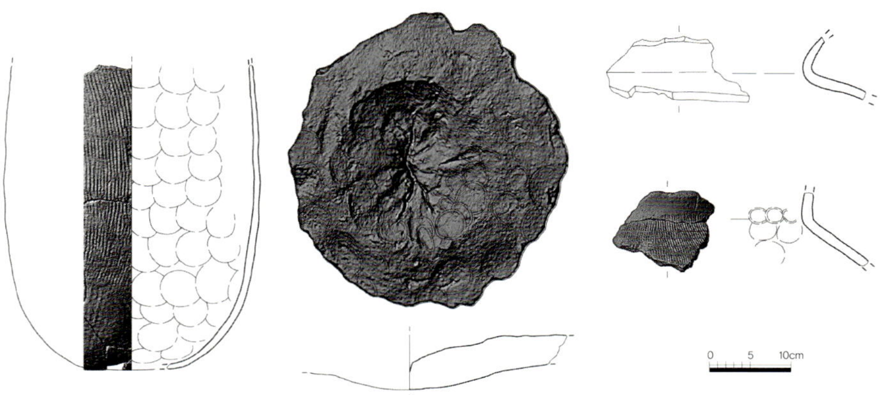

(3) 라-4호 주거지

소 재 지	송파구 풍납동 197번지 일대	조사기관	국립문화재연구소
유 구 명	라-4호 주거지(교란층)	유구성격	폐기
추정산지	중국	비 고	
외래유물	시유도기(2점), 청자완(1점)		
공반유물	완, 뚜껑, 대옹, 원반형토제품 등		
참고문헌	국립문화재연구소, 2013, 『風納土城 XV』.		

외래계유물(국외)

연 번	유물명	도면번호	사진번호	제원(cm)	추정산지	특징
107	시유도기	215	215	잔고1.5, 두께1.0-1.4	중국	내외면시유, 내면 지두압흔
108	시유도기	216	216	잔고8.8, 두께0.7-1.0	중국	외면 시유, 내면 지두압흔
109	청자완	217	217	기고3.5,구경11.2, 저경6.4,두께0.2-1.1	중국	동체저부경계면회전깎기, 내외면 시유, 내면4곳규석받침흔

107

108

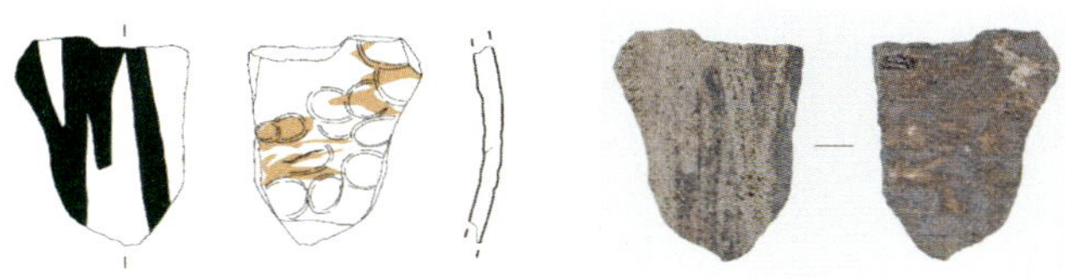

109

유구도면	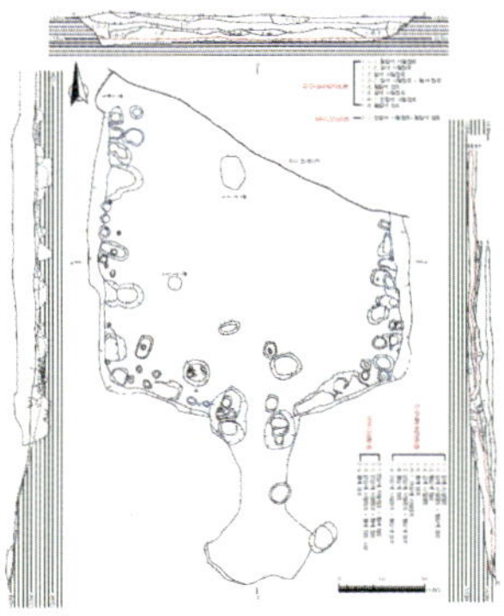  
대표적인 공반유물	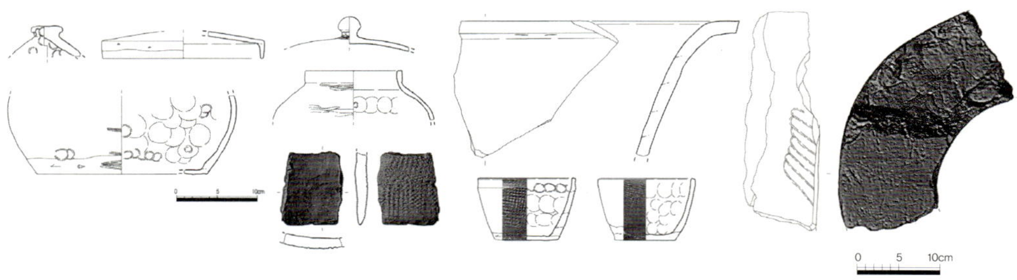

(4) 라-10호 주거지

소 재 지	송파구 풍납동 197번지 일대	조사기관	국립문화재연구소
유 구 명	라-10호 주거지	유구성격	주거
추정산지	지방	비 고	
외래유물	낙랑계토기(1점)		
공반유물	호류, 철모 등		
참고문헌	국립문화재연구소, 2013, 『風納土城 XV』.		

외래계유물(국내)

연 번	유물명	도면번호	사진번호	제원(cm)	추정산지	특징
110	호	304	304	기고18.5, 구경11.5, 저경3.4, 두께0.6-0.8	지방계 (낙랑)	외면 동체부 이하 격자문타날, 강한 회전물손질

110

유구도면

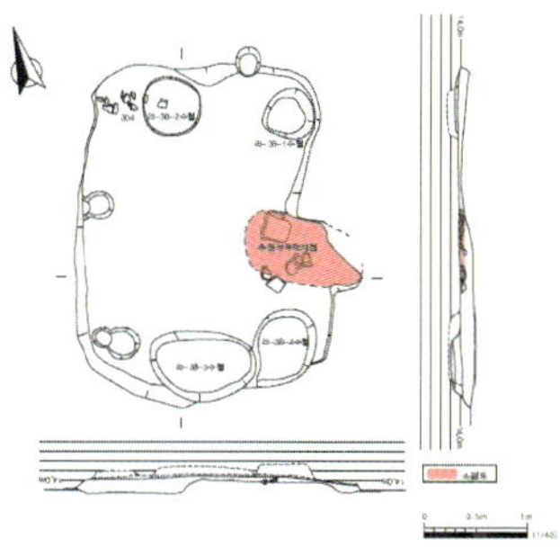

대표적인 공반유물

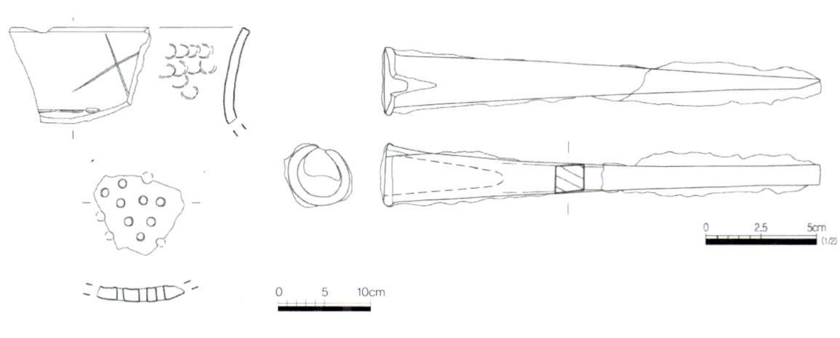

(5) 라-15호 주거지(라-2호 유물산포유구 포함)

소 재 지	송파구 풍납동 197번지 일대	조사기관	국립문화재연구소
유 구 명	라-15호 주거지(라-2호 유물산포유구 포함)	유구성격	주거
추정산지	중국	비 고	
외래유물	청자(1점)		
공반유물	대합뚜껑, 고배, 뚜껑, 호류 등		
참고문헌	국립문화재연구소, 2013, 『風納土城 XV』.		

외래계유물(국외)

연 번	유물명	도면번호	사진번호	제원(cm)	추정산지	특징
111	청자반구호	351	351	잔고7.7, 구경10.7, 두께 0.4-1.3	중국	청자반구호편, 외면시유

111

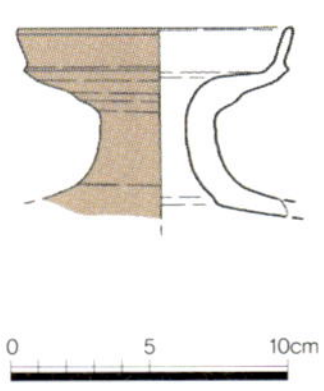

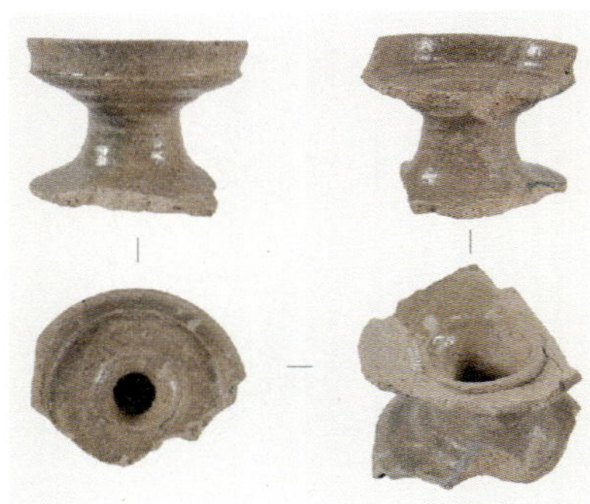

유구도면

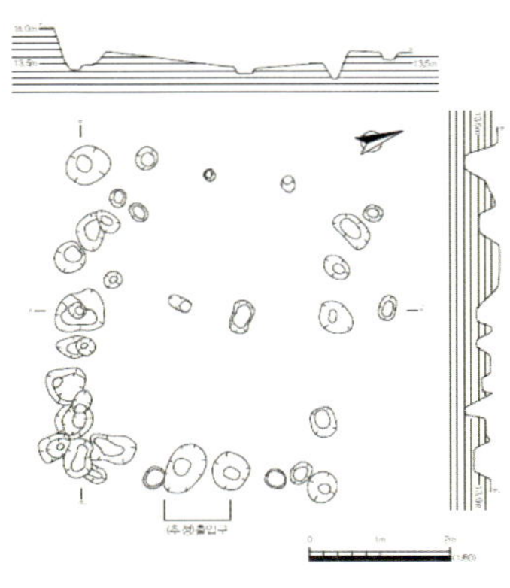

대표적인 공반유물	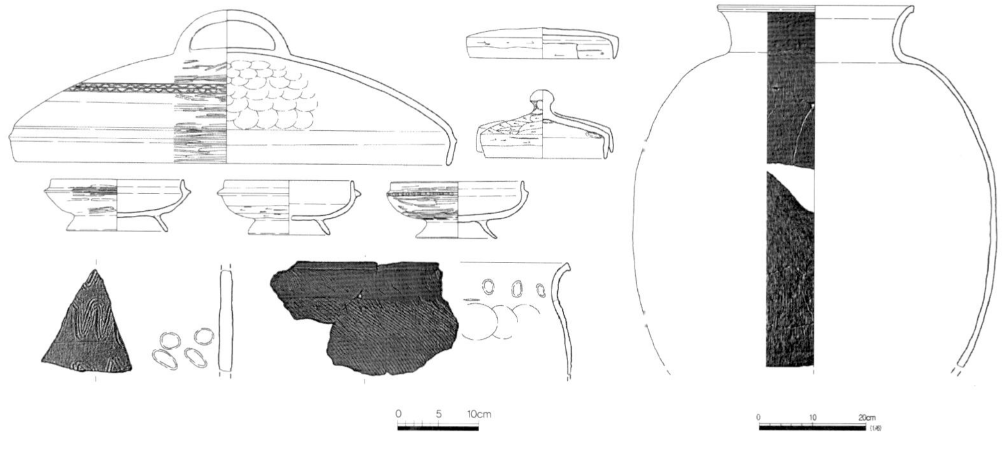

(6) 라-18호 주거지

소 재 지	송파구 풍납동 197번지 일대	조사기관	국립문화재연구소
유 구 명	라-18호 주거지	유구성격	주거
추정산지	가야	비 고	
외래유물	시루(1점)		
공반유물	경질무문토기, 호류, 뚜껑 등		
참고문헌	국립문화재연구소, 2013, 『風納土城 XV』.		

외래계유물(국내)

연 번	유물명	도면번호	사진번호	제원(cm)	추정산지	특징
112	시루	366	366	잔고14, 구경 19.9, 두께 0.5-0.8	가야	격자문타날, 투공 가늘게 짼 형태, 내면 지두압흔

112

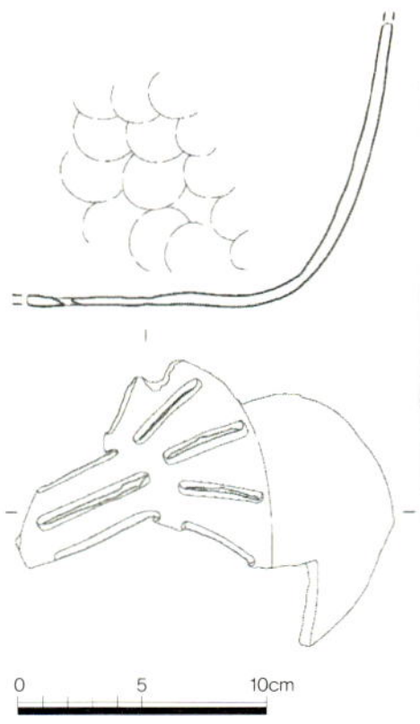

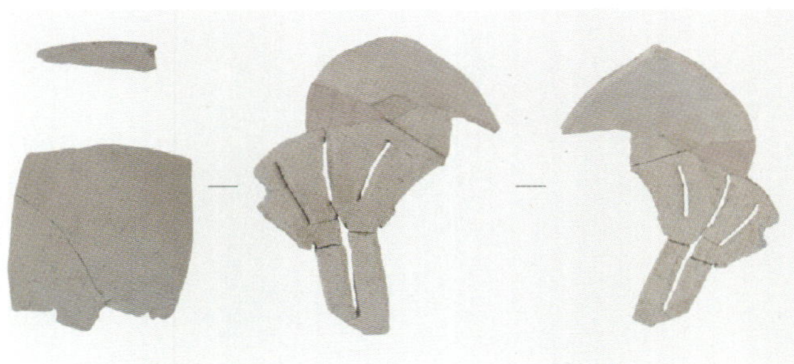

유구도면

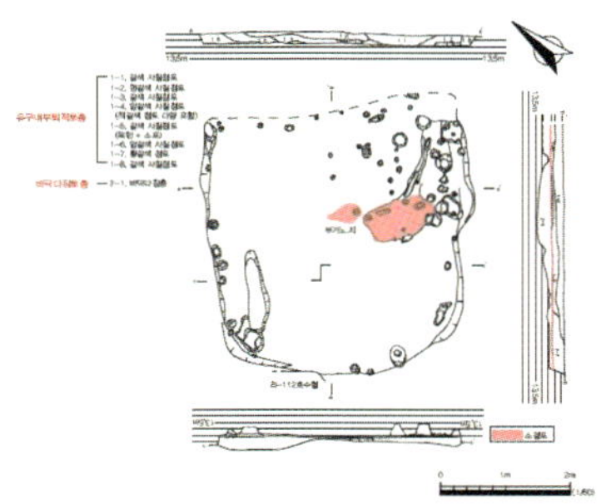

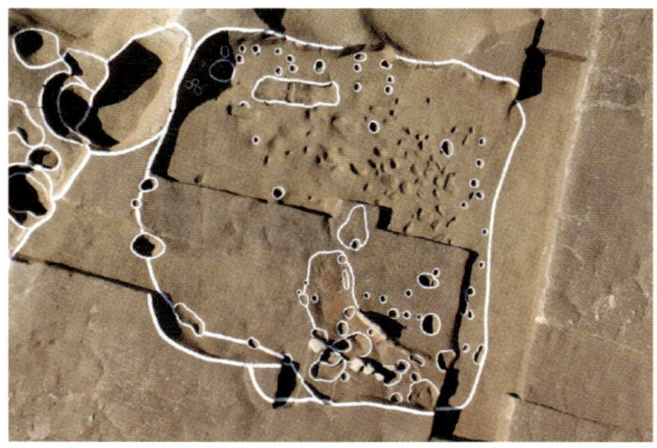

대표적인 공반유물	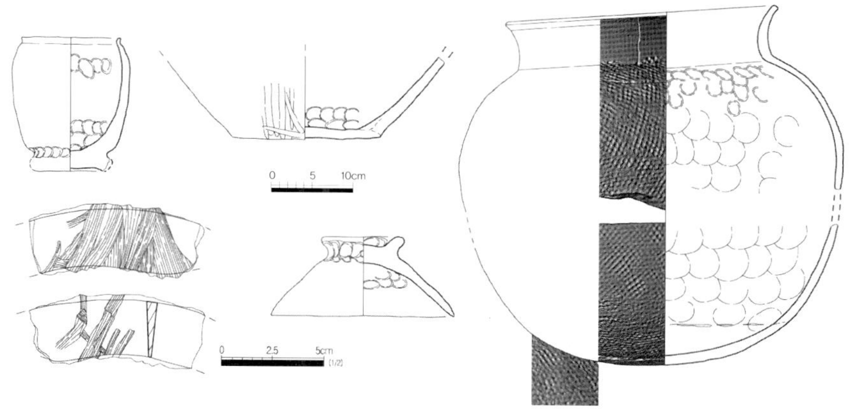

(7) 라-19호 주거지

소 재 지	송파구 풍납동 197번지 일대	조사기관	국립문화재연구소
유 구 명	라-19호 주거지	유구성격	주거
추정산지	지방	비 고	
외래유물	호(1점)		
공반유물	경질무문토기, 대옹, 호류, 심발형토기, 시루 등		
참고문헌	국립문화재연구소, 2013, 『風納土城 XV』.		

외래계유물(국내)

연 번	유물명	도면번호	사진번호	제원(cm)	추정산지	특징
113	호	384	384	기고19.3, 구경12, 두께 0.4-1.0	지방계 (낙랑)	승문타날잔흔, 12조 횡침선, 외면 박자흔

113

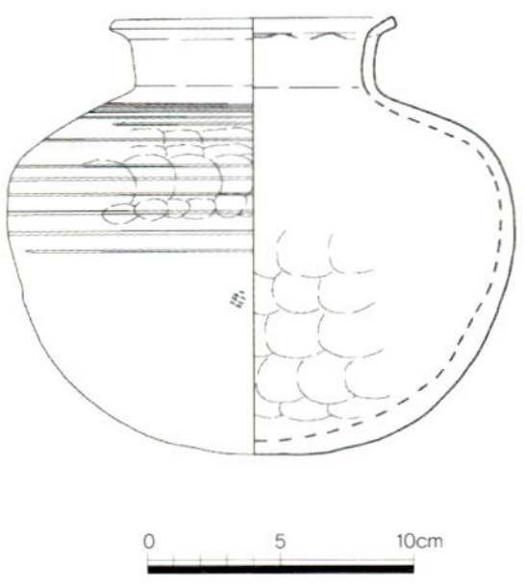

유구도면

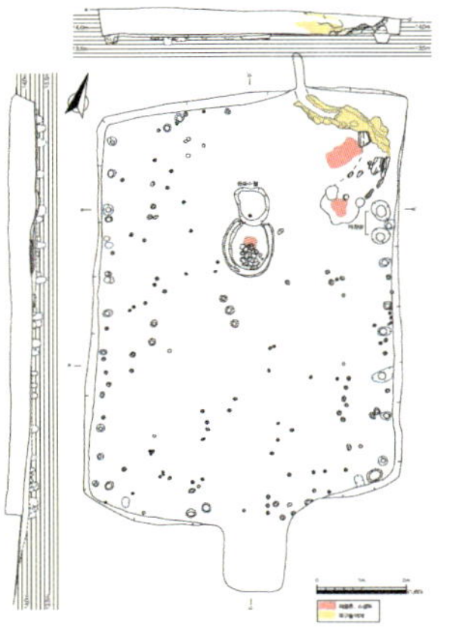

대표적인
공반유물

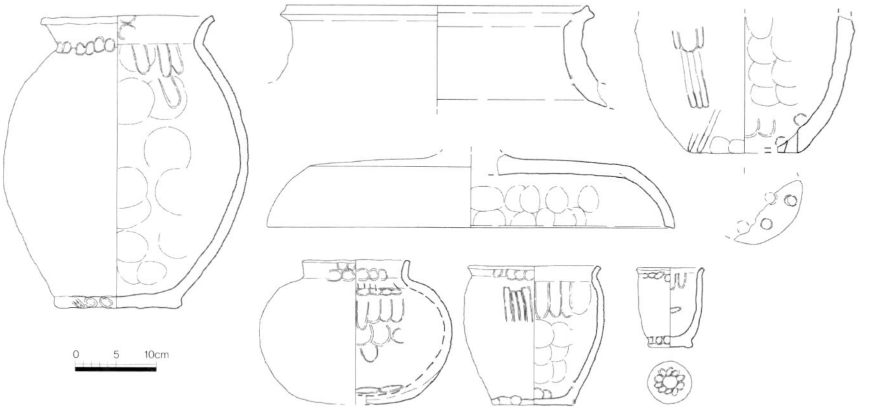

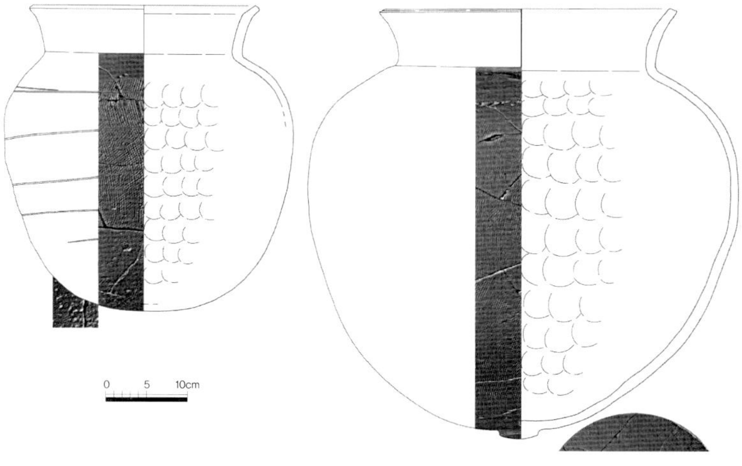

(8) 라-21호 주거지

소 재 지	송파구 풍납동 197번지 일대	조사기관	국립문화재연구소
유 구 명	라-21호 주거지	유구성격	폐기
추정산지	중국	비 고	
외래유물	시유도기(1점)		
공반유물	원반형토제품, 직구단경호, 뚜껑, 대옹 등		
참고문헌	국립문화재연구소, 2013, 『風納土城 XV』.		

외래계유물(국외)

연 번	유물명	도면번호	사진번호	제원(cm)	추정산지	특징
114	시유도기	421	421	잔고6.6, 두께0.8-0.9	중국	내외면 시유, 내면지두압흔

114

유구도면

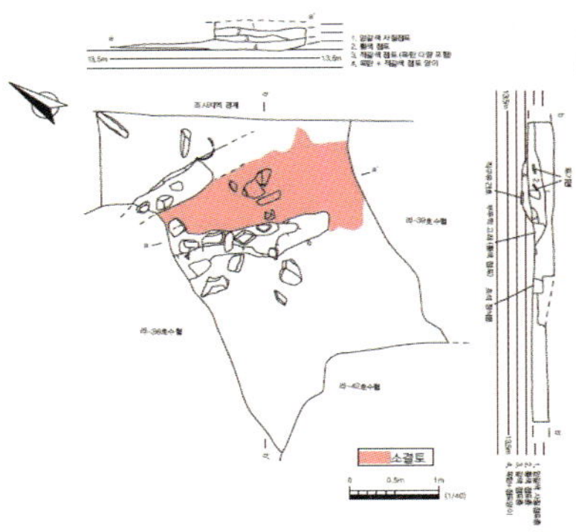

대표적인 공반유물

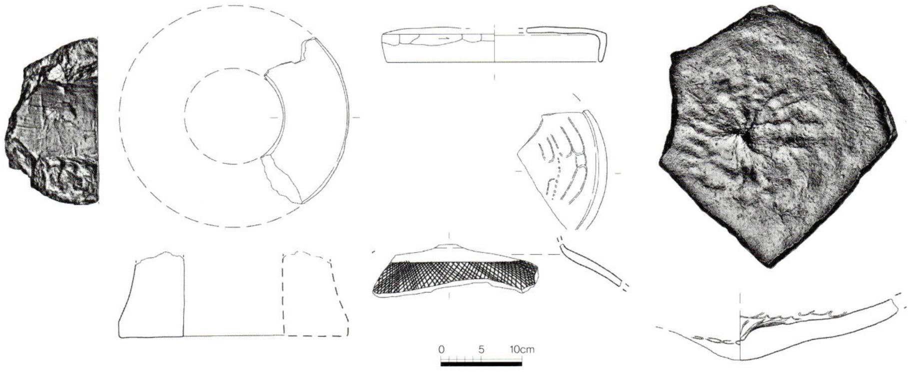

(9) 라-2호 수혈

소 재 지	송파구 풍납동 197번지 일대	조사기관	국립문화재연구소
유 구 명	라-2호 수혈	유구성격	폐기
추정산지	지방	비 고	
외래유물	호(1점)		
공반유물	직구단경호, 뚜껑, 합, 완, 대옹, 호류 등		
참고문헌	국립문화재연구소, 2013, 『風納土城 XV』.		

외래계유물(국내)

연 번	유물명	도면번호	사진번호	제원(cm)	추정산지	특징
115	호	486	486	잔고18.9, 구경 12.7, 두께 0.5-0.7	지방계 (낙랑)	동체부하단 격자문타날, 견부 종방향 마연

115

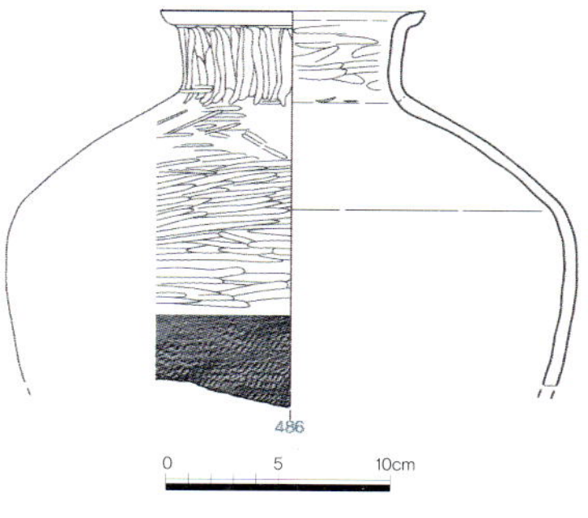

유구도면

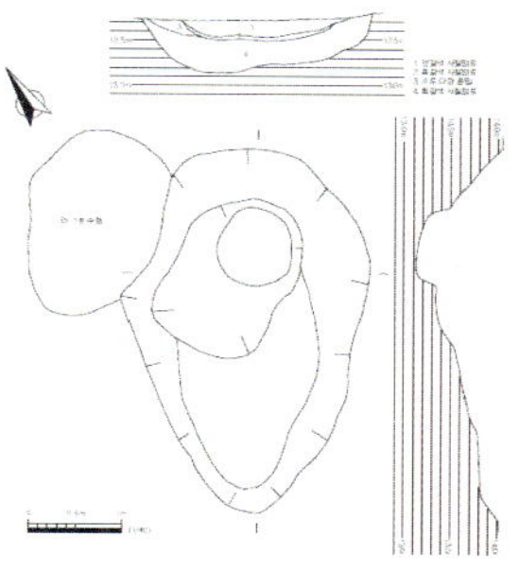

대표적인 공반유물

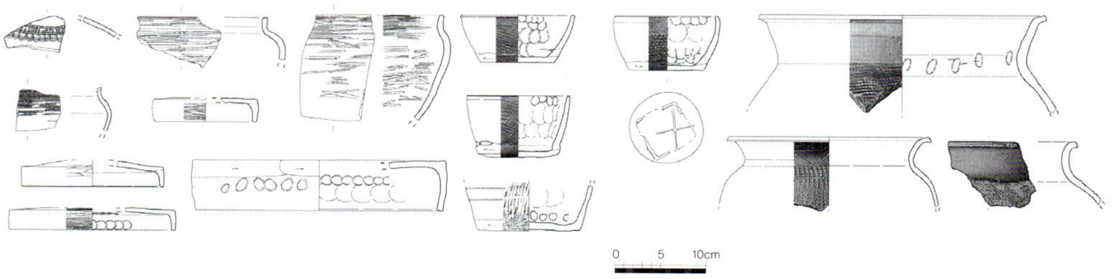

(10) 라-3호 수혈

소 재 지	송파구 풍납동 197번지 일대	조사기관	국립문화재연구소
유 구 명	라-3호 수혈	유구성격	폐기
추정산지	중국, 지방	비 고	
외래유물	자기(1점), 시유도기(1점)		
공반유물	대합, 고배, 삼족기, 뚜껑, 전달린 접시, 심발형토기, 장란형토기 등		
참고문헌	국립문화재연구소, 2012, 『風納土城 XIV』.		

외래계유물(국외)

연 번	유물명	도면번호	사진번호	제원(cm)	추정산지	특징
116	자기	812	812	잔고 6.2, 두께 0.6-0.9	중국	고리형 파수 부착, 내면 강한 회전물손질, 외면시유
117	시유도기	813	813	잔고 3.6, 두께 1.7-2.0	중국	외면 시유, 내면 횡방향 물손질

116

117

외래계유물(국내)

연 번	유물명	도면번호	사진번호	제원(cm)	추정산지	특징
118	뚜껑	777	777	드림부경 15.2, 두께 0.4-0.6	미상	횡침석+신부 점열문 장식, 자연유, 내면 지두압흔
119	대각편	787	787	잔고 5.1, 저경 11.8, 두께 0.7-0.9	미상	요철면장식, 자연유 부착
120	광구장경호	791	791	잔고14.9, 구경 17.6, 두께 0.8	미상	동체부 3분할 침선장식

	118 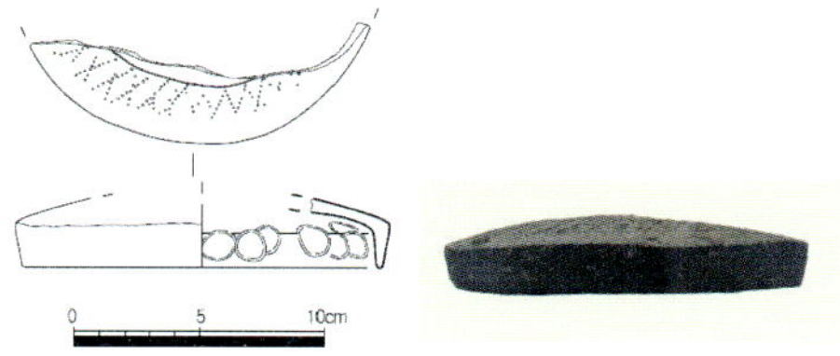 119 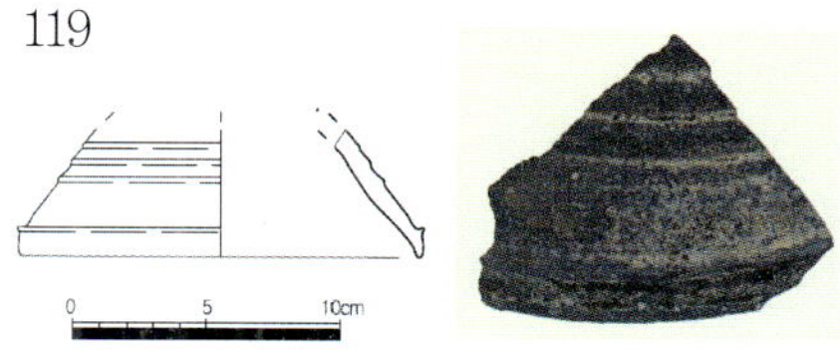 120 
유구도면	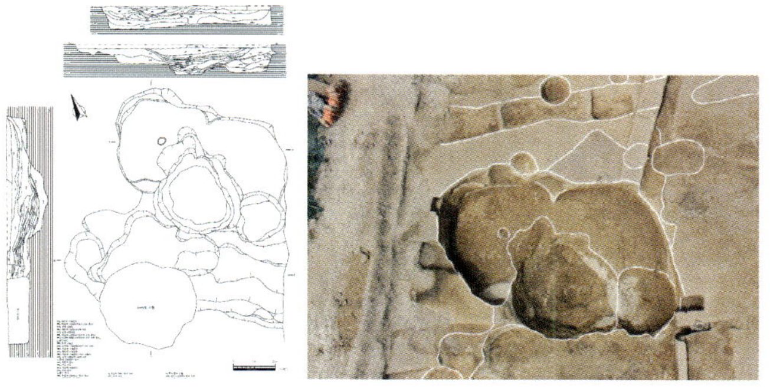
대표적인 공반유물	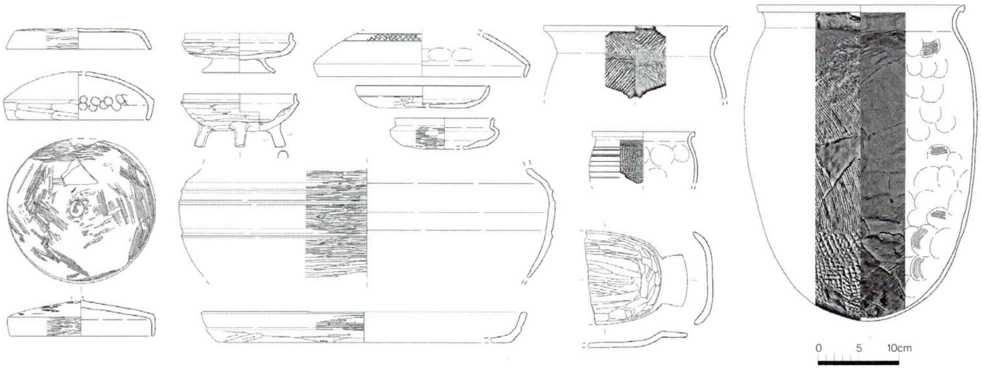

(11) 라-13호 수혈

소 재 지	송파구 풍납동 197번지 일대	조사기관	국립문화재연구소
유 구 명	라-13호 수혈	유구성격	폐기
추정산지	중국	비 고	
외래유물	시유도기(1점)		
공반유물	돌절구, 고배, 완, 뚜껑, 동이류 등		
참고문헌	국립문화재연구소, 2012, 『風納土城 XIV』.		

외래계유물(국외)

연 번	유물명	도면번호	사진번호	제원(cm)	추정산지	특징
121	시유도기	886	886	잔고 5.5, 두께 1.4-1.6	중국	내외면 시유

121

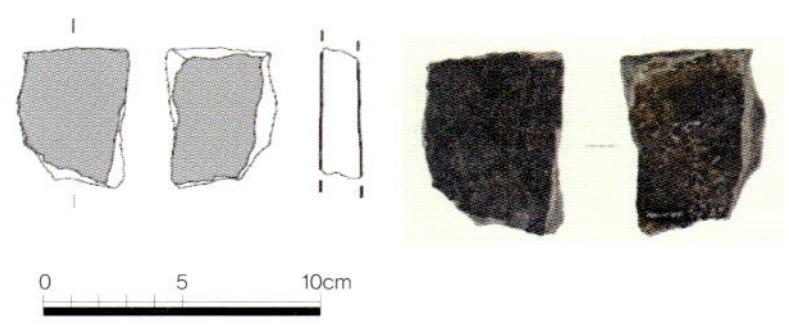

유구도면

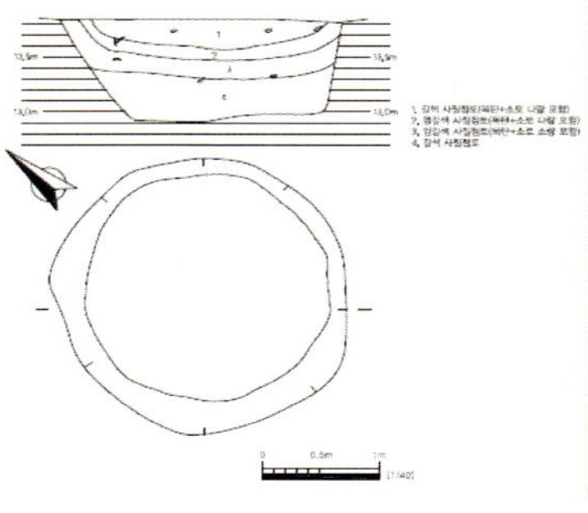

대표적인 공반유물

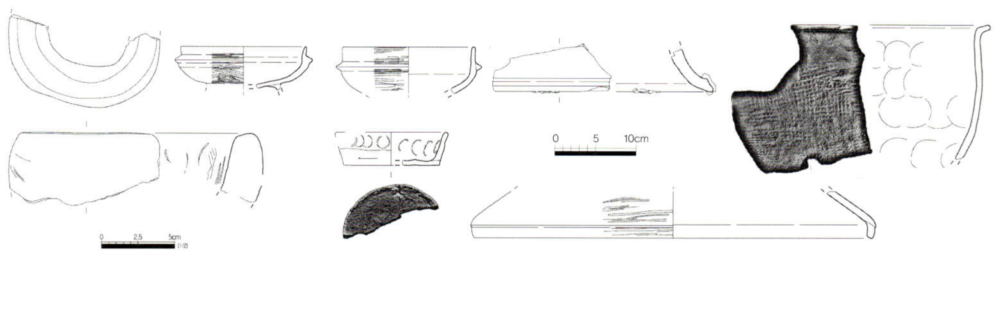

(12) 라-16-1호 수혈

소 재 지	송파구 풍납동 197번지 일대	조사기관	국립문화재연구소
유 구 명	라-16-1호 수혈	유구성격	폐기
추정산지	중국	비 고	
외래유물	흑유시유도기(1점)		
공반유물	병, 뚜껑, 대합, 대합뚜껑, 삼족기 등		
참고문헌	국립문화재연구소, 2012, 『風納土城 XIV』.		

외래계유물(국외)

연 번	유물명	도면번호	사진번호	제원(cm)	추정산지	특징
122	시유도기	904	904	잔고 4.2 두께 1.5-1.6	중국	흑유, 내외면 유약

122

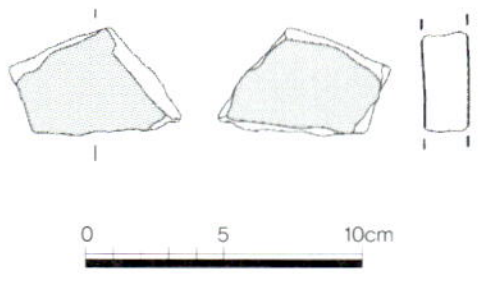

유구도면

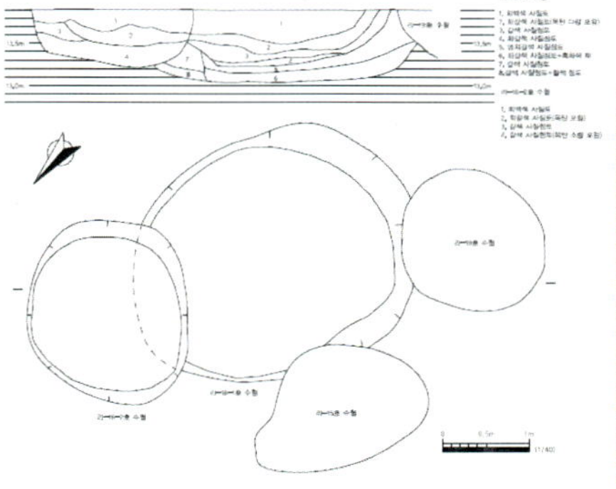

대표적인 공반유물

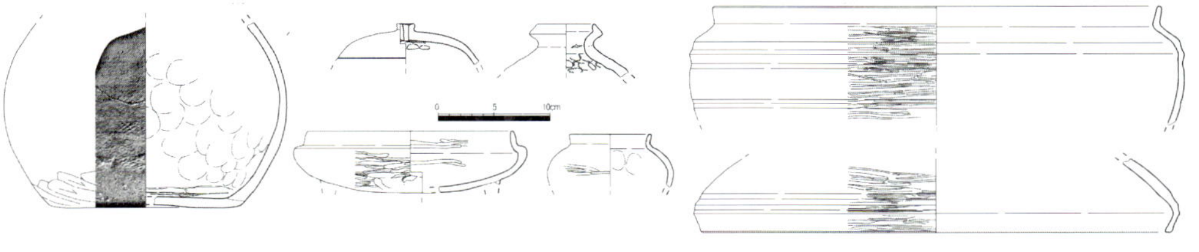

(13) 라-16-2호 수혈

소 재 지	송파구 풍납동 197번지 일대	조사기관	국립문화재연구소
유 구 명	라-16-2호 수혈	유구성격	폐기
추정산지	지방	비 고	
외래유물	시유도기(1점), 광구장경호(1점)		
공반유물	삼족기, 완		
참고문헌	국립문화재연구소, 2012, 『風納土城 XIV』.		

외래계유물(국내)

연 번	유물명	도면번호	사진번호	제원(cm)	추정산지	특징
123	광구장경호	913	913	잔고 4.4, 구경 14.8 두께 0.6-0.7	미상	경부 파상집성문 시문, 내외면 자연유

123

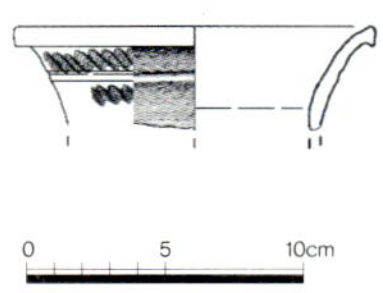

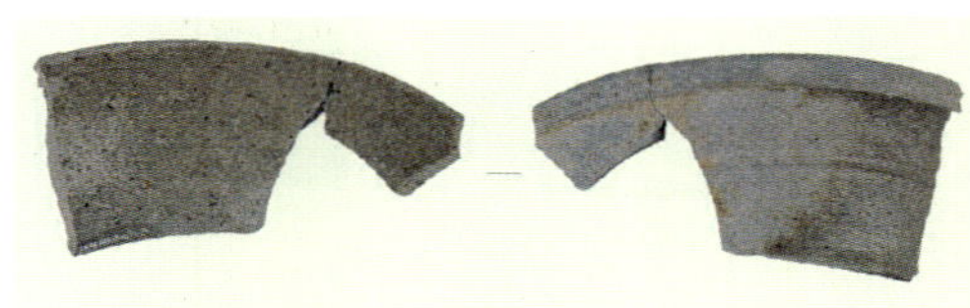

유구도면

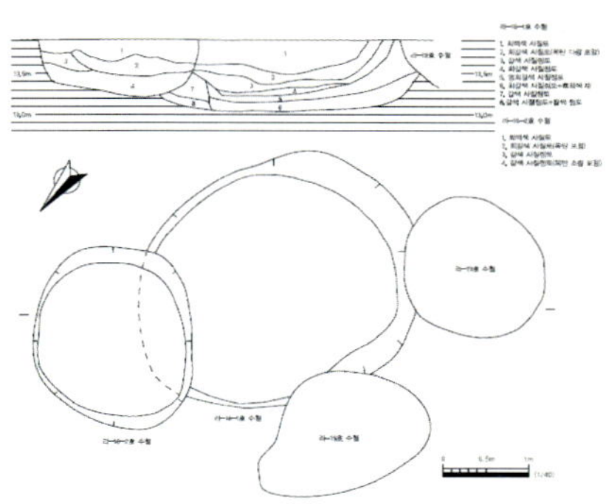

대표적인 공반유물

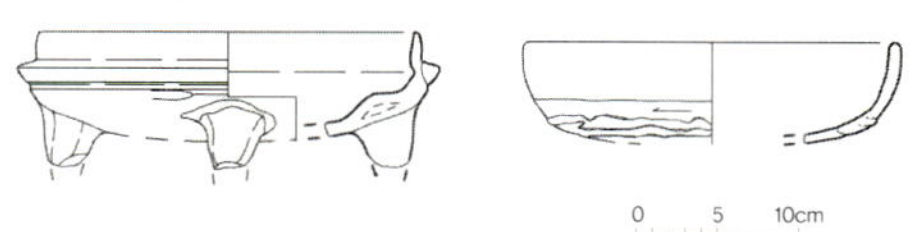

(14) 라-39호 수혈

소 재 지	송파구 풍납동 197번지 일대	조사기관	국립문화재연구소
유 구 명	라-39호 수혈	유구성격	폐기
추정산지	중국	비 고	
외래유물	시유도기(1점)		
공반유물	완, 고배, 삼족기, 기대, 직구단경호, 합류, 호류, 뚜껑 등		
참고문헌	국립문화재연구소, 2013, 『風納土城 XV』.		

외래계유물(국외)

연 번	유물명	도면번호	사진번호	제원(cm)	추정산지	특징
124	시유도기	565	565	잔고 5.8, 두께1.1-1.7	중국	외면 세격자문타날 후 시유

124

유구도면

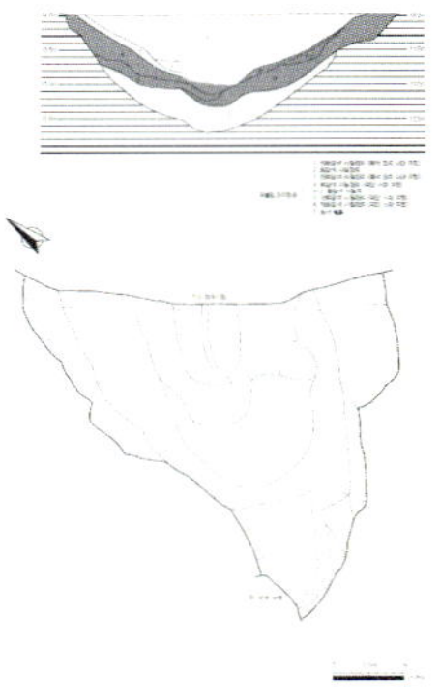

대표적인 공반유물

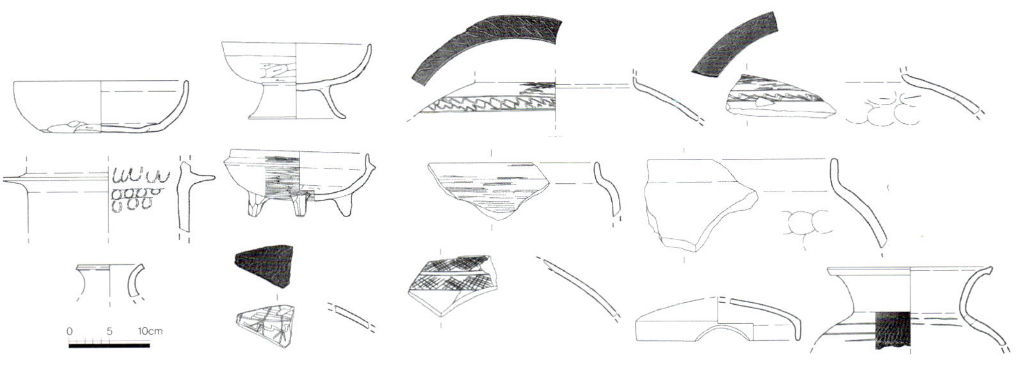

(15) 라-80호 수혈

소 재 지	송파구 풍납동 197번지 일대	조사기관	국립문화재연구소
유 구 명	라-80호 수혈	유구성격	폐기
추정산지	중국	비 고	
외래유물	시유도기(1점)		
공반유물	기대, 뚜껑, 완, 호류, 시루 등		
참고문헌	국립문화재연구소, 2013, 『風納土城 XV』.		

외래계유물(국외)

연 번	유물명	도면번호	사진번호	제원(cm)	추정산지	특징
125	시유도기	740	913	잔고 5.3, 두께1.3-1.5	중국	내외면 회전물손질

125

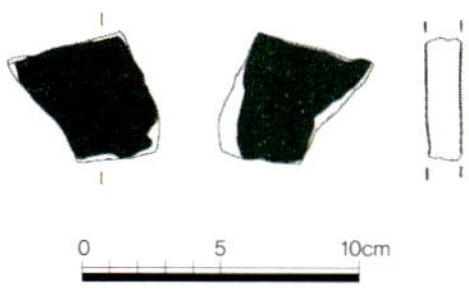

유구도면

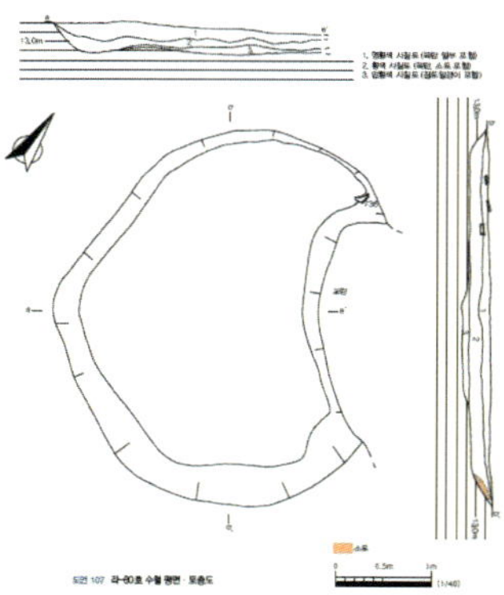

대표적인 공반유물

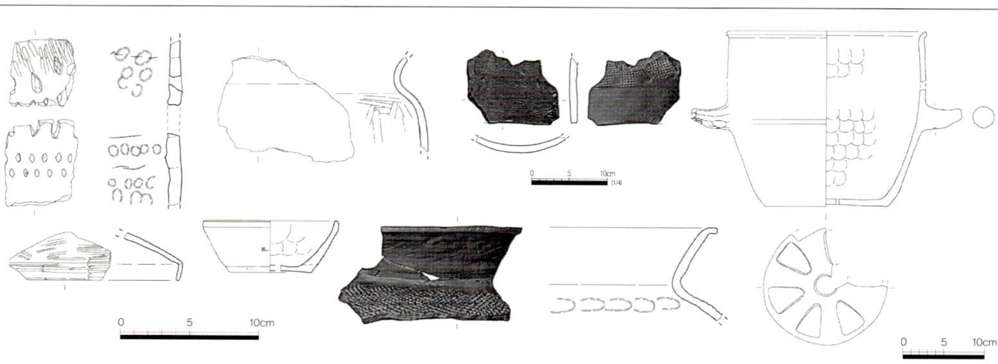

(16) 라-86호 수혈

소 재 지	송파구 풍납동 197번지 일대	조사기관	국립문화재연구소
유 구 명	라-86호 수혈	유구성격	폐기
추정산지	중국	비 고	
외래유물	시유도기(1점)		
공반유물	없음		
참고문헌	국립문화재연구소, 2013, 『風納土城 XV』.		

외래계유물(국외)

연 번	유물명	도면번호	사진번호	제원(cm)	추정산지	특징
126	시유도기	748	748	잔고 4.8, 두께0.8-1.1	중국	외면 시유, 박자흔

126

유구도면

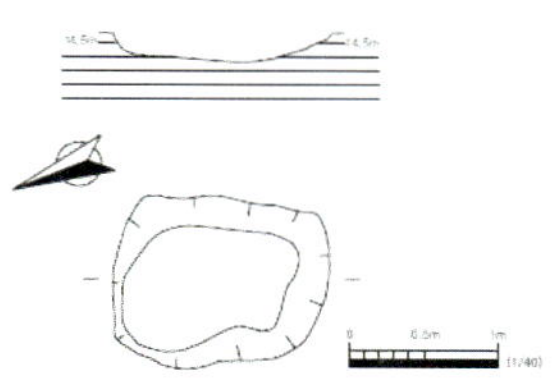

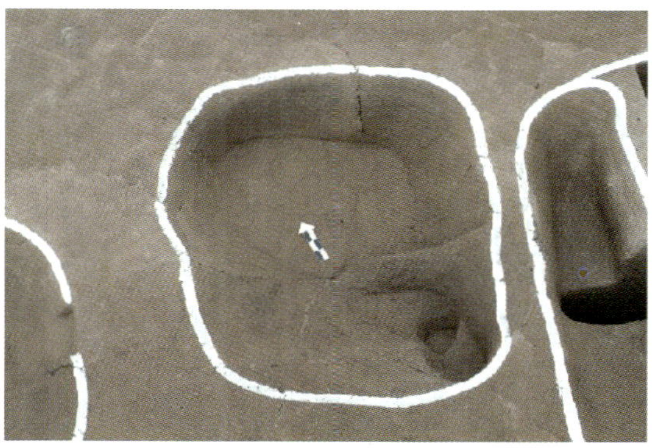

대표적인 공반유물

없음

(17) 라-105호 수혈

소 재 지	송파구 풍납동 197번지 일대	조사기관	국립문화재연구소
유 구 명	라-105호 수혈	유구성격	폐기
추정산지	중국	비 고	
외래유물	시유도기(4점)		
공반유물	대합, 전달린접시, 삼족기, 뚜껑, 호, 완 등		
참고문헌	국립문화재연구소, 2013, 『風納土城 XV』.		

외래계유물(국외)						
연 번	유물명	도면번호	사진번호	제원(cm)	추정산지	특징
127	시유도기	994	994	잔고 6.9, 두께2.5	중국	내외면 흑유 시유
128	시유도기	995	995	잔고 9.2, 두께1.6	중국	내외면 시유, 내면 지두압흔
129	시유도기	996	996	잔고 7.1, 두께 1.4-2	중국	내면시유, 박자흔
130	시유도기	997	997	잔고 10.9,두께 1.5-2	중국	내외면 시유, 물손질

127

128

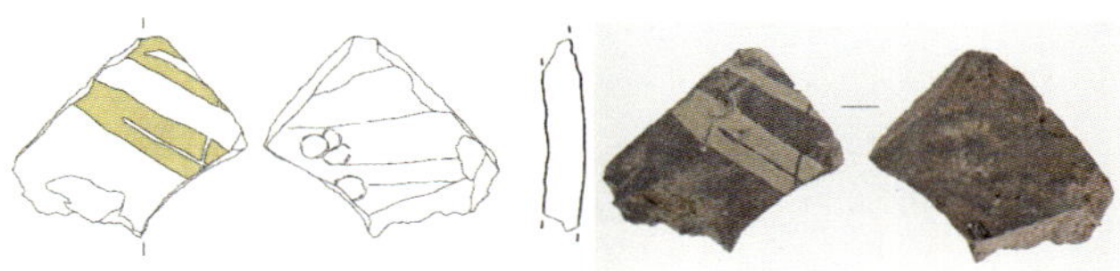

129

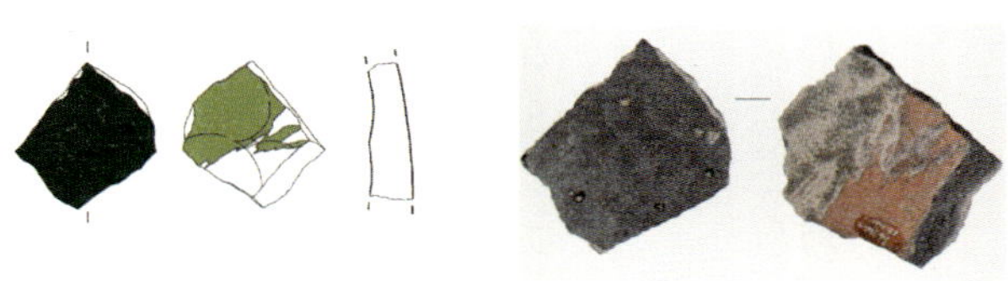

130

유구도면	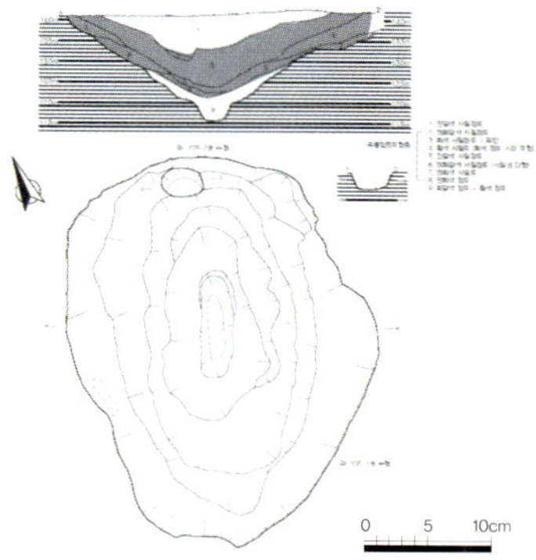 
대표적인 공반유물	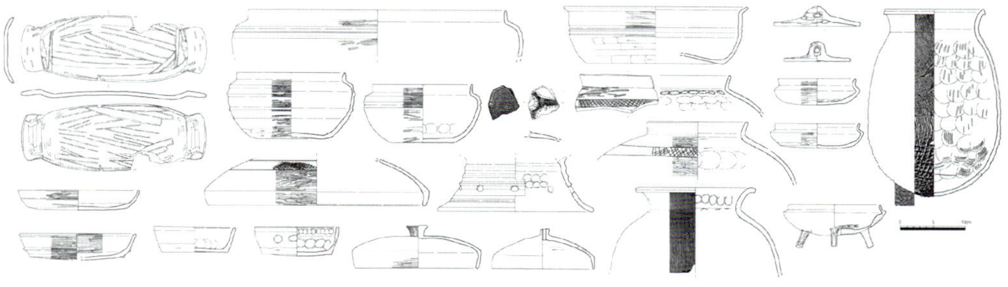

(18) 라-108-1호 수혈

소 재 지	송파구 풍납동 197번지 일대	조사기관	국립문화재연구소
유 구 명	라-108-1호 수혈	유구성격	폐기
추정산지	중국	비 고	
외래유물	시유도기(1점)		
공반유물	대합, 뚜껑, 합 등		
참고문헌	국립문화재연구소, 2012, 『風納土城 XIV』.		

외래계유물(국외)

연 번	유물명	도면번호	사진번호	제원(cm)	추정산지	특징
131	시유도기	953	953	잔고 4.9, 구경 33.9, 두께 0.6-1.3	중국	외면 시유, 직립구연, 견부 고리형 파수부착

131

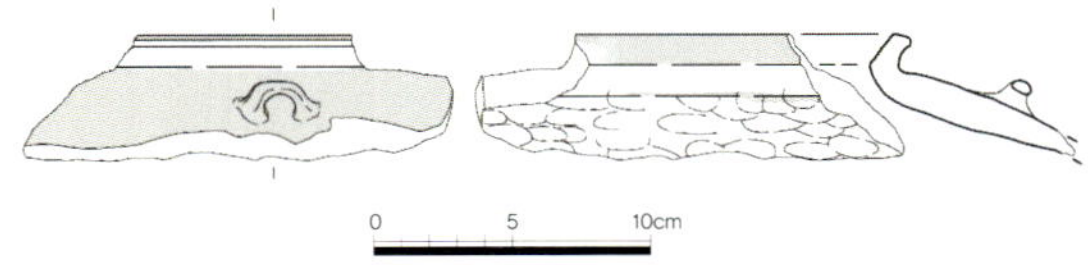

유구도면

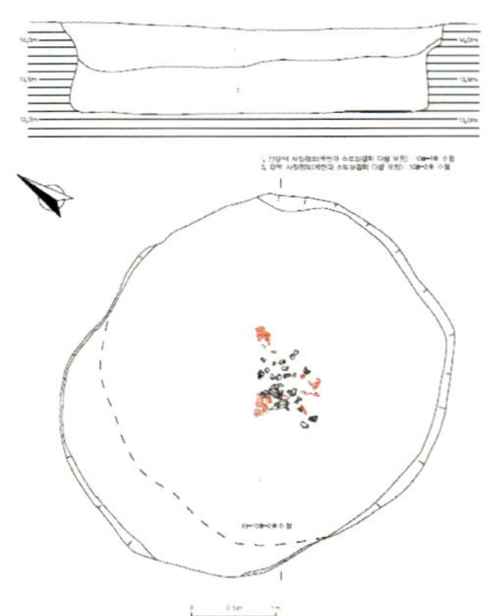

대표적인 공반유물

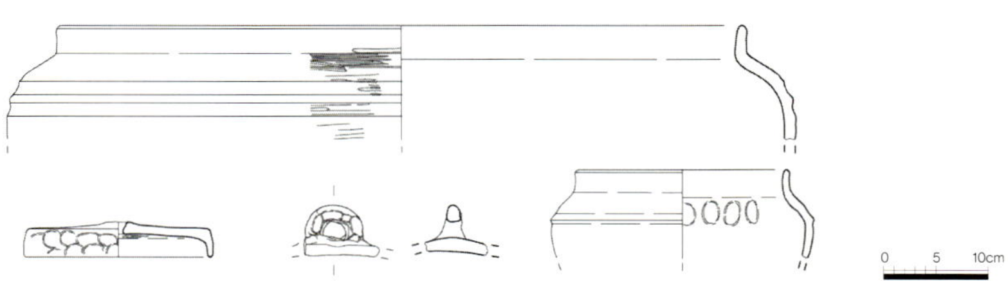

(19) 라-109호 수혈

소 재 지	송파구 풍납동 197번지 일대	조사기관	국립문화재연구소
유 구 명	라-109호 수혈	유구성격	폐기
추정산지	가야	비 고	
외래유물	뚜껑(1점)		
공반유물	합, 뚜껑, 동이류, 전달린 완, 집게 등		
참고문헌	국립문화재연구소, 2012, 『風納土城 XIV』.		

외래계유물(국내)

연 번	유물명	도면번호	사진번호	제원(cm)	추정산지	특징
132	뚜껑	977	977	기고 4.2, 구경 9.8, 두께 0.5-0.6	가야 (대 · 금관가야)	유뉴식, 제형 꼭지, 신부 2조 횡침선, 승문장식대, 내면 자연유, 도치소성흔

132

유구도면

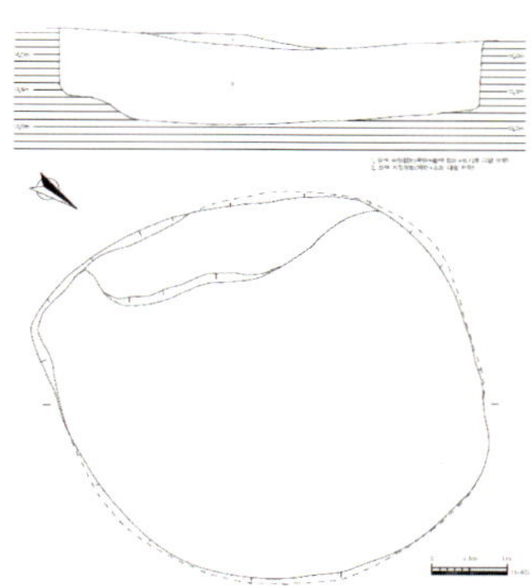

대표적인 공반유물

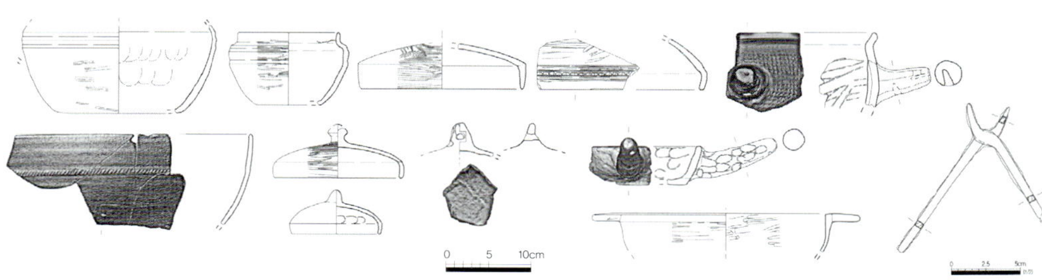

(20) 라-115호 수혈

소 재 지	송파구 풍납동 197번지 일대	조사기관	국립문화재연구소
유 구 명	라-115호 수혈	유구성격	폐기
추정산지	중국	비 고	
외래유물	시유도기(1점)		
공반유물	호, 완, 접시류, 전달린 접시 등		
참고문헌	국립문화재연구소, 2012, 『風納土城 XIV』.		

외래계유물(국외)

연 번	유물명	도면번호	사진번호	제원(cm)	추정산지	특징
133	시유도기	1047	1047	잔고 6.8, 두께 1.8-2.1	중국	외면 격자문 타날, 시유

133

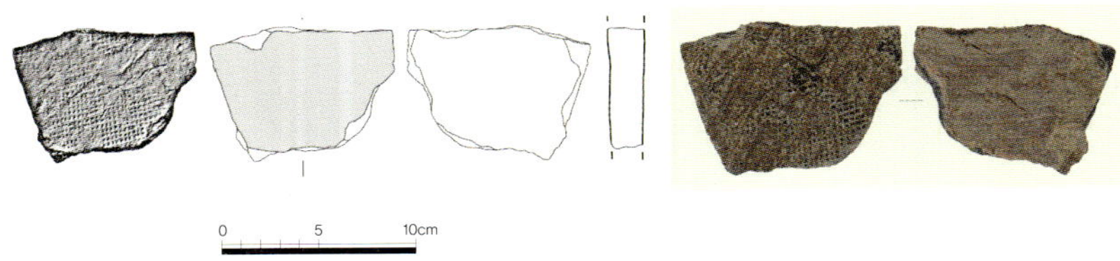

유구도면

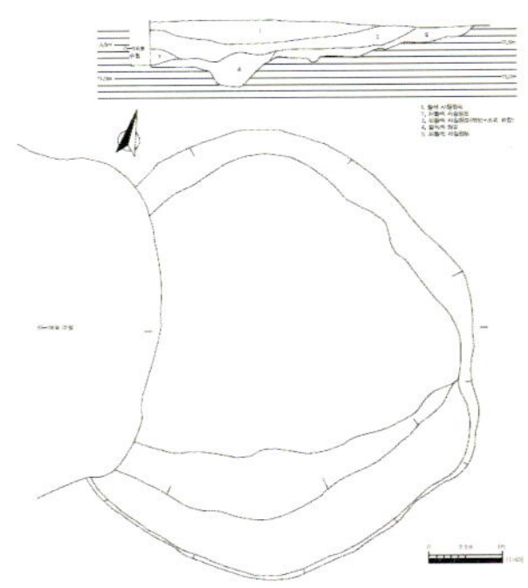

대표적인 공반유물

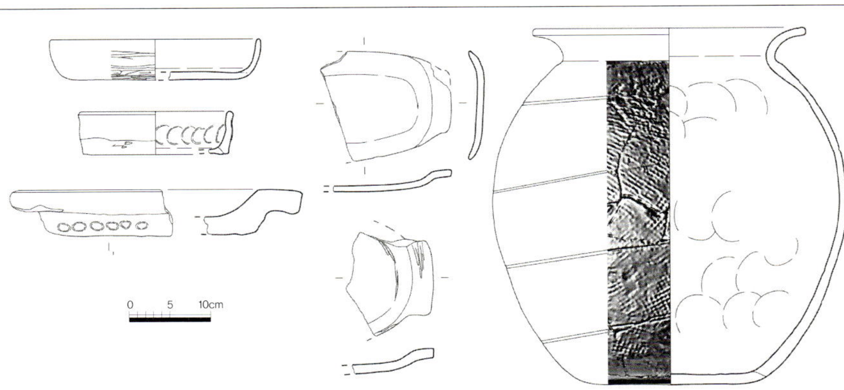

(21) 라-1호 유물산포유구

소 재 지	송파구 풍납동 197번지 일대	조사기관	국립문화재연구소
유 구 명	라-1호 유물산포유구	유구성격	-
추정산지	지방	비 고	
외래유물	광구장경호(1점)		
공반유물	기대, 완, 삼족기, 심발, 열쇠, 삽날, 철부 등		
참고문헌	국립문화재연구소, 2012, 『風納土城 XIV』.		

외래계유물(국내)

연 번	유물명	도면번호	사진번호	제원(cm)	추정산지	특징
134	광구장경호	1339	1339	기고19.5, 구경14.1 두께 0.5-1.0	미상	경부 다치구 이용 파상집선문 장식, 외면 자연유

134

유구도면

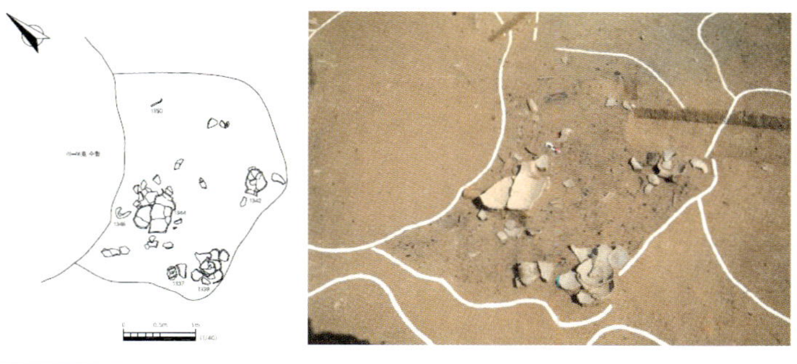

대표적인 공반유물

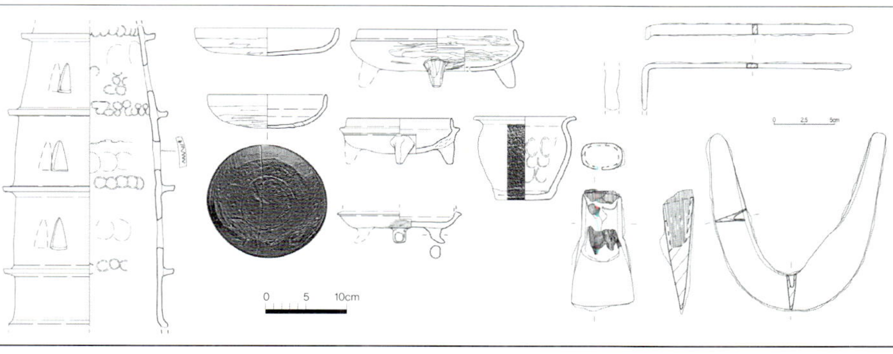

(22) 라-1호 구상유구

소 재 지	송파구 풍납동 197번지 일대	조사기관	국립문화재연구소
유 구 명	라-1호 구상유구	유구성격	폐기
추정산지	지방	비　고	
외래유물	호(1점)		
공반유물	합, 호류 등		
참고문헌	국립문화재연구소, 2013, 『風納土城 XV』.		

외래계유물(국내)

연 번	유물명	도면번호	사진번호	제원(cm)	추정산지	특징
135	호	1083	1083	잔고7, 두께0.6-1.1	미상	외면 마연, 횡침선+3조점열문+파상문, 내면 지두압흔

135

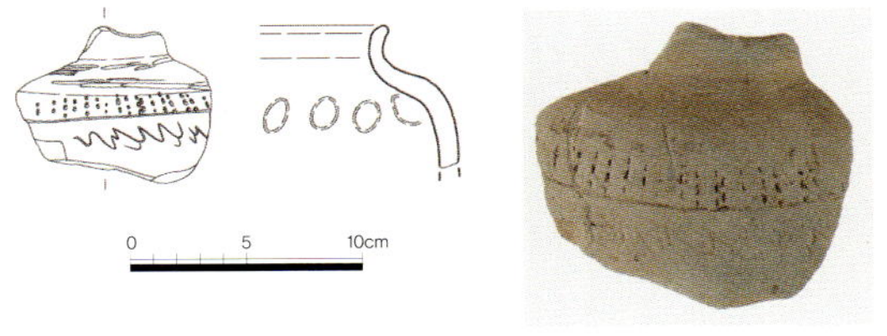

유구도면

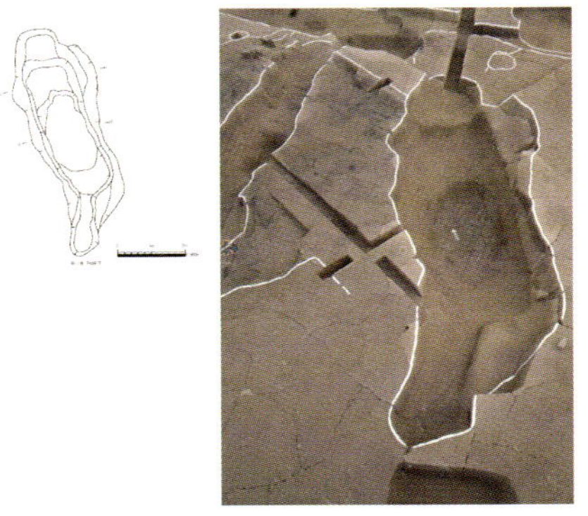

대표적인 공반유물

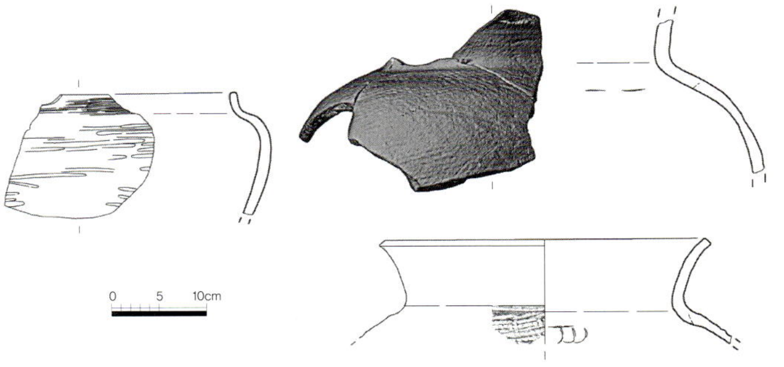

(23) 라-5호 구상유구

소 재 지	송파구 풍납동 197번지 일대	조사기관	국립문화재연구소
유 구 명	라-5호 구상유구	유구성격	폐기
추정산지	가야	비 고	
외래유물	시유도기(1점)		
공반유물	대합, 고배, 삼족기 등		
참고문헌	국립문화재연구소, 2013, 『風納土城 XV』.		

외래계유물(국내)

연 번	유물명	도면번호	사진번호	제원(cm)	추정산지	특징
136	뚜껑	1103	1103	잔고4.7, 두께0.65-0.8	가야	외면 돌대장식+파상문+점열문

136

유구도면

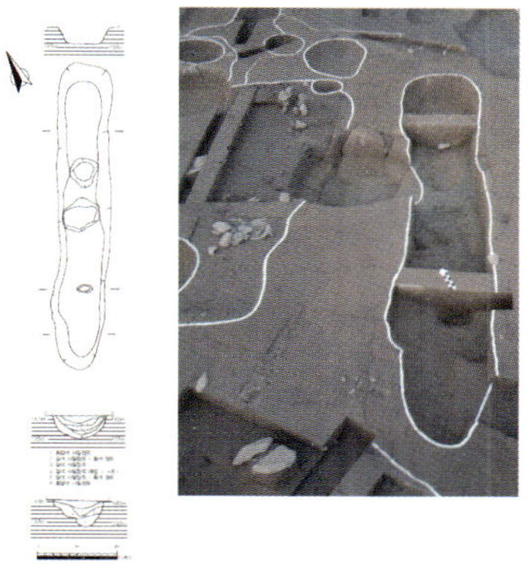

대표적인 공반유물

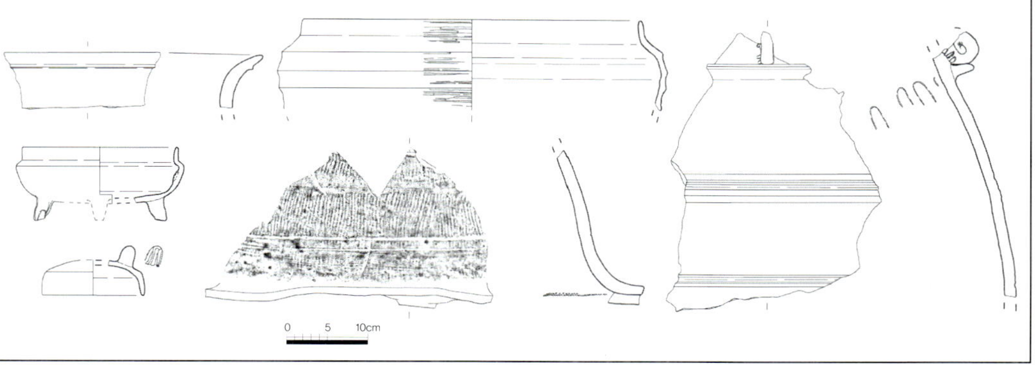

(24) 라-13호 구상유구

소 재 지	송파구 풍납동 197번지 일대	조사기관	국립문화재연구소
유 구 명	라-13호 구상유구	유구성격	폐기
추정산지	중국	비 고	
외래유물	호(1점), 청자반구호(1점)		
공반유물	직구호, 파수부토기편 등		
참고문헌	국립문화재연구소, 2013, 『風納土城 XV』.		

외래계유물(국외)

연 번	유물명	도면번호	사진번호	제원(cm)	추정산지	특징
137	청자반구호	1143	1143	잔고6.8, 구경 17.2, 두께 0.6-0.9	중국	내외면 시유, 회전물손질

137

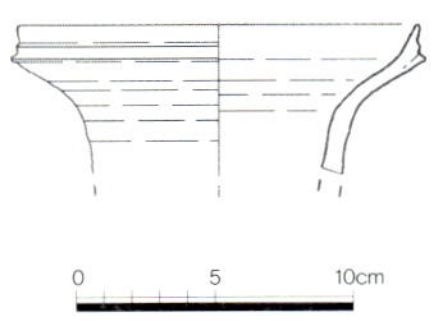

유구도면

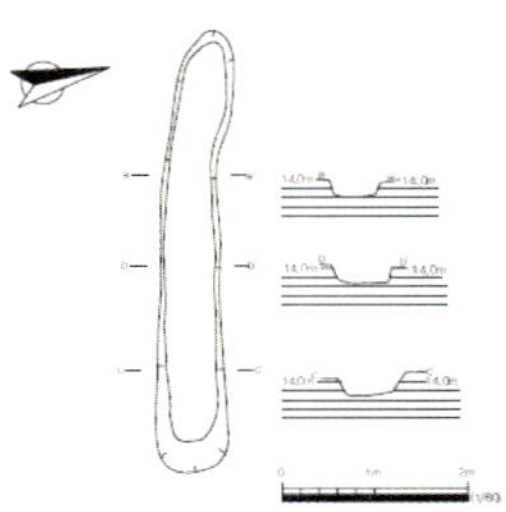

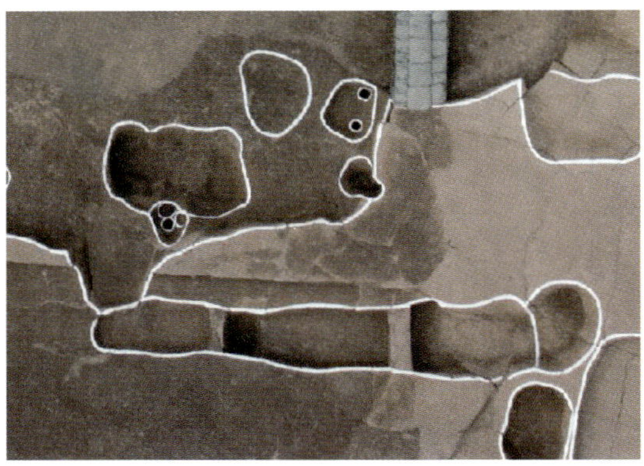

대표적인 공반유물

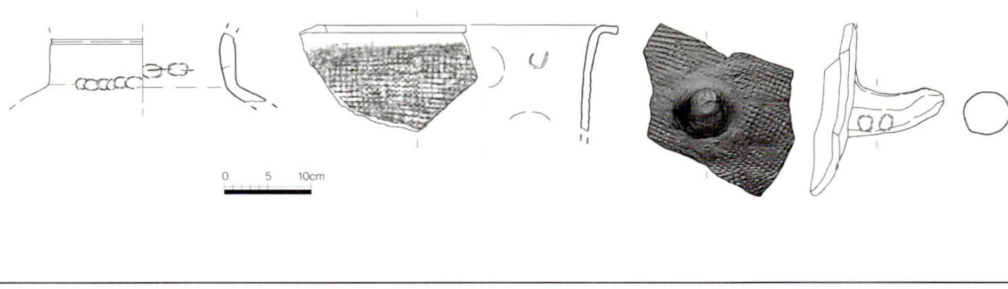

(25) 라-19호 구상유구

소 재 지	송파구 풍납동 197번지 일대	조사기관	국립문화재연구소
유 구 명	라-19호 구상유구	유구성격	폐기
추정산지	지방	비 고	
외래유물	호		
공반유물	호류 등		
참고문헌	국립문화재연구소, 2013, 『風納土城 XV』.		

외래계유물(국내)

연 번	유물명	도면번호	사진번호	제원(cm)	추정산지	특징
138	호	1154	1154	잔고 7.9, 구경 10.5, 두께 0.6-0.9	지방산 (전라)	외면 평행선문타날, 견부 거치문 시문

138

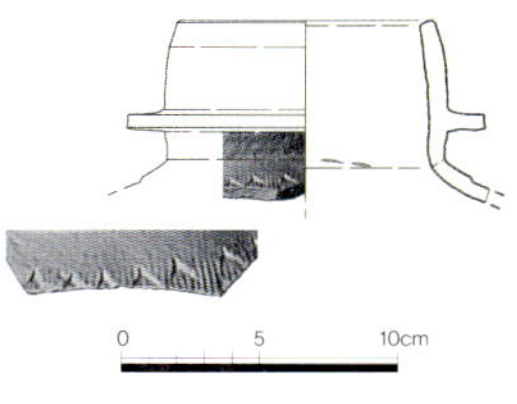

유구도면

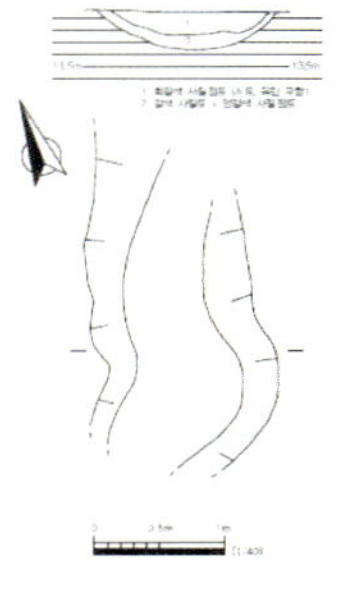

대표적인 공반유물

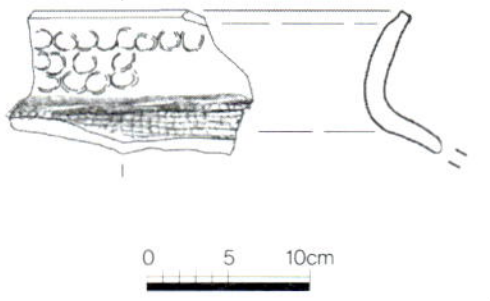

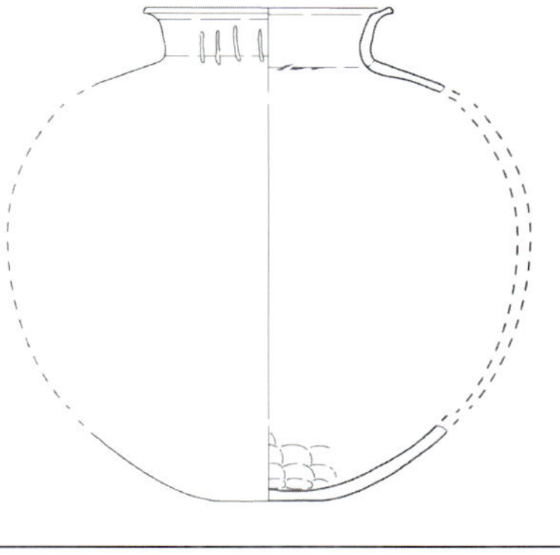

5) 마지구

(1) 마-1호 건물지

소 재 지	송파구 풍납동 197번지 일대	조사기관	국립문화재연구소
유 구 명	마-1호 건물지	유구성격	건물지
추정산지	중국	비 고	
외래유물	시유도기편(4점)		
공반유물	암키와, 수키와, 와당, 전, 호류, 심발 등		
참고문헌	국립문화재연구소, 2012,『風納土城 XIV』.		

외래계유물(국외)

연 번	유물명	도면번호	사진번호	제원(cm)	추정산지	특징
139	시유도기편	44	44	잔고4.5,두께0.8-1.2	중국	녹유, 직립구연, 요철구순
140	시유도기편	45	45	잔고16.4, 두께0.6-1.0	중국	외면 세격자타날 잔흔 유약이 흘러내림
141	시유도기편	46	46	잔고9.2,두께1.1-1.4	중국	내외면 물손질정면
142	시유도기편	47	47	잔고3.1,저경23, 두께1.2-1.4	중국	들린평저, 내면 중앙 나선형 의 물손질흔적

139

140

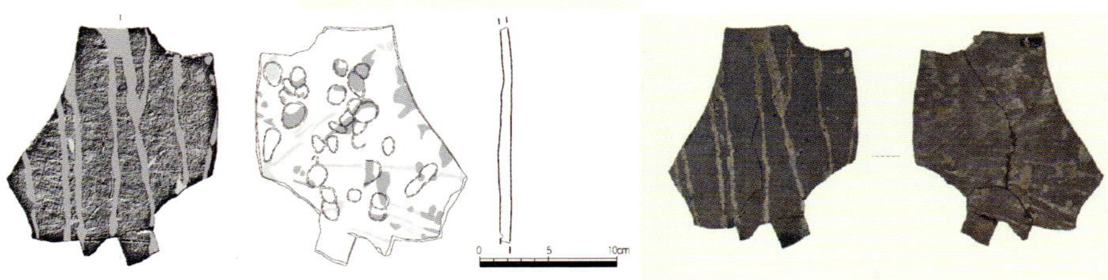

141

142

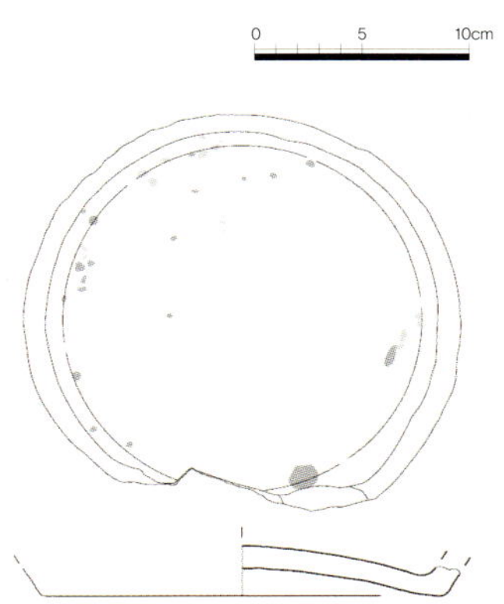

유구도면	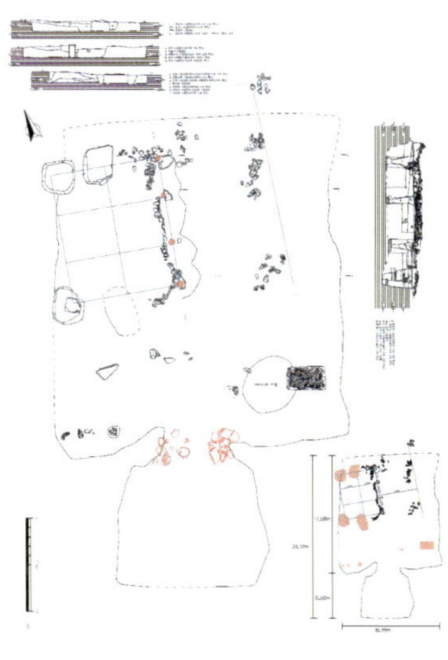 
대표적인 공반유물	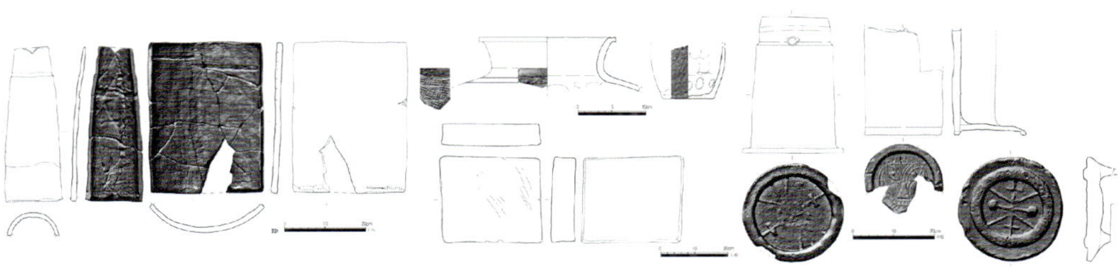

(2) 마-24호 수혈

소 재 지	송파구 풍납동 197번지 일대	조사기관	국립문화재연구소
유 구 명	마-24호 수혈	유구성격	폐기
추정산지	중국	비 고	
외래유물	시유도기(6점)		
공반유물	삼족대합, 경질무문토기 등		
참고문헌	국립문화재연구소, 2012, 『風納土城 XIV』		

외래계유물(국외)

연 번	유물명	도면번호	사진번호	제원(cm)	추정산지	특징
143	시유도기	1174	1174	잔고 2.2, 두께 0.8-0.9	중국	평저, 내면시유, 외면시유 없음, 바닥 사절흔
144	시유도기	1175	1175	잔고 3.9, 두께 0.8-1.6	중국	외면 시유, 구연부 짧은 〈형태 외반, 견부 작은 고리형파수
145	시유도기	1176	1176	잔고 7.4, 구경 30.9, 두께 0.7-1.6	중국	외면 시유, 구연부 짧은 〈형태 외반,견부 작은 고리형파수
146	시유도기	1177	1177	잔고 10.7, 두께 0.8-1.4	중국	직립구연, 외면시유, 내면지두흔, 견부 작은 고리형파수
147	시유도기	1178	1178	잔고 21.9, 두께 1.0-1.2	중국	외면 시유, 노끈흔적, 내외면작은 기포형성
148	시유도기	1179	1179	잔고 9.2, 저경 24.2, 두께 1.0-1.2	중국	동체-저부 경계면회전깍기, 바닥 방형축흔 확인

143

144

145

146

147

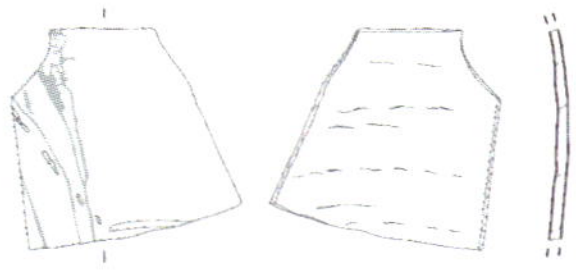

148

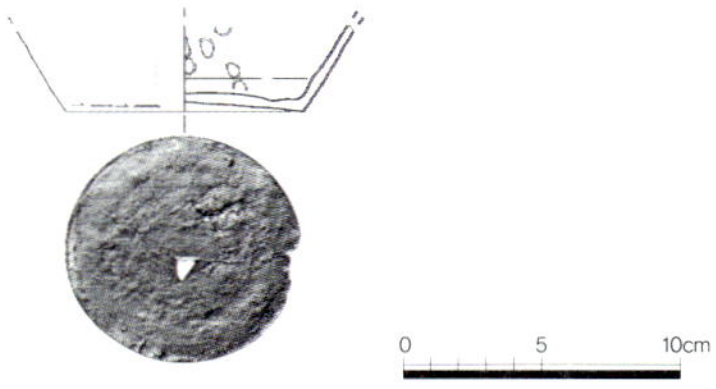

유구도면

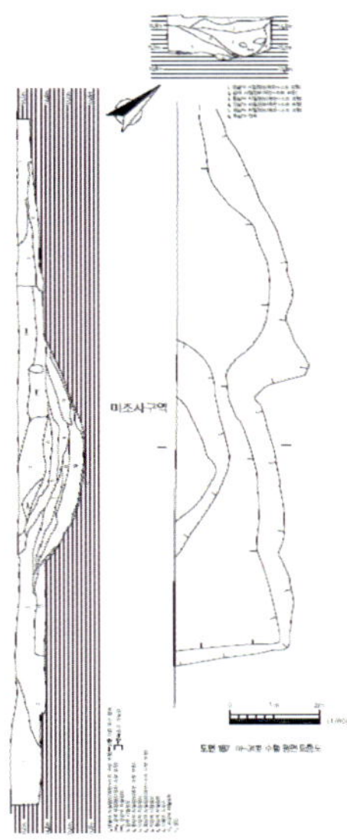

대표적인 공반유물

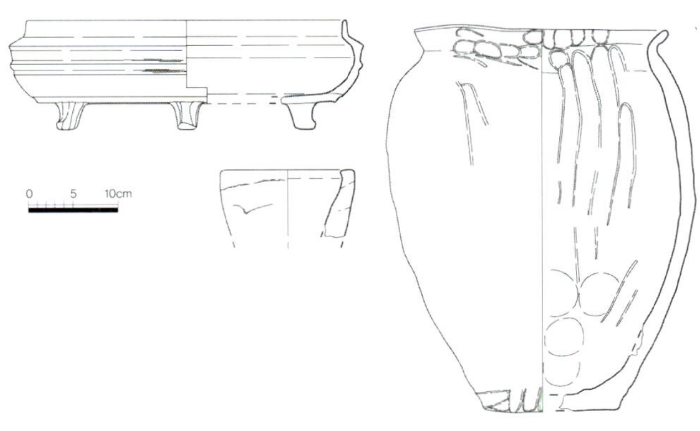

6) 기타 수습유물

(1) 나-그리드

소 재 지	송파구 풍납동 197번지 일대	조사기관	국립문화재연구소
유 구 명	나-그리드	유구성격	-
추정산지	중국, 가야, 지방	비　고	
외래유물	시유도기(8점), 뚜껑, 기대 구연부편(추정)		
공반유물	-		
참고문헌	국립문화재연구소, 2013, 『風納土城 XV』.		

외래계유물(국외)

연 번	유물명	도면번호	사진번호	제원(cm)	추정산지	특징
149	시유도기	1379	1379	잔고3.8, 구경35, 두께 0.6-1	중국	내외면 회전물손질
150	시유도기	1380	1380	잔고5.1, 두께 0.7-1	중국	외면 격자문타날, 고리형파수
151	시유도기	1381	1381	잔고2.8, 두께 0.7-0.9	중국	내면 물손질, 지두압흔
152	시유도기	1382	1382	잔고3.6, 두께 1.2-2.2	중국	내면 박자흔
153	시유도기	1383	1383	잔고3.6, 두께 0.7-1.3	중국	외면 고리형파수, 지두압흔
154	시유도기	1384	1384	잔고6.1, 두께 0.7-0.8	중국	격자문타날, 지두압흔
155	시유도기	1385	1385	잔고8.1, 두께 2.4-2.7	중국	물손질
156	시유도기	1386	1386	잔고8.2, 두께 1.7-2.2	중국	내면 박자흔

149

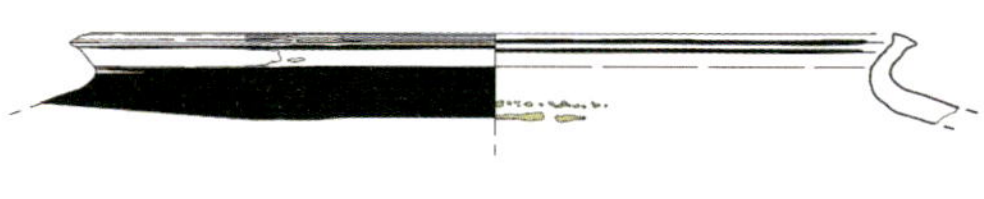

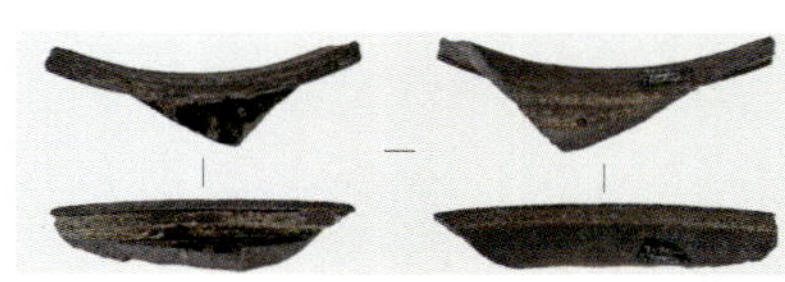

150

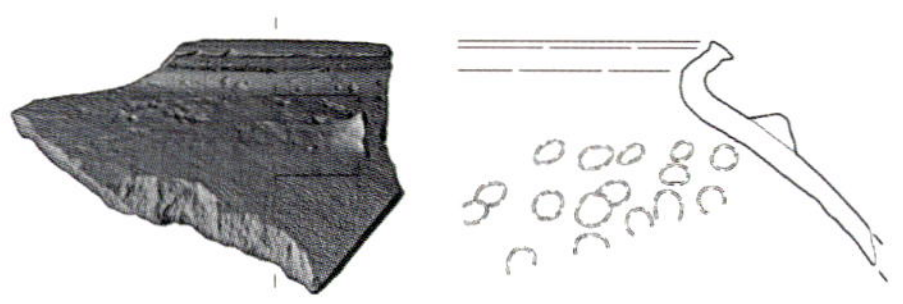

151

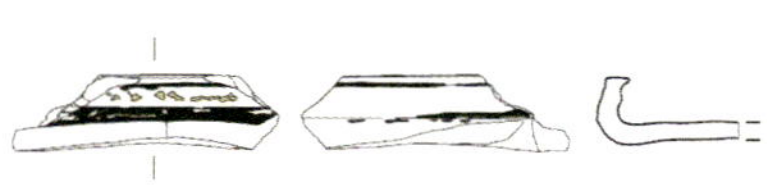

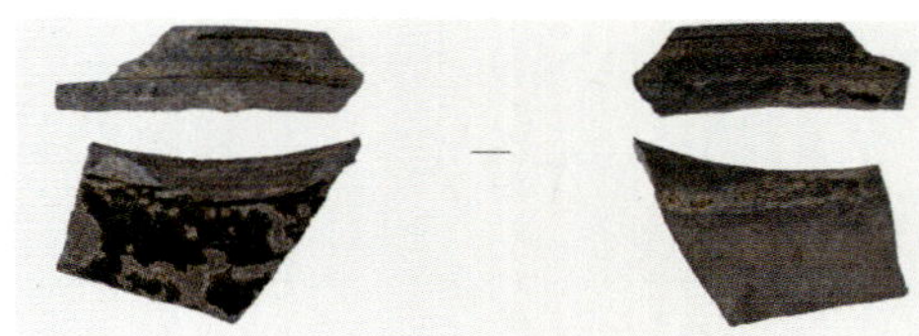

152

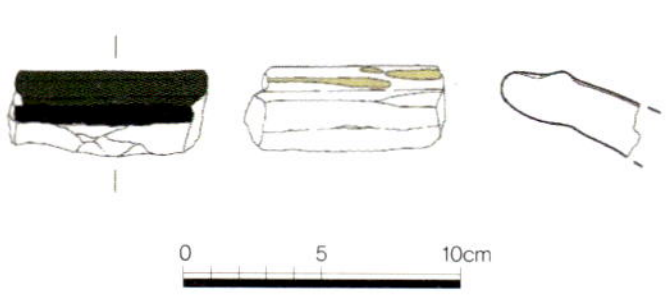

153

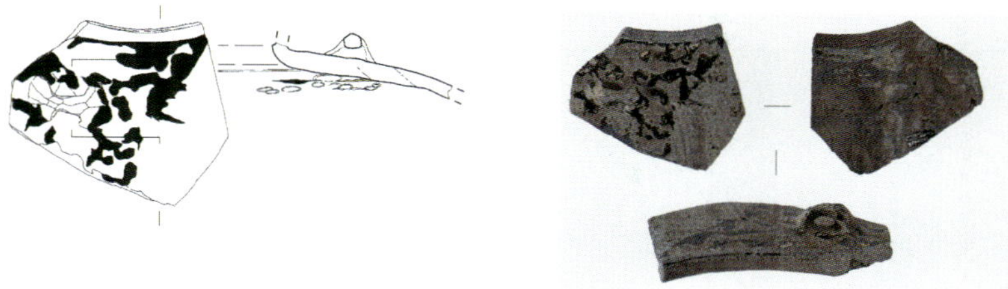

154

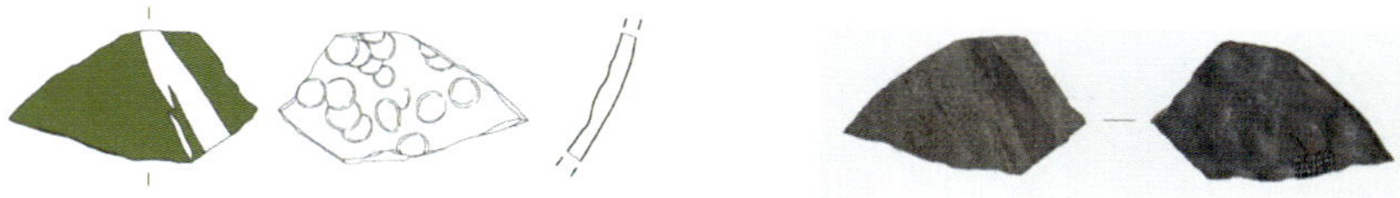

155

156

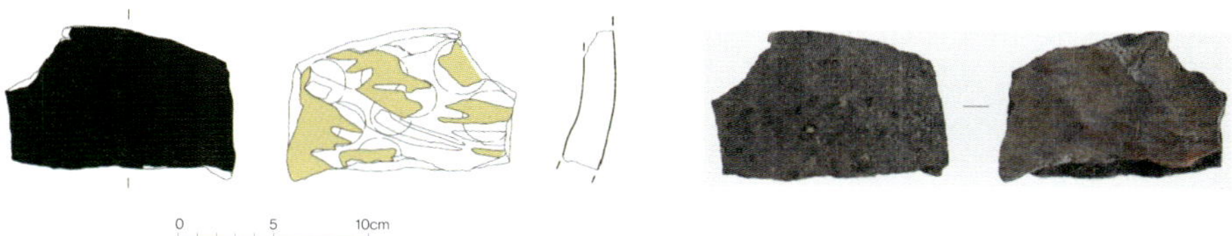

외래계유물(국내)						
연 번	유물명	도면번호	사진번호	제원(cm)	추정산지	특징
157	뚜껑	1325	1325	잔고5.4, 직경19.2, 두께 0.7-1.0	가야 (아라가야)	외면 능형의 점열 장식, 내외면 회전물손질, 자연유
158	기대	1345	1345	잔고9.5, 두께0.4-0.9	미상	외면 돌대장식, 사이 파상집선문 시문

157

158

(2) 다-그리드

소 재 지	송파구 풍납동 197번지 일대	조사기관	국립문화재연구소
유 구 명	다-그리드	유구성격	-
추정산지	가야, 중국	비 고	
외래유물	고배(1점), 청자(2점), 시유도기(4점)		
공반유물	-		
참고문헌	국립문화재연구소, 2013, 『風納土城 XV』.		

외래계유물(국내 · 국외)

연 번	유물명	도면번호	사진번호	제원(cm)	추정산지	특징
159	고배	1426	1426	잔고9.7, 저경11.7, 두께 0.5-0.9	가야 (비화가야)	대각 2단 삼각 투창, 배신부 삼각형 압인문 시문
160	청자완	1458	1458	잔고6, 두께 0.6-1.0	중국	연판문 청자완
161	청자완	1459	1459	잔고4, 두께 0.7-0.8	중국	-
162	시유도기	1460	1460	잔고2.5, 두께 0.5-1.0	중국	-
163	시유도기	1461	1461	잔고9.2, 두께0.7-1.0	중국	저부경계면깎기, 내면 박자흔
164	시유도기	1462	1462	잔고10.5,두께 2.7-3.0	중국	내면회전물손질, 지두압흔

159

160

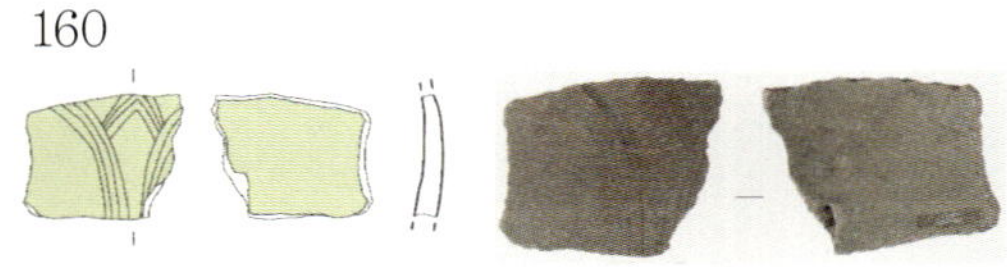

161

162

163

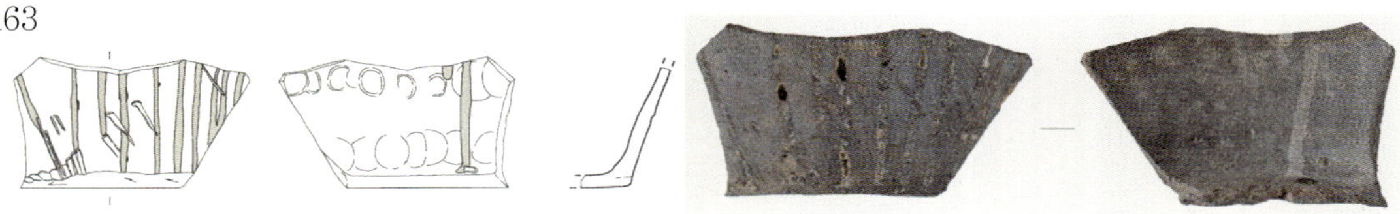

164

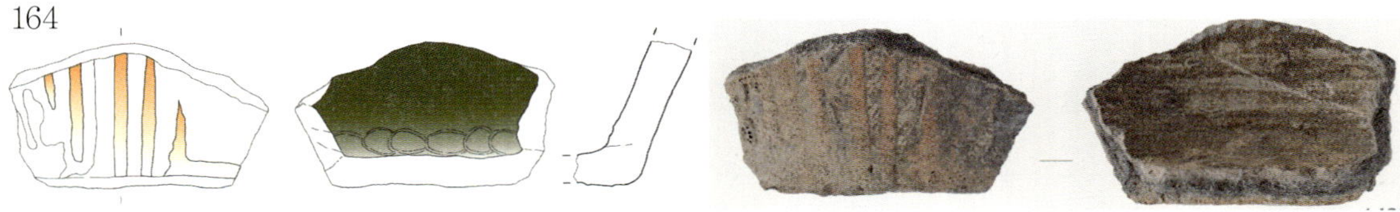

(3) 라-그리드

소 재 지	송파구 풍납동 197번지 일대	조사기관	국립문화재연구소
유 구 명	라-그리드	유구성격	-
추정산지	중국, 미정	비 고	
외래유물	청자(3점), 시유도기(3점), 파수(2점)		
공반유물	-		
참고문헌	국립문화재연구소, 2013, 『風納土城 XV』.		

외래계유물(국외)

연 번	유물명	도면번호	사진번호	제원(cm)	추정산지	특징
165	계수호	1511	1511	잔고5.6, 두께 0.7-1.7	중국	계수호 경부편?, 내부 지두흔
166	청자완	1512	1512	잔고3, 두께 0.5	중국	연판문 청자완
167	청자완	1513	1513	잔고2, 저경 4.6, 두께 0.4-0.5	중국	저부, 낮은 굽(유약없음)
168	시유도기	1514	1514	잔고7.2, 두께 1.2-1.9	중국	외면 접합흔, 내면 박자흔
169	시유도기	1515	1515	잔고4.1, 두께 0.7-1.4	중국	외면 시유, 내면 지두압흔
170	전문도기	1516	1516	잔고5.6, 두께 0.8-1.2	중국	내외면 전문 시문

165

166

167

168

169

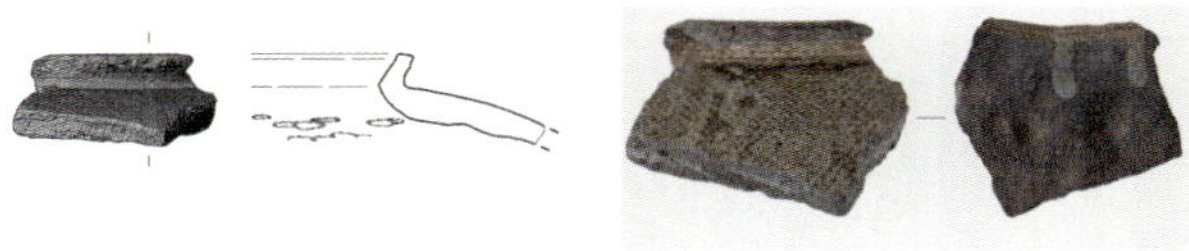

170

외래계유물(국내)						
연 번	유물명	도면번호	사진번호	제원(cm)	추정산지	특징
171	파수	1499	1499	잔고5.4,두께2.9-3	미상	외면 돌대장식
172	파수	1500	1500	잔고4, 두께1.7-2	미상	외면 돌대장식

171

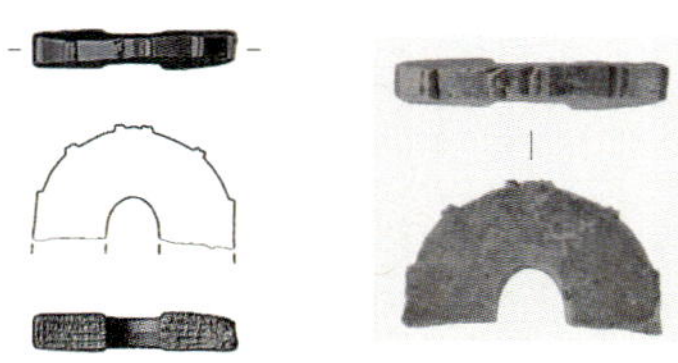

172

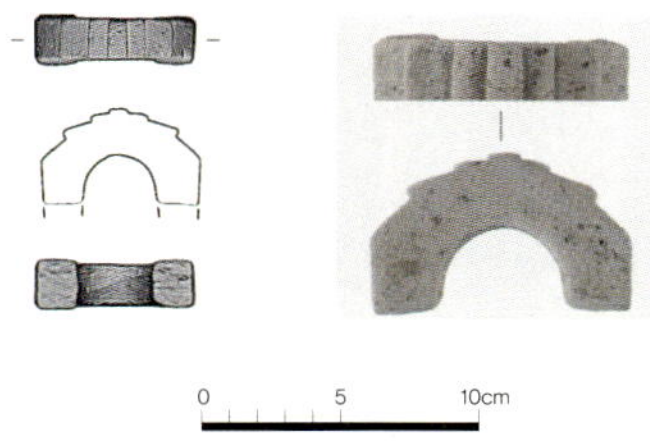

(4) 마-그리드

소 재 지	송파구 풍납동 197번지 일대	조사기관	국립문화재연구소
유 구 명	마-그리드	유구성격	-
추정산지	중국, 지방	비 고	
외래유물	청자(6점), 시유도기(8점), 대부호(1점), 양이부호(1점), 토제벼루(1점)		
공반유물	-		
참고문헌	국립문화재연구소, 2013, 『風納土城 XV』.		

외래계유물(국외)

연 번	유물명	도면번호	사진번호	제원(cm)	추정산지	특징
173	청자	1576	1576	잔고4.1, 두께 0.5-1.2	중국	외면 귀부 탈락, 내면물손질
174	청자	1577	1577	잔고7.6, 두께 0.5-0.8	중국	외면 귀부 탈락, 내면물손질
175	청자	1578	1578	잔고1.4, 저경 12.4 두께 0.8-1.1	중국	외저면 사절흔
176	청자	1579	1579	잔고8.3, 두께 0.8-1.0	중국	내외면 회전물손질
177	청자	1580	1580	잔고1.4, 두께 0.7-1.1	중국	외저면 사절흔
178	청자	1581	1581	잔고5.1, 두께 0.7-1.6	중국	외저면 축흔, 회전물손질
179	시유도기	1582	1582	잔고3.1, 두께 1.4-2.3	중국	내면회전물손질, 박자흔
180	시유도기	1583	1583	잔고14.3, 두께 1.2-1.7	중국	저부경계면깎기, 회전물손질
181	시유도기	1584	1584	잔고9.9, 두께1.7	중국	내외면 격자문타날
182	시유도기	1585	1585	잔고7.8, 두께 8.0-1.2	중국	외면 격자문타날
183	시유도기	1586	1586	잔고6.7, 두께 1.9-2.2	중국	내면 회전물손질, 박자흔
184	시유도기	1587	1587	잔고4.5, 두께 1.6	중국	내외면 회전물손질
185	시유도기	1588	1588	잔고4.9, 두께 0.6-0.8	중국	내외면 회전물손질
186	시유도기	1589	1589	잔고5.3, 두께 1.3-1.4	중국	내외면 회전물손질

173

174

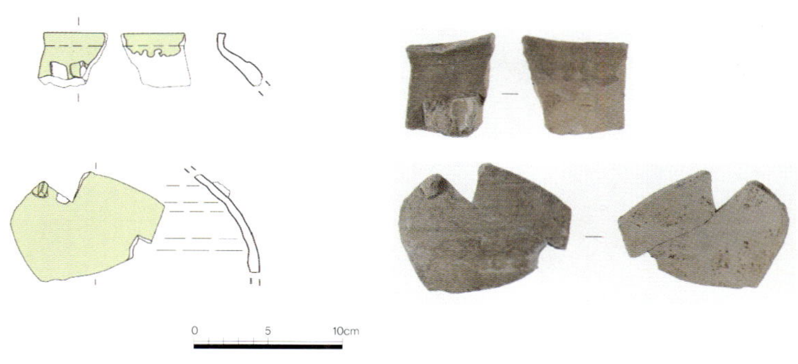

175

176

177

178

179

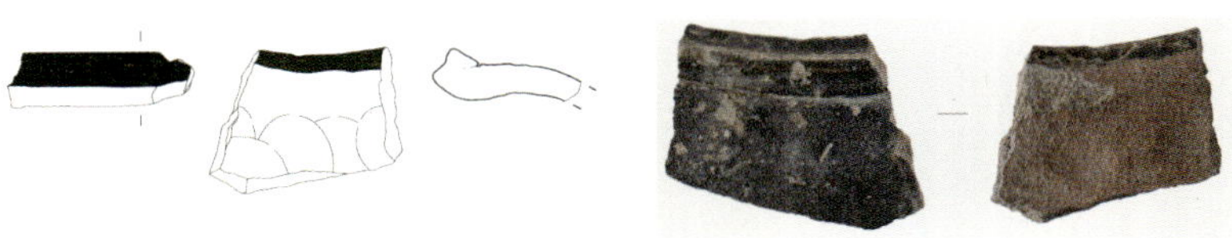

180

181

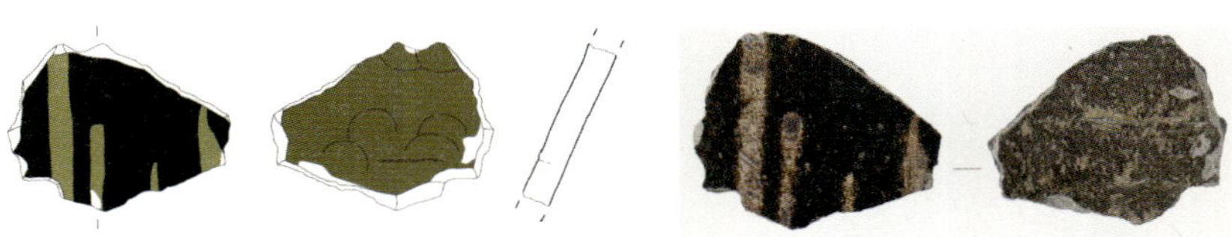

182

183

184

185

186

외래계유물(국내)						
연 번	유물명	도면번호	사진번호	제원(cm)	추정산지	특징
187	대부호	1496	1496	잔고8.9,두께0.5-0.9	미상 (중국 모방품)	내외면 회전물손질, 박자흔
188	양이부호	1561	1561	잔고5.3,두께0.4-0.7	미상 (중국 모방품)	구연부 암문, 구연부 이하 마연
189	토제벼루	1575	1575	잔고4.4, 두께1.1-1.4	미상 (중국모방품)	모방품, 수족형 족부 1개 잔존

187

188

189

(5) 지표수습

소 재 지	송파구 풍납동 197번지 일대	조사기관	국립문화재연구소
유 구 명	지표수습	유구성격	–
추정산지	중국	비 고	
외래유물	시유도기(2점)		
공반유물	–		
참고문헌	국립문화재연구소, 2013, 『風納土城 XV』.		

외래계유물(국외)

연 번	유물명	도면번호	사진번호	제원(cm)	추정산지	특징
190	시유도기	1603	1603	잔고2.9, 두께0.5–1.2	중국	–
191	시유도기	1604	1604	잔고10.6, 저경14.8, 두께 0.9–1.4	중국	저부경계면 깎기, 내외면 회전물손질, 내면 일부 자연유

190

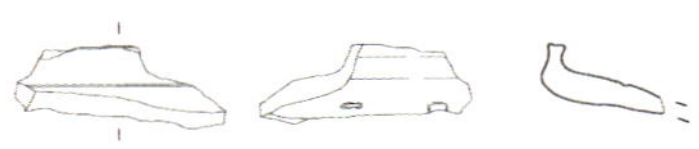

191

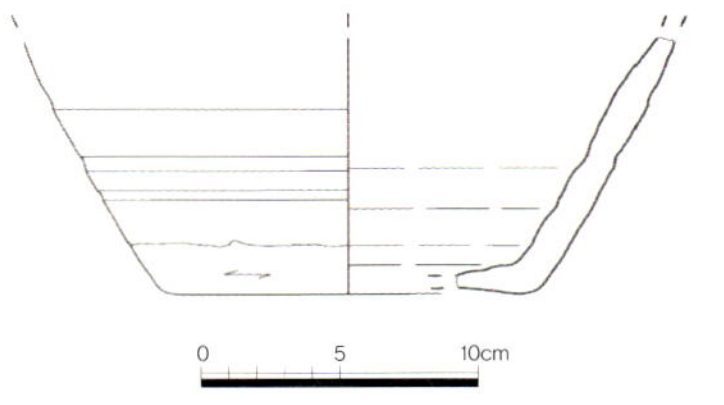

3. 동성벽

소 재 지	동성벽	조사기관	국립문화재연구소
유 구 명	축성 구간별 수습	유구성격	–
추정산지	지방	비 고	
외래유물	낙랑계 호(2점), 광구장경호(1점)		
공반유물	–		
참고문헌	국립문화재연구소, 2014,『風納土城 XVI』.		

외래계유물(국내)

연 번	유물명	도면번호	사진번호	제원(cm)	추정산지	특징
192	호	17	17	잔고5.9,구경13.8, 두께0.5-0.8	지방계 (낙랑)	초축성벽 지정공사 구간 흑색, 직립구연, 경부 종방향 암문, 동체부 마연
193	호	58	58	잔고6.3,구경21.2, 두께0.7-1.0	지방계 (낙랑)	초축성벽 성토공사 구간 회백색, 경부 얕은 요철면, 내외면 회전물손질
194	광구장경호	166	166	잔고12.7,구경16.4, 두께0.4-0.6	지방산 (충청, 전라)	내부 구지표면 외면 평행집선문 타날, 경부 요철면+돌대, 자연유 흡착

192

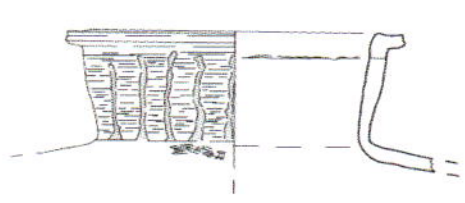

193

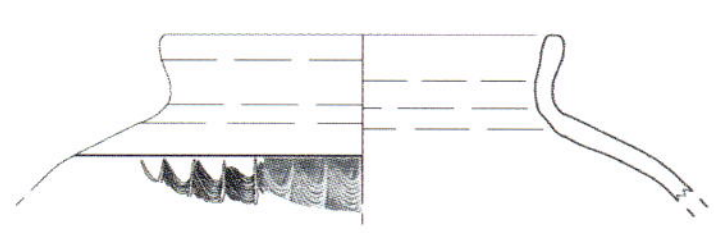

194

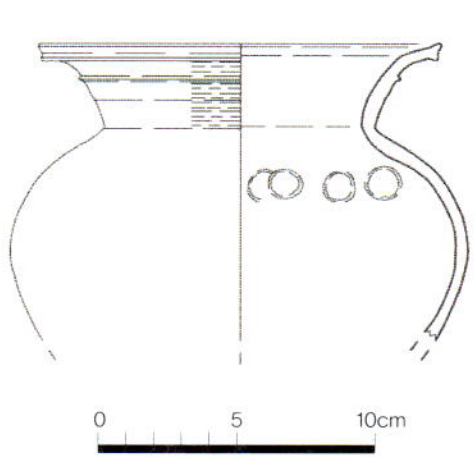

4. 외환은행 직원숙소부지(풍납동 281-1번지 일대)

소 재 지	송파구 풍납동 281-1번지 일대	조사기관	국립문화재연구소
유 구 명	외환은행직원숙소부지 S-1 Tr.	유구성격	-
추정산지	지방	비 고	
외래유물	호(1점)		
참고문헌	국립문화재연구소, 2007, 『風納土城 Ⅷ』		

외래계유물(국내)

연 번	유물명	도면번호	사진번호	제원(cm)	추정산지	특징
195	호	16-58	72-58	기고19.8, 구경15.5, 저경6.8	지방산 (충청, 전라)	경부 및 동체부 돌대1조, 수형구연

195

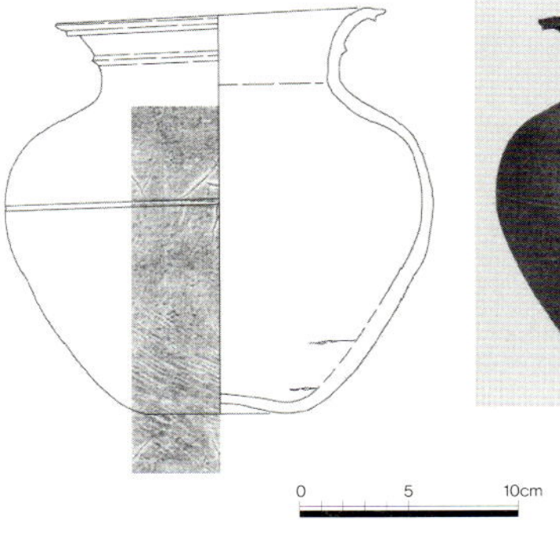

5. 소규모 주택 신축부지(풍납동 142-1번지)

소 재 지	송파구 풍납동 142-1번지	조사기관	국립문화재연구소
유 구 명	소규모주택신축부지 142-1번지	유구성격	-
추정산지	가야	비 고	
외래유물	고배(1점), 동이(1점)		
참고문헌	국립문화재연구소, 2007,『風納土城 Ⅷ』		

외래계유물(국내)

연 번	유물명	도면번호	사진번호	제원(cm)	추정산지	특징
196	고배	59-31	78-31	잔고3.4, 두께0.6	가야	삼각형 투창 고배
197	동이	62-57	81-57	잔고13.7, 두께0.5-0.7	기야 (비화가야)	동체 종방향 평행선문타날 동체하부 횡방향 평행선문타날

196

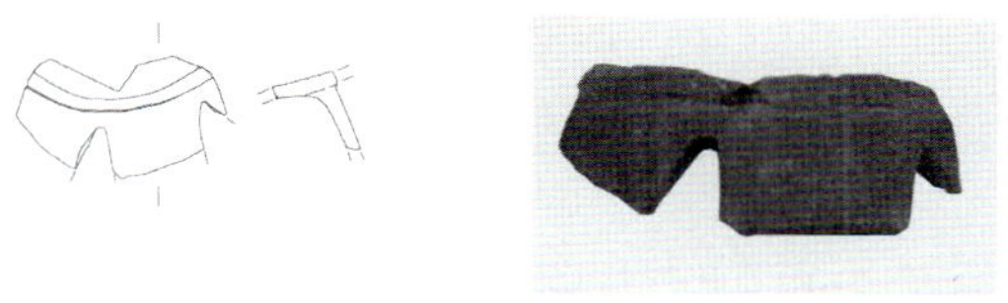

197

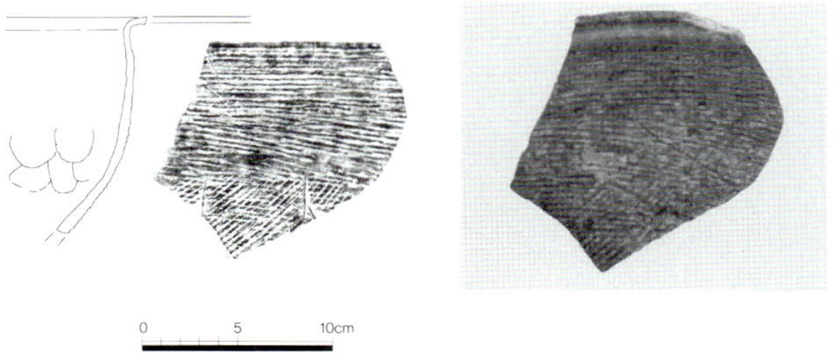

6. 대진 · 동산연립주택부지(풍납동 410번지 일대)

소 재 지	송파구 풍납동 410번지 일대	조사기관	국립문화재연구소
유 구 명	대진 · 동산연립주택부지 나-Tr.	유구성격	-
추정산지	낙랑	비 고	
외래유물	소호(1점)		
참고문헌	국립문화재연구소, 2007, 『風納土城 Ⅷ』		

외래계유물(국내)

연 번	유물명	도면번호	사진번호	제원(cm)	추정산지	특징
198	소호	142-3	114-6	기고6.3, 구경6.3	지방계(낙랑)	외면마연, 내외면 강한회전물손질

198

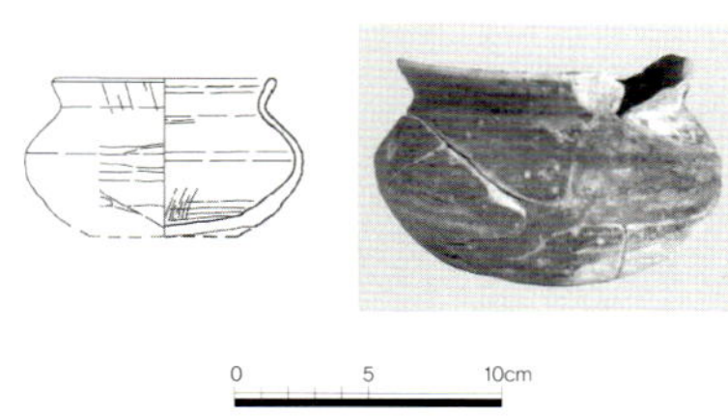

7. 서성벽(추정)

소 재 지	(추정) 서성벽	조사기관	-
유 구 명	-	유구성격	-
관련지역	중국	비 고	
외래유물	청동초두(2점)		
공반유물	이식금환, 동노(銅弩), 백동경(白銅鏡), 과대금구, 자감색 유리옥, 4구획 원문수막새 등		
참고문헌	國立文化財研究所, 2002, 『風納土城 Ⅱ』. 鮎貝房之進, 1934, 「百濟古都案內記」『朝鮮』234號. 朝鮮總督府, 1929, 『博物館陳列品圖鑑』第4輯		

외래계유물(국외)

연 번	유물명	도면번호	사진번호	제원(cm)	특징
199	청동초두	-	유리원판20	기고 21.7	주둥이가 없고 손잡이가 용머리 모양, 짐승발
200	청동초두	-	유리원판6	-	짐승발과 주둥이 및 긴 손잡이를 가짐.

199

200

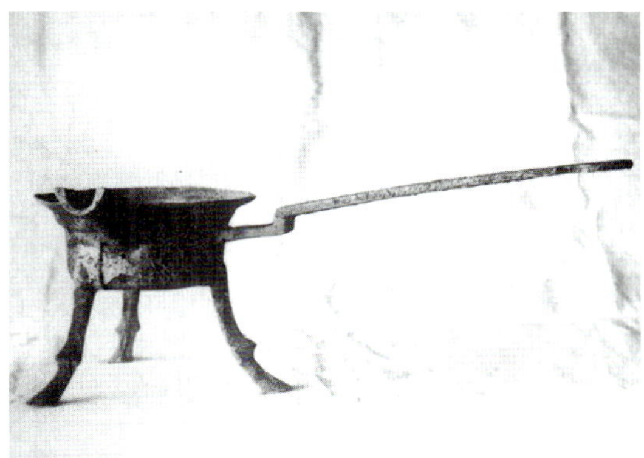

유구사진

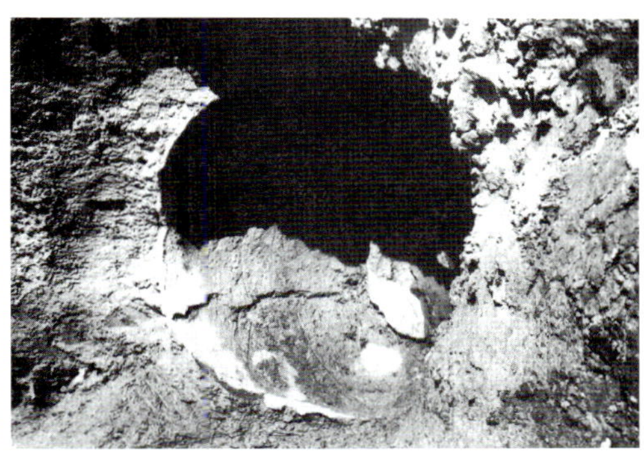

풍납동 토성 내 청동초두가 출토된 지점 원경(북→남), 발견된 대옹 노출 상태

8. 삼화연립부지(풍납동 172번지)

(1) Ⅲ층 1호 폐기장

소 재 지	송파구 풍납동 172번지 외	조사기관	한신大學校博物館
유 구 명	Ⅲ층 1호 폐기장	유구성격	폐기
추정산지	지방	비 고	
외래유물	평저호(1점)		
공반유물	경질무문토기, 심발형토기, 장란형토기, 호, 동이, 대옹, 완, 광구단경호, 유견호, 삼족기, 고배, 소호, 개, 어망추 등		
참고문헌	한신大學校博物館, 2003, 『風納土城 Ⅲ 삼화연립 재건축 사업부지에 대한 조사보고』.		

외래계유물(국내)

연 번	유물명	도면번호	사진번호	제원(cm)	추정산지	특징
201	평저호	18-7	25-11	잔존길이 15.6 두께 0.6-0.7	지방계(낙랑)	저부편, 외면 깎기·목리조정, 내면 정면도구흔

201

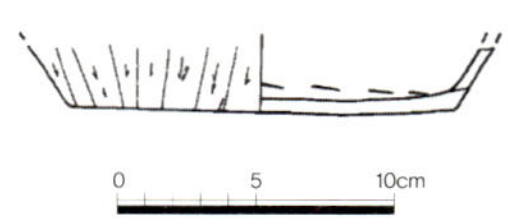

유구도면

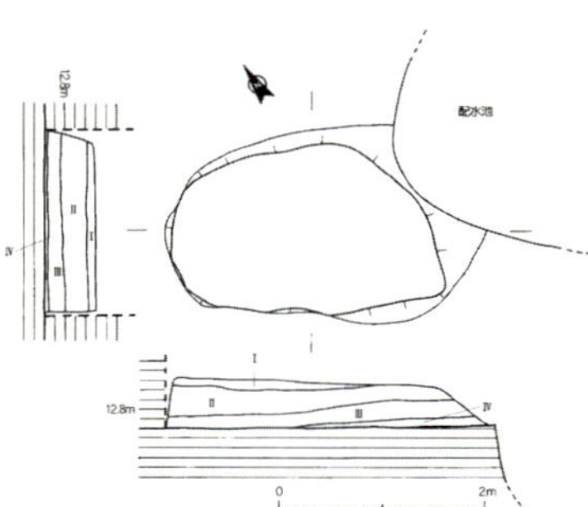

대표적인 공반유물

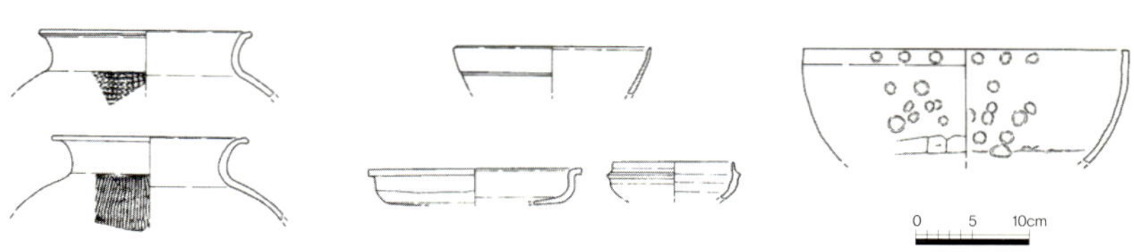

(2) Ⅲ층 3호 수혈

소 재 지	송파구 풍납동 172번지 외	조사기관	한신大學校博物館
유 구 명	Ⅲ층 3호 수혈	유구성격	폐기
추정산지	중국	비 고	
외래유물	시유도기(1점)		
공반유물	–		
참고문헌	한신大學校博物館, 2003,『風納土城 Ⅲ 삼화연립 재건축 사업부지에 대한 조사보고』.		

외래계유물(국외)

연 번	유물명	도면번호	사진번호	제원(cm)	추정산지	특징
202	시유도기	23-2	37-2	구경 45.6, 저경 22.0, 두께 0.7-1.2	중국	구연부편 3점, 저부편 1점. 직립구연 시유도기옹. 표면 등색. 견부에 다치구의 운문 시문. 내면 고속회전 요철흔

202

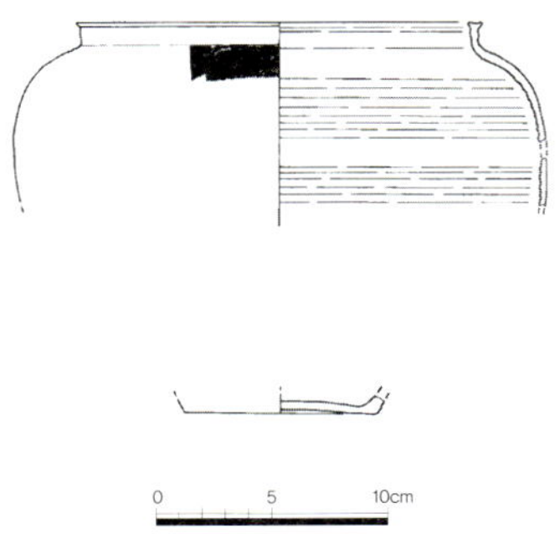

유구도면	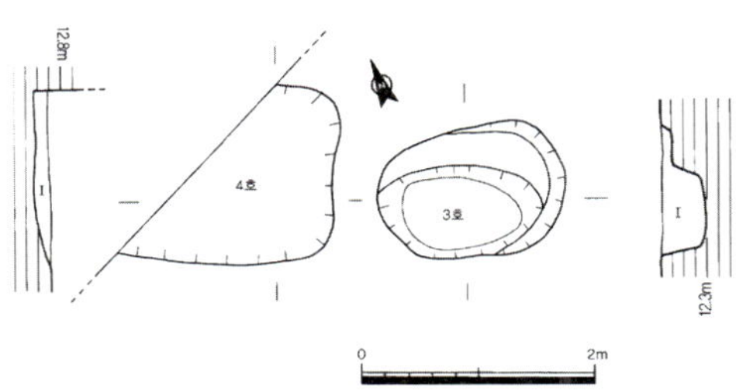 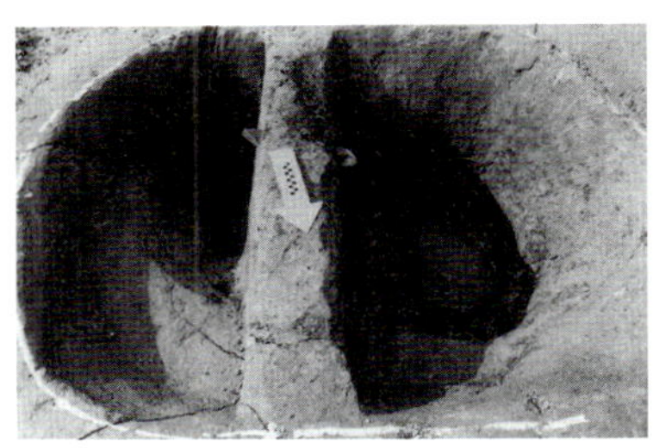
대표적인 공반유물	–

(3) Ⅲ층 2호 溝

소 재 지	송파구 풍납동 172번지 외	조사기관	한신大學校博物館
유 구 명	Ⅲ층 2호 溝	유구성격	폐기
추정산지	중국	비 고	
외래유물	시유도기(1점)		
공반유물	완, 고배, 삼족기, 개, 장란형토기, 대옹, 광구단경호, 호 등		
참고문헌	한신大學校博物館, 2003,『風納土城 Ⅲ 삼화연립 재건축 사업부지에 대한 조사보고』.		

외래계유물(국외)

연 번	유물명	도면번호	사진번호	제원(cm)	추정산지	특징
203	시유도기	8-17 29-13	9-6 47-5	두께 0.5-1.0	중국	각각 2호溝와 표토에서 출토된 한 개체. 세격자문타날. 내면 지두압흔, 목판 긁기, 붓질흔.

203

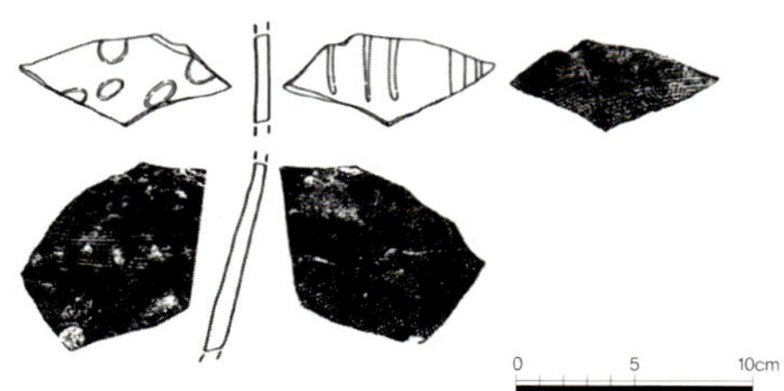

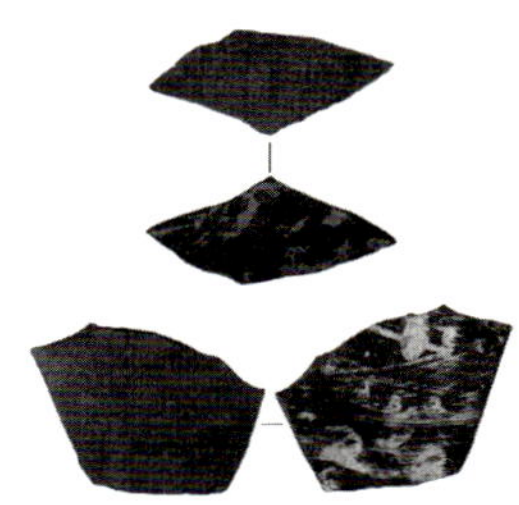

유구도면

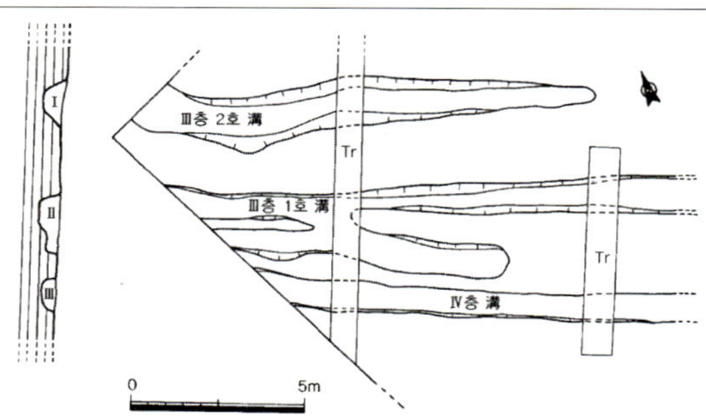

대표적인 공반유물

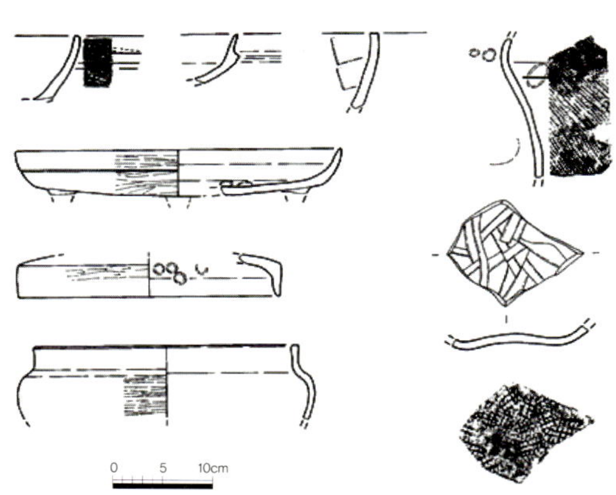

(4) Ⅲ층 유물포함층

소 재 지	송파구 풍납동 172번지 외	조사기관	한신大學校博物館
유 구 명	Ⅲ층 유물포함층	유구성격	-
추정산지	지방, 미상	비 고	
외래유물	개(1점), 대각부토기(1점), 호(1점)		
공반유물	직구유견반형호, 개, 삼족기, 직구호, 광구단경호, 장란형토기, 완, 동이, 대옹, 기대 등		
참고문헌	한신大學校博物館, 2003, 『風納土城 Ⅲ 삼화연립 재건축 사업부지에 대한 조사보고』.		

외래계유물(국내)

연 번	유물명	도면번호	사진번호	제원(cm)	추정산지	특징
204	개	30-20	49-9	두께 0.6-0.9	지방산 (전라)	幼蟲文.
205	대각부토기	35-9	60-4	두께 0.65-0.8	미상 (중국자기 모방?)	2條 횡침선, 마연
206	호	33-13	56-5	구경 15.6, 두께 0.4-0.5	지방산 (충청남부, 전라)	경부에 돌대. 대각일 가능성.

204

205

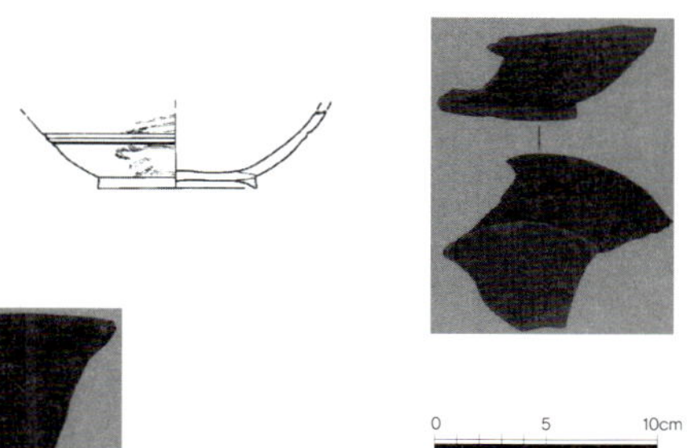

206

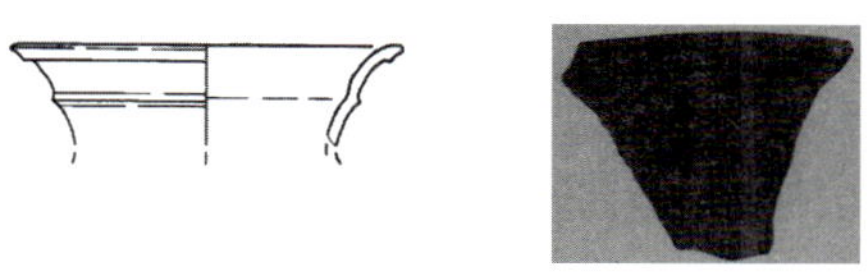

유구도면	-
대표적인 공반유물	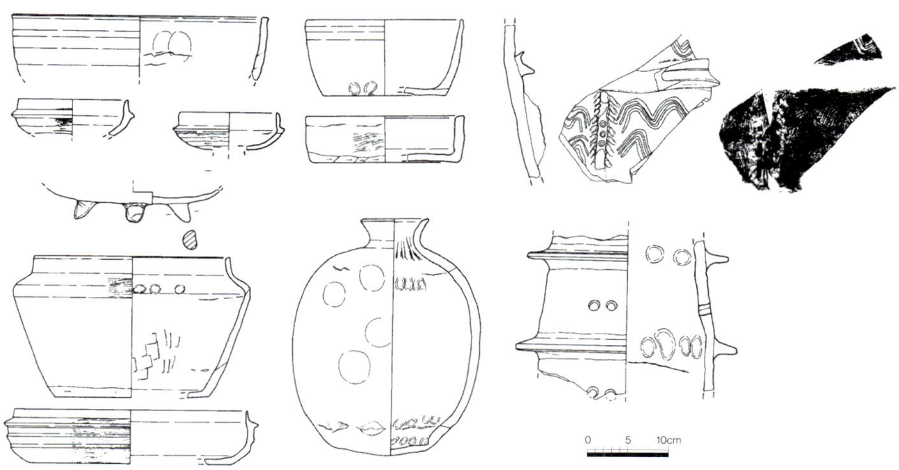

(5) 표토

소 재 지	송파구 풍납동 172번지 외	조사기관	한신大學校博物館
유 구 명	표토	유구성격	–
추정산지	지방	비 고	
외래유물	대옹(1점), 고배(뚜껑 추정)편(1점)		
공반유물	–		
참고문헌	한신大學校博物館, 2003,『風納土城 Ⅲ 삼화연립 재건축 사업부지에 대한 조사보고』.		

외래계유물(국내)

연 번	유물명	도면번호	사진번호	제원(cm)	추정산지	특징
207	백색대옹편	8-16	9-5	두께 0.9-1.4	지방산 (낙랑)	–
208	고배 (뚜껑 추정)	7-17	7-2	두께 0.4	지방산 (경기서부, 충청)	대각접합부 선각. 외면 물손질.

207

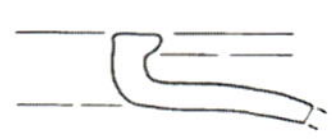

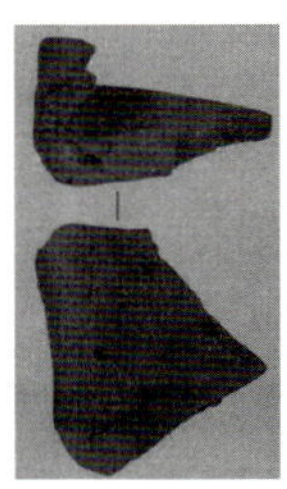

208

유구도면	–
대표적인 공반유물	–

9. 경당지구(풍납동 136번지 일대)

(1) 9호 유구

소 재 지	송파구 풍납동 136번지	조사기관	한신大學校博物館
유 구 명	9호 유구	유구성격	제사(폐기)
추정산지	중국, 가야, 지방, 미상	비 고	
외래유물	시유도기(16점), 자기편(흑유 2점), 청자완(1점), 대부호(7점), 개(2점), 고배(1점), 호(3점), 파수 (2점), 미상토기편(1점)		
공반유물	고배, 삼족기, 개, 기대, 직구유견반형호, 세, 이배형토기, 직구단경호, 광구소호, 동물뼈 등		
참고문헌	한신大學校博物館, 2004, 『風納土城 Ⅳ-경당지구 9호유구에 대한 발굴보고』		

외래계유물(국외)

연 번	유물명	도면번호	사진번호	제원(cm)	추정산지	특징
209	시유도기	109-1	195-1	구경 39.2, 두께 1.1-1.8	중국	빙렬, 내면 박자흔, 목판 긁기.
210	시유도기	109-2	195-2	구경 36.8, 두께 1.0-2.1	중국	내외면 회전물손질.
211	시유도기	109-3	195-3	구경 35.3, 두께 0.9-1.6	중국	물결무늬(水波文), 내외면 회전물손질.
212	시유도기	109-4	195-5	구경 36.0, 두께 0.9-1.3	중국	물결무늬(水波文), 내외면 회전물손질.
213	시유도기	109-5	195-4	구경 37.6, 두께 0.8-1.2	중국	내외면 회전물손질, 빙렬.
214	시유도기	109-6	195-6	저경 25.2, 두께 1.0-1.8	중국	저부 일부 시유, 내면 무문박자흔, 내외면 회전물손질.
215	시유도기	109-7	195-7	저경 26.9, 두께 1.2-2.1	중국	횡방향 평행선문타날, 유약흐름, 내외면 회전물손질. 내면 부분시유, 박자흔, 지두흔.
216	시유도기	110-1	195-8	두께 0.7-1.0	중국	내외면 회전물손질, 유약흐름.
217	시유도기	110-2	196-1	두께 0.8-1.1	중국	격자문타날, 빙렬, 유약흐름, 내면 회전물손질, 지두압흔.
218	시유도기	110-3	196-5	두께 0.8-1.2	중국	세격자문타날, 내면 물손질, 지두압흔
219	시유도기	110-4	196-4	두께 0.5-0.8	중국	격자문타날, 외면 물손질, 유약흐름, 내면 물손질, 지두압흔.
220	시유도기	111-1	196-3	두께 1.3-1.6	중국	사격자문타날, 빙렬, 유약흐름, 내면 박자흔.

연 번	유물명	도면번호	사진번호	제원(cm)	추정산지	특징
221	시유도기	111-2	196-7	두께 0.7-1.2	중국	빙렬. 유약흐름. 내면 부분시유, 박자흔, 회전물손질, 지두압흔.
222	시유도기	111-3	196-2	두께 1.0-1.3	중국	내외면 회전물손질. 유약흐름.
223	시유도기	111-4	196-6	두께 0.7-0.9	중국	세격자문타날. 유약흐름. 내면 박자흔, 회전물손질, 지두압흔.
224	시유도기	111-5	196-8	폭 1.0, 두께 0.5-0.8	중국	둥근고리형 귀편, 내외면 지두압흔. 외면 대칼로 긁은자국.
225	흑유자기호	111-6	196-9	두께 0.6-0.9	중국	호 동체부편. 소성도 양호. 외면 흑갈유 시유, 시유상태 양호, 빙렬. 외면 상단, 내면에 녹로성형으로 인한 요철흔, 유약 둥글게 떨어진 흔적.
226	흑유자기	111-8	196-10	두께 0.9-1.7	중국	흑유자기편 외면에 별개 자기편 붙어있는 상태. 외면 흑유 매끄럽게 시유. 내면 어두운 회황색유 얇게 발림. 부착된 자기편 인위적으로 깬 흔적 보임, 내면에는 회전물손질 자국, 회색 띠는 얇은 흑유가 묻어있음.
227	청자완편	111-7	197-1	잔존높이 4.0, 구경 14.0, 두께 0.3-0.9	중국	저부 결실. 내외면 모두 녹황색 청자유 시유. 빙렬. 시유 양호 동체부 외면 녹로성형으로 인한 희미한 침선. 내면 지두압흔.

209

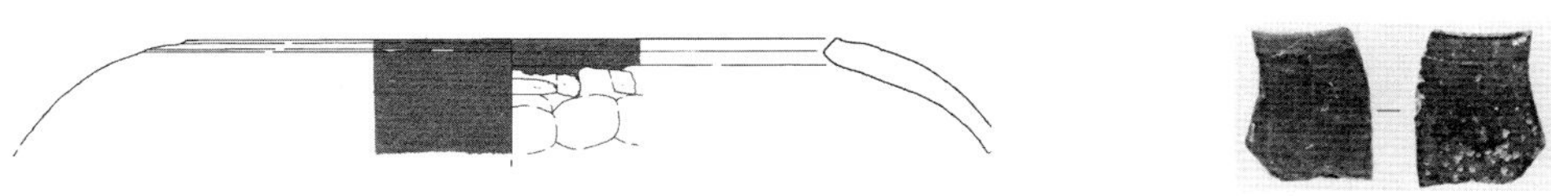

210

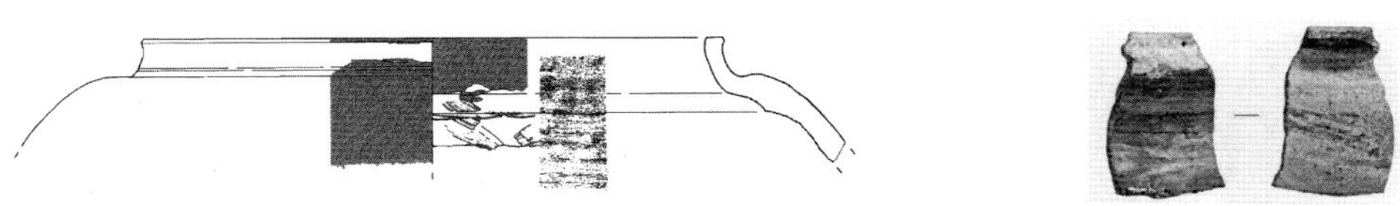

211

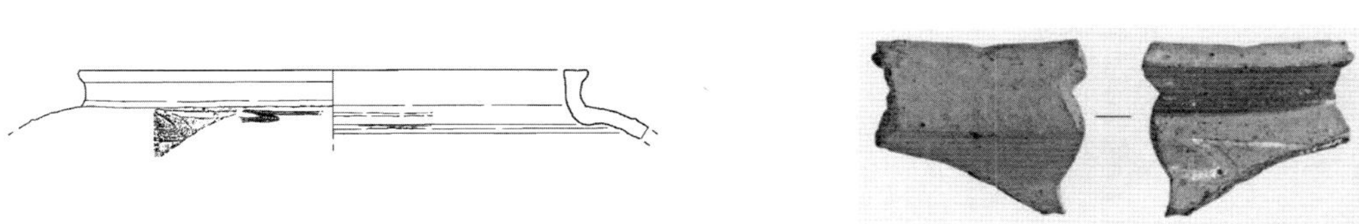

212

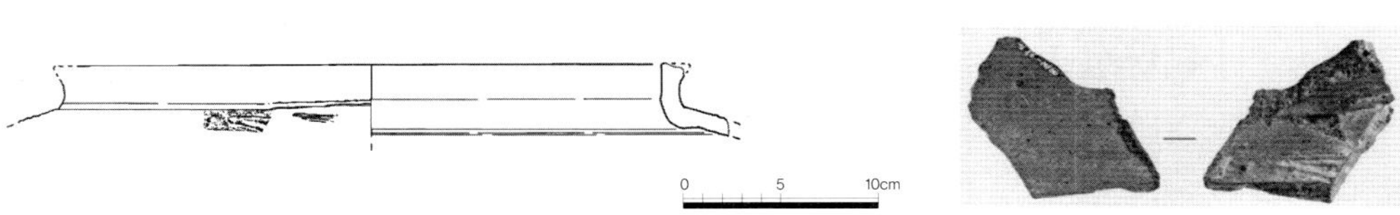

213
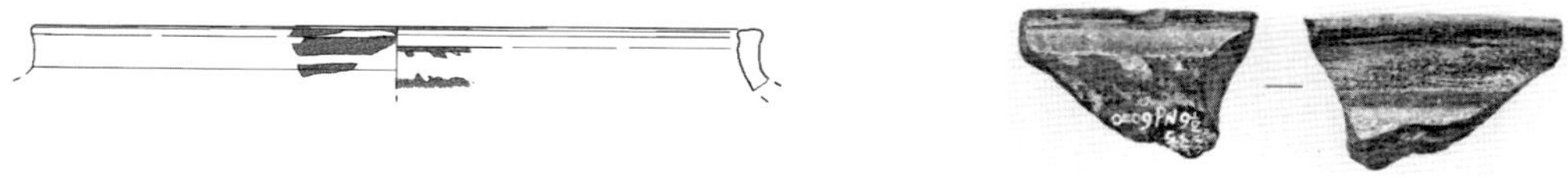

214
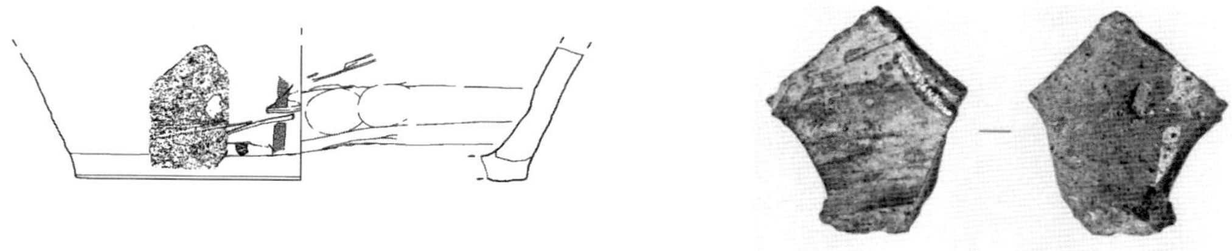

215

216

217
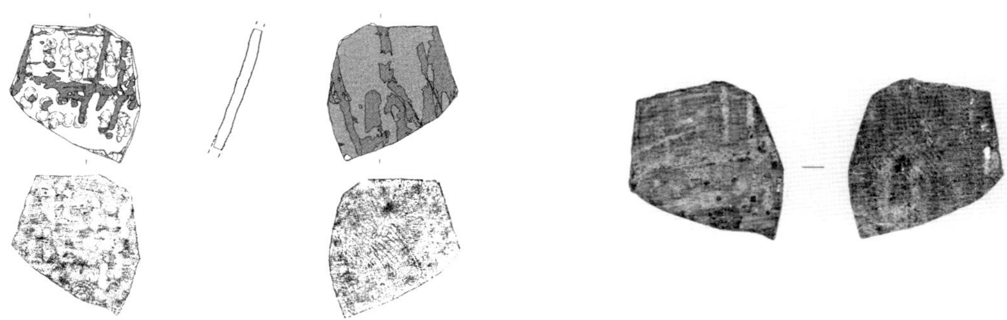

218
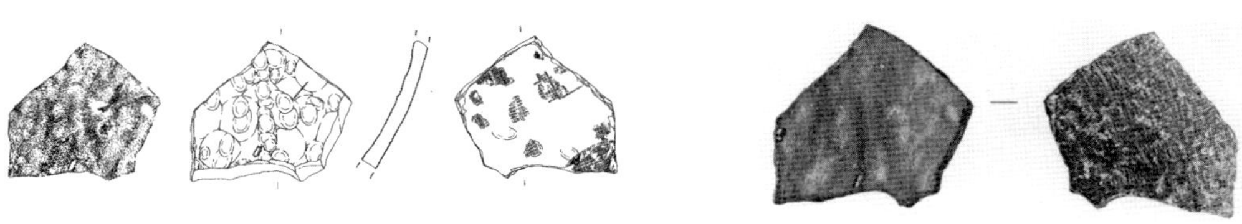

219
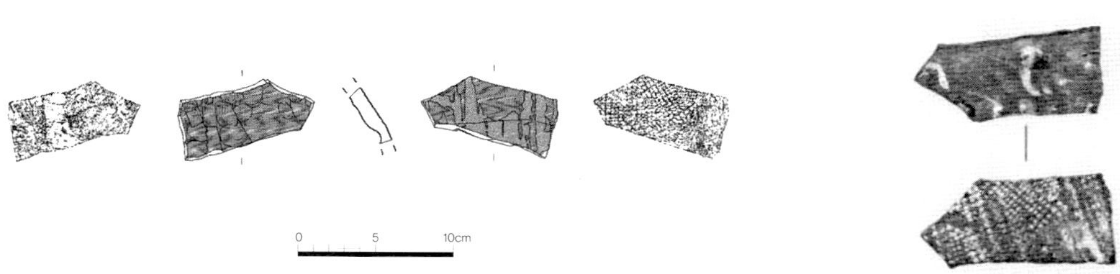

220

221

222

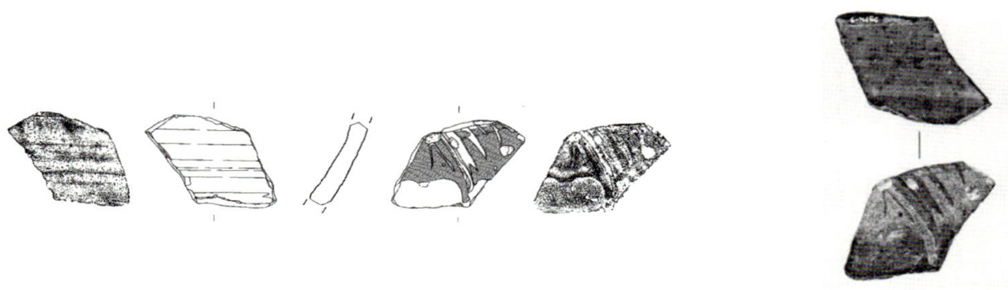

223

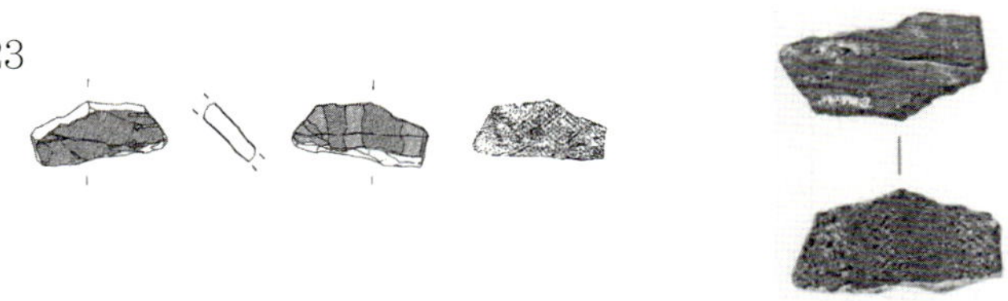

224

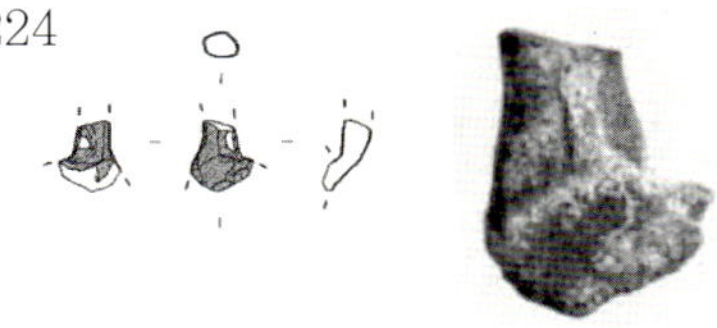

225

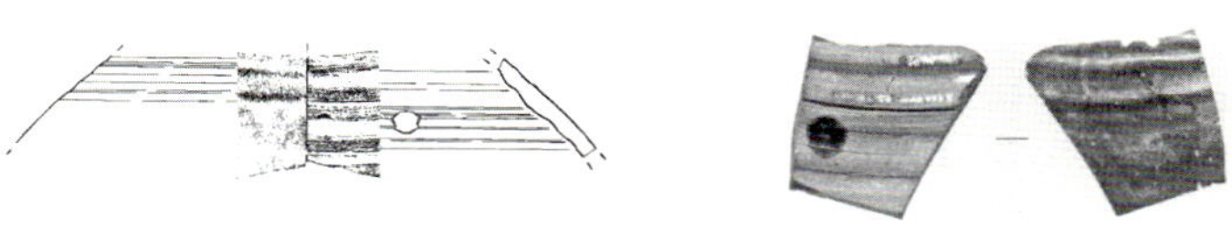

226

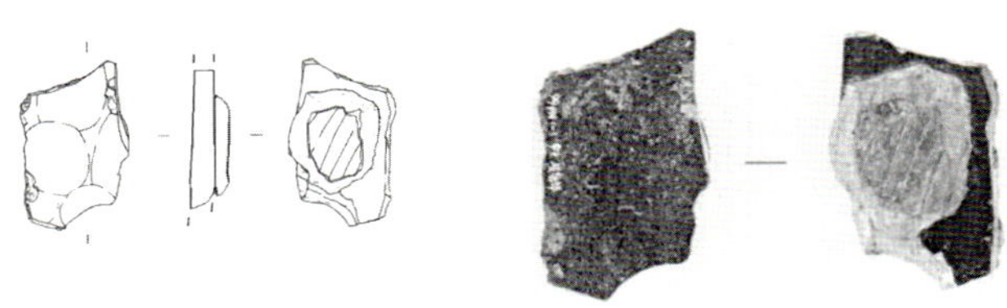

227

외래계유물(국내)						
연 번	유물명	도면번호	사진번호	제원(cm)	추정산지	특징
228	개	29-3	59-8	잔존높이 4.5, 구경 16.8, 두께 0.4-0.5	가야 (소가야)	幼蟲文 ‘<’자형으로 시문
229	대부호	74-1	134-1	대각높이 5.4, 대각경 20, 두께 0.5-1.6	지방산 (충청)	돌대. 신부와 대각 접합 위한 홈선. 내외면 회전물손질.

연 번	유물명	도면번호	사진번호	제원(cm)	추정산지	특징
230	대부호	74-2	134-2	두께 0.7-1.0	지방산 (전라동부)	마연. 신부와 대각 접합 위한 홈선. 내면 물손질
231	대부호	74-3	134-3	대각높이 3.7, 대각경 18.2, 두께 0.5-1.0	지방산 (전라동부)	돌대. 신부와 대각 접합 위한 홈선.
232	대부호	74-4	134-4	대각높이 4.3, 대각경 16.2, 두께 0.5-1.1	지방산 (전라동부)	돌대. 신부와 대각 접합 위한 홈선. 내외면 회전물손질. 내면 지두압흔.
233	대부호	74-9	135-2	두께 0.5-1.3	지방산 (전라동부)	돌대. 신부와 대각 접합 위한 홈선. 내외면 회전물손질.
234	대부호	74-10	135-3	대각높이 6.75, 대각경 20.4 두께 0.5-0.8	지방산 (전라동부)	돌대. 평행선문 타날잔흔. 신부와 대각 접합 위한 홈선. 외면 타날 후 회전물손질. 내면 회전물손질.
235	대부호	74-12	135-5	대각높이 3.0, 대각경 26, 두께 0.6-0.9	미상 (중국 모방품 가능성?)	돌대. 마연. 타날잔흔. 외면 깍기. 내면 물손질.
236	개	29-2	59-7	높이 5.7, 구경 15.7, 두께 0.4-0.55	지방산 (충청)	원통형 꼭지를 관통한 구멍, 드림부 1개소의 打缺痕.
237	호	108-14	194-8	구경 13.2, 두께 0.35-0.55	미상	외면 자연유, 회전물손질. 내면 지두압흔.
238	고배	13-24	41-12	잔존높이 2.9, 저경 8.8, 두께 0.45-1.5	지방산 (전라동부)	배신부 인위적으로 분리. 원형의 투공이 4개 정도 뚫려 있던 것으로 추정
239	파수	98-17	178-10	길이 3.2×4.3, 직경 0.7-0.9, 두께 0.5-0.7	지방산 (전라)	방형. 원형투공 직경 1.2~1.4cm
240	호	63-36	115-4	구경 17.7, 두께 0.5-0.7	미상	내외면 회전물손질.
241	호	67-4	121-6	두께 0.65-0.8	미상	돌대. 원형투공. 내외면 물손질.
242	미상토기편	108-7	194-1	두께 1.0-1.2	미상	鳥骨文. 내면 지두압흔.
243	파수	98-11	178-4	길이 7.8, 직경 2.2-2.3	미상	다람쥐 꼬리모양. 물손질.

228

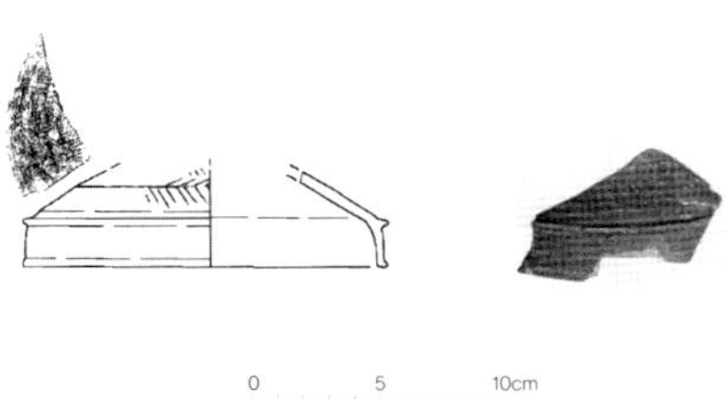

229

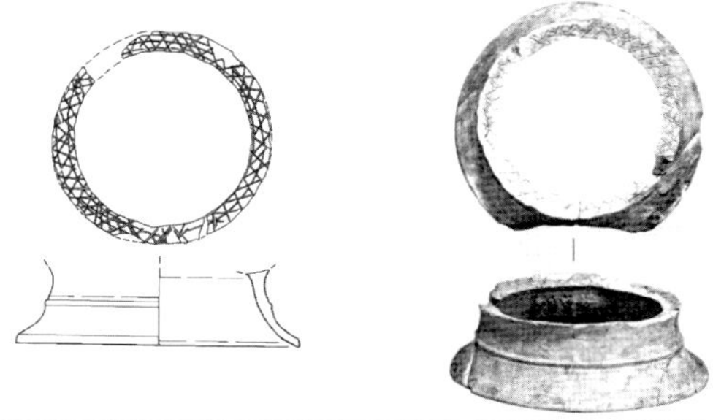

230

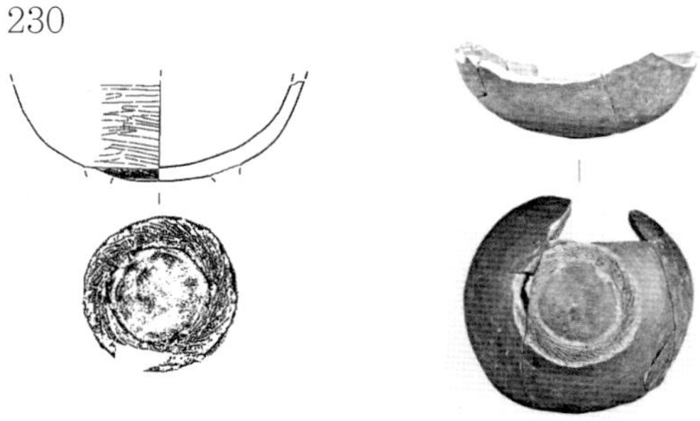

231

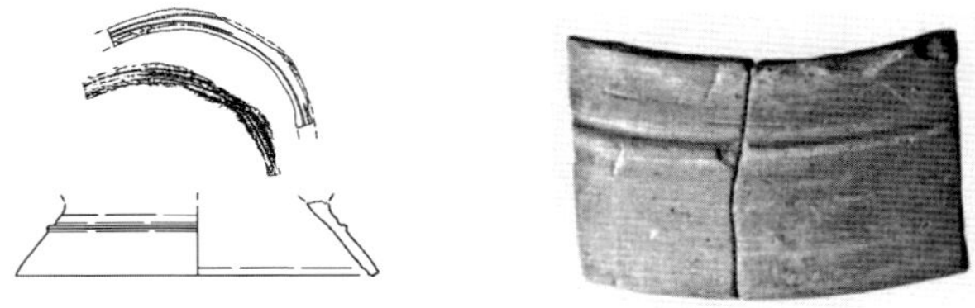

232

233

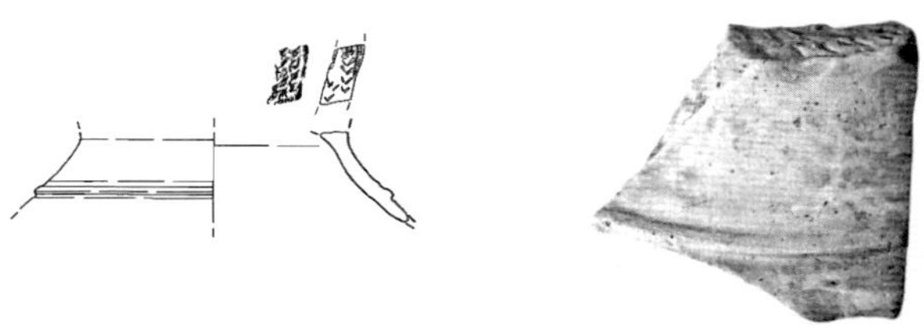

234

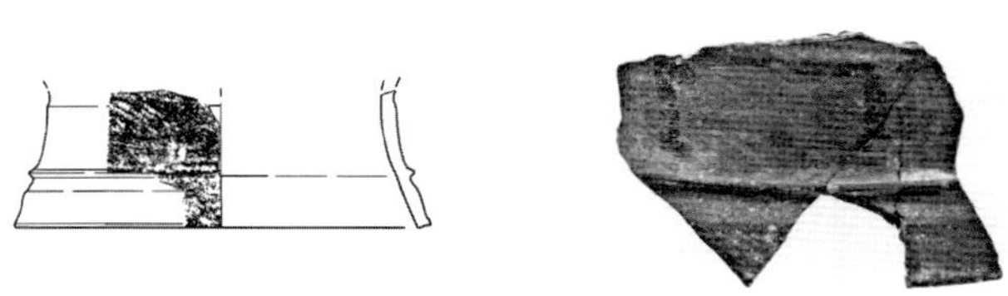

235

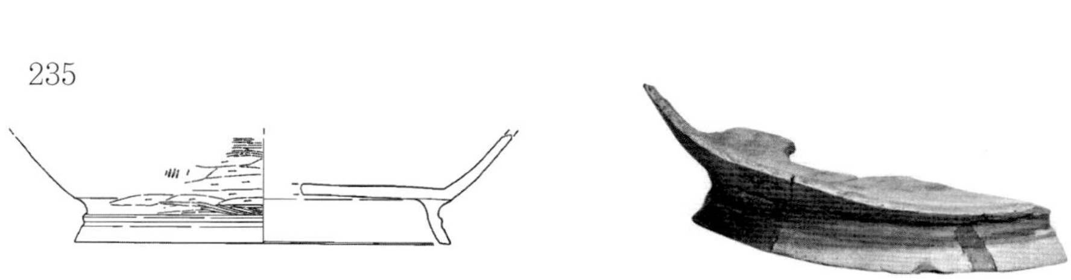

236

237

238

239

240

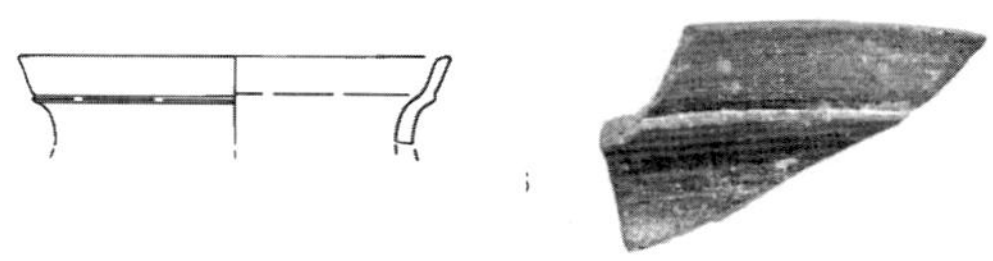

241

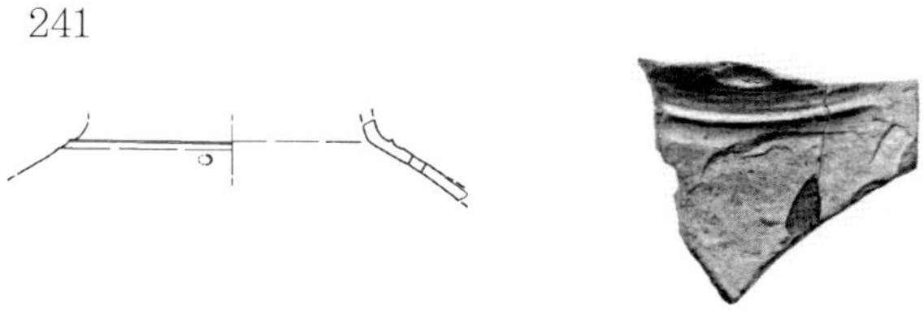

242

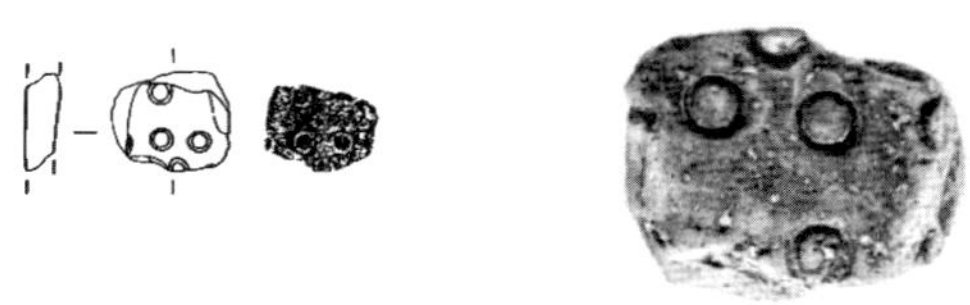

243

유구도면

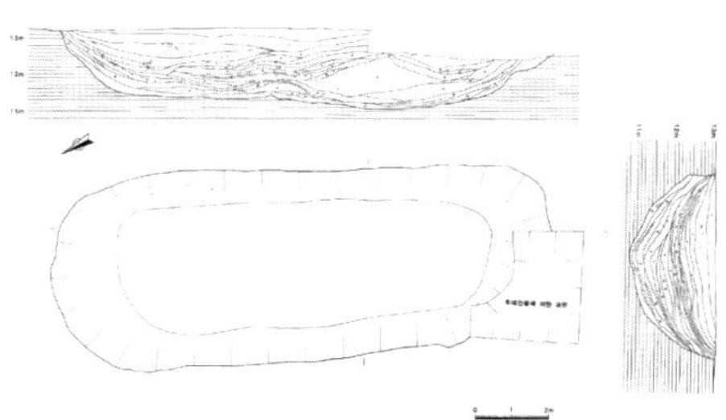

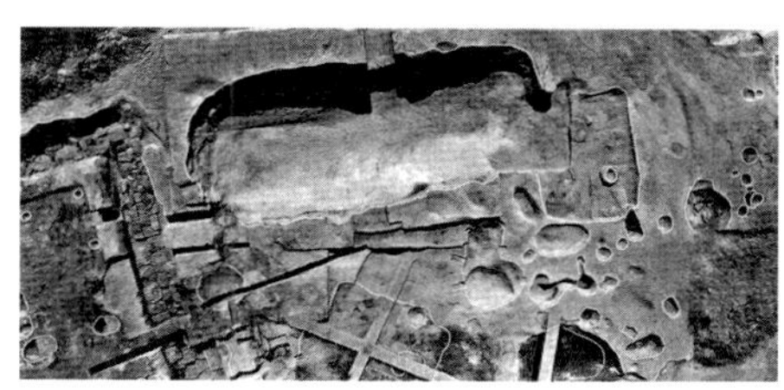

대표적인 공반유물

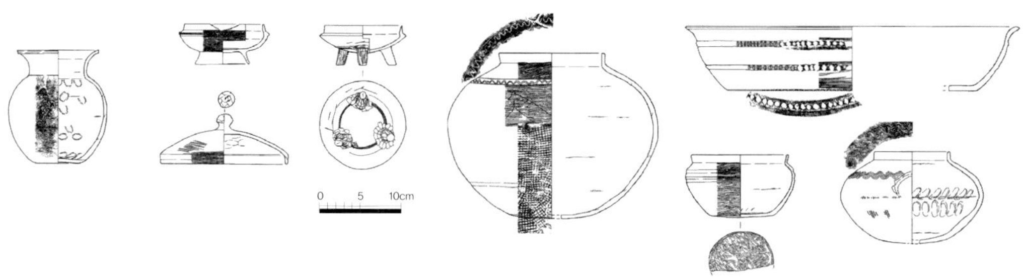

(2) 101호 유구

소 재 지	송파구 풍납동 136번지	조사기관	한신大學校博物館
유 구 명	101호 유구	유구성격	제사(폐기)
추정산지	중국, 지방	비　고	
외래유물	시유도기(5점), 오수전(1점), 호(1점), 이중구연호(1점), 파수(2점)		
공반유물	중도식경질무문토기, 광구단경호, 장동호, 대옹, 무뉴식 뚜껑, 심발형토기, 장란형토기, '直'자 전돌, 기와, 동물뼈 등		
참고문헌	국립문화재연구소·한신大學校博物館, 2005, 『風納土城 Ⅵ-경당지구 중층 101호 유구에 대한 보고』.		

외래계유물(국외)

연 번	유물명	도면번호	사진번호	제원(cm)	추정산지	특징
244	오수전	49-3	72-1	직경2.45-2.55, 두께 0.7-1.0	중국	약간 휘어짐, 외주연부와 내방형은 약간 도드라져 주조됨.
245	시유도기	45-3	64-1	두께 1.3-1.5	중국	196호 전문도기의 동일개체로 추정. 격자문타날. 내면 회전물손질
246	시유도기	45-4	64-2	두께 0.8-0.9	중국	내외면 회전물손질
247	시유도기	45-5	64-3	두께 0.75-0.9	중국	빙렬. 세격자문타날. 내면 회전물손질, 지두압흔.
248	시유도기	45-6	64-4	두께 0.65-0.95	중국	빙렬. 세격자문타날. 내면 회전물손질, 지두압흔.
249	시유도기	45-7	64-5	두께 0.5-0.8	중국	빙렬. 내면 회전물손질.

244

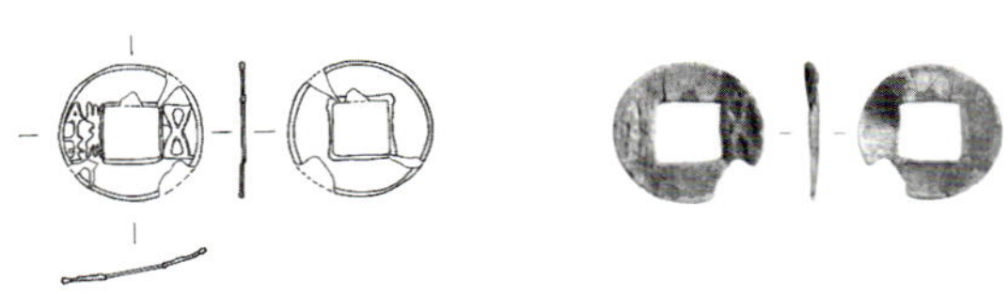

245

246

247

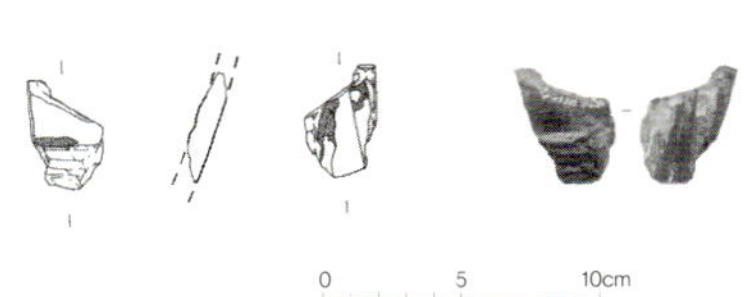

248

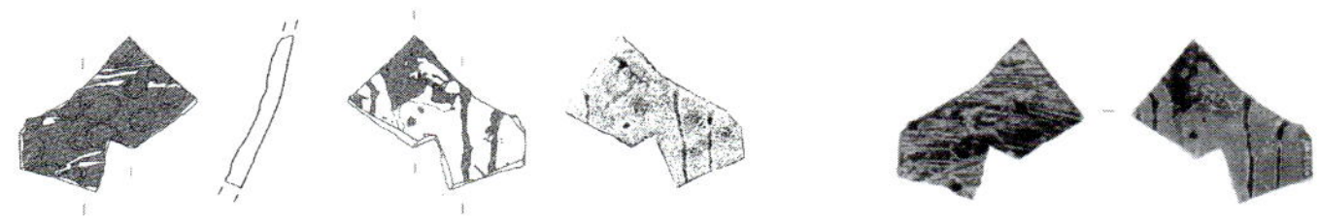

249

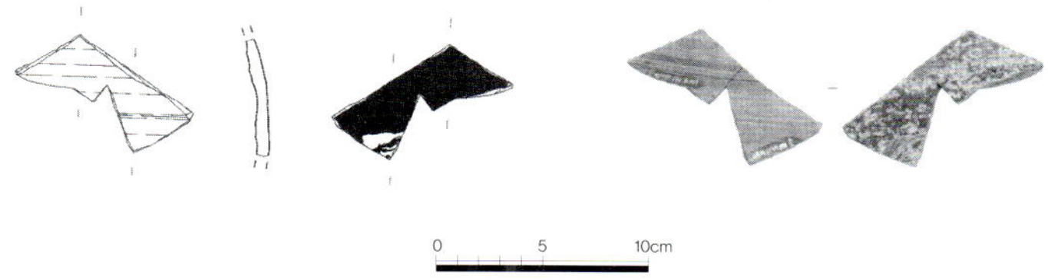

외래계유물(국내)						
연 번	유물명	도면번호	사진번호	제원(cm)	추정산지	특징
250	호	10-13	16-3	구경 15.9, 두께 0.4-0.6	지방산 (충청)	幼蟲文 '〈'자형으로 시문평행선문타날+횡침선. 경부 내외면 회전물손질. 내면 박자흔, 지두압흔. 진천산?
251	이중구연호	12-3	18-3	구경 18.0, 두께 0.5-0.8	지방산 (전라)	외면 회전물손질, 지두압흔. 내면 물손질. 접합흔.
252	파수	34-13	57-2	길이 2.7×3.0, 두께 0.7-0.9	지방산 (전라)	지두압흔. 물손질.
253	파수	34-16	57-5	길이 5.1×6.3, 두께 0.7-0.9	지방산 (전라)	물손질. 투공부위에 목질흔 확인.

유구도면

250

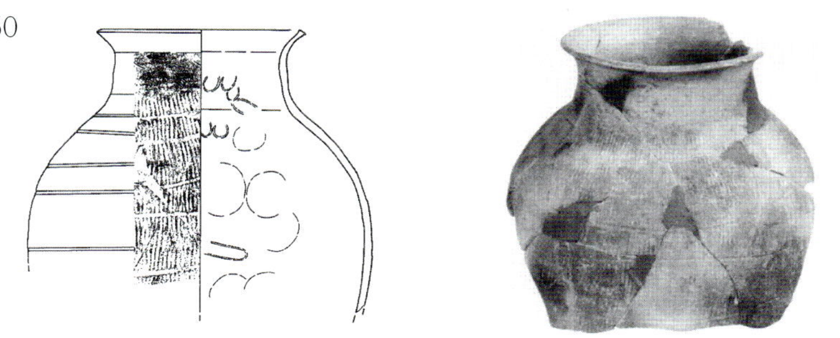

251

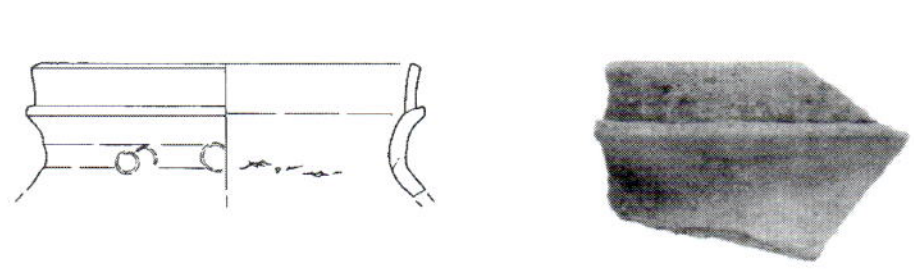

252

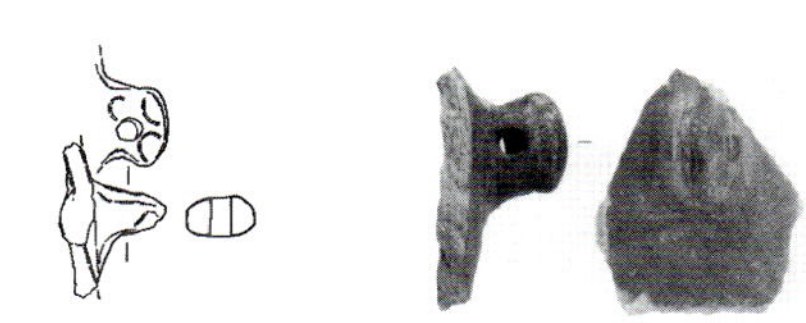

253	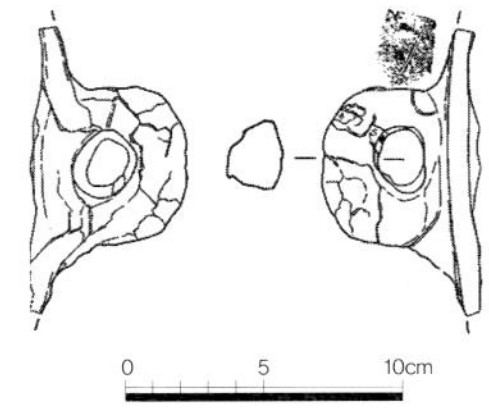 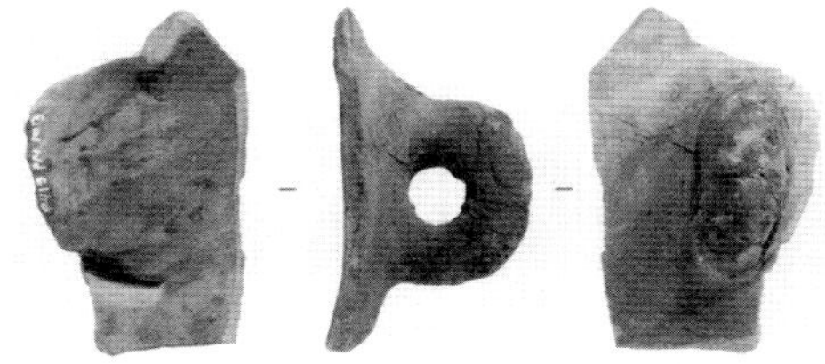
유구도면	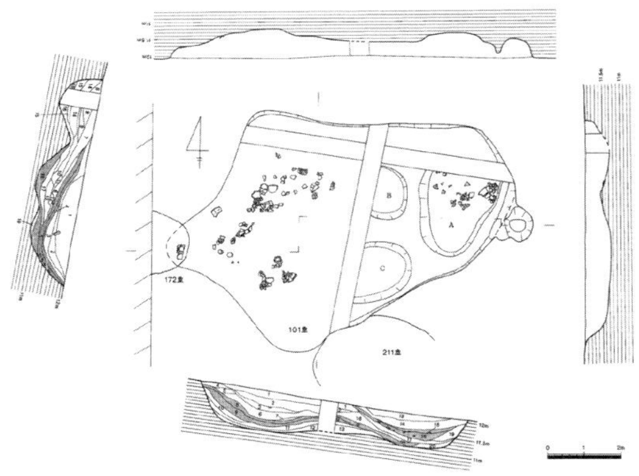 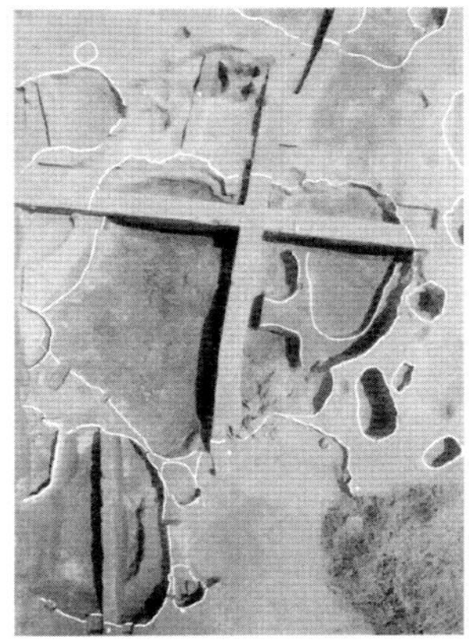
대표적인 공반유물	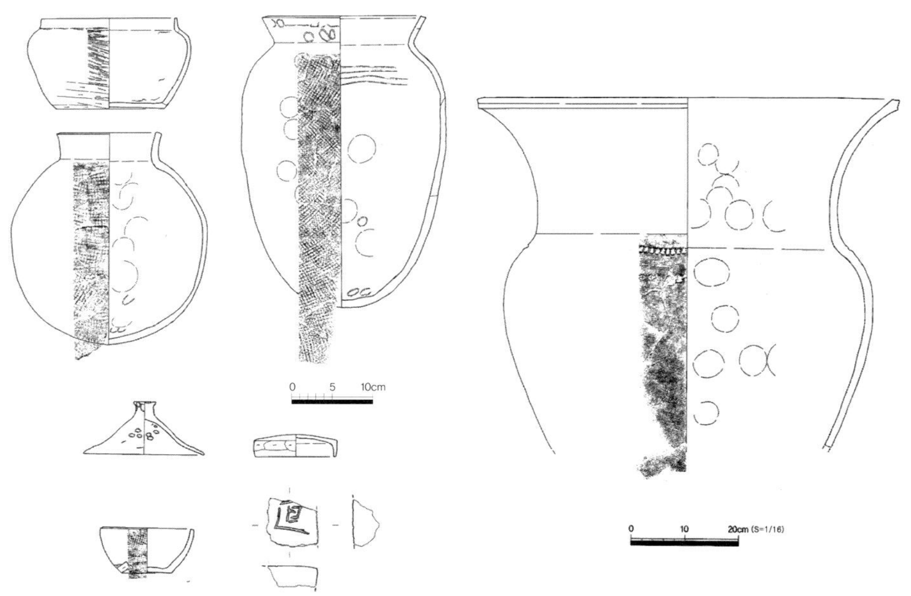

(3) 1호 유구

소 재 지	송파구 풍납동 136번지	조사기관	한신大學校博物館
유 구 명	1호 유구	유구성격	폐기
추정산지	지방	비 고	
외래유물	고배(1점)		
공반유물	고배, 삼족기, 개, 흑색마연 소호, 직구단경호, 직구유견반형호, 호, 심발형토기, 장란형토기, 대옹, 중도식무문토기, 기와 등		
참고문헌	한신大學校博物館, 2006,『風納土城 Ⅶ-경당지구 상층 폐기장 유구에 대한 발굴보고』.		

외래계유물(국내)

연 번	유물명	도면번호	사진번호	제원(cm)	추정산지	특징
254	고배	7-1	4-1	잔존높이 8.4 구경 15.5 저경 9.8 두께 0.4-1.2	지방산 (전라)	내외면 회전물손질. 배신 외면 바닥에 'X자 음각기호.

254

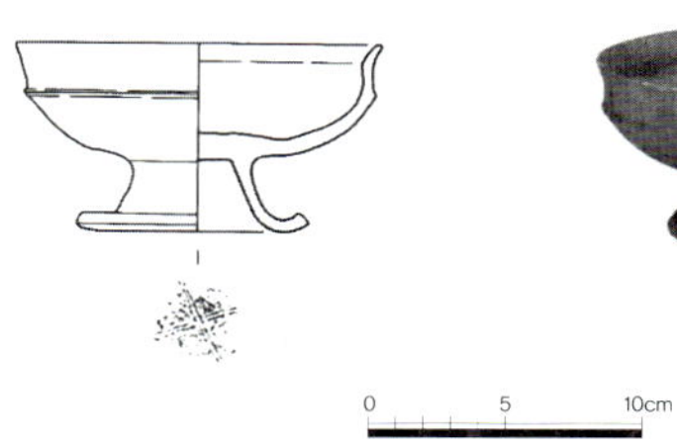

유구도면

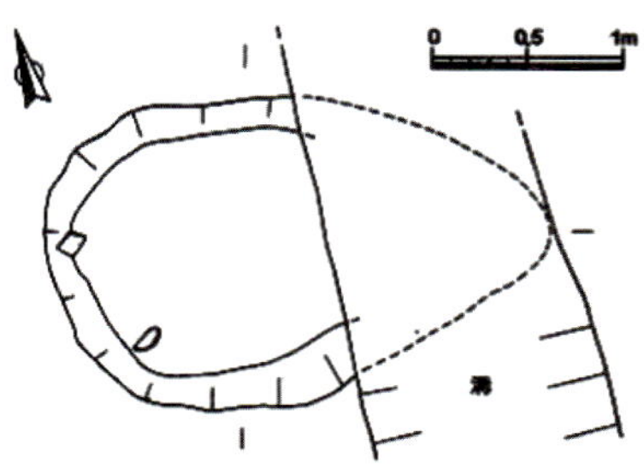

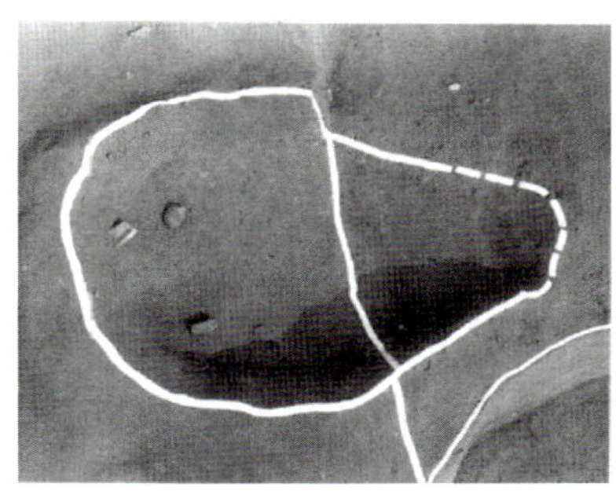

대표적인 공반유물

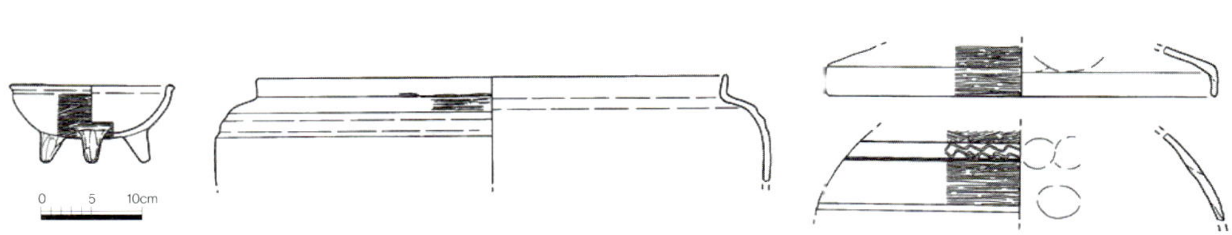

(4) 2호 유구

소 재 지	송파구 풍납동 136번지	조사기관	한신大學校博物館
유 구 명	2호 유구	유구성격	저장(폐기)
추정산지	중국	비 고	
외래유물	시유도기(1점)		
공반유물	고배, 개, 직구단경호, 광구단경호, 세, 직구유견반형호, 완, 기대, 호, 심발형토기, 대옹 등		
참고문헌	한신大學校博物館, 2006,『風納土城 Ⅶ-경당지구 상층 폐기장 유구에 대한 발굴보고』.		

외래계유물(국외)

연 번	유물명	도면번호	사진번호	제원(cm)	추정산지	특징
255	시유도기	22-86	25-86	잔존높이 5.7 두께 0.55-0.6	중국	시유흔적 남아있지 않음.

255

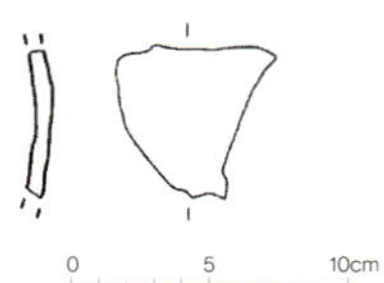

유구도면

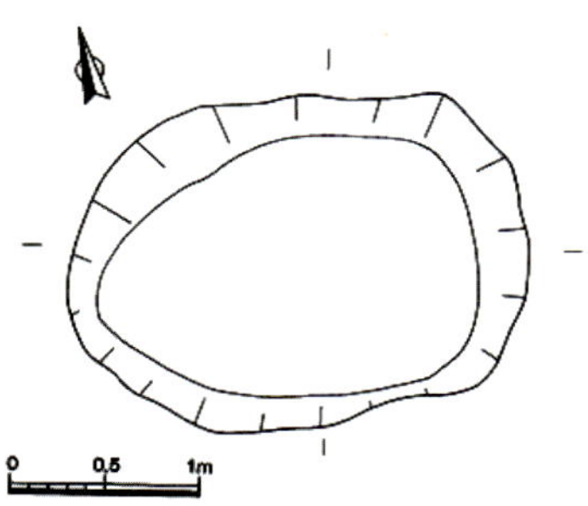

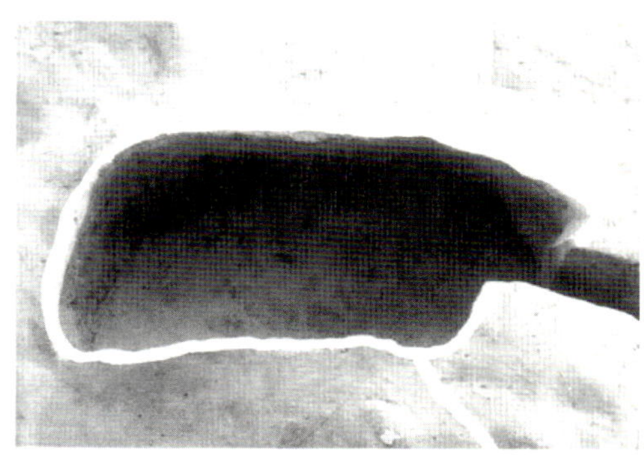

대표적인 공반유물

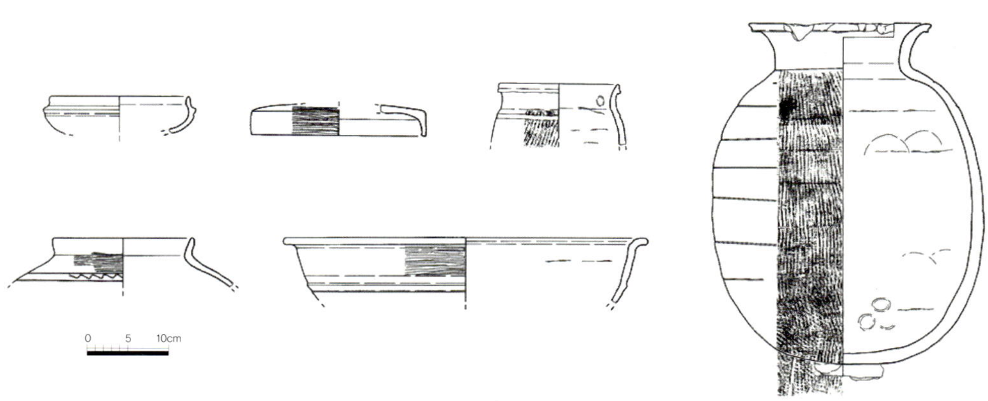

(5) 3호 유구

소 재 지	송파구 풍납동 136번지	조사기관	한신大學校博物館
유 구 명	3호 유구	유구성격	저장
추정산지	미상	비 고	
외래유물	대각편(1점)		
공반유물	고배, 삼족기, 개, 직구단경호, 광구단경호, 직구유견반형호, 세, 이배형토기, 호, 심발형토기, 장란형토기, 대옹편 등.		
참고문헌	한신大學校博物館, 2006, 『風納土城 Ⅶ-경당지구 상층 폐기장 유구에 대한 발굴보고』.		

외래계유물(국내)

연 번	유물명	도면번호	사진번호	제원(cm)	추정산지	특징
256	대각	25-32	30-32	잔존 높이 4.6 저경 19.0 두께 0.55-0.9	미상	내외면 회전물손질.

256

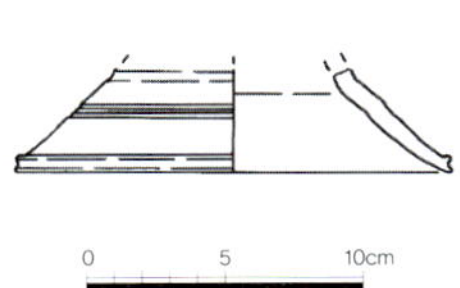

유구도면

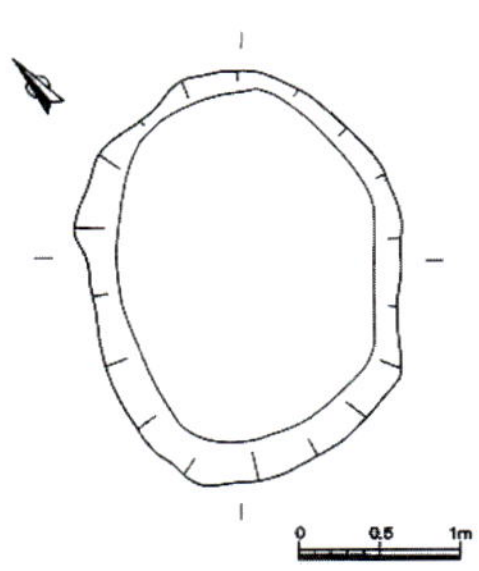

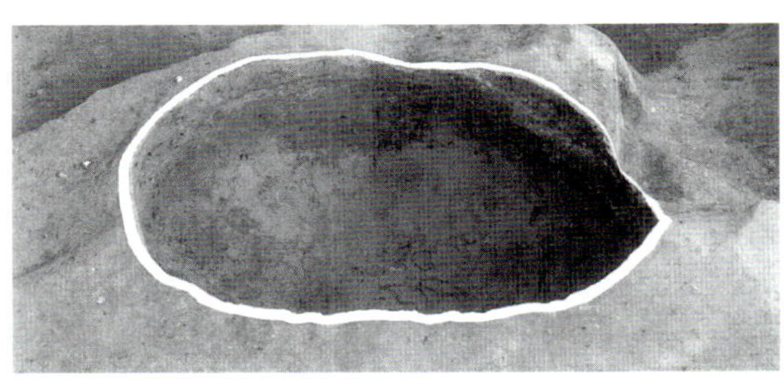

대표적인 공반유물

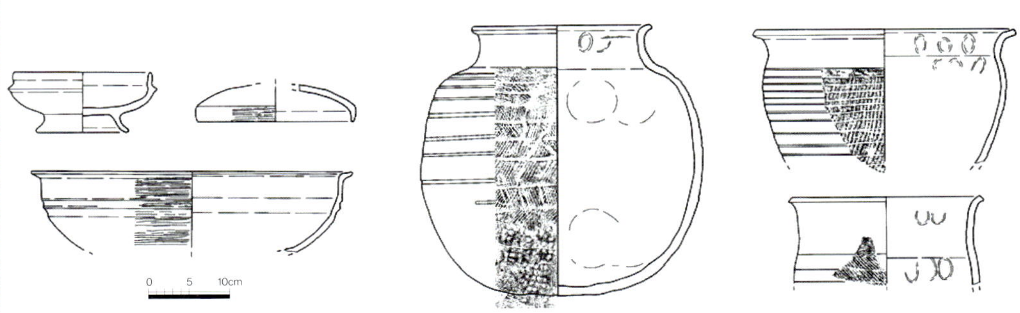

(6) 5호 유구

소 재 지	송파구 풍납동 136번지	조사기관	한신大學校博物館
유 구 명	5호 유구	유구성격	저장(폐기)
추정산지	중국	비 고	
외래유물	시유도기(2점)		
공반유물	직구단경호, 세, 호, 심발형토기, 대옹, 중도식경질무문토기 등		
참고문헌	한신大學校博物館, 2006, 『風納土城 Ⅶ-경당지구 상층 폐기장 유구에 대한 발굴보고』.		

외래계유물(국외)

연 번	유물명	도면번호	사진번호	제원(cm)	추정산지	특징
257	시유도기	35-13	44-13	높이 5 두께 1.3-1.5	중국	외면에 1조 침선
258	시유도기	35-14	44-14	높이 5.9 두께 0.9	중국	바닥면으로 추정

257

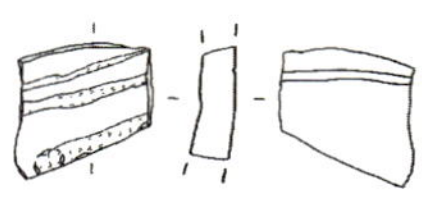

258

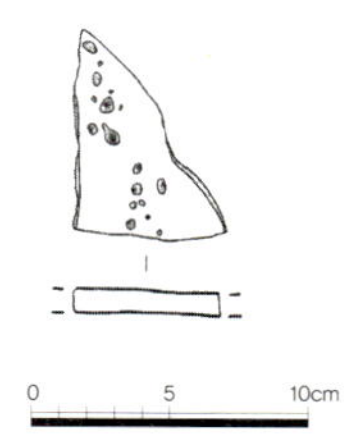

유구도면

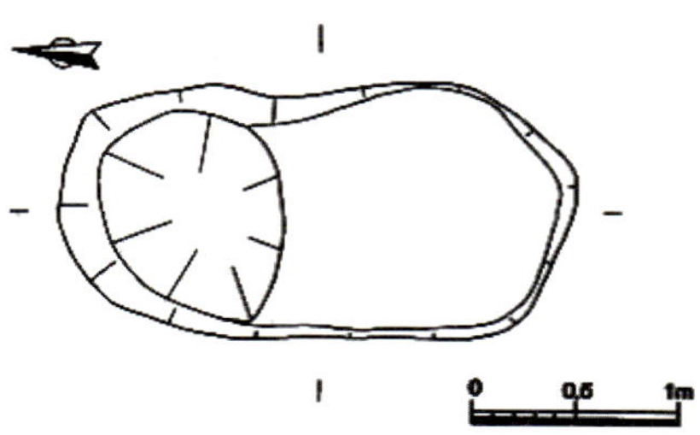

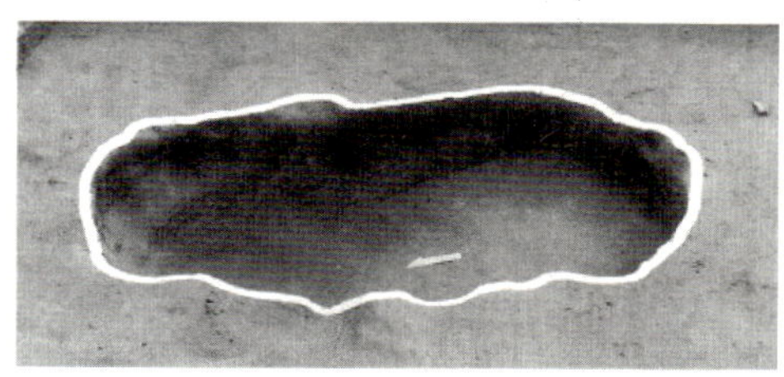

대표적인 공반유물

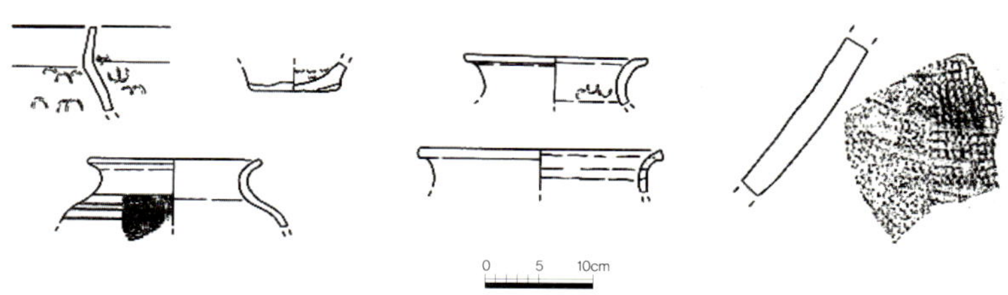

(7) 20호 유구

소 재 지	송파구 풍납동 136번지	조사기관	한신大學校博物館
유 구 명	20호 유구	유구성격	저장(폐기)
추정산지	미상	비 고	
외래유물	대각(1점)		
공반유물	개, 호, 시루 및 동이, 대옹 등		
참고문헌	한신大學校博物館, 2006,『風納土城 Ⅶ-경당지구 상층 폐기장 유구에 대한 발굴보고』.		

외래계유물(국내)

연 번	유물명	도면번호	사진번호	제원(cm)	추정산지	특징
259	대각	54-7	63-7	높이 5 저경 22.0 두께 0.5-1.1	미상	표면 마모, 대각접합흔. 내면 회전물손질.

259

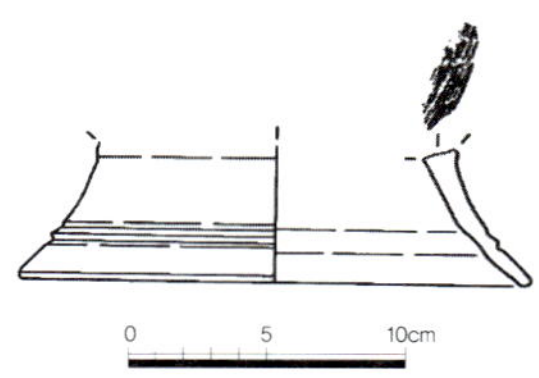

유구도면

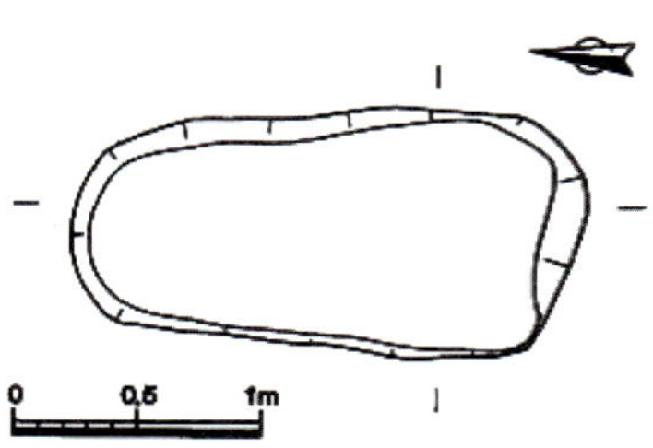

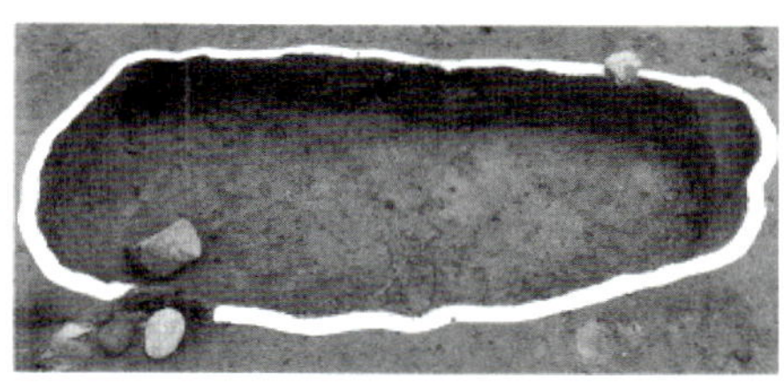

대표적인 공반유물

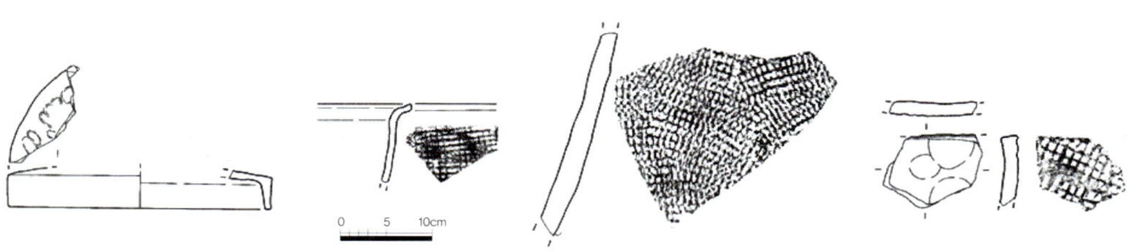

(8) 31호 유구

소 재 지	송파구 풍납동 136번지	조사기관	한신大學校博物館
유 구 명	31호 유구	유구성격	폐기
추정산지	중국, 지방, 미상	비　고	
외래유물	시유도기(8점), 대각(2점), 파수(1점), 고배(1점)		
공반유물	고배, 삼족기, 개, 광구단경호, 직구단경호, 직구유견반형호, 기대, 완, 호, 심발형토기 등		
참고문헌	한신大學校博物館, 2006, 『風納土城 Ⅶ-경당지구 상층 폐기장 유구에 대한 발굴보고』.		

외래계유물(국외)

연 번	유물명	도면번호	사진번호	제원(cm)	추정산지	특징
260	시유도기	76-191	94-191	두께 1.9-2.3	중국	흑유. 내면 접합흔
261	시유도기	76-192	94-192	두께 1.1-1.3	중국	사격자문타날
262	시유도기	76-193	94-193	두께 0.65-0.85	중국	사격자문타날
263	시유도기	77-194	94-194	두께 0.85-1.1	중국	-
264	시유도기	77-195	95-195	두께 0.7-1.0	중국	-
265	시유도기	77-196	95-196	두께 0.5-0.75	중국	-
266	시유도기	77-197	95-197	두께 0.7-1.0	중국	-
267	시유도기	77-198	95-198	두께 1.15-1.3	중국	접합흔

260

261

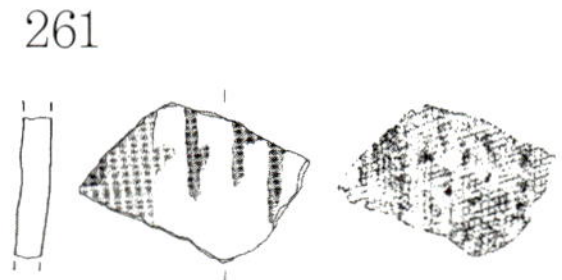

262

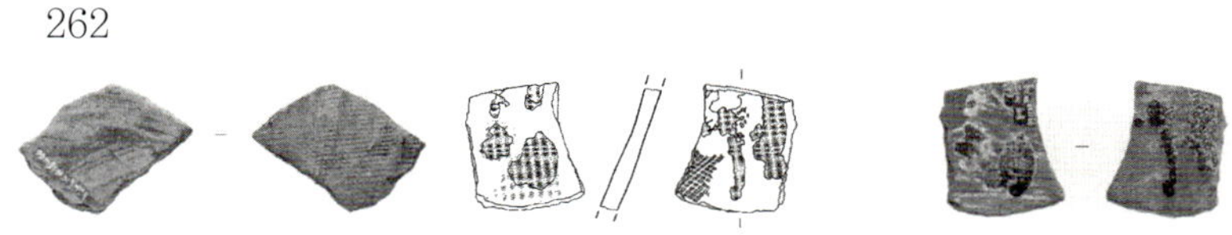

263

264

265

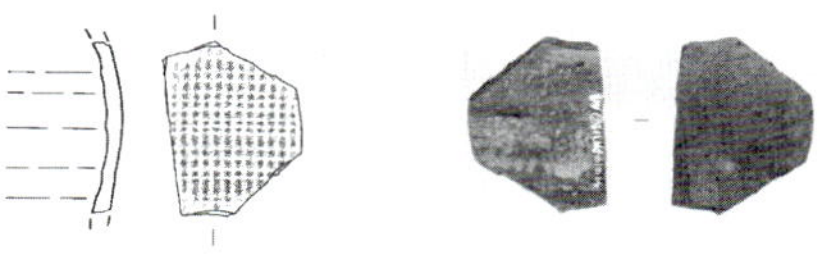

266

267

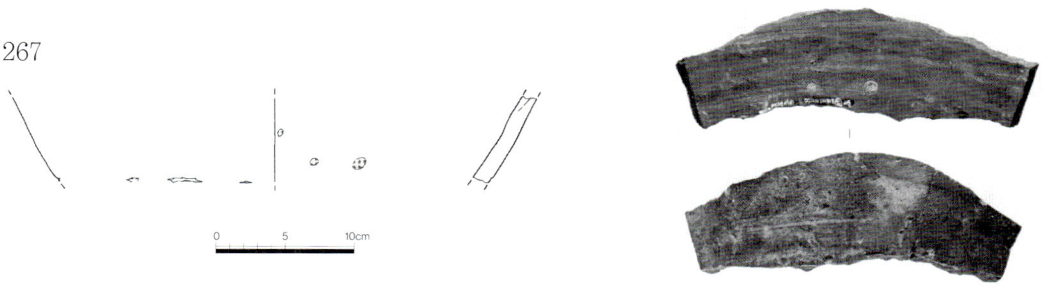

외래계유물(국내)

연 번	유물명	도면번호	사진번호	제원(cm)	추정산지	특징
268	대각	69-106	82-106	저경 26.0 두께 0.8-1.1	미상	2조의 홈선.
269	대각	69-107	83-107	두께 0.5-1.0	미상	1조의 돌대.
270	파수	74-168	91-168	직경 1.0×2.0 두께 0.7	지방산 (전라)	삼각형의 구멍 뚫음.
271	고배	63-3	72-3	대각 높이 2.9 저경 8.0 두께 0.5-1.6	지방산 (충청)	작은 기포 형성. 대각 내부 도구흔. 직경 0.5cm 원형투공1개. 접지부 식물흔. 배신부 인위적. 타결흔.

268

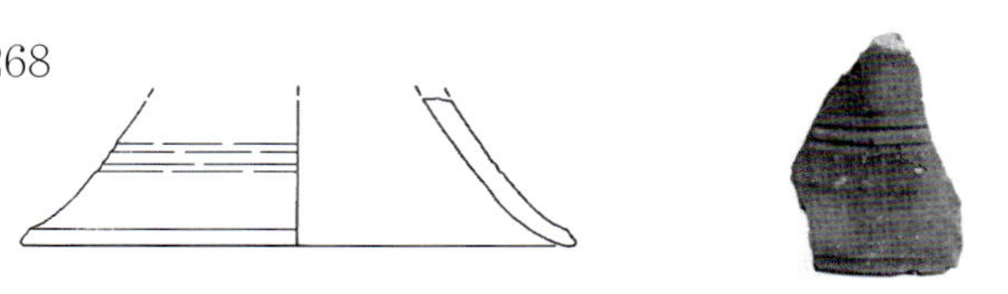

269

270

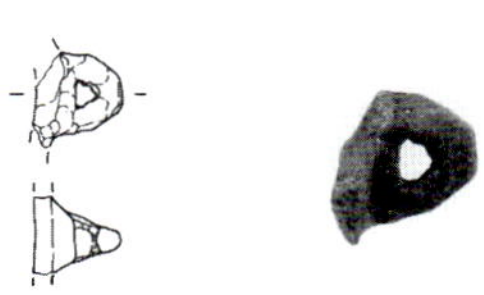

271

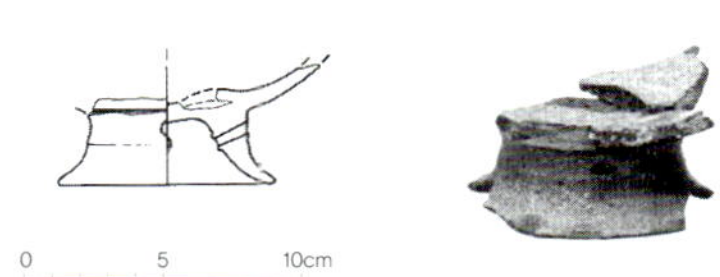

유구도면	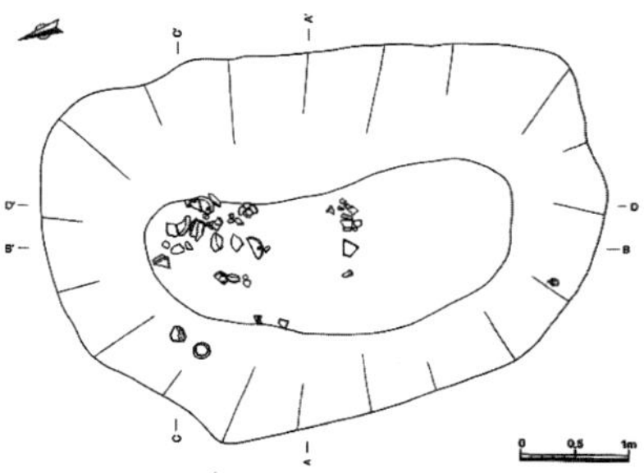 
대표적인 공반유물	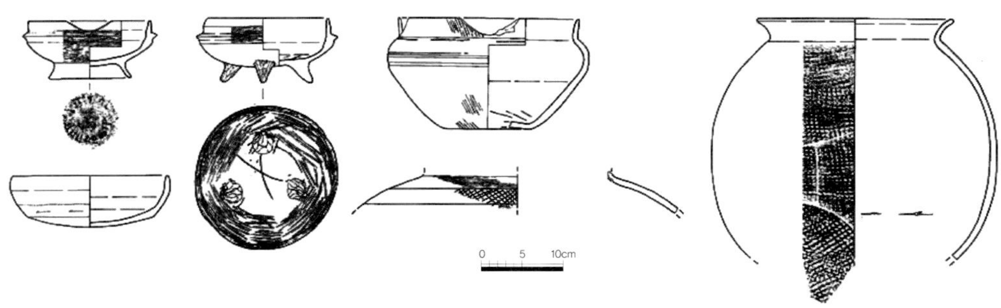

(9) 34호 유구

소 재 지	송파구 풍납동 136번지	조사기관	한신大學校博物館
유 구 명	34호 유구	유구성격	폐기
추정산지	지방	비 고	
외래유물	호(1점)		
공반유물	삼족기, 개, 직구단경호, 호, 심발형토기, 대옹, 기와 등.		
참고문헌	한신大學校博物館, 2006,『風納土城 Ⅶ－경당지구 상층 폐기장 유구에 대한 발굴보고』.		

외래계유물(국내)

연 번	유물명	도면번호	사진번호	제원(cm)	추정산지	특징
272	호	88-4	111-4	높이 19.9 구경 13.0 두께 0.4-0.7	지방산 (충청)	동체부 횡선부가평행선문 타날. 저부 평행선문타날. 내외면 물손질. 내면 손누름흔. 내박자흔.

272

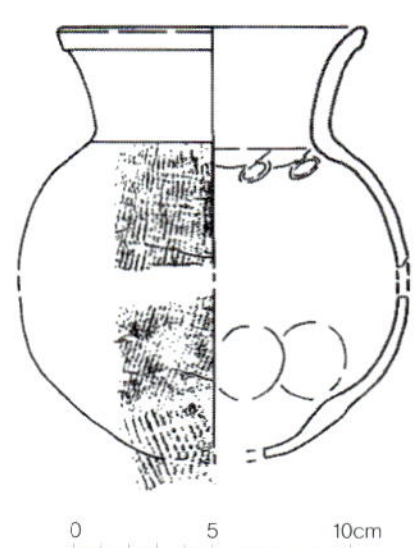

유구도면

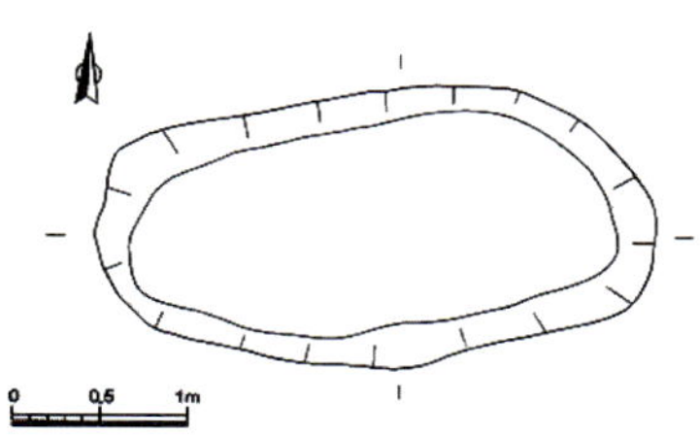

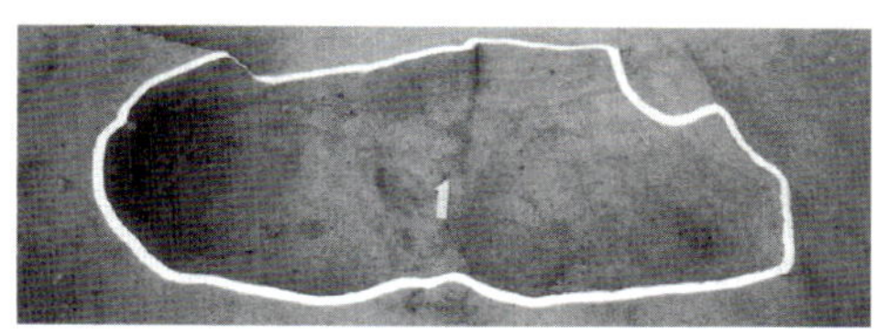

대표적인 공반유물

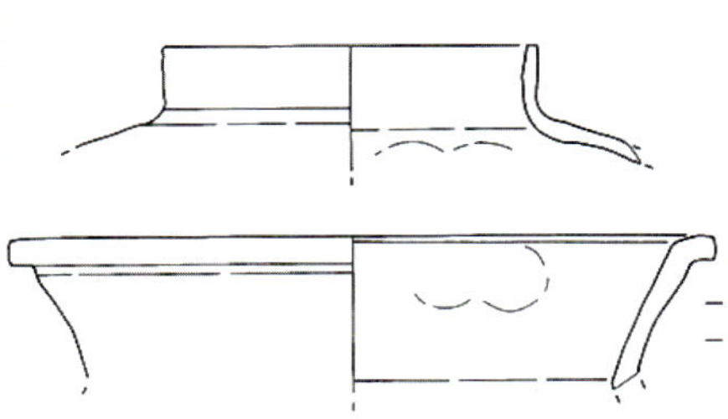

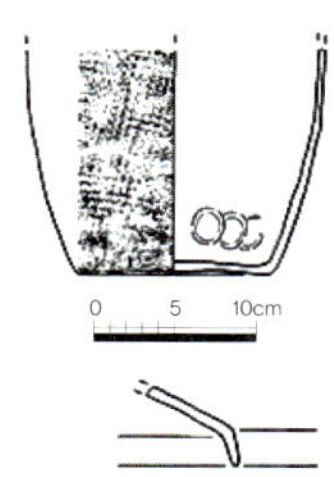

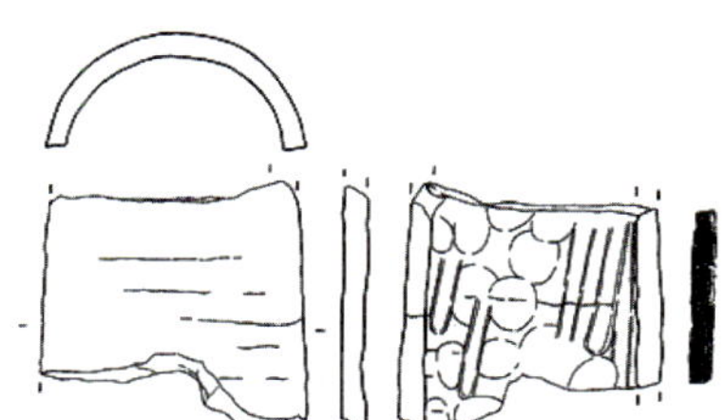

(10) 58호 유구

소 재 지	송파구 풍납동 136번지	조사기관	한신大學校博物館
유 구 명	58호 유구	유구성격	폐기
추정산지	중국, 미상	비 고	
외래유물	시유도기(8점), 이형토기(1점)		
공반유물	고배, 삼족기, 개배, 개, 직구단경호, 광구단경호, 직구유견반형호, 기대, 완, 호, 심발형토기, 장란형토기, 대옹, 중도식경질무문토기, 연통형토기 등.		
참고문헌	한신大學校博物館, 2006,『風納土城 Ⅶ-경당지구 상층 폐기장 유구에 대한 발굴보고』.		

외래계유물(국외)

연 번	유물명	도면번호	사진번호	제원(cm)	추정산지	특징
273	시유도기	110-158	138-158	두께 1.1-1.7	중국	사격자문타날
274	시유도기	110-159	138-159	두께 0.8-0.9	중국	-
275	시유도기	110-160	138-160	두께 0.8-0.9	중국	흑유 시유
276	시유도기	110-161	139-161	두께 1.1-1.3	중국	격자문타날
277	시유도기	110-162	139-162	두께 1.0	중국	격자문타날
278	시유도기	110-163	139-163	두께 0.6-0.8	중국	격자문타날
279	시유도기	110-165	139-165	두께 0.9-1.1	중국	-
280	시유도기	110-166	139-166	두께 1.5-2.0	중국	사격자문타날

273

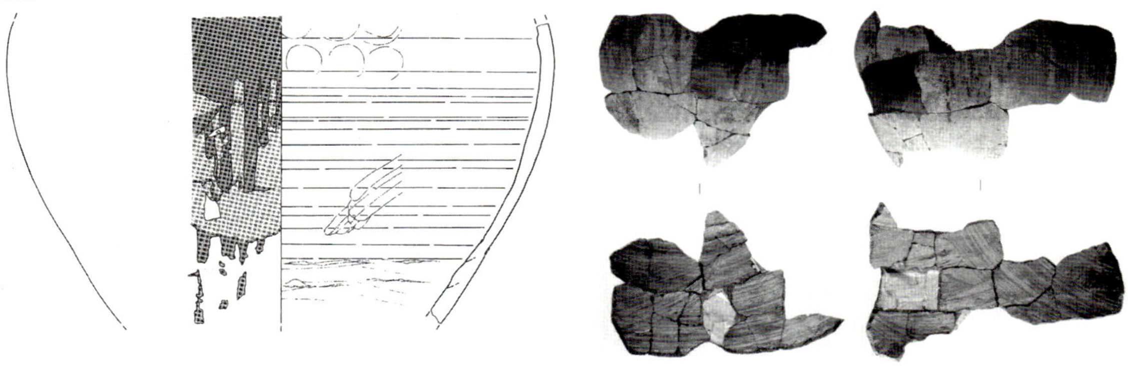

274

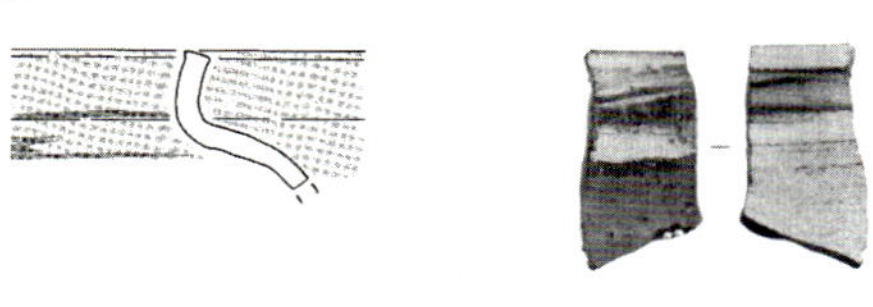

275

276

277

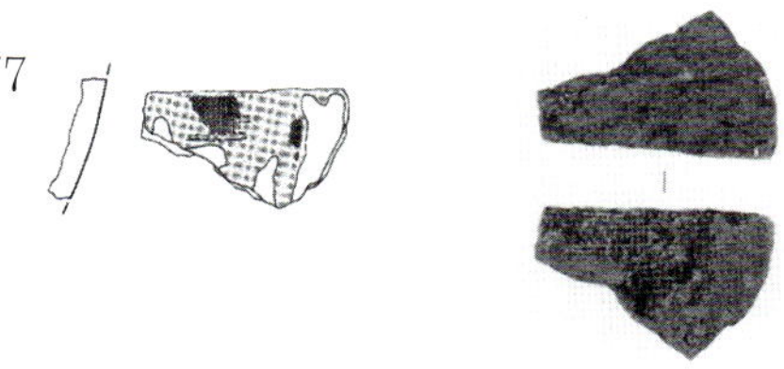

278

279

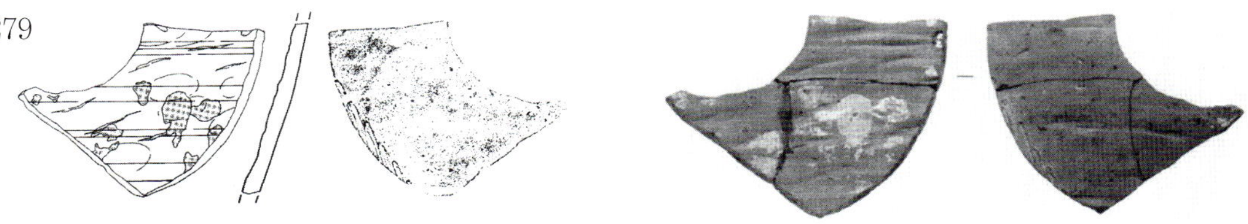

280

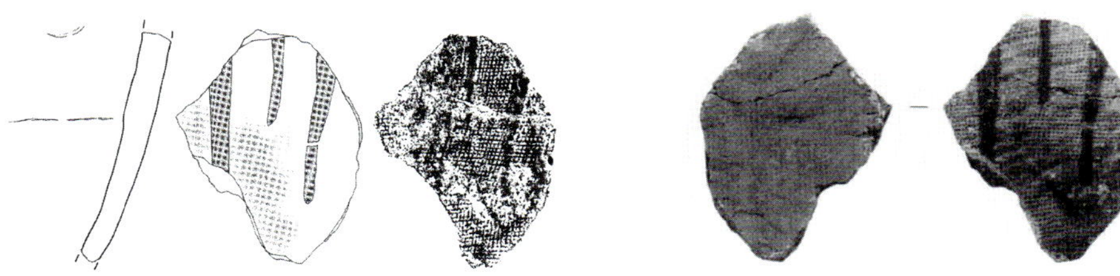

0 5 10cm

외래계유물(기타)

연 번	유물명	도면번호	사진번호	제원(cm)	추정산지	특징
281	이형토기	110-164	139-164	높이 17.6 두께 0.9-1.8	미상	태토질은 자기에 가까우나 기종을 알 수 없음.

281

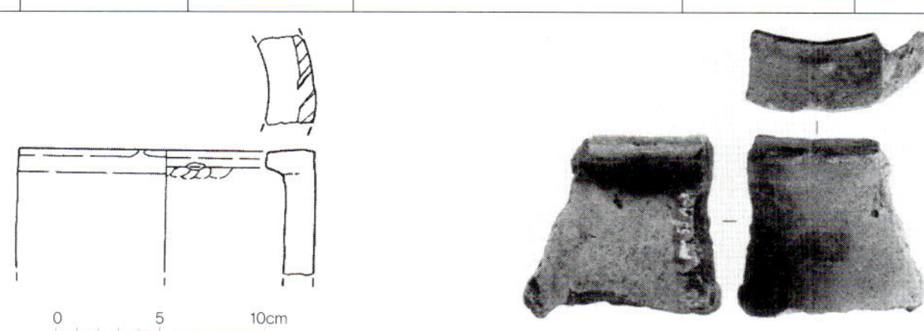

0 5 10cm

유구도면

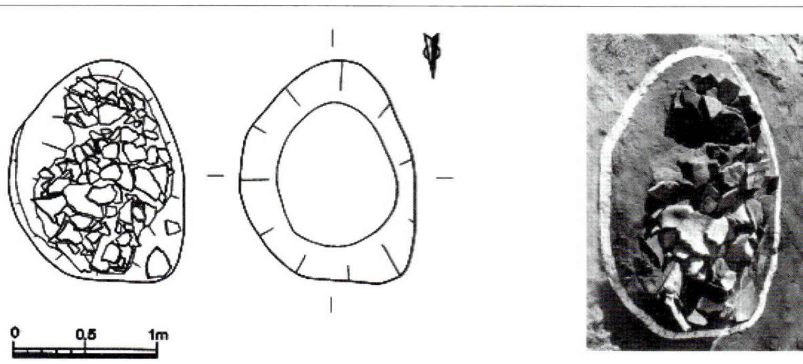

0 0.5 1m

대표적인 공반유물	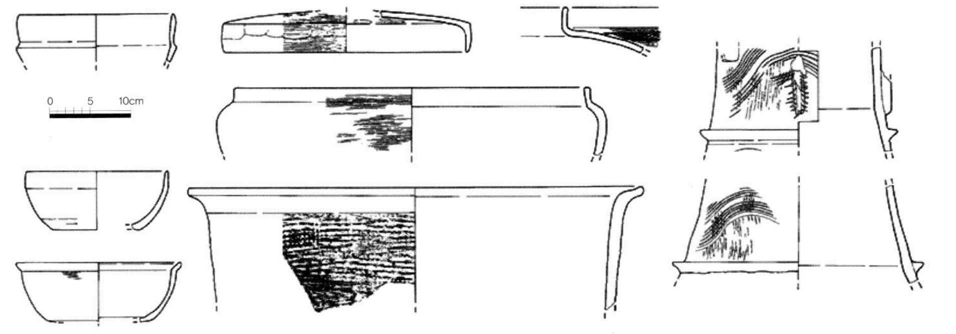

(11) 127호 유구

소 재 지	송파구 풍납동 136번지	조사기관	한신大學校博物館
유 구 명	127호 유구	유구성격	폐기
추정산지	중국, 지방	비　고	
외래유물	시유도기(1점), 유견호(1점), 광구장경호(2점), 장경호(2점), 호(4점), 파수(1점)		
공반유물	개, 직구단경호, 광구단경호, 소호, 직구유견반형호, 세, 기대, 이배형토기, 쌍호, 호, 심발형토기, 장란형토기, 대옹, 토관, 송풍관 등.		
참고문헌	한신大學校博物館, 2006, 『風納土城 Ⅶ-경당지구 상층 폐기장 유구에 대한 발굴보고』.		

외래계유물(국외)

연 번	유물명	도면번호	사진번호	제원(cm)	추정산지	특징
282	시유도기	135-239	177-239	두께 0.65-0.75	중국	정격자문타날

282

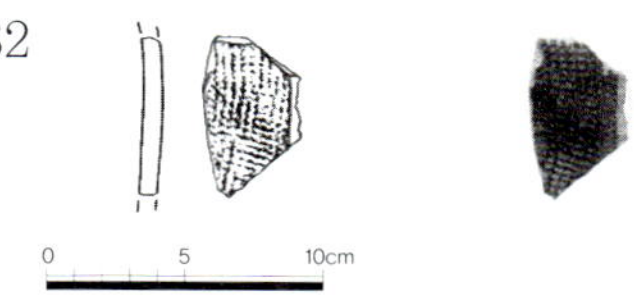

외래계유물(국내)

연 번	유물명	도면번호	사진번호	제원(cm)	추정산지	특징
283	광구장경호	120-47	156-47	높이 18.3 구경 15.1 두께 0.35-0.7	지방산 (충청, 전라)	구연과 견부 각각 1조의 파상문. 접합흔. 정면도구흔.
284	광구장경호	120-48	156-48	높이 20.6 구경 15.3 두께 0.45-0.75	지방산 (충청, 전라)	경부 다수의 요철. 정격자문 타날잔흔.
285	장경호	124-81	162-81	두께 0.5-0.65	지방산 (충청, 전라)	경부 다수의 돌대. 정격자문 타날잔흔.
286	장경호	127-155	168-155	두께 0.5-0.7	지방산 (충청, 전라)	평행선문타날 잔흔. 내박자흔.
287	호	120-49	157-49	두께 0.35-0.7	지방산 (충청, 전라)	경부 파상문 음각. 내면 접합흔과 내박자흔.
288	호	124-77	161-77	두께 0.4-0.65	지방산 (충청, 전라)	음각기호, 내면 접합흔과 손누름흔
289	호	128-158	168-158	저경 6.6 두께 0.45-0.9	지방산 (충청, 전라)	2조 돌선내 2조 유충문과 흡사한 문양. 정격자문타날.
290	호	128-159	168-159	두께 0.5-0.6	지방산 (충청, 전라)	요철문에 도구를 눌러 각목문의 효과

연 번	유물명	도면번호	사진번호	제원(cm)	추정산지	특징
291	유견호	117-10	151-10	구경 10.0 두께 0.4	지방산 (충청)	내면 접합흔. 손누름흔.
292	파수	133-222	175-222	높이 4.5×3.8 두께 0.6	지방산 (충청)	구멍 직경 1.6cm.

283

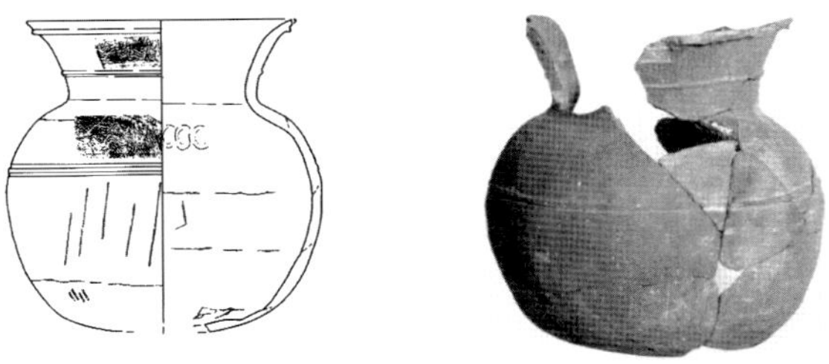

284

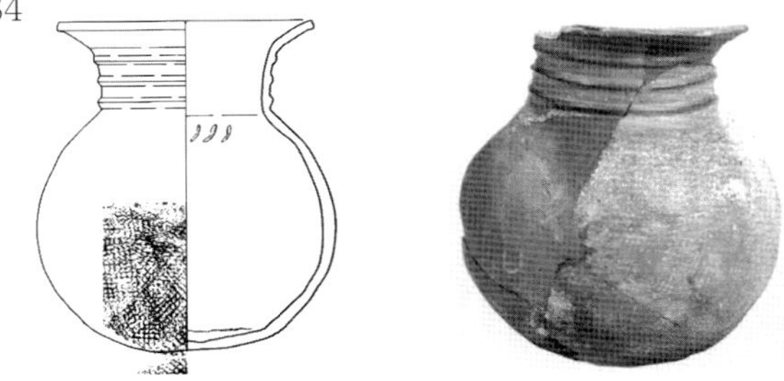

285

286

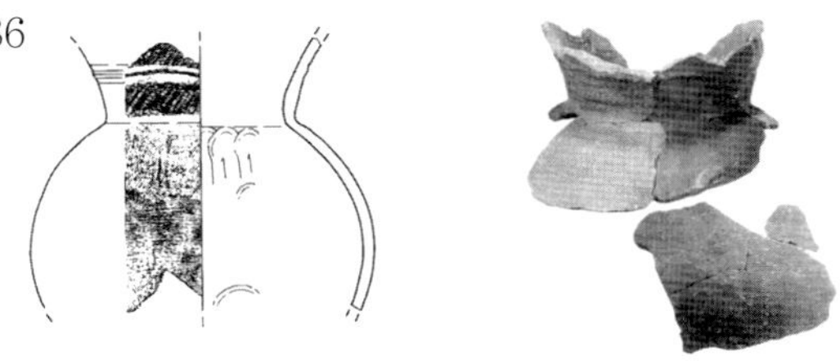

287

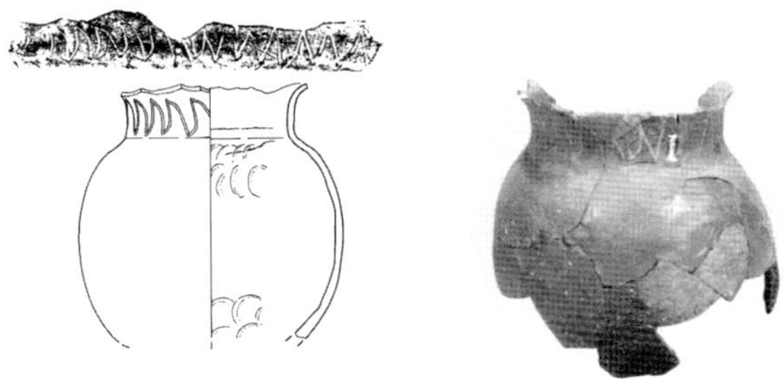

288

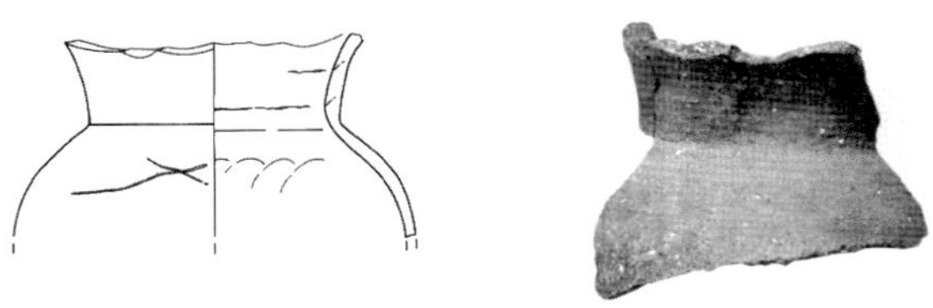

289

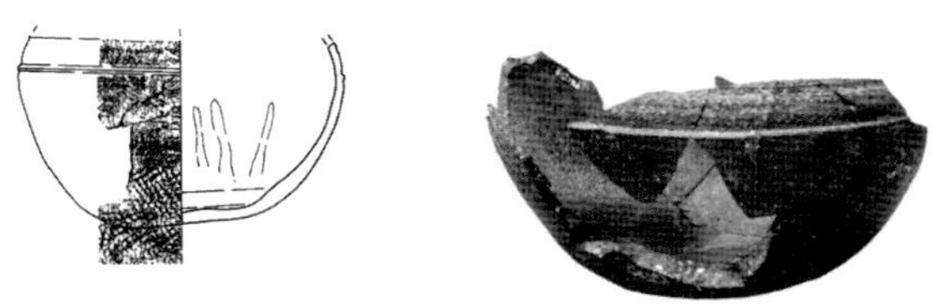

290

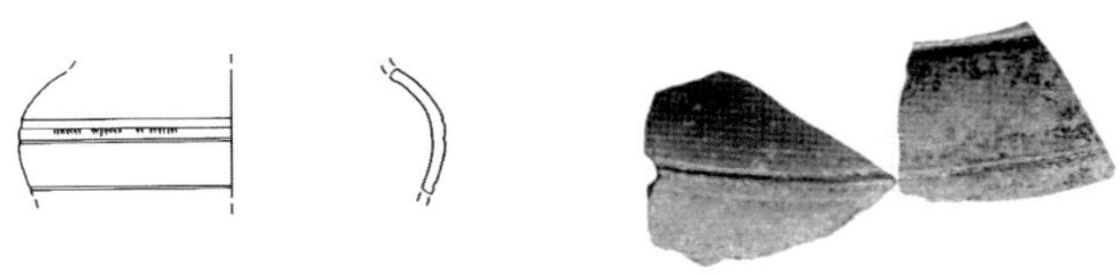

291

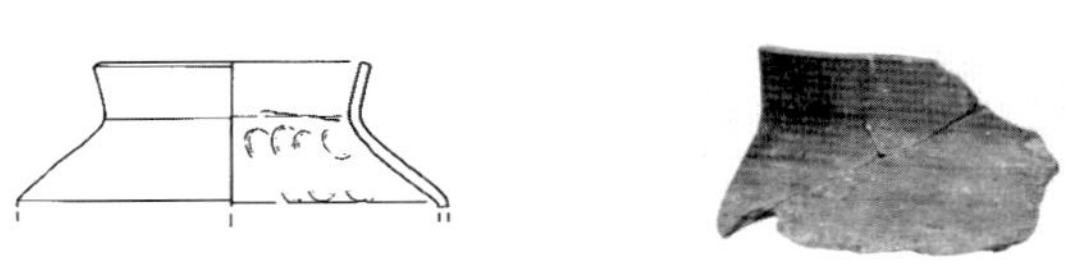

292

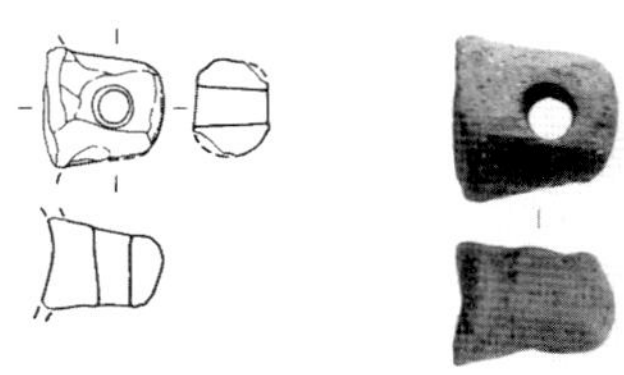

유구도면	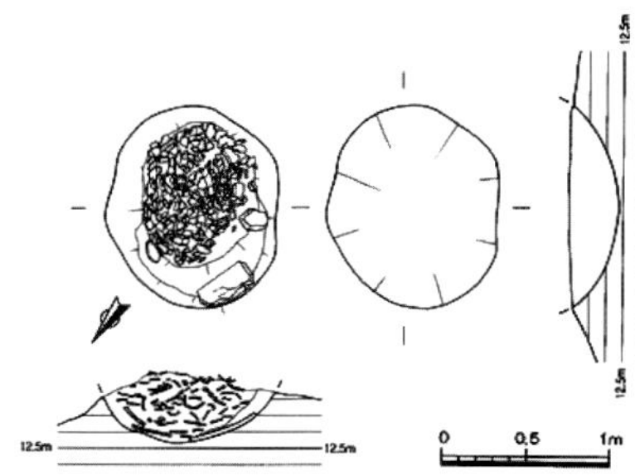 
대표적인 공반유물	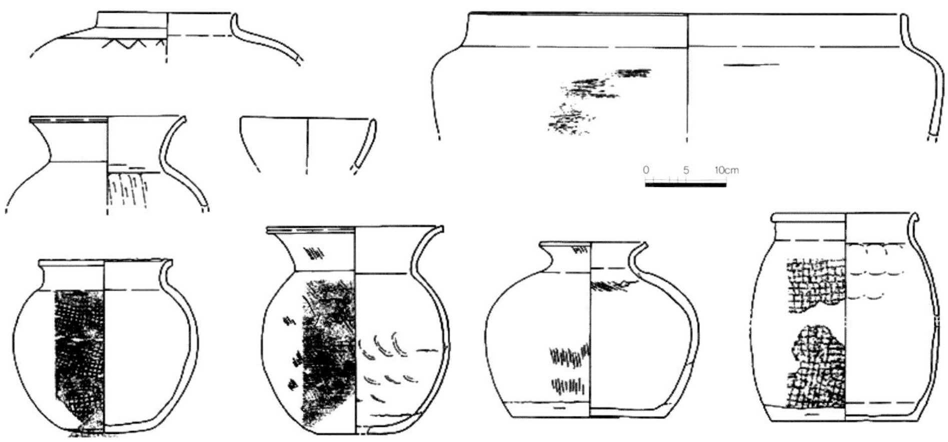

(12) 196호 유구

소 재 지	송파구 풍납동 136번지	조사기관	한신大學校博物館
유 구 명	196호 유구	유구성격	창고
추정산지	중국, 지방	비 고	유물 스케일: 1/12
외래유물	시유도기(33점), 대호(1점)		
공반유물	장동호, 호, 직구광견호, 시루, 개, 대옹, 대호 등		
참고문헌	한성백제박물관·한신大學校博物館, 2011, 『風納土城 XII-경당지구 196호 유구에 대한 보고』		

외래계유물(국외)

연 번	유물명	도면번호	사진번호	제원(cm)	추정산지	특징
293	시유도기	6-1	11-1	높이 56.9 구경 35.9 저경 21.2 동최대경 58.6 두께 0.65-1.3	중국	외반구연. 전문(6층). 횡방향 고리형귀(4개). 세격자문타날. 견부 횡침선 2조. 접합흔. 새끼줄흔. 내면 붓질흔, 목판긁기. 저부 축흔. 초본류흔적. 박리 심함.
294	시유도기	8-2	12-2	높이 57.5 구경 39.8 저경 25.8 동최대경 66.6 두께 1.2-2.0	중국	전문(4층). 사격자문타날. 무경. 견부 단이 짐. 내면 박자흔. 접합흔. 새끼줄흔. 저부 초본류흔적. 저부외면 목판긁기흔. 회전물손질
295	시유도기	9-3	13-3	높이 55.5 구경 34.2 저경 20.5 동최대경 56.8 두께 0.65-1.3	중국	횡방향 고리형귀(4개). 세격자문타날. 외반구연. 박리심함. 접합흔. 새끼줄흔. 내면 붓질흔. 저부 부착흔.
296	시유도기	11-4	14-4	높이 59.0 구경 35.3 저경 21.7 동최대경 58.8 두께 0.65-1.3	중국	횡방향 고리형귀(4개). 세격자문 타날. 외반구연. 접합흔. 새끼줄흔. 내면 붓질흔. 외면 그을음 자국. 회전물손질
297	시유도기	13-5	15-5	높이 55.9 구경 43.9 저경 22.8 동최대경 58.1 두께 0.85-2.3	중국	운문. 횡침선문. 직립구연. 동체부 내외면 하위 점토 덧댐. 접합흔. 새끼줄흔. 외면 붓질흔. 내면 고속회전 요철흔. 물손질. 내외면 목판 긁기.

연 번	유물명	도면번호	사진번호	제원(cm)	추정산지	특징
298	시유도기	15-6	16-6	높이 55.3 구경 42.6 저경 23.2 동최대경 57.2 두께 0.75-2.1	중국	운문. 횡침선문. 직립구연. 동체부 내외면 하위 점토 덧댐. 접합흔. 새끼줄흔. 외면 붓질흔. 내면 고속회전 요철흔. 내면 목판 긁기흔
299	시유도기	16-7	17-7	높이 54.8 구경 33.7 저경 22.6 동최대경 57.6 두께 0.7-2.2	중국	전문(4~5층). 사격자문 타날. 무경. 견부 단이 짐. 견부 횡침선 1조. 새끼줄 흔. 저부 외면 백토 흔적. 저부 내면 목판 두드린 흔적. 내면 지두압흔. 목판긁기흔. 회전물손질.
300	시유도기	18-8	18-8	높이 56.3 구경 37.0 저경 23.4 동최대경 62.0 두께 0.65-1.4	중국	횡방향고리형귀(4개). 세격자문타날. 외반구연. 접합흔. 새끼줄흔. 내면 붓질흔. 지두압흔. 목판긁기. 회전물손질
301	시유도기	20-9	19-9	높이 57.6 구경 39.9 저경 23.2 동최대경 54.6 두께 0.75-2.1	중국	횡침선문. 직립구연. 동체부 내면 하위 점토 덧댐. 접합흔. 새끼줄흔. 외면 붓질흔. 저부 축흔. 내면 고속회전 요철흔.
302	시유도기	22-10	20-10	높이 54.2 구경 39.8 저경 24.5 동최대경 56.3 두께 0.7-1.6	중국	운문. 횡침선문. 직립구연. 동체부 내면 하위 점토 덧댐. 접합흔. 새끼줄흔. 외면 붓질흔. 내면 고속회전 요철흔.
303	시유도기	24-11	21-11	잔존높이 58.5 구경 32.6 저경 21.1 동최대경 56.7 두께 0.5-1.6	중국	고리형귀부착흔. 세격자 문타날. 외반구연. 박리심함. 접합흔. 새끼줄흔. 내면 붓질흔. 지두압흔. 회전물손질. 저부 축흔.
304	시유도기	25-12	22-12	두께 0.7-1.5	중국	전문(2층 이상). 사격자문 타날. 무경. 내면 박자흔. 지두압흔. 접합흔. 회전물손질
305	시유도기	26-13	22-13	구경 33.2 저경 22.2 동최대경 59.7 두께 0.9-1.6	중국	전문(2층 이상). 사격자문 타날. 무경(구순 짧게 직립). 내면 박자흔. 지두압흔. 접합흔. 새끼줄흔. 회전물손질

연 번	유물명	도면번호	사진번호	제원(cm)	추정산지	특징
306	시유도기	27-14	23-14	잔존높이 56.3 구경 36.7 저경 23.1 동최대경 62.4 두께 0.65-1.4	중국	세격자문타날. 외반구연. 박리심함. 견부 횡침선 1조. 접합흔. 새끼줄흔. 내면 붓질흔. 지두압흔. 회전물손질
307	시유도기	27-15	23-15	잔존높이 31.5 구경 36.2 동최대경 62.0 두께 0.6-1.5	중국	고리형귀부착흔. 세격자문타날. 외반구연. 견부 횡침선 1조. 접합흔. 새끼줄흔. 내면 붓질흔. 회전물손질
308	시유도기	28-16	24-16	구경 43.2 두께 0.8-1.7	중국	횡침선문. 직립구연. 동체부 내면 하단 점토 덧댐. 접합흔. 새끼줄흔. 내면 고속회전 요철흔. 지두압흔
309	시유도기	28-17	24-17	구경 36.2 저경 23.4 두께 1.0-1.6	중국	횡침선문. 내경구연. 내면 동체부 하단 점토 덧댐. 접합흔. 새끼줄흔. 저부 투공 있음. 내면 고속회전 요철흔. 지두압흔. 목판긁기.
310	시유도기	29-18	25-18	구경 35.1 저경 26.0 두께 0.8-1.6	중국	세격자문타날. 외반구연. 견부 횡침선 1조. 접합흔. 새끼줄흔. 내면 지두압흔. 회전물손질
311	시유도기	29-19	25-19	두께 0.5-1.5	중국	외반구연. 박리 심함. 벽면 기공. 내면 지두압흔. 회전물손질.
312	시유도기	29-20	25-20	구경 34.0 저경 20.4 동최대경 55.0 두께 0.6-1.1	중국	세격자문타날. 외반구연. 접합흔. 새끼줄흔. 내면붓질흔. 지두압흔. 목판긁기. 회전물손질
313	시유도기	29-21	26-21	두께 1.1-1.65	중국	외반구연. 접합흔. 내면지두압흔. 회전물손질.
314	시유도기	30-22	26-22	구경 36.2 두께 1.0-1.3	중국	고리형귀부착흔. 세격자문타날. 외반구연. 접합흔. 내면 지두압흔. 회전물손질

연 번	유물명	도면번호	사진번호	제원(cm)	추정산지	특징
315	시유도기	30-23	26-23	구경 37.7 두께 0.6-1.3	중국	고리형귀부착흔. 세격자문타날. 외반구연. 접합흔. 내면 지두압흔, 목판긁기흔. 회전물손질
316	시유도기	30-24	26-24	구경 36.0 두께 1.0-1.4	중국	세격자문타날. 외반구연. 박리심함. 접합흔. 내면 붓질흔, 지두압흔. 회전물손질
317	시유도기	30-25	27-25	구경 38.0 두께 0.7-1.3	중국	세격자문타날. 외반구연. 접합흔. 내면 붓질흔, 지두압흔. 목판긁기. 회전물손질
318	시유도기	30-26	27-26	두께 0.8-1.4	중국	고리형귀 부착흔. 외반구연. 접합흔. 내면 붓질흔, 지두압흔. 회전물손질
319	시유도기	30-27	27-27	두께 0.7-1.2	중국	고리형귀 부착흔. 외반구연. 박리 심함. 접합흔. 내면 지두압흔. 회전물손질
320	시유도기	31-28	28-28	구경 38.8 두께 0.8-1.2	중국	운문. 직립구연. 내면 고속회전 요철흔. 접합흔.
321	시유도기	31-29	28-29	구경 39.0 두께 0.8-1.2	중국	운문. 직립구연. 내면 고속회전 요철흔. 접합흔.
322	시유도기	31-30	28-30	구경 42.1 두께 0.8-1.2	중국	직립구연. 내면 횡침선, 고속회전 요철흔. 접합흔.
323	시유도기	31-31	28-31	두께 0.7-0.9	중국	운문. 직립구연. 접합흔. 내면 고속회전 요철흔
324	시유도기	31-32	28-32	두께 0.9-1.2	중국	직립구연. 접합흔. 내면고속회전 요철흔.
325	시유도기	31-33	28-33	두께 0.9-1.3	중국	횡침선문. 직립구연. 벽면기공. 접합흔. 내면 고속회전 요철흔, 지두압흔. 내외면 목판긁기흔

293

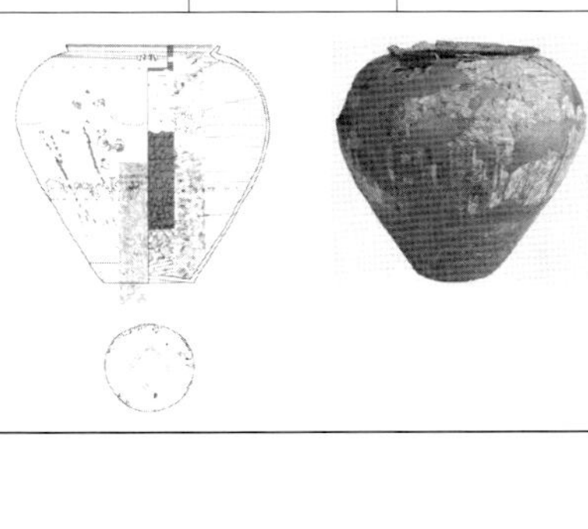

294

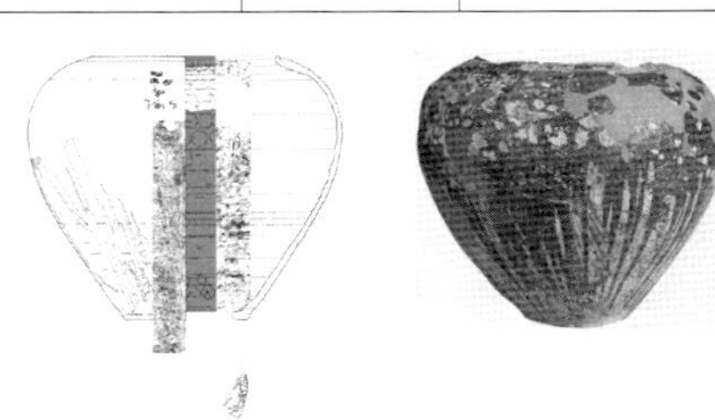

295

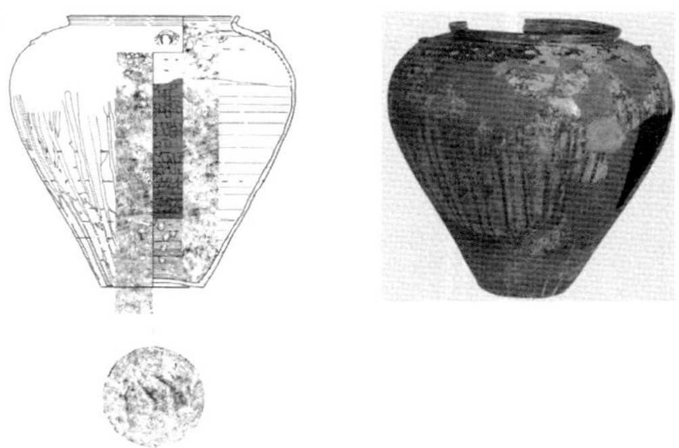

296

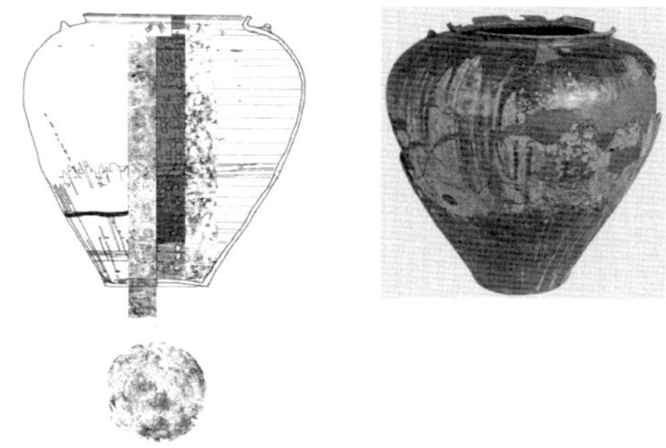

297

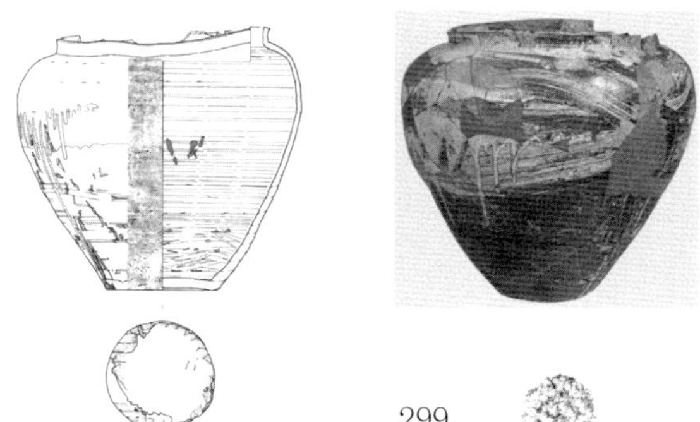

298

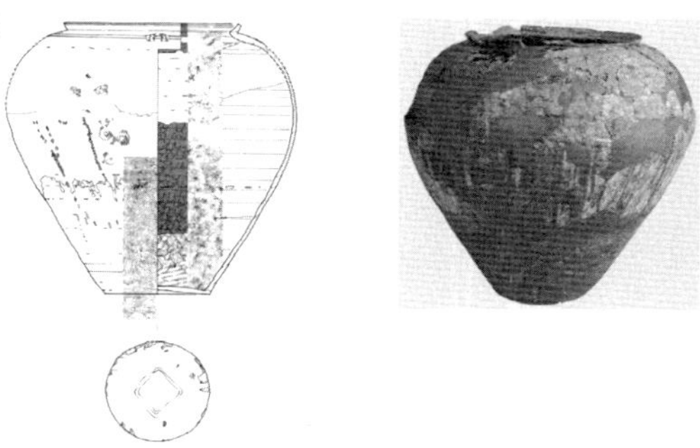

299

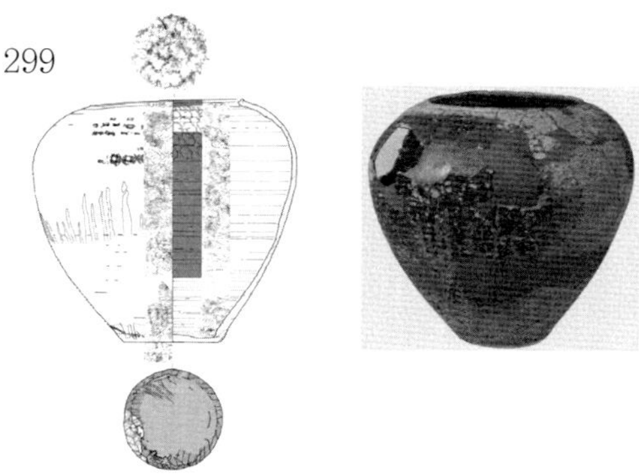

300

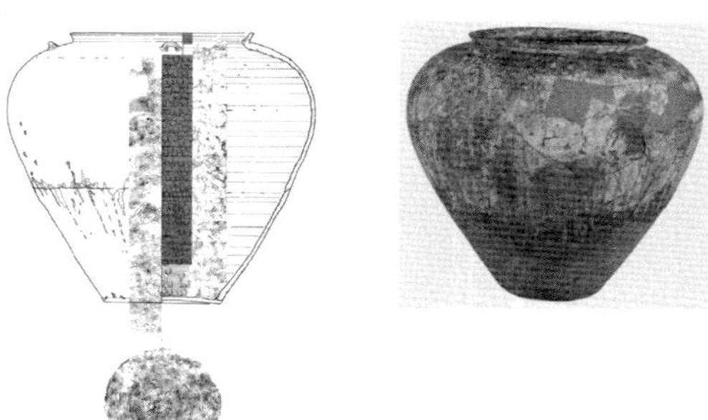

301

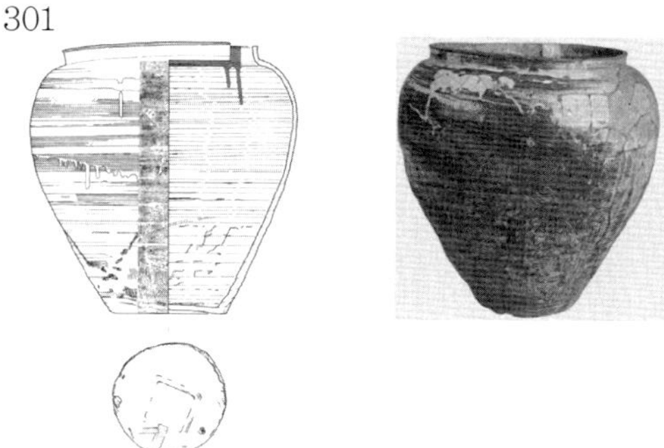

302

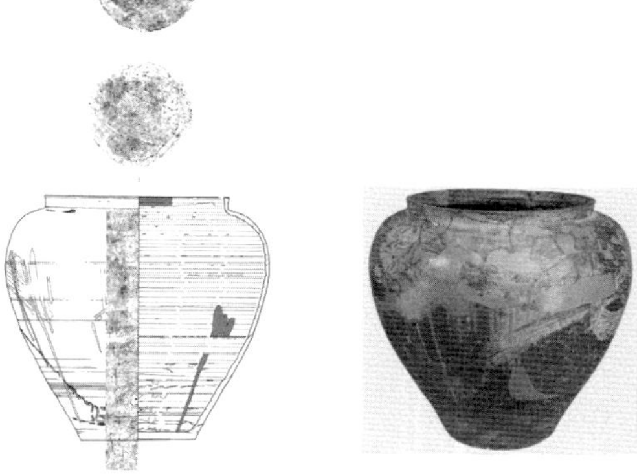

303

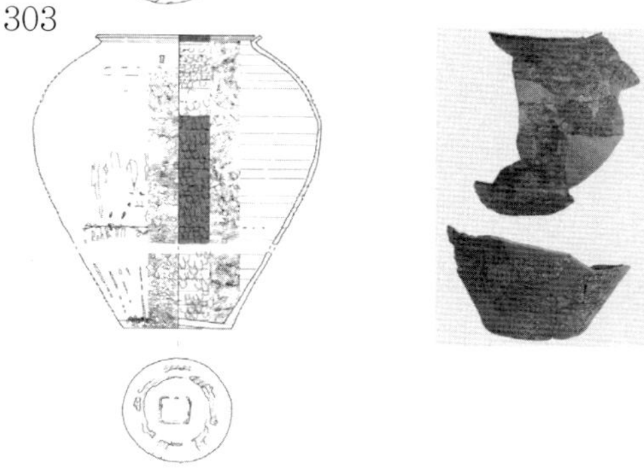

304

305

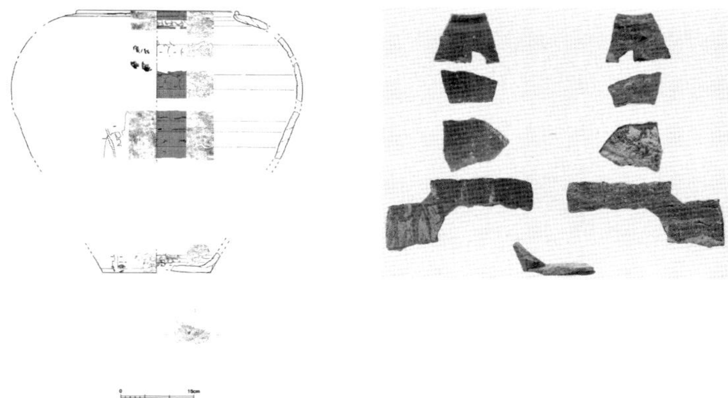

306

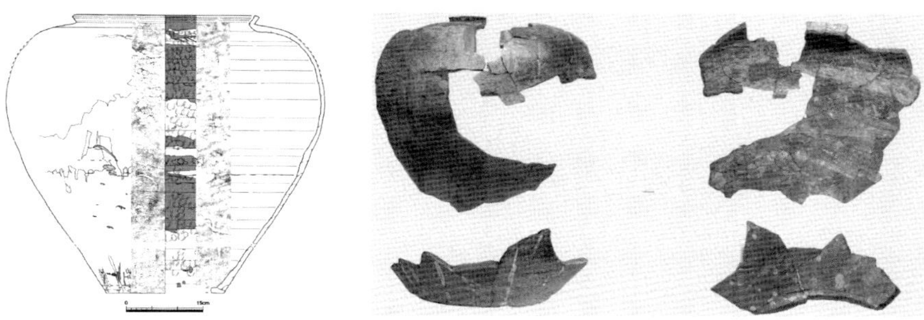

307

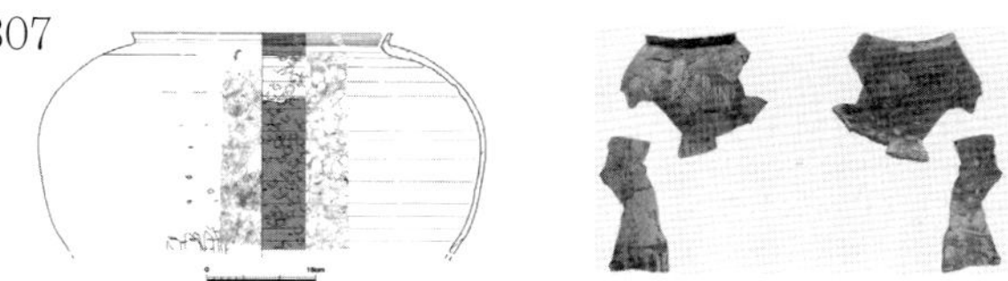

308

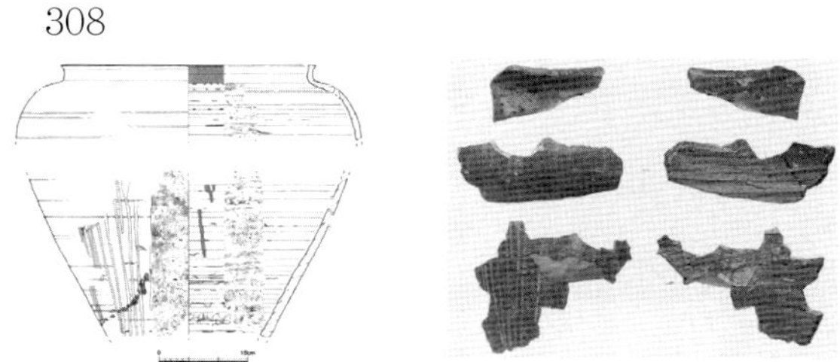

309

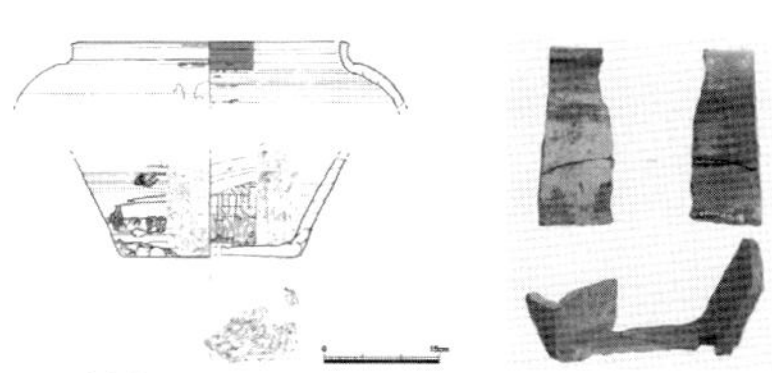

310

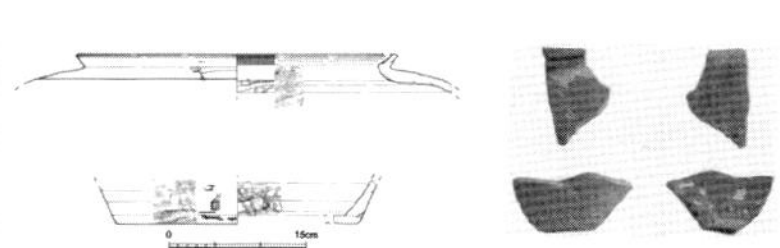

311

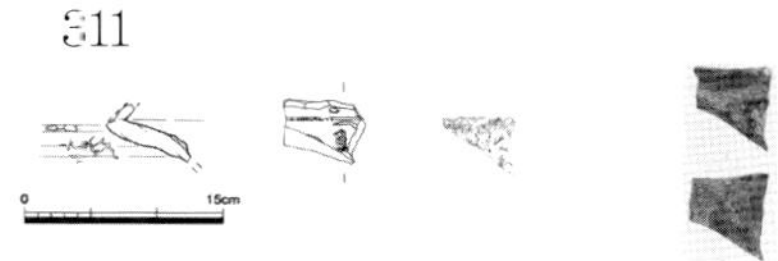

312

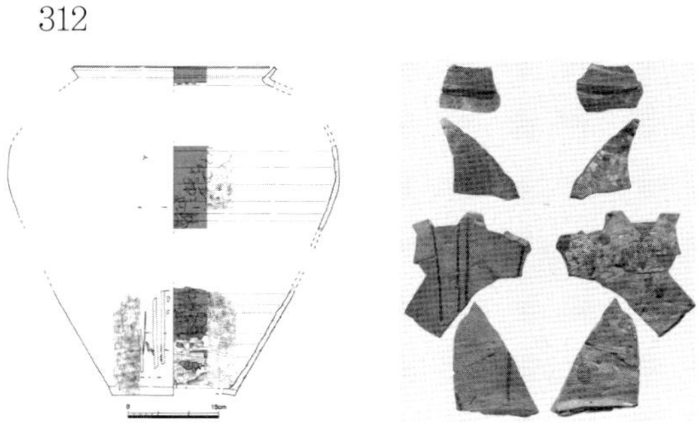

313

314

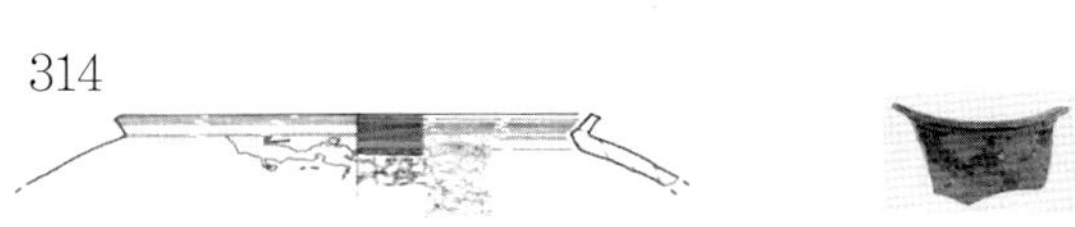

315

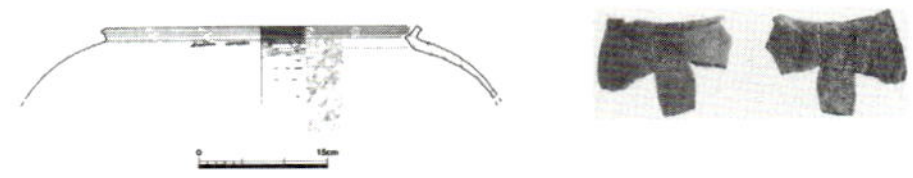

316

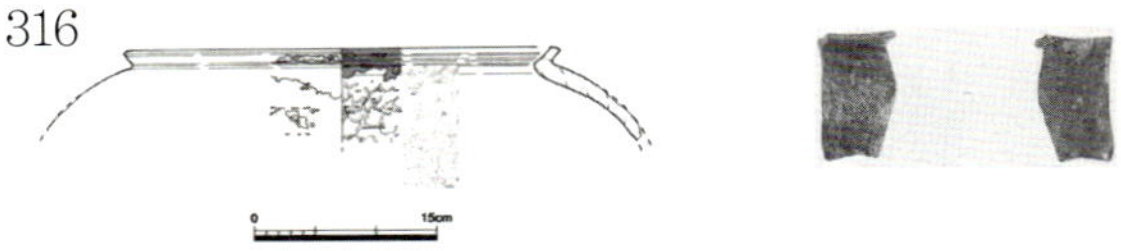

317

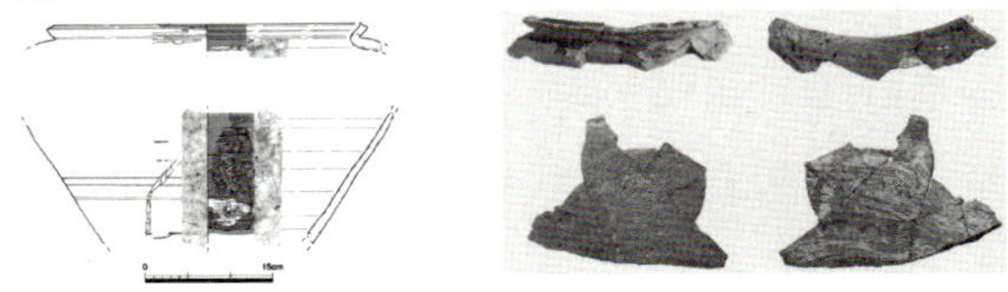

318

319

320

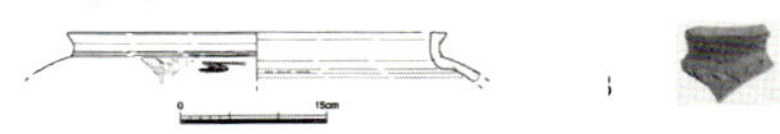

321

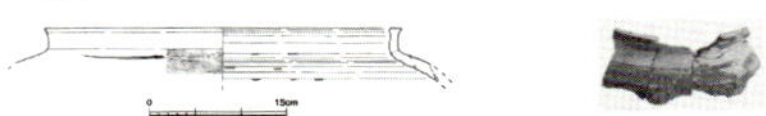

322

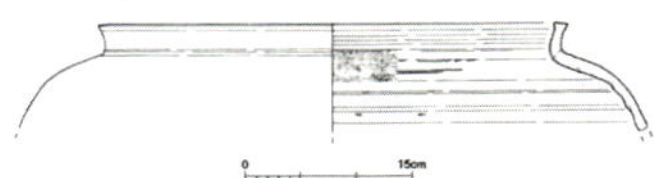

323

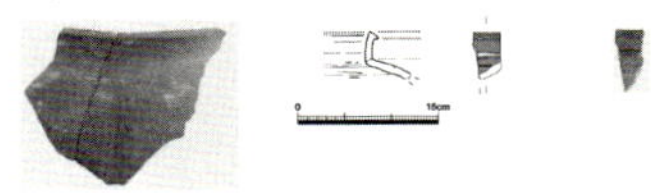

324

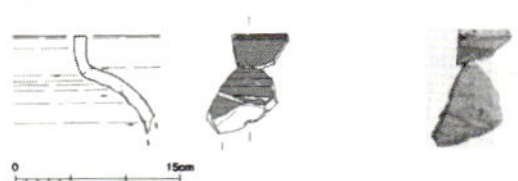

325

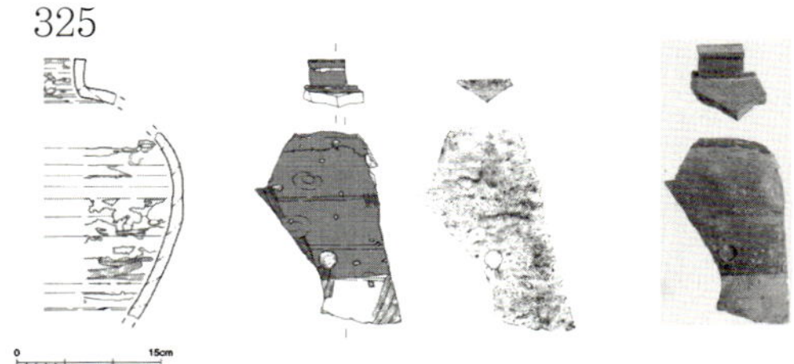

외래계유물(국내)

연 번	유물명	도면번호	사진번호	제원(cm)	추정산지	특징
326	대호	65-113	48-113	구경 49.8 저경 32.7 동최대경 50.0 두께 0.9-1.9	지방산 (전라)	경부 내외면 회전물손질. 내면 지두압흔. 내외면 물손질, 박자흔. 저부 쪼임흔. 접합흔. 기포흔. 동체부 하위 타원형의 눌린 흔적.

326

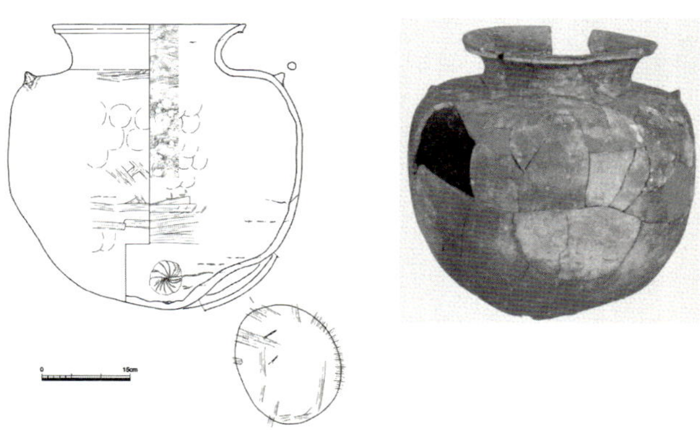

유구도면	 
대표적인 공반유물	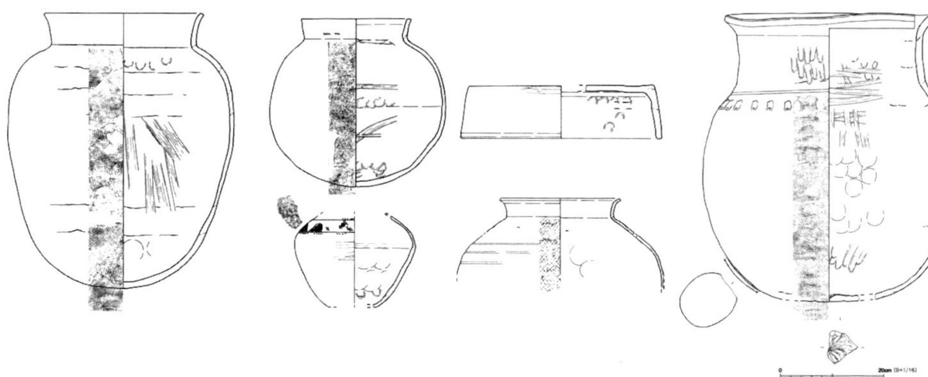

(13) 206호 유구

소 재 지	송파구 풍납동 136번지	조사기관	한신大學校博物館
유 구 명	206호 유구	유구성격	우물
추정산지	중국, 일본, 지방	비 고	
외래유물	시유도기(1점), 하니와(1점), 장경호(5점), 광구장경호(7점), 호(3점), 유공호(1점), 사이부호(1점), 장군(1점)		
공반유물	고배, 삼족기, 개, 완, 기대, 직구단경호, 광구호, 병, 기와 등		
참고문헌	한성백제박물관·한신大學校博物館, 2015, 『風納土城 XⅦ-경당지구 206호 유구에 대한 보고』.		

외래계유물(국외)

연 번	유물명	도면번호	사진번호	제원(cm)	추정산지	특징
327	시유도기	54-468	47-468	높이 1.9 두께 1.2-1.5	중국	-
328	하니와	54-461	47-461	잔존 길이 5.5-6.2 잔존 너비 11.3-12.3 두께 1.1-2.5	일본	돌대 두께 1.4cm

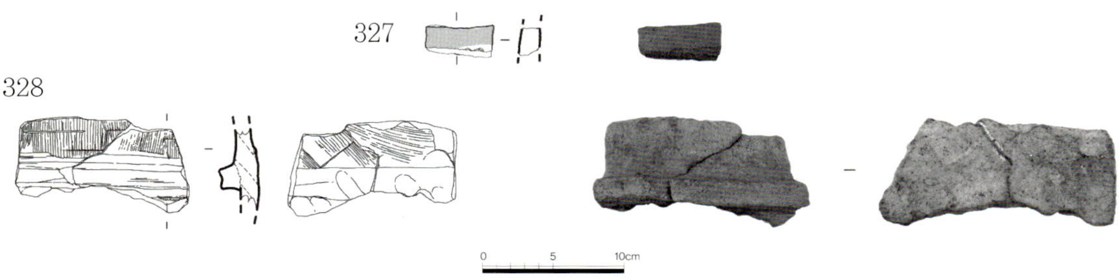

외래계유물(국내)

연 번	유물명	도면번호	사진번호	제원(cm)	추정산지	특징
329	장경호	13-70	16-70	높이 16.3 구경 8.3 저경 5.8 두께 0.5-1.0	지방산 (충청, 전라)	외면 구연부 점열문. 동체부 깎기. 평행선문타날. 구경부 점토 밀린 흔적.
330	광구장경호	13-68	15-68	높이 20.3 구경 14.9 저경 7.4 두께 0.4-0.7	지방산 (충청, 전라)	내외면 구연+동체상부 자연유. 외면 회전물손질. 구연+동체 파상집선문. 내면 회전+정지물손질. 내박자. 지두압흔.

연 번	유물명	도면번호	사진번호	제원(cm)	추정산지	특징
331	광구장경호	13-69	16-69	높이 20.8 구경 14.6 저경 8.0 두께 0.6-0.7	지방산 (충청, 전라)	내외면 회전물손질. 외면 격자문타날. 내면 정지물손질. 지두압흔.
332	광구장경호	14-72	16-72	높이 17.1 구경 13.0 저경 7.4 두께 0.3-1.2	지방산 (충청, 전라)	내외면 정지+회전물손질. 외면 구연+동체부 파상선 문. 내면 지두압흔. 접합흔.
333	장경호	14-73	16-73	잔존높이 21.1 두께 0.4-0.8	지방산 (충청, 전라)	내외면 구연부 회전물손질. 외면 구연파상선문. 동체 평행선문타날. 내면 정지물손질.
334	광구장경호	14-75	16-75	높이 20.2 구경 14.0 저경 7.0 두께 0.4-1.2	지방산 (충청, 전라)	외면 구연+동체파상선문. 동체부 회전물손질. 저부격 자타날. 소성시 끈자국 남음. 내면 정지+회전물 손질. 지두압흔.
335	장경호	35-213	32-213	높이 5.3 구경 14.6 두께 0.6-0.9	지방산 (충청, 전라)	내외면 회전물손질. 파상문.
336	장경호	35-217	32-217	높이 6.0 구경 15.8 두께 0.4-0.7	지방산 (충청, 전라)	내외면 회전물손질. 내면 자연유.
337	장경호	35-218	32-218	높이 5.6 구경 15.4 두께 0.5-0.8	지방산 (충청, 전라)	내외면 회전물손질.
338	사이부호	12-65	15-65	잔존높이 12.4 저경 7.4 두께 0.4-0.7	지방산 (충청, 전라)	외면 세격자문타날 후 부분회전+정지물손질. 지두압흔.
339	유공호	13-66	15-66	잔존높이 13.6 저경 6.5 두께 0.8-1.3	지방산 (충청, 전라)	외면 기하학무늬. 동체 상부 부분마연. 하부 격자타날 잔흔. 투공방향 內->外
340	호	13-67	15-67	높이 14.4 구경 10.9 두께 0.5-0.6	지방산 (충청, 전라)	내외면 구연부 회전물손질. 외면 구연+동체부 파상집선 문. 동체부 회전+정지물 손질. 동체 하부 그을음. 내면 정지물손질. 지두압흔
341	호	14-71	16-71	높이 16.3 구경 9.0-10.2 저경 8.0 두께 0.3-0.9	지방산 (충청, 전라)	외면 회전물손질. 구경+ 동체 중하부 격자문타날잔 흔. 내박자. 접합흔. 내면 회전+정지물손질. 도구흔. 지두압흔.

연 번	유물명	도면번호	사진번호	제원(cm)	추정산지	특징
342	광구장경호	14-74	16-74	높이 19.1 구경 18.0 저경 6.1 두께 0.3-1.0	지방산 (충청, 전라)	내외면 구연부 회전물손질. 외면 구연 자연유. 동체 평행선문타날. 저부 평행교차선문타날. 내면 정지물손질. 경부 조이기흔. 접합흔
343	광구장경호	15-77	17-77	높이 22.7 구경 16.8 저경 5.5 두께 0.5-0.9	지방산 (충청, 전라)	내외면 구연부 회전물손질. 동체부 평행선문타날후 약한 물손질. 동체 하부-저부 평행교차선문타날. 내면 정지물손질
344	광구장경호	15-79	17-79	잔존높이 19.0 두께 0.6-0.8	지방산 (충청, 전라)	내외면 구연부 회전물손질. 외면 경부 및 동체부 凹凸면(경부3조, 동체부 2조). 저부 격자문타날. 내면 정지물손질. 지두압흔.
345	장군	34-212	31-212	높이 18.4 구경 9.4 두께 0.5-0.7	지방산 (전라)	외면 구연부 회전물손질. 동체부 종방향 파상선문. 4조 돌대. 측면 'x'자 5조 침선문. 전면 중앙에 투공. 측면부 접합흔. 내면 구연부 회전물손질. 동체부 횡방향 물손질+종방향 물손질.
346	호	35-215	32-215	높이 8.4 구경 11.8 두께 0.4-0.9	지방산 (충청)	외면 구연-구경 타날 후 회전물손질. 구연 타날잔흔. 동체 횡선부가 평행선문타날. 일부 자연유. 내면 회전물손질. 도구흔.

329

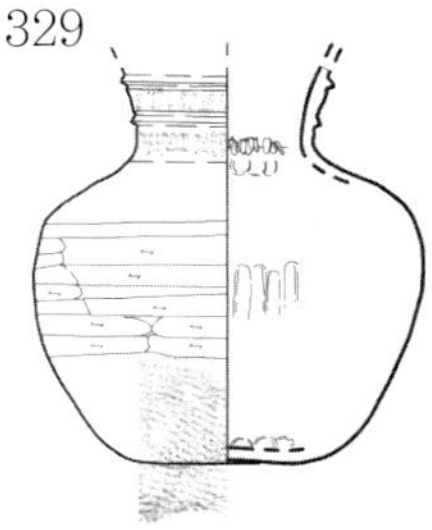

330

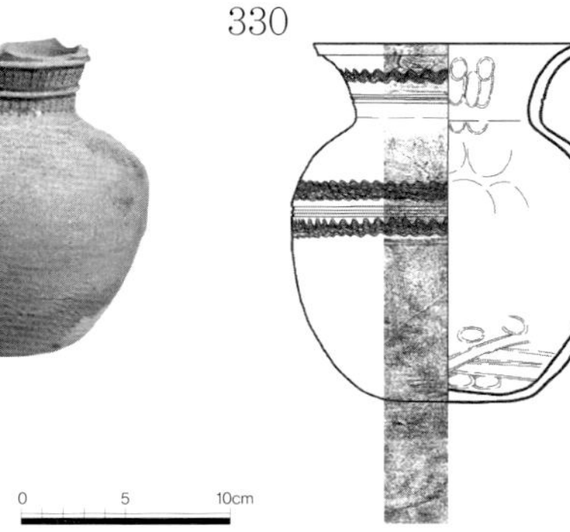

331

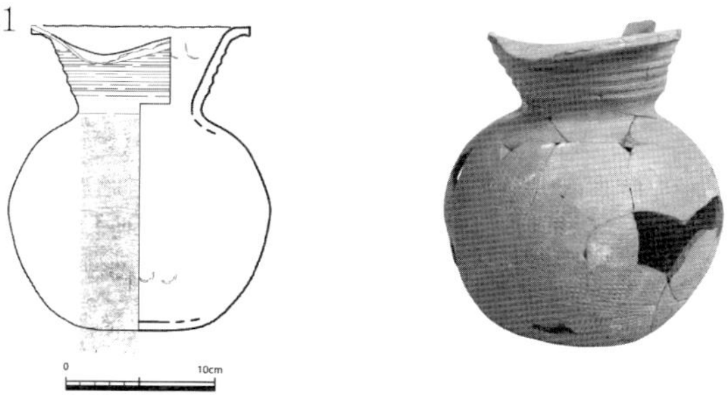

332

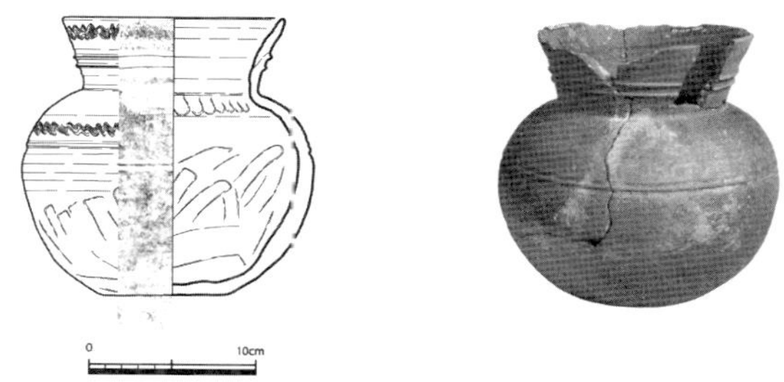

333

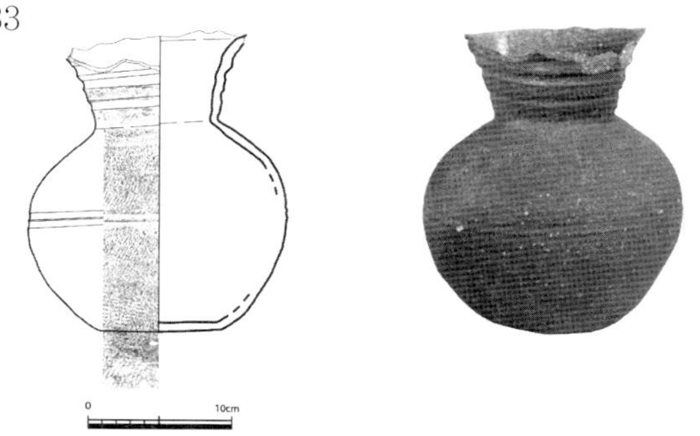

334

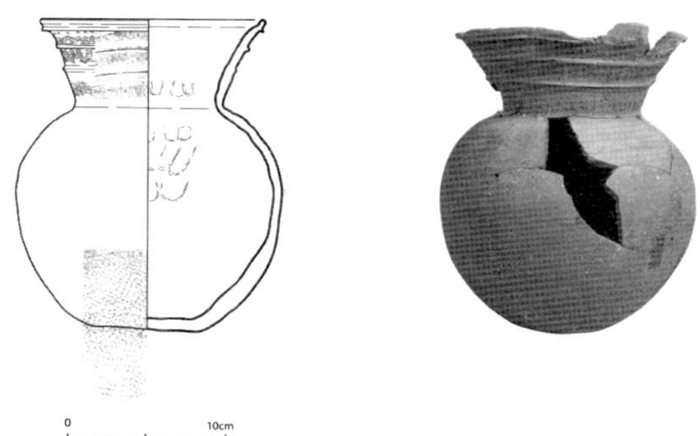

335

336

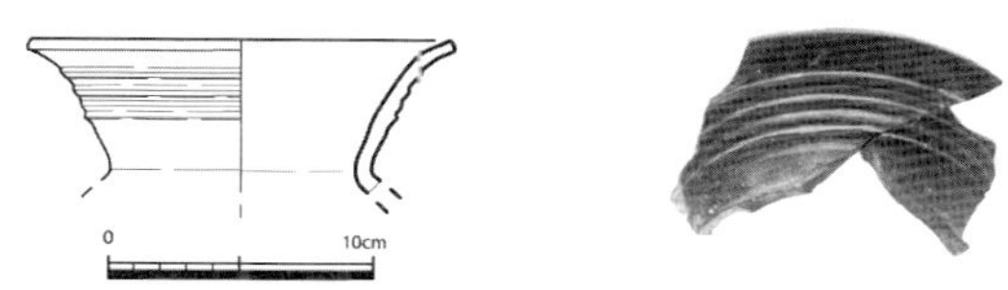

337

338

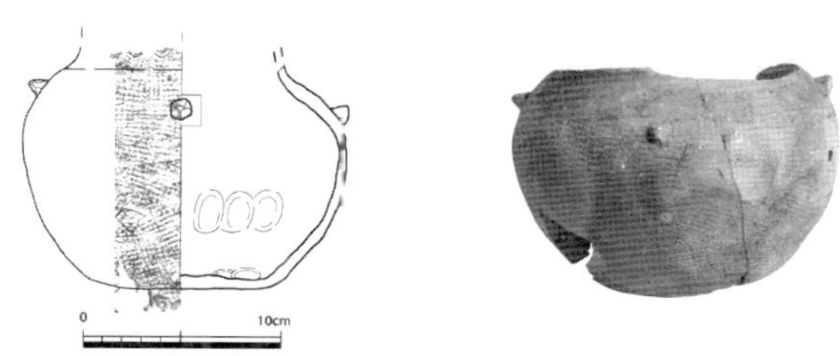

339

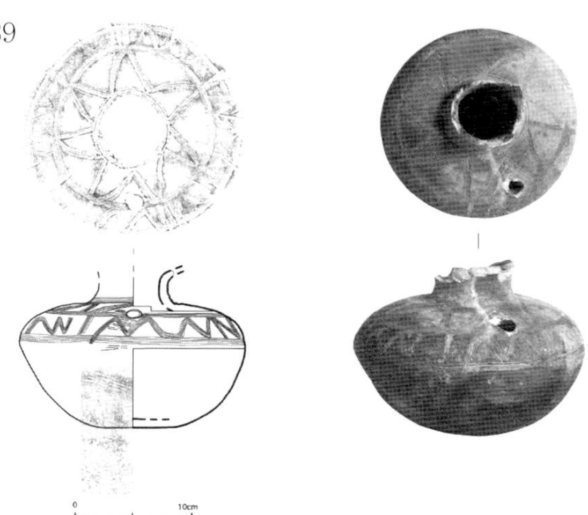

340

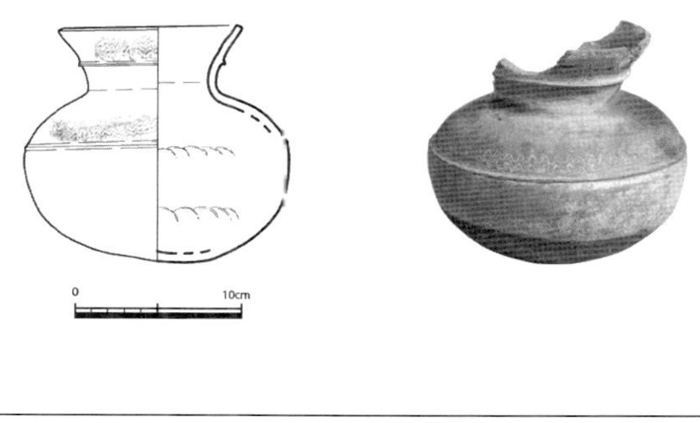

341

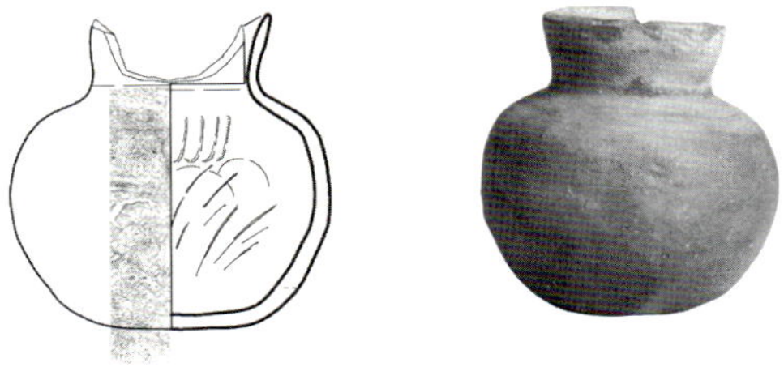

342

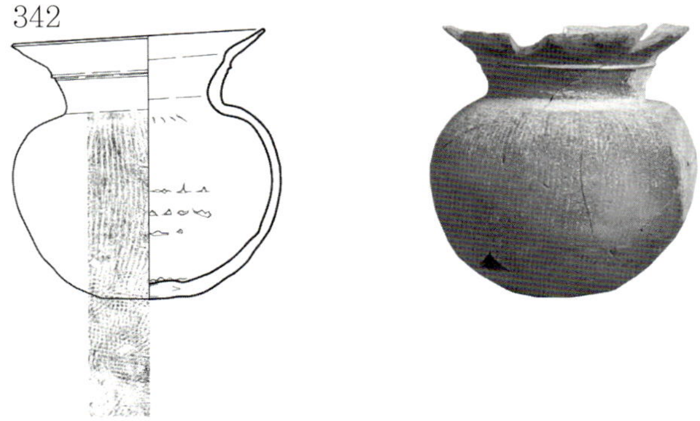

343

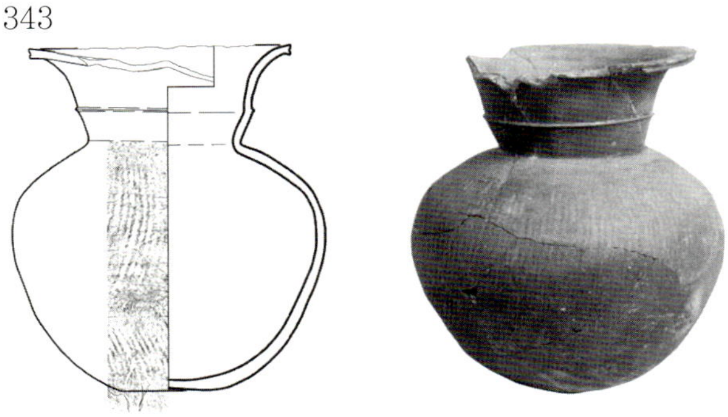

344

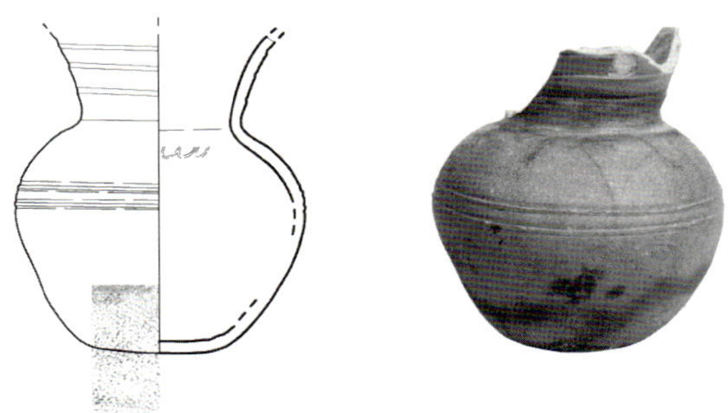

345

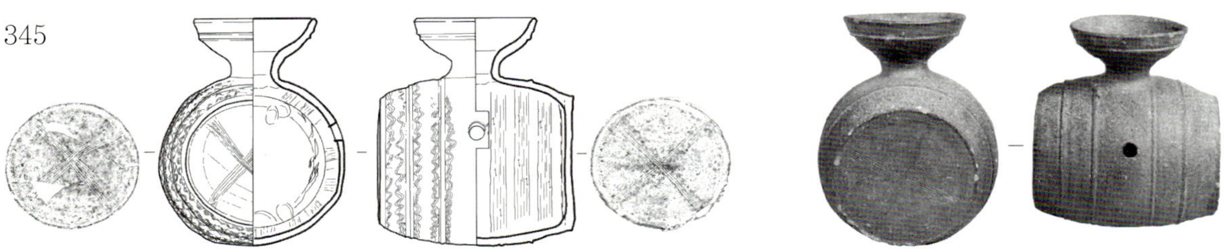

346

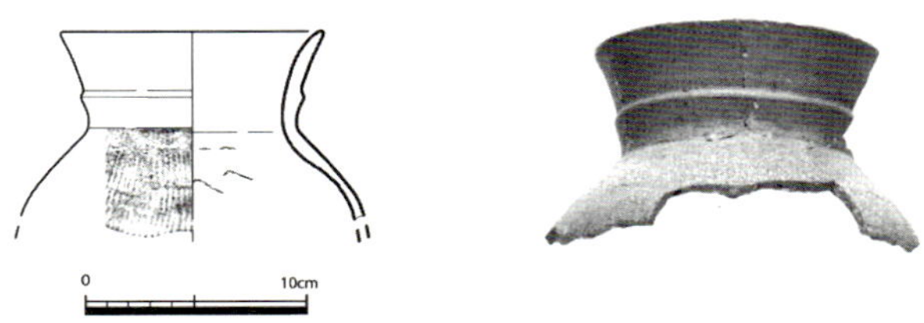

유구도면

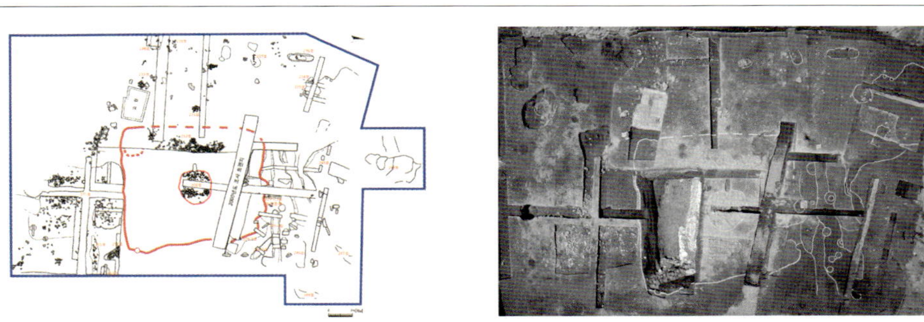

대표적인 공반유물	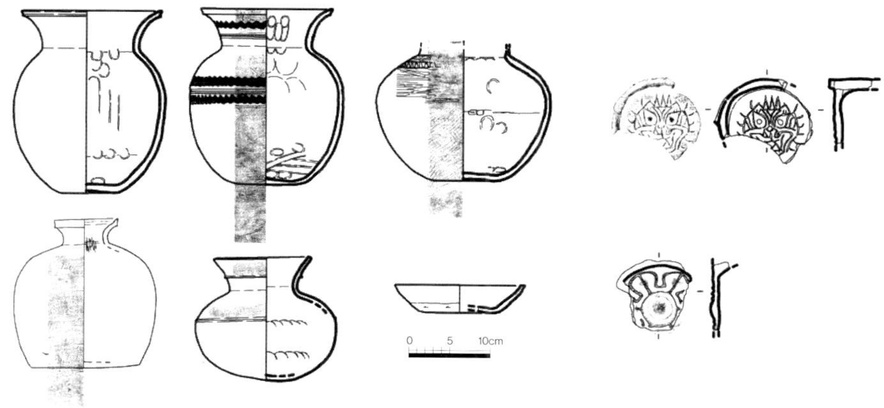

(14) 유물포함층

소 재 지	송파구 풍납동 136번지	조사기관	한신大學校博物館
유 구 명	유물포함층	유구성격	–
추정산지	중국, 일본, 지방, 미상(모방품 포함)	비 고	
외래유물	시유도기(1점), 하니와(2점), 대부직구호(1점), 고배(4점), 개(5점), 기대(1점), 대부호(1점), 호(4점), 파수(1점), 유공광구소호(1점), 수석(壽石)?(1점)		
공반유물	–		
참고문헌	한신大學校博物館, 2009, 『風納土城 Ⅹ－경당지구 유물포함층 출토 유믈에 대한 보고』. 한성백제박물관·한신大學校博物館, 2011, 『風納土城 ⅩⅡ－경당지구 196호 유구에 대한 보고』.		

외래계유물(국외)

연 번	유물명	도면번호	사진번호	제원(cm)	추정산지	특징
347	시유도기	–	–	전문 직경 3.6 원전문 직경 2.4	중국	3구역. 전문도기옹. 올리브흑색유. 외반구연 전문도기옹 동체부편. 전문 아래 세격자문 타날흔. 내면 목판긁기흔. 지두압흔.
348	하니와	71-1062	83-1062	잔존 높이 10.1 직경 12.1 두께 1.65-2.8	일본	B-zone 중층. 내외면 지두정면. 지두압흔.
349	하니와	71-1063	83-1063	잔존 높이 4.4 직경 8.1 두께 1.3-2.4	일본	S1W1. 내외면 지두정면. 지두압흔.

347

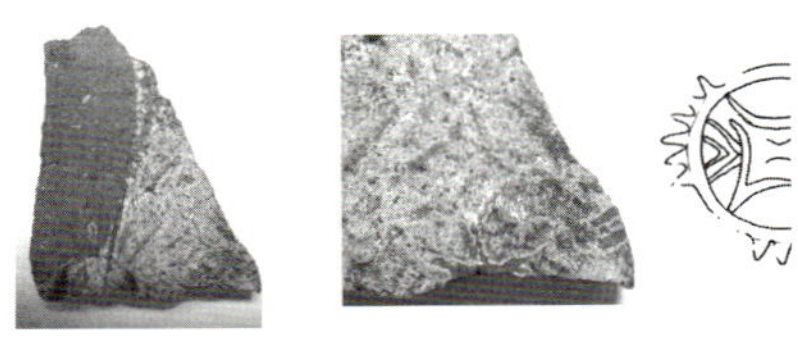

348

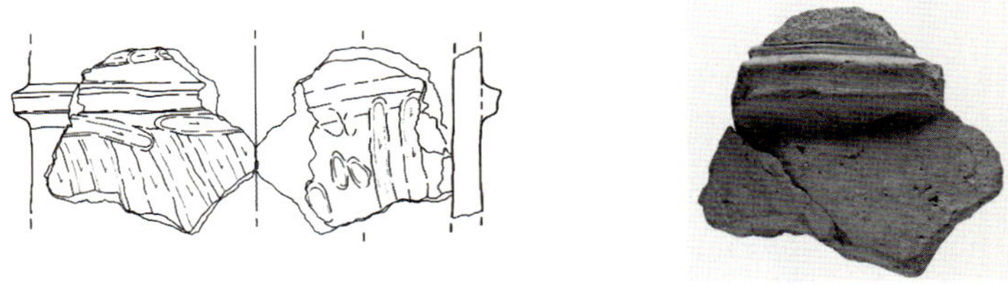

349

외래계유물(국내)						
연 번	유물명	도면번호	사진번호	제원(cm)	추정산지	특징
350	고배	1-36	2-36	잔존 높이 3.4 두께 0.5-0.6	지방산 (충청, 전라)	S2W1. 외면 1조 돌대. 세장한 대각.
351	고배	1-37	2-37	잔존 높이 5.6 두께 0.6-0.8	지방산 (전라동부)	S2W1. 외면 1조 돌대. 내면 깎기. 원형 반투공.
352	개	10-204	14-204	잔존 높이 3.3 구경 16.6 두께 0.2-0.6	가야 (소가야)	1구역 상층. 개신부 점열문.
353	기대	20-388	25-388	잔존 높이 6.6 저경 14.0 두께 0.5-1.2	미상	S2E1~S3W1 상층. 내외면 회전물손질. 소형 사각형 투공.
354	호	39-670	47-670	잔존 높이 3.9 두께 0.9-1.0	미상	S2W1. 3조 점열문+2조 횡침선.
355	대부호	48-805	58-805	잔존 높이 4.3 대각경 18.4 두께 0.5-0.65	미상 (중국자기 모방품?)	B-zone. 내외면 회전물 손질. 대각 접합흔. 호 저부 외면에 사각형의 녹로축흔.
356	대부직구호	71-1061	83-1061	잔존 높이 20.8 대각경 14.2 두께 0.7-1.1	지방산 (충청, 전라)	5구역. 내외면 회전물손 질. 동체·대각에 요철문. 내면 저부 성형흔. 횡방향 평행선문타날.
357	고배?	72-1239	83-1239	잔존 높이 4.6 돌대 직경 3.6 두께 0.7-1.2	지방산 (전라동부)	N4W2. 외면 회전물손질. 내면 지두압흔.
358	고배	1-33	2-33	저경 8.2 두께 0.4-0.7	지방산 (충청)	3구역 상층. 소성시 비산 재 부착. 원형투공.
359	개	10-203	14-203	잔존 높이 4.0 구경 19 두께 0.5-0.9	지방산 (전라)	N2W1. 외면 접합흔. 드림부 연결부에 톱니무늬.
360	파수	58-934	69-934	길이 5.3	지방산 (전라)	N2E2. 방형. 내면에 접합 위한 지두압흔. 원형투공 직경: 2.2cm.
361	유공광구 소호	71-1065	83-1065	잔존 높이 4.4 두께 0.5-0.8	지방산 (전라)	2구역 9호유구 주변 상층. 내외면 정지물손질. 동체 투공.
362	개	71-1077	83-1077	잔존 높이 3.5 저경 9.8 두께 0.4-0.8	미상 (모방품)	3구역 31호유구 남서부. 외면 회전깎기. 자기 모방.

외래계유물(국내)						
연 번	유물명	도면번호	사진번호	제원(cm)	추정산지	특징
363	수석 (壽石)?	86-1238	92-1238	길이 4.6 폭 4.6 두께 1.4-3.0	미상 (모방품)	2구역 상층. 부정형. 중국 절강성 태호석(太湖石)일 가능성.
364	개	10-205	14-205	높이 5.15 구경 16.2 두께 0.4-0.65	지방산 (충청, 전라)	N2E1. 외면 지두압흔. 내외면 정지물손질.
365	개	10-206	14-206	높이 6.4 구경 17.4 두께 0.7-0.8	지방산 (충청)	S1E1. 내외면 정지물손질. 내면 지두압흔.
366	호	71-1064	83-1064	잔존 높이 4.6 두께 0.5-0.7	미상	2구역. 내외면 회전물손질. 구연·동체상부에 점열문.
367	호	71-1070	83-1070	잔존 높이 5.1 두께 0.75	미상	S3E1-S3E2. 원형 압인문.
368	호	71-1071	83-1071	잔존 높이 6.9 두께 1.0-1.3	미상	3구역 상층. 원형 압날문. 돌대 접합흔?

350

351

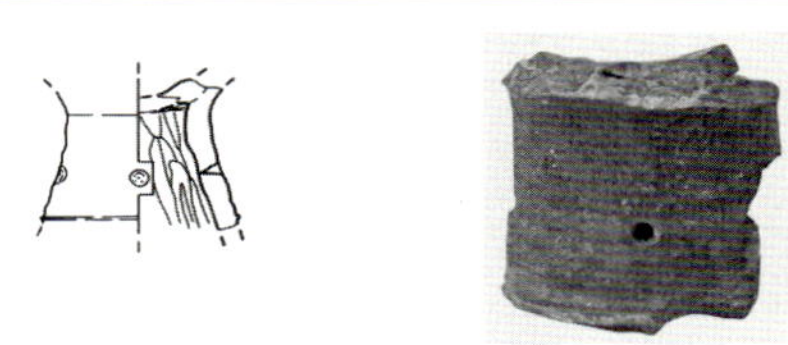

352

353

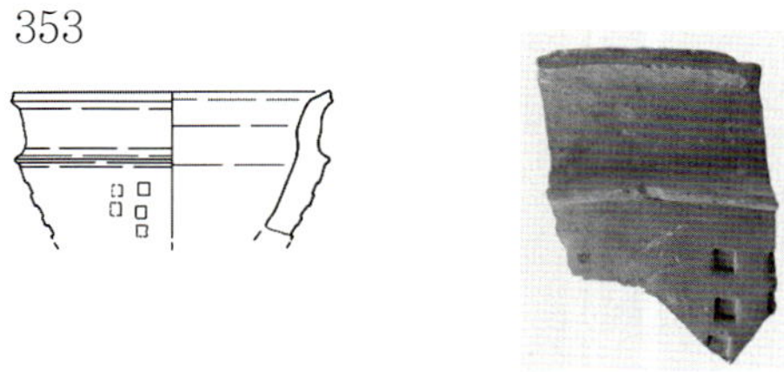

354

355

356

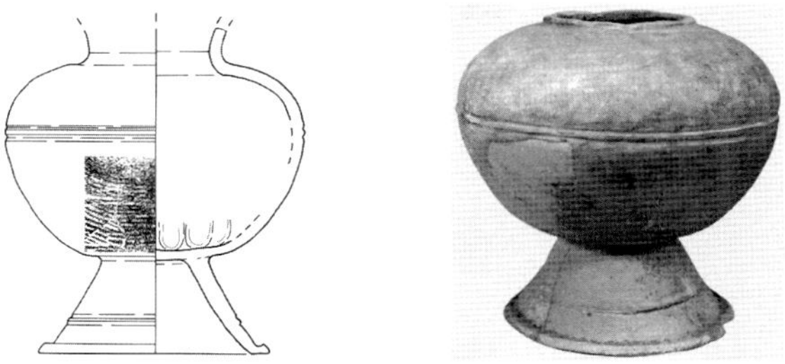

357

358

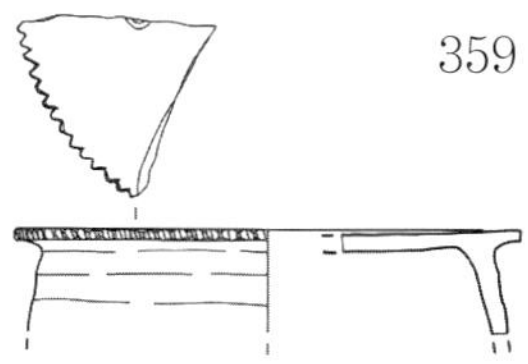

359

360

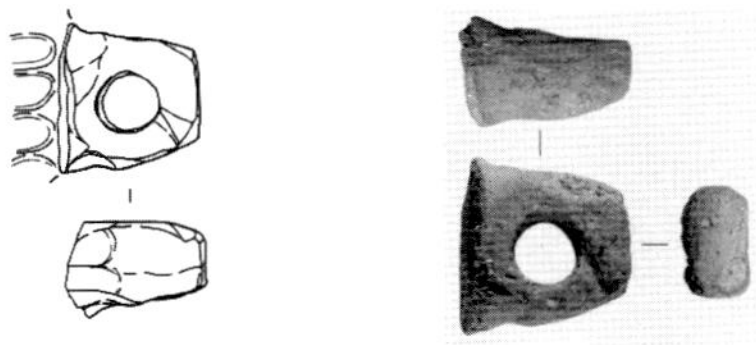

361

362

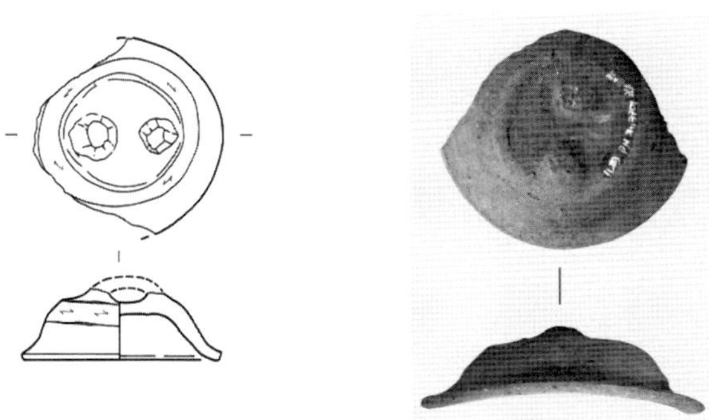

363

364

365

366

367

368

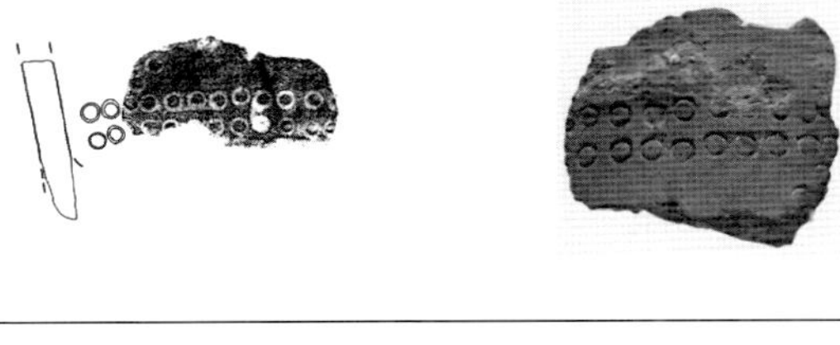

유구도면	–
대표적인 공반유물	–

(15) 91호 주거지

소 재 지	송파구 풍납동 136번지	조사기관	한신大學校博物館
유 구 명	91호 주거지	유구성격	주거
추정산지	지방	비　고	
외래유물	반(1점)		
공반유물	중도식경질무문토기, 대호·대옹 등		
참고문헌	한신大學校博物館, 2016, 『風納土城 XⅧ-경당지구 하층유구에 대한 보고』.		

외래계유물(국내)

연 번	유물명	도면번호	사진번호	제원(cm)	추정산지	특징
369	반	12	12	잔존높이 3.5, 두께 0.7-0.9	지방계 (낙랑)	내면 저부~동체부 경계면에 강한 회전물손질, 그 위에 시문한 것으로 보이는 흔적 확인됨.

369

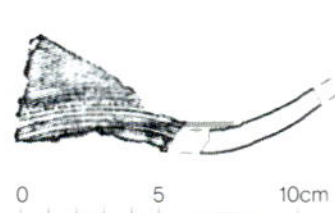

–

유구도면

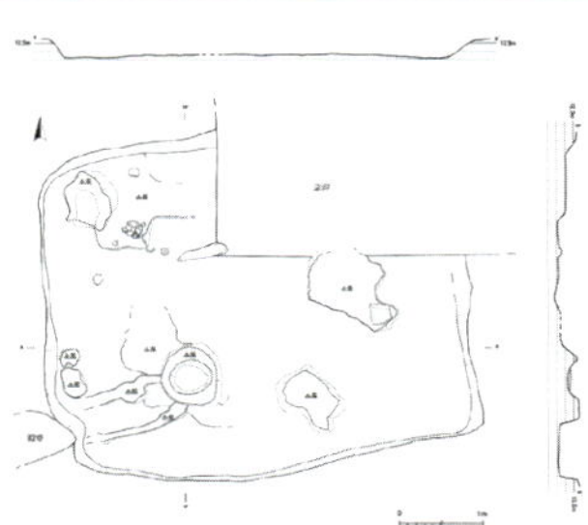

대표적인 공반유물

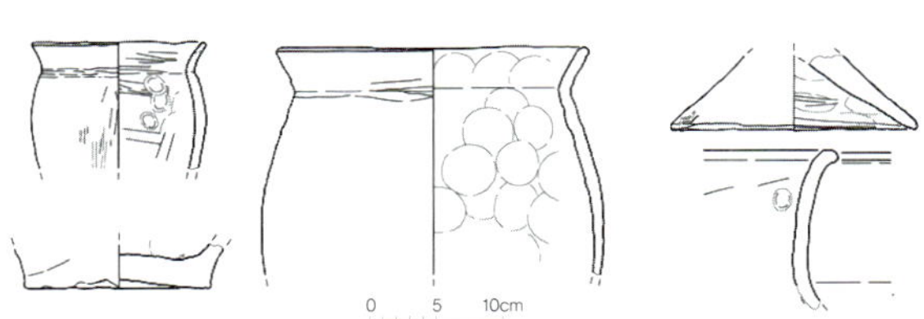

몽촌토성 전경 2016

Ⅱ. 몽촌토성

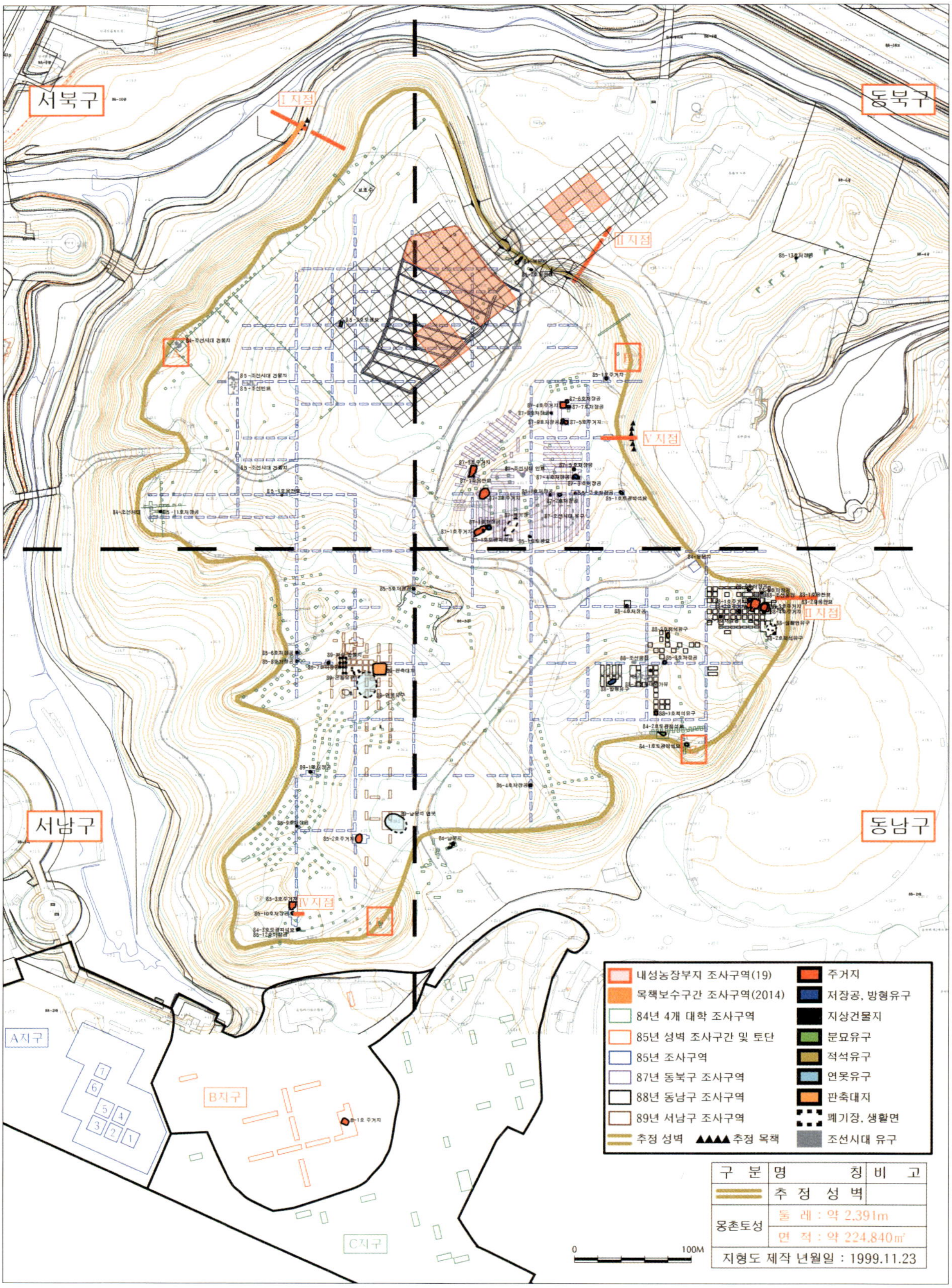

도면 6. 몽촌토성 발굴조사 현황도(한성백제박물관, 2019, 『몽촌토성Ⅲ』)

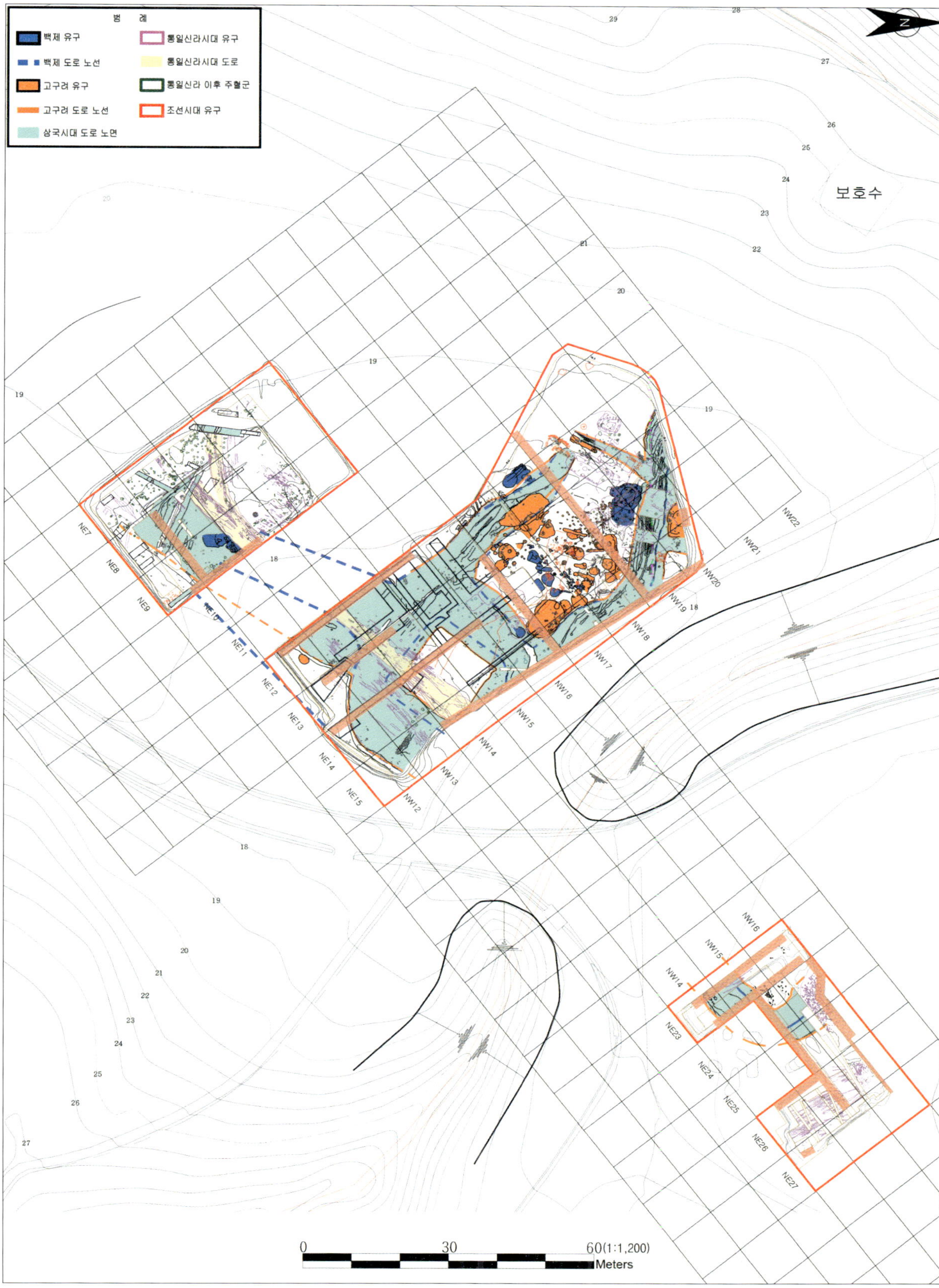

도면 7. 몽촌토성 북문지 일원 발굴조사 현황도(한성백제박물관, 2019, 『몽촌토성Ⅲ』)

도면 8. 몽촌토성 북문지 내측 발굴조사 세부 현황도(한성백제박물관, 2019)

1. 성 내부(1985년 조사구역)

(1) 85-1호 주거지

소 재 지	송파구 방이동 88-3공	조사기관	몽촌토성발굴조사단
유 구 명	85-1호 주거지	유구성격	주거
추정산지	중국	비 고	
외래유물	진식대구		
공반유물	직구단경호, 광구장경호, 발, 고배 배신부 외.		
참고문헌	夢村土城發掘調査團, 1985, 『夢村土城發掘調査報告書』		

외래계유물(국외)

연 번	유물명	도면번호	사진번호	제원(cm)	추정산지	특징
370	진식대구	30-⑦	51	잔존길이 4.3	중국	과대금구. 규형 과판의 혁대 고정부편으로 상면 2조의 선이 물결무늬와 6조의 호문이 물고기를 도식화함.

370

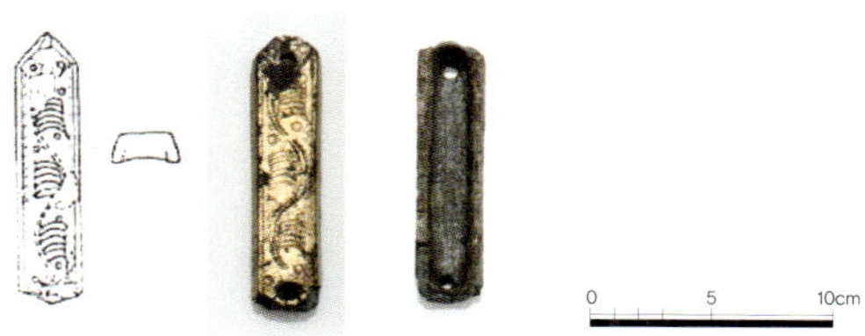

유구도면

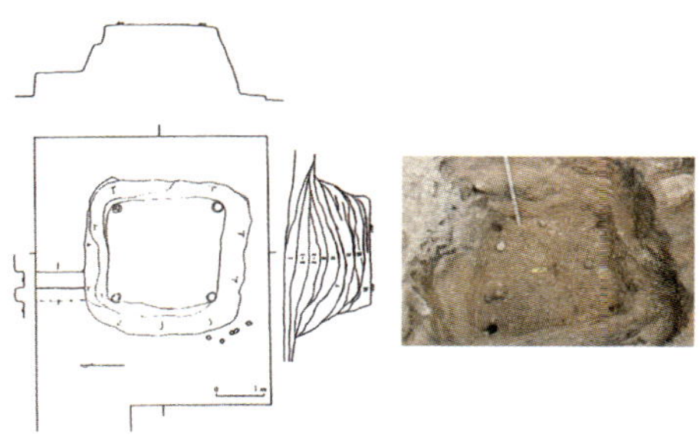

대표적인 공반유물

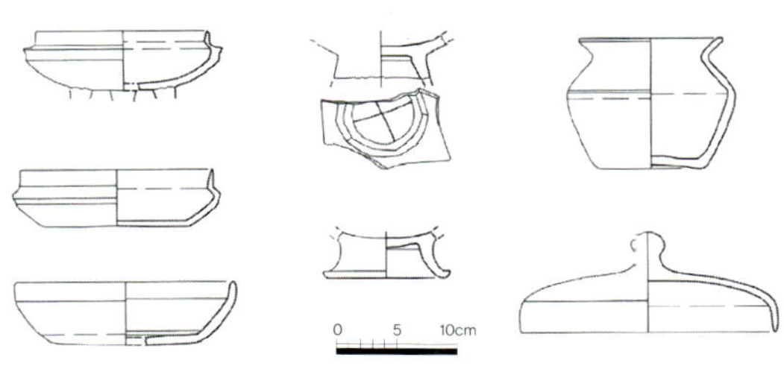

(2) 85-2호 주거지

소 재 지	송파구 방이동 88-3공	조사기관	몽촌토성발굴조사단
유 구 명	85-2호 주거지	유구성격	주거
추정산지	중국	비 고	
외래유물	청자반구호		
공반유물	고배, 발형토기, 기대, 뚜껑, 기와 등.		
참고문헌	夢村土城發掘調査團, 1985, 『夢村土城發掘調査報告書』		

외래계유물(국외)

연 번	유물명	도면번호	사진번호	제원(cm)	추정산지	특징
371	청자반구호	91-②	125	잔존기고 5.4	중국	2호 목탄층에서 출토됨. 경부. 녹색유가 시유되었으며, 빙렬 있음.
	청자반구호	91-④	125	잔존기고 9.3	중국	위와 동일 개체로 추정됨. 동체편.

371

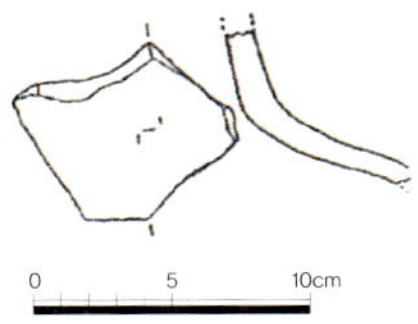

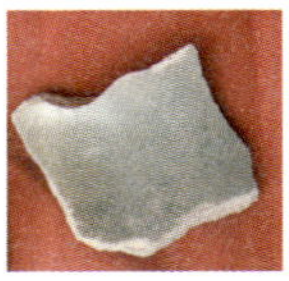

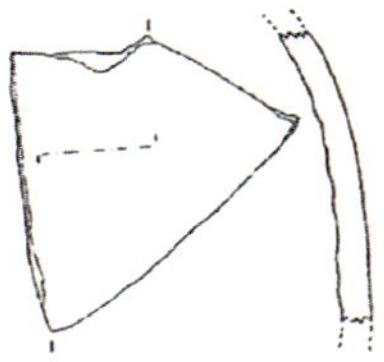

유구도면

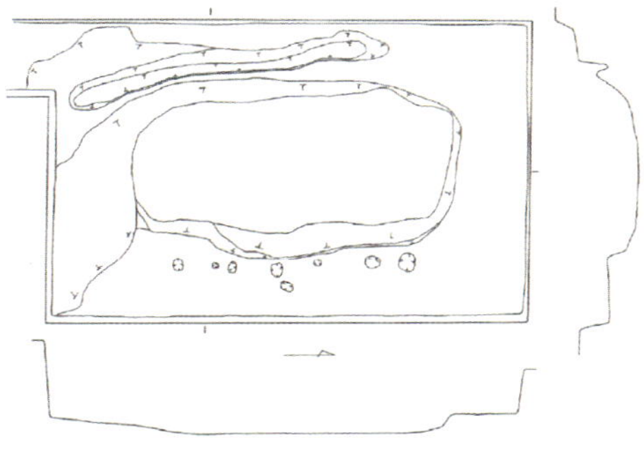

대표적인 공반유물

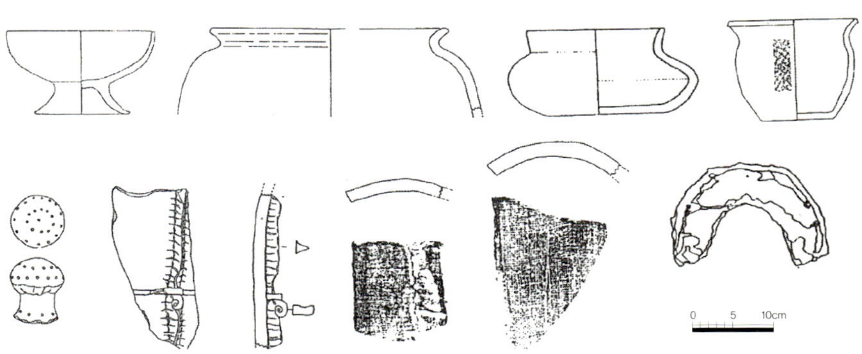

(3) 85-3호 수혈

소 재 지	송파구 방이동 88-3공	조사기관	몽촌토성발굴조사단
유 구 명	85-3호 수혈	유구성격	저장
추정산지	중국, 일본	비 고	
외래유물	청자이부호, 반구병, 개배		
공반유물	고배, 개, 말재갈 등		
참고문헌	夢村土城發掘調査團, 1985,『夢村土城發掘調査報告書』 土田純子, 2014,『百濟土器 東아시아 交叉編年 硏究』, 서경문화사.		

외래계유물(국외)

연 번	유물명	도면번호	사진번호	제원(cm)	추정산지	특징
372	청자이부호	90-④	124	잔존기고 13	중국	청자편으로 일부 황색을 띔. 교상의 이부 1개가 확인되며, 그 아래로 3조의 횡침선이 보임.
373	흑유반구병	91-⑤	126	잔존기고 8.2	중국	경부. 계수호로 추정됨. 흑유가 시유되었으며, 빙렬이 확인됨.
374	개배	60-①	85	기고 5.3	일본	스에끼, 내부에 회전물손질 선이 확인. 내경하는 돌대로 뚜껑받이를 조성.

372

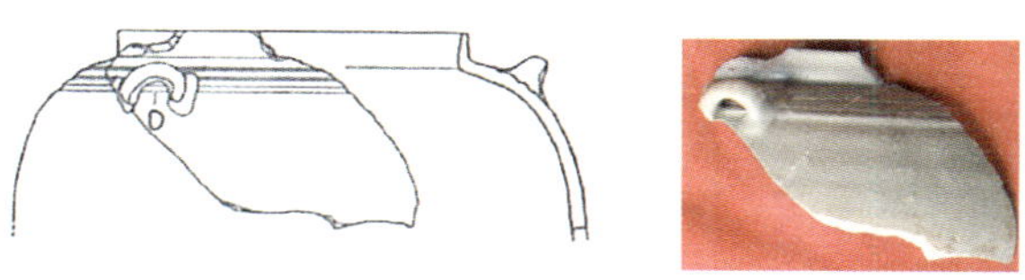

373

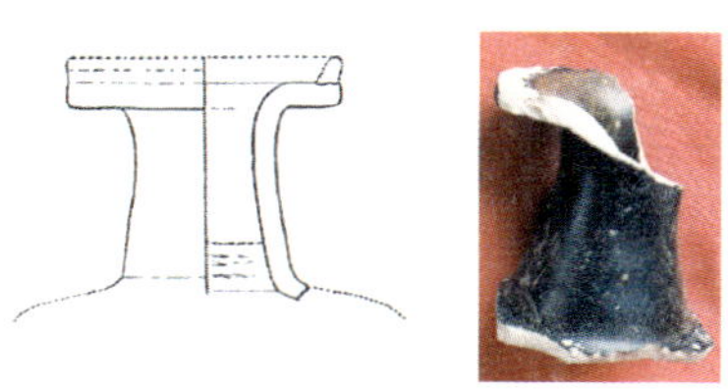

374

유구도면	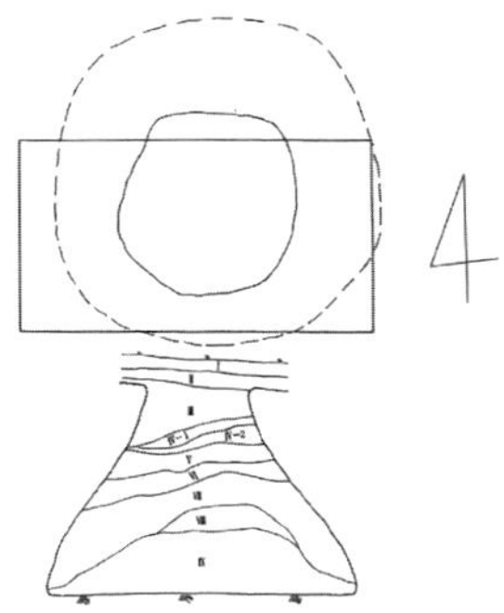 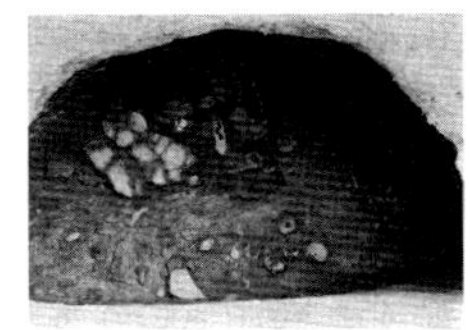
대표적인 공반유물	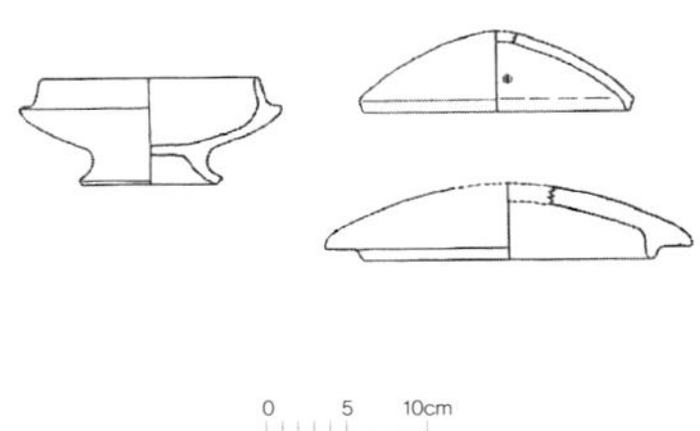 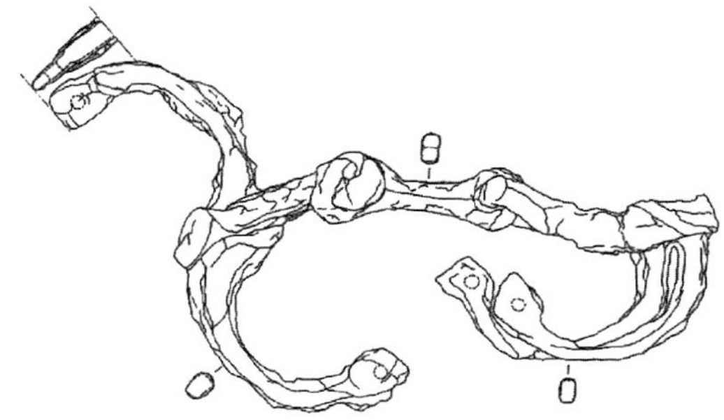

(4) 85-10호 수혈

소 재 지	송파구 방이동 88-3공	조사기관	몽촌토성발굴조사단
유 구 명	85-10호 수혈	유구성격	저장
추정산지	지방	비 고	
외래유물	고배, 삼족기		
공반유물	삼족기, 삼족반, 고배, 병 등		
참고문헌	夢村土城發掘調査團, 1985, 『夢村土城發掘調査報告書』		

외래계유물(국내)

연 번	유물명	도면번호	사진번호	제원(cm)	추정산지	특징
375	고배	69-③	98	기고 7.8	지방산 (충청)	대각에 직경 0.6cm의 투공이 밖에서 안으로 뚫림.
376	삼족기	67-③	94	기고 6.5	지방산 (충청)	좁은 뚜껑받이턱. 배신부는 둥글며, 신부 안쪽과 뚜껑받이턱 부분에 자연유가 덮힘.

375

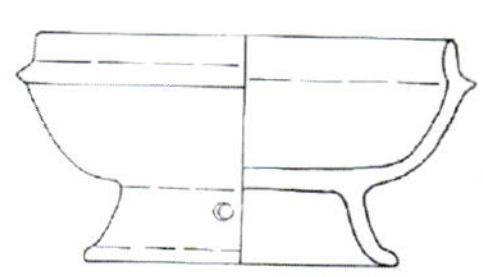

376

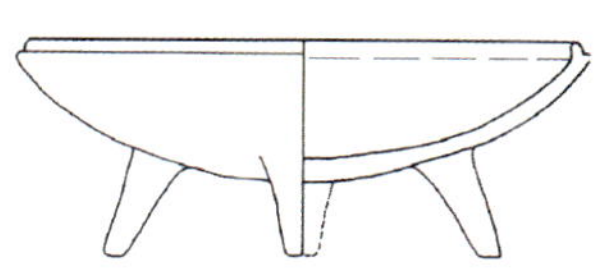

0 5 10cm

유구도면

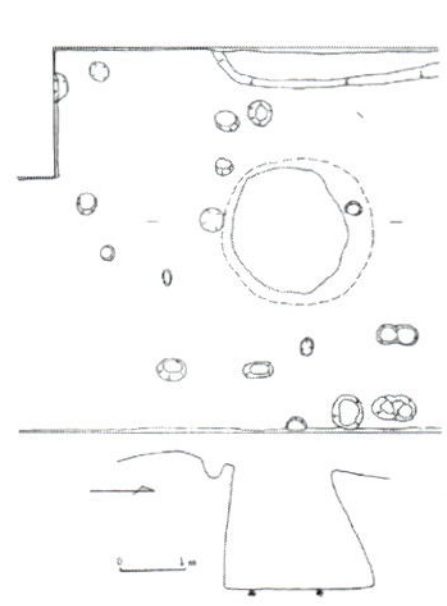

대표적인 공반유물

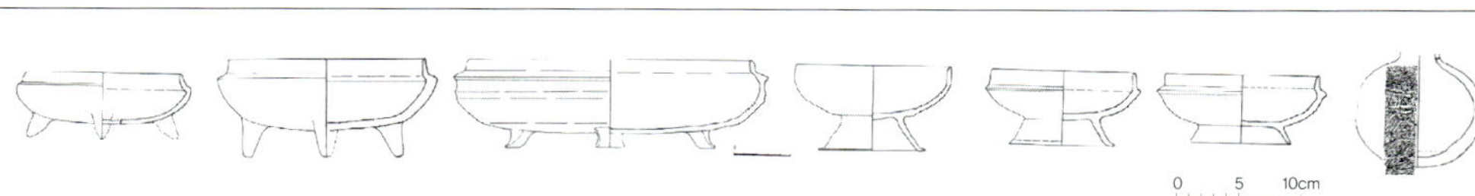

(5) 85-N11E19 EW

소 재 지	송파구 방이동 88-3공	조사기관	몽촌토성발굴조사단
유 구 명	85-N11E19 EW	유구성격	-
추정산지	중국	비 고	
외래유물	청자반구호		
공반유물	-		
참고문헌	夢村土城發掘調査團, 1985,『夢村土城發掘調査報告書』		

외래계유물(국외)

연 번	유물명	도면번호	사진번호	제원(cm)	추정산지	특징
377	청자반구호	90-⑤	125	두께 0.8	중국	담록색 유가 시유, 종방향의 귀가 한쌍 2개가 부착됨.

377

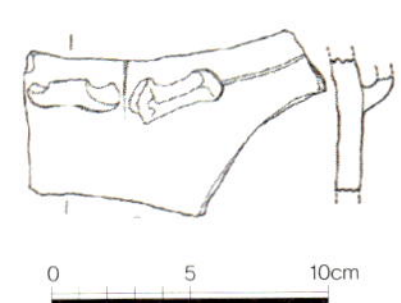

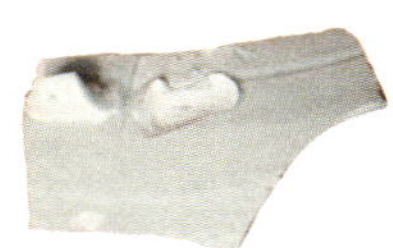

(6) 85-S15E24

소 재 지	송파구 방이동 88-3공	조사기관	몽촌토성발굴조사단
유 구 명	85-S15E24	유구성격	-
추정산지	중국	비 고	
외래유물	청자반구호		
공반유물	-		
참고문헌	夢村土城發掘調査團, 1985,『夢村土城發掘調査報告書』		

외래계유물(국외)

연 번	유물명	도면번호	사진번호	제원(cm)	추정산지	특징
378	반구호	90-⑥	125	두께 0.4	중국	녹색이 시유. 귀 부착흔의 아래로 횡침선이 돌아감.

378

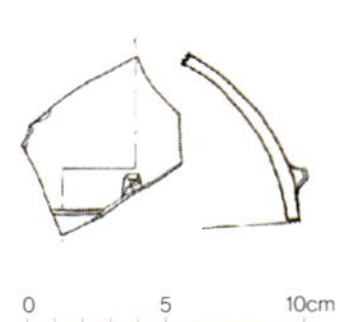

(7) 85-N01E27

소 재 지	송파구 방이동 88-3공	조사기관	몽촌토성발굴조사단
유 구 명	85-N01E27	유구성격	-
추정산지	중국	비　　고	
외래유물	청자호		
공반유물	-		
참고문헌	夢村土城發掘調査團, 1985,『夢村土城發掘調査報告書』		

외래계유물(국외)

연 번	유물명	도면번호	사진번호	제원(cm)	추정산지	특징
379	청자호	91-③	125	두께 0.7~0.8	중국	녹색 시유. 동체편

379

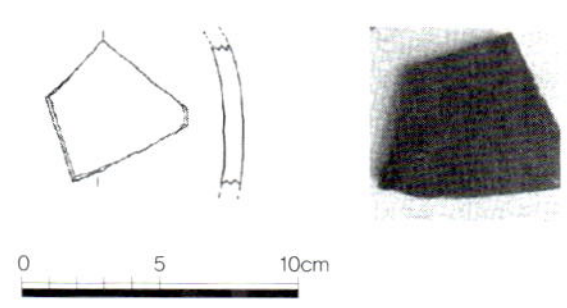

(8) 85-S20W02

소 재 지	송파구 방이동 88-3공	조사기관	몽촌토성발굴조사단
유 구 명	85-S20W02	유구성격	-
추정산지	중국	비　　고	
외래유물	청자완		
공반유물	-		
참고문헌	夢村土城發掘調査團, 1985,『夢村土城發掘調査報告書』		

외래계유물(국외)

연 번	유물명	도면번호	사진번호	제원(cm)	추정산지	특징
380	청자완	91-①	125	바닥지름 6.1	중국	저부 가장자리에 1조의 음각선이 돌아가고, 낮은 굽으로 오목한 형태임. 내화토가 내외면 저부에 4개씩 남아있음.

380

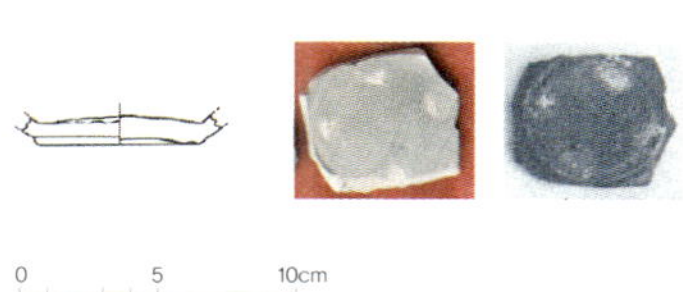

(9) 85-N26E04

소 재 지	송파구 방이동 88-3공	조사기관	서울대학교박물관
유 구 명	85-N26E04	유구성격	-
추정산지	중국	비 고	
외래유물	흑유자기		
공반유물	-		
참고문헌	夢村土城發掘調査團, 1985, 『夢村土城發掘調査報告書』		

외래계유물(국외)

연 번	유물명	도면번호	사진번호	제원(cm)	추정산지	특징
381	흑유자기	91-⑥	126	두께 0.5	중국	동체편. 다갈색이 시유. 기벽이 얇은 편. 빙렬이 다수.

381

(10) 기타 Tr. 수습유물

소 재 지	송파구 방이동 88-3공	조사기관	서울대학교박물관
유 구 명	기타 Tr. 수습유물	유구성격	-
추정산지	중국	비 고	
외래유물	시유도기(6, 일부 전문)		
공반유물	-		
참고문헌	夢村土城發掘調査團, 1985, 『夢村土城發掘調査報告書』		

외래계유물(국외)

연 번	유물명	도면번호	사진번호	제원(cm)	추정산지	특징
382	시유도기	90-① 90-③	123	(좌) 4.3	중국	N06E13 EW, S02E05 NS에서 출토된 2점에는 전문이 있고, 나머지는 무문.

382

2. 동북지구(1987년 조사구역)

(1) 87-1호 주거지

소 재 지	송파구 방이동 88-3공	조사기관	서울대학교박물관
유 구 명	87-1호 주거지	유구성격	주거
추정산지	지방	비 고	
외래유물	뚜껑+삼족기, 수평구연호		
공반유물	삼족반, 발, 병, 기대 등		
참고문헌	서울大學校博物館, 1987, 『夢村土城-東北地區發掘報告』. 서울대학교박물관, 1997, 『서울대학교박물관 발굴유물도록』.		

외래계유물(국내)

연 번	유물명	도면번호	사진번호	제원(cm)	추정산지	특징
383	뚜껑	19-⑦	48	저경 15.5	지방산 (충청)	1호주거지 바닥 소형저장공 출토. 자연유. 뚜껑 꼭지에 투공.
384	삼족기	19-⑦	48	구경 15.3	지방산(충청)	짧은 뚜껑받이 턱과 둥근 배신부.

383

384

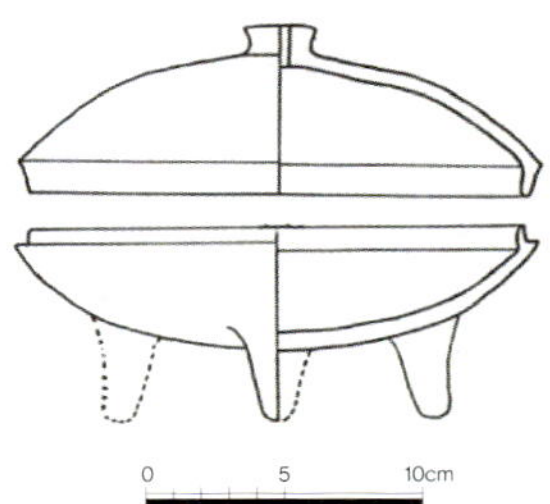

외래계유물(국내)

연 번	유물명	도면번호	사진번호	제원(cm)	추정산지	특징
385	수평구연호	19-③	47	기고 18.3	지방산 (충청, 전라)	구연 끝부분을 꺾어서 단을 조성. 경부에 돌대를 이용하여 3조의 선을 돌림. 동체 최대경은 비교적 상위에 있으며, 동체 중하위 이하 격자타날.

385

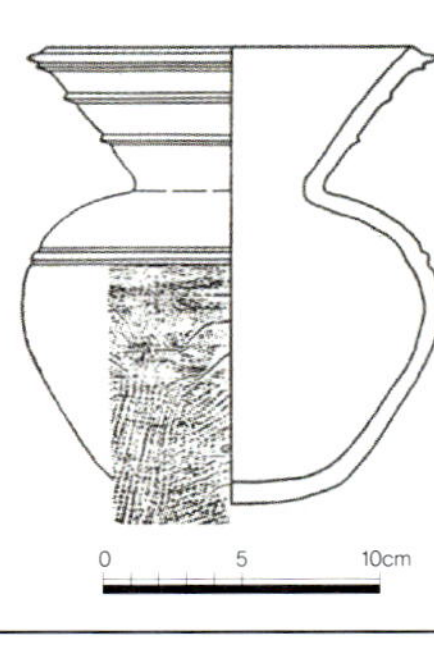

유구도면	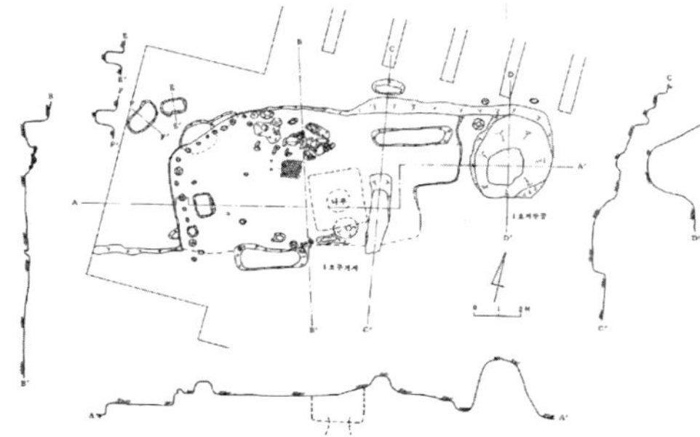 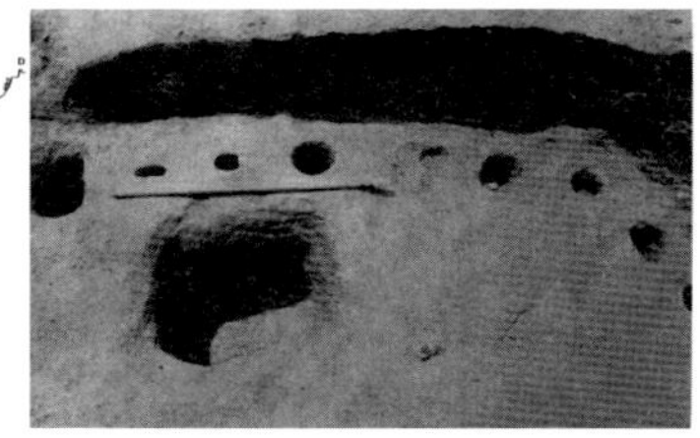
대표적인 공반유물	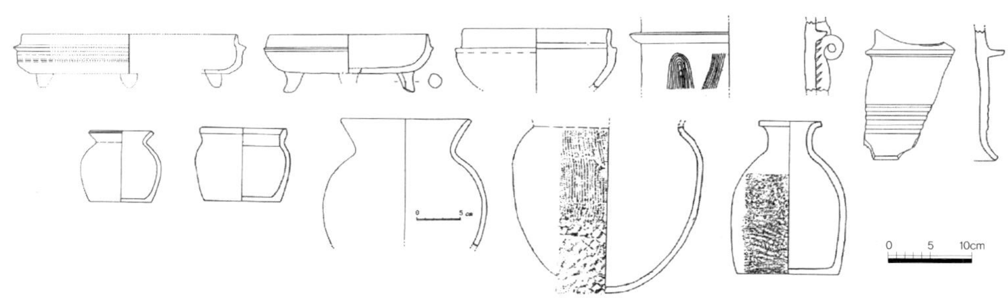

(2) 87-2호 주거지

소 재 지	송파구 방이동 88-3공	조사기관	서울대학교박물관
유 구 명	87-2호 주거지	유구성격	주거
추정산지	지방	비 고	
외래유물	뚜껑		
공반유물	고배, 삼족기, 뚜껑, 뚝배기형토기, 기대 등.		
참고문헌	서울大學校博物館, 1987, 『夢村土城-東北地區發掘報告』.		

외래계유물(국내)

연 번	유물명	도면번호	사진번호	제원(cm)	추정산지	특징
386	뚜껑	24-⑥	70	잔존직경 15.7	지방산 (전라)	드림부 상단에 돌대와 같은 요철 장식이 있음. 상단부에 길이 0.5cm, 폭 0.2cm, 깊이 0.1cm의 작은 사선문이 1.3~1.5cm 간격으로 찍혀 있음.

386

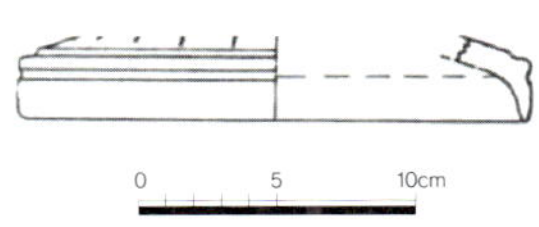

유구도면

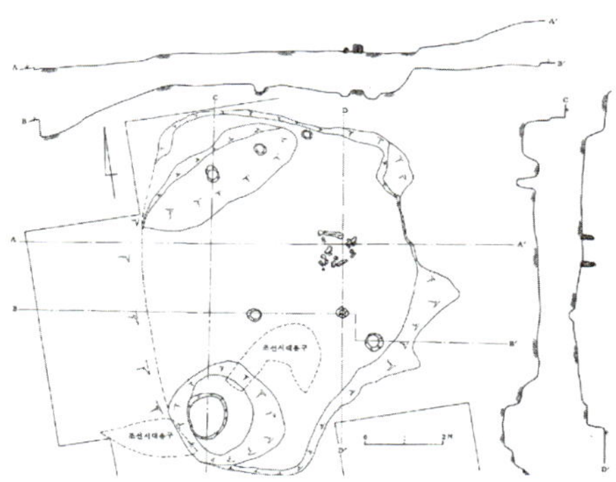

대표적인 공반유물

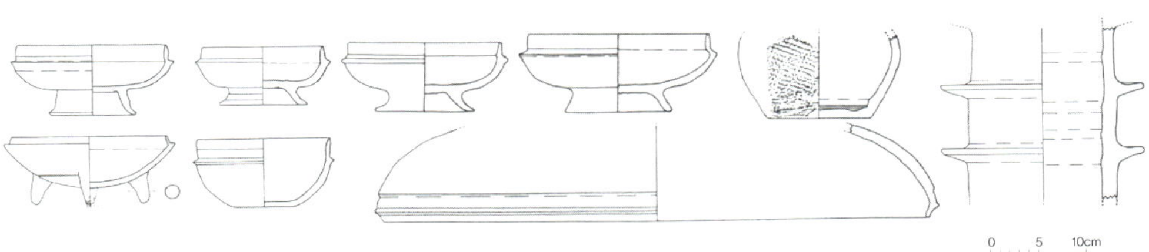

(3) 87–3호 주거지

소 재 지	송파구 방이동 88-3공	조사기관	서울대학교박물관
유 구 명	87-3호 주거지	유구성격	주거
추정산지	지방	비 고	
외래유물	장경호, 완, 개배		
공반유물	완, 고배, 반, 개, 직구단경호, 기대 등		
참고문헌	서울大學校博物館, 1987, 『夢村土城-東北地區發掘報告』. 권오영, 2002, 「풍납토성 출토 외래유물에 대한 검토」, 『백제연구』36.		

외래계유물(국내)

연 번	유물명	도면번호	사진번호	제원(cm)	추정산지	특징
387	장경호	27-③	76	복원구경 14	지방산 (충청, 전라)	경부에 2조의 돌대. 돌대 사이에 점선열문을 시문함. 구연과 위 돌대 사이에는 5~6조의 다치파상집선문이 시문됨.
388	완	28-⑥	78	복원구경 14.5	지방산 (전라)	동체 중위에 회전손질을 이용하여 돌대를 조성함. 자연유가 일부에 덮힘.
389	개배	28-⑧	78	복원구경 11.5	지방산 (충청)	짧은 뚜껑받이 턱. 동체 하위로 갈수록 급격히 좁아지며 저부 조성.
390	뚜껑	29-②	79	직경 14.5	지방산 (충청)	끝단 가까이에 회전손질을 이용하여 외반하도록 드림부 조성. 꼭지 가운데에 관통하는 구멍.

387
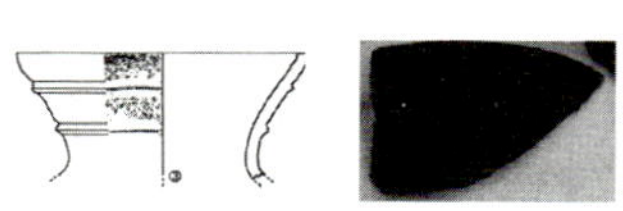

388
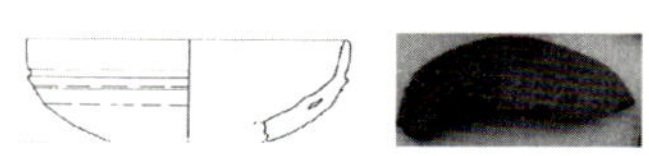

389
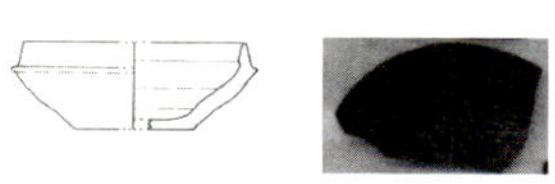

390
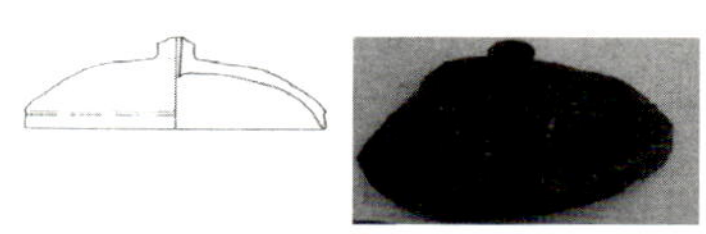

유구도면	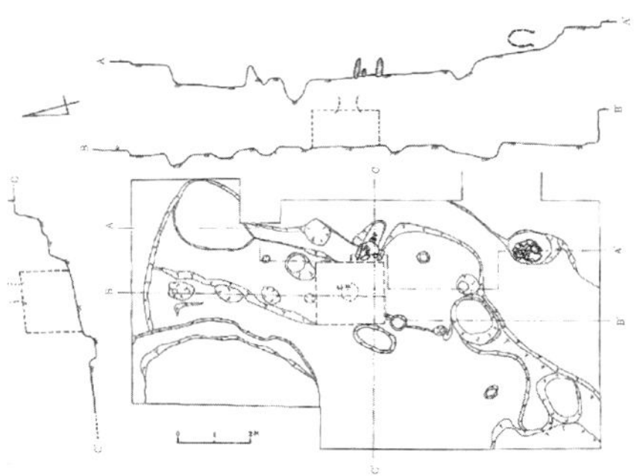 
대표적인 공반유물	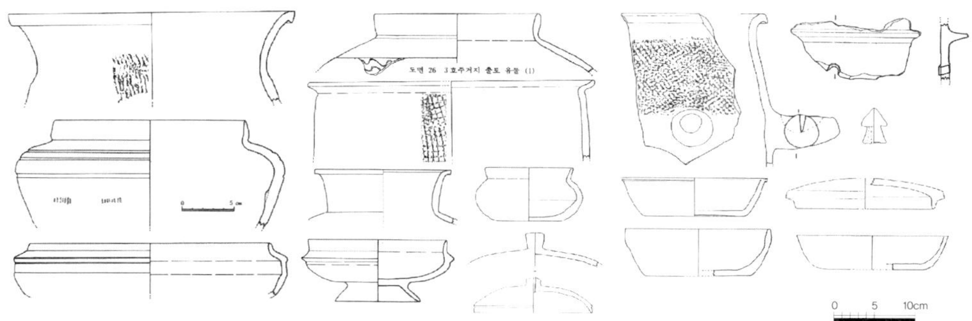

(4) 87-1호 수혈

소 재 지	송파구 방이동 88-3공	조사기관	서울대학교박물관
유 구 명	87-1호 수혈	유구성격	저장
추정산지	중국	비 고	
외래유물	청자이부호, 청자완, 흑유도기병, 시유도기옹		
공반유물	고배, 삼족반, 삼족기, 병, 장국, 광구장경호, 기대 등		
참고문헌	서울大學校博物館, 1987, 『夢村土城-東北地區發掘報告』. 한국문화재조사연구기관협회, 2011, 『한국 출토 외래유물』		

외래계유물(국외)

연 번	유물명	도면번호	사진번호	제원(cm)	추정산지	특징
391	청자이부호	39-⑪	114	잔존기고 3.4	중국	V층 출토. 청자유 시유. 견부에 종방향의 耳부착흔. 그 아래로 2조의 횡침선이 확인됨.
392	청자완	40-③	114	기고 3.4	중국	VI층 출토. 동체 중위까지 청자유 시유. 바닥에 사절흔이 확인됨.
393	흑유도기병	35-②	93	잔존기고 2.1	중국	II층에서 출토. 경부 일부만 잔존함. 표면에 흑유가 시유되었지만 대부분 떨어져나감.
394	시유도기옹	38-①	104	구경 36.0	중국	III층 출토. 황갈색유 시유. 짧게 외반한 구연. 견부에 횡방향의 귀 부착흔 잔존. 세격자문 타날.

391

392

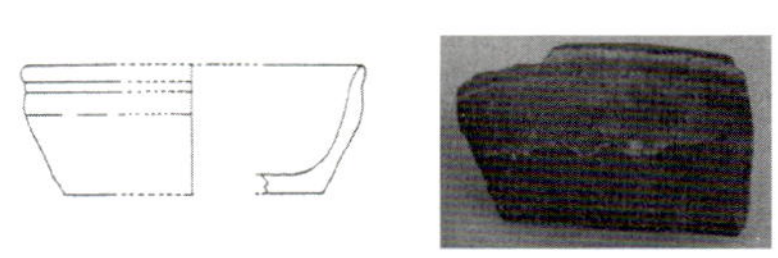

393

394

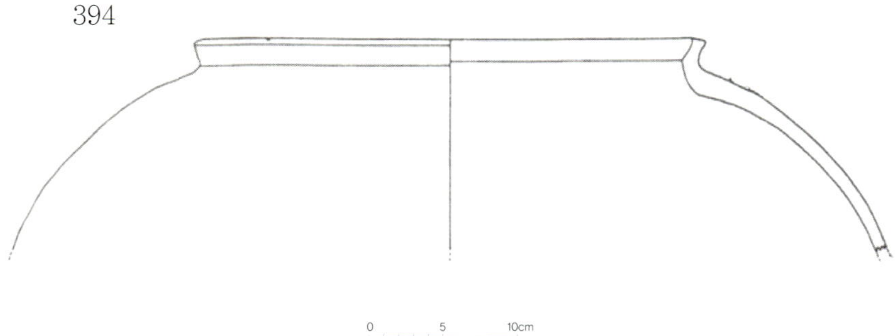

유구도면	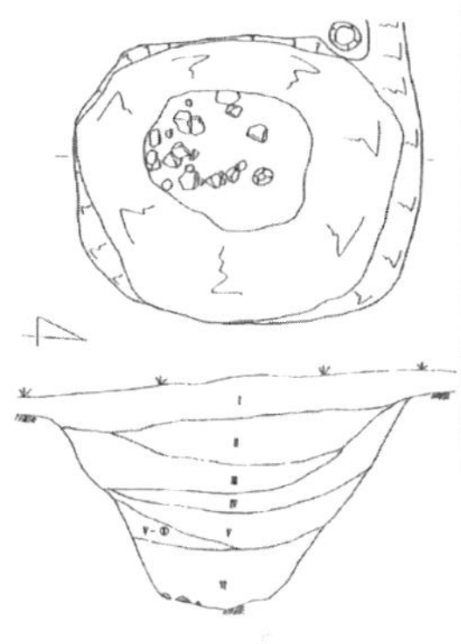 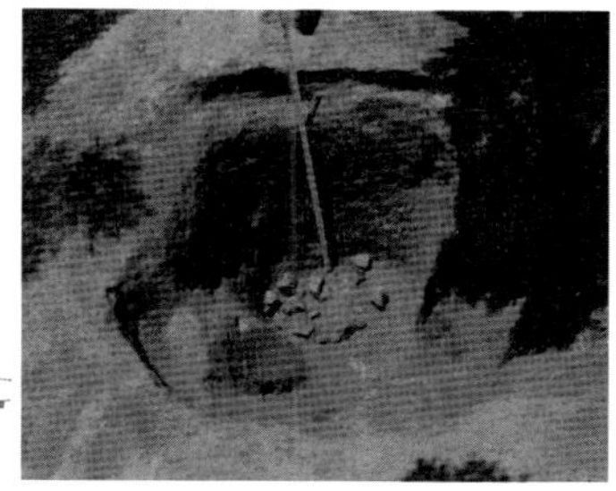
대표적인 공반유물	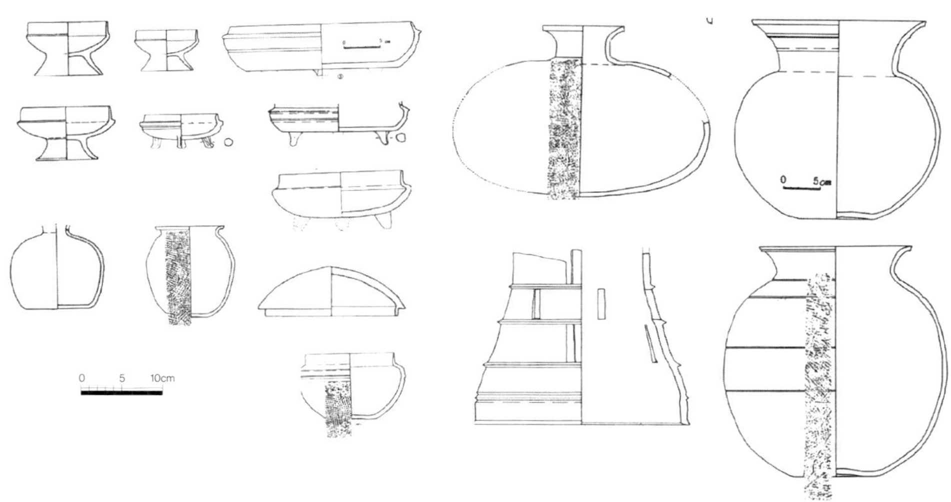

(5) 87-3호 수혈

소 재 지	송파구 방이동 88-3공	조사기관	서울대학교박물관
유 구 명	87-3호 수혈	유구성격	저장
추정산지	지방	비　　고	
외래유물	개배		
공반유물	삼족기, 완, 기대 등		
참고문헌	서울大學校博物館, 1987, 『夢村土城-東北地區發掘報告』.		

외래계유물(국내)

연 번	유물명	도면번호	사진번호	제원(cm)	추정산지	특징
395	개배	45-③	124	구경 12.5	지방산 (전라)	뚜껑받이 턱이 높고 홈을 조성하여 위로 향함.

395

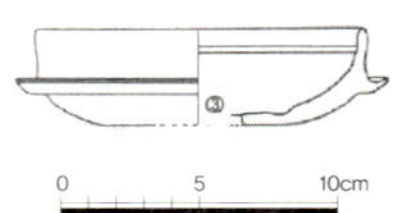

유구도면

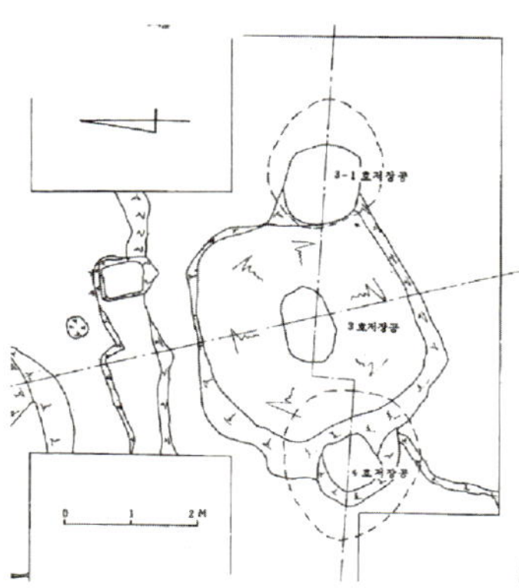

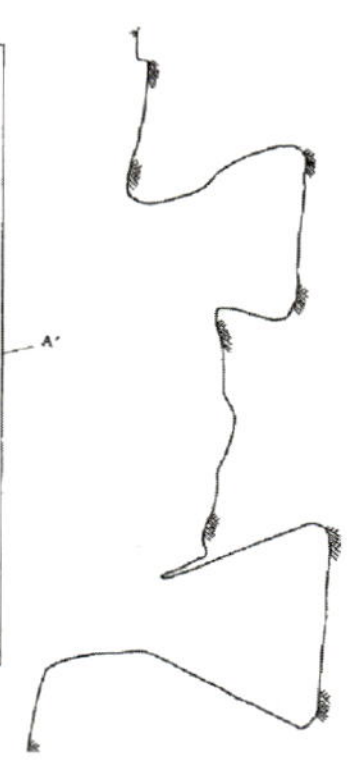

대표적인 공반유물

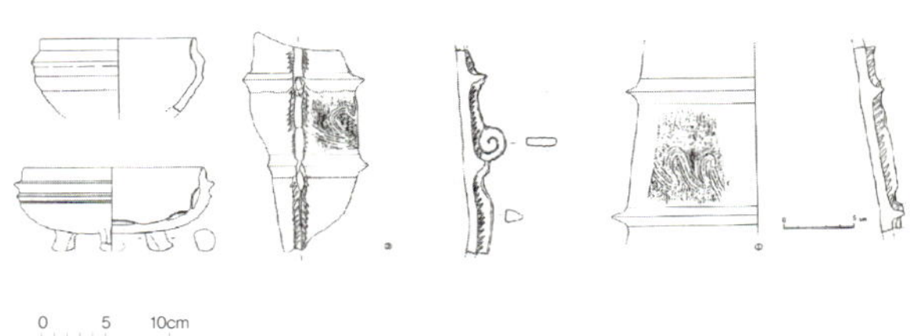

(6) 87–폐기장

소 재 지	송파구 방이동 88-3공	조사기관	서울대학교박물관
유 구 명	87–폐기장	유구성격	폐기
추정산지	중국	비　고	
외래유물	도제벼루		
공반유물	고배, 삼족기, 연화문와당, 장란형토기 등		
참고문헌	서울大學校博物館, 1987, 『夢村土城–東北地區發掘報告』. 서울대학교박물관, 1997, 『서울대학교박물관 발굴유물도록』.		

외래계유물(국외)

연 번	유물명	도면번호	사진번호	제원(cm)	추정산지	특징
396	도제벼루	58-①	152, 153	잔존기고 5.3	중국	굵은 사립이 포함되어 있으나, 벽심 회청색으로 소성도가 높음. 남경 동진대 呂家山 M1號墓 출토품과 유사.

396

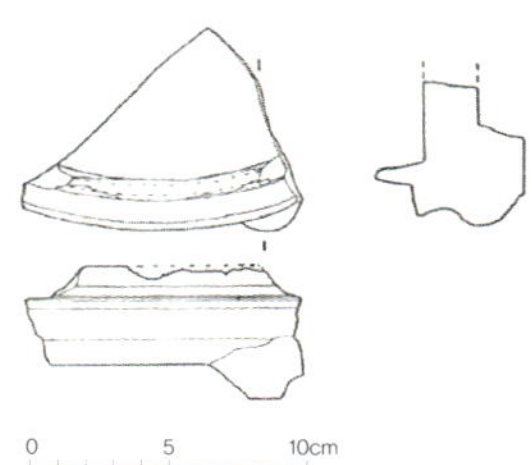

유구도면

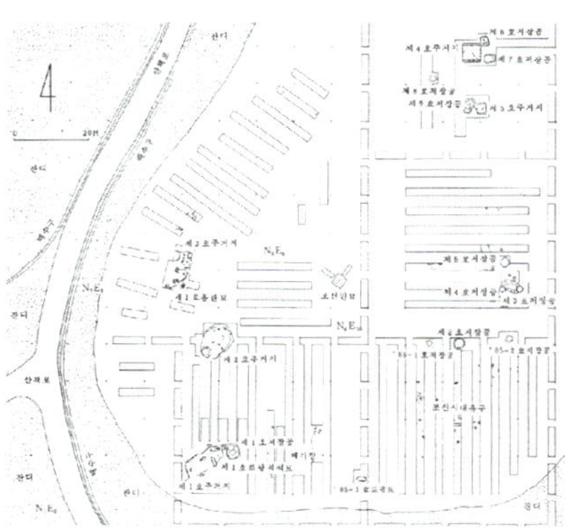

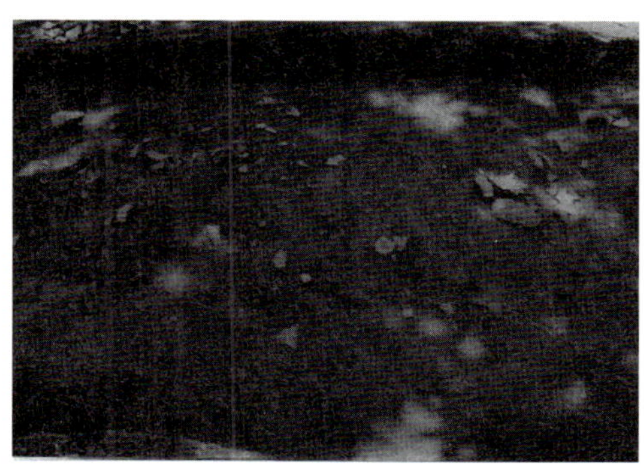

대표적인 공반유물

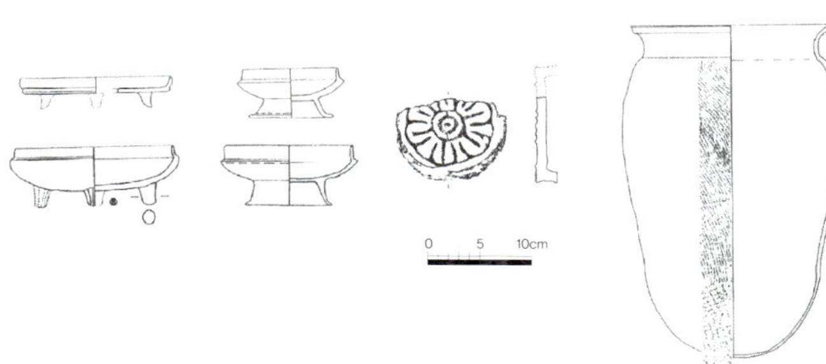

3. 동남지구(1988년 조사구역)

(1) 88-1호 주거지

소 재 지	송파구 방이동 88-3공	조사기관	서울대학교박물관
유 구 명	88-1호 주거지	유구성격	주거
추정산지	지방	비　고	지방산(충청)
외래유물	뚜껑		
공반유물	반, 장란형토기 등		
참고문헌	서울大學校博物館, 1988, 『夢村土城-東北地區發掘報告』.		

외래계유물(국내)

연 번	유물명	도면번호	사진번호	제원(cm)	추정산지	특징
397	뚜껑	31-11	45-3	구경 16.0	지방산 (충청)	경질. 눌린 단추형 꼭지에 투공이 뚫린 형태.

397

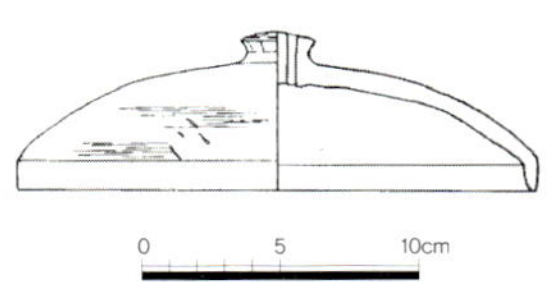

유구도면

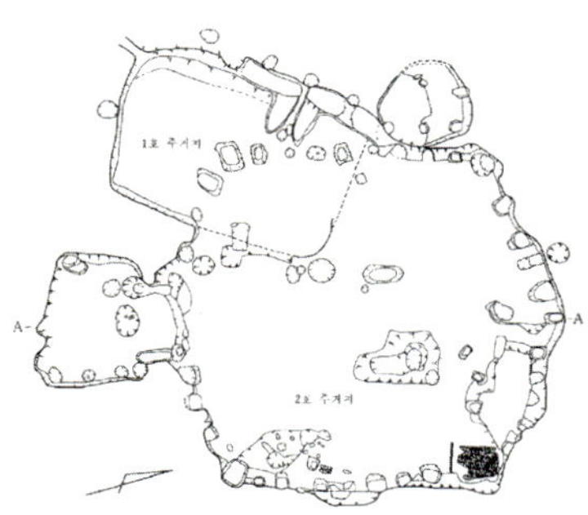

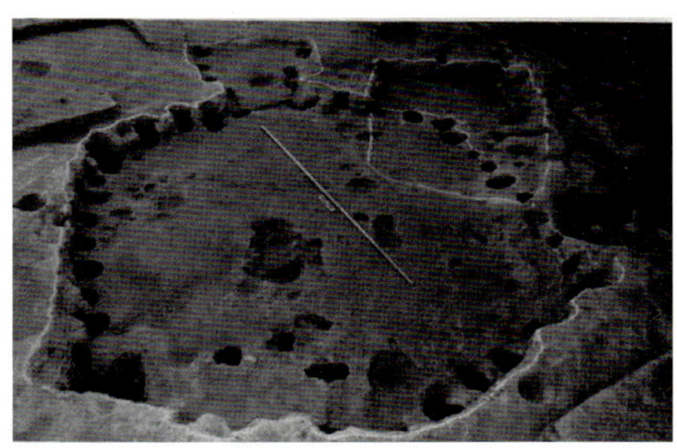

대표적인
공반유물

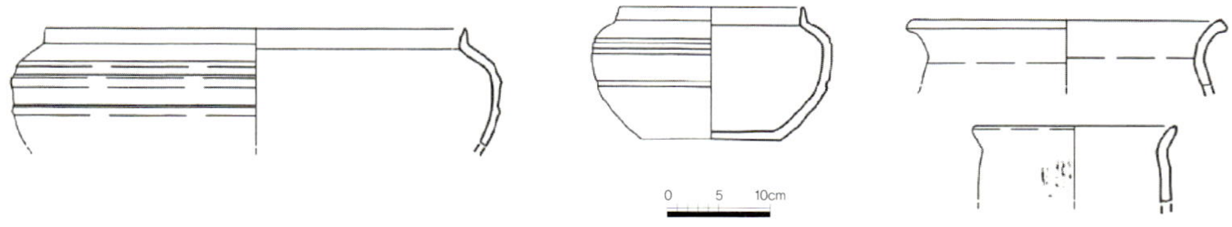

(2) 88-2호 주거지

소 재 지	송파구 방이동 88-3공	조사기관	서울대학교박물관
유 구 명	88-2호 주거지	유구성격	주거
추정산지	미상	비 고	
외래유물	소호		
공반유물	삼족기, 고배, 삼족반, 기대, 철모, 삽날, 철도 등		
참고문헌	서울大學校博物館, 1988,『夢村土城-東北地區發掘報告』.		

외래계유물(국내)

연 번	유물명	도면번호	사진번호	제원(cm)	추정산지	특징
398	소호	87-12	78-4	구경 6.0	지방계 (미상)	회청색 경질. 각진 어깨에 깊은 골이 한줄 돌아감.

398

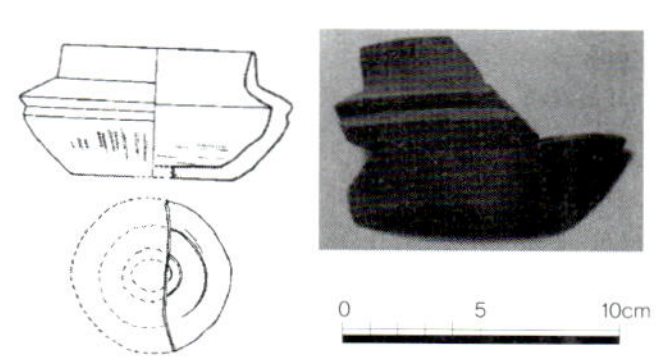

유구도면

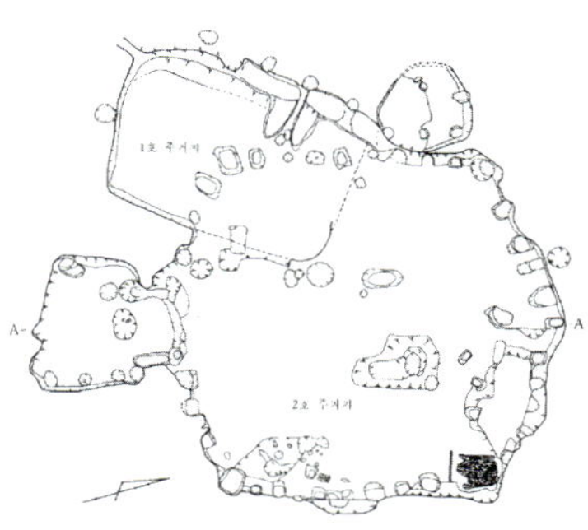

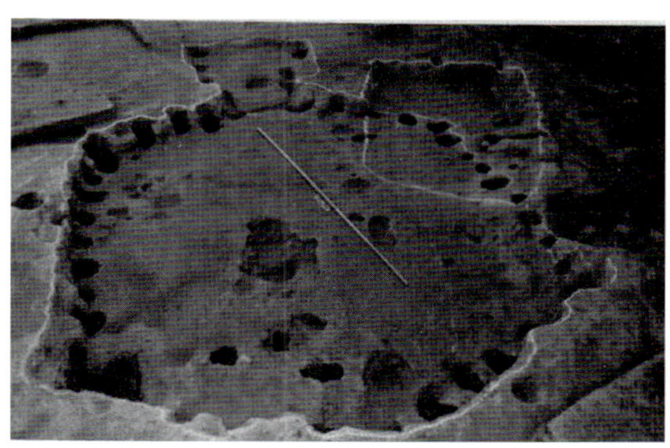

대표적인 공반유물

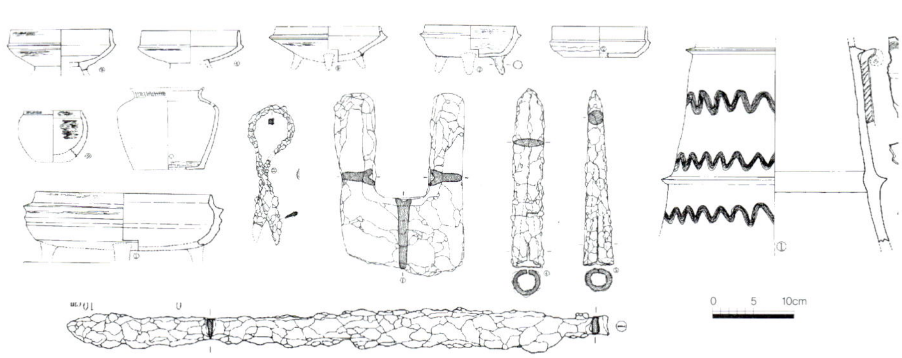

(3) 88-4호 수혈

소 재 지	송파구 방이동 88-3공	조사기관	서울대학교박물관
유 구 명	88-4호 수혈	유구성격	저장
추정산지	중국, 지방	비 고	
외래유물	시유도기, 기대, 고배		
공반유물	고배, 삼족기, 뚜껑, 뚝배기형토기, 기대 등.		
참고문헌	서울大學校博物館, 1988, 『夢村土城-東北地區發掘報告』. 서울대학교박물관, 1997, 『서울대학교박물관 발굴유물도록』.		

외래계유물(국외 · 국내)

연 번	유물명	도면번호	사진번호	제원(cm)	추정산지	특징
399	시유도기	79-②	70-②	두께 1.3	중국	흑갈유도기옹. 흑갈유 아래로 사격자문 타날. 접합흔이 확인됨.
400	기대	85-⑥	75-①	구경 32.0	지방산 (전라)	회청색 경질. 배신 안과 바닥에 자연유가 형성. 몸체와 굽다리가 만나는 지점에 고사리모양의 장식이 달림.
401	고배	16-⑦	34-1	구경 14.1	지방산 (충청)	회전물손질로 돌대를 조성하여 뚜껑받이 턱의 효과. 굽의 상단에 투공이 있음.

399

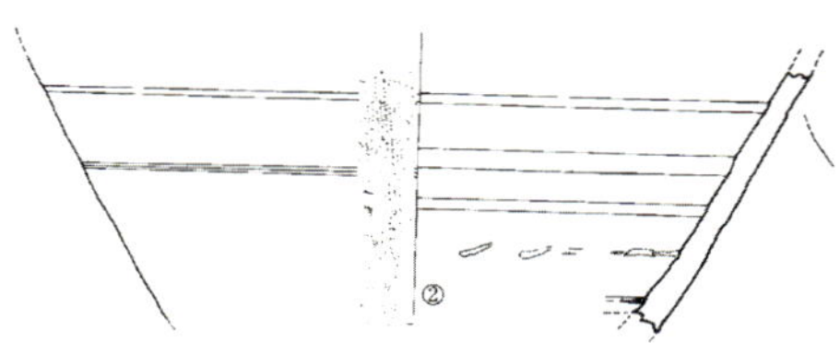

400

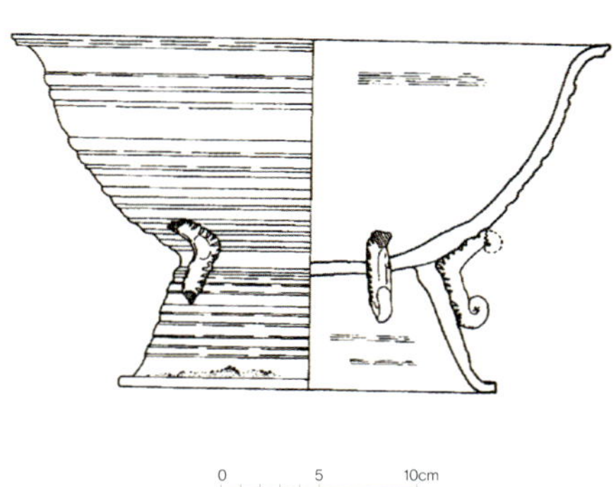

	401 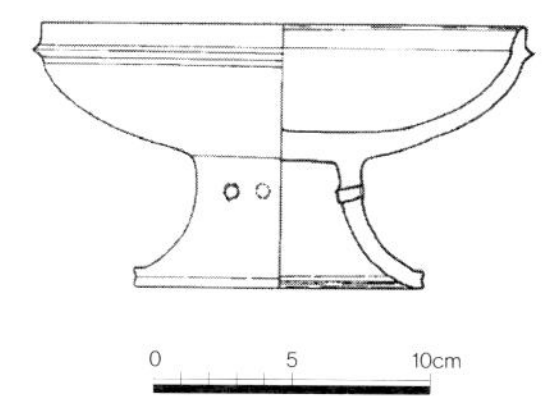 
유구도면	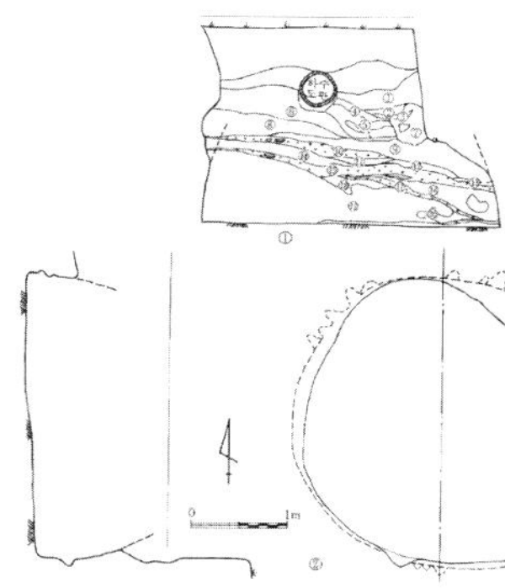 
대표적인 공반유물	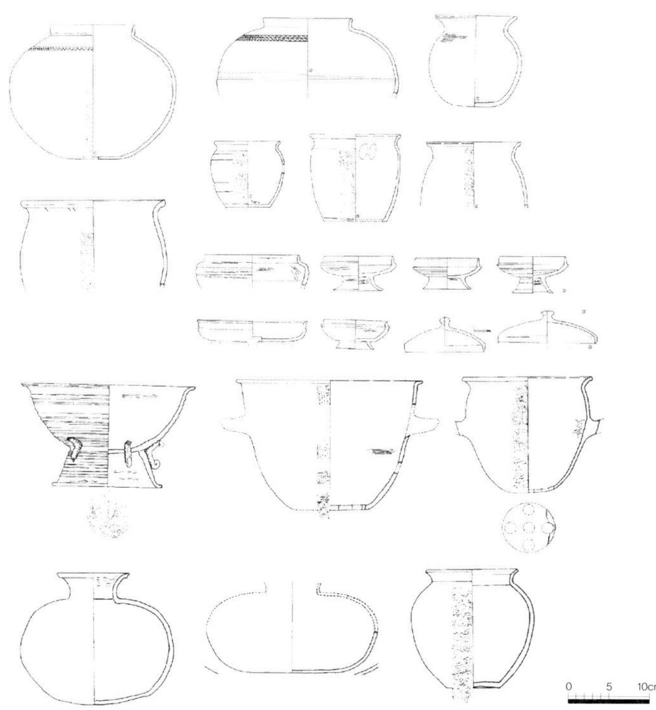

(4) 88-생활면

소 재 지	송파구 방이동 88-3공	조사기관	서울대학교박물관
유 구 명	88-생활면	유구성격	-
추정산지	지방	비　고	
외래유물	개배, 고배		
공반유물	직구단경호, 삼족반, 고배 등		
참고문헌	서울大學校博物館, 1988, 『夢村土城-東北地區發掘報告』. 권오영, 2002, 「풍납토성 출토 외래유물에 대한 검토」, 『백제연구』36.		

외래계유물(국내)

연 번	유물명	도면번호	사진번호	제원(cm)	추정산지	특징
402	개배	88-⑩	81-1	저경 6.8	지방산 (충청)	낮은 배신부와 가파른 저부 축약.
403	고배	85-②	74-2	구경 20.4	지방산 (전라)	구연 부근에 1조의 돌대 장식.

402

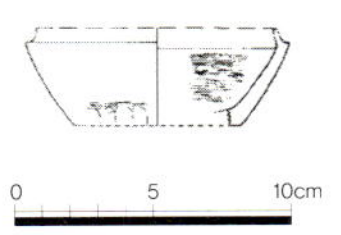

403

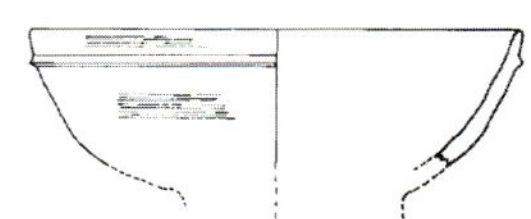

유구도면

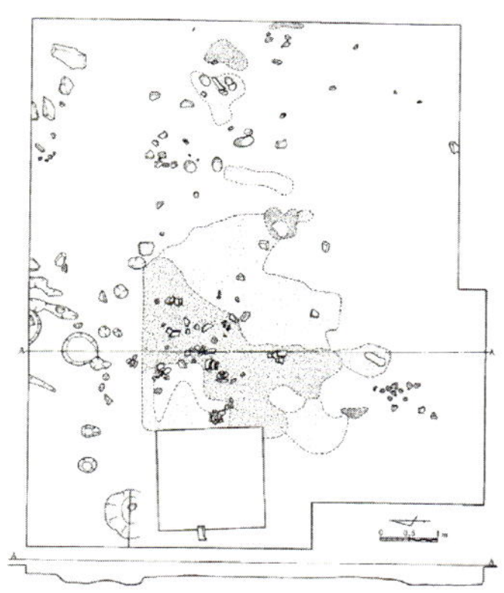

대표적인 공반유물

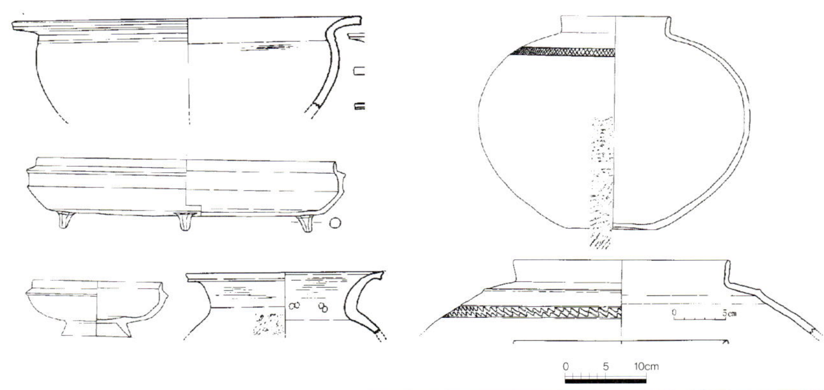

4. 서남지구(1989년 조사구역)

(1) 89-S20W09 수혈

소 재 지	송파구 방이동 88-3공	조사기관	서울대학교박물관
유 구 명	89-S20W09 수혈	유구성격	저장
추정산지	지방	비 고	
외래유물	삼족기		
공반유물	고배, 삼족기 등		
참고문헌	서울大學校博物館, 1989, 『夢村土城-西南地區發掘調査報告書』. 권오영, 2002, 「풍납토성 출토 외래유물에 대한 검토」, 『백제연구』36.		

외래계유물(국내)

연 번	유물명	도면번호	사진번호	제원(cm)	추정산지	특징
404	삼족기	19-⑨	21-②	구경 12.0	지방산 (충청)	둥그런 저부, 외반하는 말린 구연.

404

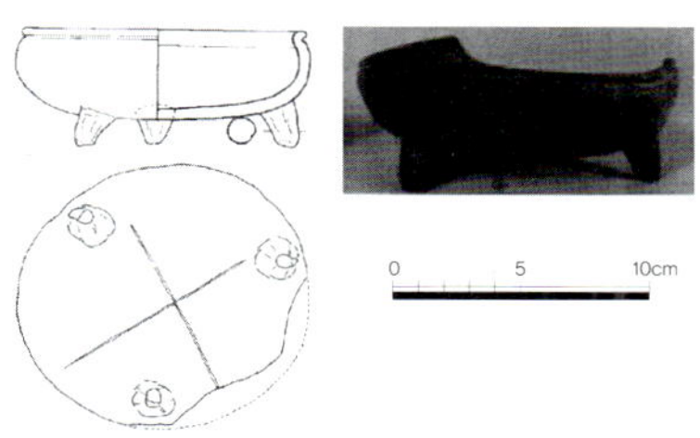

유구도면

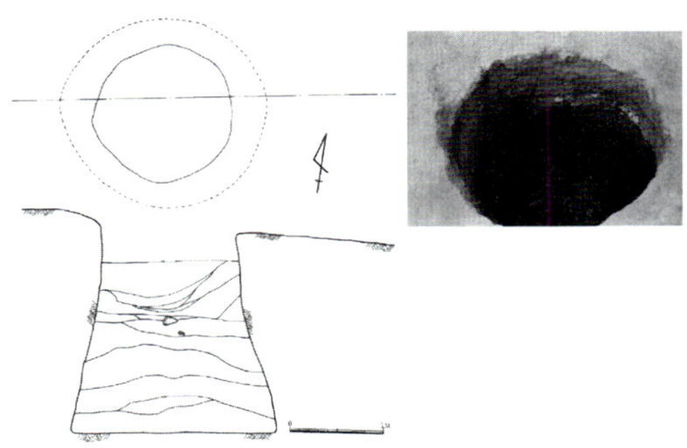

대표적인 공반유물

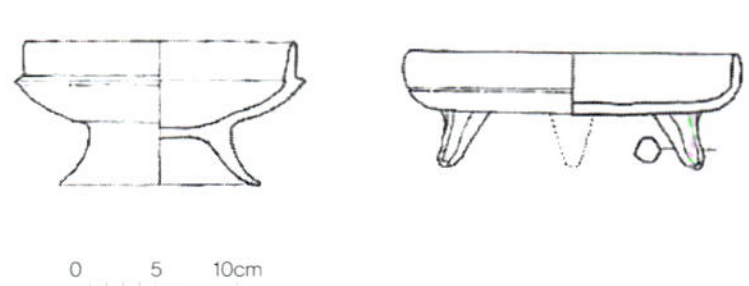

(2) 89-남문지 연못

소 재 지	송파구 방이동 88-3공	조사기관	서울대학교박물관
유 구 명	89-남문지 연못	유구성격	폐기
추정산지	지방	비 고	
외래유물	장경호		
공반유물	고배, 합, 단경호 등		
참고문헌	서울大學校博物館, 1989, 『夢村土城-西南地區發掘調査報告書』.		

외래계유물(국내)

연 번	유물명	도면번호	사진번호	제원(cm)	추정산지	특징
405	장경호	23-⑩	25-3	구경 14.2	지방산 (충청, 전라)	경부 중위에 1조의 돌대. 돌대의 상하로 다치파상선. 동체 하위 격자문 타날.
406	장경호	23-9		목 지름 9.2	지방산 (충청, 전라)	경부 2조 이상의 돌대. 경부와 동체부 연결부에 파상선 시문.

405

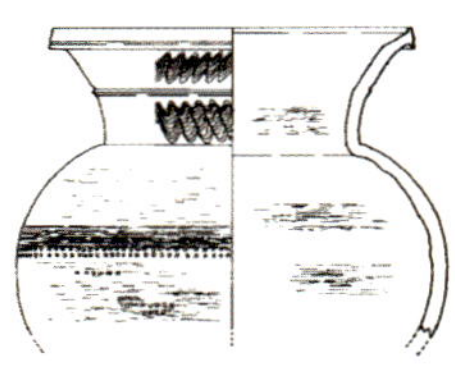

406

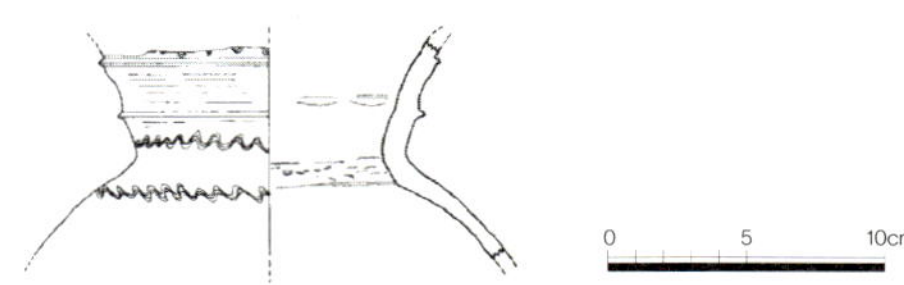

유구도면

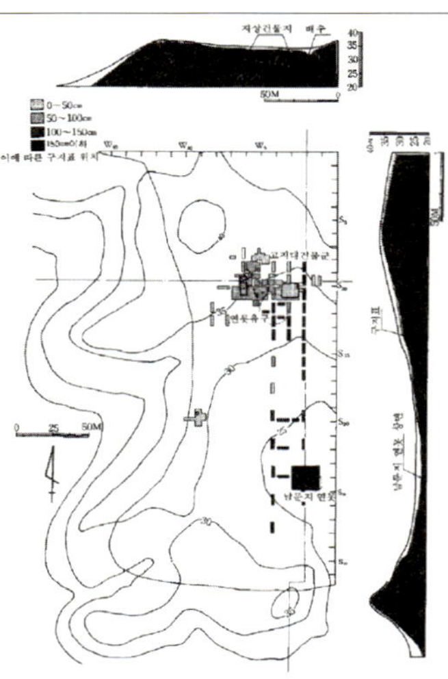

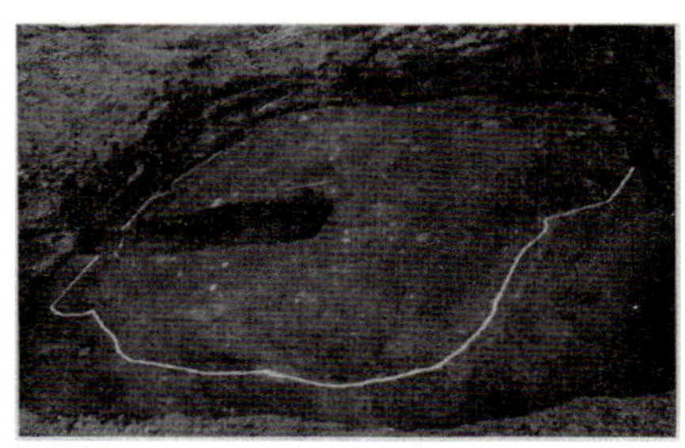

대표적인 공반유물

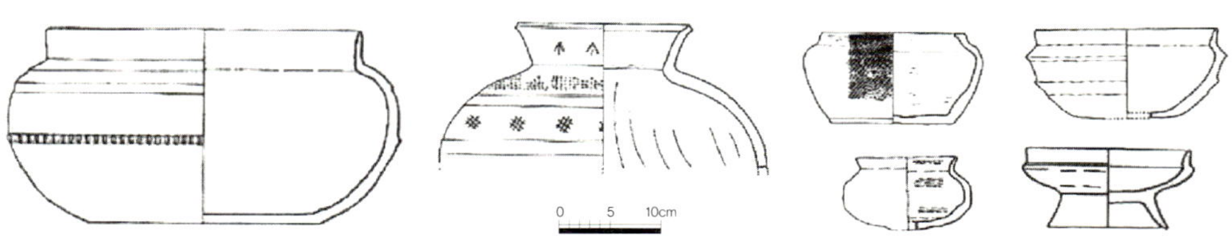

(3) 89-S11W06 성토층

소 재 지	송파구 방이동 88-3공	조사기관	서울대학교박물관
유 구 명	89-S11W06 성토층	유구성격	-
추정산지	중국 , 지방	비　　고	지방산(충청)
외래유물	삼족기(2점), 청자반, 청자반구병, 대각(2점)		
공반유물	-		
참고문헌	서울大學校博物館, 1989,『夢村土城-西南地區發掘調査報告書』.		

외래계유물(국외)

연 번	유물명	도면번호	사진번호	제원(cm)	추정산지	특징
407	청자반	63-①	64	구경 13.6	중국	굽 바닥을 제외한 그릇 전면에 담록색 유가 시유됨. 그릇 안쪽에 5개의 소성받침자국이 있음.
408	청자반구병	63-②, ③	64		중국	경부. 담록색 시유. 빙렬이 있음.

407

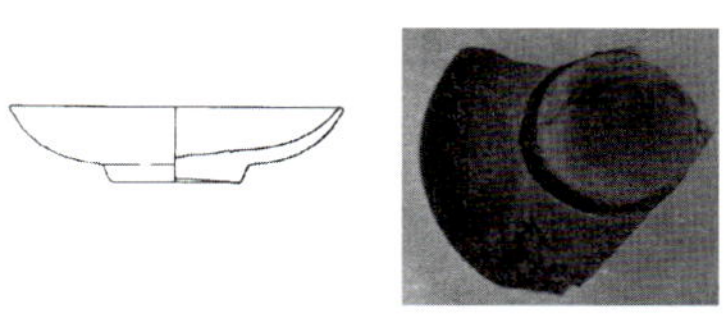

408

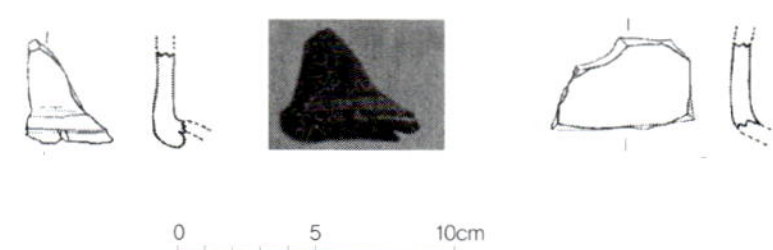

외래계유물(국내)

연 번	유물명	도면번호	사진번호	제원(cm)	추정산지	특징
409	삼족기	19-⑧	21-2	구경 13.6	지방산(충청)	외반하는 말린 구연.
410	삼족기	18-④	18-④	구경 13.4	지방산(충청)	배신부 중간에 돌대를 조성하여 뚜껑받이를 만듬. 각진 형태의 다리를 외반시킴.
411	대각	41-⑪	44-2	굽 높이 5.6	지방산(충청, 전라)	돌대는 없으며, 직사각형 투창이 확인됨.
412	대각	11-③		굽 저경 9.0	지방산(충청, 전라)	S11W06 표토. 직사각형 투창.

409

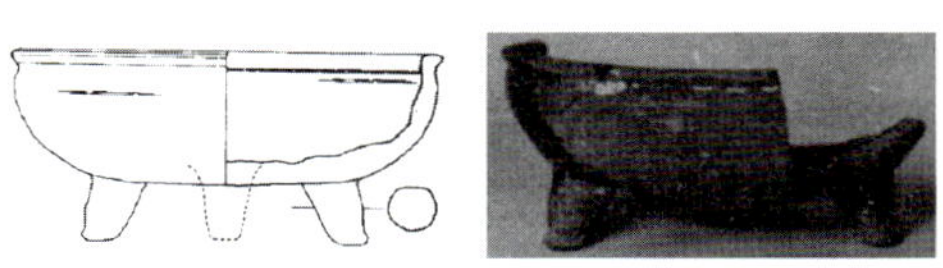

410

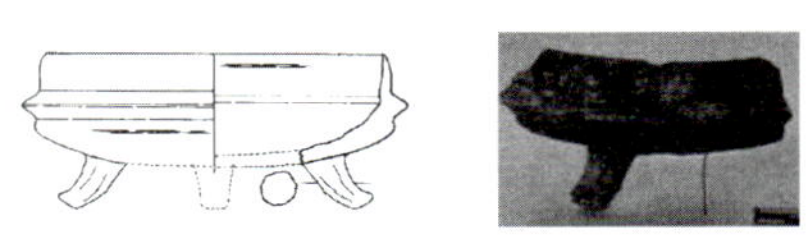

411

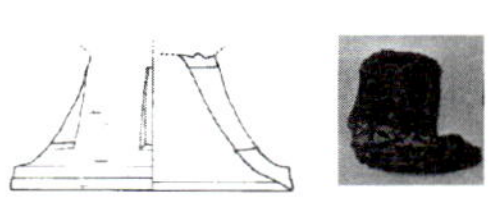

412

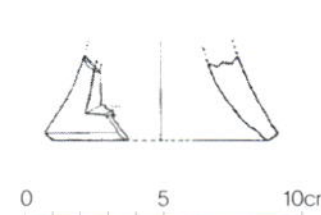

(4) S09W07 성토층

소 재 지	송파구 방이동 88-3공	조사기관	서울대학교박물관
유 구 명	S09W04 성토층	유구성격	–
추정산지	지방	비 고	
외래유물	뚜껑		
공반유물	–		
참고문헌	서울大學校博物館, 1989,『夢村土城-西南地區發掘調査報告書』.		

외래계유물(국내)

연 번	유물명	도면번호	사진번호	제원(cm)	추정산지	특징
413	뚜껑	20-⑪	22-2	구경 15.4	지방산 (충청)	경질. 눌린 단추형 꼭지에 투공이 뚫림. 자연유가 붙음.

413

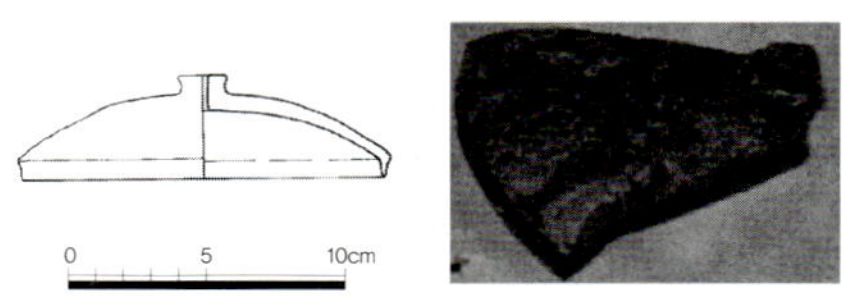

(5) S11W04 성토층

소 재 지	송파구 방이동 88-3공	조사기관	서울대학교박물관
유 구 명	S11W07 성토층	유구성격	–
추정산지	중국	비 고	
외래유물	전문도기		
공반유물	–		
참고문헌	서울大學校博物館, 1989,『夢村土城-西南地區發掘調査報告書』.		

외래계유물(국외)

연 번	유물명	도면번호	사진번호	제원(cm)	추정산지	특징
414	전문도기		64		중국	동체부편으로 흑황색유가 시유됨. 직경 2.7cm의 전문이 찍혀있음.

414

(6) S08W06 성토층

소 재 지	송파구 방이동 88-3공	조사기관	서울대학교박물관
유 구 명	S08W06 성토층	유구성격	-
추정산지	지방	비 고	
외래유물	대각		
공반유물	-		
참고문헌	서울大學校博物館, 1989,『夢村土城-西南地區發掘調査報告書』.		

외래계유물(국내)

연 번	유물명	도면번호	사진번호	제원(cm)	추정산지	특징
415	대각	41-⑫	44-1	굽 높이 3.9	지방산 (충청, 전라)	경질. 삼각형 투창.

415

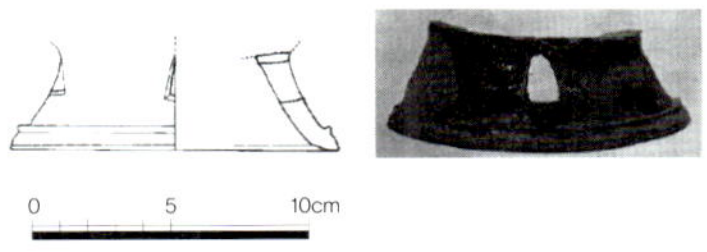

(7) S11W16 백제층

소 재 지	송파구 방이동 88-3공	조사기관	서울대학교박물관
유 구 명	S11W16 백제층	유구성격	-
추정산지	미상	비 고	
외래유물	대각		
공반유물	-		
참고문헌	서울大學校博物館, 1989,『夢村土城-西南地區發掘調査報告書』.		

외래계유물(국내)

연 번	유물명	도면번호	사진번호	제원(cm)	추정산지	특징
416	대각	41-⑯	44-2	저경 14.5	미상	대각의 끝단이 날카롭게 처리되었고, 중위에 단을 이룸.

416

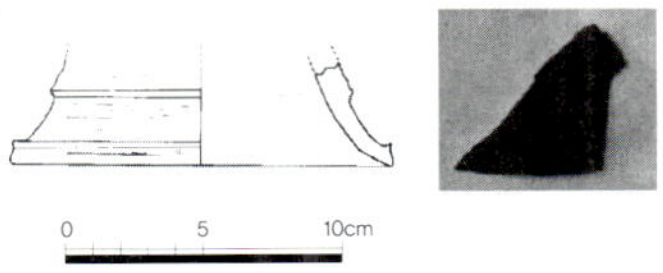

(8) S11W05 백제층

소 재 지	송파구 방이동 88-3공	조사기관	서울대학교박물관
유 구 명	S11W05 백제층	유구성격	–
추정산지	미상	비 고	
외래유물	대각		
공반유물	–		
참고문헌	서울大學校博物館, 1989,『夢村土城-西南地區發掘調査報告書』.		

외래계유물(국내)						
연 번	유물명	도면번호	사진번호	제원(cm)	추정산지	특징
417	대각	41-⑰	44-2	저경 14.1	지방계	하단부에 2조의 돌대가 좁게 형성됨.

417

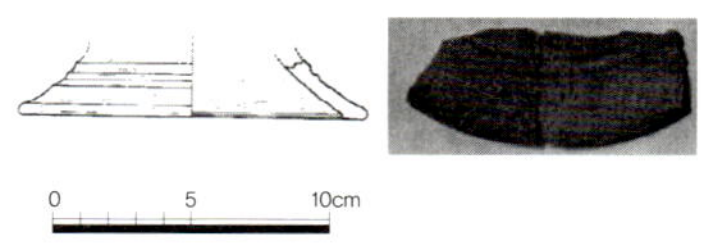

(9) S09W06 성토층

소 재 지	송파구 방이동 88-3공	조사기관	서울대학교박물관
유 구 명	S09W06 성토층	유구성격	–
추정산지	지방	비 고	
외래유물	대각		
공반유물	–		
참고문헌	서울大學校博物館, 1989,『夢村土城-西南地區發掘調査報告書』.		

외래계유물(국내)						
연 번	유물명	도면번호	사진번호	제원(cm)	추정산지	특징
418	대각	41-⑭	44-2	굽 저경 12.4	지방산 (충청, 전라)	경질. 하단부에 1조의 돌대. 투창은 직사각형으로 추정됨.

418

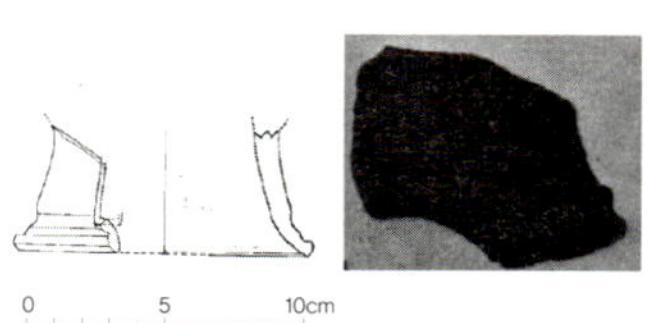

5. 북문지 일원

(1) 삼국시대 백제 1호 주거지

소 재 지	송파구 방이동 88-3공	조사기관	한성백제박물관
유 구 명	삼국시대 백제 1호 주거지	유구성격	주거
추정산지	중국	비　고	
외래유물	청자이부호편(1점), 청자호편(1점)		
공반유물	연가, 개, 시루, 완, 원판형토제품, 수키와, 암키와, 구슬, 철촉, 미상철기 등		
참고문헌	한성백제박물관, 2016, 『夢村土城 I -2013·2014년 몽촌토성 북문지 내측 발굴조사 보고서-』.		

외래계유물(국외)

연 번	유물명	도면번호	사진번호	제원(cm)	추정산지	특징
419	청자이부호편	18-11	2-11	잔존길이 9.3 두께 0.4-0.5	중국	동체부편, 귀 1개 잔존, 아래와 동일개체
420	청자호편	18-16	3-16	잔존길이 5.4 두께 0.8-1.1	중국	동체부편, 위와 동일개체

419

420

유구도면

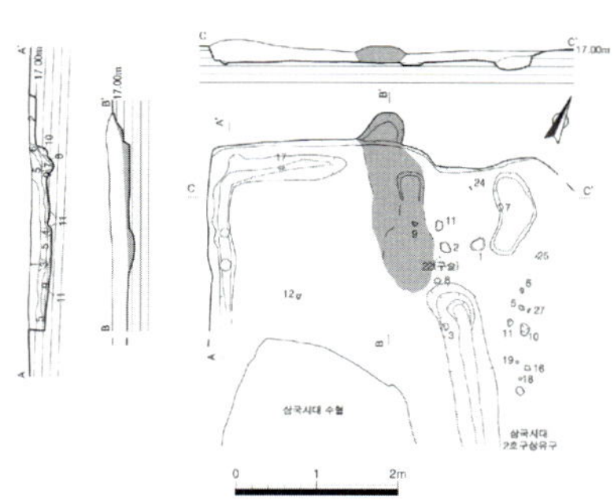

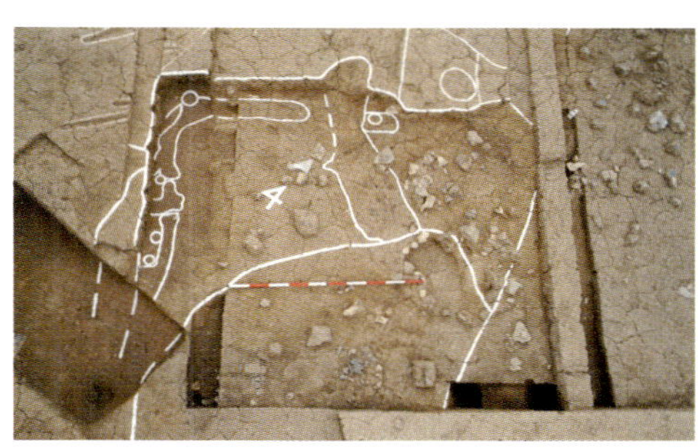

대표적인 공반유물

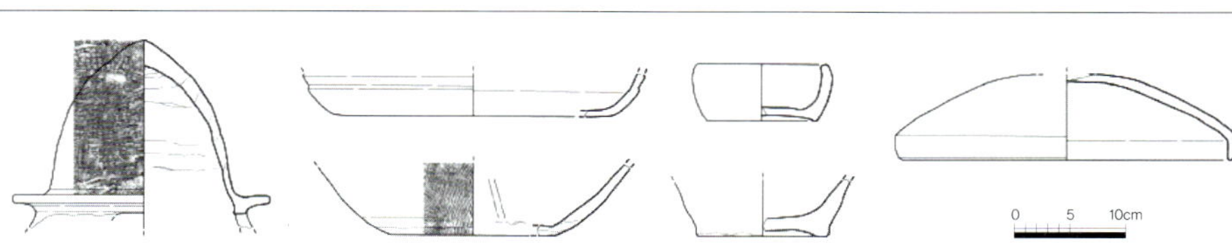

(2) 삼국시대 1호 수혈유구

소 재 지	송파구 방이동 88-3공	조사기관	한성백제박물관
유 구 명	삼국시대 1호 수혈유구	유구성격	폐기
추정산지	중국, 지방	비　　고	
외래유물	시유도기호편(1점), 광구소호(1점)		
공반유물	심발형토기, 소호, 개, 삼족기, 고배, 토기구연부, 원판형토제품, 어망추		
참고문헌	한성백제박물관, 2016, 『夢村土城 I -2013·2014년 몽촌토성 북문지 내측 발굴조사 보고서-』.		

외래계유물(국외)

연 번	유물명	도면번호	사진번호	제원(cm)	추정산지	특징
421	시유도기호편	22-42	8-42	잔존길이 2.8 두께 0.7-1	중국	세격자문타날, 백제 구상유구 출토품과 동일개체

421

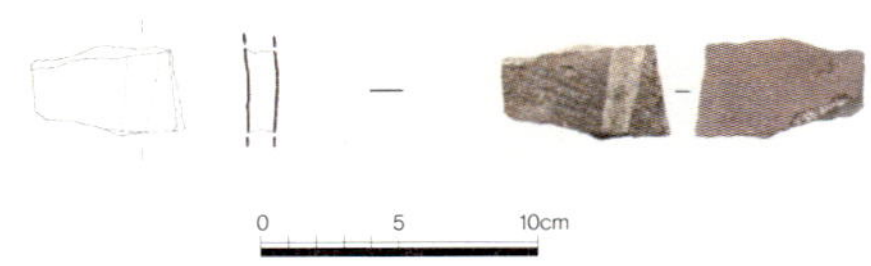

외래계유물(국내)

연 번	유물명	도면번호	사진번호	제원(cm)	추정산지	특징
422	광구소호	20-2	4-2	잔존높이 6.4 저경 5.2 두께 0.3-0.7	지방산 (전라)	동최대경에 2조의 돌대, 경질소성, 견부에 자연유 발생

422

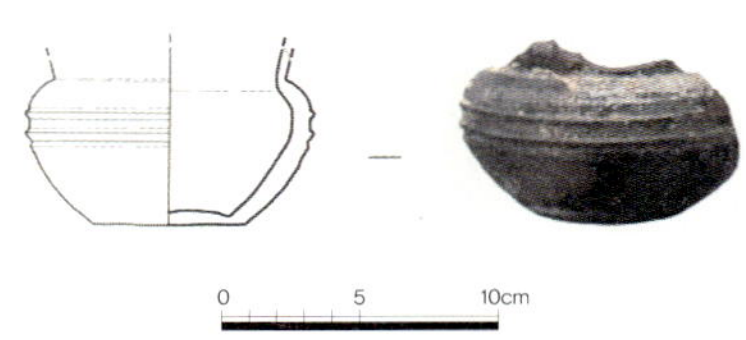

유구도면

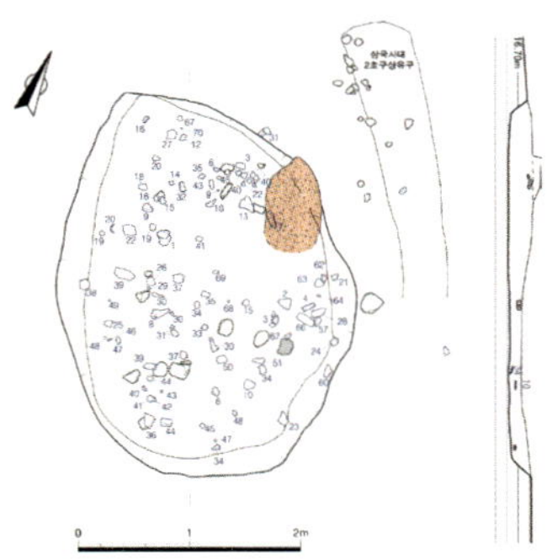

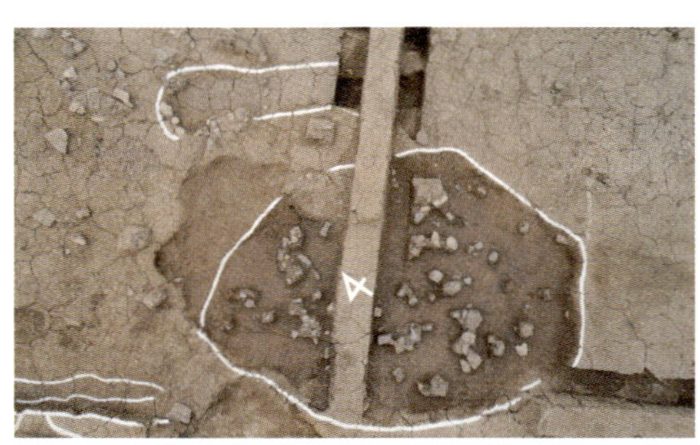

대표적인 공반유물

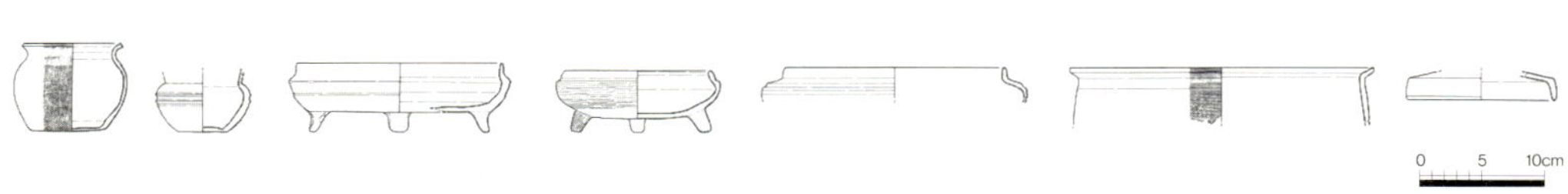

(3) 삼국시대 1호 구상유구

소 재 지	송파구 방이동 88-3공	조사기관	한성백제박물관
유 구 명	삼국시대 1호 구상유구	유구성격	폐기
추정산지	중국	비 고	
외래유물	청자뚜껑편 1점, 청자호저부편 1점, 청자완저부편 1점, 청자완저브편 1점		
공반유물	직구호, 고배, 시루, 대부호, 대호, 원판형토제품, 어망추, 개, 철촉, 철정, 열쇠		
참고문헌	한성백제박물관, 2016,『夢村土城 I -2013·2014년 몽촌토성 북문지 내측 발굴조사 보고서-』.		

외래계유물(국외)

연 번	유물명	도면번호	사진번호	제원(cm)	추정산지	특징
423	청자뚜껑편	31-83	17-83	잔존길이 1.7 두께 0.4-0.7	중국	뚜껑 상면에 점상의 갈색유 존재
424	청자호저부편	31-84	17-84	잔존길이 8.8 두께 0.8-1.5	중국	백제 1호 수혈유구 출토품과 동일개체
425	청자완저부편	31-85	17-85	잔존길이 1.9 두께 0.6-1.1	중국	저부편, 내저원각
426	청자완저부편	31-86	17-86	잔존길이 1.8 두께 0.5-1	중국	저부편, 평굽이고 접지부에서 사절흔 확인됨

423

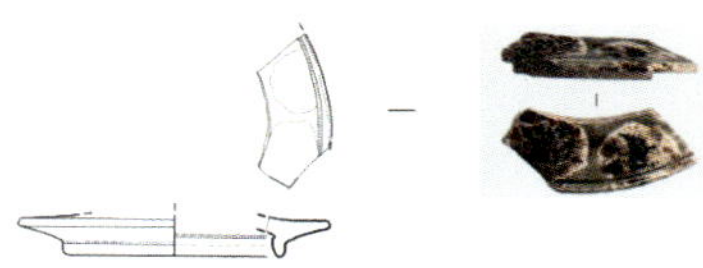

424

425

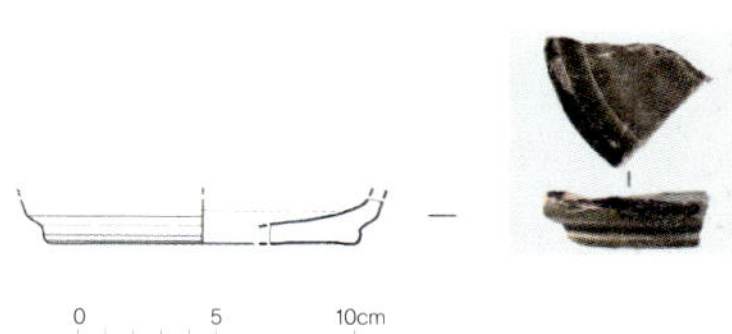

426

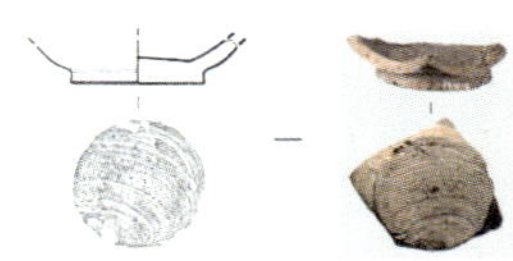

유구도면

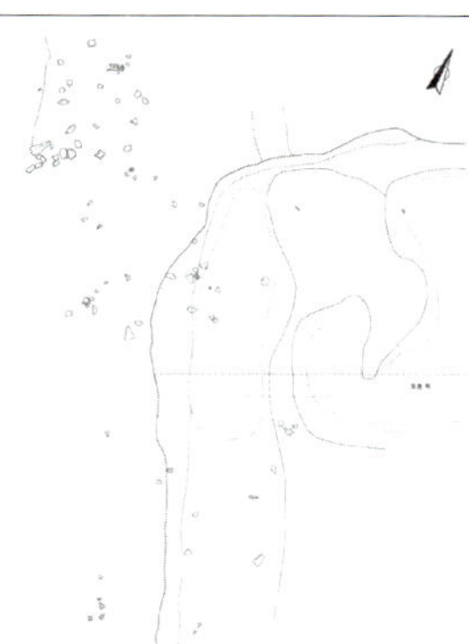

대표적인 공반유물

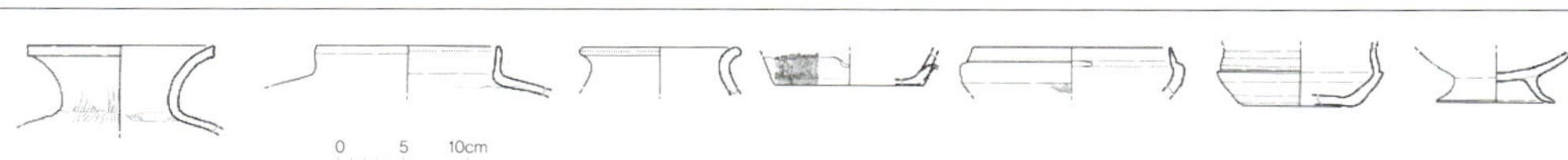

(4) 삼국시대 1호 도로

소 재 지	송파구 방이동 88-3공	조사기관	한성백제박물관
유 구 명	삼국시대 1호 도로	유구성격	정치·국방/교통·통신
추정산지	중국	비 고	
외래유물	시유도기저부편(1점)		
공반유물	호구연부편, 호저부편, 고배대각편, 우각형파수, 기대편, 철촉		
참고문헌	한성백제박물관, 2016, 『夢村土城 I -2013·2014년 몽촌토성 북문지 내측 발굴조사 보고서-』.		

외래계유물(국외)

연 번	유물명	도면번호	사진번호	제원(cm)	추정산지	특징
427	시유도기 저부편	36-6	21-6	잔존높이 5.1 복원저경 14.8 두께 0.8-1.8	중국	점토띠 접합흔 확인

427

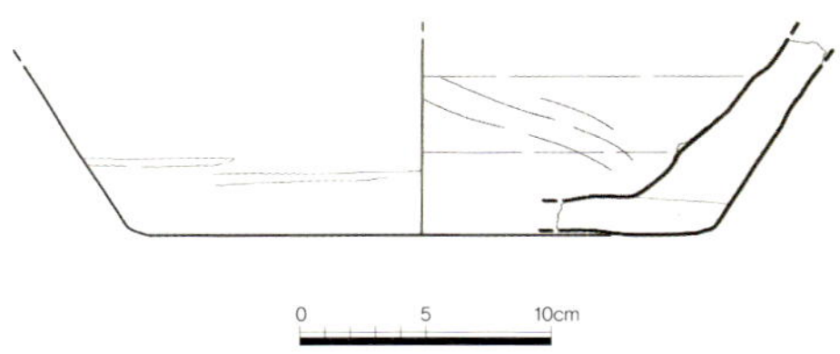

유구도면

대표적인 공반유물

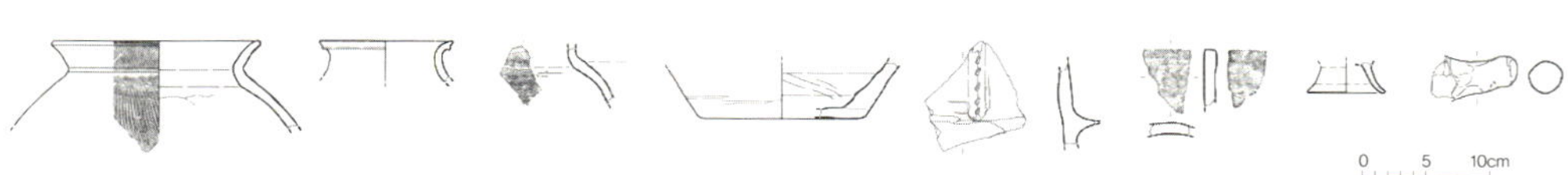

(5) 통일신라시대 16호 주거지

소 재 지	송파구 방이동 88-3공	조사기관	한성백제박물관
유 구 명	통일신라시대 16호 주거지	유구성격	주거
추정산지	중국	비 고	
외래유물	시유전문도기저부편(1점)		
공반유물	뚜껑, 대부완, 호, 시루, 원판형토제품, 지석, 주조철부, 철촉, 구슬		
참고문헌	한성백제박물관, 2016, 『夢村土城 Ⅰ -2013·2014년 몽촌토성 북문지 내측 발굴조사 보고서-』.		

외래계유물(국외)

연 번	유물명	도면번호	사진번호	제원(cm)	추정산지	특징
428	시유도기 저부편	84-22	68-22	잔존길이 7.8 두께 1.7-2	중국	내부퇴적층 출토, 사격자문 타날

428

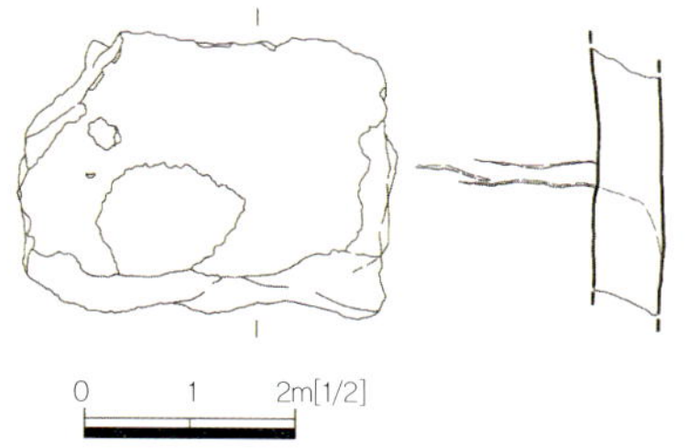

유구도면

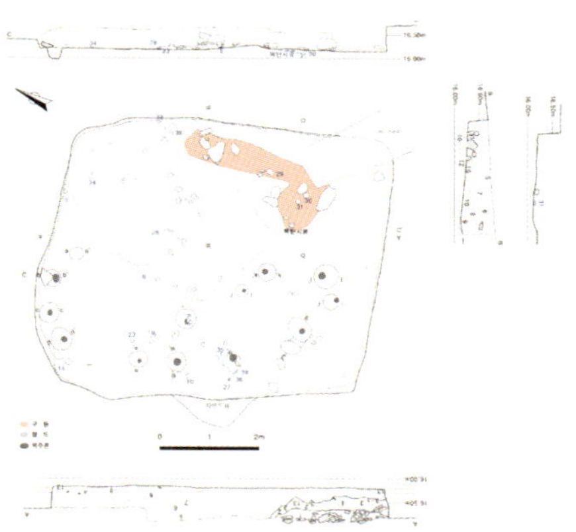

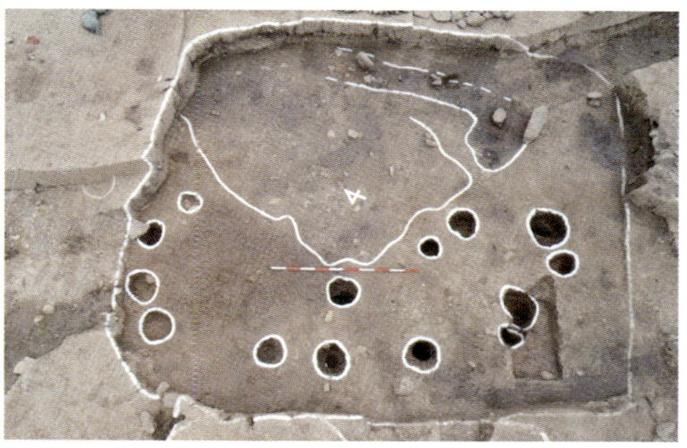

대표적인 공반유물

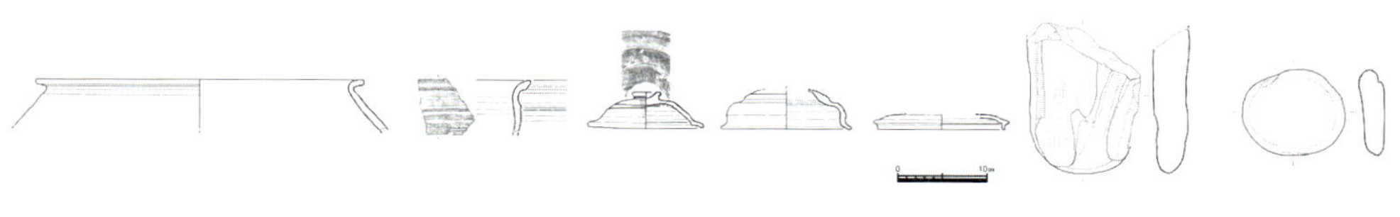

(6) Ⅰ지구 백제 10호 수혈

소재지	송파구 방이동 88-3공	조사기관	한성백제박물관
유구명	Ⅰ지구 백제 10호 수혈	유구성격	폐기
추정산지	중국	비고	
외래유물	청자완(1점)		
공반유물	대각편, 호동체부편, 고배편, 뚜껑		
참고문헌	한성백제박물관, 2016,『청자의 길 동아시아에서 세계로-이상윤 기증유물Ⅳ-청자1』. 한성백제박물관, 2016,『2016년 몽촌토성 북문지 일원 발굴조사 2차 학술자문위원회 자료집』.		

외래계유물(국외)

연번	유물명	도면번호	사진번호	제원(cm)	추정산지	특징
429	청자완	-	-	잔존길이 6.3	중국	동체부에 양각 연판문 시문

429

유구도면

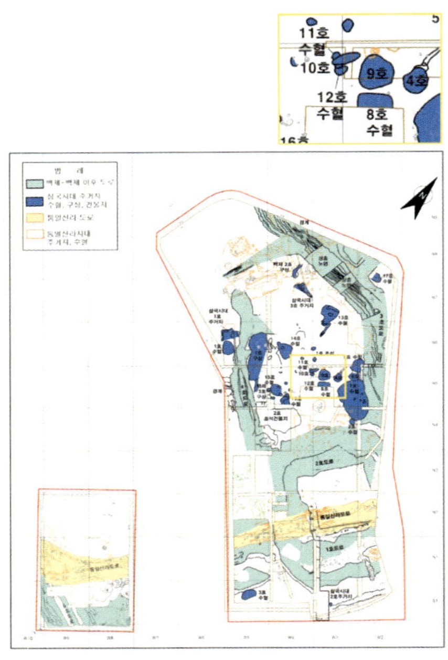

대표적인 공반유물: -

(7) Ⅰ지구 백제문화층(N5W3)

소 재 지	송파구 방이동 88-3공	조사기관	한성백제박물관
유 구 명	Ⅰ지구 백제문화층(N5W3)	유구성격	–
추정산지	중국	비　　고	
외래유물	청자완(1점)		
공반유물	–		
참고문헌	한성백제박물관, 2016, 『청자의 길 동아시아에서 세계로-이상윤 기증유물Ⅳ-청자1』. 한성백제박물관, 2016, 『2016년 몽촌토성 북문지 일원 발굴조사 2차 학술자문위원회 자료집』.		

외래계유물(국외)

연 번	유물명	도면번호	사진번호	제원(cm)	추정산지	특징
430	완	–	–	잔존길이 7.46	중국	유약이 매끈하게 시유되지 못함

430

유구도면

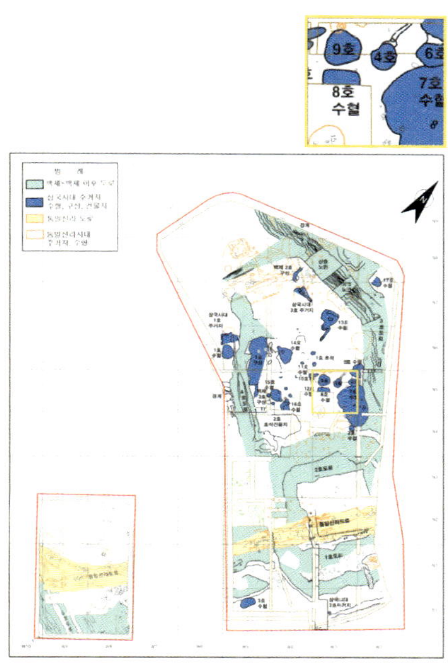

대표적인 공반유물

–

(8) Ⅰ지구 백제 2호 수혈(S1W8)

소 재 지	송파구 방이동 88-3공	조사기관	한성백제박물관
유 구 명	Ⅰ지구 백제 2호 수혈(S1W8)	유구성격	폐기
추정산지	중국	비 고	
외래유물	청자완(1점)		
공반유물	고배편, 호편		
참고문헌	한성백제박물관, 2016, 『청자의 길 동아시아에서 세계로-이상윤 기증유물Ⅳ-청자1』. 한성백제박물관, 2016, 『2016년 몽촌토성 북문지 일원 발굴조사 2차 학술자문위원회 자료집』.		

외래계유물(국외)

연 번	유물명	도면번호	사진번호	제원(cm)	추정산지	특징
431	청자완	–	–	잔존길이 7.1	중국	굽이 있고 표면에서 빙열이 관찰됨

431

유구도면

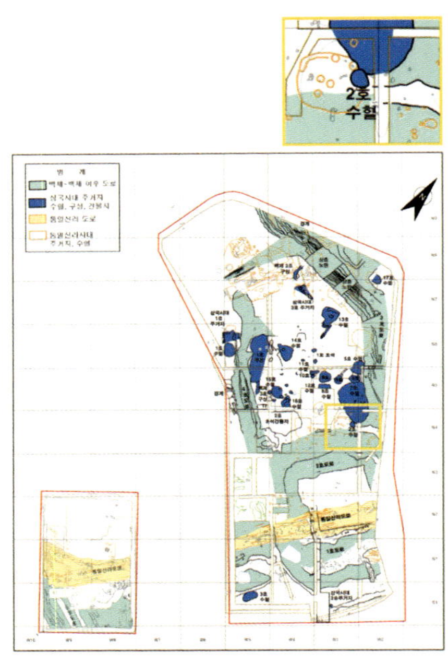

대표적인 공반유물

–

(9) Ⅱ지구 백제문화층(S1W9)

소 재 지	송파구 방이동 88-3공	조사기관	한성백제박물관
유 구 명	Ⅱ지구 백제문화층(S1W9)	유구성격	-
추정산지	중국	비 고	
외래유물	청자완(1점)		
공반유물	-		
참고문헌	한성백제박물관, 2016, 『청자의 길 동아시아에서 세계로-이상윤 기증유물Ⅳ-청자1』. 한성백제박물관, 2016, 『2016년 몽촌토성 북문지 일원 발굴조사 2차 학술자문위원회 자료집』.		

외래계유물(국외)

연 번	유물명	도면번호	사진번호	제원(cm)	추정산지	특징
432	청자완	-	-	잔존길이 4	중국	동체부에 음각 연판문이 시문되고 상단에서 2줄의 평행음각선문이 관찰됨

432

유구도면

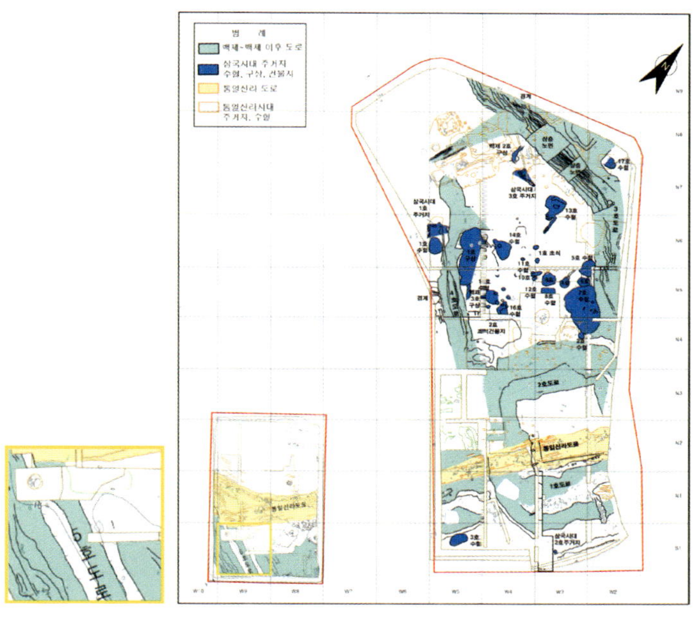

대표적인 공반유물: -

(10) Ⅰ지구 23호 수혈

소 재 지	송파구 방이동 88-3공	조사기관	한성백제박물관
유 구 명	Ⅰ지구 23호 수혈	유구성격	저장(폐기)
추정산지	가야(비화가야)	비 고	
외래유물	삼이부유대완(1점)		
공반유물	기와편		
참고문헌	한성백제박물관, 2017, 『몽촌토성 북문지 일원 발굴조사 학술자문회의 자료집』. 한성백제박물관, 2019, 『몽촌토성 북문지 일원 발굴조사 완료약보고서』.		

외래계유물(국내)

연 번	유물명	도면번호	사진번호	제원(cm)	추정산지	특징
433	삼이부유대완	–	–	–	가야 (비화가야)	신부와 대각 일부 잔존, 신부 중단에 두줄의 돌대가 있고 그 하부에 파상선문 시문, 파상선문과 대각 사이에 점열인화문 시문, 대각은 1단 마름모형으로 투공하고 대각 하부 돌대 사이에는 파상선문 시문, 신부 3곳에 귀 부착

433

유구도면

대표적인 공반유물	–

(11) Ⅰ지구 90번 주혈

소 재 지	송파구 방이동 88-3공	조사기관	한성백제박물관
유 구 명	Ⅰ지구 90번 주혈	유구성격	폐기
추정산지	일본	비　고	
외래유물	배(1점)		
공반유물	-		
참고문헌	한성백제박물관, 2018,『夢村土城 2018년 몽촌토성 발굴조사 자료-』.		

외래계유물(국외)

연 번	유물명	도면번호	사진번호	제원(cm)	추정산지	특징
434	배	-	-	-	일본	경질, 외면에 회전물손질 선명, 저부 회전깎기흔 존재

434

유구도면

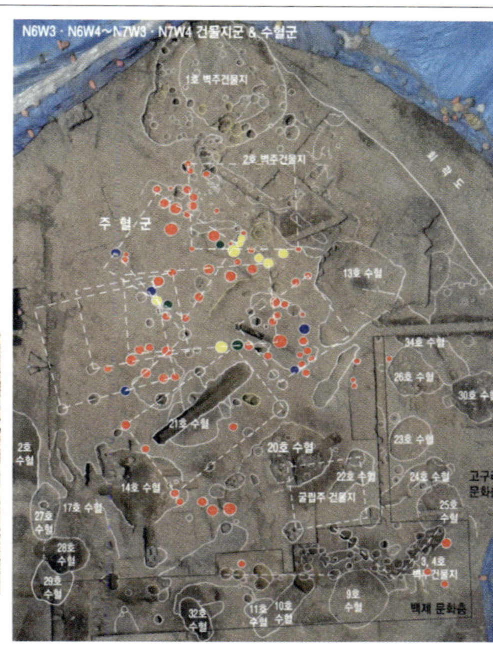

대표적인 공반유물	-

(12) Ⅲ지구 삼국시대 도로

소 재 지	송파구 방이동 88-3공	조사기관	한성백제박물관
유 구 명	Ⅲ지구 삼국시대 도로	유구성격	정치·국방/교통·통신
추정산지	중국	비 고	
외래유물	시유도기(1점)		
공반유물	고배편, 장경호편, 호동체부편		
참고문헌	한성백제박물관, 2016, 『2016년 몽촌토성 북문지 일원 발굴조사 2차 학술자문위원회 자료집』.		

외래계유물(국외)

연 번	유물명	도면번호	사진번호	제원(cm)	추정산지	특징
435	시유도기	-	-	-	중국	중앙도랑 바닥면 출토, 동체부 일부만 시유됨.

435

유구도면

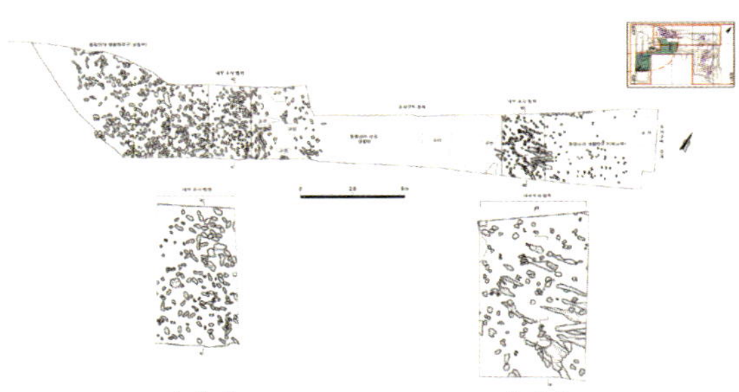

대표적인 공반유물: -

(13) Ⅰ지구 통일신라시대 1호 도로 남북도로

소 재 지	송파구 방이동 88-3공	조사기관	한성백제박물관
유 구 명	Ⅰ지구 통일신라시대 1호 도로 남북도로	유구성격	정치·국방/교통·통신
추정산지	중국	비 고	
외래유물	시유도기(1점), 청자(1점)		
공반유물	완, 직구단경호, 통형기대, 시루, 연가, 대옹, 암·수키와, 삼족기, 삼족합, 개배, 고배 등.		
참고문헌	한성백제박물관, 2019, 『몽촌토성Ⅲ-2015~2018년 북문지 일원 발굴조사:통일신라시대-』.		

외래계유물(국외)

연 번	유물명	도면번호	사진번호	제원(cm)	추정산지	특징
436	시유도기	97	97	잔존높이 1.7 복원구경 32 두께 0.6-1.2	중국	구연부 짧게 외경, 구연단 회전도구조정으로 요철면,시유 동체 상부 점토로 된 돌기 부착흔 잔존
437	청자저부편	98	98	잔존높이 1.9 두께 1.5-1.7	중국	유약 부분적으로 시유, 저부 내외면 가장자리 도구정면흔

436

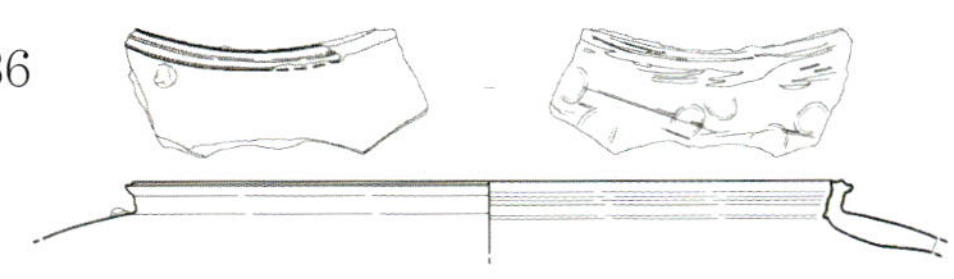

437

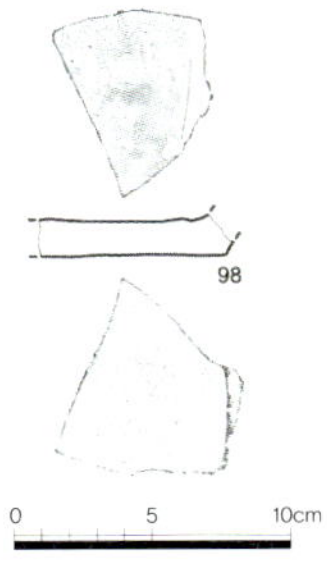

유구도면

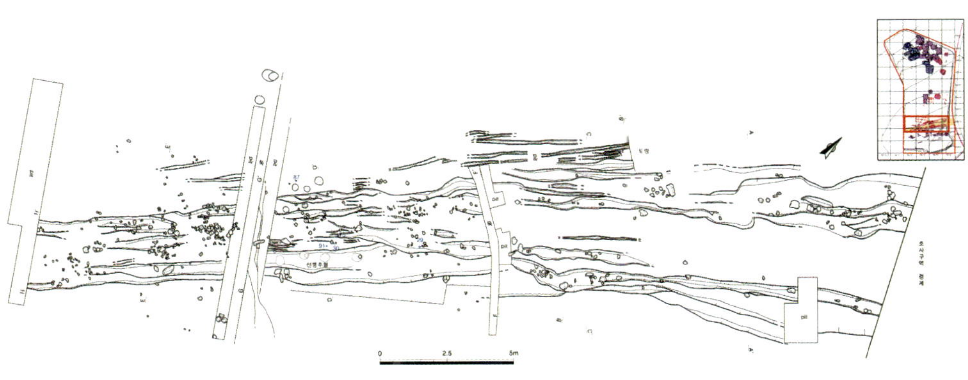

유구도면	 
대표적인 공반유물	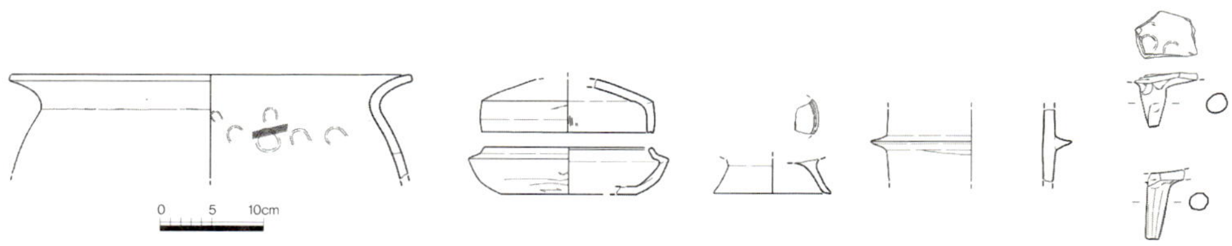

(14) Ⅱ지구 통일신라시대 1호 도로 동서도로

소 재 지	송파구 방이동 88-3공	조사기관	한성백제박물관
유 구 명	Ⅱ지구 통일신라시대 1호 도로 동서도로	유구성격	정치·국방/교통·통신
추정산지	중국	비 고	
외래유물	청자(1점)		
공반유물	호, 뚜껑, 합, 고배, 기대 등		
참고문헌	한성백제박물관, 2019, 『몽촌토성Ⅲ-2015~2018년 북문지 일원 발굴조사:통일신라시대-』.		

외래계유물(국외)

연 번	유물명	도면번호	사진번호	제원(cm)	추정산지	특징
438	청자동체부편	9	9	잔존높이 3.7 두께 0.6-0.7	중국	외면 유약, 내면 회전물손질 정면흔과 회전도구조정에 의한 단이 확인됨

438

유구도면

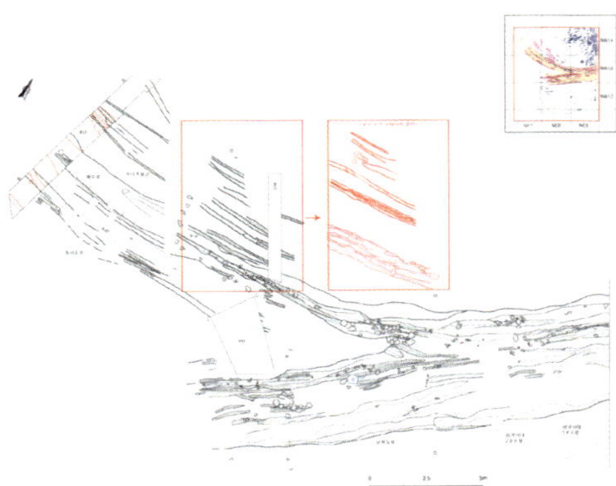

대표적인 공반유물

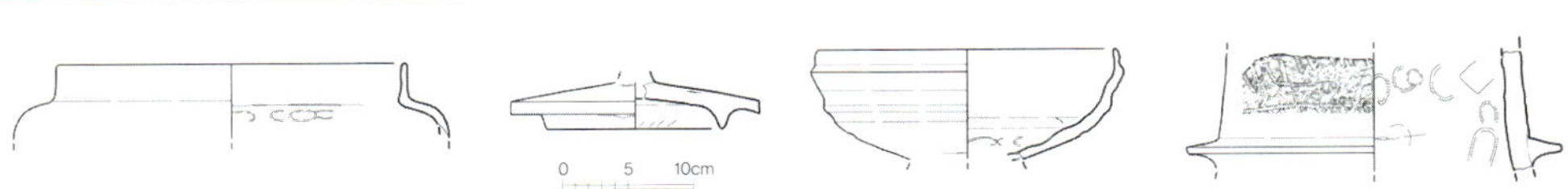

(15) Ⅰ지구 통일신라시대 2호 도로

소 재 지	송파구 방이동 88-3공	조사기관	한성백제박물관
유 구 명	Ⅰ지구 통일신라시대 2호 도로	유구성격	정치·국방/교통·통신
추정산지	중국	비 고	
외래유물	시유도기(1점), 청자(4점)		
공반유물	완, 뚜껑, 대각, 와당, 삼족합, 고배 등		
참고문헌	한성백제박물관, 2019,『몽촌토성Ⅲ-2015~2018년 북문지 일원 발굴조사:통일신라시대-』.		

외래계유물(국외)

연 번	유물명	도면번호	사진번호	제원(cm)	추정산지	특징
439	청자동체부편	19	19	잔존높이 4.6 두께 0.6-0.7	중국	회황색 유조, 유빙열, 외면 회전 도구정면흔, 내면 요철흔
440	청자동체부편	20	20	잔존높이 6.5 두께 0.5-0.7	중국	내외면 시유, 유빙열
441	청자동체부편	21	21	잔존높이 4.4 두께 0.4-0.6	중국	완으로 추정됨, 내외면 푸른색 유조, 유빙열 심함. 외면에 연화문 추정 문양 일부 확인됨
442	청자동체부편	22	22	잔존높이 2.2 두께 0.4-0.5	중국	내외면 푸른색 유조, 유빙열 심함, 상감기법으로 시문한 4조 선문 확인됨.
443	시유도기	23	23	잔존높이 3.7 두께 0.6-1.2	중국	외면에만 흑색 유약 두텁게 시유, 외면 하단부 횡방향 도구정면흔, 내면 부분적으로 자연유

439

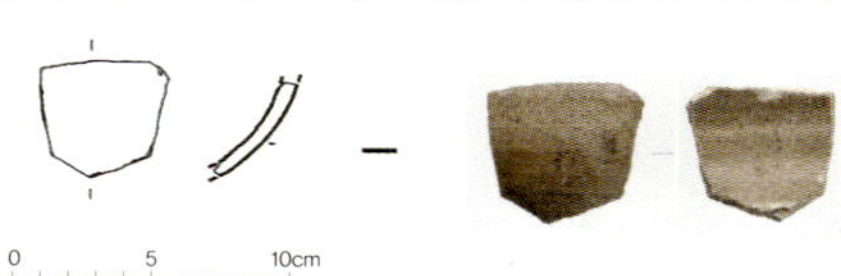

440

441

442

443

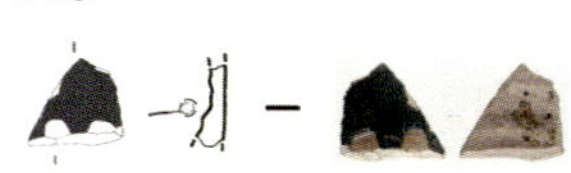

유구도면

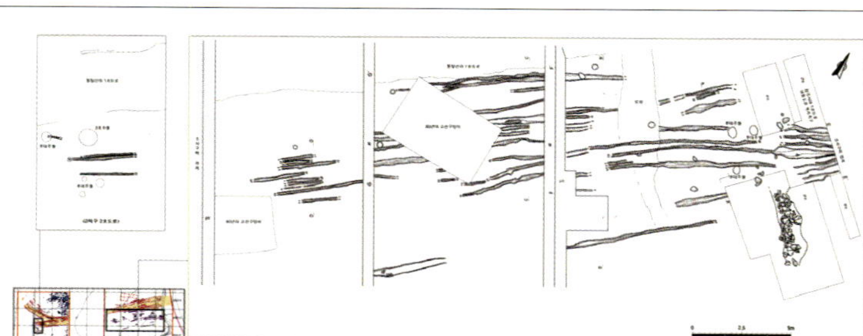

유구도면	 
대표적인 공반유물	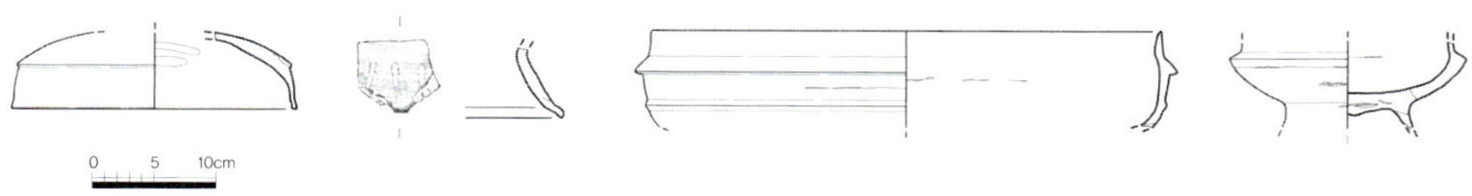

(16) Ⅰ지구 통일신라시대 19호 주거지

소 재 지	송파구 방이동 88-3공	조사기관	한성백제박물관
유 구 명	Ⅰ지구 통일신라시대 19호 주거지	유구성격	주거(폐기)
추정산지	중국	비 고	
외래유물	시유도기(2점)		
공반유물	편병, 연가, 뚜껑, 삼족기, 고배, 암키와 등		
참고문헌	한성백제박물관, 2019, 『몽촌토성Ⅲ-2015~2018년 북문지 일원 발굴조사:통일신라시대-』.		

외래계유물(국외)

연 번	유물명	도면번호	사진번호	제원(cm)	추정산지	특징
444	시유도기	11	11	잔존높이 2.1 복원저경 21.8 두께 0.8-1.1	중국	경질, 외면 가는 횡침선, 내면 점토 덧댄후 도구정면하고 물손질하여 홈이 형성됨.
445	시유도기	12	12	잔존높이 10.2 두께 1-1.3	중국	경질, 동체 외면 격자문과 유, 내면 유문내박자흔과 물손질정면흔

444

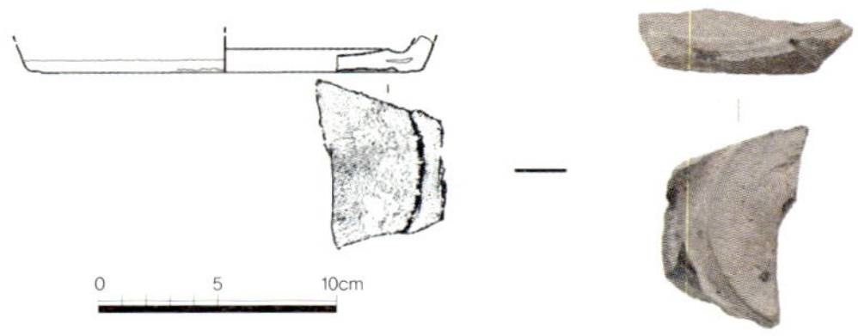

445

유구도면

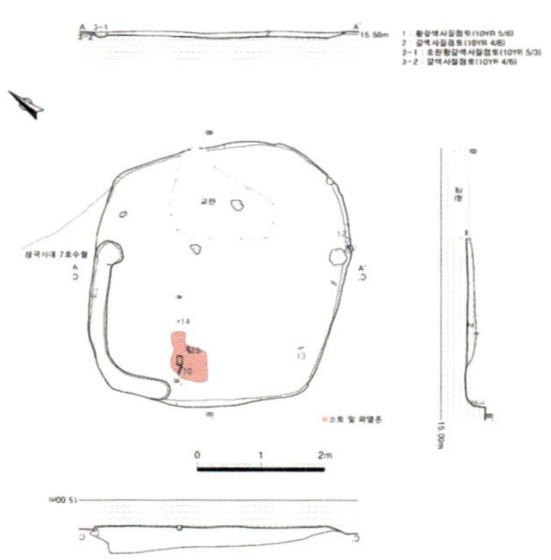

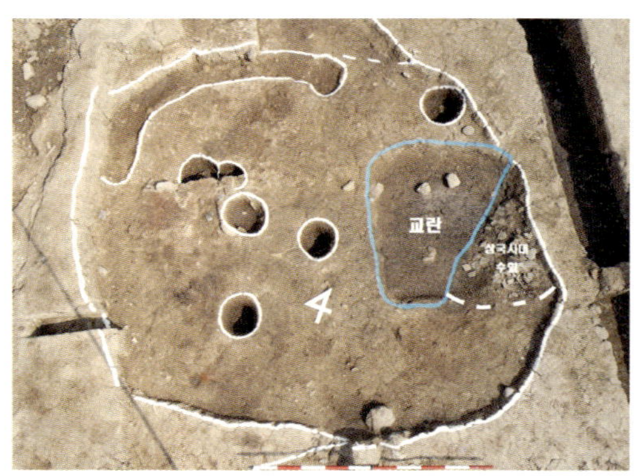

대표적인 공반유물

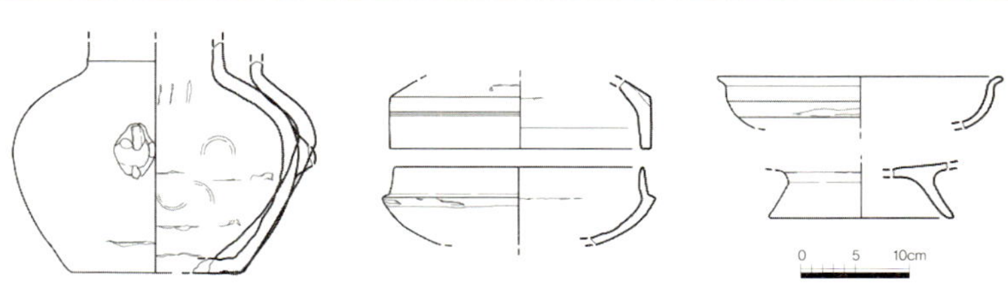

(17) Ⅰ지구 통일신라시대 27호 주거지

소 재 지	송파구 방이동 88-3공	조사기관	한성백제박물관
유 구 명	Ⅰ지구 통일신라시대 27호 주거지	유구성격	주거
추정산지	중국	비 고	
외래유물	청자계수호 파수(1점)		
공반유물	뚜껑, 반, 심발형토기, 흑색마연토기, 삼족기, 암키와 등		
참고문헌	한성백제박물관, 2019, 『몽촌토성Ⅲ-2015~2018년 북문지 일원 발굴조사:통일신라시대-』.		

외래계유물(국외)

연 번	유물명	도면번호	사진번호	제원(cm)	추정산지	특징
446	청자계수호 파수	17	17	잔존높이 5.6 두께 1.2-1.4	중국	파수단면 원형, 등면에 용문장식, 표면 전체적으로 청회색유조, 유빙열

446

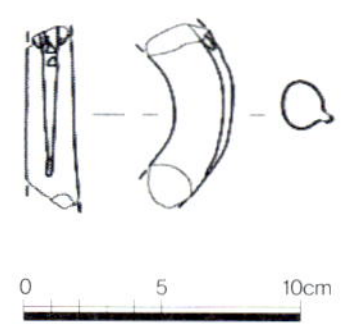

유구도면

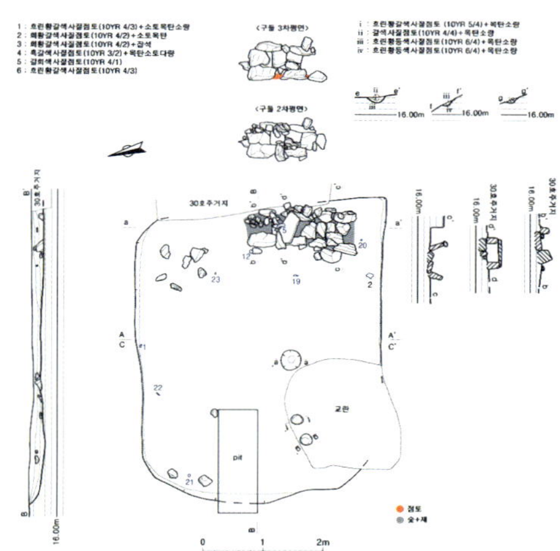

대표적인 공반유물

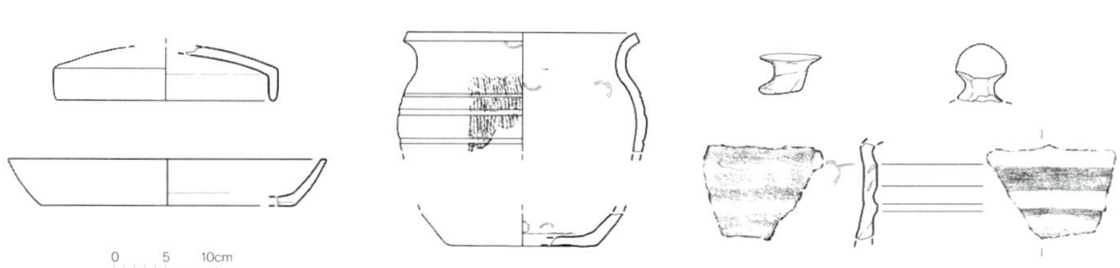

(18) Ⅲ지구 통일신라시대 생활면유구 성토대지

소 재 지	송파구 방이동 88-3공	조사기관	한성백제박물관
유 구 명	Ⅲ지구 통일신라시대 생활면유구 성토대지	유구성격	주거
추정산지	중국	비 고	
외래유물	청자동체부편(1점)		
공반유물	뚜껑, 무문토기, 원반형토제품 등		
참고문헌	한성백제박물관, 2019,『몽촌토성Ⅲ-2015~2018년 북문지 일원 발굴조사:통일신라시대-』.		

외래계유물(국외)

연 번	유물명	도면번호	사진번호	제원(cm)	추정산지	특징
447	청자동체부편	6	6	잔존높이 4.8 두께 0.5-0.6	중국	경질, 외면 흑색 유약, 내면 회전물손질정면흔, 지두흔

447

유구도면

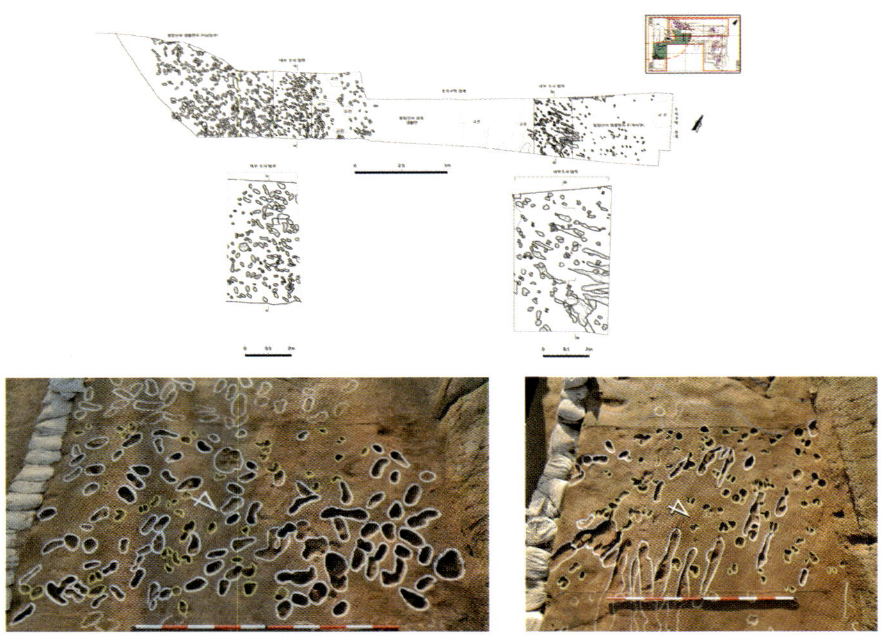

대표적인 공반유물

(19) Ⅲ지구 통일신라시대 생활면유구 문화층

소 재 지	송파구 방이동 88-3공	조사기관	한성백제박물관
유 구 명	Ⅲ지구 통일신라시대 생활면유구 문화층	유구성격	-
추정산지	중국, 지방	비　고	
외래유물	청자(3점), 시유도기(1점), 장경호(1점)		
공반유물	대각, 직구옹, 호, 옹, 뚜껑, 직구단경호, 완, 합, 고배, 삼족기, 기대 등		
참고문헌	한성백제박물관, 2019, 『몽촌토성Ⅲ-2015~2018년 북문지 일원 발굴조사:통일신라시대-』.		

외래계유물(국외)

연 번	유물명	도면번호	사진번호	제원(cm)	추정산지	특징
448	시유도기	88	88	잔존높이 8.9 두께 0.5-0.7	중국	경질, 외면 세격자문타날, 황갈색 유약, 내면 물손질정면흔, 지두흔
449	청자동체 부편	89	89	잔존높이 6.7 잔존너비 4.9 두께 0.7-0.8	중국	녹갈색 유조, 시유상태 불량
450	청자동체 부편	90	90	지름 3.6-3.7 두께 0.7-0.9	중국	재가공한 청자편, 내외면 모두 시유, 내면 회전도구정면으로 요철면
451	청자동체 부편	91	91	지름 4.0 두께 0.4-0.6	중국	재가공한 청자편, 내외면 모두 시유, 유빙열, 외면 연화문, 2조 선문

448

449

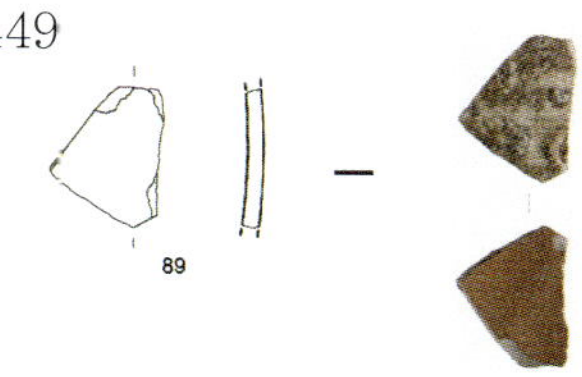

450

451

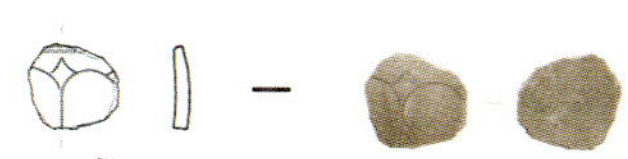

외래계유물(국내)

연 번	유물명	도면번호	사진번호	제원(cm)	추정산지	특징
452	장경호	87	87	잔존높이 6.9 두께 0.2-0.7	지방산 (전라)	외면 무문, 2조 돌대, 구연부 내외면 회전물손질정면

452

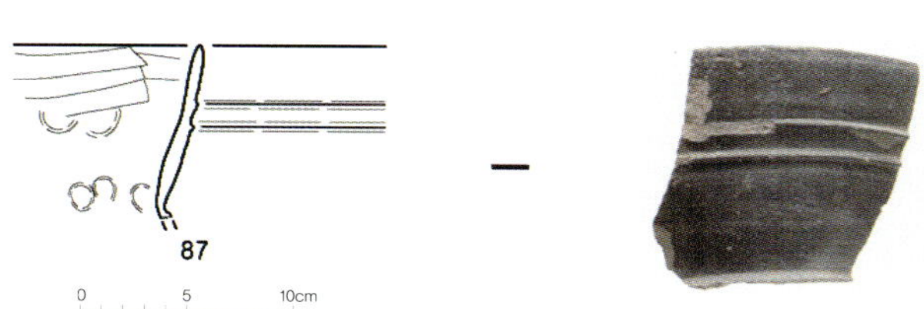

유구도면	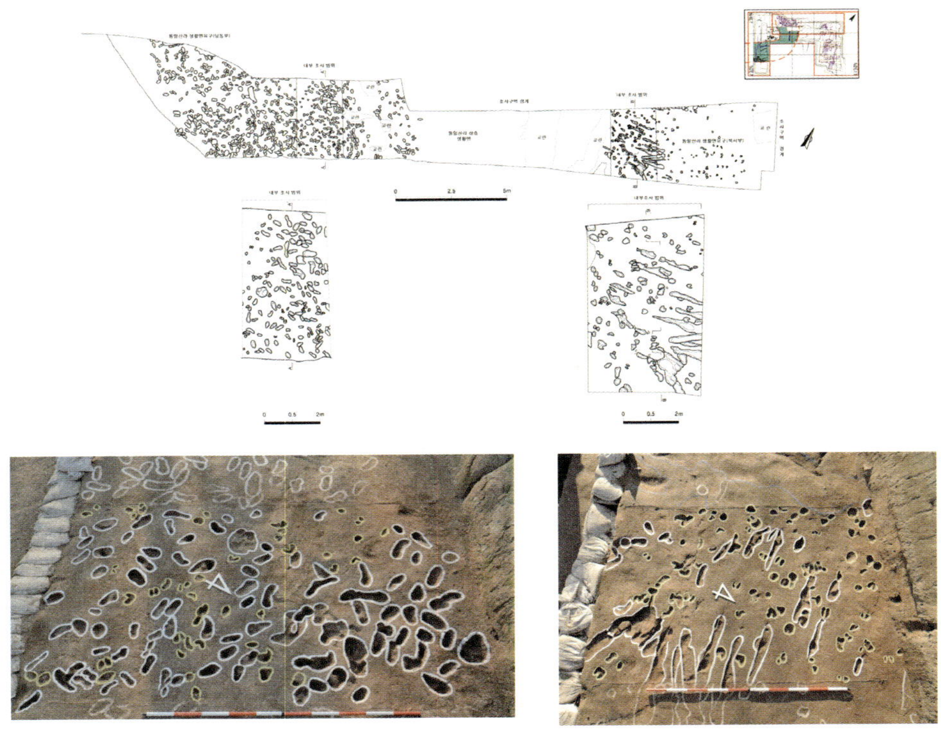
대표적인 공반유물	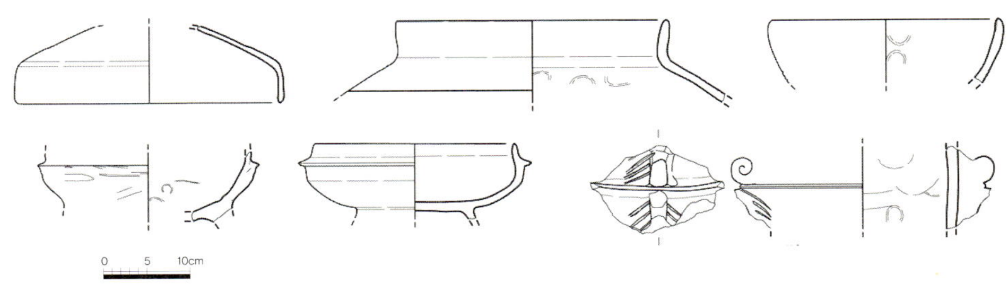

석촌동 고분군 전경 2016

Ⅲ. 석촌동 고분군

도면 9. 석촌동 고분군(1974 ~ 1987년) 발굴조사 현황도(서울대학교박물관, 2013, 『석촌동 고분군 Ⅰ』)

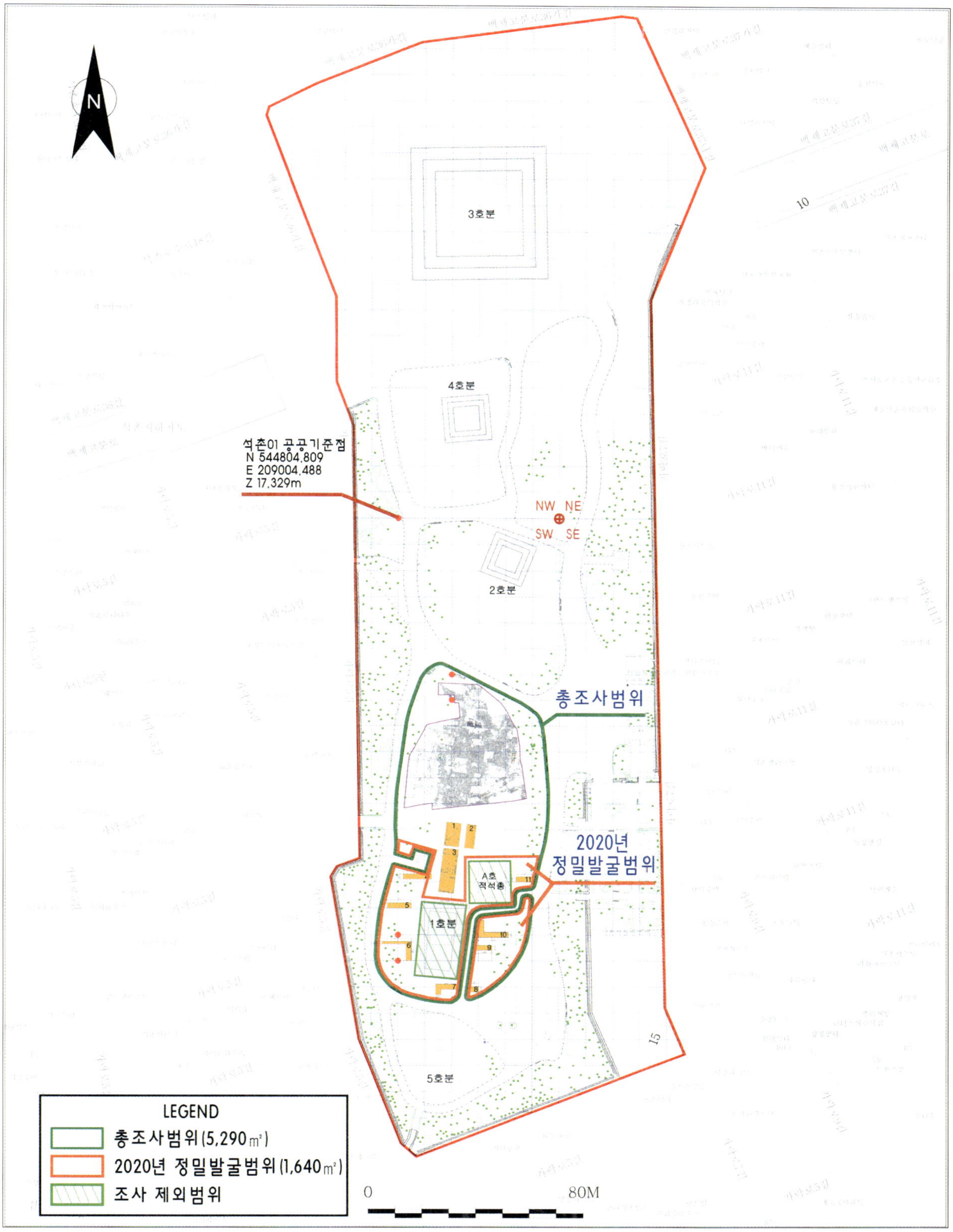

도면 10. 석촌동 고분군 현황 및 1호분 북쪽 연접 적석총(한성백제박물관 2019, 『서울 석촌동 고분군 Ⅰ』)

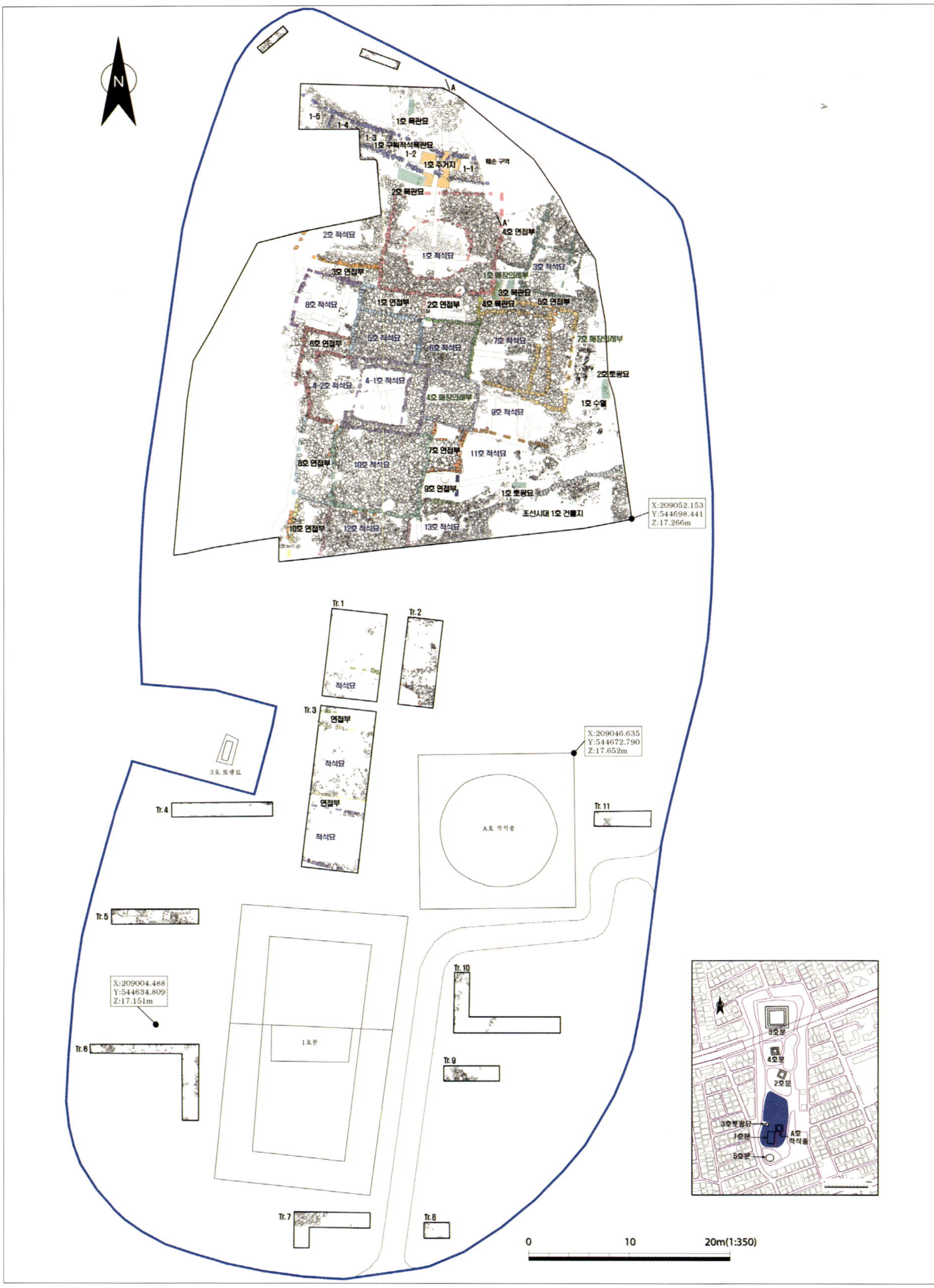

도면 11. 석촌동 고분군 2019년 발굴조사 구역 유구 배치도(한성백제박물관, 2019, 『서울 석촌동 고분군 Ⅰ』)

1. 석촌동 1호분 및 주변 지구

(1) 1호분 북분 기단 외곽 적석부

소 재 지	송파구 석촌동 248번지	조사기관	서울대학교박물관
유 구 명	1호분 북분 기단 외곽 적석부	유구성격	매장
추정산지	미상	비　　고	
외래유물	호 구연부		
공반유물	직구단경호, 광구장경호, 발, 고배 배신부 외.		
참고문헌	서울대학교박물관, 2013, 『석촌동고분군I』.		

외래계유물(국내)

연 번	유물명	도면번호	사진번호	제원(cm)	추정산지	특징
453	호	28-15	41-⑥	잔존기고 5.9	미상	구연편. 돌대 구획 후 횡주삼각집선문 시문.

453

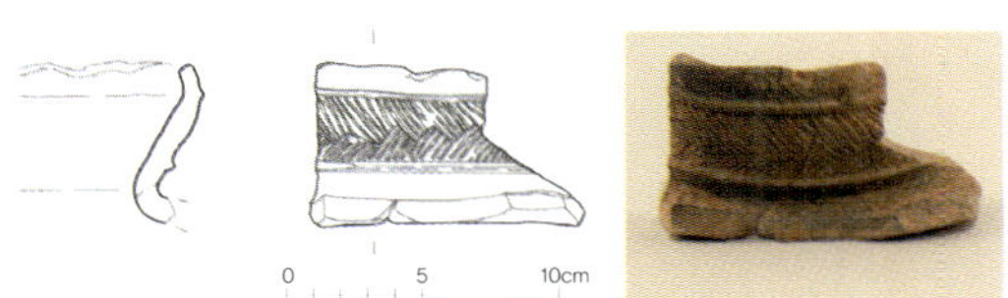

유구도면

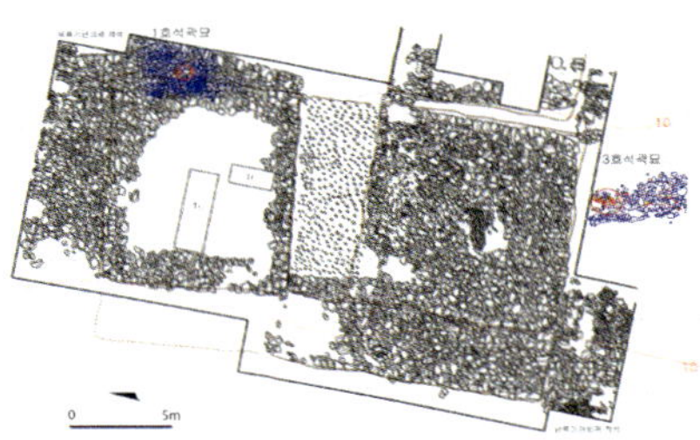

대표적인 공반유물

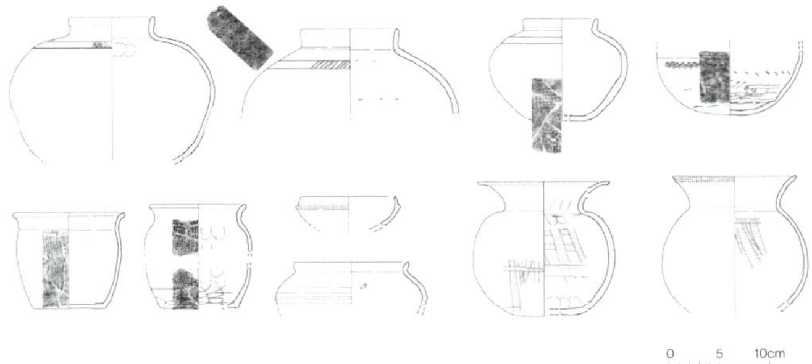

2. 석촌동 2호분 및 주변 지구

(1) 2호 석곽묘

<table>
<tr><td>소 재 지</td><td>송파구 석촌동 248번지</td><td>조사기관</td><td>서울대학교박물관</td></tr>
<tr><td>유 구 명</td><td>2호 석곽묘</td><td>유구성격</td><td>매장</td></tr>
<tr><td>추정산지</td><td>중국</td><td>비　　고</td><td></td></tr>
<tr><td>외래유물</td><td colspan="3">계수호</td></tr>
<tr><td>공반유물</td><td colspan="3">호, 와편, 철정 등</td></tr>
<tr><td>참고문헌</td><td colspan="3">서울대학교박물관, 2013, 『석촌동고분군I』.
서울特別市·石村洞發掘調査團, 1987, 『石村洞古墳群發掘調査報告書』.
金元龍·任孝宰·林永珍, 1989, 『石村洞 1·2號墳』, 서울大學校博物館.</td></tr>
</table>

<table>
<tr><td colspan="7">외래계유물(국외)</td></tr>
<tr><td>연 번</td><td>유물명</td><td>도면번호</td><td>사진번호</td><td>제원(cm)</td><td>추정산지</td><td>특징</td></tr>
<tr><td>454</td><td>계수호</td><td>40-1</td><td>46-⑥
47-①</td><td>기고 18.3</td><td>중국</td><td>도상복원. 동체와 저부 경계부를 제외한 외면 전면과 내면 경부에 흑갈유가 남아있으며, 일부 산화 박리됨. 계수 및 파수 부착 부분과 직교하여 부착된 耳의 흔적이 양쪽에 남아있으며, 1조의 횡침선이 계수와 파수 사이로 돌아감.</td></tr>
</table>

454

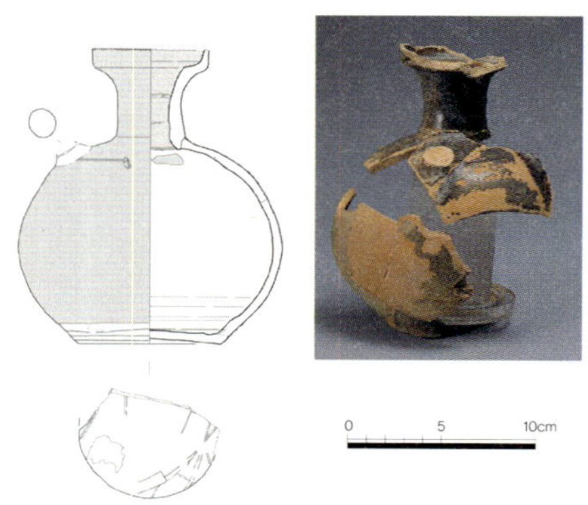

유구도면

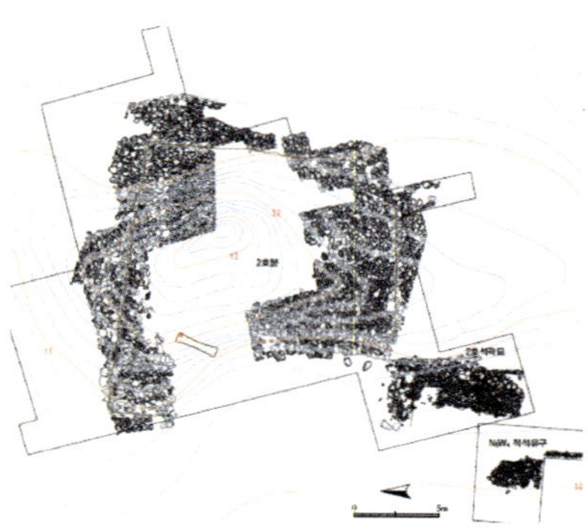

대표적인 공반유물	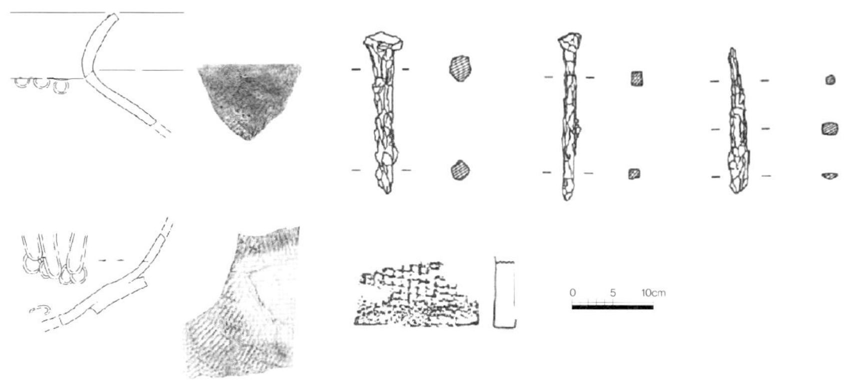

(2) 2호분 주변

소 재 지	송파구 석촌동 248번지	조사기관	서울대학교박물관
유 구 명	2호분 주변	유구성격	매장
추정산지	중국	비 고	
외래유물	전문도기(1점), 주구부호(1점), 호(1점), 병(1점)		
공반유물	직구단경소호, 구형호, 유개합 외		
참고문헌	서울대학교박물관, 2013, 『석촌동고분군I』.		

외래계유물(국외)

연 번	유물명	도면번호	사진번호	제원(cm)	추정산지	특징
455	전문도기	42-8	49-②	기고 2.4	중국	구연편. 흑갈유. 일부 빙렬. 전문 2개가 희미하게 보임. 원형 전문 외곽에 거치문이 확인됨. 구획선 내부에 격자문 시문.
456	주구부호	42-11	50-②	잔존기고 6.3	중국	주구가 달린 호 또는 주자의 구연과 동체편. 유의 일부는 산화 박리됨.
457	호	42-10	50-①	잔존기고 11.7	중국	1개체의 동체 상하편. 유에 기포가 많음. 동체부 하단에 유가 뭉쳐져 있는 양상.
458	병	42-9	49-③	잔존기고 4.7	중국	외면에 얇은 침선이 돌아감. 내면에 유 흐른 자국이 선명함.

455

456

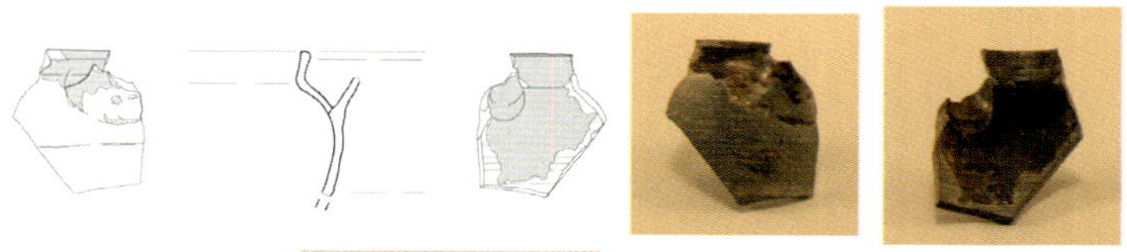

457

	458 
유구도면	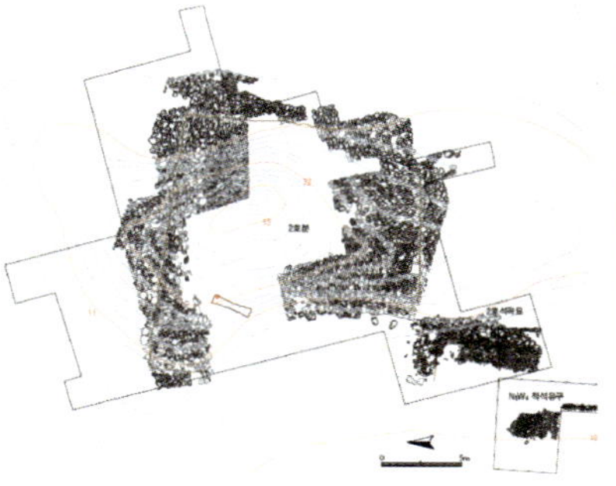 
대표적인 공반유물	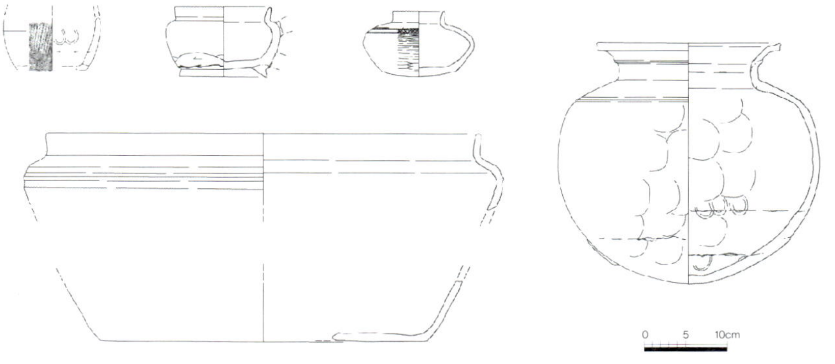

3. 석촌동 3호분

(1) 3호분 N1트렌치

소 재 지	송파구 석촌동 248번지	조사기관	서울대학교박물관
유 구 명	3호분 N1트렌치	유구성격	매장
추정산지	중국	비 고	
외래유물	청자반구병(1점), 흑갈유호(2점)		
공반유물	광구호, 직구단경호, 직구단경소호 등		
참고문헌	서울대학교박물관, 2013, 『석촌동고분군I』. 서울大學校博物館, 1984, 『石村洞3號墳(積石塚) 復元을 爲한 發掘 報告書』.		

외래계유물(국외)

연 번	유물명	도면번호	사진번호	제원(cm)	추정산지	특징
459	청자반구병	50-12	53-②	잔존기고 7.8	중국	구연편. 일부 유가 산화박리됨. 내면은 구연부의 중간까지만 유 흔적이 확인됨.
460	흑갈유호	50-14	53-③	잔존기고 3.8	중국	구연편. 내외면에 흑갈유가 시유됨. 잔존 부위 외면 하단에 요철문.
461	흑갈유호	50-13	53-③	두께 0.4-0.55	중국	동체편. 내외면에 흑갈유가 시유됨. 기포흔이 많고 유의 산화박리가 심함.

459

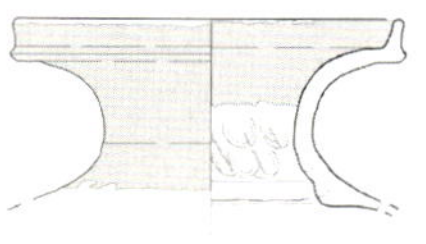

460

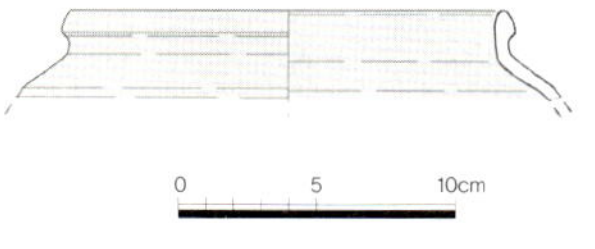

461

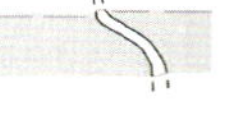

연 번

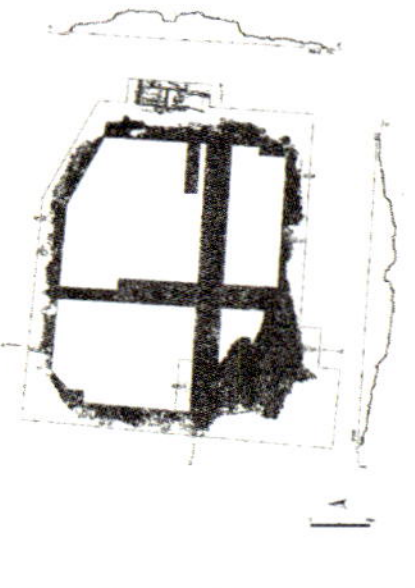

대표적인 공반유물	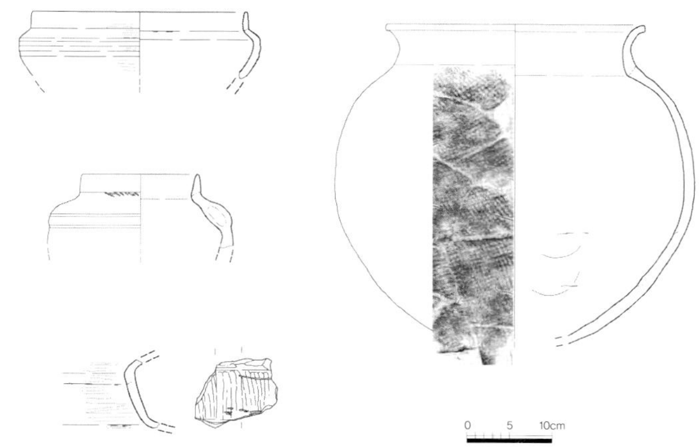

(2) 3호분 트렌치 및 주변 수습유물

소 재 지	송파구 석촌동 248번지	조사기관	서울대학교박물관
유 구 명	3호분 트렌치 및 주변 수습유물	유구성격	매장
추정산지	중국	비 고	
외래유물	병, 호(2점), 병, 이형토기, 대각		
공반유물	직구단경호, 뚜껑, 단경호, 금제 장신구 등		
참고문헌	서울대학교박물관, 2013, 『석촌동고분군I』. 서울大學校博物館, 1984, 『石村洞3號墳(積石塚) 復元을 爲한 發掘 報告書』.		

외래계유물(국외)

연 번	유물명	도면번호	사진번호	제원(cm)	추정산지	특징
462	병	51-4	54-④	잔존기고 3.3	중국	구연편. 유의 일부는 산화박리됨.
463	호	51-5	55-①	잔존기고 5.7	중국	구연편. 2조의 요철문이 확인됨.
464	호	51-6	55-①	두께 0.4-0.55	중국	동체편. 외면 상위에 2조의 침선이 확인됨. 전체적으로 흑갈유를 시유한 후 흑유로 문양을 표현함.
465	병	52-5	56-③	잔존기고 5.1	중국	경부. 외면 흑유시유. 일부에서 세석립이 보임. 내면 회갈색유가 확인됨.

462

463

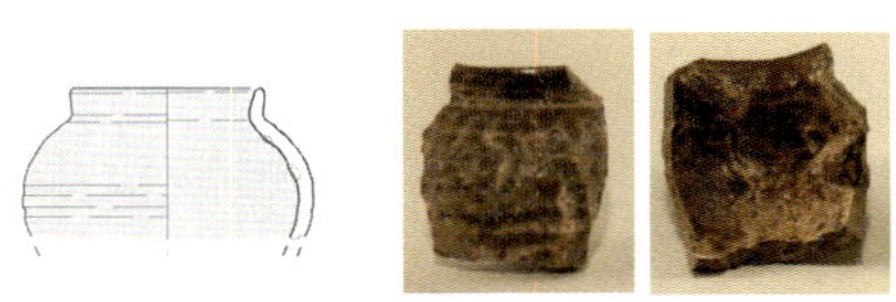

464

465

유구도면	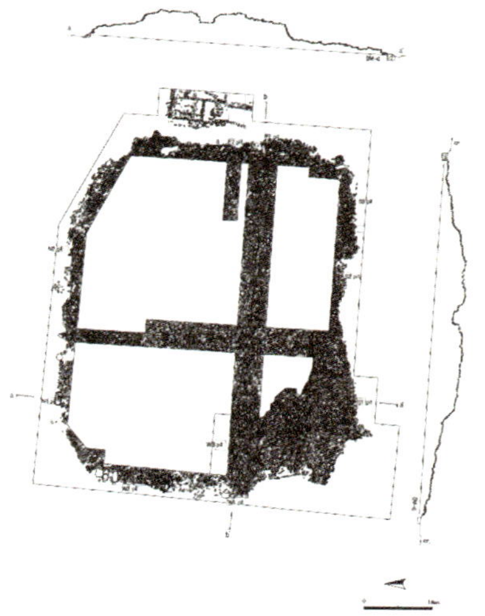 
대표적인 공반유물	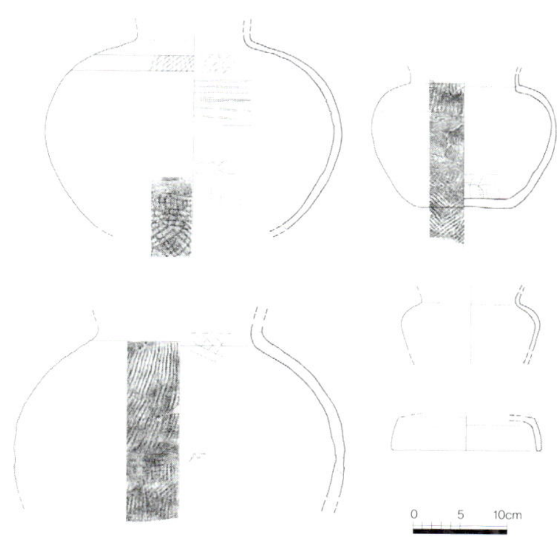 

4. 석촌동 4호분

(1) 석촌동 4호분

소 재 지	송파구 석촌동 248번지	조사기관	서울대학교박물관
유 구 명	석촌동 4호분	유구성격	매장
추정산지	중국	비 고	
외래유물	호, 굽		
공반유물	직구단경호, 광구호, 광구단경소호 개배, 병 외		
참고문헌	서울대학교박물관, 2013, 『석촌동고분군I』.		

외래계유물(국외)

연 번	유물명	도면번호	사진번호	제원(cm)	추정산지	특징
466	호	59-7	61-②	잔존기고 4.8	중국	저부. 동체 하부 깎기흔. 바닥을 떼기 위한 목판 자국. 유는 기포가 많고 산화됨.
467	굽	59-6	61-①	잔존기고 1.7	중국	굽. 묘곽내부 출토. 저부에 유가 흐른 흔적. 4곳에 태토 비짐 흔적.

466

467

유구도면	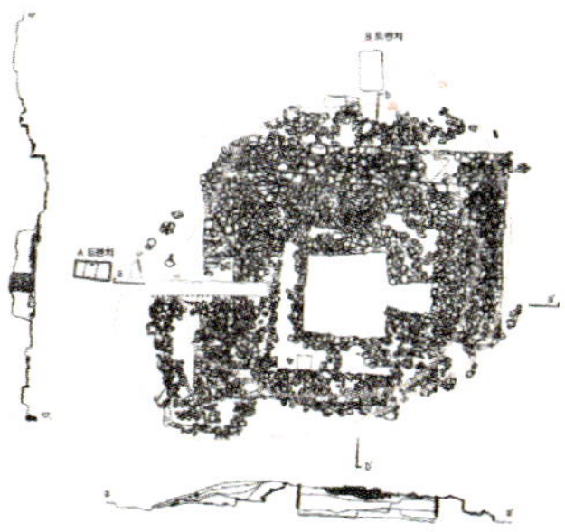 
대표적인 공반유물	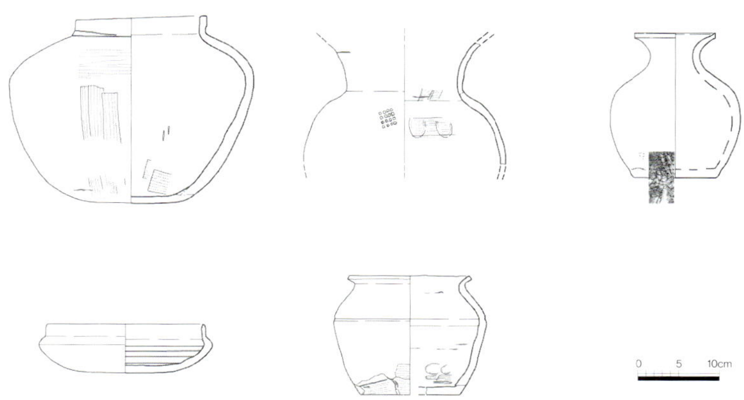

5. 석촌동 5호분

(1) 석촌동 5호분

소 재 지	송파구 석촌동 248번지	조사기관	서울대학교박물관
유 구 명	석촌동 5호분	유구성격	매장
추정산지	지방	비　고	
외래유물	청동환		
공반유물	–		
참고문헌	서울대학교박물관, 2013, 『석촌동고분군I』. 任孝宰, 1976, 「石村洞 百濟 初期古墳의 性格–第五號墳과 破壞墳을 中心으로–」, 『考古美術 129·130, pp.56~82. 蠶室地區遺蹟發掘調査團, 1976, 『蠶室地區遺蹟發掘調査報告書』.		

외래계유물(국내)

연 번	유물명	도면번호	사진번호	제원(cm)	추정산지	특징
468	청동환		30–⑧	지름 4cm 내외	지방산 (경기북부)	폭 2~3mm 내외의 청동환으로 부식이 심함. 경기 북부에 분포하는 적석분구묘에서 복수의 출토 사례가 확인됨.

468

유구도면

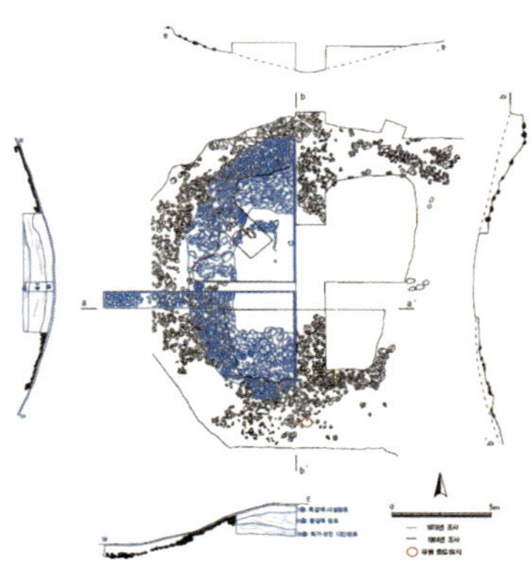

6. 석촌동 76-파괴분

(1) 76-파괴분

소재지	송파구 석촌동 248번지	조사기관	서울대학교박물관
유구명	석촌동 76-파괴분	유구성격	매장
추정산지	지방	비고	
외래유물	대부호, 유견호		
공반유물	직구단경호, 광구호, 뚜껑, 시루 외.		
참고문헌	서울대학교박물관, 2013, 『석촌동고분군I』. 任孝宰, 1976, 「石村洞 百濟 初期古墳의 性格-第五號墳과 破壞墳을 中心으로-」, 『考古美術』 129·130, pp.56~82. 蠶室地區遺蹟發掘調査團, 1976, 『蠶室地區遺蹟發掘調査報告書』.		

외래계유물(국내)

연번	유물명	도면번호	사진번호	제원(cm)	추정산지	특징
469	대부호	65-5	63-③	잔존기고 17.1	지방산 (충청)	동체 중위에 2조의 돌대, 동체 하위 일부에 격자타날흔. 대각에 1조 돌대.
470	유견호	69-16	65-⑤	잔존기고 13.5	지방산 (충청)	동체와 저부 경계부 정지깎기

469

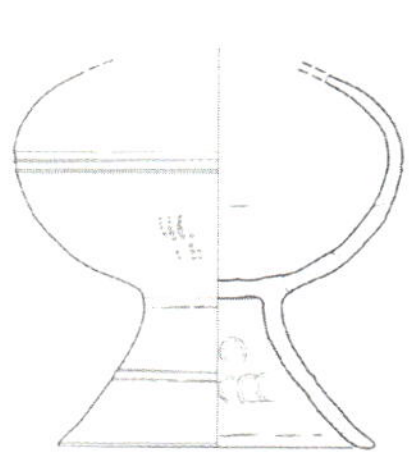

(2013년 실측도)

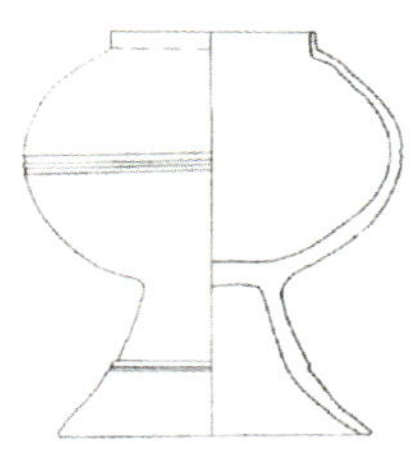

(1976년 실측도)

470

(2013년 실측도)

유구도면	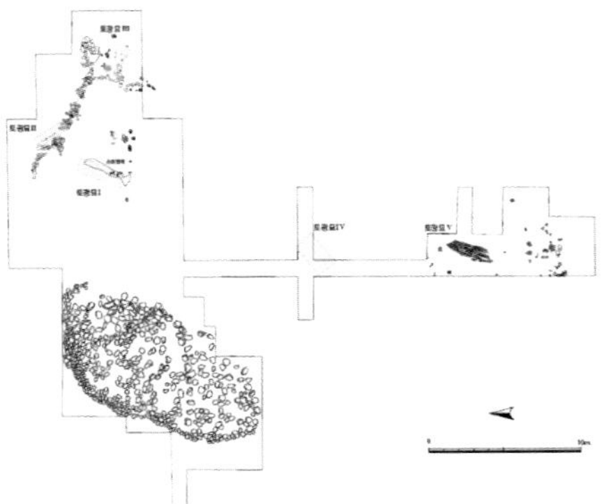 
대표적인 공반유물	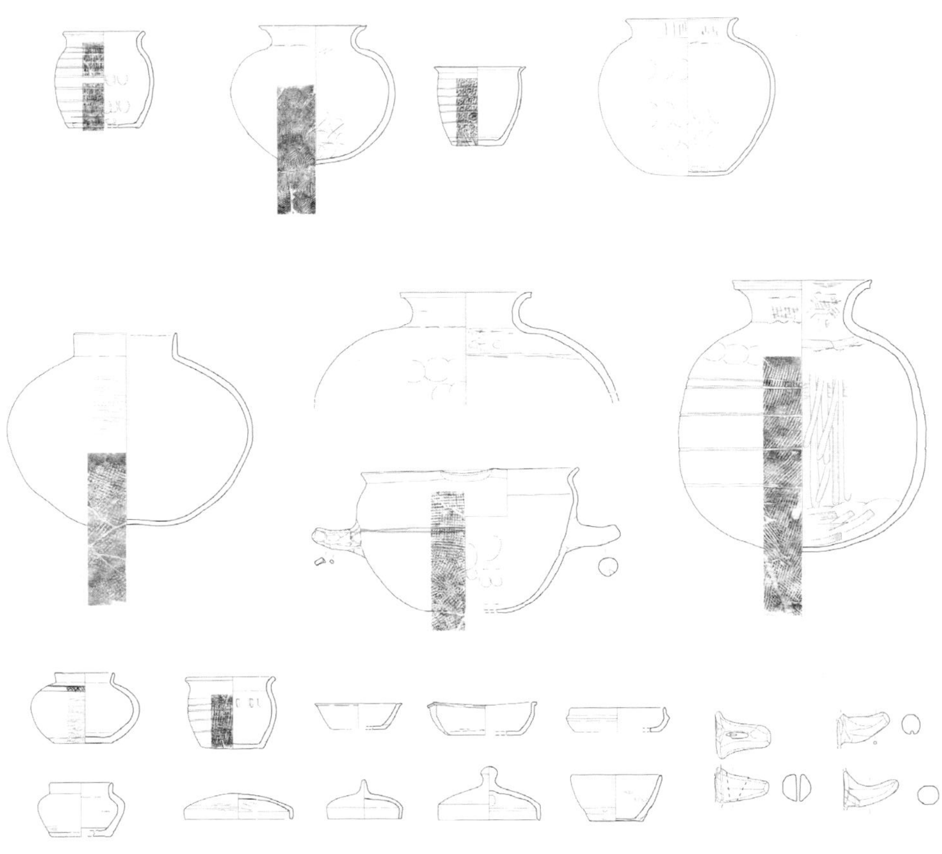

7. 3호분 동쪽 고분군

(1) 대형토광묘

소 재 지	송파구 석촌동 248번지	조사기관	서울대학교박물관
유 구 명	대형토광묘 5호 토광	유구성격	매장
추정산지	지방	비 고	
외래유물	칠기(5점)		
공반유물	직구호, 심발형토기, 단경호 등.		
참고문헌	임영진, 1988,「서울 석촌동 백제토광묘 출토 칠기-중국 칠기와의 관계」,『고고미술』179 서울대학교박물관, 2015,『석촌동고분군III』. 서울大學校博物館, 1986,『石村洞3號墳東쪽古墳群 整理調査報告』.		

외래계유물(국내)

연 번	유물명	도면번호	사진번호	제원(cm)	추정산지	특징
471	반	그림7	사진3	복원직경 40cm 내외	지방계 (낙랑)	흑칠 바탕에 주칠, 흑색으로 거치문을 촘촘하게 띠를 이루어 문양대 조성
472	반	그림8	사진6	복원직경 17.2	지방계 (낙랑)	흑칠 바탕에 주칠, 흑색으로 거치문을 촘촘하게 띠를 이루어 문양대 조성
473	반	그림10	사진10	복원길이 23cm 내외	지방계 (낙랑)	바닥 흑칠, 벽 주칠, 옅은 회갈색으로 종횡선문양대 조성
474	이배	그림11	사진12	복원길이 25cm 내외	지방계 (낙랑)	주칠, 흑색 거치문양 시문
475	반		사진 9	복원구경 23	지방계 (낙랑)	내면에 주칠, 외면에 흑칠.

471

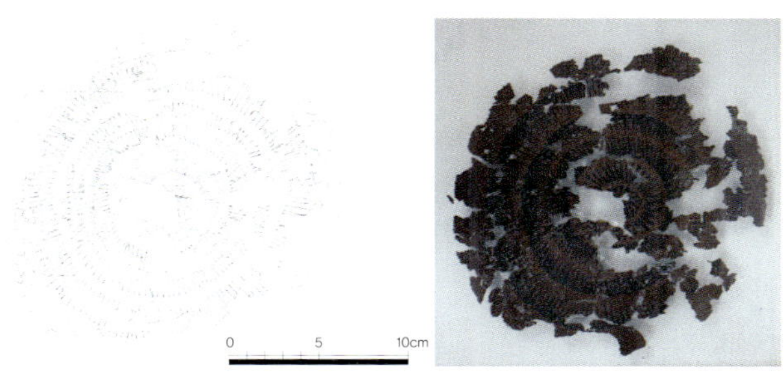

472

	473 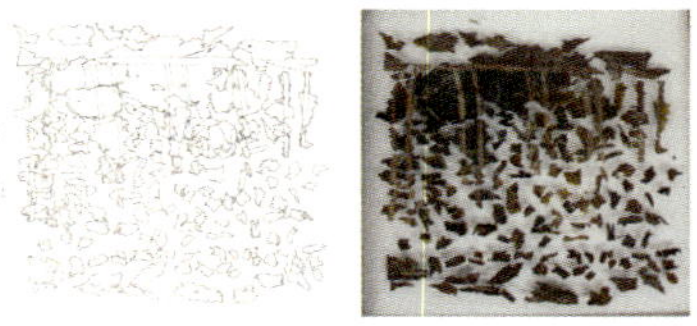 474 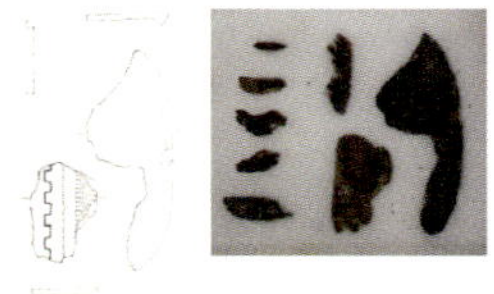 475 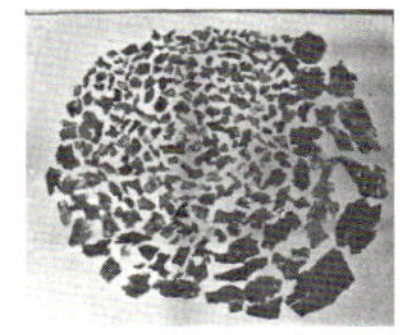
유구도면	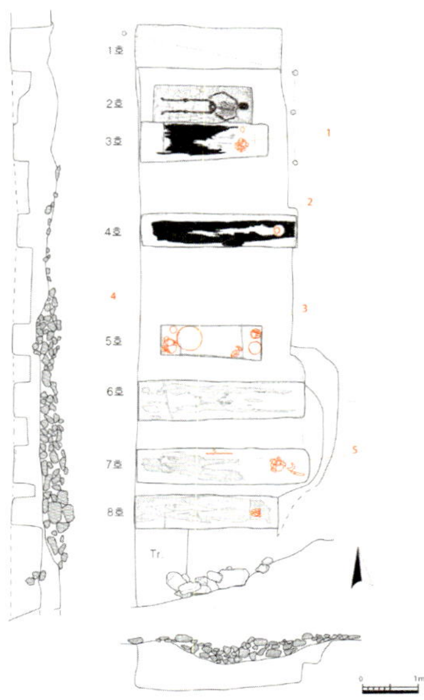 
대표적인 공반유물	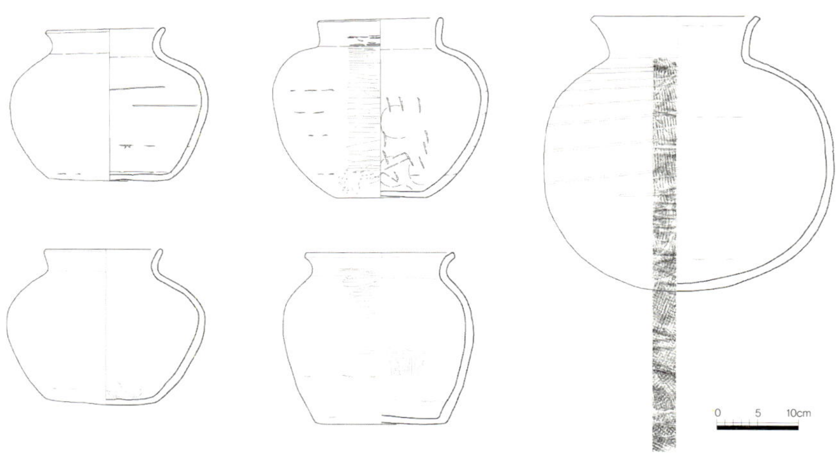

(2) 6호 토광묘

소 재 지	송파구 석촌동 248번지	조사기관	서울대학교박물관
유 구 명	6호 토광묘	유구성격	매장
추정산지	지방	비 고	
외래유물	개배		
공반유물	직구평저호, 외반구연소호, 개 등		
참고문헌	서울대학교박물관, 2015, 『석촌동고분군III』. 서울大學校博物館, 1986, 『石村洞3號墳東쪽古墳群 整理調査報告』. 권오영, 2002, 「풍납토성 출토 외래유물에 대한 검토」, 『백제연구』36.		

외래계유물(국내)

연 번	유물명	도면번호	사진번호	제원(cm)	추정산지	특징
476	개배	24-2	4-6	기고 3.2	지방산 (충청)	동체 저부 접합면은 회전깎기. 회전물손질로 얕은 돌대를 조성하여 뚜껑받이턱을 만듦.

476

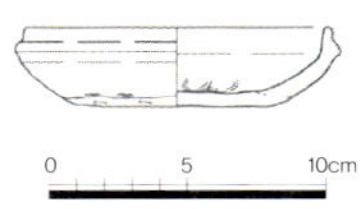

유구도면

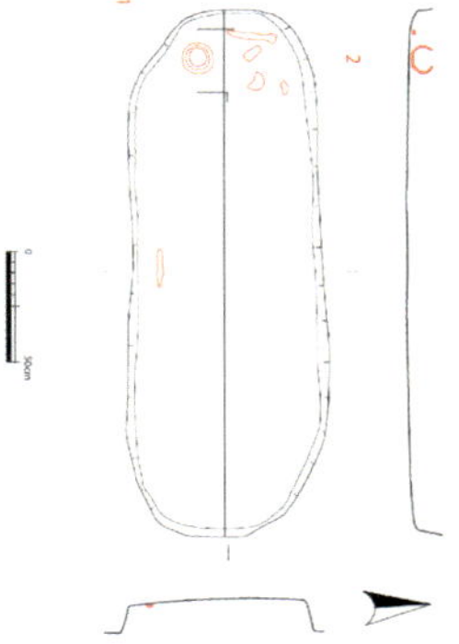

대표적인 공반유물

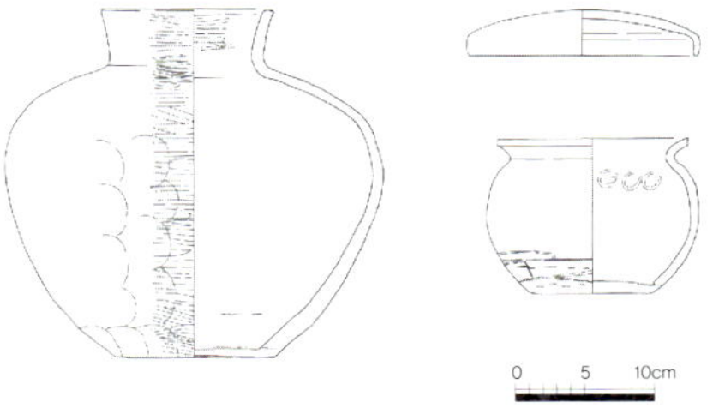

(3) 8호 토광묘

소 재 지	송파구 석촌동 248번지	조사기관	서울대학교박물관
유 구 명	8호 토광묘	유구성격	매장
추정산지	중국	비 고	
외래유물	사이부호		
공반유물	직구단경호, 심발형토기 등		
참고문헌	서울대학교박물관, 2015, 『석촌동고분군III』. 서울大學校博物館, 1986, 『石村洞3號墳東쪽古墳群 整理調査報告』		

외래계유물(국외)

연 번	유물명	도면번호	사진번호	제원(cm)	추정산지	특징
477	사이부호	28-3	7-1	기고 23.9	중국	토광묘 어깨선 외부. 횡방향으로 귀 4개를 부착하여 눌러 붙임. 내부는 고속의 회전손질로 인한 요철.

477

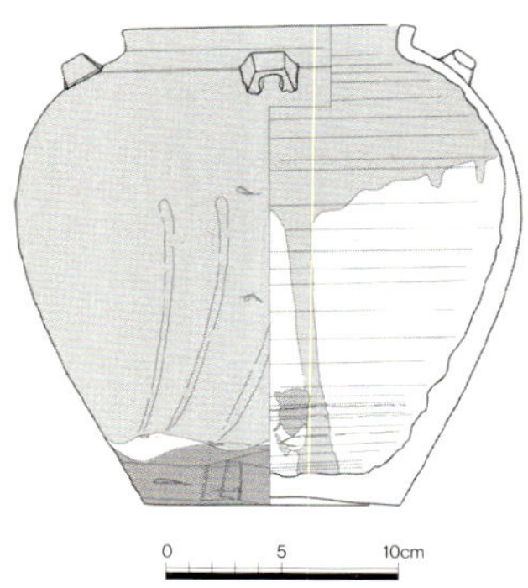

유구도면

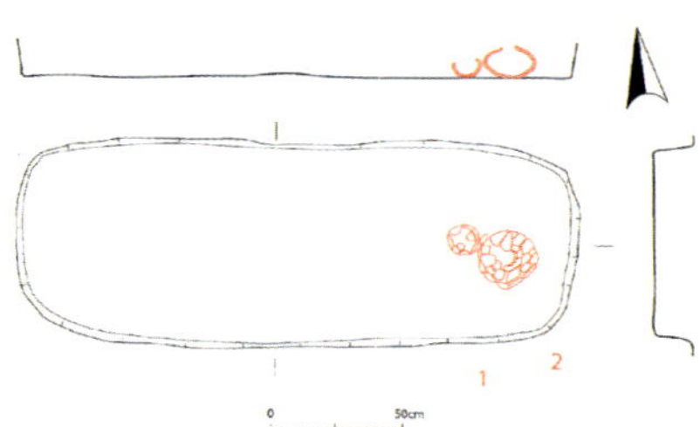

대표적인 공반유물

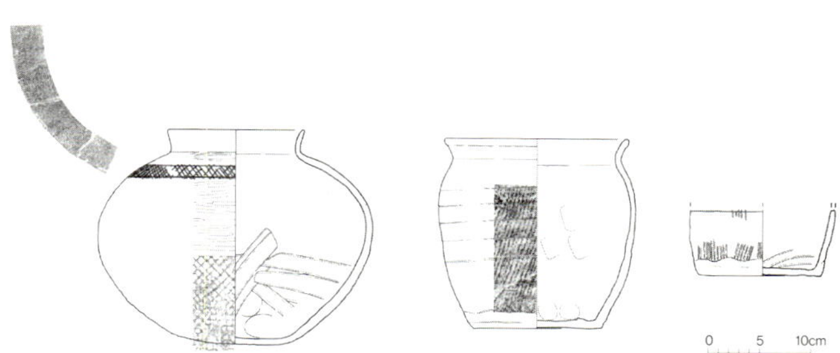

(4) A지역 수습유물

소 재 지	송파구 석촌동 248번지	조사기관	서울대학교박물관
유 구 명	A지역 수습유물	유구성격	매장
추정산지	지방	비 고	
외래유물	뚜껑		
공반유물	직구호, 외반구연소호, 고배 등.		
참고문헌	서울대학교박물관, 2015, 『석촌동고분군III』. 서울大學校博物館, 1986, 『石村洞3號墳東쪽古墳群 整理調査報告』.		

외래계유물(국내)

연 번	유물명	도면번호	사진번호	제원(cm)	추정산지	특징
478	뚜껑	40-7	11-6	잔존기고 3.5	지방산 (충청, 전라)	외면 드림부 경계면에 돌대를 조성. 개신 상부에 1조의 침선.

478

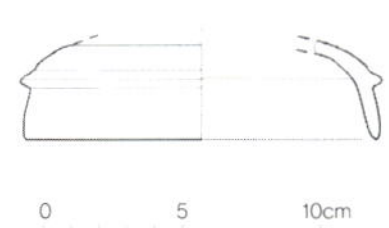

유구도면

대표적인 공반유물

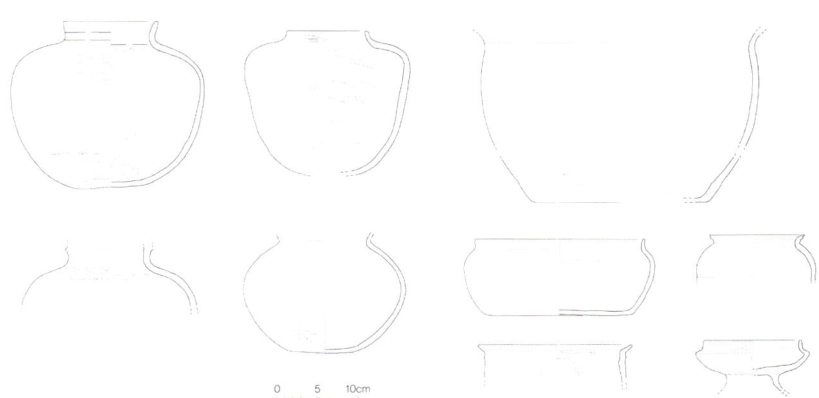

(5) 화장유구

소 재 지	송파구 석촌동 248번지	조사기관	서울대학교박물관
유 구 명	화장유구	유구성격	매장
추정산지	지방	비 고	
외래유물	유견호		
공반유물	직구호, 외반구연소호, 고배 등.		
참고문헌	서울대학교박물관, 2015, 『석촌동고분군III』. 서울大學校博物館, 1986, 『石村洞3號墳東쪽古墳群 整理調査報告』.		

외래계유물(국내)

연 번	유물명	도면번호	사진번호	제원(cm)	추정산지	특징
479	유견호	66-4	33-4	기고 14.9	지방산 (충청)	구연~견부 회전물손질. 동체와 저부 연결부는 우->좌로 정지깎기.

479

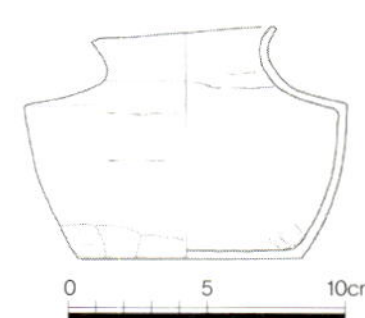

유구도면

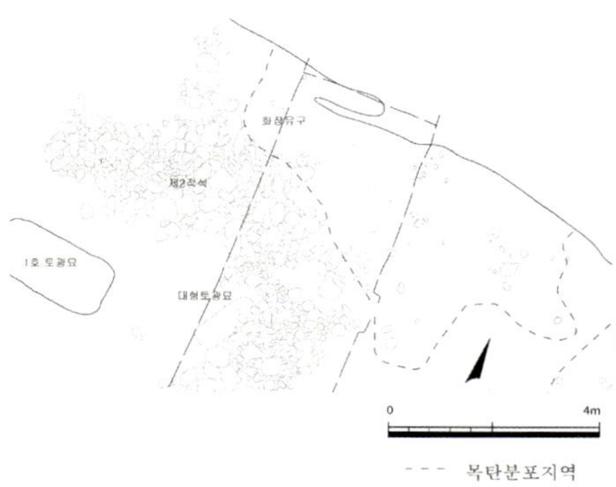

대표적인 공반유물

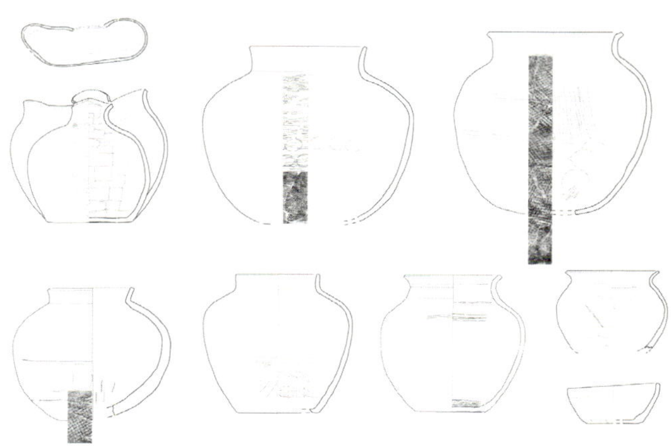

(6) 즙석봉토분

소 재 지	송파구 석촌동 248번지	조사기관	서울대학교박물관
유 구 명	즙석봉토분	유구성격	매장
추정산지	중국, 지방	비 고	
외래유물	반구호(2점), 양이부호, 난형호		
공반유물	직구단경호, 단경호, 뚜껑, 시루, 고배 외.		
참고문헌	서울대학교박물관, 2015, 『석촌동고분군III』. 서울大學校博物館, 1986, 『石村洞3號墳東쪽古墳群 整理調査報告』		

외래계유물(국외)

연 번	유물명	도면번호	사진번호	제원(cm)	추정산지	특징
480	반구호	55-1	23-1	잔존기고 2.7	중국	3조의 돌대, 내외면에 전체적으로 녹유가 시유됨.
		55-2	23-2	잔존기고 5.1	중국	위의 편과 동일 개체로 추정됨. 내외면에 전체적으로 녹유가 시유됨. 경부가 끝나는 부분에서 크게 외반됨.
		55-5	24-2	잔존기고 6.1	중국	위의 편과 동일 개체일 가능성 있음. 내외면에 전체적으로 녹유가 시유됨. 견부 아래로 연판문으로 생각되는 문양대가 선과 면을 이용하여 시문됨.
481	반구호	55-4	24-1	잔존기고 4.8	중국	전체적으로 황갈유의 흔적이 확인되나 일부는 산화박리됨.
		55-3	23-3	잔존기고 9.6	중국	위의 편과 동일 개체로 추정됨. 전체적으로 유의 흔적이 확인되나 일부 산화박리됨. 내면에 강한 회전물손질흔. 종방향으로 耳를 부착한 흔적이 확인됨.

480

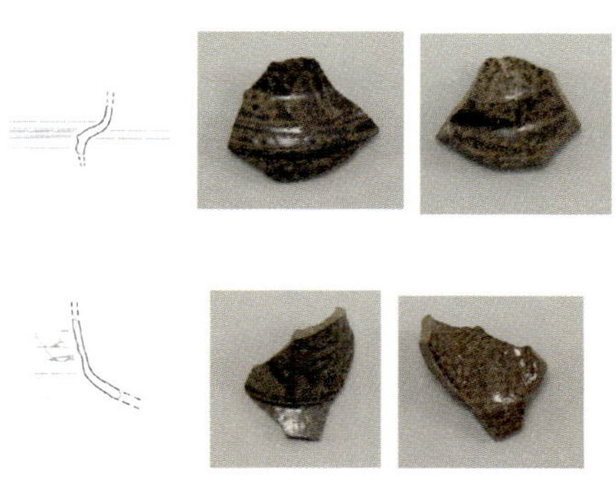

481

481

외래계유물(국내)

연 번	유물명	도면번호	사진번호	제원(cm)	추정산지	특징
482	양이부호	52-3	18-1	기고 19.0	지방산 (전라동부)	회흑색 슬립이 확인되나 일부 박락됨. 구연단을 편평하게 마무리. 동체와 저부 연결부 회전깎기. 耳는 살짝 들린 형태로 위에서 아래로 투공을 뚫음.
483	난형호	48-1	15-3	기고 26.8	지방산 (충청)	경부 바로 아래부터 종집선문 타날. 종방향 평행선문이 타날된 부분에 하단으로 내려가면서 폭이 넓어지는 8조의 횡침선을 부가함.

482

483

유구도면	 

대표적인 공반유물

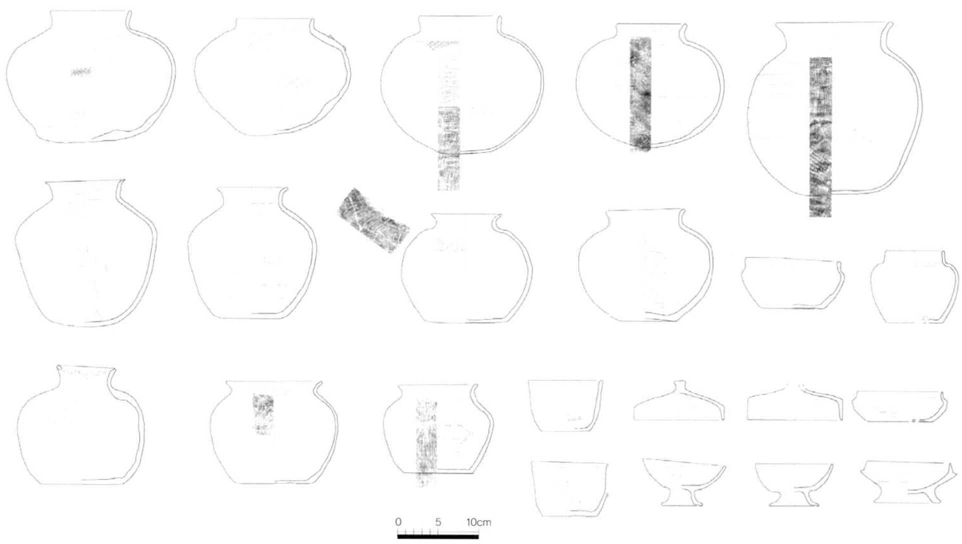

8. 석촌동 2호분 동쪽

(1) 석촌동 석곽묘

소 재 지	송파구 석촌동 248번지	조사기관	숭실대학교
유 구 명	석촌동 4호 석곽묘	유구성격	매장
추정산지	중국	비 고	
외래유물	중국제 자기 8점(1개체 추정)		
공반유물	광구장경호, 호, 철정, 꺽쇠 등		
참고문헌	서울特別市·石村洞發掘調査團, 1987, 『石村洞古墳群發掘調査報告書』.		

외래계유물(국외)

연 번	유물명	도면번호	사진번호	제원(cm)	추정산지	특징
484	반구호	24-③	77	–	중국	견부, 橫耳, 이부 아래 1조 횡침
		24-④	77	–	중국	위와 동일 개체로 추정. 견부, 橫耳, 이부 아래 1조 횡침
		–	78, 79	–	중국	위와 동일 개체로 추정. 동체편, 청자, 일부 황색

484

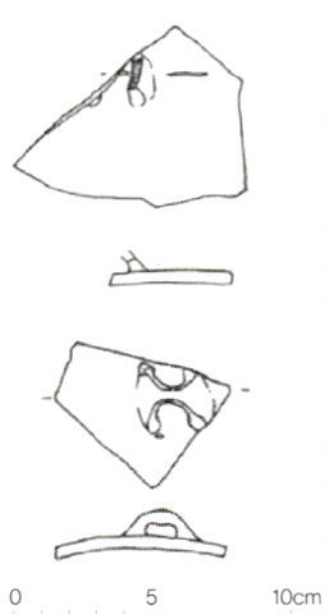

유구도면

대표적인 공반유물

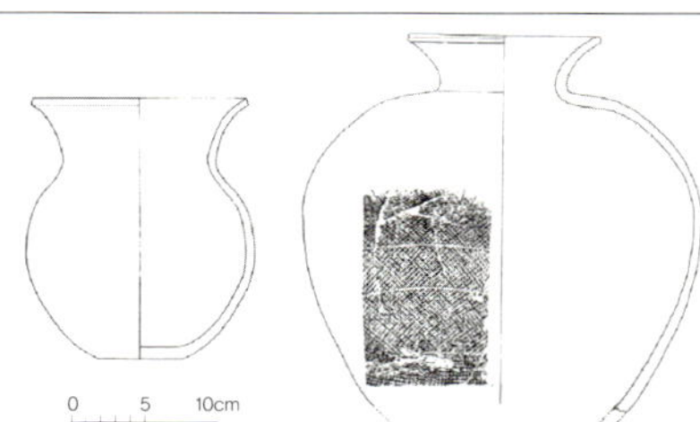

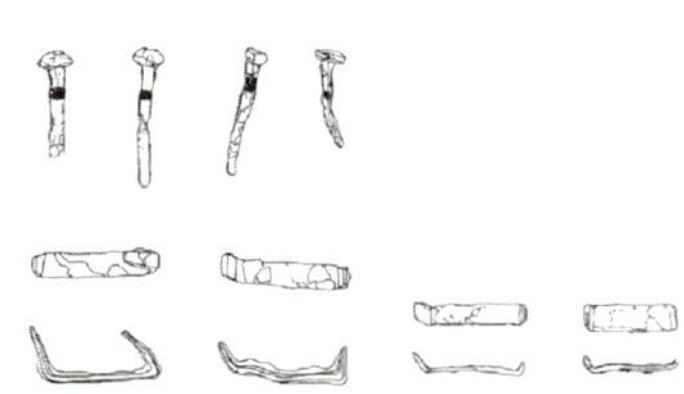

9. 석촌동 5호분 남쪽 파괴 지역

(1) 5호분 남쪽 파괴 지역

소 재 지	송파구 석촌동 248번지	조사기관	서울대학교박물관
유 구 명	5호분 남쪽 파괴 지역	유구성격	매장
추정산지	지방	비 고	
외래유물	직구호, 단경호		
공반유물	직구단경호, 광구장경호, 대부호, 발형토기, 완, 병, 쌍호, 장군, 장란형토기 등		
참고문헌	서울대학교박물관, 2014, 『석촌동고분군II』.		

외래계유물(국내)

연 번	유물명	도면번호	사진번호	제원(cm)	추정산지	특징
485	직구호	10-4	3-1	기고 17.8	지방산 (경기 남부)	외면 동체부~저부 격자문 타날. 편평 구단. 구연부 회전 물손질. 두께가 0.6~1.1cm로 두꺼운 편.
486	단경호	12-1	3-2	기고 16.3	지방산 (충청)	구연 끝단을 직각으로 꺾어 외반시킴. 동체하부 사방향평행선문 타날.
487	단경호	11-1	3-3	기고 21.7	지방계 (낙랑)	견부에 2-3조의 다치 파상문. 내면 구연 상단에 1조의 요철문. 내면 동체 하부 사방향 물손질.
488	장경호	13-2	4-4	기고 21.8	지방산 (충청, 전라)	소성 불량으로 기형이 틀어졌음. 약 5cm의 직립한 구연. 구연부 2조의 돌대로 구획 후 4조 다치구로 폭 1.5cm의 파상문을 시문. 견부에 동일한 다치구로 시문.
489	직구호	8-1	1-3	기고 17.6	지방산 (충청, 전라)	구연부에 1조 돌대. 동최대경 요철 장식.
490	단경호	13-1	4-2	기고 19.4	지방산 (충청, 전라	동체 하부 평행선문 교차 타날. 경부 회전물손질을 이용한 돌대 장식. 동체 하부 철산화물 부착
491	경배	24-3	11-3	기고 13.0	지방산 (전라)	바닥에 기포흔. 구연부 상단에 1조의 돌대. 저부와 동체 접합부에 는 평행선문 타날 후 지움. 동최대경 부근 요철 장식.

485

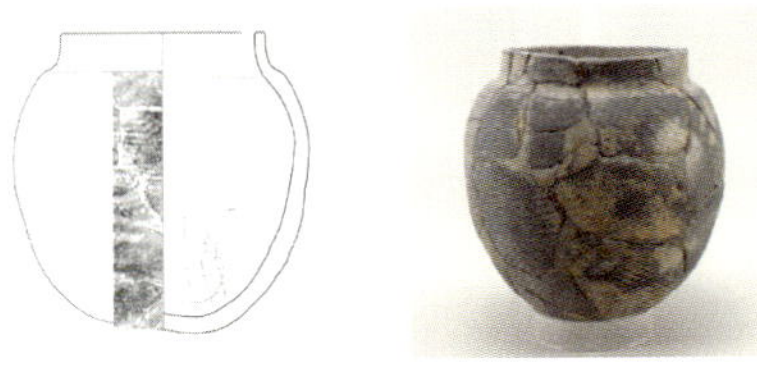

486

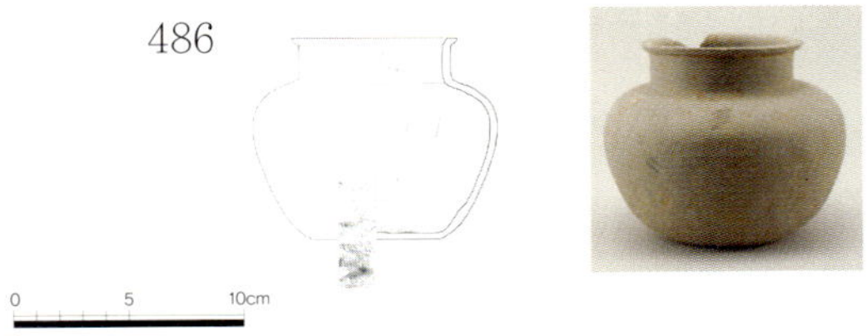

487

488

489

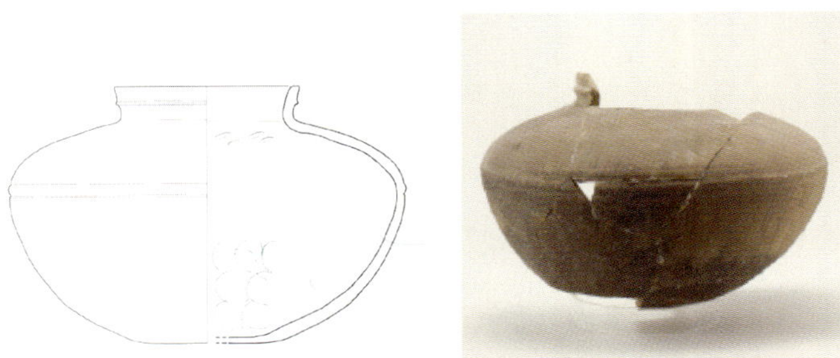

490

491

<table>
<tr><td>유구도면</td><td>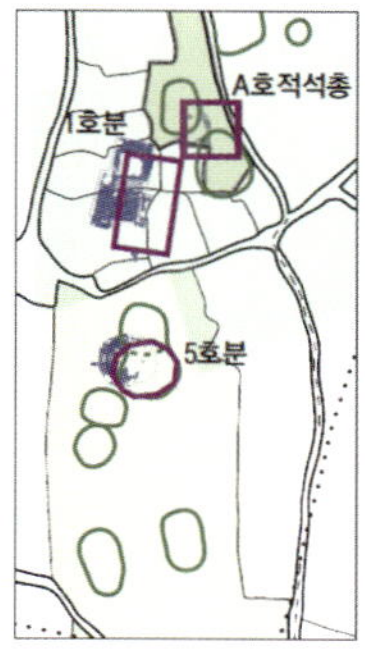

</td></tr>
<tr><td>대표적인
공반유물</td><td>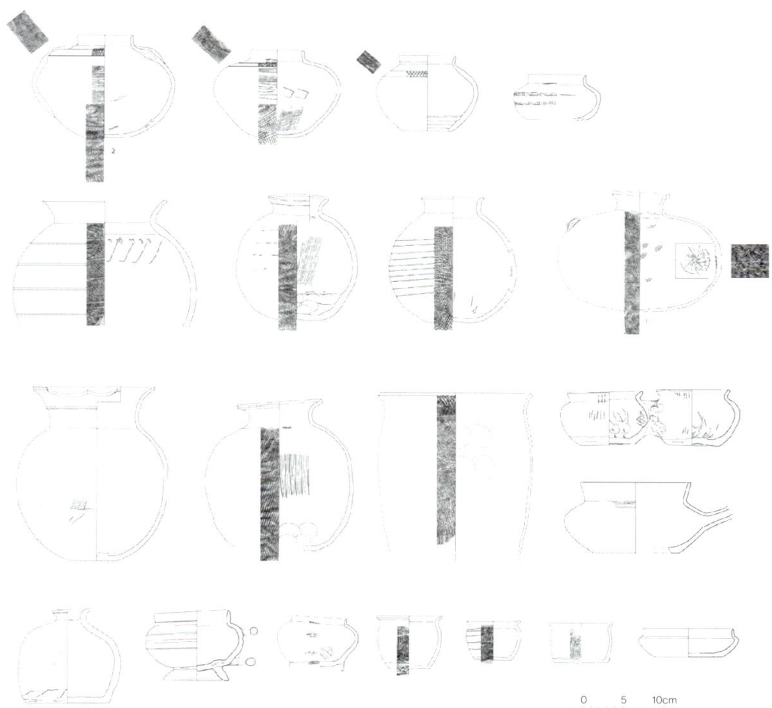
</td></tr>
</table>

10. 가락동 2호분

(1) 가락동 2호분

소 재 지	송파구 석촌동 246번지 일원	조사기관	고려대학교
유 구 명	가락동 2호분	유구성격	매장
추정산지	지방	비　고	
외래유물	난형호, 이중구연호		
공반유물	흑색마연호, 직구호, 철모, 철도자 등		
참고문헌	고려대학교박물관 · 서울문화유산연구원, 2012, 『可樂洞 二號墳』		

외래계유물(국내)

연 번	유물명	도면번호	사진번호	제원(cm)	추정산지	특징
492	난형호	22	22	잔존기고 24.2	지방산 (충청)	구연단 내면에 단이 확인됨. 동체 전면에 종방향 평행선문타날 후, 횡침선을 돌림. 동체 하부에는 사방향 평행선문타날.
493	이중구연호	3	3	기고 19.1	지방산 (전라)	도질재, 경부 중앙에 구경부를 접어올려 1조의 돌대 형성. 중위 이하에 사방향의 격자타날.

492

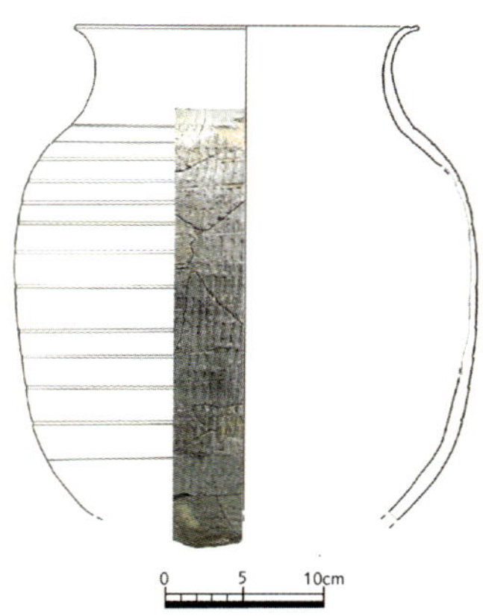

493

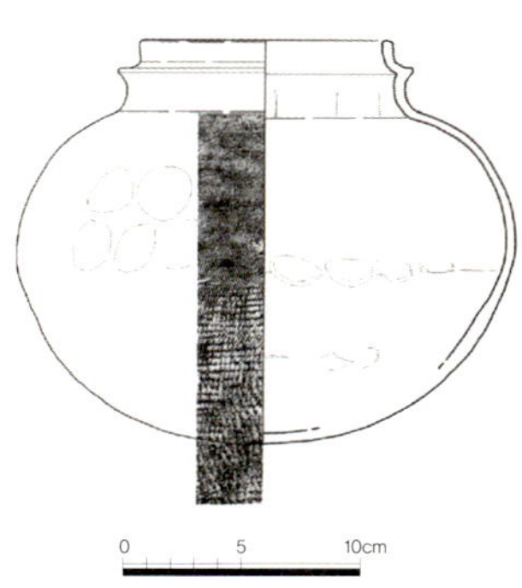

유구도면	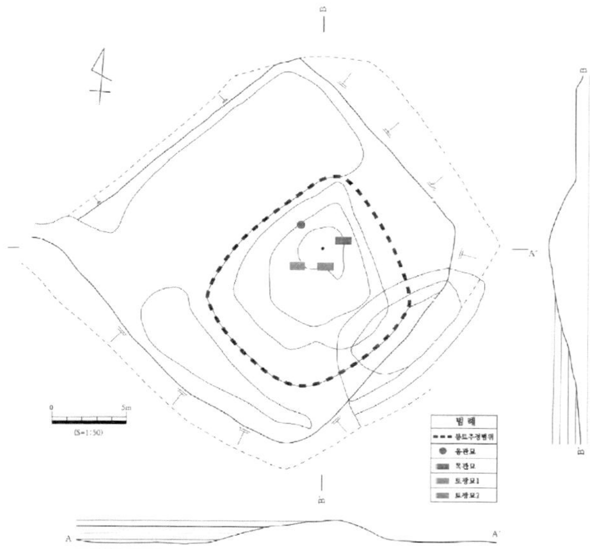
대표적인 공반유물	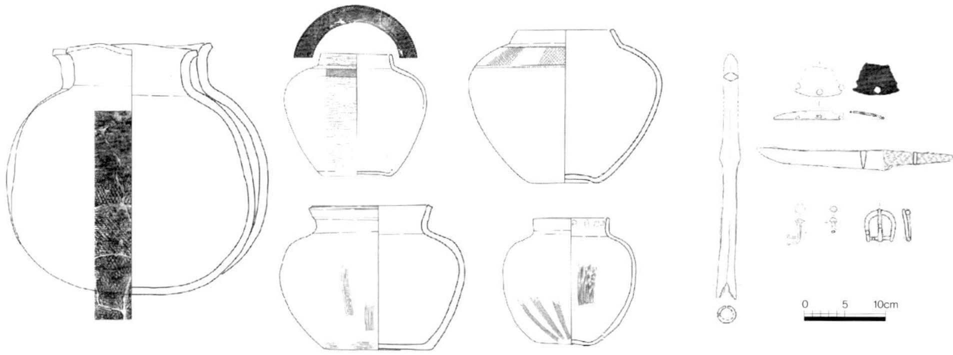

11. 1호분 북쪽 연접적석총

(1) 1호 적석묘

소 재 지	송파구 석촌동 248번지	조사기관	한성백제박물관
유 구 명	1호 적석묘	유구성격	매장
추정산지	가야	비 고	
외래유물	고배(1점)		
공반유물	흑색마연직구광견호, 흑색마연토기 뚜껑, 수키와, 암키와, 철정, 꺾쇠 등		
참고문헌	한성백제박물관, 2019,『서울 석촌동 고분군 I -1호분 북쪽 연접적석총1-』.		

외래계유물(국내)

연 번	유물명	도면번호	사진번호	제원(cm)	추정산지	특징
494	고배	29	29	기고 15.15 구경 15 저경 12.1 두께 0.3-0.9	가야 (아라가야)	기저 성토층에서 출토, 배신에 2줄 돌대, 대각에 3줄 돌대, 대각 하부 상하 돌대 사이 종방향 6조 점열문, 뚜껑받이턱 존재, 대각에 4개의 원형투공으로 구성된 4조의 종방향 투공열, 최상부 투공 1개는 반투공 상태

494

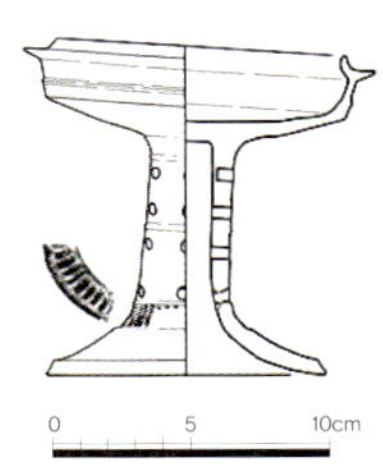

-

연 번

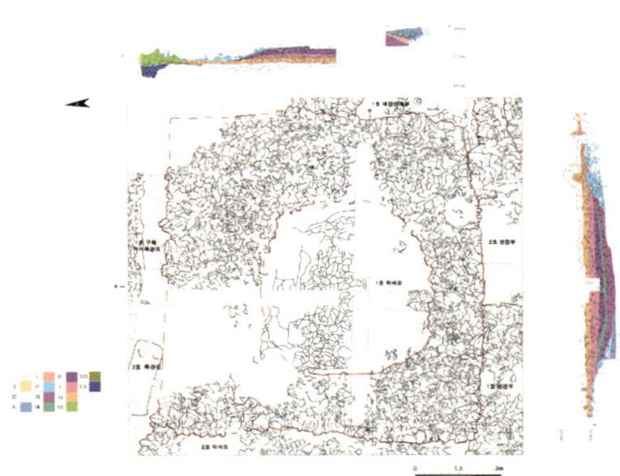

대표적인 공반유물	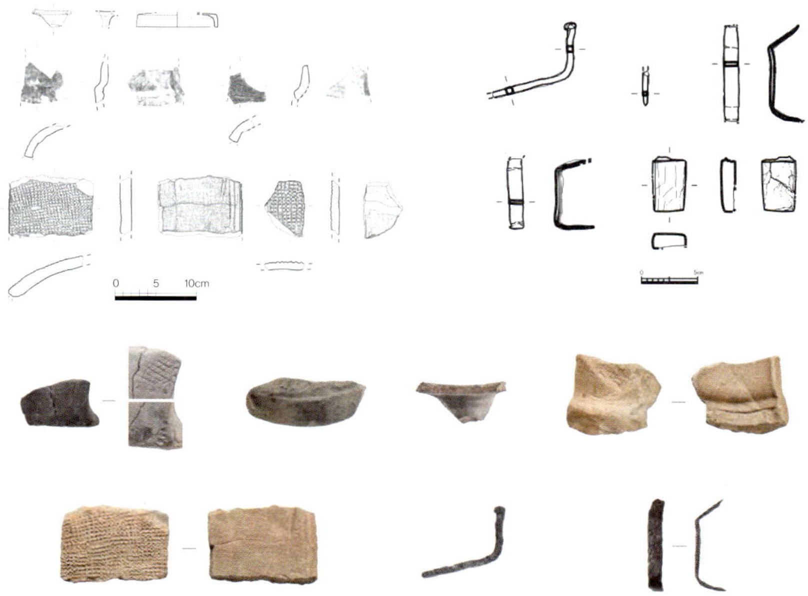

(2) 1호 매장의례부

소 재 지	송파구 석촌동 248번지	조사기관	한성백제박물관
유 구 명	1호 매장의례부	유구성격	제의
추정산지	중국, 지방	비 고	
외래유물	청자반구호(1점), 청자호(1점), 원저심발형토기(1점)		
공반유물	호, 고배, 완, 암키와, 숫키와, 와당, 유리구슬, 금구슬, 금귀걸이, 금장신구 등		
참고문헌	한성백제박물관, 2019, 『서울 석촌동 고분군 Ⅰ –1호분 북쪽 연접적석총1–』.		

외래계유물(국외)

연 번	유물명	도면번호	사진번호	제원(cm)	추정산지	특징
495	청자반구호 저부	156	156	잔고 15.2 동최대경 24 두께 0.55–2.2	중국	오목한 평저, 저부 접지면 초본류, 일부 유약, 회전깎기, 목판긁기흔, 접합흔
496	청자호 동체부	157	157	길이 6 두께 0.45–0.8	중국	일부 유약, 내면에 고속 회전의 요철흔

495

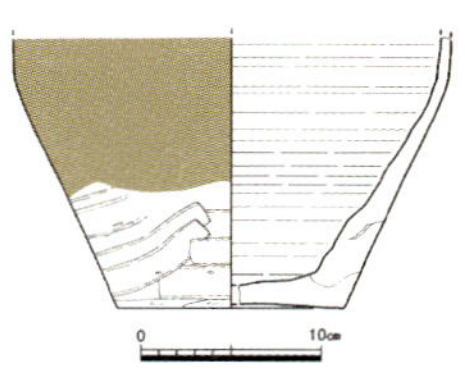

–

496

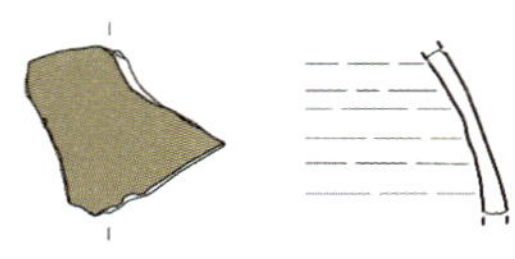

–

외래계유물(국내)

연 번	유물명	도면번호	사진번호	제원(cm)	추정산지	특징
497	원저심발형토기	130	130	기고 11.85 두께 0.3–0.75	지방산 (충청)	세승문 타날+횡침선문, 저부 접지면 축흔, 회전 깍기, 내면 탄착흔

497

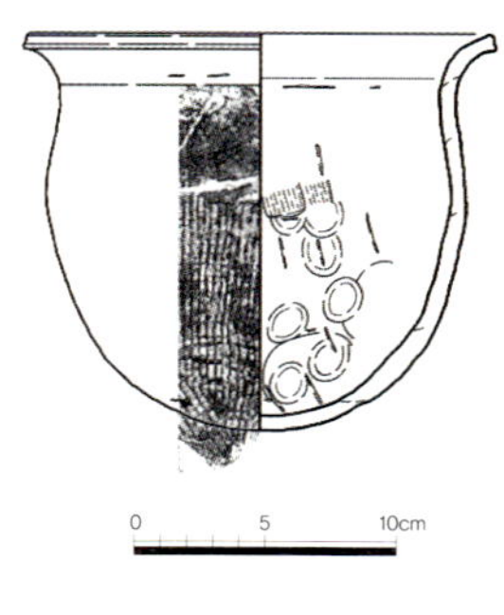

–

유구도면	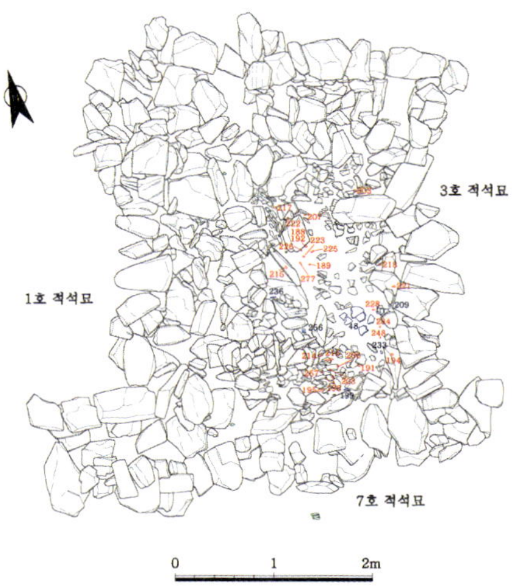 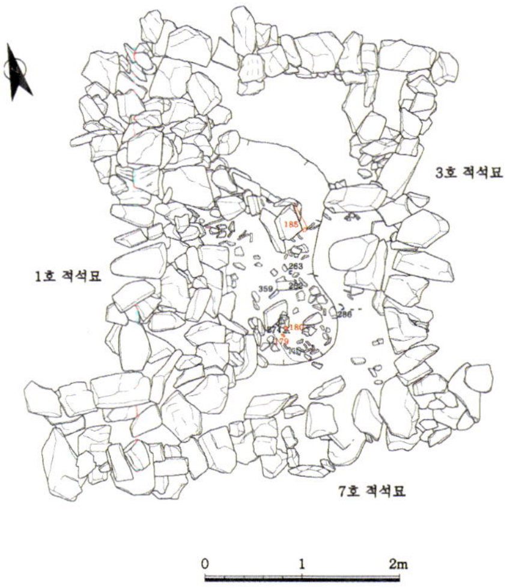  
대표적인 공반유물	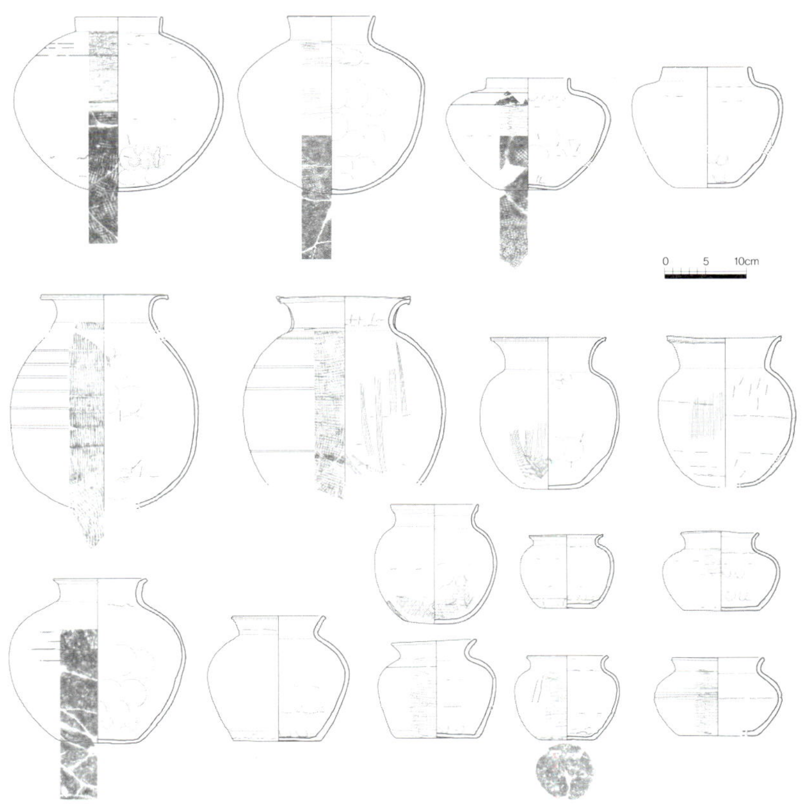

대표적인 공반유물	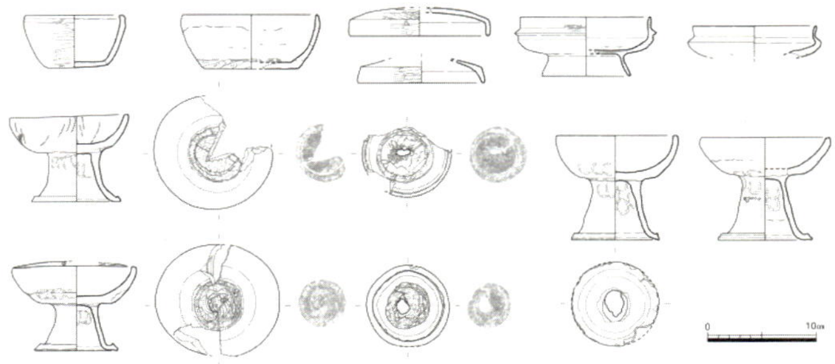 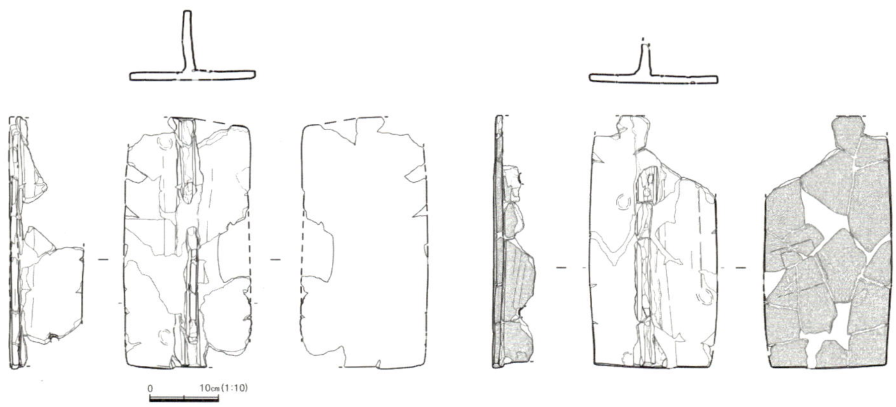 

(3) 3호 적석묘

소 재 지	송파구 석촌동 248번지	조사기관	한성백제박물관
유 구 명	3호 적석묘	유구성격	매장
추정산지	중국, 미상	비 고	
외래유물	청자호(1건 4점), 대부완(1점)		
공반유물	호, 완 등		
참고문헌	한성백제박물관, 2018, 『서울 석촌동 고분군 발굴조사 학술자문회의 자료집』. 한성백제박물관, 2019, 『서울 석촌동 고분군 발굴조사 현장설명회 자료집』. 한성백제박물관, 2019, 『서울 석촌동 고분군 I -1호분 북쪽 연접적석총1-』. 한성백제박물관, 2020, 『서울 석촌동 고분군 II -1호분 북쪽 연접적석총2-』.		

외래계유물(국외)

연 번	유물명	도면번호	사진번호	제원(cm)	추정산지	특징
498	청자호	–	–	잔존길이 5 복원구경 6 두께 0.5–1	중국	경부·동체부가 분리된 상태로 잔존

498

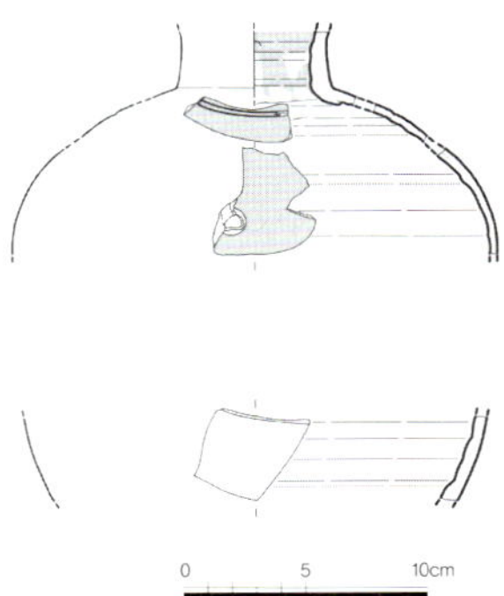

외래계유물(국내)

연 번	유물명	도면번호	사진번호	제원(cm)	추정산지	특징
499	대부완 대각	–	–	잔고 8.8 저경 14 두께 0.4–0.9	미상	대각만 잔존하고 표면에서 타날흔이 미세하게 관찰됨

499

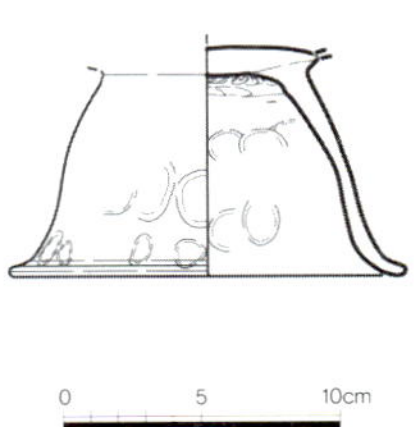

유구도면	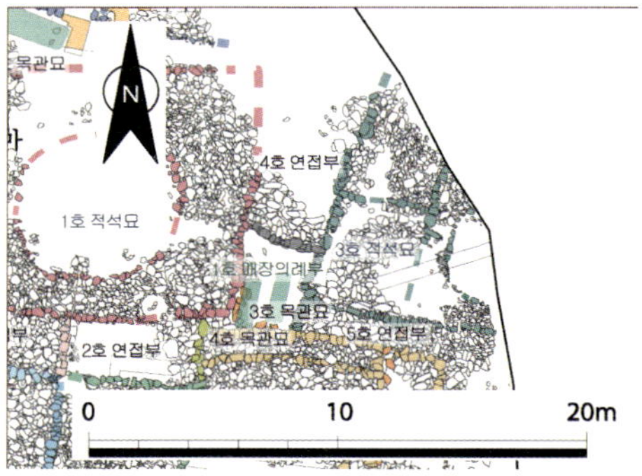   
대표적인 공반유물	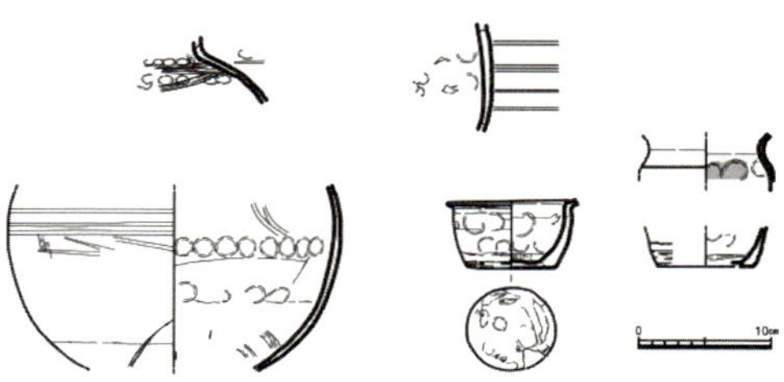 

(4) 4호 적석묘

소 재 지	송파구 석촌동 248번지	조사기관	한성백제박물관
유 구 명	4호 적석묘	유구성격	매장
추정산지	중국	비 고	
외래유물	청자호(2점)		
공반유물	단경호, 광구장경호, 호, 암키와, 수키와, 미상토제품 등		
참고문헌	한성백제박물관, 2018, 『서울 석촌동 고분군 발굴조사 학술자문회의 자료집』. 한성백제박물관, 2019, 『서울 석촌동 고분군 발굴조사 현장설명회 자료집』. 한성백제박물관, 2019, 『서울 석촌동 고분군 Ⅰ-1호분 북쪽 연접적석총1-』.		

외래계유물(국외)

연 번	유물명	도면번호	사진번호	제원(cm)	추정산지	특징
500	청자호	-	-	잔존길이 12 잔존너비 16.6 두께 0.6-1.1	중국	동체부 일부만 잔존
501	청자호	-	-	잔존길이 5.4 잔존너비 5.9 두께 0.7	중국	동체부 일부만 잔존

500

501

유구도면

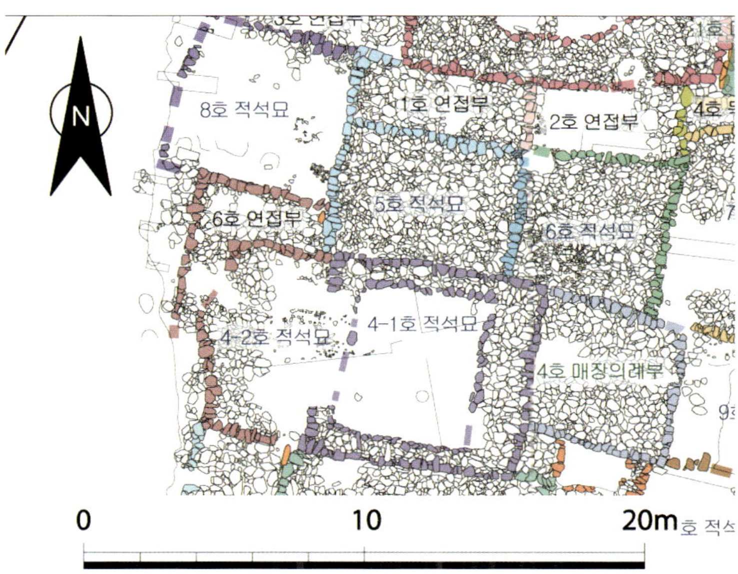

유구도면	 
대표적인 공반유물	     

(5) 7호 매장의례부

소 재 지	송파구 석촌동 248번지	조사기관	한성백제박물관
유 구 명	7호 매장의례부	유구성격	제의
추정산지	중국	비　고	
외래유물	청자이부호(1점)		
공반유물	외반구연호, 직구호, 평저호, 숫키와, 암키와, 미상토제품, 철정, 꺾쇠 등		
참고문헌	한성백제박물관, 2018, 『서울 석촌동 고분군 발굴조사 학술자문회의 자료집』. 한성백제박물관, 2019, 『서울 석촌동 고분군 발굴조사 현장설명회 자료집』. 한성백제박물관, 2019, 『서울 석촌동 고분군 Ⅰ-1호분 북쪽 연접적석총1-』.		

외래계유물(국외)

연 번	유물명	도면번호	사진번호	제원(cm)	추정산지	특징
502	청자이부호	–	–	복원구경 15.7 저경 10.3 두께 0.5–0.7	중국	직립구연, 견부에 각진 형태의 귀 부착

502

유구도면

대표적인 공반유물	

(6) 8호 적석묘

소 재 지	송파구 석촌동 248번지	조사기관	한성백제박물관
유 구 명	8호 적석묘	유구성격	매장
추정산지	중국	비 고	
외래유물	청자반구호(1건 2점), 청자호(3점)		
공반유물	직구호, 광구단경호, 심발형토기, 암키와 등		
참고문헌	한성백제박물관, 2019, 『서울 석촌동 고분군 발굴조사 현장설명회 자료집』. 한성백제박물관, 2019, 『서울 석촌동 고분군 I -1호분 북쪽 연접적석총1-』.		

외래계유물(국외)

연 번	유물명	도면번호	사진번호	제원(cm)	추정산지	특징
503	청자반구호 구연부	–	–	잔존길이 4.5 잔존너비 12.1 두께 0.6	중국	구연부가 분리된 상태로 잔존
504	청자호	–	–	잔존길이 3.2 잔존너비 5.7 두께 0.5–0.7	중국	동체부 일부만 잔존
505	청자호	–	–	잔존길이 12 잔존너비 12.3 두께 0.5–1	중국	유물폐기면 출토, 시유되지 않거나 일부 시유된 부분은 박리 진행
506	청자호	–	–	잔존길이 4.1 잔존너비 3.9 두께 0.6–0.7	중국	동체부 일부만 잔존

503

504

505

506

유구도면	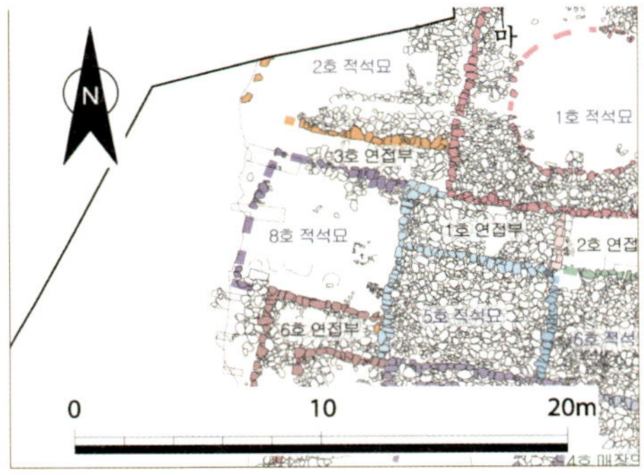  
대표적인 공반유물	

(7) 11호 적석묘

소 재 지	송파구 석촌동 248번지	조사기관	한성백제박물관
유 구 명	11호 적석묘	유구성격	매장
추정산지	중국	비　　고	
외래유물	청자반구호(1건 3점), 청자호(1점)		
공반유물	외반구연호, 단경호, 흑색마연고배, 심발형토기, 삼족기, 철정, 꺾쇠, 교구, 철도자 등		
참고문헌	한성백제박물관, 2018,『서울 석촌동 고분군 발굴조사 학술자문회의 자료집』. 한성백제박물관, 2019,『서울 석촌동 고분군 발굴조사 현장설명회 자료집』. 한성백제박물관, 2019,『서울 석촌동 고분군 Ⅰ-1호분 북쪽 연접적석총1-』.		

외래계유물(국외)

연 번	유물명	도면번호	사진번호	제원(cm)	추정산지	특징
507	청자반구호	-	-	잔존길이 6.7 두께 0.5	중국	구연부·동체부가 분리된 상태로 잔존
508	청자호	-	-	잔존길이 5.3 두께 0.7-1	중국	동체부 일부만 잔존

507

508

연 번

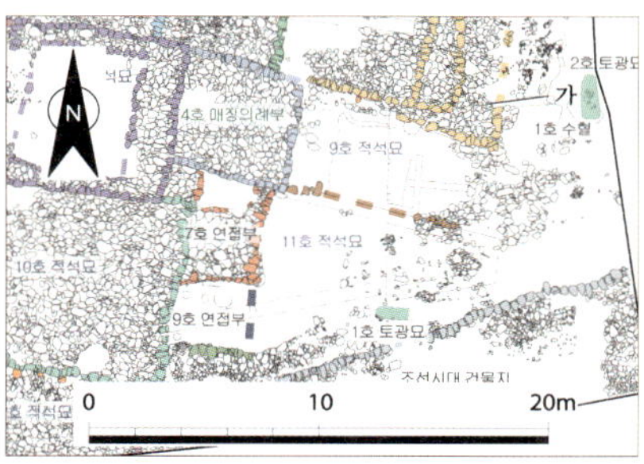

대표적인 공반유물	 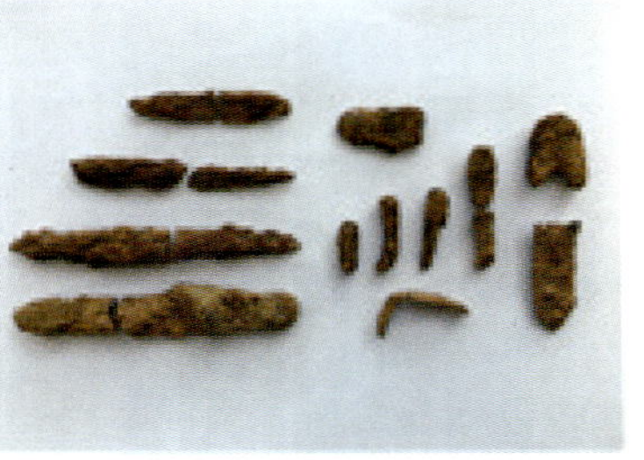

(8) 12호 적석묘

소 재 지	송파구 석촌동 248번지	조사기관	한성백제박물관
유 구 명	12호 적석묘	유구성격	매장
추정산지	중국	비 고	
외래유물	청자호(1점)		
공반유물	–		
참고문헌	한성백제박물관, 2018, 『서울 석촌동 고분군 발굴조사 학술자문회의 자료집』. 한성백제박물관, 2019, 『서울 석촌동 고분군 발굴조사 현장설명회 자료집』. 한성백제박물관, 2019, 『서울 석촌동 고분군 I –1호분 북쪽 연접적석총1–』.		

외래계유물(국외)

연 번	유물명	도면번호	사진번호	제원(cm)	추정산지	특징
509	청자호	–	–	–	중국	동체부 일부만 잔존

509

유구도면

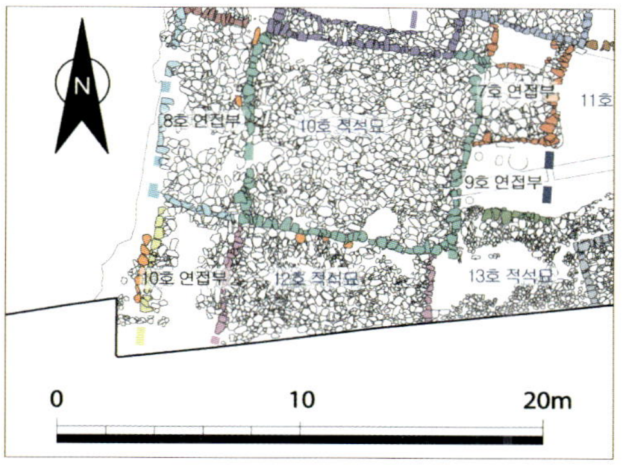

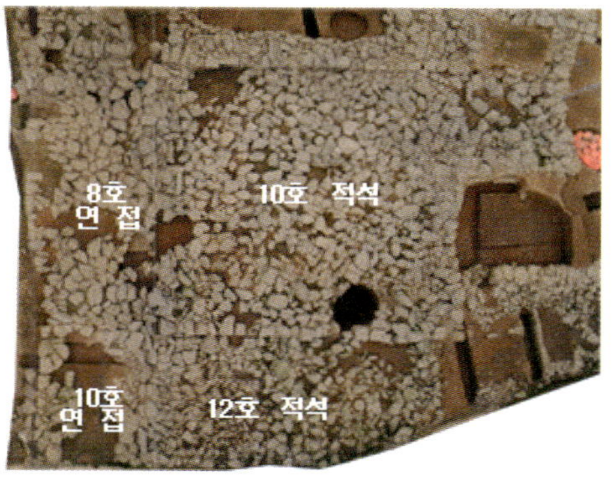

대표적인 공반유물

–

(9) 1호 구획적석목관묘

소 재 지	송파구 석촌동 248번지	조사기관	한성백제박물관
유 구 명	1호 구획적석목관묘	유구성격	매장
추정산지	중국, 가야	비 고	
외래유물	청자호(2점), 뚜껑(1점)		
공반유물	외반구연호, 관정, 꺾쇠, 철촉 등		
참고문헌	한성백제박물관, 2018, 『서울 석촌동 고분군 발굴조사 학술자문회의 자료집』. 한성백제박물관, 2019, 『서울 석촌동 고분군 발굴조사 현장설명회 자료집』. 한성백제박물관, 2019, 『서울 석촌동 고분군 I -1호분 북쪽 연접적석총1-』. 한성백제박물관, 2020, 『서울 석촌동 고분군 II -1호분 북쪽 연접적석총2-』.		

외래계유물(국외)

연 번	유물명	도면번호	사진번호	제원(cm)	추정산지	특징
510	청자호	-	-	잔존길이 6.2 잔존너비 6.7 두께 0.6-1	중국	동체부 일부만 잔존, 시유가 되지 않은 동체부 하단
511	청자호	-	-	잔존길이 1.8 잔존너비 1.5 두께 0.9	중국	시유된 동체부 일부만 잔존

〈 1호 구획적석목관묘 상부 교란층〉

510

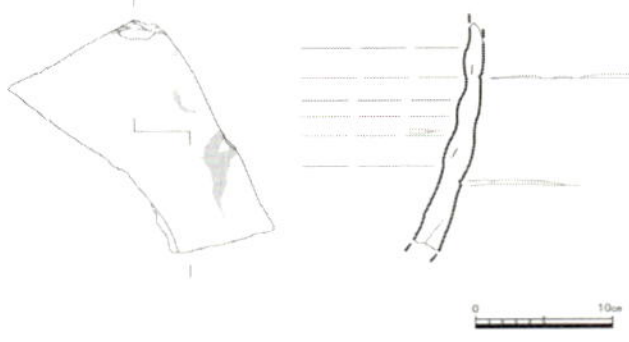

511

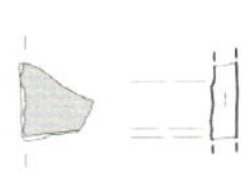

외래계유물(국내)

연 번	유물명	도면번호	사진번호	제원(cm)	추정산지	특징
512	뚜껑	-	-	잔고 2.9 잔존너비 9.9 두께 0.5	가야	손잡이는 신부 중심에 점토봉을 세워서 부착, 손잡이 평면형태는 모자형(관모형), 소성 과정에서 표면이 부풀고 터짐.

〈1호 구획적석목관묘 1-2 매장주체부 내부 바닥면〉

512

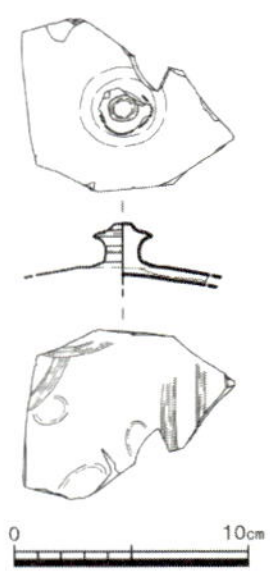

유구도면	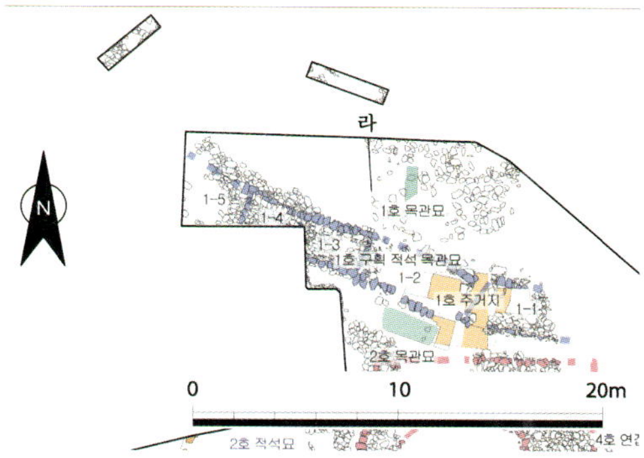 
대표적인 공반유물	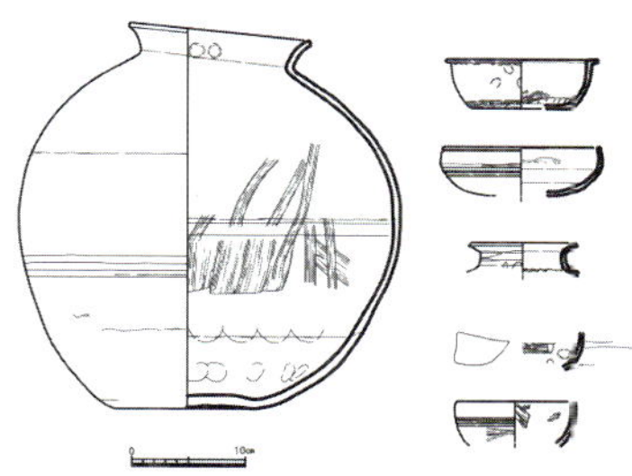      

(10) 3호 연접부

소 재 지	송파구 석촌동 248번지	조사기관	한성백제박물관
유 구 명	3호 연접부	유구성격	매장
추정산지	중국, 미상	비 고	
외래유물	청자양이부반구호(1건 4점), 이부호(1점)		
공반유물	외반구연호, 단경호, 수키와, 암키와 등		
참고문헌	한성백제박물관, 2018, 『서울 석촌동 고분군 발굴조사 학술자문회의 자료집』. 한성백제박물관, 2020, 『서울 석촌동 고분군Ⅱ -1호분 북쪽 연접적석총2-』.		

외래계유물(국외)

연 번	유물명	도면번호	사진번호	제원(cm)	추정산지	특징
513	청자양이부반구호	-	-	잔존높이 9.5 저경 14 두께 0.4-2	중국	상부 교란층 출토, 구연부·파수부 동체·저부가 분리된 상태로 잔존

513

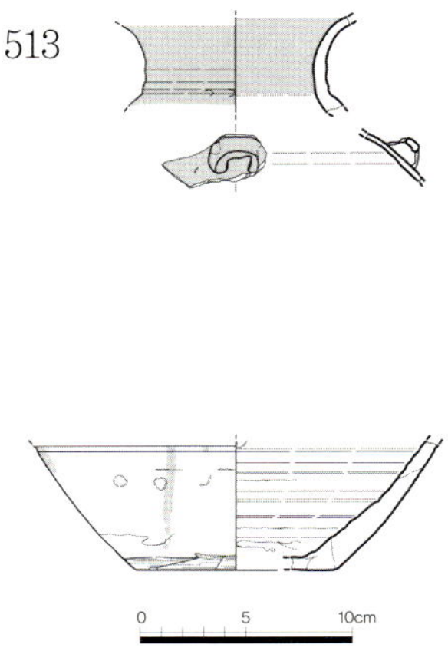

외래계유물(국내)

연 번	유물명	도면번호	사진번호	제원(cm)	추정산지	특징
514	이부호	-	-	[동체부1] 잔고 10 너비 15.5 두께 0.5-0.9 [동체부2] 잔고 30.5 두께 0.8-0.9	미상	상부 교란층 출토, 귀가 부착된 상단 편 일부와 동체부 1/3 정도 잔존, 외면에 전체적으로 자연유 생성, 동체부 상단에서 중하단까지는 평행선문타날되었고 이하는 격자문타날

<table>
<tr><td></td><td>514
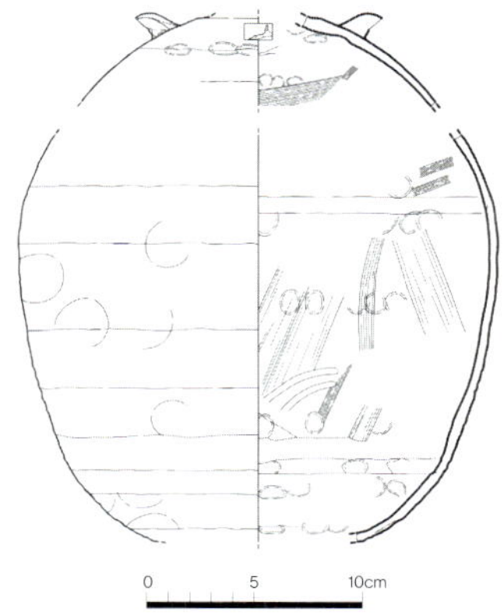

</td></tr>
<tr><td>유구도면</td><td>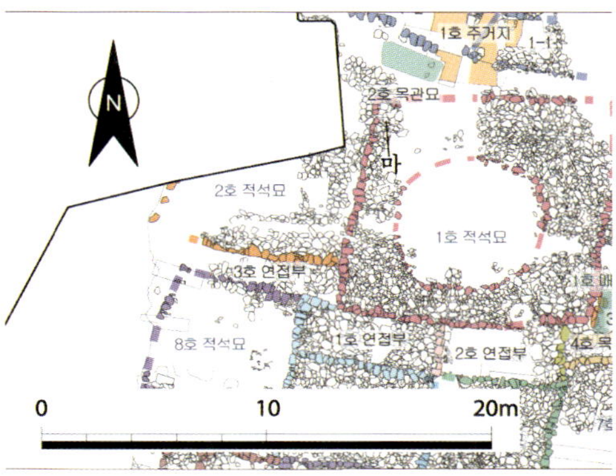

</td></tr>
<tr><td>대표적인
공반유물</td><td>

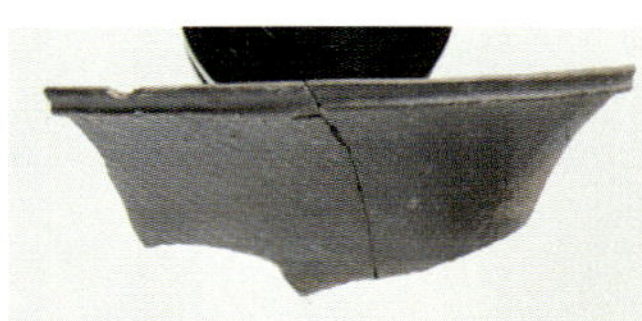

</td></tr>
</table>

(11) 3호 목관묘

소 재 지	송파구 석촌동 248번지 일원	조사기관	한성백제박물관
유 구 명	3호 목관묘	유구성격	매장
추정산지	지방	비 고	
외래유물	평저호(1점)		
공반유물	평저호, 단경호, 직구단경호, U형 철인, 철겸, 관정, 꺾쇠		
참고문헌	한성백제박물관, 2019, 『서울 석촌동 고분군Ⅰ-1호분 북쪽 연접적석총1-』.		

외래계유물(국내)

연 번	유물명	도면번호	사진번호	제원(cm)	추정산지	특징
515	평저호	363	363	기고 15.8 동최대경 17.4 구경 12 저경 11 두께 0.35-0.9	지방계 (낙랑)	견부 2줄의 평행음각선문 내부에 점열문+수장문 시문

515

유구도면

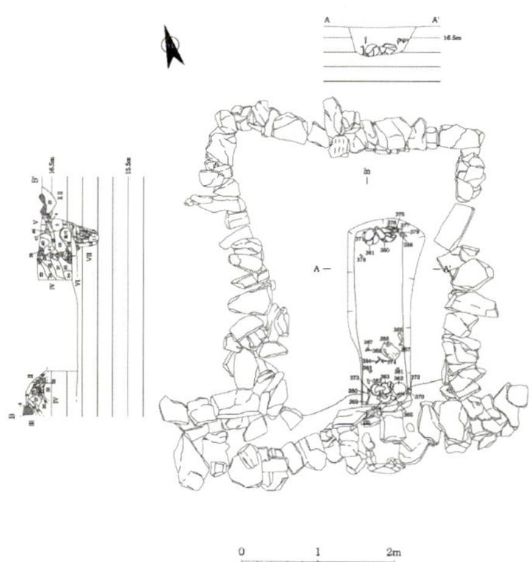

<table>
<tr><td>유구도면</td><td></td></tr>
<tr><td>대표적인
공반유물</td><td>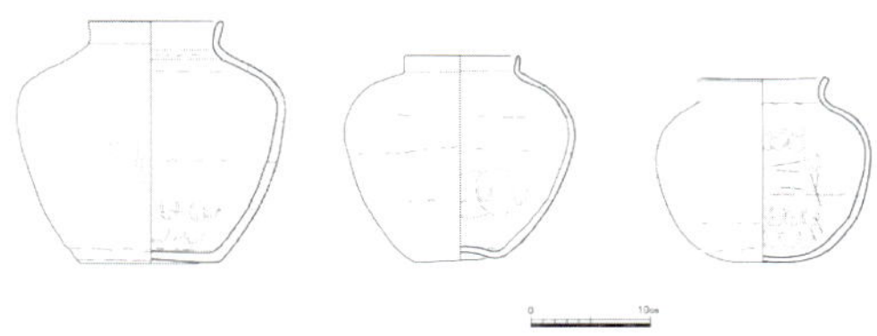
</td></tr>
</table>

서울 백제유적 출토 외래유물

논 고

1. 한성백제의 해외교류 양상과 의의 성정용
2. 통계로 본 서울 소재 백제 왕도유적 출토 외래계 유물 윤정현
3. 국외 외래계 유물에 대하여 한지선
4. 중국 자기류에 대하여 조가영
5. 백제 한성기 도성 일대 출토 충청 · 전라지역 토기 검토 서현주
6. 서울 소재 백제역사유적 출토 가야토기에 대한 검토 하승철
7. 서울 백제 한성기 유적 출토 낙랑(계) 토기 검토 정치영

한성백제의 대외교류 양상과 의의

성정용(충북대학교)

1925년 을축년 대홍수 당시 풍납동 토성에서 청동제 鐎斗와 과대금구 등이 출토되어 백제 지역에서 처음 중국산 물품의 존재가 알려지기는 하였으나, 이에 대한 관심이 그리 높지는 않았던 것 같다. 이후 1971년 여름 우연히 전혀 도굴되지 않은 채로 墓主를 알려주는 묘지석 등이 발견된 무령왕릉(문화재관리국 편 1973)은 그 자체로 세기의 발견이라 일컬어도 손색이 없지만, 무엇보다 중국적 무덤 양식과 중국 도자 등의 부장유물이 상징하는 바가 무엇인지 큰 관심을 받을 수밖에 없었다. 사실 백제가 중국 특히 양나라와 밀접한 관계를 가지고 있었음은 문헌 등을 통해 알려져 있었기 때문에, 무령왕의 무덤에서 중국 관련 자료가 출토되는 것은 그리 이상하다고 할 수 없었다. 다만 왕의 무덤이 백제에서 사용되던 무덤 형식이 아니라 당시 중국에서 유행하던 전실 구조로 만들어져 있다는 점에서, 왜 백제인들이 백제 부흥의 상징과도 같은 무령왕의 무덤에 자기 고유의 것이 아닌 다른 지역의 무덤 양식을 사용하였는지 여러 의문이 제기되는 것은 당연하였다. 그런데 그에 뒤이어 1973년에 원주 법천리에서 중국 동진 시기의 洋形 청자가 출토되면서(金元龍 1973), 熊津期뿐만 아니라 漢城期에도 백제라는 정치체가 중국과 밀접하게 연결되어 있는 양상이 물질적으로 드러나게 되었다. 이 양형청자가 출토된 원주 법천리고분군이 백제 지방세력의 것이지만 청자의 수입과 분여 주체가 대개 백제 한성의 중앙이라 보기도 하나(성정용 2003), 한편에서는 지방세력이 중국과 접촉한 결과물(門田誠一 1999, 739)이거나 두 세력이 같이 관여하였다는 견해(임영진 2012)도 제기되었다.

이후 천안 화성리와 익산 입점리 86-1호 석실묘 등에서 중국제 자기가 꾸준히 출토되고, 서울 몽촌토성과 석촌동고분군에서도 중국제 자기의 출토례가 계속 보고되면서 백제 지역 특히 한성기에 생각보다 많은 수량의 중국 물건들이 들어와 있음을 알게 되었다. 1990년대부터 시작된 서울 풍납동 토성에 대한 발굴조사는 그러한 백제와 중국의 관계를 보여주는 데 결정적으로 기여하였다. 그 결과 2003년에는 백제 지역에 유입된 중국 도자의 수량이 최소 106개체를 헤아리게 되었고(성정용 2003), 2012년에는 193개체 이상(임영진 2012) 될 정도로 그 수량이 해마다 폭발적으로 증가하고 있었다. 무엇보다 주목할 것은 가장 이른 한성기에 해당하는 것이 193개체 가운데 130개체로서 2/3 이상이나 된다는 것이다. 이에 비해 일본 고분시대에는 중국 자기의 출토례가 아직까지도 전혀 보고된 바 없다. 또 백제를 둘러싼 신라지역에서는 경주 황남대총 북분에서 흑유 小瓶 1점이, 가야 지역에서는 부산 복천동 출토 청자완과 남원 월산리 M-5호분 출토 청자계수호 정도가 있을 뿐이며[1], 고구려지역 출토 중국 자기의 수량도 10여 점이 넘지 않는다. 이에 비해 백제 지역에서의 중국 물품 특히 도자의 출토 수량은 가히 비교가 되지 않을 정도로 많은 것이며, 이에 따라 그 성격에 대해 수입도자(李鍾玟 1997), 교역도자(李蘭英 1998), 무역도자(成正鏞 2003) 등 여러 용어가 사용되기도 하였다[2].

1) 월산리 출토 청자의 유입 배경에 대해서는 그 수입 주체가 가야인지 혹은 백제를 경유한 것인지에 대해 논란이 있다(李暉達 2020).
2) 이들 개념과 중국제 도자가 갖는 의미 등에 대해서는 임영진(2012)의 글에 잘 정리되어 있다.

백제 지역에서는 왜 이처럼 많은 수량의 중국 도자가 출토되는 것일까? 과연 그 배경에는 어떠한 사회적 현상이 자리잡았던 것일까? 백제는 다른 지역과 교류한 양상은 보이지 않는 것일까? 특히『三國史記』백제 본기에는 백제가 아신왕 6년(397)에 태자 전지를 왜에 質子로 파견하였으며(阿辛王 六年 夏五月 王與倭國結好 以太子腆支爲質), 이 腆支가 본국으로 돌아올 때(405년)에는 왜 병사 100명이 호위(腆支王 元年 …腆支在倭聞訃 哭泣請歸 倭王以兵士百人衛送…)까지 하였다고 기록되어 있다. 이처럼 백제와 밀접한 관계를 유지하였던 倭와 관련된 물품은 없는 것일까?

최근 풍납동 토성과 몽촌토성, 석촌동고분군에 대한 발굴조사가 진행되면서 그동안 가장 많이 알려졌던 중국 도자 뿐만 아니라, 국내외의 다양한 지역에서 유입된 물품들이 다수 출토되고 있음을 알게 되었다. 이에 따라 일단 백제 한성기 중앙이라 할 수 있는 세 유적에서 출토된 외래계 물품에 대한 체계적인 정리의 필요성을 절감하였는 바, 국외는 중국과 일본으로 나누고 국내는 경기·충청·전라 등 한성 백제의 지방으로 여겨질 수 있는 지역들과 가야·낙랑 지역 등으로 국내 지역권을 세분하여(본서 윤정현의 글 참조) 한성 백제 중앙에 유입된 물품의 종류와 그 산지까지 최대한 파악해보고자 하였다. 그 결과 역시 국외에서 유입된 물품은 중국제 특히 도자류가 절대다수임을 다시 확인할 수 있었는데(표 1), 이 중 시유도기가 182점이고 자기류는 102점으로서 도자류가 모두 284점이나 된다. 이는 2012년에 비해서도 90점 이상 증가한 것이어서, 단순한 위세품적 성격을 넘어 당시 한성 지역에 유입된 중국 도자의 수량이 실로 어마어마한 양이었음을 미루어 짐작할 수 있다. 이에 비해 일본산 물품은 埴輪 3점과 토기 2점 뿐이어서, 문헌으로 알려져 있는 관계보다 물품의 유입량이 현저히 적음을 알 수 있다. 그 이유는 확실치 않으나 일단 백제인들이 갖고 있던 외국산 물품의 선호도 차이에 따른 것이었음은 분명하다. 한편 국내의 다른 지역에서 유입된 양상을 보면, 219점 가운데 충청지역(36점)과 충청 또는 전라지역으로 비정되는 것(47점)이 83점으로 가장 많고 전라지역 것(전라 동부 포함)이 38점으로 그 뒤를 잇고 있다. 이에 비해 한성과 아주 가까운 경기 지역 것(경기 · 충청으로 비정되는 것 포함)은 최대 12점으로 극히 소량에 그치고 있어, 충청을 중심으로 한 지방지역에서 한성 중앙으로 유입된 물품이 가장 많음을 알 수 있다. 한편 가야 여러 지역과의 관계를 시사하는 토기들도 그 동안 꾸준히 출토되어 16점을 헤아리게 되었는 바, 한성 백제와 가야와의 관계를 물질적으로 증명할 수 있게 되었다[3]. 이에 비해 낙랑계는 12점이나 되지만 낙랑산으로 추정할 수 있는 것은 풍납동 토성에서 출토된 1점 뿐인데, 향후 자료 증가 추세가 이와 같이 지속된다면 유적의 운용 시기 등과 관련해서도 시사하는 바가 있다고 생각한다.

3) 가야를 비롯하여 여러 지역에서 한성 백제 중앙으로 유입된 물품들의 산지 비정 및 관계 등에 대한 자세한 분석은 본서에 수록된 논고들을 참조하기 바란다.

〈표 1〉 백제 한성기 중앙 지역 유적의 외래계 유물 출토 양상

	국외							국내																	계
	중국				일본		소계	경기북부	경기서부	경기남부	경기서부·충청	경기남부·충청	충청	충청전라	충청전라·동부	충청남부·전라	전라	전라동부	가야	낙랑산	낙랑계	모방품	미상	소계	
	시유도기	자기	토기	금속	埴輪	토기																			
풍납동토성	166	36	1	5	3	-	211	-	3	1	4	2	15	32	2	1	20	8	13	1	12	9	35	158	369
몽촌토성	15	33	-	1	-	2	51	-	-	-	-	-	13	8	-	-	7		1	-	-	-	3	32	83
석촌동고분군	1	33	-	-	-	-	34	1		1	-	-	8	4	-	-	2	1	2	-	7	-	3	29	63
계	182	102	1	6	3	2	296	1	3	2	4	2	36	44	2	1	29	9	16	1	19	9	41	219	515

본 자료집에서 정리한 결과를 보면 한성 중앙 지역에는 국내의 지방이나 가야 지역 등에서 출토된 물품(219점)보다 국외에서 수입된 물품의 양(296점)이 훨씬 많다. 비록 이것이 당시 상황을 온전히 반영한다고 확언하기는 어려우나, 한성 백제 중앙 사람들이 갖고 있던 중국 물품에 대한 경사도를 엿볼 수 있음은 물론이다. 한편 [표 2]를 보면 한성기 것이 역시 325점으로 웅진기나 사비기보다 압도적인 수량을 차지하고 있는데, 사비기로 가면서 중국 도자에 대한 수요를 금속기 등이 일부 대체하였을 가능성을 지적한 바 있다(성정용 2003). 그런데 무엇보다 한성기 중앙 지역에서는 고분보다 생활·의례유적 출토품이 34:262점으로 압도적으로 많은데 비해, 지방에서는 고분 출토품이 22점으로 생활·의례유적 출토품 7점보다 훨씬 많다. 이는 백제 중앙지역에서는 수입된 물건이 생활 등 다양한 방식으로 소비되었는데 비해, 지방에서는 귀중품 그 이상의 가치를 지녀 고분에 부장되는 사례가 훨씬 많은 것으로 해석될 수 있다.

〈표 2〉 백제 시기와 유적 성격별 중국 도자 출토 현황 (임영진 2012, 표 10에 한성기 중앙 것만 수량을 본 책의 것으로 수정하였음)

시기	중앙		지방		계
	생활·의례유적	고분	생활·의례유적	고분·기타	
한성기	262 (풍납동·몽촌토성)	34 (석촌동)	7 (경기2강원1,충남4)	22 (경기1,강원3,충남13,전북5)	325
웅진기	2 (공산성)	9 (무령왕릉)	2 (전북2)	1 (전남1)	14
사비기	37 (부여)		12 (전북6,전남6)		49
계	301	43	21	23	388

이와 관련하여 중국 물품의 수입과 분여 주체가 과연 백제 중앙일까 아니면 다양한 세력들이 참여한 것일

까에 대해 약간의 논란이 있으나, 이러한 출토 사례로 본다면 핵심적인 수입 주체가 백제 중앙임은 분명하며, 임영진(2012)의 지적대로 지방 세력이 일부 참여한 형태일 수도 있겠다. 백제라는 국가 정치체는 어떠한 지향점을 갖고 이러한 물품의 수입과 분여에 관여하였던 것일까?

막스 베버는 정치를 "국가의 운영 또는 이 운영에 영향을 미치는 활동"이라 한 바 있는데, 정치는 이러한 국가 영역 뿐 아니라 모든 인간 관계에 내재된 권력 관계로 보기도 한다. 그런 점에서 정치체(polity)란 일반적으로 '정치적 권위의 행사를 통해 조직된 사회'라는 의미를 담고 있다고 할 수 있는데, 이러한 정치적 영향력을 행사하고 주고받기 위해서는 '일정 수준' 이상의 조직화된 사회 집단이 필요할 것이다. 생계와 위세품 경제를 내부적으로 모두 조달할 수 있는 시스템을 넘어서는 '일정 수준' 이상의 정치체가 되면 사회 구성원들의 내적 통합을 위한 다양한 기제가 필요할 수밖에 없다. 이념과 종교는 아마도 이를 위한 가장 중요한 수단 가운데 하나였던 것으로 생각되며[4], 다른 정치체들과의 교류 또한 다양한 생존 전략 가운데 하나일 수 있다. 다양한 사회조직들이 참여하여 계층을 이루면서 각 지단 사이의 생존권을 다투는 국가 단위라는 대규모 사회 정치 조직이 되면 그 국가 체제 유지를 위한 다양한 장치도 그만큼 훨씬 더 많이 필요로 하게 될 수 있다. 근거리·원거리 대외교섭은 바로 그러한 생존전략의 일환으로 볼 수 있을 것이다.

그런데 이러한 고대 물류시스템과 대외교역의 의미에 대해 상업발전모델과 적응모델, 정치모델 등을 소개하면서, 고대국가의 성장과정에 있어 교역과 물류의 역할을 재평가하고 경제 행위인 물자 이동과 정치세력인 고대국가 성장과정 사이의 관계에 대한 본격적인 연구의 필요성을 김장석(2004)이 이미 제안한 바 있다. 본 책에서 정리한 자료들을 토대로 이러한 연구가 이루어지기를 바란다.

한편 한성기 백제의 중앙이 충청·전라도 뿐만 아니라 가야 여러 지역과 교류하는 모습이 보이는 데 비해, 신라와의 관계를 보여주는 물품이 아직 1점도 출토되지 않은 사실은 의아하고 기이스럽기까지 하다. 이는 대전·청주·진천 천 등 충청 내륙 지역에서 신라 관련 물품이 꾸준히 출토되고 있는 현상(成正鏞 2007)과도 대비되는데, 물론 향후 한성 중앙 지역에서 신라산 물품이 출토될 개연성은 얼마든지 있다. 그러나 지금까지 출토 경향성으로 본다면 그 비율은 결코 높지 않을 것으로 생각되는 바, 한성 백제와 신라와의 관계를 이해하는 데 중요한 요소로 생각된다.

마지막으로 생각해봐야 할 것은 몽촌토성과 석촌동고분군 등에서 출토되는 고구려토기의 존재이다. 이들은 의례히 한성 백제 멸망(475년) 이후 유입된 것으로 치부되어 왔는데, 백제와 고구려의 적대적 관계가 심화된 웅진·사비기에도 고구려토기 문화가 유입되어 사용되고 있음은 잘 알려져 있다. 과연 백제가 보여주는 다원적 교류상과 문화적 포용성을 감안하였을 때 한성기에 고구려문화가 유입되어 있을 가능성은 전혀 없는 것일까? 향후 한성기 중앙 지역에서 출토되는 고구려계 문물에 대해 보다 면밀한 관찰과 분석이 요구된다고 하겠다.

---

4) 경주 서출지 전설은 왕으로 대표되는 지배세력이 불교라는 새로운 이념 체계를 통해 지역 세력이 자기 집단의 공고화를 위해 사용하였던 토착 이념을 대체하려는 과정에서 일어난 갈등으로 생각되는 바, 고대 사회에서 종교와 이념이 어떻게 소비되는지를 보여주는 사례라 하겠다.

〈참고문헌〉

金元龍, 1973,「原城郡 法泉里 石槨墓와 出土遺物」,『考古美術』120, 고고미술동인회.

김장석, 2004,「물류시스템과 對外交流의 정치경제학에 대한 考古學的 接近」,『漢城期 百濟의 물류시스템과 對外交涉』, 학연문화사.

吉井秀夫, 2004,「土器資料를 통해서 본 3~5세기 百濟와 倭의 交涉關係」,『漢城期 百濟의 물류시스템과 對外交涉』, 학연문화사.

門田誠一, 1999,「百濟出土の六朝青磁と江南地域葬禮小考—墓內における青磁羊形器の意味—」,『考古學に學ぶ』, 同志社大學考古學シリス 7.

문화재관리국 편, 1973,『武寧王陵 發掘調査報告書』, 삼화출판사.

박순발, 1997,「한성백제의 중앙과 지방」,『백제의 중앙과 지방』 백제연구논총 5, 충남대학교 백제연구소.

成正鏞, 2003,「百濟와 中國의 貿易陶磁」,『百濟研究』第38輯, 忠南大學校 百濟研究所.

______, 2007,「漢江.錦江流域의 嶺南地域系統 文物과 그 意味」,『百濟研究』40, 忠南大學校百濟研究所.

______, 2019,「古代東アジアの文物交流−馬韓と百濟を中心に−」,『古代東ニューラシ研究センター年報』5, 專修大學 古代東ニューラシ研究センタ(日本).

李暉達, 2020,「남원 월산리 고분군 출토 중국 청자계수호의 특징과 의의」,『남원 청계리 청계 고분군과 월산리 고분군 조사성과와 의의』 2020 국제학술심포지엄, 국립완주문화재연구소·국립나주문화재연구소.

林起煥, 2004,「漢城期 百濟의 對外交涉−3~5세기를 중심으로」,『漢城期 百濟의 물류시스템과 對外交涉』, 학연문화사.

임영진, 2012,「中國 六朝磁器의 百濟 導入背景」,『韓國考古學報』第83輯, 韓國考古學會.

통계로 본 서울 소재 백제 왕도유적 출토 외래계 유물

윤정현(한성백제박물관)

Ⅰ. 머리말

본고는 2000년 수도 서울의 역사를 간직한 서울시 송파구 소재 백제 왕도유적에서 조사된 풍납동 토성, 몽촌토성, 석촌동 고분군 출토 외래계 유물을 다루고 있다. 풍납동 토성과 몽촌토성은 백제 한성 도성의 성곽으로 전자는 王城·北城·大城으로 불리고 후자는 南城으로 알려져 있다. 또한 석촌동 고분군은 백제 한성 왕릉지구에 현존하는 초대형 적석총인 3호분을 중심으로 왕족과 귀족의 묘역으로 여겨지는 대형 무덤이 집중적으로 조성된 분묘군이다.

이들 유적에서는 일제강점기부터 시작된 그 동안의 발굴조사를 통해 다양한 국적과 기종의 외래계 유물이 확인되었다. 본고에서는 각 유적별 외래계 유물의 현황을 통계표로 정리하여 일목요연하게 제시하고 이를 토대로 백제 왕도유적 출토 외래계 유물의 경향을 분석해보고자 한다.

Ⅱ. 유적별 외래계 유물 현황

서울 소재 백제 왕도유적에서는 모두 515개체에 달하는 외래계 유물이 확인되었다. 각 유적의 외래계 유물은 국외와 국내로 대분류했다. 국외 외래계 유물은 중국과 일본으로 소분류하였는데 일본은 토기류 일색이고 중국산은 자기·도기·금속류까지 다양하게 분류된다. 국내 외래계 유물은 가야, 지방산, 낙랑, 미상으로 중분류했다. 이 중 지방산은 충청, 전라, 충청·전라, 전라 동부, 경기 서부, 경기 서부·충청, 경기 남부, 경기 남부·충청, 경기 북부, 충청 · 전라 동부, 충청 남부·전라로 소분류했다. 낙랑은 낙랑산, 낙랑계로 소분류하고 미상은 모방품을 포함하여 소분류했다.

〈표 1〉 서울 소재 백제 왕도유적 출토 외래계 유물 분류 기준

<table>
<tr><td colspan="2" rowspan="2">외래계 유물</td><td colspan="5">국외</td><td colspan="16">국내</td></tr>
<tr><td>일본</td><td colspan="4">중국</td><td rowspan="2">가야</td><td rowspan="2">지방산(충청)</td><td rowspan="2">지방산(전라)</td><td rowspan="2">지방산(충청, 전라)</td><td rowspan="2">지방산(전라동부)</td><td rowspan="2">지방산(경기서부)</td><td rowspan="2">지방산(경기서부, 충청)</td><td rowspan="2">지방산(경기남부)</td><td rowspan="2">지방산(경기남부, 충청)</td><td rowspan="2">지방산(경기북부)</td><td rowspan="2">지방산(충청, 전라동부)</td><td rowspan="2">지방산(충청남부, 전라)</td><td colspan="2">낙랑</td><td colspan="2">미상</td></tr>
<tr><td>국외</td><td>국내</td><td>토기류</td><td>자기류</td><td>도기류</td><td>토기류</td><td>금속류</td><td>산</td><td>계</td><td>미상</td><td>모방품</td></tr>
</table>

현재까지 서울 소재 백제 왕도유적 출토 외래계 유물은 풍납동 토성에서 369점(72%)으로 가장 많은 양이 출토되었고 몽촌토성에서는 83점(16%), 석촌동 고분군은 63점(12%)이 확인되었다.

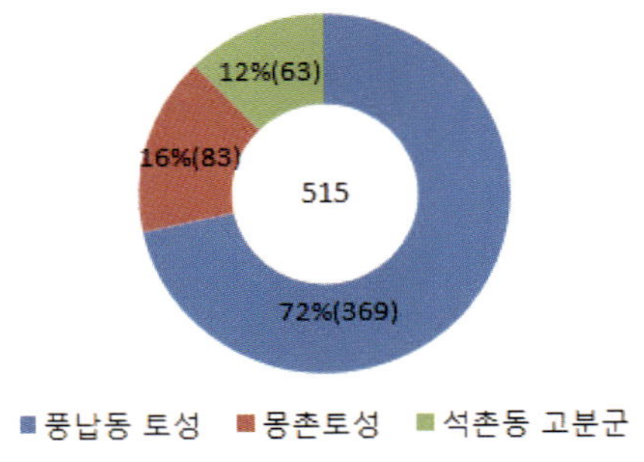

〈도면 1〉 유적별 외래계 유물 출토비

1. 풍납동 토성

풍납동 토성의 외래계 유물은 모두 369점이고 이중 국외 유물은 211점(57%), 국내 유물은 158점(43%)이다. 지난 2018년에는 그 동안 유실된 것으로 알려진 서벽을 포함하여 서문지[1]가 새롭게 발견되면서 발굴조사가 지속적으로 추진되고 있다. 왕성으로서 풍납동 토성의 가치를 고려하면 향후 더 많은 수의 외래계 유물이 보고될 것으로 전망된다.

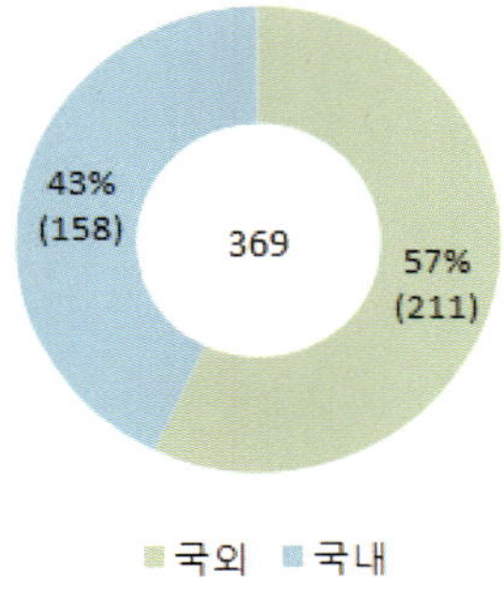

〈도면 2〉 풍납동 토성 국·내외 외래계 유물 구성비

풍납동 토성의 국외 외래계 유물 중 다수는 중국 자기 · 도기 · 토기 · 금속류이고 소량의 일본 토기가 포함되어 있다. 이 중 중국 자기와 도기는 모두 유약이 시유된 것들로 당시 백제에는 제작 기술이 없었던 특수한 기종들이다. 풍납동 토성 국외 외래계 유물 중에서는 중국 도기류가 가장 많이 출토되었는데 모두 166점(80%)이고 자기 36점(17%), 금속 5점(2%)으로 구성되어 있다. 토기 4점(1%) 중 3점은 일본산이고 1점은 중국산이다.

1) ① 국립강화문화재연구소, 2018, 『서울 풍납동 토성[사적 제11호] 서성벽 복원지구 내 유적 발굴조사 자문회의 자료집』.
② 이보람, 2019, 「서울 풍납동 토성 서성벽 복원지구 내 유적」, 『2019년 중부고고학회 유적조사발표회』, 중부고고학회.
③ 한강문화재연구원, 2018, 『서울 한강공원 풍납토성 나들목 개선공사부지 내 유적 문화재 발(시)굴조사 전문가 검토회의 자료집』, 재단법인 한강문화재연구원 · 한강공원.

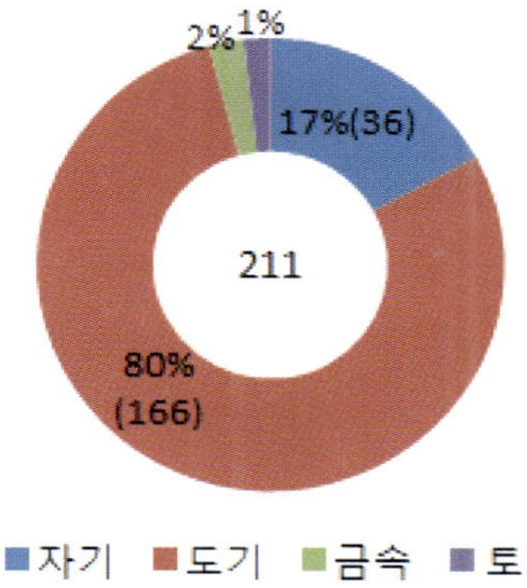

〈도면 3〉 풍납동 토성 국외 외래계 유물 구성비

풍납동 토성의 국내 외래계 유물은 가야, 지방산, 낙랑, 미상(모방품 포함)유물이 확인된다. 지방산은 계통에 따라 10곳으로 세분되는데 그 중에서도 지방산 충청·전라 및 지방산 전라 유물이 많은 비중을 차지하고 있다. 구성비를 살펴보면 지방산 충청·전라 32점(20%), 지방산 전라 20점(13%), 지방산 충청 15점(9%), 가야 13점(8%), 지방산 전라 동부 8점(5%), 낙랑계 12점(8%), 지방산 경기 서부·충청 4점(3%), 지방산 경기 서부 3점(2%)이고 지방산 경기 남부와 지방산 충청·전라 동부를 비롯하여 지방산 충청 남부·전라가 1~2점이다. 그 외 낙랑산도 1점이 있다. 특이하게도 모방품이 9점에 달하고 계통을 특정할 수 없는 유물도 35점(21%)에 이른다.

이와 같이 풍납동 토성의 국내 외래계 유물은 당시 꾸준한 교류가 있었던 충청 및 전라에서 유입된 것이 40% 이상의 비중을 차지한다. 또한 가야 지역 및 전라 동부를 비롯한 가야 권역의 유물도 많은 수가 확인된다. 이외 수도와 가장 가까운 경기 지역에서 유입된 것들도 있다. 특히 풍납동 토성에서 보고된 다수의 낙랑산·계(이상 낙랑) 유물을 눈여겨볼 만하다. 낙랑 유물 중 토기의 경우는 백제토기를 비롯한 중부지방 타날문토기의 생산 계보를 밝히는 것에 중요한 검토[2]요소로 논의되어 왔으므로 향후 백제 도성 출토품의 수량과 제작기법 및 시기를 면밀히 살펴보아야 한다.

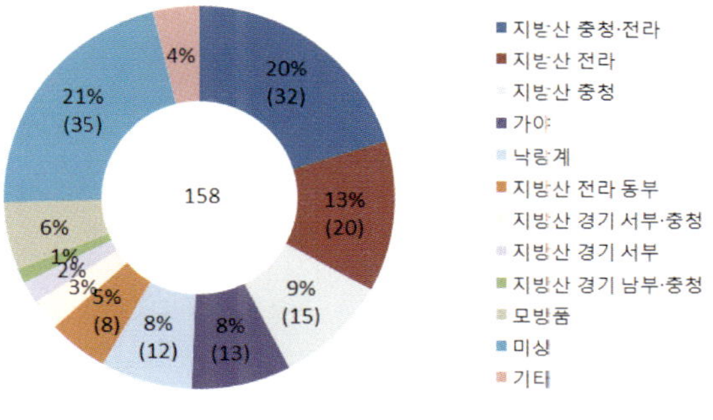

〈도면 4〉 풍납동 토성 국내 외래계 유물 구성비

2) ① 최병현, 2014, 「원삼국시대 와질토기 논쟁, 그 후」, 『숭실대학교 한국기독교박물관지』 제10호, 숭실대학교 한국기독교박물관, 12쪽.
② 김무중, 2014, 「한국 회도 및 낙랑토기와 중부지역 타날문토기의 전개」, 『숭실대학교 한국기독교박물관지』 제10호, 숭실대학교 한국기독교박물관, 23~25쪽.

2. 몽촌토성

몽촌토성에서는 모두 83점(16%)의 외래계 유물이 보고되었다. 이 중 국외 외래계 유물은 51점(61%), 국내 외래계 유물은 32점(39%)으로 구성되어 있어 국외 외래계 유물의 비중이 월등하게 높게 나타난다.

몽촌토성 출토 국외 외래계 유물 51점은 자기류 33점(65%), 도기류 15점(29%), 토기류 2점(4%), 금속류 1점(2%)으로 구성되어 있다. 현재까지는 중국산 자기·도기류가 가장 많은 비중을 차지하고 있고 일본산은 토기류 2점 정도만 보고되었다.

국내 외래계 유물은 총 32점 중 지방산 충청 13점(41%), 지방산 충청·전라 8점(25%), 지방산 전라 7점(22%), 가야 1점(3%), 미상 3점(9%)로 구성되어 있다. 충청 및 전라 지역에서 유입된 외래계 유물의 비중이 높고 그 외 지역은 가야에서 유입된 것 정도만 확인되고 있어 앞서 살펴본 풍납동 토성의 국내 외래계 유물의 다양한 구성과는 현저한 차이를 보인다.

몽촌토성은 1983년부터 1989년까지 6차례 조사되었고 2013년부터는 한성백제박물관에 의해 학술 정밀발굴조사가 진행 중에 있다. 2018년까지의 발굴조사결과 중국 자기· 도기 등이 수십 점 확인되었는데 한성백제박물관은 특별전시[3)]를 통해 이러한 발굴 유물들을 적시에 공개하여 시민과 공유하고 있다. 또한 향후 발굴조사 성과가 정리되면 더 많은 양의 국내 · 외 외래계 유물이 보고될 것으로 기대된다.

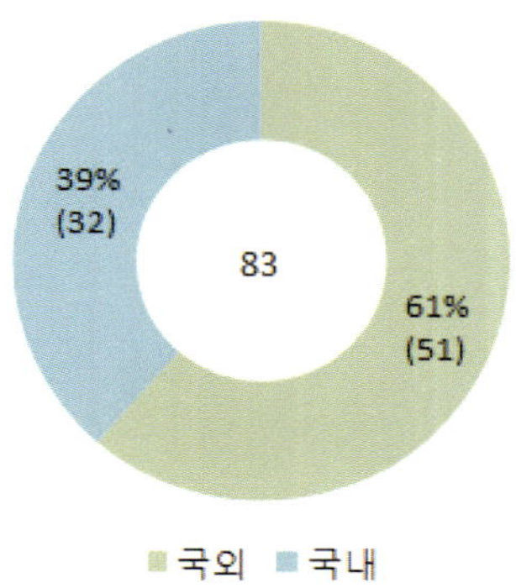

〈도면 5〉 몽촌토성 국내·외 외래계 유물 구성비

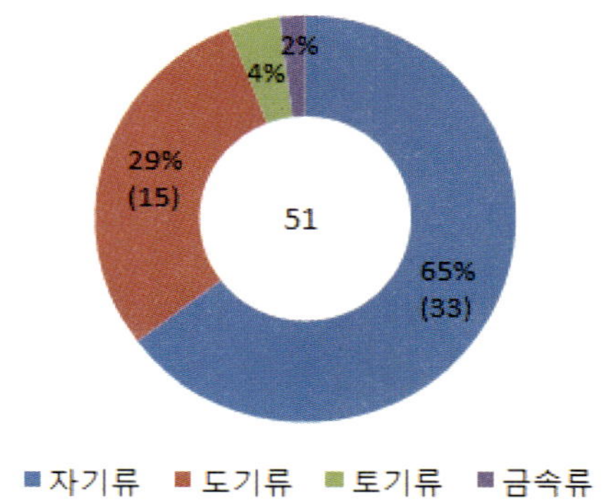

〈도면 6〉 몽촌토성 국외 외래계 유물 구성비

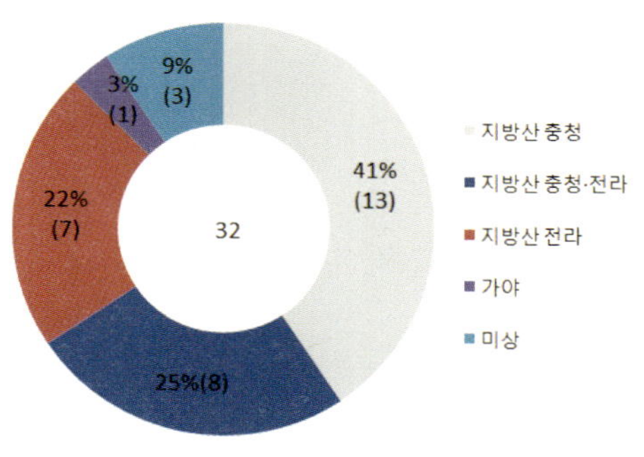

〈도면 7〉 몽촌토성 국내 외래계 유물 구성비

3) ① 한성백제박물관, 2016, 『청자의 길-동아시아에서 세계로』, 2016년 여름특별전시회.
② 한성백제박물관, 2020, 『왕성과 왕릉』, 한성백제박물관 발굴조사 성과전.

3. 석촌동 고분군

석촌동 고분군의 국내·외 외래계 유물은 모두 63점이고 3개 유적 중 12%의 비중을 차지한다. 국외 외래계 유물은 34점(54%), 국내 외래계 유물은 29점(46%) 정도로 국외 외래계 유물 수가 좀 더 많지만 앞서 풍납동 토성이나 몽촌토성과 달리 국내·외 외래계 유물의 비중 차이가 상대적으로 적은 것이 특징이다.

석촌동 고분군에 대한 본격적인 발굴조사는 1983년부터 1987년까지 진행되었고 그 결과 중국 자기·도기류와 국내 외래계 유물이 다량 출토되었다. 2015년부터는 한성백제박물관에서 1호분 북쪽 적석총에 대한 학술 정밀발굴조사를 진행하고 있으며 본고에는 발굴조사 보고서[4)]를 통해 보고된 국내·외 외래계 유물 자료를 모두 수록했다.

석촌동 고분군의 국외 외래계 유물은 중국 자기 33점(97%) 및 도기 1점(3%)이 출토되었고 일본산은 전혀 찾아 볼 수 없다. 따라서 중국 자기가 국외 외래계 유물의 대부분을 차지하고 있는 것이 가장 큰 특징이다. 이와 달리 국내 외래계 유물은 지방산 충청 13점(41%)과 지방산 충청·전라 8점(28%)으로 비중이 높고 지방산 전라 7점(22%), 가야 1점(3%) 순으로 확인된다. 여기에 미상 3점(9%)도 포함되어 있다.

한성백제박물관은 백제 왕릉묘역으로 여겨지는 석촌동 고분군을 중심으로 하여 지금은 훼멸된 가락동 고분군과 [사적 270호] 방이동 고분군에 이르는 송파구 일대 시가지에 대한 지표조사를 실시하고 지표조사 보고서[5)]를 발간했다. 조사 결과 석촌동 고분군 및 그 주변지역은 급격한 도시화의 원인으로 유적의 훼손 정도가 매우 심해 왕릉지구의 경관을 대부분 상실했고 묘역의 잔존 범위도 매우 협소할 뿐더러 매장문화재의 잔존 상태 또한 불량하다는 판단을 내렸다. 따라서 향후 발굴조사가 진행되더라도 석촌동 고분군에서 풍납동 토성 및 몽촌토성의 외래계 유물의 수량에 미치는 결과를 얻기는 어려울 것으로 예상된다.

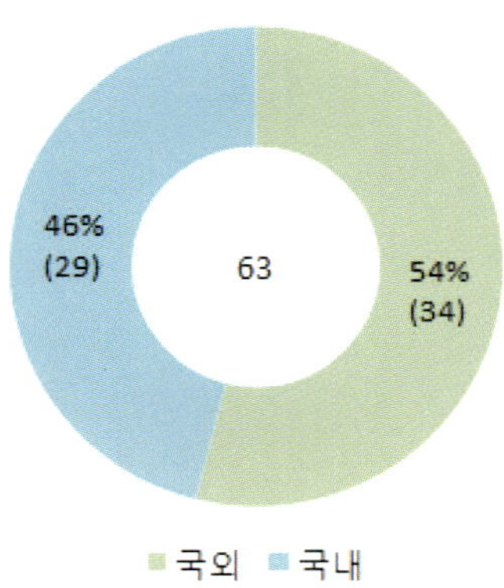

〈도면 8〉 석촌동 고분군 국내·외 외래계 유물 구성비

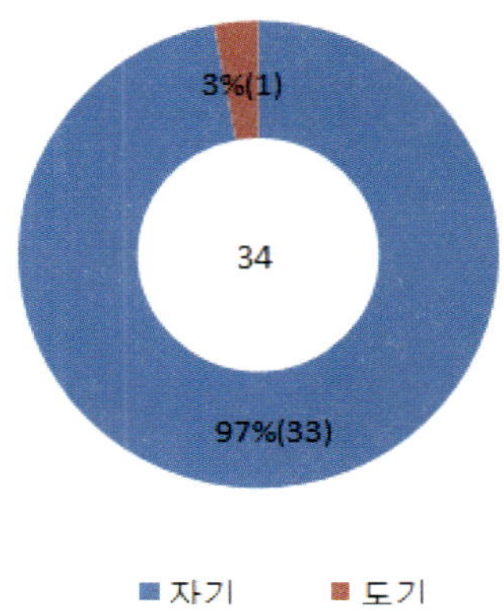

〈도면 9〉 석촌동 고분군 국외 외래계 유물 구성비

4) ① 한성백제박물관, 2019, 『서울 석촌동 고분군 Ⅰ -1호분 북쪽 연접적석총1』.
② 한성백제박물관, 2020, 『서울 석촌동 고분군 Ⅱ -1호분 북쪽 연접적석총2』.

5) 한성백제박물관, 2020, 『백제 한성 왕릉지구 지표조사 보고서』.

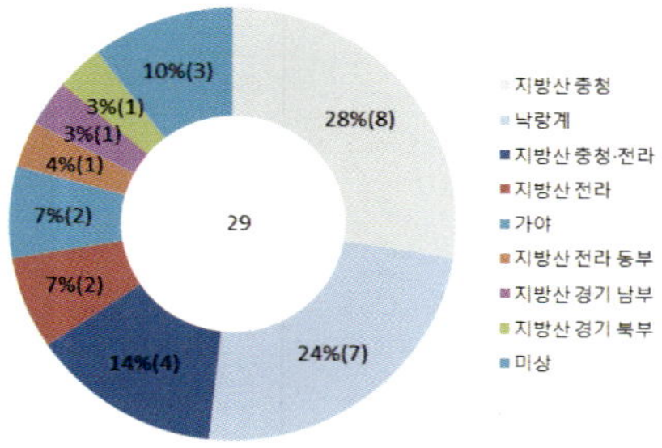

〈도면 10〉 석촌동 고분군 국내 외래계 유물 구성비

Ⅲ. 외래계 유물의 경향 분석

서울 송파구 소재 백제 왕도유적에 속하는 풍납동 토성, 몽촌토성, 석촌동 고분군 출토 외래계 유물의 출토 경향에 대하여 간략하게 살펴보자.

풍납동 토성은 3개 유적 중 단연 압도적인 양의 외래계 유물이 출토되었고 국외 유물의 대부분은 중국 도기, 자기 순으로 구성되어 있어 간결하지만 도드라진 특징을 보인다. 현재까지 보고된 도기의 수는 미래마을과 경당지구유적에서 대부분 출토되었다. 알려진 바와 같이 중국제 청자는 정치체의 위계를 상징하는 주요 기종으로 여겨지며 시유도기 또한 특수기종으로 당시 중국에서 제작되어 백제 한성 도성으로 유입된 기종 중 하나이다. 시유도기는 저장에 특화되어 있어 당시 최고로 여겨지던 대형 용기이므로 많은 수의 시유도기의 존재는 왕성 내 주요 시설에서 귀한 것을 담아 빈번하게 보관 및 사용했음을 시사해준다. 이를 뒷받침해 주듯이 풍납동 토성의 시유도기 수량은 166점에 달하고 몽촌토성 15점, 석촌동 고분군은 1점뿐이다.

정리하여 보면 풍납동 토성의 국외 외래계 유물의 세부 기종은 시유도기(166점), 자기호류(13점), 청자완(12점), 자기편(11점), 금속류(5점), 하니와(3점), 백색옹(1점) 순으로 확인된다. 대부분 중국에서 유입된 것들이고 일본산은 하니와 3점이 유일하다. 자기류는 청자반구호, 흑유자기호, 계수호, 청자완 등의 기종으로 구성되어 있다. 미래마을 라-그리드에서는 계수호와 청자완의 조합이 관찰되는데 백제지역에서 확인된 중국제 자기의 존재를 茶具의 일종으로 보아 茶文化의 도입·유행을 설명한 연구(박순발 2005 · 2008; 노중국 · 권오영 2008; 문동석 2012; 윤정현 2017)[6]에 부합하는 사례에 해당한다.

---

6) ① 朴淳發, 2005, 「公州 水村里 古墳群 出土 中國瓷器와 交叉年代 問題」, 『4~5세기 금강유역의 백제 문화와 공주 수촌리 유적』 충청남도역사문화원 제5회 정기 심포지엄, 충청남도역사문화원, 62~63쪽.
② 朴淳發, 2008, 「몽촌토성」, 『왕도와 방어체계』 漢城百濟史3, 서울특별시사편찬위원회.
③ 文東錫, 2012, 「漢城百濟의 茶文化와 茶確」, 『百濟研究』 第56輯, 충남대학교 백제연구소.
④ 尹淨賢, 2017, 「백제 절구 연구」, 『百濟學報』 제20호, 百濟學會.

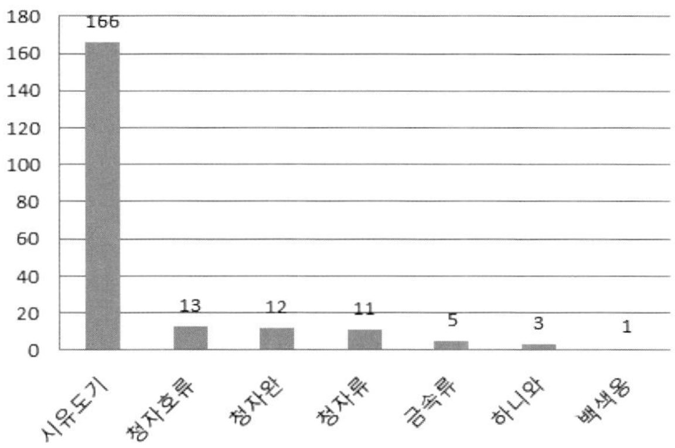

〈도면 11〉 풍납동 토성 국외 외래계 유물 기종 세부

풍납동 토성의 국내 외래계 유물은 호(33점), 광구장경호(18점), 대부호(9점), 장경호(7점), 평저호(5점) 등의 호류가 86점으로 가장 많고 개(19점), 고배(18점) 순으로 확인된다.

호류의 대부분은 지방산 충청·전라 및 지방산 전라에 해당하는 것들인데 경당지구에는 지방산 전라 동부의 대부호와 지방산 충청·전라의 광구장경호가 집중된 양상이다. 개와 고배는 지방산 충청, 지방산 전라, 지방산 경기에 해당하는 것들과 아라가야, 비화가야, 대가야, 금관가야, 소가야에 이르는 것까지 다양하게 확인되고 있어 가야 지역과의 지속적인 교류의 역사를 시사해 준다. 그 외 유물로는 벼루, 장군, 수석, 토제거울 등이 있다. 그 동안 백제 도성에서 외래계 벼루는 2점이 확인되었는데 풍납동 토성 미래마을 마-그리드 출토 벼루는 모방품으로 보이며 나머지 한 점은 몽촌토성 87-폐기장 출토 중국 도제벼루이다.[7)]

벼루는 통치의 수단인 문자를 통해 시·공간적 경계를 넘는 문화 보급의 연결 매체(都라지 2017)[8)]이므로 존재만으로도 집단의 정치·경제·문화적 위계를 지시한다. 따라서 백제의 지방에서 유입된 다양한 종류의 호류, 개 · 고배 등으로 대표되는 외래계 유물의 존재는 가야 정치체와의 지속적인 교류의 흔적이며 문자를 매개로한 통치 수단인 벼루의 존재는 백제 한성의 왕성으로서 풍납동 토성이 갖는 정치 · 경제 · 문화적 위계의 결과물이다.

7) 都라지, 2017,「삼국시대 벼루(硯) 연구」, 高麗大學校 大學院 考古美術史學科 碩士學位論文.
8) 앞의 7)의 책 24쪽 - 지금까지 풍납동 토성에서는 모두 41점의 벼루가 보고되었고 이 중 외래계 유물은 미래마을 마-그리드에서 1점이 출토되었다.

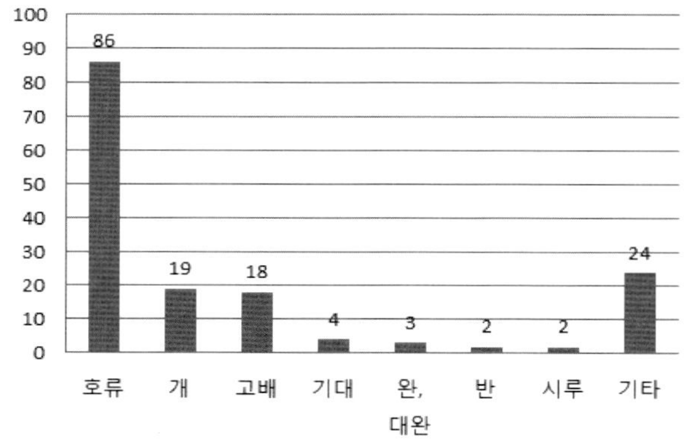

〈도면 12〉 풍납동 토성 국내 외래계 유물 기종 세부

몽촌토성에서는 국외 외래계 유물 중 중국 청자(34점)가 가장 많이 보고되었고 시유도기(14점)도 여러 점 출토되었다. 중국 청자는 반구호, 반구병, 완, 계수호, 뚜껑, 반 등으로 구성되어 있고 기종을 알 수 없는 파편도 다수 확인되었다. 시유도기는 옹, 호, 병 등의 대표 기종과 전문도기 3점 및 도제벼루 1점이 포함되어 있다. 그 외 진식대구 1점과 일본산 배 1점이 있다.

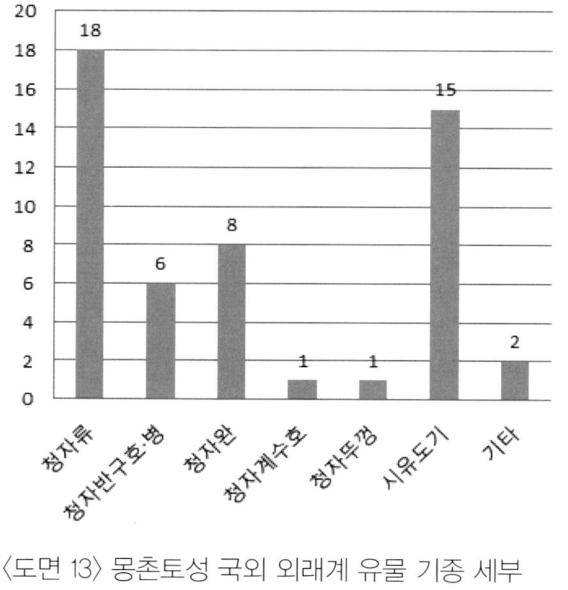

〈도면 13〉 몽촌토성 국외 외래계 유물 기종 세부

몽촌토성의 국외 외래계 유물의 대다수는 역시 중국에서 유입된 것들로 채워져 있는데 수량은 적지만 청자의 기종이 풍납동 토성 보다 좀 더 다양화된 양상이다. 이러한 현상은 시유도기 세부 기종에서도 동일하게 나타난다. 또한 출토위치가 각기 다른 청자완이 8점이나 확인되었으므로 앞서 청자계수호와 함께 검토한 풍납동 토성의 사례와 비교하여 볼 수 있다. 청자계수호는 손잡이 형태가 중국 동진대 남경 철심교 사가산 사층묘 출토품[9]과 유사하다. 벼루는 86-폐기장에서 모두 1점만 보고되었지만 이와 유사한 형태 및 재질의

9) 국립공주박물관, 2011, 『中國 六朝의 陶瓷』, 61쪽.

벼루가 중국 남경 동진대의 여가산 M1호묘(357년) 출토 灰陶硯이 있어 몽촌토성 출토품도 4세기 후반 경에 제작 및 유입된 것으로 여겨지고 있다.[10)]

몽촌토성의 국내 외래계 유물은 개(5점), 삼족기(5점), 배(4점), 고배(3점) 등의 소형 기종이 주류를 이룬다. 호류는 장경호(3점), 수평구연호(1점), 광구소호(1점), 소호(1점)로 구성되어 있고 완에는 삼이부유대완 1점이 포함되어 있다. 그 외 기대(1점)와 대각도 확인된다.

몽촌토성 Ⅰ지구 23호 수혈 출토된 삼이부유대완과 같은 기종은 백제 한성에서 2점[11)]만 보고된 특수한 기종이고 창녕 지역을 중심으로 한 비화가야의 대표 토기 기종 중 하나이다. 이와 유사한 형태로 제작된 사례는 창녕 계성리 고분군 B지구 2호분[12)] 출토품이 있다. 그 간의 연구에서는 낙동강 하류역을 중심으로 하여 창녕양식 토기의 양식권과 교류권을 살펴 주변 정치체의 대외관계를 밝힌 바 있다.[13)]

백제 한성 중앙까지를 빈번한 교류권으로 포함시켜야 하는지는 좀 더 연구가 필요하겠지만 몽촌토성에서 출토된 삼이부유대완의 경우는 창녕 지역을 중심으로 한 정치체와의 교류를 통해서 백제 한성으로 유입된 결과물임에는 의심의 여지가 없어 보인다.

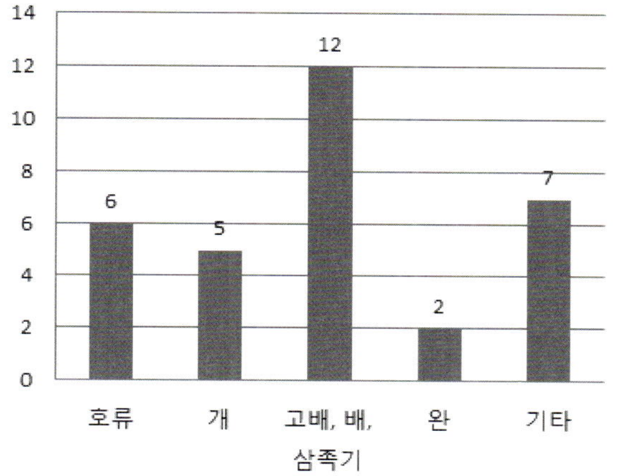

〈도면 14〉 몽촌토성 국내 외래계 유물 기종 세부

10) 조윤재, 2011, 「고고자료로 본 백제와 남·북조의 교섭」, 『한국출토 외래유물 2』, 한국문화재조사연구기관협회.

11) 그 외 풍납동 토성 미래마을 다-그리드 출토 유대완 대각 1점이 있다.

12) ① 창녕박물관 소장품인 계성리 B지구 2호분 출토 손잡이 달린 굽다리바리와 몽촌 토성 출토품은 모두 신부 외면 돌대를 사이에 두고 상·하 구분하여 파상선문과 점열문을 시문하였고 대각 투창 사이에도 파상선문을 베풀었다. 두 점이 서로 제작기법 상의 상당한 공통점을 갖고 있지만 몽촌토성 출토품이 약식 보고된 상태이므로 향후 명목·계측 속성이 보완되어야 더 자세한 검토가 가능하리라 본다.
② 창녕박물관, 2007, 『소장유물도록』, 62쪽·66~67쪽 – 그 외 창녕을 지역에서는 몽촌토성 출토품과 유사한 형태의 유대완이 다수 확인되었다.

창녕계성리 B지구 2호분
(창녕박물관 소장품)

13) 하승철, 2013, 「창녕 계성리고분군의 성격과 정치체의 변동」, 『야외고고학』 제18호, 한국매장문화재협회, 88~91쪽.

석촌동 고분군은 백제 한성 왕릉지구[14]에 현존하는 유일한 백제의 왕실묘역이다. 석촌동 고분군의 국외 외래계 유물은 도기 1점을 제외하고는 모두 자기로 구성되어 있어 풍납동 토성 및 몽촌토성의 국외 외래계 유물의 구성과 상당한 차이를 보이며 기종도 다양하지 않은 편이다.

먼저 국외 외래계 유물은 청자호류(29점), 청자병류(4점), 시유도기(1점)로 크게 세분된다. 청자호류는 호 파편(15점)이 가장 많고 반구호(6점), 흑갈유호(2점), 계수호(1점), 사이부호(1점) 등으로 구성되어 있다. 청자병류는 병 파편(3점), 반구병(1점)이 확인되었으며 그 외 전문도기 1점이 있다.

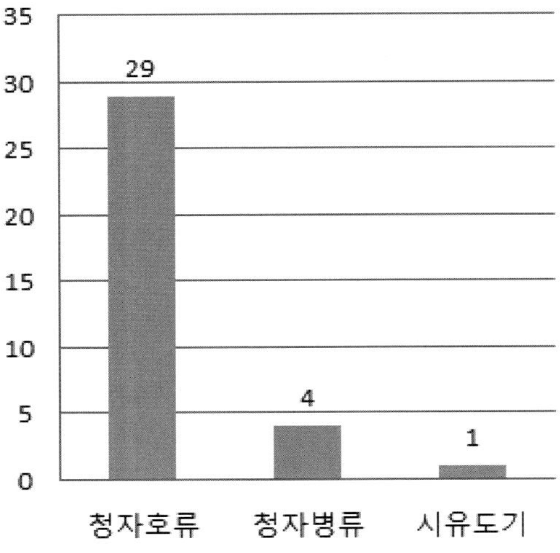

〈도면 15〉 석촌동 고분군 국외 외래계 유물 기종 세부

이와 같이 석촌동 고분군의 국외 외래계 유물은 호류와 병류 등 소형 자기 기종이 주류를 이루고 대형 기종인 시유도기는 극히 제한적으로 확인된다. 이는 앞의 두 개 유적과 명확히 구별되는 특징으로서 석촌동 고분군이 갖는 고유의 성격에 따라 무덤 내 부장 및 제사 등의 의례 행위에 주로 사용되었던 특수 기종을 선별한 결과로 판단할 수도 있다. 그러나 석촌동 고분군은 초대형 고분인 3호분을 포함하여 당시 정치 · 사회적으로 최고 등급의 무덤이 조성된 묘역인 만큼 수많은 수입 위세품 중에서도 좀 더 귀하게 여겼던 청자호·청자병을 부장품으로 선별 사용한 결과라고도 볼 수 있다.

14) ① 李炳鎬, 2011, 「日帝强占期 百濟 故地에 대한 古蹟調査事業」, 『한국고대사연구』 61, 한국고대사학회 – 이에 의하면 과거 석촌동·가락동 고분군 일대에 280기 이상의 고분이 있었고 방이동 고분군 일대에는 16기 등 총 296기 이상의 고분이 존재했던 것으로 알려져 있다.

② 한성백제박물관, 2019, 『방이동고분군 3호분』 – 최근 진행된 방이동 3호분 발굴조사를 통해 고분의 초축이 6세기 중·후반에 이루어진 것으로 밝혀졌다.

③ 앞의 4)–①의 책 – 석촌동 고분군에는 현재 8기의 고분이 복원 정비되어 있지만 발굴조사를 통해 대규모로 연접되는 연접적석총이 남–북 길이 100m, 동–서 길이 40m 정도까지 확인되고 있어 향후 조사결과에 따라 그 범위가 점차 확대될 것으로 기대된다. 따라서 가락동 고분군은 1970년대 발굴 조사 이후 훼멸된 상태이므로 석촌동 고분군만이 현존 유일의 백제 왕릉급 묘역에 해당한다고 볼 수 있다.

④ 앞의 5)의 책 – 한성백제박물관은 서울 송파구 일대의 석촌동 고분군을 중심에 두고 지금은 훼멸된 가락동 고분군을 비롯한 방이동 고분군에 이르는 범위를 모두 포함하여 [백제 한성 왕릉지구]를 설정했다. 이후 지표조사를 시작으로 다양한 매장문화재 확인 조사를 통해 백제 한성 왕도 관련자료를 확보하고 있다.

석촌동 고분군의 국내 외래계 유물 역시 호류(17점)가 가장 많고 칠기류(5점), 개(2점), 배 · 고배(각 1점) 순으로 확인되었다. 호류는 지방산 충청, 지방산 충청 · 전라, 지방산 전라에서 주로 유입되었고 유견호, 직구호, 장경호, 단경호, 양이부호, 이중구연호, 난형호 등으로 구성되어 있다.

1호분 북쪽 연접적석총 1호 적석묘 출토 고배와 1호 구획적석목관묘 출토 뚜껑 1점은 모두 가야에서 유입된 것들로 보인다. 특히 고배는 4세기 중 · 후엽에 해당하는 아라가야의 유개식 통형고배이다.[15] 칠기류는 반, 이배로 구성되어 있고 3호분 동쪽고분군 대형토광묘에서 출토된 것들로 모두 지방계 낙랑에 해당하는 유물이다. 또한 1호분 북쪽 연접적석총 3호 목관묘에서는 경부 휘장문 평저호가 1점 보고되었는데 이것 또한 지방계 낙랑으로 분류했다. 휘장문이 시문된 평저호는 석촌동 고분군Ⅱ 5호분 남쪽[16], 석촌동 고분군Ⅲ 86-즙석봉토분, 파주 주월리 제2호 주거지[17]등에서 출토된 사례가 있다. 휘장문 · 점열문은 석촌동 고분군 출토품을 제외하면 몽촌토성[18]에서 출토된 고구려의 동이 · 호류 · 원통형 삼족기 등의 기종에 집중적으로 시문된 것이 확인되었으므로 각 정치체 내 평저호의 도입과정을 면밀히 살펴보면 보다 진전된 결과를 얻을 수 있을 것이다.

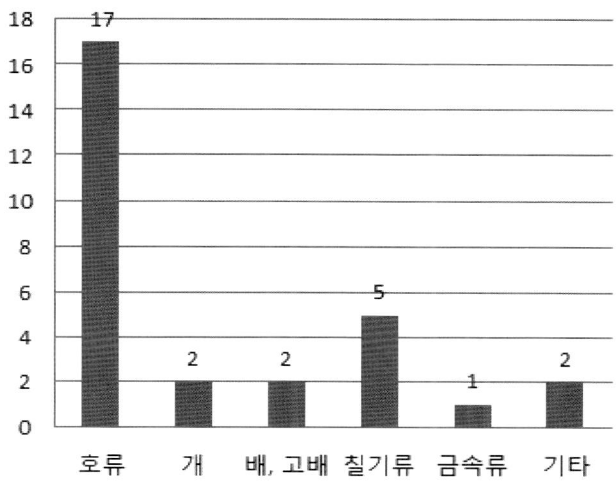

〈도면 16〉 석촌동 고분군 국내 외래계 유물 기종 세부

15) 앞의 4)-①의 책, 274~277쪽 - 배신의 높이가 낮고 대각이 좁고 길쭉하게 제작되어 함안 황사리 채집품과 유사한 형태이다. 그 외 합천 옥전 고분군이나 김해 대성동 고분군에서도 유개식의 통형고배가 제작되었다.

서울 석촌동 고분군 1호 적석묘	합천 옥전고분군 54호분	함안 황사리 채집	경주 인왕동 C군 5호
	2b/신라 조기말/3C말·4C초~4C전엽	신라 조기	1Aa/신라 전기/4C중엽

1호 적석묘 출토 통형고배 및 비교자료(S=1:8/최병현의 편년안 재편집)

16) 서울대학교 박물관, 2014, 『석촌동고분군Ⅱ』.

17) 京畿道博物館, 1999, 『坡州 舟月里 遺蹟』.

18) ① 서울大學校博物館, 1988, 『夢村土城 東南地區發掘報告』.
② 서울大學校博物館, 1989, 『夢村土城 西南地區發掘報告』.

따라서 석촌동 고분군의 국내·외 외래계 유물을 살펴본 결과, 당시 백제 한성에서 최고의 가치를 가진 중국자기 위주로 위세품을 갖추었으면서도 지역 정치체 및 지방에서 입수한 특수 기종도 국가 주도의 상장의례에 사용하는 것을 주저하지 않는 개방성을 엿볼 수 있다.

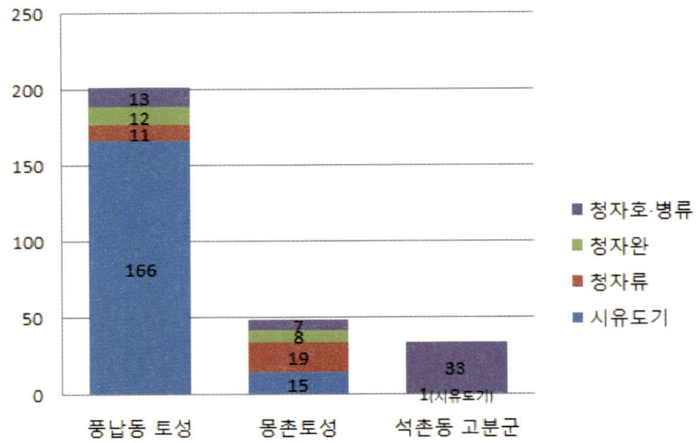

〈도면 17〉 백제 왕도유적 국외 외래계 유물 주요기종 구성

이를 종합하여 보면 서울 소재 백제 왕도유적에서 출토된 국외 외래계 유물 중 정치체의 위계를 직접적으로 지시하는 유물은 당시 백제에는 제작 기술이 없었던 청자 및 도기류로 볼 수 있다. 모두 중국에서 제작되어 유입된 유물로 현재까지는 풍납동 토성에서 가장 많은 수가 확인되었다. 이러한 결과는 풍납동 토성이 3개 유적 중 가장 오랜 기간 동안 발굴조사가 진행되어 그 간의 자료가 축적되었기 때문이기도 하고 백제 도성에서 풍납동 토성의 위계적 위치를 지시하는 것으로도 이해된다. 다만 풍납동 토성을 비롯하여 몽촌토성과 석촌동 고분군이 동시에 발굴조사 중이므로 향후 해당 유적에서 보다 많은 수의 다양한 외래계 유물이 보고될 것으로 기대되며 그 결과에 따라 백제 왕도유적 간의 심도 깊은 검토와 해석이 지속될 것으로 보인다.

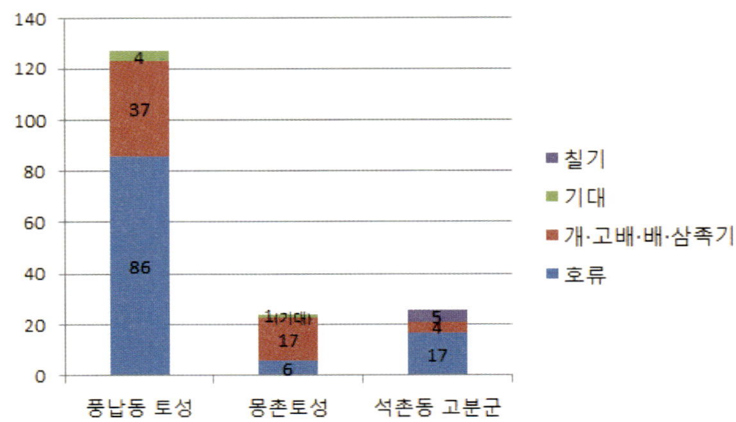

〈도면 18〉 백제 왕도유적 국내 외래계 유물 주요기종 구성

백제 왕도유적의 국내 외래계 유물을 구성하고 있는 주요 기종 중 단연 으뜸은 다양한 형태의 호류이며 더불어 개, 고배, 배, 삼족기 등으로 대표되는 소형 기종을 들 수 있다. 풍납동 토성은 외래계 유물의 수량도 단연 돋보이지만 기대 등의 특수 기종을 포함하고 있는데 몽촌토성에서도 기대 1점이 확인된바 있어 다른 유적과는 구별되는 위계를 보여준다.

Ⅳ. 맺음말

지금까지 서울소재 백제 왕도유적인 풍납동 토성, 몽촌토성, 석촌동 고분군 출토 외래계 유물의 현황을 통계표로 제시하고 이를 토대로 백제 왕도유적 출토 외래계 유물의 경향을 분석해보았다.

외래계 유물을 통해서 본 백제는 멀리 중국과 왜, 가깝게는 가야·신라와 활발하게 교류하고 지방 지배도 왕성하게 수행하며 정치·경제·문화적으로 고립되지 않는 완성된 국가로서의 기조를 갖추고 있었다. 특히 대외적으로는 중국과 꾸준히 교류하여 당시 최고의 기종인 청자류 및 시유도기가 백제 도성의 깊숙한 곳까지 유입되어 빈번하게 사용되었다. 또한 국내 정치체 및 지방 세력과의 지속적 상호작용의 결과로 일상의 기종 또는 특수한 기종이 동시에 유입되면서 국가로서의 유연성을 확보해 나아간 것으로 이해된다. 서울소재 백제 왕도유적에서 출토된 다양한 기종과 국적의 외래계 유물은 이러한 고고학적 해석의 가능성을 열어주었다.

풍납동 토성, 몽촌토성, 석촌동 고분군은 서울의 급격한 도시화로 인해 그동안 다양한 모습으로 변화되어 왔다. 현재 학술발굴조사가 꾸준하게 추진되고 있는 만큼 그 결과를 토대로 백제 왕도의 경관 및 백제 도성의 역사적 가치가 모두 복원되기를 기대한다.

〈참고문헌〉

京畿道博物館, 1999,『坡州 舟月里 遺蹟』.

국립강화문화재연구소, 2018,『서울 풍납동 토성[사적 제11호] 서성벽 복원지구 내 유적 발굴조사 자문회의 자료집』.

국립공주박물관, 2011,『中國 六朝의 陶瓷』.

김무중, 2014,「한국 회도 및 낙랑토기와 중부지역 타날문토기의 전개」,『숭실대학교 한국기독교박물관지』 제10호, 숭실대학교 한국기독교박물관.

都라지, 2017,「삼국시대 벼루(硯) 연구」, 高麗大學校 大學院 考古美術史學科 碩士學位論文.

文東錫, 2012,「漢城百濟의 茶文化와 茶確」,『百濟研究』 第56輯, 충남대학교 백제연구소.

朴淳發, 2005,「公州 水村里 古墳群 出土 中國瓷器와 交叉年代 問題」,『4~5세기 금강유역의 백제 문화와 공주 수촌리 유적』 충청남도역사문화원 제5회 정기 심포지엄, 충청남도역사문화원.

서울大學校博物館, 1988,『夢村土城 東南地區發掘報告』.

서울大學校博物館, 1989,『夢村土城 西南地區發掘報告』.

서울대학교 박물관, 2014,『석촌동고분군Ⅱ』.

尹淨賢, 2017,「백제 절구 연구」,『百濟學報』 제20호, 百濟學會.

李炳鎬, 2011, 「日帝强占期 百濟 故地에 대한 古蹟調査事業」, 『한국고대사연구』 61, 한국고대사학회.

이보람, 2019, 「서울 풍납동 토성 서성벽 복원지구 내 유적」, 『2019년 중부고고학히 유적조사발표회』, 중부고고학회.

조윤재, 2011, 「고고자료로 본 백제와 남·북조의 교섭」, 『한국출토 외래유물 2』, 한국문화재조사연구기관협회.

창녕박물관, 2007, 『소장유물도록』.

최병현, 2014, 「원삼국시대 와질토기 논쟁, 그 후」, 『숭실대학교 한국기독교박물관지』 제10호, 숭실대학교 한국기독교박물관.

하승철, 2013, 「창녕 계성리고분군의 성격과 정치체의 변동」, 『야외고고학』 제18호, 한국매장문화재협회.

한강문화재연구원, 2018, 『서울 한강공원 풍납토성 나들목 개선공사부지 내 유적 문화재 발(시)굴조사 전문가 검토회의 자료집』, 재단법인 한강문화재연구원 · 한강공원.

한성백제박물관, 2008, 「몽촌토성」, 『왕도와 방어체계』 漢城百濟史3, 서울특별시사편찬위원회.

____________, 2016, 『청자의 길 동아시아에서 세계로』, 2016년 여름특별전시회.

____________, 2019, 『방이동고분군 3호분』.

____________, 2019, 『서울 석촌동 고분군 Ⅰ-1호분 북쪽 연접적석총1』.

____________, 2020, 『백제 한성 왕릉지구 지표조사 보고서』.

____________, 2020, 『서울 석촌동 고분군 Ⅱ-1호분 북쪽 연접적석총2』.

____________, 2020, 『왕성과 왕릉』, 한성백제박물관 발굴조사 성과전.

국외 외래계 유물에 대하여

한지선(국립중원문화재연구소)

1. 개관

서울 소재 백제유적에서 확인되는 국외 외래계유물은 총 296건으로 그중 자기가 102점(34%), 시유도기 옹류가 180점(60%), 호류와 벼루가 각 1점, 금속기가 6점과 일본산 유물이 5점이 보고되었다. 이 중 시유도기의 출토량이 압도적인데 본고에서는 별도의 논고로 검토될 자기류를 제외하고 도기류와 금속기류 등의 중국산 유물과 토기류의 쓰에키 개배와 하니와 등 일본산 유물, 마지막으로 국내산 중에 국외 모방품으로 제작된 7점에 대해 간략하게 살펴보고자 한다.

2. 중국산 유물

1) 시유도기

시유도기란 도자기 중에서 조질의 도기에 유약을 바른 기종이며, 전문도기는 시유도기에 별도의 錢文裝飾을 찍은 것을 말한다(馮慧 · 賀云 · 路侃 2005). 본고의 분석 대상 시유도기 중 옹류가 180점이고, 흑유병으로 추정되는 편 1점이 확인되었다. 그리고 시유도기 옹류 중에서 錢文이 새겨진 것은 12점이다. 본 고에서는 가장 다수 출토되는 시유도기 옹에 대해 상세히 검토해 보고자 한다.

시유도기 옹은 풍납토성 196호 유구에서 다량으로 그 존재가 확인되면서 주목받았다. 완형의 시유도기가 백제대옹과 대호, 각종 토기류와 함께 온전한 상태로 출토되었는데, 그 수량이 33점에 달했기 때문이다. 당시 발굴조사자였던 권오영(2002)은 196호 유구가 출토 시유도기를 3세기 후반으로 비정하고 西晋과의 교섭과정에서 移入된 것으로 보았고, 이보다 앞서 박순발(2001)은 전문도기의 시기를 중국의 東吳(222~279)~東晋初(4세기 전반)에 유행한 문양과 비교해 시기를 비정하였다. 이러한 시기논쟁은 중국 연구자들에 의해 본격화 되었는데, 무덤에 부장된 東吳~東晋代 시유도기 紀年銘 자료와 비교 · 검토하였고 그 결과 풍납토성 출토 시유도기 옹은 錢文문양요소를 통해 볼 때 東晋대에 해당된다고 주장했다(馮慧 · 賀云翺 · 路侃 2005).

이후 풍납토성 196호 유구에 대한 보고서 발간 작업이 진행되면서, 풍납토성 출토 시유도기의 형태적 속성에 대한 보다 자세한 연구가 이루어졌다. 한지수(2010)는 시유도기의 구연부와 동체부 형태를 형식분류하여 각각의 형식이 결합된 양상을 총 4개군으로 구분하였다. 그 결과 확인된 특징을 요약하면 다음과 같다.

시유도기는 대체로 높이 54~59cm이며, 동최대경은 56~62cm, 구경은 33.8~44cm, 저경은 20.5~24.5cm, 두께는 0.7~2.1cm군과 0.6~1.3cm군으로 나뉜다. 196호 유구 출토 시유도기의 내부에서 어류(복어와 참돔)의 척추뼈가 발견되어 젓갈 등의 음식물을 저장했던 용기로 추정했다. 구연부 형식은 외반구연(A), 무경(B), 직립구연(C)로 구분하고 동체부는 동최대경의 위치를 기준으로 분류한 후 타날 등의 장식대와 내부 제작흔을 결합하여 총 4개군으로 형태적 특징을 구분했다.

〈그림 1〉 경당지구 196호 수혈 출토 중국 시유도기와 백제토기류 각종(한성백제박물관 2013)

○ A형식 : 외반구연(A)-구순(a1/a2)-동체부(A)-횡고리형 이수-손누름 자국(Ⅰ)-세격자문타날(ⅰ형)의 조합

○ B형식 : 무경(B)-구순(b)-동체부(B)-내면 박자흔(Ⅱ)-사격자문타날(ⅱ)의 조합

○ C형식 : 직립구연(C)-구순(c)-동체부(C)-고속회전 요철흔(Ⅲ)-침선문(ⅲ)의 조합

○ D형식 : 내경구연(D)-요철흔(Ⅲ)-침선문(ⅲ)의 조합

이밖에도 중국에서 출토된 전문도기의 기년명 자료와 비교 분석하여 외반구연(A)은 東吳~東晋代에 유행하고, 무경(B)은 3세기 후반에서 東晋代에 유행하고 있다는 결과에 따라, 풍납토성의 중층유구에 해당하는 196호 출토 시유도기 옹은 외반구연(A)과 직립구연(C)이 다수를 차지하고, 상층 유구인 9호 유구 출토품에서는 외반구연(A)은 확인되지 않고, 무경(B)과 직립구연(C)이 다수를 차지하는 것으로 보아 구연부 형태간의 시기성이 일정 정도 존재할 가능성을 언급했다. 결론적으로 풍납토성 196호 유구에서 확인된 시유도기의 형태적 특징은 〈그림 2〉와 같다.

구연부	A. 외반		B. 무경	C. 직립	D. 내경
형태	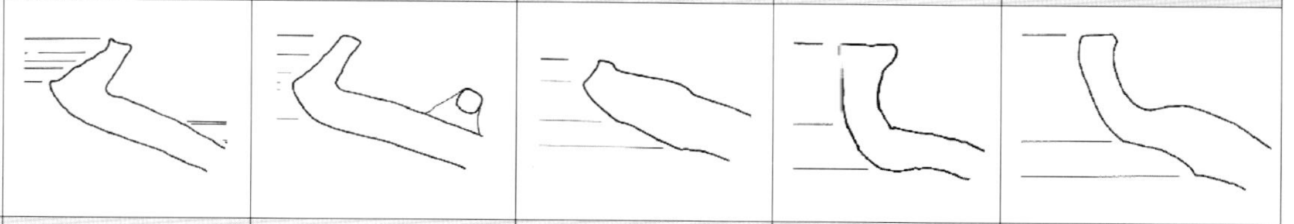				
구순	a1	a2	b	c	d

〈그림 2〉 시유도기 옹의 구연부와 구순형태(한지스 2010)

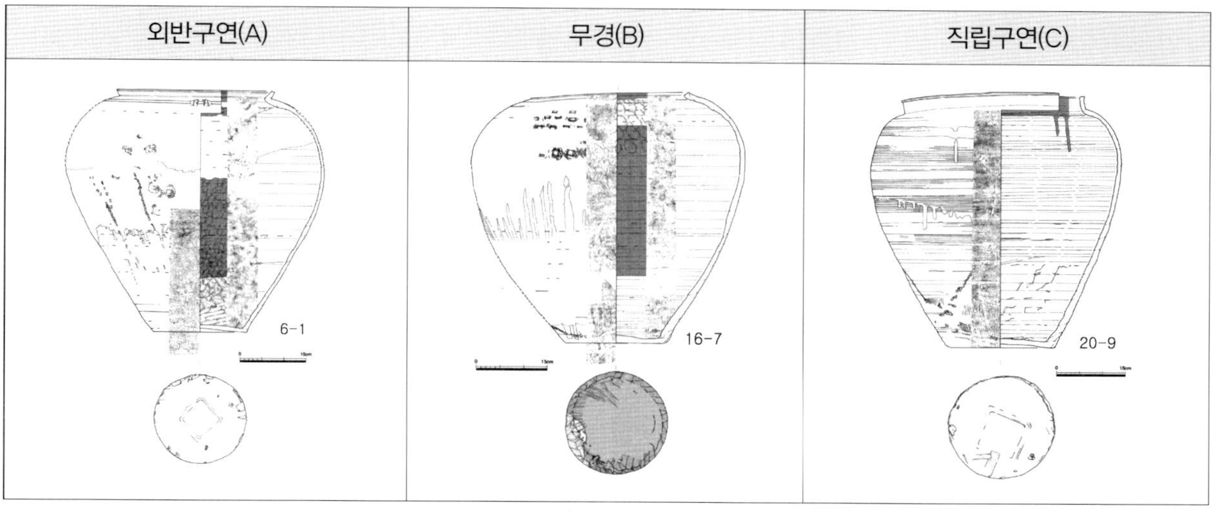

〈그림 3〉 풍납토성 196호 유구 출토 시유도기 각종

이러한 분석 이후 현재까지 많은 유물이 출토되었지만, 완형개체는 풍납토성 196호 유구 이외에는 거의 사례가 없어 진전된 분석 결과가 도출되기 어려운 실정이다. 다만 구순형태를 파악 가능한 개체수는 증가하여 68점으로, 외반구연(A)은 29점(42%), 무경(B) 13점(19%), 직립구연(C)은 26점(38%)이 확인되었다. 이중 외반구연(A)는 풍납토성 196호 유구(293~325)에서 17점으로 전체의 65%에 달해, 동시기 가장 성행한 구순형식임을 알 수 있다. 또한 풍납토성 가지구-1호수혈(48-50)에서 외반구연(A) 1점과, 직립구연(C) 2점이, 풍납토성 경당지구 9호 유구(209-213)에서는 무경(B) 1점과 직립구연(C) 4점이 확인되고 있어 시기적으로 A→C의 경향성을 보이고 있어 기존 연구결과와 동일하다.

<table>
<tr><td colspan="2">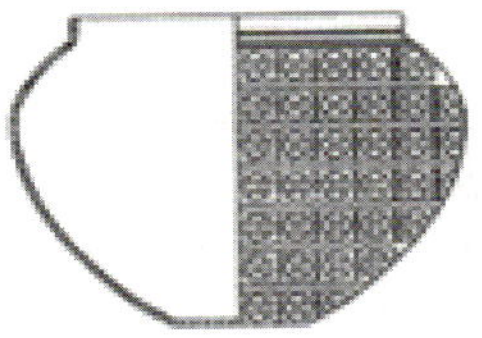</td><td colspan="2">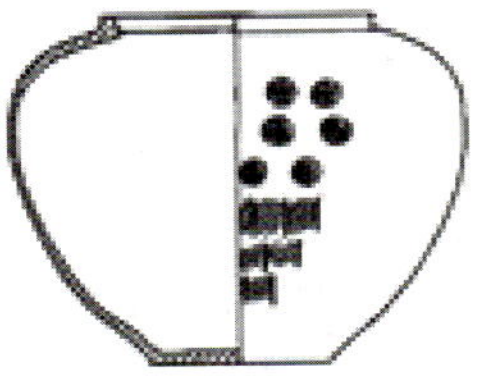</td><td colspan="2">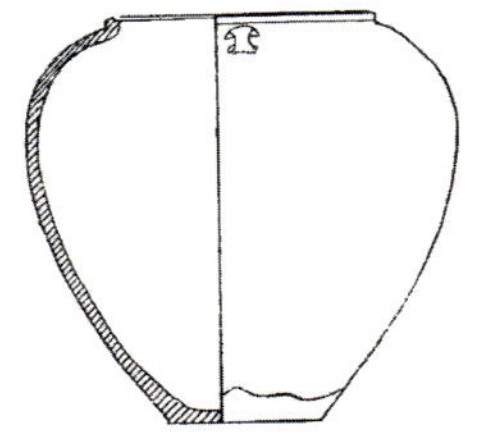</td><td rowspan="1">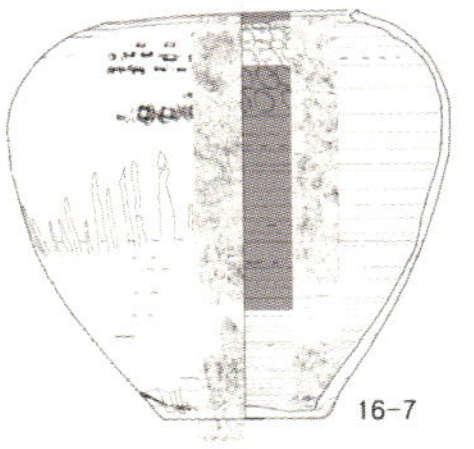</td></tr>
<tr><td>270</td><td>東吳</td><td>288</td><td>西晋</td><td>3末~4C初</td><td>東晋初</td><td rowspan="2">풍납토성 경당 196호</td></tr>
<tr><td colspan="2">① 安徽 馬鞍山 朱然家族墓</td><td colspan="2">② 嵊州市 苔山 西晋墓</td><td colspan="2">③ 江蘇 鎭江 晉陵羅城 城墻甕棺墓(M4)</td></tr>
</table>

〈그림 4〉 중국 기년명 시유도기 자료와의 비교

① 王俊 · 李军 · 栗中斌 2008, 『馬鞍山六朝墓葬發掘與研究』, 科學出版社.
② 嵊縣文管會 1988, 「浙江嵊縣六朝墓」, 『考古』 1988-9期.
③ 鎭江市博物館 1986, 『鎭江市東晋晋陵羅城的調査和試掘』, 『考古』1986-5期.

2) 금속기

서울지역 출토 한성백제기 외래계 유물에 속하는 금속기는 총 6점이다. 2점은 형태가 다른 청동제의 초두이고, 은제장식, 청동포수, 오수전, 금동과대금구 등이 그것이다. 초두 2점을 제외하고 기종이 제각각이기 때문에 각각의 유물에 대해 간략하게 살펴보고자 한다.

<table>
<tr><td colspan="2"></td><td colspan="2"></td></tr>
<tr><td colspan="2">① 풍납토성 서성벽 출토 龍首柄초두</td><td colspan="2">② 풍납토성 서성벽 출토 長柄초두</td></tr>
<tr><td></td><td></td><td></td><td></td></tr>
<tr><td>③ 풍납토성 미래_나-5호 수혈 출토 은제장식</td><td>④ 풍납토성 미래_나-37호 수혈 출토 청동포수</td><td>⑤ 풍납토성 경당_101호 유구 출토 오수전</td><td>⑥ 몽촌토성 85년-1호 주거지 출토 금동과대금구</td></tr>
</table>

〈그림 5〉 서울지역 출토 한성백제기 금속류 각종(한성백제박물관 2012 인용)

(1) 청동초두

풍납토성 출토 청동초두 두 점은 1925년 을축년 대홍수 때에 큰 항아리에 담긴 채 풍납토성 서성벽 인근에서 발견되었다고 전해진다(김태식 2001). 최초로 보고되었던 『博物館陳列品圖錄』(朝鮮總督府 1917, 青銅製鐎斗)에 의하면, 「大正14년 8월 한강의 대홍수에 의하여 경기도 廣州郡 九川面 風納里의 옛 토성의 일부를 파괴하여 성내의 土中에서 큰 陶甕에 넣어진 청동제 초두 2점을 발견하였다」라고 기록되어 있었다(박보현 2005). 특히 龍首柄 초두는 중국 中原에서 西晋 이래 유행한 것으로 중국 전역에서 확인되고 있다(강현숙 2003). 초두는 손잡이가 있고 다리가 셋 달린 용기로서, 술을 데우는 酒煎子, 약재를 끓이던 藥湯器, 차를 달이던 茶罐 등의 액체를 덥히는 용도로 사용되기도 하고, 솥이나 냄비처럼 사용되기도 하였다(金夫正 1984)[1]. 용수병 초두는 원주 법천리 1호 석실분과 식리총, 그리고 가야 지역(고령, 합천)에서 수습품으로 보고되고 있다. 장병초두는 서천 부장리 5호분, 남원 월산리 M5호분 출토품 등과 고령 등 가야 지역에서 보고된 사례가 있다. 이처럼 초두가 출토되는 지역은 하나같이 도성이나 지방 수장층의 무덤인 만큼 이를 향유할 수 있는 계층은 매우 한정적이었음을 보여준다.

① 전 고령 출토

② 경주 식리총 출토

③ 원주 법천리 고분군 출토

④ 전 고령 출토

⑤ 김해박물관 소장

⑥ 경주 황오동 출토

〈그림 6〉 한반도 출토 청동초두 각종(권주현 2011 인용)

풍납토성 용수병초두의 형태적 특징은 머리의 각이 들려져 있고 조각도 매우 용에 가깝게 구체적으로 표현되어 있으며, 대각도 죽절형으로 말굽형태가 뚜렷하고 접지각이 넓게 퍼지도록 제작되고 있어, 전 고령품과 유사하고, 원주 법천리 출토품과는 대조된다. 장병초두의 경우도 초드의 몸체는 용수병초두와 유사하고

1) 청동초두의 용도와 관련해서는 다음과 같은 연구가 있다. 한국에서는 고려시대에 소주가 전래되기 이전까지만 해도 술은 모두 양조주(釀造酒)였기 때문에 데워서 마시는 온주(溫酒) 관습이 있었다. 따라서 술을 데우는 도구로 초두나 초호 등을 사용하였는데 원통형 몸체를 가지는 것이 초두이고, 솥처럼 둥근 몸체를 가지는 것이 초호이다(한성백제박물관 2012).

대각도 매우 각이 뚜렷한 죽절형으로 손잡이가 단이 져 굴절된 채 수평으로 뻗어 있다.

중국에서 출토되는 紀年銘 무덤에서 출토된 청동초두의 양상을 볼 때 용수병초두는 원주 법천리 출토품보다는 대각이나 용수부의 형태로 보아 늦을 가능성이 있으며, 박보현(2005)은 이것에 대해 南朝시기 유행하던 형식으로 보고 5세기 후반의 어느 시점에서 移入되어 매몰된 것으로 판단하였다. 최근 중국에서도 초두에 대한 형식분류를 통해 분기를 설정한 연구에서도 풍납토성 용수병 초두를 제4기(남북조시대)로 편년된 바 있다(李倩楠, 2018).

<table>
<tr><td colspan="2"></td><td colspan="2"></td><td colspan="2"></td><td></td></tr>
<tr><td>322</td><td>東晋</td><td>358</td><td>東晋</td><td>5C후반</td><td>南朝</td><td rowspan="2">풍납토성 서성벽</td></tr>
<tr><td colspan="2">① 南京象山 7號墓</td><td colspan="2">② 南京象山 5號墓</td><td colspan="2">③ 福建福州屏山南朝墓</td></tr>
<tr><td colspan="2">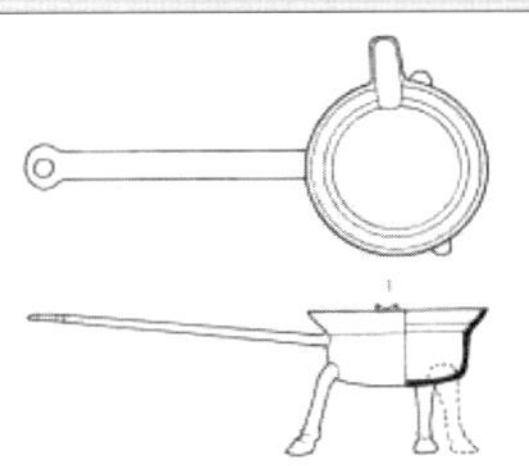</td><td colspan="2"></td><td colspan="2">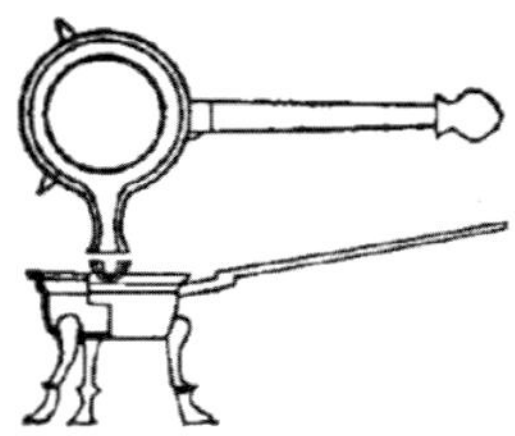</td><td></td></tr>
<tr><td>?</td><td>東晋</td><td>489</td><td>南朝</td><td>?</td><td>南朝</td><td rowspan="2">풍납토성 서성벽</td></tr>
<tr><td colspan="2">④ 山西大同南郊仝家灣7號墓</td><td colspan="2">⑤ 福州市南齊永明七年墓</td><td colspan="2">⑥ 四川綿陽市園藝鄕南朝墓</td></tr>
</table>

〈그림 7〉 중국 기년명 시유도기 자료와의 비교

① · ② 袁俊卿, 1972,「南京象山5号 · 6号 · 7号墓發掘簡報」,『文物』1986-5期.
③ 梅華全, 1985,「福州屏山南朝墓」,『考古』1985-1期, pp.28-32.
④ 張慶捷, 2015,「山西大同南郊仝家灣7號墓 M7, M9 發掘簡報」,『文物』2015-12期.
⑤ 馬春卿 · 趙肅方, 1955,「南京南郊鄧府山發現六朝古墓」,『考古通信』1955-2期.
⑥ 貴州省博物館考古組, 1996,「貴州平霸马場东晋南朝墓發掘簡報」,『考古』1996-8期.

(2) 은제장식

나-5호 수혈에서 타원형 장방형에 끝이 뾰족하게 삼각형으로 잘려진 은제장식이 확인되었다. 공반출토된 유물은 심발 뚜껑과 삼족기편에 불과하여 그 성격을 확인하기 어렵다. 다만 이 은제장식은 중국 吉林省 榆樹縣 老河深遺蹟에서 출토된 귀걸이 장식과 흡사하다. 풍납토성 출토품이 은제인데 반해 老河深遺蹟 출토품은 금제이다. 이 밖에도 喇嘛洞Ⅱ M266호묘에서 출토된 것과는 약간 각이 지는 것 이외에 그 형태나 용도에 있어서 유사성을 보이고 있어 이 풍납토성 출토 은제장식의 용도는 귀걸이장식이였을 가능성이 높다. 다만 귀걸이 장식 이외에도 이렇게 다수의 개별장식이 부착되는 형태는 冠飾 등에도 있어 다방면에서의 검토

가 필요하다. 다만 풍납토성에서 확인된 청동포수의 경우 중국 남방지역을 중심으로 확인되는 문양요소인 반면, 이 은제장식은 모두 북방지역에서 확인된다는 점이 주목된다(국립문화재연구소 2013).

〈그림 8〉 耳飾 및 冠帽裝飾 각종(국립문화재연구소 2013)

〈遺物〉
① 金耳坠飾(夫餘) 吉林省 榆樹縣 老河深遺蹟
② 金耳坠飾(三燕) 喇嘛洞 II M266出土 장식 길이 2.8~3cm, 폭 0.7~1.6cm
③ 金三角鹿頭冠飾(北朝) 内蒙古烏盟達茂旗出土, 内蒙古博物館所藏, 높이 18cm

〈出典〉
① 이형구, 1991, 『韓國古代文化의 起源』, 도서출판 까치.
② 遼寧省文物考古研究所 編, 『三燕文物』.
③ 中國金銀玻璃琺琅器全集編輯委員會 編, 1997, 『中國金銀玻璃琺琅器全集1-金銀器(一)』

(3) 청동포수

풍납토성 나-37호 수혈에서 공반유물 없이 단독으로 확인되었다. 나-10호주거지를 파괴하고 나-37호수혈이 조성되었기 때문에 최소한 나-10호주거지보다는 후행할 것으로 추정된다.

중국에서 鋪首는 대문 등의 문고리이며 고리를 매달기 위한 고정받침에 무서운 괴수의 얼굴을 표현하고 있다. 商周시기 도철문에서도 일부 확인되지만 戰國시기 이후 다양한 괴수의 얼굴을 가졌고, 문고리 이외에도 청동기의 손잡이, 목관의 손잡이 혹은 장식으로도 활용되었다.

포수의 형상이 수면문인 이유는 자연숭배사상, 辟邪思想과 관련이 있다. 대개 虎頭, 羊頭, 牛頭 등을 넣어 귀신이 들어오지 못하게 방지하는 등의 일종의 辟邪의 神('門神')의 역할을 하게 한 것이다(朱慶征 2001). 또한 수면의 머릿부분의 '三山冠'은 神仙世界의 彼岸을 상징하는 것으로 『史記』 秦始皇本紀' 등에서 나오는 '三神山'에서 유래한 것으로 보고 있다. 그래서 인지 이러한 삼산관의 형태는 포수가 출현하는 초기부터 오랫동안 유지되어온 형태이다. 漢代 이전까지는 주로 문고리 장식이나 묘장의 문지방에 새겨 넣는 등으로 사용되다가 칠기, 철기, 도기 , 청동기, 자기 등에도 광범위하게 사용되었다(常艷 2007). 唐宋代에 이르러 문양이 점차 간소화되고 동물뿐만 아니라 식물문양이 활용되는 등 변화를 격는다.

풍납토성 출토 포수의 형태적 특징은 다음과 같다. 함환이 같이 있을 것이나 환을 거는 부위의 고리와 포수 부위만 잔존해 있다. 수면의 머릿부분에는 여느 포수와 마찬가지로 '三山冠'이 있는데 각각마다 끝이 말려진 형상이다. 이렇게 삼산관의 끝이 말려진 양상은 西漢代부터 확인되고 있으며, 西晋代 포수(그림 9의 ⑧)에서도 확인되고 있다. 눈은 매우 돌출시켜 부리부리하게 만들고 눈썹이 눈 위에서 삼산관아래까지 길게 뻗어 있고 약간 머리쪽으로 치켜 올려져 있다. 가장 두드러진 특징은 두 개의 뿔로 마치 꼬아 말아 올린 형상이다. 이렇게 두 개의 뿔이 꼬아 말려 올라간 포수는 三國·吳代부터 확인되며 西晋代에도 확인되고 있다. 다만 뿔과 뿔 사이에 삼각문이 확인되는데 이 경우는 西漢시기(그림 9의 ②)와 樂浪 포수(그림 9의 ⑥) 등에서도 확인되고 있다. 東晋代 포수는 확인할 수 있는 수량이 많지 않았다. 다만 작은 銀鍍金鼎(그림 9의 ⑨)에서 확인되는 것이 풍납토성 출토품과 약간 유사한 것으로 추정된다(국립문화재연구소 2013).

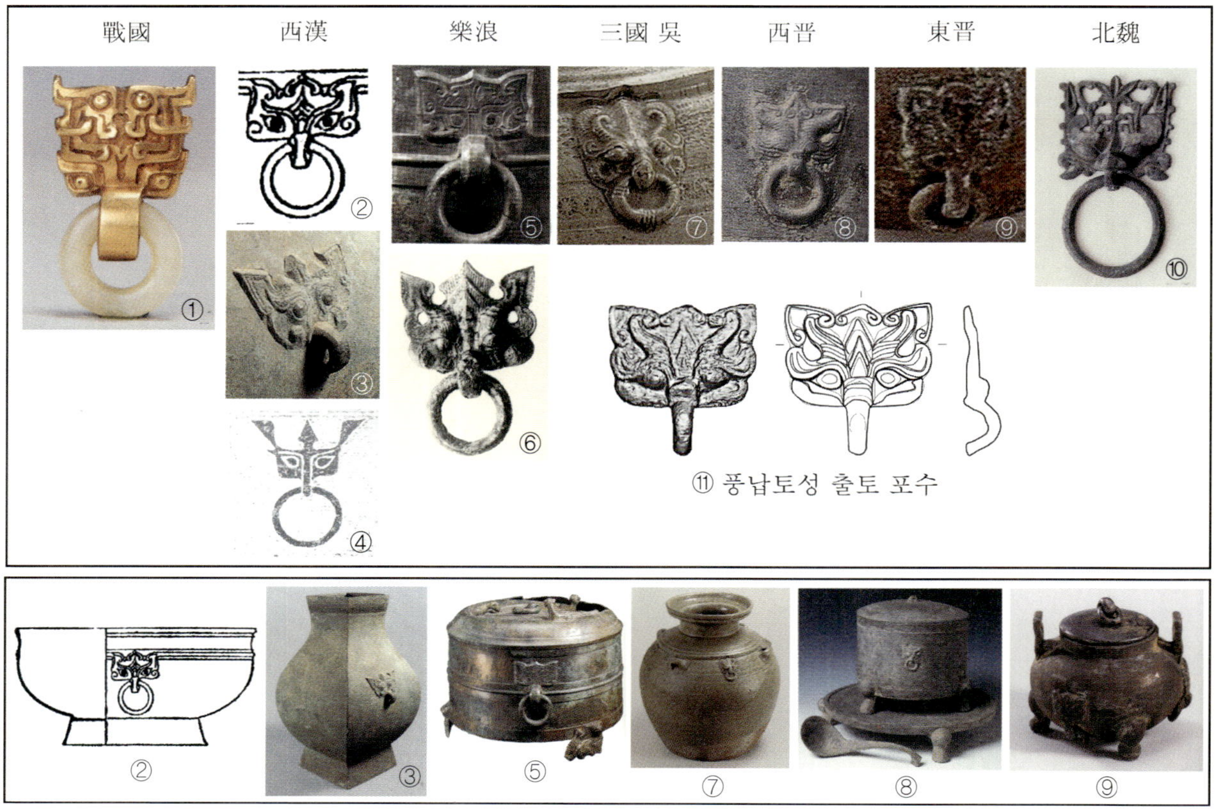

〈그림 9〉 중국 시대별 포수 변천 및 풍납토성 출토 포수(국립문화재연구소 2013)

〈遺物〉

① 金鋪首(戰國) 寶鷄縣千河鄕魏家崖村六組出土, 寶鷄博物館所藏, 길이 8cm, 두께 1.5cm, 함환직경 5cm
② 銅洒(西漢早期) 湖南省資興縣 湖南資興東漢墓 M439出土, 높이 12cm
③ 初元三年東阿宮鈁(西漢中期) 陝西西安高窖村出土, 西安市文物保護考古所藏, 높이 36cm
④ 樓閣 鋪首銜環(西漢), 河南唐河縣石灰窯村畵像石墓 出土
⑤ 銅樽(樂浪), 石巖里 9號墳出土, 높이 20.8cm, 지름 24cm
⑥ 銅製鋪首, 多田春臣所藏, 길이 약 5.5cm, 함환직경 2.5cm
⑦ 靑瓷盤口壺(三國·吳) 南京殷巷M1出土 南京市博物館所藏, 높이 22. 5cm, 구경 13.4cm.
⑧ 陶樽(西晋) 江蘇宜興出土, 높이 19.8cm, 구경 19.4cm, 반경 31.3cm, 높이 5.5cm
⑨ 銀鍍金鼎(東晋) 南京仙鶴觀M6出土, 南京市博物館所藏, 높이 2.7cm, 구경 2.3cm

⑩ 鎏金銅鋪首銜環(北魏) 山西大同市南郊北魏遺址出土, 길이 13.3cm, 두께 0.3cm

〈出典〉
① 中國金銀玻璃琺琅器全集編輯委員會 編, 1997,『中國金銀玻璃琺琅器全集1-金銀器(一)』
② 湖南省博物館, 1984,「湖南資興東漢墓」『考古學報』1984-1期 53項
③ 中國靑銅器全集編纂委員會 編, 1998,『中國靑銅器全集12-秦漢』
④ 南陽市博物館, 1990,「河南唐河縣石灰窯村畵像石墓」『文物』1982-5期
⑤ 國立中央博物館, 2001,『樂浪』
⑥ 朝鮮總督府, 1927,『樂浪郡時代の遺跡』
⑦·⑨ 南京市博物館, 2004,『六朝風采』
⑧·⑩ 學林出版社 · 上海科技敎育出版社, 2000,『魏晉南北朝文化』

(4) 오수전

오수전은 원형의 외주연부와 내방형의 구멍이 있고 구멍의 양쪽에 '五銖'라는 글자를 새겨넣은 중국 동전이다. 주로 漢代에서 隋代에 걸쳐 여러번 주조되면서 조금씩 형태적인 차이가 난다. 풍납토성 101호 유구에서 확인된 오수전은 비록 1점이지만 백제지역에서 발견된 가장 이른 단계의 화폐이다(한신대학교 박물관 2005). 약간 휘어져 있으나, '五銖'의 글자가 선명하여 특히 '銖'의 '朱'가 약간 각이 져 있고, '五'의 경우도 약간 뻗은 채 'x'자형을 나타내고 있다. 이러한 형태를 '上折下曲朱'라하는데, 동한대의 자형을 유지하고 있다(한신대학교 박물관 2005). 오수전의 형태만으로는 연대 추정이 곤란하지만 보고자는 西晋代에 오수전의 주조가 뜸하였다는 점을 고려할 때, 東漢대의 것일 가능성이 높다고 보았다. 그렇게 되면 101호 유구와 연대차가 발생하는데 傳世되었을 가능성이 높다고 추정된다.

(5) 금동과대금구

몽촌토성 과대금구는 圭形銙로 분류할 수 있는 東晋代 과대 장신구이다(박순발 2004). 출토 당시에는 유사 사례가 알려지지 않아 주로 문양 등을 통해 고구려와 긴밀한 관계가 있을 것으로 추정해 4세기 후반에서 5세기 전반경에 걸친 시기라는 견해(김원용 1986)도 있었다. 이후 박순발(1997)은 중국 湖北省 漢陽縣 熊家嶺의 한 東晋墓에서 출토된 동일한 금구(劉森淼 1994)를 통해 몽촌토성 출토품의 정체를 파악했다. 그리고 그 시기에 대해서는 중국 南京市 南京大學 北園 東晋墓 출토품과의 비교를 통해 4세기 1/4분기로 비정하였다(박순발 2004). 또한 이러한 과대는 안악3호분의 벽화에서도 확인되는데, 무덤 주인공인 '동수'의 '帳下督'이 패용하고 있는 것이 그것인데, 帳下督은 3품의 관작인 平東將軍의 位에 있던 무덤의 주인공 동수의 屬官으로 郡太守 이상의 고위관직자의 屬僚인 高級武官이다(孔錫龜 1989). 따라서 이러한 해석을 수용한다면 몽촌토성 과대를 패용한 주인공도 왕의 속료에 해당하는 최고위급 귀족일 가능성이 높다(박순발 1999). 또한 박순발(1999)은 이러한 금동과대가 몽촌토성에 등장하는 배경에 대해서는 백제와 晋 朝廷 사이의 공식적인 관계의 수립을 의미하는 것으로 조공과 册封이라는 국제관계가 수반된 것으로 보고 시기는 대략 4세기 1/4분기 무렵으로 비정하였다.

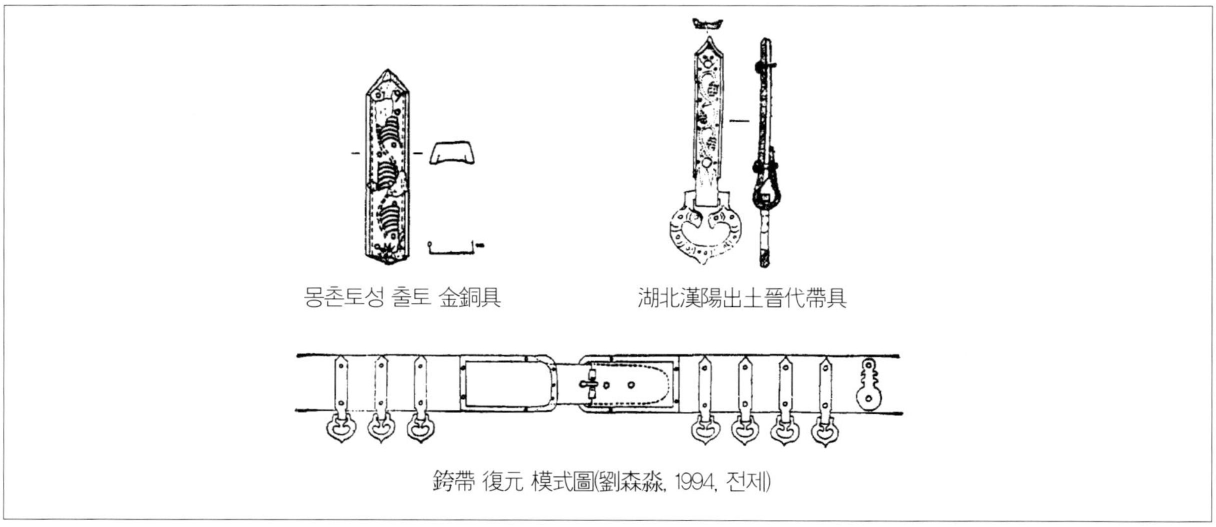

〈그림 10〉 몽촌토성 출토 金銅銙帶金具와 晋 銙帶(박순발 1999)

(6) 모방품

중국물품에 대한 현지 모방품으로 분류한 유물은 총 8점으로 〈그림 11〉과 같다. 이중에서 벼루의 경우 중국제 자기편 논고에서 함께 다루고 있어 본고에서는 생략하고 나머지 유물에 대해 간략히 살펴보고자 한다. 먼저 출토양상에 있어서 경당지구 9호 유구에서 확인된 대부호(235)를 제외하고 모두 그리드 등의 유물 포함층에서 확인되어 출토맥락을 파악할 수 없다.

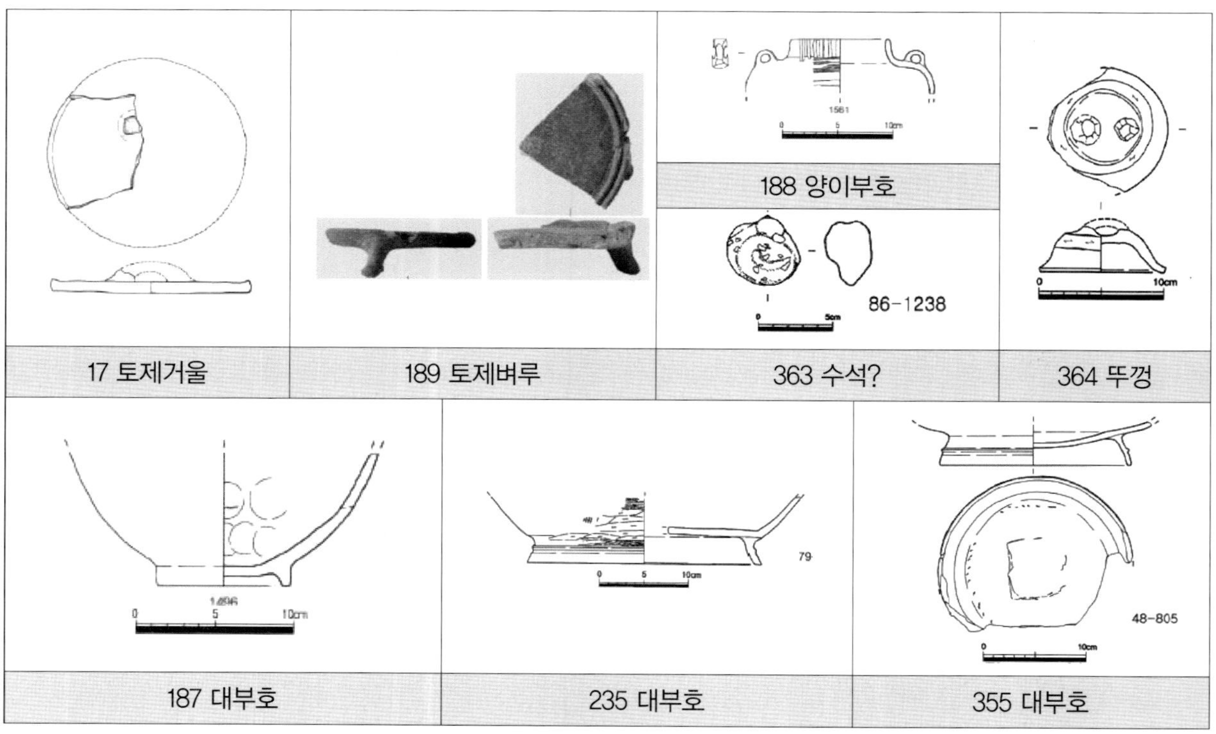

〈그림 11〉 풍납토성 출토 중국 모방품 각종

먼저 토제거울은 문양요소 없이 뉴가 단면 원형의 반원형으로 부착된 것으로 이렇게 거울모방품이 제작된 사례는 부안 죽막동 유적이 대표적이다. 풍납토성 출토품은 출토맥락상으로는 알 수 없지만 아마도 銅鏡이 고가의 수입품으로 희소성이 높아 일종의 제의와 관련해 이것을 대체한 대용품으로 토제를 제작한 것으로 추정된다.

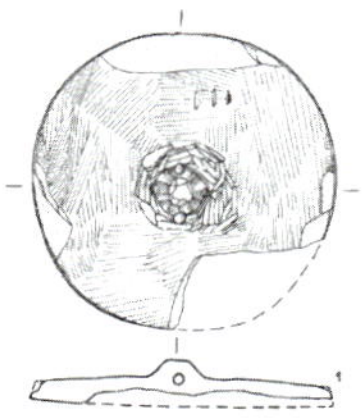			
① 석재거울모방품 (죽막동제사유적)	② 青瓷罐 (江西省清江縣出土)	③ 青瓷(추정) (紹興市南池上謝墅碗子墩)	④ 青瓷扁壺 (上虞市百官鎮外巖西晋墓)
		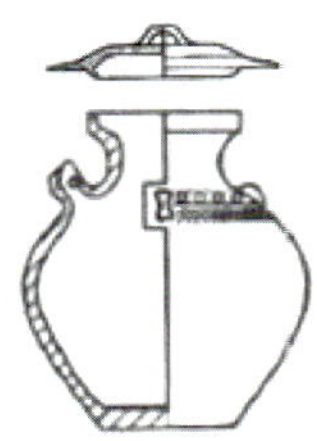	
⑤ 青瓷有蓋盤口壺 (南京 象山王氏墓)	⑥ 青瓷有蓋盤口壺 (江西省博物館)	⑦ 青瓷有蓋盤口壺 (馬鞍山六朝墓2004MZM1壺)	

〈그림 12〉 모방품 관련 비교자료

양이부호는 이수부가 독특하게 구멍의 방향이 종향으로 제작되어 있다. 국내 양이부호는 대부분 횡방향으로 구멍이 제작되는 것과는 반대되고 있어 중국제 자기의 이수부에 어느 정도 영향을 받아 제작되었을 가능성이 있다(그림12의 ②). 또한 경부에 암문을 시문한 것도 그러한 모방의 일종으로 추정된다. 다만 전체적인 기형은 재지적 요소가 강하다.

뚜껑의 경우 태토와 소성도, 신부와 드림부가 곡선을 그리며 이어진 점, 교상파수 등의 특성이 일반적인 한성기 뚜껑과는 완전히 다르다. 중국 청자 뚜껑에서 유사사례가 확인되고 있어 모방품으로 추정된다. 이와 유사한 형태의 뚜껑은 남경의 象山 王氏 가족묘(東晉) 출토품(그림 12의 ⑤ · ⑧), 공주 수촌리고분군 출토 청자사이호(그림 12의 ⑥)에서 보인다. 이러한 형태의 뚜껑은 백제토기로 번안되었지만 소량 확인되는 것으로 보아 단기간 제작되고 소멸한 것으로 추정된다(한신대학교 박물관 2009).

한편 대부호의 경우 짧은 굽형의 대각이 부착된 경우와 상당히 높이가 있는 대각경이 큰 대각을 붙인 경우로 나뉜다. 전자는 역시 청자의 영향하에 굽을 모방하여 호류에 부착한 것으로 추정된다. 문제는 후자인데, 중국에서도 이렇게 긴 대각을 부착하는 사례는 드물기 때문이다. 〈그림 12의 ③ · ④〉는 중국 西晋대 제작된 청자류로 기형적으로는 국내에 들어온 사례가 없어 직접적인 영향을 고려하기는 어려우나 이후 영향관계를 보여줄 자료의 출토를 기대해 본다.

3. 일본산 유물

왜(일본)에서 유입된 유물은 총 5점으로 하니와(埴輪)가 3점, 쓰에키(須惠器)가 2점 확인되었다. 이렇게 중국제 물품이 다량 유입되는 양상과는 다르게 매우 소량 확인되고 있는 점이 대조적이다.

(1) 하니와(埴輪)

하니와로 추정되는 토제품으로 총 3점 확인되었는데, 모두 동일하게 적갈색 연질로 상면 폭 1.5cm 정도의 돌대를 접합한 형태이다. 국내 및 일본 학자들에 의해 하니와 여부의 논쟁이 있었다. 제작기법상 일본 하니와처럼 하케메[목질흔적]은 확인되지 않고 돌대 주위에 횡방향의 물손질 흔만이 관찰된다(권오영 2002). 따라서 3점 모두 정통 하니와는 아니지만 전체적인 형태, 돌대의 부착, 하케메 등의 세부적인 속성 등을 감안하면 백제 토기 공인이 일본하니와에 대한 나름의 정보를 가지고 제작했다고 보아야 할 것이다. 그 계기에 대해서는 몽촌토성에서 스에키(須惠器) 개배가 출토된 점, 풍납토성에서도 가야 및 호남지역산 토기가 자주 발견되는 점을 볼 때 5세기대 백제와 畿內의 大和政權과의 교섭을 입증하는 존재임이 분명하다(한신대학교 박물관 2009).

① 54-461	② 71-1062	③ 71-1063

〈그림 13〉 풍납토성 출토 倭 하니와 각종

(2) 쓰에키(須惠器)

몽촌토성 3호 저장공에서 출토된 쓰에키 개배는 전체의 1/4 정도 결실되었으나 전체적인 모습은 복원이 가능하다. 저부는 평탄하게 처리되었으며, 구연부는 약간 내경하지만 높은 편이다. 구연단부는 내경하면서 날카로운 평탄면을 이루고 있다. 저부는 회전깎기를 하였다. 깎은 면의 폭은 0.9~1.2cm 정도이고 내외면 모두 어두운 회청색, 단면은 연한 회색을 띠었다. 2018년 몽촌토성 북문지 주변 Ⅰ지구 90호 수혈에서 한점 더 확인되었다. 형태는 몽촌토성의 것과 유사하다.

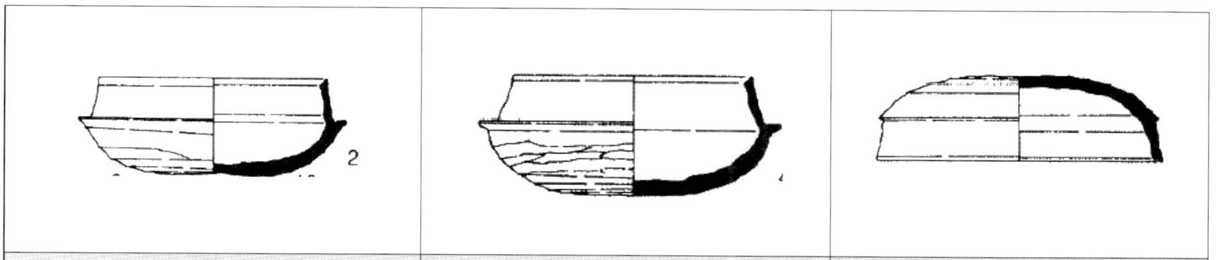

① 몽촌토성 출토	② 신봉동 고분군 출토	③ 공주 정지산 출토

〈그림 14〉 한반도 출토 쓰에키 각종(木下 亘 2003, 인용)

木下 亘(2003)은 한반도 출토 왜계토기에 대한 종합적인 검토를 통해 몽촌토성 출토품의 경우 일본 쓰에키 편년상 TK23에 해당되어 5세기 말부터 6세기 전반에 집중되고 있다고 보았다.

〈참고문헌〉

국립공주박물관, 2011, 『中國 六朝의 陶磁』.

國立中央博物館, 2001, 『樂浪』.

김태식, 2001, 『풍납토성』 김영사.

南京市博物館, 2004, 『六朝風采』.

朴淳發, 2001, 『漢城百濟의 誕生』.

王俊 · 李军 · 栗中斌 2008, 『馬鞍山六朝墓葬發掘與研究』, 科學出版社.

遼寧省文物考古研究所 編, 『三燕文物』.

이형구, 1991, 『韓國古代文化의 起源』, 도서출판 까치.

朝鮮總督府 1917, 『博物館陳列品圖錄』.

朝鮮總督府, 1927, 『樂浪郡時代の遺跡』.

中國金銀玻璃琺琅器全集編輯委員會 編, 1997, 『中國金銀玻璃琺琅器全集1-金銀器(一)』.

中國青銅器全集編纂委員會 編, 1998, 『中國青銅器全集12-秦漢』.

中國陶瓷全集編輯委員會 編, 2000, 『中國陶瓷全集4-三國兩晉南北朝-』.

한성백제박물관, 2012, 『한성백제박물관』.

한성백제박물관, 2012, 『백제의맛,음식이야기』..

한성백제박물관, 2013, 『백제, 마한과 하나되다』..

강현숙, 2003, 「新羅 古墳美術에서 보이는 高句麗 影響에 대하여」, 『신라문화제학술발표논문집』 24, 동국대학교 신라문화연구소.

孔錫龜 1989, 「安岳3號墳 墨書銘에 대한 考察」, 『歷史學報』 121, 歷史學會.

권오영, 2003, 「풍납토성 출토 외래유물에 대한 검토」, 『百濟研究』 第36輯, 忠南大學校 百濟研究所.
권주현, 2011 , 「三國史記에 보이는 4~5세기의 加耶와 三國과의 관계」, 『新羅文化』 第38輯, 동국대학교 신라문화연구소.
朴普鉉, 2005, 「風納土城出土 鐎斗의 編年的 位置」, 『湖西考古學』 12號, 호서고고학회.
朴淳發, 1997, 「漢城百濟의 中央과 地方」, 『百濟의 中央과 地方』, 忠南大學校 百濟研究所.
朴淳發, 1999, 「漢城百濟의 對外交涉-國家 成立期 對外交涉의 實狀과 意義-」, 『百濟研究』 第30輯, 忠南大學校 百濟研究所.
朴淳發, 2004, 「漢城期 百濟 對中交涉 一例」, 『湖西考古學報』 第11輯, 호서고고학회.
馮慧 · 賀云 · 路侃 2005, 「東亞地區出土早期錢文陶瓷器的研究」, 『東亞考古論壇』 第2輯, 충청문화재연구원.
韓芝守, 2010, 「百濟 風納土城 출토 施釉陶器 연구」, 『百濟研究』 第51輯, 충남대학교 백제연구소.
木下 亘, 2003, 「韓半島 出土 須惠器(系)土器에 대하여」, 『百濟研究』 第37輯, 忠南大學校 百濟研究所.
劉森淼 1994, 「湖北漢陽出土的晉代鎏金銅帶鉤」, 『考古』 1994-10期.
湖南省博物館, 1984, 「湖南資興東漢墓」 『考古學報』 1984-1期 53項.
南陽市博物館, 1990, 「河南唐河縣石灰窯村畫像石墓」 『文物』 1982-5期.
嵊縣文管會 1988, 「浙江嵊縣六朝墓」, 『考古』 1988-9期.
鎮江市博物館 1986, 「鎮江市東晋晋陵羅城的調查和試掘」, 『考古』 1986-5期.
劉森淼, 1994, 「湖北漢陽出土的晉代鎏金銅帶具」, 『考古』 1994-10期.
袁俊卿, 1972, 「南京象山5號 · 6號 · 7號墓發掘簡報」, 『文物』 1986-5期.
梅華全, 1985, 「福州屏山南朝墓」, 『考古』 1985-1期, pp.28-32.
張慶捷, 2015, 「山西大同南郊仝家灣7號墓 M7, M9 發掘簡報」, 『文物』2015-12期.
朱慶征, 2001, 「鋪首的由來」, 『紫禁城, Forbidden city』 2001-3期.
馬春卿 · 趙肅方, 1955, 「南京南郊鄧府山發現六朝古墓」, 『考古通信』 1955-2期.
貴州省博物館考古組, 1996, 「貴州平覇馬場東晉南朝墓發掘簡報」, 『考古』 1996-8期.
국립문화재연구소, 2013, 『風納土城 XIII』.
國立全州博物館, 1994, 『扶安 竹幕洞 祭祀遺蹟』.
한신대학교박물관, 2005, 『風納土城 VI』.
한신대학교박물관, 2009, 『風納土城 X』.
한신대학교박물관, 2011, 『風納土城 XII』.

중국 자기류에 대하여

조가영(남강선사유적박물관)

1. 개관

2012년을 기준으로 백제지역에서 알려졌던 중국 도자의 양은 193점이며, 이 중 한성기 도성 지역에서 확인된 자료는 101점이었다(임영진 2012). 최근 이루어지고 있는 석촌동 고분군과 몽촌토성의 연차 조사 성과를 바탕으로 그 출토 양이 급증하여, 금번의 자료 수집 과정에서 확인된 도자의 양은 259건 308점이며, 자기류에 국한하여도 86건 124점에 이른다. 도성지역에서 출토된 중국 자기 중 기종을 파악할 수 있는 것은 완, 반구호, (흑유)계수호, 관(이부호), 벼루, 뚜껑 등으로, 이는 한성기 백제 지역에서 출토되고 있는 대부분의 기종을 포함한다. 이 글에서는 도성지역에서 출토된 대표적인 중국 자기류에 대하여 기종별로 간략한 양상을 살펴보고자 한다.

2. 기종 분석

(1) 盌(鉢)

풍납토성에서 12점이, 몽촌토성에서 8점이 출토되었다. 이는 전체의 23%에 달하며, 도성지역에서 확인된 기종 중 가장 높은 비중을 차지한다. 석촌동 고분군에서 출토된 1점의 굽(연번 507)이 완일 가능성을 염두에 둔다면, 대표적인 도성 유적에서 모두 출토 사례가 확인되는 셈이다.

도성지역에서 출토된 완은 대부분 파편화된 상태로 확인되어서, 전체적인 형태를 알 수 있는 사례는 드물다. 비교적 양호한 자료들을 추려보면 〈도면 1〉과 같다.

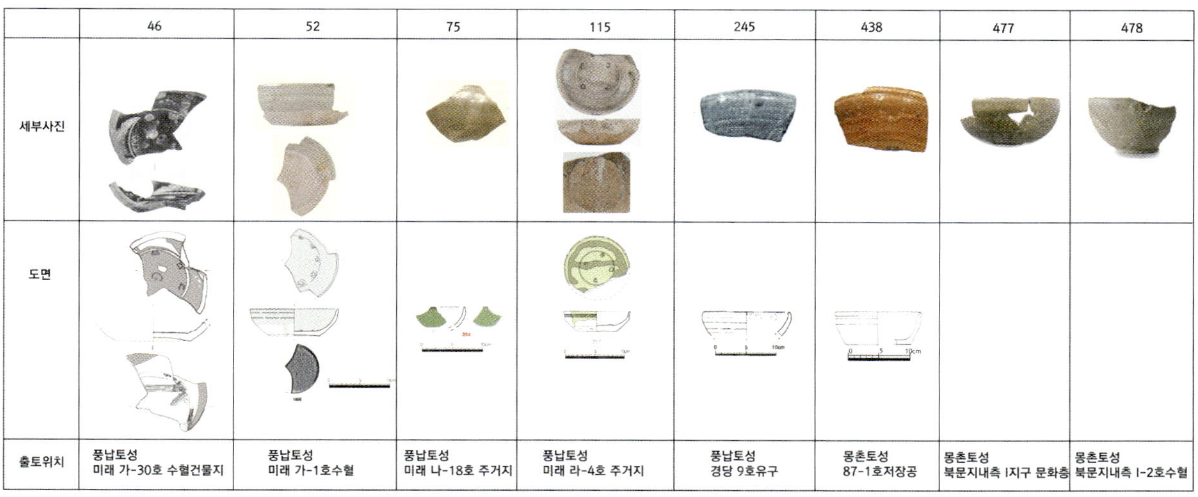

〈도면 1〉 도성지역에서 출토된 대표적인 무문 완

미래마을 라-4호 주거지 출토품(연번 115)은 바닥면에서 경질무문토기만 출토된 呂자형 주거지에서 확인된 것이나, 기물은 내부토 상층(교란층)에서 수습되었다. 중국 기년명자료와의 비교를 통하여 4세기 2/4분기의 연대가 제시된 바 있다(土田純子, 2014). 한지선은 완의 기형 변화가 중국제 청자완의 기형의 변화와 맥락을 같이하고 있음을 밝히는 과정에서 풍납토성 미래마을 가-1호 수혈 출토품(연번 52)와 남경 呂家山 M1號(357년) 출토품을 같은 시기로 비정한 바 있다(한지선 2011). 이외에 몽촌토성 87-1호 저장공 출토품(연번 438) 역시 남경 呂家山 M1號(357년)과 동시기에 제작된 기물로 판단되고 있어(土田純子, 2014) 이 시기에 완류의 수입이 활발하게 이루어졌음을 알 수 있다. 이 시점은 몽촌토성 벼루 등의 제작 연대와 연결되는 시점이어서 주목된다.

보고서가 작성되지 않아 자세한 상황을 알 수 없는 연번 478의 경우 구순부가 내만하고 뾰족하며, 표면이 매끈하게 정면된 형태로 동진 말기 이후의 기형과 상통하는 것으로 판단된다.

도성지역에서 출토된 완 중 연판문이 확인된 예는 모두 7점으로 모두 녹유를 시유한 청자이며, 굽이 달린 기형으로 추정된다.

중국 도자 변천사에서 완에 연판문이 부조되는 것은 동진 말기 이후로 파악되고 있다. 등장 시점에는 연판 외곽에 가느다란 3조의 침선을 그리고 연판의 중앙을 상하로 가르는 2조 또는 1조의 침선을 굽의 경계까지 그려넣다가, 5세기 후엽에 연판의 가장자리 침선이 퇴화되기 시작하고, 6세기 전엽에 연판의 윤곽과 중심선을 완과 굽의 경계까지 그리지 않고 생략하는 경향이 나타난다(土田純子, 2014).

한성기 도성에서 출토된 연판문 완 중 굽이 잔존하고 있는 연번 87, 95, 111번은 모두 완과 굽의 경계부까지 연판 외곽의 3조 침선이 확인되고 있다. 동체편만 확인된 연번 178, 184, 476번도 선 사이 간격에는 차이가 있으나 연판 외곽의 3조 침선이 확인된다. 정식 보고가 이루어지지 않아 자세한 것은 알 수 없지만, 문양대의 형태를 통하여 연번 479번은 상대적으로 늦은 시기에 제작된 유물로 판단된다. 이와 같은 문양대는 부여 동남리유적 S1E6 그리드 퇴적층 하면에서 출토된 바 있다(충남대학교박물관 2013)(도면3 右-5). 이후 면밀한 검트를 필요로 하는 바이다.

조사 성과를 종합하여 보면, 한성기에는 시기를 달리하는 완이 확인되고 있어, 여러 차례에 걸쳐서 완이 수입되었음을 보여준다. 특히 무문완과 연판문 완은 시기적인 선후 관계를 가지는 것으로 판단되는데, 연번 478번과 같이 저부의 폭이 좁아지고 표면이 매끈해지는 기형이 중간단계에 있는 것으로 생각된다.

연번	87	95	111	178	184	476	479
세부사진		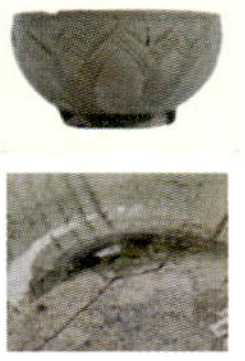					
도면	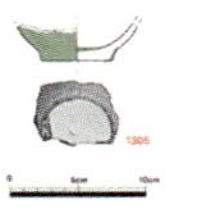	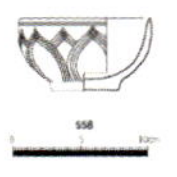	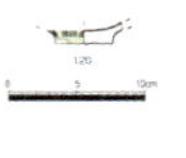	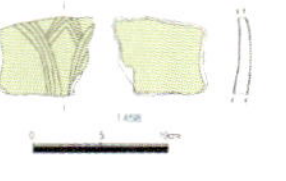			
출토위치	풍납토성 미래 나-3호 구상유구	풍납토성 미래 다-38호수혈	풍납토성 미래 라-1호주거지	풍납토성 미래 다-그리드	풍납토성 미래 라-그리드	몽촌토성 북문지내측 I지구	몽촌토성 북문지내측 II지구

〈도면 2〉 도성지역 출토 연판문 완

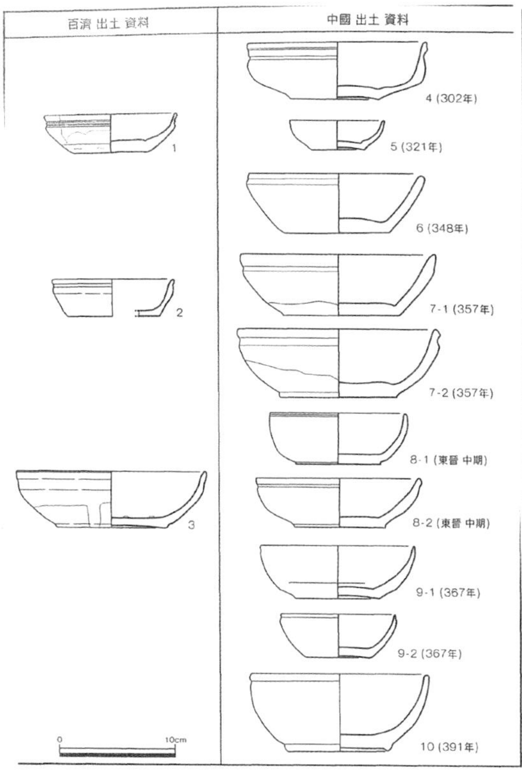

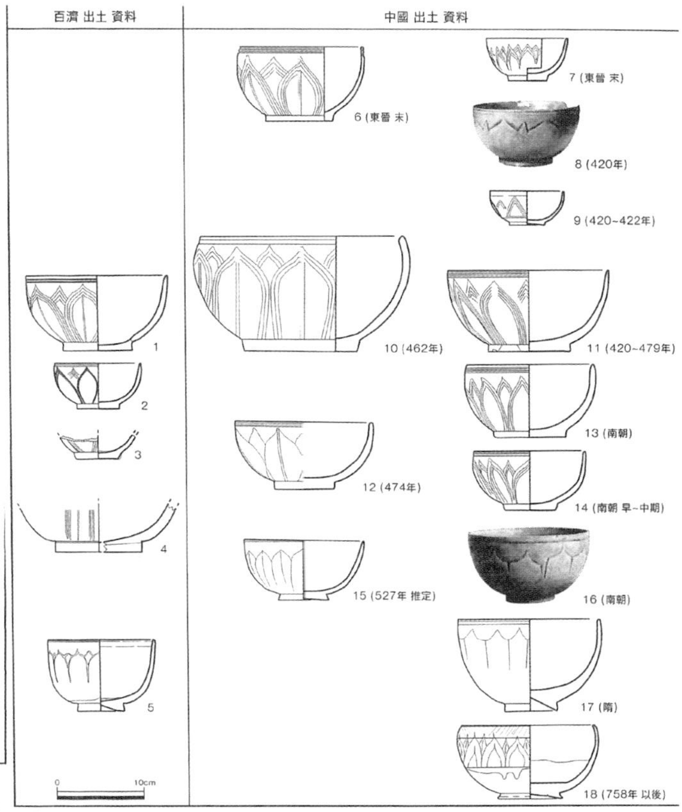

1. 서울 風納土城 197番地(舊未來마을) 라-4號 住居址 攪亂層(國立文化財硏究所 2013), 2. 서울 夢村土城 東北地區 87-1號 貯藏孔 6層(金元龍 外 1987), 3. 서울 風納土城 197番地(舊未來마을) 가-1號 竪穴(國立文化財硏究所 2012b; 筆者 一部 修正), 4. 江蘇省 南京市 板橋鎭 石閘湖 塼室墓(南京市文物保管委員會 1965a), 5. 浙江省 奉化市 白杜鄕 塼室墓(傅亦民 2003), 6. 江蘇省 南京市 人臺山 王興之 夫婦墓(南京市文物保管委員會 1965b), 7. 江蘇省 南京市 呂家山 1號墓(王志高 外 2000), 8. 安徽省 當塗縣 青山 23號墓(王峰 2011), 9. 浙江省 溫州市 甌海區 1號墓(施成哲 2010), 10. 浙江省 慈溪市 窯頭山 22號墓(謝純龍 · 賀宇宏 1992)

1. 天安 龍院里遺蹟 C地區 橫穴式石室墳(任孝宰 外 2001), 2. 서울 風納土城 197番地(舊未來마을) 다-38號 竪穴 甕(國立文化財硏究所 2012b; 筆者實測), 3. 同土城 197番地(舊未來마을) 나-3號 溝狀遺構(國立文化財硏究所 2012a), 4. 扶餘 東南里 523-11番地 一圓 하이마트遺蹟 5層 黃褐色砂質粘土層(沈相六 外 2011; 筆者實測), 5. 扶餘 東南里遺蹟 S1E6 Grid 堆積層 下面(成正鏞 外 2013), 6. 湖北省 巴東縣 東瀼口鎭 3號墓(李桃元 外 2005), 7. 江西省 九江縣 東晉墓(劉曉祥 1997), 8. 浙江省 龍泉市 查田鎭下保村 南朝宋 永初元年墓(蔡鋼鐵 2000), 9. 浙江省 諸暨市 牌頭鎭 2號墓(浙江省文物考古硏究所 · 諸暨市博物館 2006), 10. 福建省 政和縣 松源 831號墓(吳玉賢 1986), 11. 湖北省 鄂州市 郭家細灣 8號墓(黃義軍 外 2005), 12. 江蘇省 南京市 太平門外 明曇憘墓(李蔚然 1976), 13. 湖北省 秭歸縣 何家大溝遺蹟 窖藏坑(劉成基 · 馮孟欽 2006), 14. 浙江省 上虞市 牛頭山古墓群 9號墓(浙江省文物考古硏究所 2002), 15. 河南省 偃師市 聯體磚廠 2號墓(王竹林 1993), 16. 湖北省 武昌縣 馬坊山 23號墓(中國陶瓷全集編輯委員會 2000a), 17. 江西省 淸江縣 收拾(範鳳妹 · 吳志紅 1984; 中國陶瓷全集編輯委員會 2000b), 18. 廣東省 廣州市 西湖路 光明廣場 唐代 城墻遺蹟(覃杰 2005)

〈도면 3〉 무문 완 · 연판문 완의 비교 기년명자료(土田純子 2014)

(2) 盤口壺

반구호는 육조시대에 대량으로 생산된 생활과 부장용 자기이다. 삼국시대에서 남북조에 이르기까지 작고 통통한 형태에서 날씬하고 긴 형태로 발전해 가는 것으로 알려져 있다. 입은 얕고 직립된 小盤의 형태에서 깊고 외반된 大盤의 형태로 변하며, 경부는 짧고 두꺼운 것에서 가늘고 길게 변화하는 것으로 알려져 있다(魏楊菁, 2011). 耳部가 끈 형태(紐狀耳, 繩狀耳)에서 사각 고리 형태(橋狀耳)로 변화하는 경향은 사이호 등에서도 동일하게 확인된다.

도성지역을 제외하고 이제까지 알려진 한성기 반구호는 오산 수청동, 서산 부장리, 천안 화성리, 공주 수촌리 등 모두 매장유적에서 출토되었다.

도성지역에서 확인된 반구호는 모두 17점이나, 전체적인 기형이 확인된 예는 없다. 경부의 형태로 기종을 추정할 수 있을 뿐이다. 청자와 흑자가 공존하며, 두 개의 耳가 나란히 종방향으로 부착된 풍납토성 출토 녹유호(연번 5)도 반구호의 부분일 가능성이 높다. 반구호의 변화 경향에 대비하여 본다면, 반구호 역시 수 차례에 걸친 입수 경위를 가지는 것으로 파악할 수 있다.

	9, 10	26	83	124	497	546
세부사진	 흑갈유	 녹유				
도면		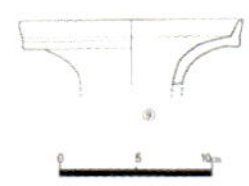	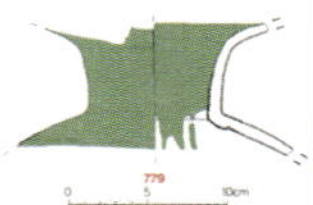	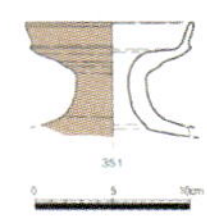	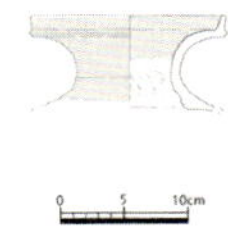	
출토위치	풍납토성 현대연합 유물폐기수혈	풍납토성 현대연합 가-그리드	풍납토성 미래 나-25호수혈	풍납토성 미래 라-15호주거지	석촌동 고분군 3호분 N1tr.	석촌동 고분군 점토부 4

〈도면 4〉 도성지역 출토 반구호

(3) 계수호

계수호는 분묘유적에서의 출토 사례만 알려져 있었으나(천안 용원리, 공주 수촌리), 금번의 자료 집성 과정에서 풍납토성 미래마을 라-그리드 출토품(연번 183), 몽촌토성 85-3호 수혈 출토품(연번 419) 등 도성의 생활 유적에서의 출토 가능성이 확인되었다.

지금까지 알려진 계수호는 천안 용원리, 공주 수촌리, 남원 월산리 등에서 출토된 바 있는데, 대체로 흑유소성의 제품이다. 도성유적의 출토 사례에서는 계수부가 확인된 예는 없으나, 인근의 하남 감일동 석실분에서 호수호가 출토된 사례가 있다. 특히 금번에 확인된 연번 183과 감일동 출토품은 청자라는 점에서 주목된다.

계수호는 높이가 낮고 경부가 발달하지 않고, 계수부의 목 길이도 짧은 형태를 나타내는 것에서 점차 동체 세장도가 커지고, 계수의 목 길이가 길어지는 방향으로 변화한다. 특히 파수부의 부착 방법이 끈 모양에서 각진 사각고리 형태로 변화하는 것 역시 특징 중 하나이다(이휘달 2005). 이른 시기 계수부는 반구호에 표현된 하나의 장식으로 닭 머리(注口)와 동체부가 통하지 않아 출수의 기능이 없었으며, 닭 머리 장식 이외에 호랑이 머리나 매 머리 장식을 한 것도 있는 것으로 알려져 있다(白寧, 2011)

대략적인 형태를 확인할 수 있는 석촌동 87-2호 석곽묘 출토품의 경우, 동체의 구형도가 큰 편이며, 대상의 고리부착흔이 일부에서 확인된다. 용원리 9호석곽 출토품과 유사하게 司家山 謝溫墓 출토품과 동시기 제품으로 판단된다.

계수호는 음차습속과 관련한 茶具일 가능성이 높은 것으로 알려져 있어, 중국 자기의 입수 경위와 관련해 주목된다(박순발 2005).

	183	419	492	참고자료
사진				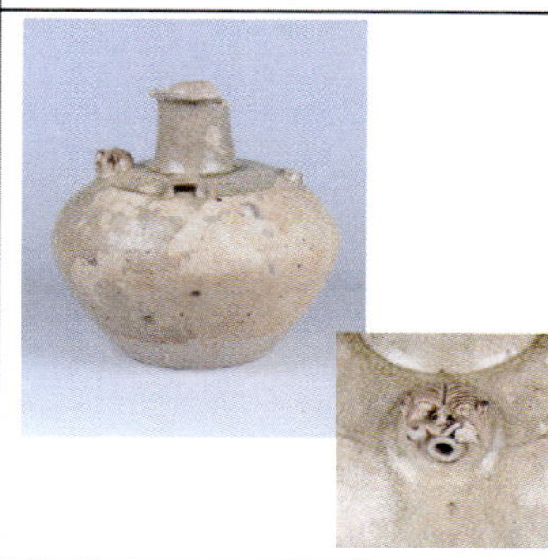
도면	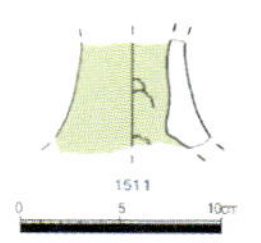	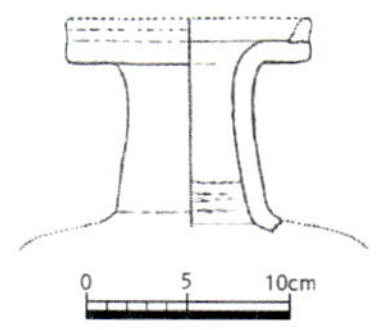	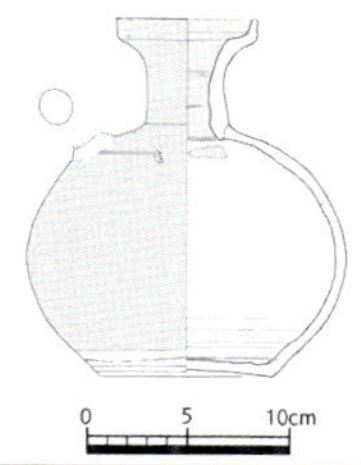	
출토위치	풍납토성 미래마을 라-그리드	몽촌토성 85-03호수혈	석촌동 고분군 (87) 2호 석곽묘	감일동 12차 11호 석실분

〈도면 5〉 도성지역 출토 계수호

(4) 罐(耳附壺)

관은 반구호와 유사하게 견부가 강조되며 동체 세장도가 높아지는 방향으로 형태가 변화하는 것으로 알려져 있다. 견부에 종방향 혹은 횡방향으로 이부가 부착되는 기종으로는 반구호, 관을 들 수 있지만, 대체로 반구호에는 雙耳가 관에는 兩耳, 四耳가 부가된다. 도성 지역에서 출토된 관 중 전체적인 기형을 알 수 있는 것은 적고 파편화된 자료가 다수이기 때문에 耳의 부착 방법 및 개수에 따라 반구호와 이부호를 구분해 볼 수 있다. 이러한 방법은 동진 말기 이후시기로 가면서 반구호에도 각진 교상의 파수가 부착되면서부터는 적용되기 어려우나, 중국 기물의 수입이 집중된 한성기 자료 분석에는 유효하다는 판단을 기반으로 한다.

이른 시기의 청자관은 장식 문양의 종류가 다양하고 외반구연이나 내경사 구연이 많다. 동진대 이후 직구기형이 유행하고, 장식문양도 단순해지며, 동최대경이 높아져 동체가 세장화되는 경향이 나타난다. 특히 이부의 형태가 각진 사각형(교상형)으로 변화하는 것 역시 특징 중 하나이다. 상대적으로 후행하는 연화문이 시문된 관은 雙耳와 單耳가 각각 쌍을 이루는 六耳罐을 이루기도 한다(김일규 2015).

이러한 변화의 방향에 비추어 볼 때, 도성지역에서 출토된 자료 중에는 연번 418번이 가장 앞선 단계에 해당하는 것으로 판단된다. 석촌동 86-8호 토광묘 출토품은 浙江省 大明市 象鼻山 東麓 동진묘(393년; 도면 7-42) 출토품과 동시기 기물로 판단된 바 있다(성정용 2003, 이휘달 2005). 한편 수촌리 1호토광묘에서도 청자사이호가 석촌동 출토품에 비해 저경이 작고 어깨 형성도도 낮은 편이라는 점에서 象鼻山 東麓 동진묘

(393년) 출토품과 상통하고, 석촌동 출토품은 이보다 후행하는 江蘇省 陽彭山 1호묘 출토품과 浙江省 溫嶺縣 전실묘(433년; 도면8-52) 사이호에 비견할 수 있다는 견해도 제시된 바 있다(土田純子, 2014).

	418	517	550
사진			
도면		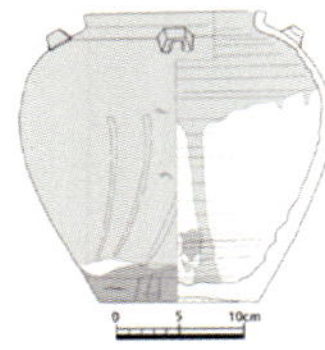	
출토 위치	몽촌토성 85-3호수혈	석촌동 고분군 86-8호토광묘	석촌동 고분군 1호분 북쪽 적석총지역 점토부12

〈도면 6〉 도성지역 출토 사이호

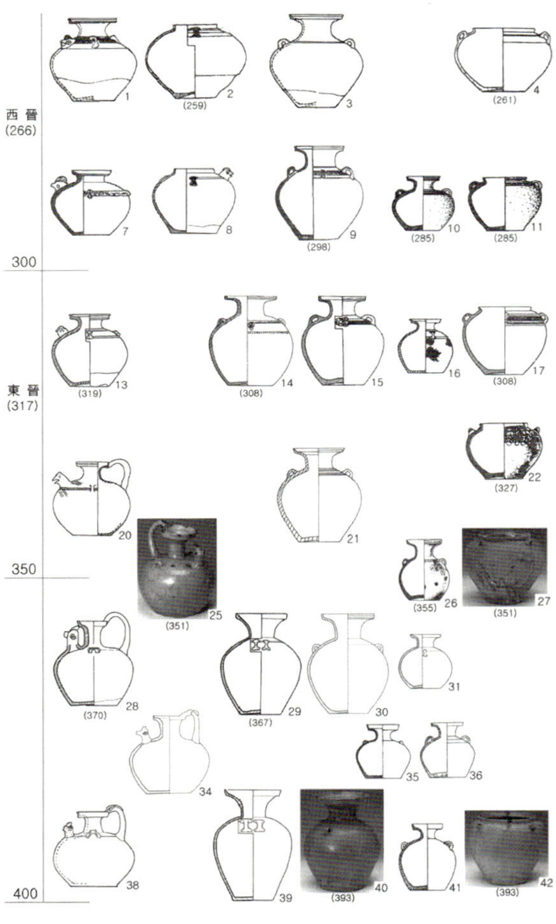

〈도면 7〉 반구호, 계수호, 관의 비교 기년명자료 1 (김일규 2015)

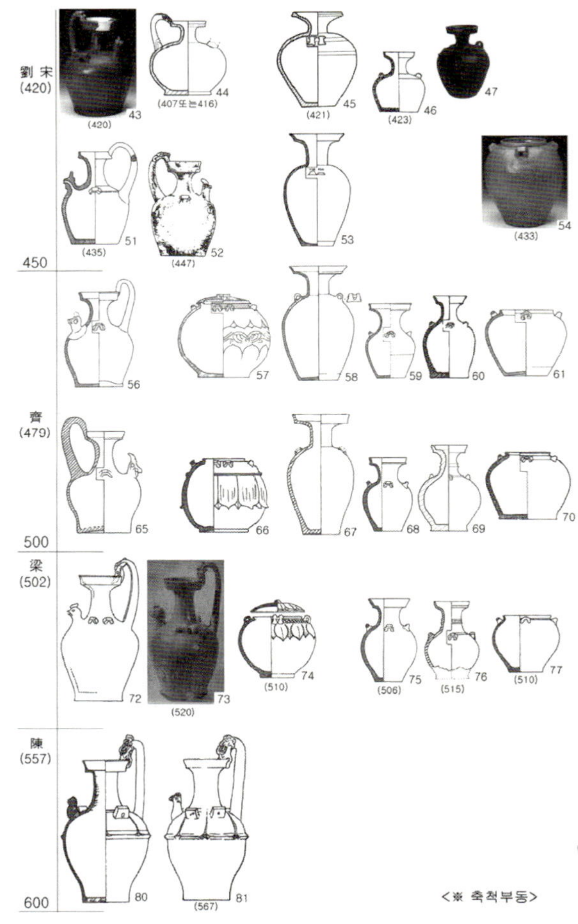

〈도면 8〉 반구호, 계수호, 관의 비교 기년명자료 2 (김일규 2015)

(5) 벼루

벼루는 몽촌토성 87-폐기장(유물산포지)에서 1점이 출토되었고(연번 443), 풍납토성197번지 마-트렌치 내부에서 토제 모방품이 1점 확인되었다(연번 205).

기년자료를 참고하여 육조 전기의 벼루의 변천 양상을 살펴보면, 동진대까지 주로 三足이 사용되고 연의 사용면이 편평한 것에서 5세기 전후에 중앙부가 높아지는 양상이 확인된다. 5세기 이후에는 五足硏과 六足硏 등이 유행한다(이휘달 2005).

몽촌토성 출토품은 청자로, 한쪽 다리를 포함한 일부만 남아있다. 복원 직경은 약 24cm로 남경 呂家山 M1號 李緝夫婦墓(357년) 출토품과 비견되기도 한다(한국문화재조사연구기관협의회 2011).

풍납토성 197번지 마-트렌치에서 수습된 토제벼루는 연의 사용면과 다리가 얇으며 가운데 부분이 볼록하게 만들어 진 것으로 그 조형을 남경 司家山 5號'謝溫'묘 출토품(406년)에서 찾을 수 있을 것으로 생각된다.

	443	참고자료(205)
세부사진		
도면		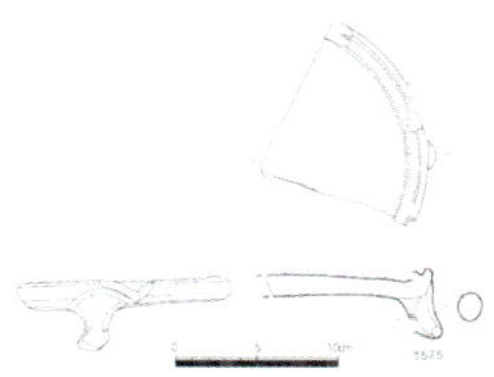
출토위치	몽촌토성 87-폐기장(유물산포지)	풍납토성 미래 마-트렌치

〈도면 9〉 도성지역 출토 청자벼루

圖 面	朝代	紀 年	年代 A.D.	備 註
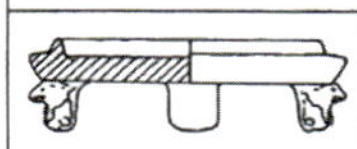	西晉	元康 四年	294	江蘇省 句容「元康四年」墓
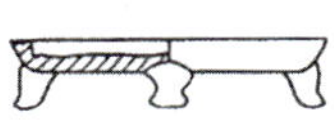	東晉	升平元年	357	江蘇省 南京市 呂家山 M1
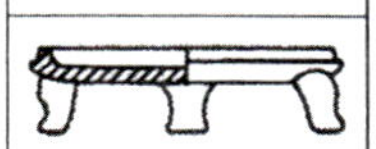		泰和三年	368	江蘇省 南京市 象山 8 號墓
		太元十二年	387	浙江省 瑞安市 上山根「太元十二年」墓
		義熙二年	406	江蘇省 南京市 司家山 5 號 謝溫墓
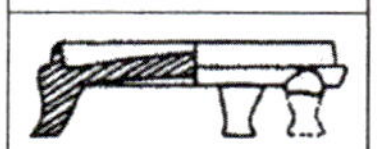		義熙三年 義熙十二年	407 416	江蘇省 南京市 司家山 4 號 夫婦墓

〈도면 10〉 청자벼루의 비교 기년명자료(이휘달 2005)

3. 소결

중국 도자는 중앙에서는 실용적인 측면이, 지방에서는 위세품적인 성격이 더 강했을 것으로 추정된 바 있다(성정용 2003). 금번의 자료 집성 과정에서 한성기 도성지역에서 출토된 자기의 기종 구성이 당대 중국에서 유행하던 기종과 유사함이 확인되었다. 이는 중국 도자가 단순히 위세품적인 기물로서 입수된 것이 아닌, 중국의 생활 방식과 풍습의 전파 과정에서 도입된 것을 반영하는 것으로 생각해볼 수 있다.

출토 사례 증가에 비해, 중국 도자에 대한 연구는 여전히 유효한 역연대자료로서의 접근이 주를 이루고 있으며 구체적인 입수의 경위, 유적의 성격에 따른 기종별 용도, 사회적인 의미 등에 대한 연구는 드물다. 금번의 도성지역 출토 자료 집성 과정을 통하여 중국제 기물의 입수 배경과 사회 경제적인 의미를 밝히는 연구로 나아가는 기초가 마련될 수 있었다고 생각된다.

〈참고문헌〉

김일규, 2015, 「삼국시대 표준연대유물의 정합성 검토」, 『백제문화』 52.

박순발, 2005, 「공주 수촌리 고분군 출토 중국자기와 교차연대 문제」, 『충청학과 충청문화』 4.

성정용, 2003, 「百濟와 中國의 交易陶磁」, 『백제연구』 38.

성정용, 2010, 「백제관련 연대결정자료와 연대관」, 『호서고고학』 22.

魏楊菁, 2011, 「六朝青瓷의 特徵에 대하여」, 『中國 六朝의 陶磁』, 국립공주박물관.

임영진, 2012, 「中國 六朝磁器의 百濟 導入背景」, 『한국고고학보』 83.

李軍, 2018, 「백제 지역 출토 월요청자 및 관련 문제」, 『백제학보』 24.

이휘달, 2005, 「中國과 百濟 出土 六朝青瓷의 比較檢討」, 전남대학교 대학원 석사학위논문.

정상기, 2011, 「삼국시대 한반도 수입 중국도자 기형 연구」, 『中國 六朝의 陶磁』, 국립공주박물관.

土田純子, 2014, 『백제토기 동아시아 교차편년 연구』, 한국고고환경연구소 학술총서.

한국문화재조사연구기관협의회, 2011, 『한국 출토 외래유물 1』.

백제 한성기 도성 일대 출토 충청·전라지역 토기 검토

서현주(한국전통문화대학교)

Ⅰ. 머리말

백제 한성기 도성 일대에서는 외래계 유물이 많이 출토되었다. 풍납토성, 몽촌토성, 석촌동고분군 등에서 출토된 외래계 유물 중 가장 많은 수를 차지하는 것은 중국계로, 도자기가 많은 비중을 차지하며 금동제 허리띠장식 등도 있다. 일본 왜, 가야 자료도 점차 늘어나고 있는데 경질의 개배나 고배, 하니와(埴輪) 파편 등 대부분 토기나 토제품이다. 이와 함께 충청·전라지역과 관련되는 토기 자료도 종종 확인되는데, 이는 토기 기종을 중심으로 구분하거나 세부적인 특징이나 제작기법을 통해 파악할 수 있다. 그 중 충청과 전라 지역의 관련 자료는 토기나 토제품이 확인되는데, 이에 대해 대략 3~4세기대와 5세기대의 두 단계로 나누어 관련 자료를 살펴보고자 한다[1].

Ⅱ. 3~4세기대 자료

백제 한성기 도성 일대에서 확인되는 3~4세기대 충청·전라지역 토기 자료는 이중구연토기, 양이부호, 개, 평저호 등으로, 서울 풍납토성의 현대리버빌부지(풍납동 246-3번지 일대)와 경당지구(풍납동 136번지 일대), 석촌동고분군과 가락동고분군에서 출토되었다(표 1).

〈표 1〉 백제 한성기 도성 일대 출토 3~4(5)세기대 충청·전라지역 관련 토기

유적명 -보고서	지점	유구명	유물명	보고서 도면 번호	특징	도면 번호	일련 번호
풍납토성 I (2001)	현대리버빌부지 (풍납동246-3번지)	가-16호 수혈	개	99-4	진회색 경도 높은 편. 상면 편평하며 여러 줄의 횡침선 시문	1-5	2
		가-26호 수혈	평저호	110-2	적갈색 연질, 동체부에는 격자문 타날 후 4줄의 횡침선 돌려짐.	1-10	3
			개	110-3	적갈색 연질, 상면 편평	1-6	4
풍납토성 XI (2009)	현대리버빌부지 (풍납동246-3번지)	가-30호 수혈건물지	이중 구연호	p128-580	회청색 경질	1-1	
풍납토성 XIV (2012)	현대리버빌부지 (풍납동246-3번지)	가-1호 수혈	개	p195-1384	회황색 연질, 상부 편평	1-7	55

1) 이번에 검토한 한성기 도성 유물은 거의 실견하지 못해 충청 · 전라지역의 토기로 인식하거나 토기의 종류를 파악하고 관련 비교자료를 제시하는데 오류도 있을 것으로 생각된다.

유적명 -보고서	지점	유구명	유물명	보고서 도면 번호	특징	도면 번호	일련 번호
			개	p195-1385	흑색마연토기 추정. 상부 편평	1-8	56
풍납토성 XV (2013)	현대리버빌부지 (풍납동246-3번지)	라-19호 구상유구	이중구연 토기	p418-1154	회색 연질. 동체부 집선문 타날, 상부에 거치문 시문	1-2	138
풍납토성Ⅳ (2004)	경당지구 (풍납동136번지)	9호 유구	양이부호 이부편	98-17	경도 하. 동체부 격자문 타날. 이부 방형, 옆으로 길게 붙이고 구멍 종방향으로 뚫음.	1-12	239
풍납토성Ⅵ (2005)	경당지구 (풍납동136번지)	101호 유구	이중구연 토기	12-3	적황색 경도 중	1-3	251
			양이부호 이부편	34-13	암회색 경도 중. 이부 방형에 가까운데, 옆으로 길게 붙이고 구멍 종방향으로 뚫음.	1-13	252
			토제연통 (?) 이부 편	34-16	회색 경도 하. 동체부 무문. 이 부는 상하로 길게 붙이고 구멍을 횡방향으로 뚫은 것으로 추정	1-17	253
풍납토성Ⅶ (2006)	경당지구 (풍납동136번지)	31호 유구	양이부호 이부편	74-168	경도 하. 이부는 옆으로 길게 붙이고 구멍 종방향으로 뚫음.	1-14	270
		127호 유구	양이부호 이부편	133-222	경도 하. 이부 방형, 옆으로 길게 붙이고 구멍 종방향으로 뚫음.	1-15	292
풍납토성 X (2009)	경당지구 (풍납동136번지)	유물포함층 (N2W1)	개(또는 기대형토 기?)	10-203	경도 중. 편평면 가장자리가 톱니모양으로 만들어짐.	1-9	359
		유물포함층 (N2E2)	양이부호 이부편	58-934	경도 하. 이부 방형	1-16	360
석촌동 고분군Ⅲ (2015)		86 즙석봉 토분	양이부호	52-3	회색 경도 하. 평저, 이부 방형, 옆으로 길게 붙이고 구멍 종방향으로 뚫음.	1-11	482
가락동 2호 분 (2012)		2호분	이중구연 호	3	회청색 경질. 원저, 동체 하부 격자문 타날	1-4	493

이중구연토기는 4점 정도 확인되었는데 가락동 2호분에서 출토된 1점(도면 1-4)은 완형이지만, 풍납토성에서 출토된 3점(도면 1-1~3)은 구연부만 남아 있는 것이다. 가락동 2호분 출토품은 원저이며, 동체 하부에 격자문이 타날된 것이고, 풍납토성 라-19호 구상유구 출토품(도면 1-2)은 구경은 좁지만 동체 상부에 타날문양과 거치문이 있어서 원저의 편구형의 동체부를 갖는 토기일 가능성이 크다. 이러한 특징을 갖는 이중

구연호는 경기서해안, 충청서해안, 전라지역에 분포하는데 분포가 집중되는 곳은 고창, 함평, 광주 등 전라지역이다(徐賢珠 2006)(도면 1-18~22).

개는 대부분 풍납토성에서 출토되었는데(도면 1-5~9) 드림부가 낮은 것도 있고 높고 상면의 가장자리가 돌출된 것도 있다. 개인지 분명하지 않지만 가장자리가 톱니모양으로 된 것(도면 1-9)도 있다. 이러한 개는 대체로 이중구연토기나 양이부호의 뚜껑으로 추정되며, 경기서해안지역, 충청 서해안과 서남부, 전라 지역에서 출토된다(도면 1-23~25). 개 중 가장자리에 톱니문이 있는 것은 많지 않은데, 이러한 시문 양상은 인천 운남동패총 등 경기서해안지역의 기대형토기(도면 1-26)에서 확인된다. 그리고 풍납토성 가-26호 수혈 출토 평저호(도면 1-10)는 저부가 상당히 넓고 동체부에 격자문이 타날 후 횡침선이 돌려져 있어서 다소 특이한 형태이다. 이는 고창 만동유적 1호 옹관묘에서 출토된 토기(도면 1-27)와 넓은 평저, 동체부 타날문양, 구연부 형태 등이 비슷하다.

양이부호 중 석촌동 즙석봉토분에서 출토된 연질의 평저 토기(도면 1-11)는 그 형태나 경도로 보아 공주 남산리유적(도면 1-28), 서산 예천동유적(도면 1-29) 등 충청서남부지역 출토품들과 비슷하다. 이외에도 이부편이 풍납토성의 여러 유구에서 출토되었는데(도면 1-12~17) 평면 방형에 가까운 귀를 옆으로 길게 붙이고 구멍을 종방향으로 뚫은 이부의 형태로 보아 평저나 원저의 양이부호에 달렸던 것으로 추정된다. 그 중 풍납토성 9호 유구 출토품(도면 1-12)은 동체부에 격자문이 타날되어 원저나 말각평저의 양이부호의 것으로 추정된다. 양이부호는 3~4세기대에 충청, 전라지역에서 사용되었지만, 전라지역에서는 5세기대까지 이어진다(金鍾萬 1999). 따라서 한성기 도성 일대에서 출토된 양이브호는 충청지역과 관련되는 유물로 추정되며, 5세기대에는 광주 하남동유적(도면 1-30) 등 전라지역과 관련되는 것으로 추정된다. 이부 중에서 풍납토성 101호 유구 출토품(도면 1-17)은 비교적 큰 편이고 정연한 모습은 아니어서 토제연통의 파수일 가능성도 있다. 토제연통은 주로 충청과 전라지역에서 3~4세기대에 부뚜막에서 사용되는 유물로(최영주 2009), 주로 우각형파수가 달리지만 천안 용원리고분군 주거지 출토품(도면 1-31)처럼 고리형에 가까운 귀나 파수가 달리기도 한다.

Ⅲ. 5세기대 자료

백제 한성기 도성 일대에서 확인되는 5세기 전후와 그 이후의 충청 · 전라지역 토기 자료는 광구소호, 장경소호, 유공광구소호와 장군, 직구소호, 타날문 단경호, 광구장경호, 발형기대, 고배, 개배 등이다. 풍납토성의 현대리버빌부지(풍납동 197번지 일대)와 경당지구(풍납동 136번지 일대), 몽촌토성의 여러 지점들, 석촌동고분군 등에서 출토되었다(표 2).

〈표 2〉 백제 한성기 도성 일대 출토 5세기대 충청·전라지역 관련 토기

유적명 -보고서	지점	유구명	유물명	보고서 도면 번호	특징	도면 번호	일련 번호
풍납토성 I (2001)	현대리버빌부지 (풍납동246-3번지)	가-동쪽 트렌치	개배배	163-3	회색 경질(자연유). 신부 높은 편. 동체부에 집선문 잔존	2-19	22

유적명 -보고서	지점	유구명	유물명	보고서 도면 번호	특징	도면 번호	일련 번호
풍납토성 XI (2009)	현대리버빌부지 (풍납동246-3번지)	가-3호 주거지	발형기대	261	회색 경질(자연유). 발부와 대각부에 여러줄의 돌선, 그 사이에 파상문 시문	2-15	39
		가-7호 부뚜막	광구장경호	716	암적갈색 경질(자연유), 동체부 단선횡주수직집선문, 격자문 타날	3-1	44
		가-2호 폐기수혈	광구장경호	1650	회색 경질. 경부 2줄의 돌선, 그 사이에 파상집선문 시문, 동체 하부 집선문 잔존	3-2	64
		가-31호 폐기수혈	광구소호	1708	회백색 중경질, 구연 짧은 편.	2-1	65
			호 동체부 편	1798	회색계 중경질. 외면 조족문 타날 (양각)	2-14	66
풍납토성 XIV (2012)	현대리버빌부지 (풍납246-3번지)	가-1호 수혈	고배	1357	배신 깊은 편, 신부에 2~3줄의 돌선	2-17	54
풍납토성 VII (2006)	경당지구 (풍납동136번지)	1호 유구	고배	7-1	무개식. 무투창. 배신 외면 바닥에 X형 각선	2-18	254
		34호 유구	광구장경호	88-4	경질. 단선횡주수직집선문, 수직집선문 타날	3-3	274
		127호 유구	광구장경호	120-47	1경질. 경부와 동체부에 각 1조의 돌선, 그 상부에 파상집선문	3-4	283
			광구장경호	120-48	경질. 경부에 3줄의 돌선, 동체 하부에 격자문 잔존	3-7	284
			광구장경호	120-49	경질. 경부에 삼각의 거치문 시문	3-5	287
			광구장경호	124-81	경질. 경부에 여러 줄의 돌선	3-6	285
풍납토성 X (2009)	경당지구 (풍납동136번지)	2구역 9호 유구 주변 상층	유공광구소호	71-1065	경질. 동체 상부에 원공	2-10	
풍납토성 XVII (2015)	경당지구 (풍납동136번지)	206호 유구	소호	12-65	회색 경도 하. 동체부에 격자문 타날. 동체 상부에 돌기형 뉴 4개 달림.	2-7	338
			장경소호	13-67	회색 경도 중상. 경부와 동체부 d- 1줄의 돌선, 그 위에 각각 파상집선문 시문	2-4	340
			장경소호	14-71	회색 경도 중. 격자문 잔존	2-6	341
			장경소호	14-72	회갈색 경도 중. 구연부와 동체부에 2줄과 1줄의 돌선. 그 위에 파상집선문 시문	2-8	332

유적명 -보고서	지점	유구명	유물명	보고서 도면 번호	특징	도면 번호	일련 번호
			장경소호	35-215	회색 경도 중(일부 자연유). 동체부 단선횡주수직집선문 타날. 경부에 1줄의 돌선	2-5	346
			유공광구소호	13-66	암회색 경도 중. 동체 하부 격자문 잔존. 동체 상부에 집선을 3줄 간격을 두고 돌린 후 그 사이에 집선으로 삼각의 거치문 시문	2-11	339
			유공장군	34-212	회색 경도 상. 동체 하부 격자문. 동체 양측면 편평하게 처리. 구연부에도 돌선 1줄. 동체부에 종방향의 들선 4줄. 그 상하에 파상집선문. 측면에 5조의 집선으로 X형 시문. 동체 상부에 원공	2-12	345
			광구장경호	13-68	회색 경도 중(동체부에 소성 시 생긴 선상자국 추정). 동체부와 경부에 돌선 1줄. 각각 그 상부. 상하에 파상집선문 시문	3-8	330
			광구장경호	13-69	회색 경도 중. 동체부 격자문 잔존. 경부 여러줄의 돌선	3-10	331
			광구장경호	13-70	회색 경도 중. 동체 하부 집선문. 경부에 2줄의 돌선. 그 사이와 아래에 파상집선문 시문	3-11	329
			광구장경호	14-73	회색 경도 상. 동체부 집선문 잔존. 경부에 3줄 이상. 동체부 1줄의 돌선. 경부의 돌선 사이에 1조의 파상문 시문	3-12	333
			광구장경호	14-74	회갈색 경도 상. 동체부 집선문 잔존. 경부 상부의 외반도가 큰 편. 경부에 1줄의 돌선	3-13	342
			광구장경호	14-75	회색 경도 상. 동체 하부 격자문 잔존. 경부 2줄의 돌선. 그 상하와 사이. 동체 중부에 파상집선문 시문	3-9	334
			광구장경호	35-213	회색 경도 상. 경부에 여러 줄의 돌선. 그 하부에 파상집선문 시문	3-19	335
			광구장경호	35-217	회색 경도 상. 경부에 여러 줄의 돌선	3-20	336
			광구장경호	35-218	회색 경도 상. 경부에 여러 줄의 돌선	3-21	337

유적명 -보고서	지점	유구명	유물명	보고서 도면 번호	특징	도면 번호	일련 번호
			광구장경호	15-77	회색 경도 상. 동체부 집선문 잔존. 경부 1줄의 돌선	3-14	343
			광구장경호	15-78	회색 경도 중. 동체 하부 집선문 잔존. 경부에 2줄의 돌선	3-15	
			광구장경호	15-79	회색 경도 상(소성 시 생긴 선상 자국), 동체 하부 격자문 잔존. 경부에 3줄, 동체부에 2줄의 돌선	3-16	344
			광구장경호	15-80	회색 경도 중. 동체부 격자문(다선횡주수직집선문 가능성) 타날. 경부 2줄의 돌선	3-17	
			광구장경호	15-81	암회색 경도 중. 동체부에 단선횡주집선문,격자문 타날. 경부에 2줄의 돌선	3-18	
몽촌토성 (1987)	87년 조사구역	87-1호 주거지	광구장경호	19-3	회청색 경질. 동체 하부에 격자문 잔존. 경부에 3줄의 돌선	3-22	383
			개배개	28-6	회청색 경질(자연유). 신부 둥글게 처리	2-21	388
		87-3호 수혈	개배배	45-3	회청색 경질. 뚜껑받이턱 뚜렷. 배신 낮은 편.	2-22	395
몽촌토성 (1988)	88년 조사구역	88-2호 주거지	직구소호	87-12	회청색 경질. 동체 낮은 편이며 상부에 1줄의 돌선	2-13	398
			개배개 (추정)	87-15	회청색 경질. 구순 뭉툭하게 처리	2-20	
		88-4호 수혈	발형기대	85-6	회청색 경질(자연유). 발부와 대각부에 여러 줄의 돌선, 발부와 대각부의 연결지점에 고사리모양의 세로장식들이 달림.	2-16	400
몽촌토성 (1989)	89년 조사구역	남문지 연못	광구장경호	23-10	회청색 경질. 동체 하부 격자문 잔존. 경부에 2줄의 돌선, 돌선 상하에 파상집선문 시문	3-23	405
			광구장경호	23-9	경부에 2줄 이상의 돌선, 돌선 상하와 경부 상부에 파상집선문 시문	3-24	406
몽촌토성Ⅰ (2016)	북문지 내측	삼국시대 1호 수혈유구	광구소호	20-2	암회청색 경질(자연유). 동최대경에 2줄의 돌선	2-2	422
몽촌토성Ⅲ (2019)	Ⅲ지구	통일신라 시대 생활면유구 문화층	장경소호의 경부편	122-87	암회청색 경질. 경부에 2줄의 돌선	2-9	452

유적명 -보고서	지점	유구명	유물명	보고서 도면 번호	특징	도면 번호	일련 번호
석촌동 고분군Ⅱ (2014)	5호분 남쪽 파괴지역	5호분 남쪽 수습	광구소호	24-3	암회청색 경질. 구연부 긴 편. 구연 상단에 1줄의 돌선, 동최대경에 1줄의 돌선	2-3	491
			개배개	26-1	암회청색 경질	2-23	
			광구장경호	13-2	암회청색 경질. 경부에 2줄의 돌선. 돌선 사이에 파상집선문, 동체 상부에 파상집선문 시문	3-25	488
석촌동 고분군Ⅲ (2015)	1호분 및 주변지역	86-A지역 수습	개배개	40-7	암회청색 경질	2-24	478

광구소호는 풍납토성 가-31호 폐기수혈(도면 2-1), 몽촌토성Ⅰ 삼국시대 수혈유구(도면 2-2), 석촌동고분군Ⅱ 5호분 남쪽 수습품(도면 2-3)[2] 등이 있다. 3점의 토기 모두 평저이며 구연부는 짧은 것도 있고, 구연부가 길고 상단에 돌선이 있는 것도 있다. 광구소호는 전남지역에서 가야 토기의 영향으로 4세기 후반부터 나타나며, 점차 경질과 평저의 토기가 많아진다(徐賢珠 2006). 한성기 도성 일대에서 출토된 것들과 비슷한 광구소호는 장흥 상방촌B유적, 함평 중랑유적, 광주 동림동유적(도면 2-25~27), 고창 봉덕유적 등에서 확인된다.

장경소호는 풍납토성 206호 유구(도면 2-4~8), 몽촌토성Ⅱ 통일신라시대 생활면유구 문화층(도면 2-9) 등에서 출토되었는데 특히, 206호 유구 출토품은 형태가 다양한 편이다. 이 토기들은 대체로 경부나 동체부에 돌선이 있거나 그 돌선의 상하에 파상집선문이 시문되기도 하고 동체부에 파상집선문이 아닌 타날문양(격자문 등)이 잘 남아있는 특징을 보인다. 장경소호도 가야 토기의 영향으로 5세기를 전후하여 나타나 점차 전남지역에 넓게 분포하는데, 광주 행암동유적(토기요지), 동림동유적, 산정동유적 등(도면 2-28~31)에서 비슷한 형태의 장경소호들이 확인된다.

유공광구소호와 장군은 영산강유역의 특징적인 토기로 잘 알려져 있는데, 충청과 서울·경기지역에서도 산발적으로 나타난다(서현주 2011). 풍납토성 2구역 9호 유구 주변 출토품(도면 2-10)은 동체부만 남아있지만 뒤에 원저 토기로 추정되며 동체부에 돌선 등이 없는 것이다. 이러한 유공광구소호는 광주 동림동, 산정동 유적(도면 2-32 · 33) 등 영산강상류지역에서 많이 보인다(서현주 2006, 원해선 2015). 풍납토성 206호 유구에서 출토된 유공광구소호(도면 2-11)는 소호 중 비교적 큰 편이고, 동체 상부에 집선으로 크게 거치문을 시문한 것이다. 이와 비슷한 문양을 가진 유공광구소호가 영산강유역에서 흔하게 보이는 것은 아닌데, 집선의 큰 거치문은 광주지역의 발형기대 등에서 종종 확인되기도 한다. 206호 유구에서 함께 출토된 유공장군(도면 2-12)은 동체부에 여러 줄의 돌선과 그 좌우에 파상집선문, 편평한 양측면에 집선으로 X형의 문양을 시문한 것이다. 유공장군은 토기의 형태와 문양으로 보아 나주 장등유적 8호 수혈(도면 2-34), 광주

2) 이 유물에 대해서는 가야계로 보는 의견이 있다.

향등유적 6호 주거지(도면 2-36)와 하남동 5호 구(도면 2-35) 출토품과 비슷하다. 따라서 한성기 도성 일대 출토 유공광구소호와 장군은 영산강유역(權五榮·權度希·朴智殷 2006), 특히 영산강상류지역 토기와 관련되는 것으로 추정된다.

직구소호 중 몽촌토성 88-2호 주거지 출토품(도면 2-13)은 동체부가 상당히 낮고 동최대경에 돌선이 돌려진 것이다. 이와 비슷한 유물이 나주 신촌리 9호분 분정조사구역 등에서 출토되었다(도면 2-37). 단경호 중 풍납토성 가-31호 폐기수혈에서 출토된 토기 파편(도면 2-14)에 동체부에 조족문이 타날된 것이 있다. 조족문은 5~6세기대 충청과 전라 지역의 유적들의 토기에서 확인되는데, 대체로 집선문과 조합시켜 타날문양으로 사용되었다. 풍납토성 출토품처럼 조족문만 단독으로 타날된 것은 많지 않은데, 나주 신도리 도민동 4A지구 2호 토기요지 출토품(도면 2-38) 중 동체 상부에 조족문만이 타날된 직구의 단경호 등이 있다.

광구장경호는 풍납토성과 몽촌토성, 석촌동고분군 등에서 상당수가 출토되었다. 한성기의 광구장경호는 토기의 형태, 문양, 색조가 상당히 다양한데, 그 중 경부에 여러 줄의 돌선이 비교적 촘촘하게 돌려진 것, 경부가 길거나 상부의 외반도가 큰 편인 것, 동체부가 구형에 가까운 것, 경부나 동체부에 파상문이 들어간 것 등(도면 3-1~25)은 전라지역과 관련되는 것으로 보인다.[3] 이러한 특징을 보이는 광구장경호가 완주 상운리유적, 고창 봉덕유적, 광주 하남동과 오선동 유적, 나주 장등유적, 장층 상방촌유적(도면 3-26~33) 등에서 출토되기 때문이다. 그리고 토기의 외면에 소성 시 생긴 선상자국이 있는 것들(도면 3-8 · 16)도 있는데 이러한 특징 또한 나주, 영암 등 영산강 중·하류지역의 개배, 호 등에서 보이는 것이어서 이 일대의 토기도 포함되어 있었던 것으로 추정된다.

발형기대 중 풍납토성 가-3호 주거지, 몽촌토성 88-4호 수혈에서 출토된 것(도면 2-14 · 15)은 발부와 대각부에 여러 줄의 돌선이 비교적 촘촘하게 돌려진 특징을 보인다. 이러한 발형기대는 광주 하남동 9호 구(도면 2-39), 오선동 6호 방형분(도면 2-40) 등에서 여러 점이 출토되어 이와 관련이 있을 것으로 추정된다. 풍납토성 출토품들은 대각도 낮고 투창이 없지만, 지금까지 출토된 광주 등 영산강 상류지역의 발형기대는 대체로 대각이 더 높고 투창도 뚫린 것이어서 차이도 있다.

고배는 무개식 중 신부에 돌선이 여러 줄 돌려진 것이나 구연부가 약간 둥글게 외반되어 올라가는 형태인 것들이 있는데, 풍납토성 가-1호 수혈(도면 2-17), 1호 유구(도면 2-18) 출토품이 이에 해당한다. 이와 비슷한 유물로 각각 고창 봉덕유적 가지구 구4(도면 2-41), 광주 행암동유적 19호 토기요지(도면 2-42) 출토품을 들 수 있다. 1호 유구 출토품은 영산강유역 토기와 관련될 가능성이 일찍부터 지적된 바 있다(권오영 2002). 앞에서 언급한 발형기대와 마찬가지로 풍납토성 출토 고배는 대각이 무투창이지만, 영산강유역의 고배는 대각에 투창이 뚫린 것이 많다는 점에서 차이도 있다.

그리고 한성기 도성 일대에서는 전체적인 형태, 색조, 꼭지가 달리지 않는 개라는 점에서 영산강유역의 개배와 비슷한 토기들이 보인다. 특히, 풍납토성 가-동쪽 트렌치에서 출토된 것(도면 2-19)은 신부가 높고 구연부는 짧아 정형화되지 않는 초기 개배의 모습에 가깝다. 이와 비슷한 유물로 광주 향등유적 6호 주거지 출토품(도면 2-43) 등이 있다. 몽촌토성 88-2호 주거지 출토품(도면 2-20)은 개배개로 추정되는데 신부의 높이가 차이가 있지만 대체로 광주 향등유적 출토품들(도면 2-45·46)과 비슷하다. 석촌동고분군Ⅱ 5호분

3) 이 중 도면 3-25번 유물에 대해서는 가야계로 보는 의견도 있다.

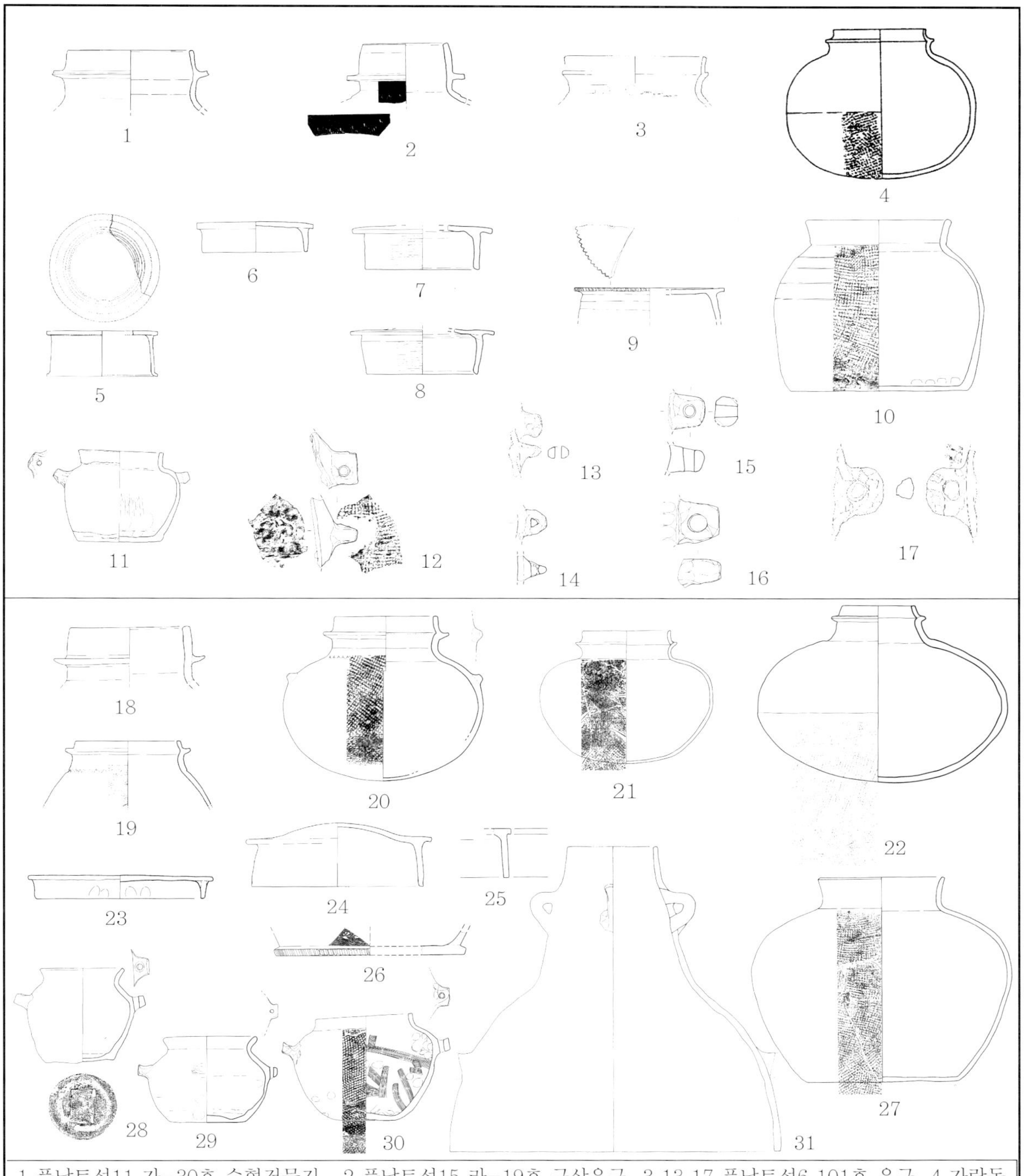

1.풍납토성11 가-30호 수혈건물지, 2.풍납토성15 라-19호 구상유구, 3,13,17.풍납토성6 101호 유구, 4.가락동 2호분, 5,6,10.풍납토성1 가-16호,가-26호 수혈(2점), 7,8.풍납토성14 가-1호 수혈, 9,16.풍납토성10 경당지구 유물포함층, 11.석촌동고분군Ⅲ 86즙석봉토분, 12.풍납토성4 9호 유구, 14,15.풍납토성7 31호 ,127호 유구 18.인천 운남동패총 A패총Ⅴ층, 19.광주 오선동유적 5호 구상유구, 20,29.서산 예천동유적 63호,94호 분구묘, 21,27.고창 만동유적 8호묘 주매장주체부,1호 옹관묘, 22.함평 예덕리 만가촌고분군 13-6호 묘 23.나주 장등 유적 6호분 주구, 24.나주 신도리 도민동유적 3E지구 14-1호 주거지, 25,26.인천 운남동패총 B지구 유물포함층, 28.공주 남산리(송국리Ⅳ) 토광묘, 30.광주 하남동유적 8호 구, 31.천안 용원리고분군 주거지

〈도면 1〉 백제 한성기 도성 일대 출토
3~4(5)세기대 충청·전라지역 관련 토기와 비교자료(S1/8)

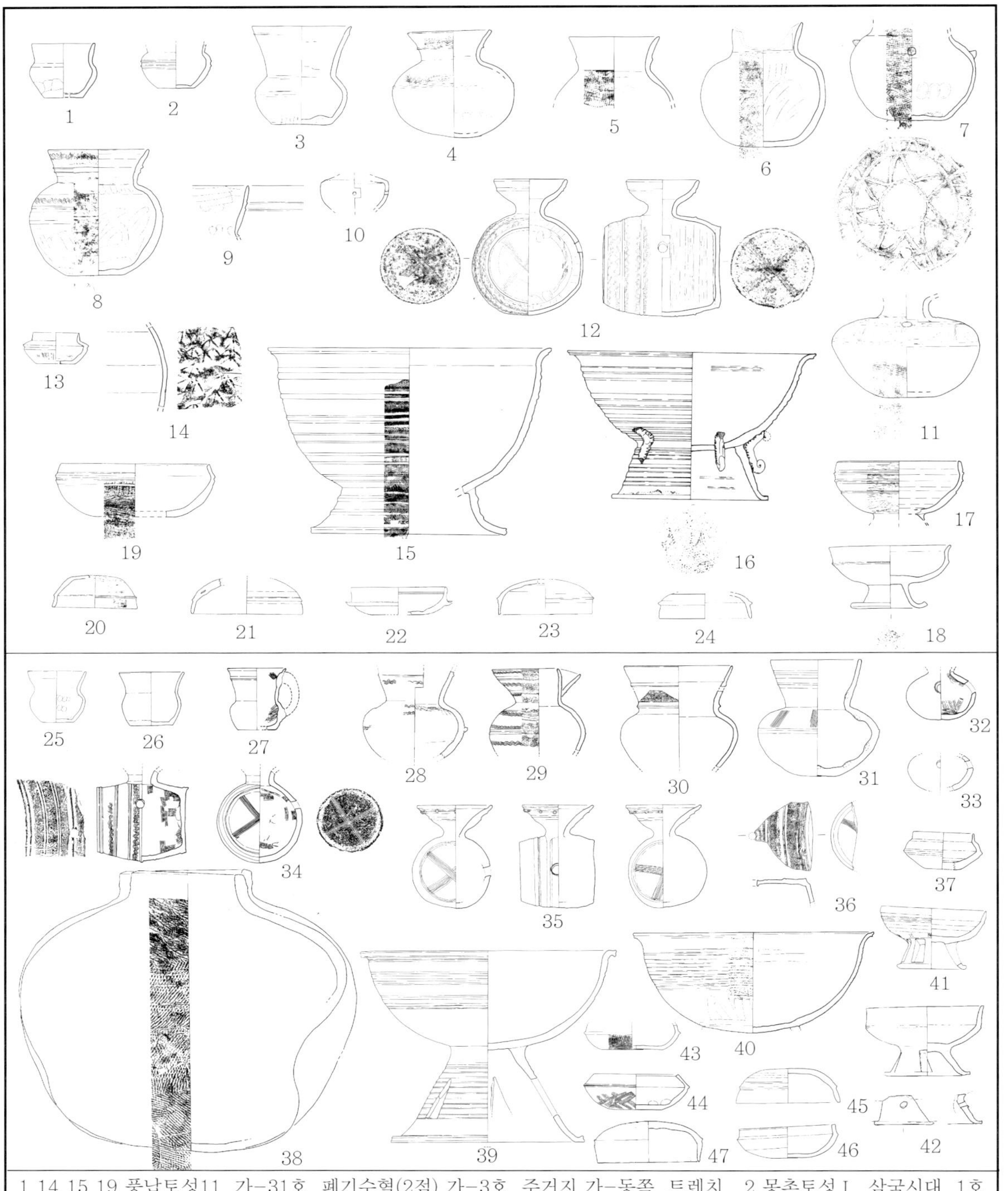

1,14,15,19.풍납토성11 가-31호 폐기수혈(2점),가-3호 주거지,가-동쪽 트렌치, 2.몽촌토성Ⅰ 삼국시대 1호 수혈유구, 3,23.석촌동고분군Ⅱ 5호분 남쪽 수습, 4~8,11,12.풍납토성17 206호 유구, 9.몽촌토성Ⅲ 통일신라시대 생활면유구 문화층, 10.풍납토성10 2구역 9호 유구 주변 상층, 13,20,16.몽촌토성(1988) 88-2호 주거지(2점),88-4호 수혈, 17.풍납토성14 가-1호 수혈, 18.풍납토성7 1호 유구, 21,22.몽촌토성(1987) 87-1호 주거지,87-3호 수혈, 24.석촌동고분군Ⅲ 86-A지역 수습

25.장흥 상방촌B유적 4호 토광묘, 26.함평 중랑유적 15호 주거지, 27,29,30,32.광주 동림동유적 9호,18호,11호,102호 구, 28,42.광주 행암동유적 2호,19호 토기요지, 31,33.광주 산정동유적 7호 방형건물지, 34.나주 장등유적 8호 수혈, 35,39,44.광주 하남동유적 5호,9호,17호 구, 36,43,45,46.광주 향등유적 6호 주거지(3점),지표수습, 37.나주 신촌리 9호분 분정조사구역, 38,47.나주 신도리 도민동유적 4A지구 2호,2C지구 5호 토기요지, 40.광주 오선동유적 6호 방형분, 41.고창 봉덕유적 가 구4

〈도면 2〉 백제 한성기 도성 일대 출토
5세기대 충청·전라지역 관련 토기1과 비교자료(S1/8)

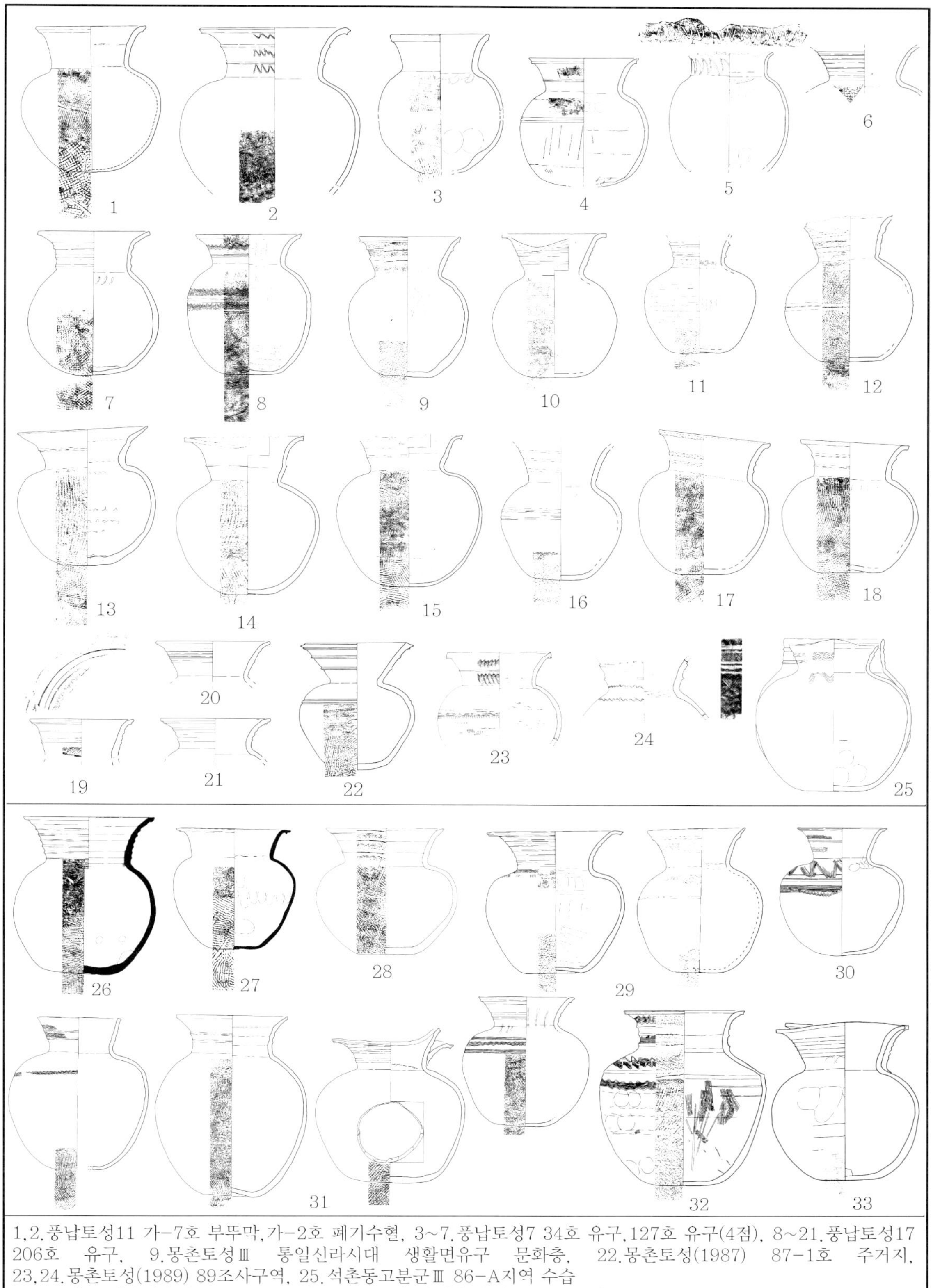

1,2.풍납토성11 가-7호 부뚜막,가-2호 폐기수혈, 3~7.풍납토성7 34호 유구,127호 유구(4점), 8~21.풍납토성17 206호 유구, 9.몽촌토성Ⅲ 통일신라시대 생활면유구 문화층, 22.몽촌토성(1987) 87-1호 주거지, 23,24.몽촌토성(1989) 89조사구역, 25.석촌동고분군Ⅲ 86-A지역 수습
26,27.완주 상운리유적 3호,11호 목관묘, 28.고창 봉덕유적 나 구1, 29.광주 오선동유적 1호 방형분, 30,31.광주 하남동유적 42호 구,9호 구(4점), 32.나주 장등유적 1호분 주구, 33.장흥 상방촌A유적 47호 주거지

〈도면 3〉 백제 한성기 도성 일대 출토
5세기대 충청·전라지역 관련 토기2와 비교자료(S1/8)

남쪽 수습 개배개는 둥근 신부, 좁아져 내려가는 드림부의 모습으로 보아 나주 신도리 도민동유적 2C지구 5호 토기요지 출토품(도면 2-47) 등과 비슷하다.

Ⅳ. 맺음말

이제까지 백제 한성기 도성 일대에서 출토된 충청 · 전라 지역 관련 토기에 대해 간단히 살펴보았다.

3~4세기대의 이중구연호나 개, 양이부호는 충청 서해안과 서남부, 전라 지역에 집중적으로 분포하는 토기들이어서 기종면에서 충청이나 전라 지역과 관련된다. 다만, 이러한 토기 기종이 인천 등 경기서해안지역까지 분포하고 있어서 백제 한성기 도성에 가까운 지역에서 유입되거나 영향을 받았을 가능성도 배제할 수 없다. 그리고 5세기 전후와 그 이후에는 광구소호, 장경소호, 유공광구소호와 장군, 장경호, 발형기대, 개배, 고배 등 충청과 전라 지역 관련 토기들의 종류가 상당히 다양해진다. 그 중에서도 주변지역 토기의 영향 등에 의해 독특한 토기를 제작하여 사용했던 전남지역과 관련되는 토기가 많은데, 광주, 나주북부 등 영산강상류지역의 자료가 상당한 비중을 차지하는 것으로 추정된다.

〈참고문헌〉

권오영, 2002, 「풍납토성 출토 외래유물에 대한 검토」, 『百濟硏究』 36.

權五榮 · 權度希 · 朴智殷, 2006, 『風納土城 Ⅶ』, 한신대학교박물관.

金鍾萬, 1999, 「馬韓圈域出土 兩耳附壺 小考」, 『考古學誌』 10, 韓國考古美術硏究所.

서현주, 2011, 「백제의 유공 광구소호와 장군」, 『유공광구소호 속에 숨은 의미와 지역성』, 국립광주박물관 · (재)대한문화유산연구센터.

서현주, 2016, 「마한 토기의 지역성과 그 의미」, 『先史와 古代』 50.

徐賢珠, 2006, 『榮山江 流域 古墳 土器 硏究』, 學硏文化社.

원해선, 2015, 「유공광구호의 등장과 발전과정」, 『韓國考古學報』 94.

최영주, 2009, 「三國時代 土製煙筒 硏究 -韓半島와 日本列島를 中心으로-」, 『湖南考古學報』31.

崔榮柱, 2007, 「鳥足文土器의 變遷樣相」, 『韓國上古史學報』55.

서울 소재 백제역사유적 출토 가야토기에 대한 검토

하승철(경남연구원)

Ⅰ. 머리말

2018년 조사에 따르면(윤정현 2018:254), 서울에 소재한 백제 유적인 풍납토성, 몽촌토성, 석촌동고분군에서 출토된 외래계 유물은 560점에 달한다. 특히 풍납토성에서 외래계 유물이 70% 이상 출토되었는데, 이는 풍납토성이 한성기 백제의 왕성이었음을 뒷받침하는 근거가 되기도 한다. 외래계 유물은 고구려, 신라, 가야를 비롯하여 중국, 일본(왜) 등 다양한 국적으로 구분되며, 중국제 자기류와 도기류, 국내에서 반입된 토기류가 대부분을 차지한다.

2020년 조사에서도 수량의 변동은 있지만 내용은 크게 다르지 않다. 3곳의 유적에서 국내에서 반입된 토기류 중 가야계 토기로 볼 수 있는 것은 44점이며, 풍납토성 31점, 몽촌토성 7점, 석촌동고분군 6점으로 풍납토성의 출토비율이 월등히 높다. 2018년 조사에서는 모두 89점이 가야계 토기로 분류되었으나, 2020년 조사에서 상당수의 토기가 백제 지방산으로 재분류되었다. 백제지역에서 새로운 자료가 발굴되고, 백제 지방산 토기에 대한 연구 성과가 집적되고 있는 결과이다.

서울 소재 백제역사유적에서 출토된 가야토기에 대한 연구는 2000년대에 본격화되었다. 그러나 이후 연구는 앞서 소개된 몇 점의 토기에 대해 반복 서술하는 정도에 머무르고 있다. 본 글에서는 풍납토성, 몽촌토성, 석촌동고분군에서 출토된 최신 자료를 포함하여 다양한 기종으로 검토 대상을 확대해 보고자 한다. 먼저, 기존 연구자들의 견해를 분석하고, 가야토기를 정치체별로 구분하여 검토하였다. 기존 연구와 중복되는 부분이 많지만, 개별 토기에 대해 재검토하고 필자의 견해를 덧붙여 보았다. 특히 가야, 백제지역에서 출토된 자료를 대비하여 제시함으로써 앞으로의 연구에 보탬이 되고자 하였다.

Ⅱ. 연구사

서울 소재 백제역사유적에서 출토된 가야토기에 대해 주목하고, 이를 소개한 연구자는 권오영(2002:34-36)이다. 그는 풍납토성 경당지구와 현대리버빌 가-9호 주거지, 몽촌토성 S11W06에서 출토된 고배 뚜껑과 고배 대각이 소가야를 비롯한 서부 경남지역산일 것으로 판단하였다. 이를 통해 한성기 백제가 서부경남지역, 혹은 소가야와 긴밀히 교섭을 전개하였던 것으로 추정하였다. 이 연구는 한성기 백제유적에서 출토된 소가야토기를 선명하게 제시한 것으로, 이후 많은 연구자들에 의해 받아들여졌다.

성정용(2007:110)은 권오영이 제시한 소가야토기를 세밀하게 분석하고, 진주 무촌유적의 출토품과 비교하여 소가야산임을 더욱 분명히 하였다. 그러나 권오영이 소가야토기로 제시한 경당 24호 상층에서 출토된 뚜껑에 대해서는 판단을 유보하였다. 풍납토성의 하한이 475년인 점을 고려하여 소가야토기의 연대를 상향 조정할 필요가 있다는 견해는 주목된다.

김규운(2011:123)은 권오영이 제시한 소가야토기와 더불어 몽촌토성 S08W06과 S11W16에서 출토된 대각과 89-남문지연못에서 출토된 장경호를 소가야양식 대부직구호와 수평구연호로 파악하였다. 그러나 그도 적시한 바와 같이 대각 파편이라 소가야토기로 단정하기는 어렵고, 구연단의 형태나 견부에 파상문이 시문되는 점도 차이가 있다. 백제 지방산과 가야토기의 가능성을 모두 열어두고 논의를 이어갈 필요가 있다.

홍보식(2008:139-140)은 권오영이 제시한 소가야토기에 대해 가야 또는 가야의 인근 지역에서 제작되어 풍납토성으로 반입된 것이 분명하다는 견해를 제시하였다. 그러나 경당 24호 유물포함층 출토 뚜껑을 아라가야 계통의 토기로 파악한 점에서 차이가 있다.

정치영(2018:281-286)은 기존에 제기된 소가야토기와 더불어 풍납토성과 석촌동고분군, 몽촌토성에서 출토된 가야토기, 신라토기를 총망라하였다. 경당 9호 출토 광구호, 풍납토성 미래마을 가-7호 부뚜막 출토 수평구연호를 가야토기로 파악한 것은 진일보한 연구 성과이다. 그가 소개한 석촌동고분군 1호 적석묘 출토 아라가야계 통형고배와 몽촌토성 북문지 Ⅰ지구 23호 수혈 출토 비화가야계 유대파수부완은 한성기 백제의 다양한 교섭과 교류를 알려주는 단서가 될 수 있어 주목된다.

Ⅲ. 백제역사유적 출토 가야토기

1. 소가야토기

소가야토기는 풍납토성 경당지구와 미래마을부지에서 다수 출토되었고, 이미 여러 글에 소개된 바 있다. 구체적으로 살펴보면, 풍납토성 경당지구에서 출토된 뚜껑 5점(도면1-1·2·3·5)과 미래마을 라-109호 수혈에서 출토된 뚜껑 1점(도면1-4), 경당지구 178호·유물포함층 출토 고배 대각 2점(도면1-7·8), 몽촌토성 89년 조사구역 S11W06에서 출토된 고배 대각(도면1-9), 풍납토성 미래마을 가-7호 부뚜막에서 출토된 장경호 1점(도면2-1) 등이다. 경당지구 9호 수혈(도면1-24)과 삼화지구 Ⅲ층(도면1-23) 유물포함층에서 출토된 광구호, 풍납토성 미래마을 라-5호 구상유구에서 출토된 토기편(도면1-6) 1점도 소가야토기로 추정된다.

1) 뚜껑

소가야토기 뚜껑과 고배는 낮은 온도에서 소성되어 무르고 회백색을 띠는 것이 많다. 신부는 직선적으로 벌어지고, 외면에는 다치구(多齒具)로 점열문을 조밀하게 시문하였다. 5세기에 제작된 뚜껑에는 점열문이 2~3줄로 시문되지만, 6세기에는 1줄로 시문된다. 점열문을 '<'자, '×'자형으로 시문하는 것도 특징이며, 횡침선이 없는 경우도 많다. 가야토기는 지역에 따라 점열문이나 유충문의 시문수법에서 차이가 있다. 소가야토기에 시문된 점열문은 다치구를 위에서 아래로 콕 찍어 올려 삐침흔적이 없다. 아라가야, 대가야 토기의 점열문은 회전력에 의해 끌림이 생겨 폭이 넓다. 대가야토기 뚜껑에는 2~4줄의 횡침선을 돌리고, 횡침선 사이에 점열문을 시문한다. 이런 점을 참고하면 경당 9호와 상층에서 출토된 뚜껑을 소가야토기로 보는 것에는 의심의 여지가 없고, 기형·소성상태·제작수법 등 여러 가지 정보를 종합하면 고성·진주·산청 등 소가야지역에서 제작되어 반입된 것이 확실하다.

도면 1. 서울 소재 백제역사유적지구 출토 소가야토기와 비교 자료(축척: 1/6)

1. 풍납 경당 9호, 2. 경당 상층, 3. 경당 24호, 4. 풍납 미래 라-109수혈, 5. 경당 유물포함층, 6. 경당 라-5호 구상유구, 7. 경당 178호, 8. 경당 상층, 9. 몽촌 89-S11W06, 10. 하동 고이리나12호묘, 11. 창원 석동 2호 혼토패각, 12. 진주 무촌 3구 55호묘, 13. 산청 옥산리 37호묘, 14. 창원 석동 7호묘, 15. 합천 문림리 Ⅳ구역 1-1호묘, 16. 진주 가좌동 2구간 1호묘, 17. 산청 옥산리 63호묘, 18. 진주 무촌리 2구 55호묘, 19. 창원(마산) 현동(동서) 6호묘, 20 · 21. 함안 진북 대평리 Ⅱ-56호묘, 22. 함안 진북 대평리 Ⅱ-3호묘, 23. 삼화지구 Ⅲ층, 24. 경당 9호, 25. 창원(마산) 합성동24호묘, 26. 여수 차동13호묘, 27. 하동 우복리2호묘, 28. 하동 고이리나10호묘

경당 9호(도면1-1)와 상층 유물포함층(도면1-2)에서 출토된 뚜껑은 점열문을 '<'형태로 엇갈리게 시문하였고, 드림턱이 예리하며 드림부는 직립한다. 구경은 16.8cm, 16.6cm로 큰 편이다. 진주 무촌 2구 55호묘(도면1-18) · 3구 55호묘(도면1-12) · 창원(마산) 현동 6호묘(도면1-19) 등에서 출토된 고배 뚜껑과 특징이 동일하다.

경당 24호에서 출토된 뚜껑(도면1-3)은 신부 상하에 각각 1줄의 횡침선을 돌리고 횡침선 사이에 다치구의 점열문을 시문하였다. 추정 구경이 11cm로 비교적 작고, 드림턱과 드림부 사이에 홈이 있으며 점열문이 회전력에 의해 약간 밀려 시문되었다. 드림부의 형태가 유례가 없고, 점열문의 시문수법이 경당 9호 출토품과 차이가 있어 연구자에 따라 아라가야계(홍보식 2008:140), 창녕계, 소가야계 등 다양한 의견을 제시하고 있다. 꼭지가 결실되었고, 드림부의 형태가 유례가 없으므로 계통을 추적하기 힘든 것이 사실이지만, 침선이나 점열문의 시문수법은 서부 경남지역에서 출토되는 뚜껑과 유사하다[1]. 산청 옥산리 23호묘(도면1-17), 창원 석동 2호 혼토패각층(도면1-11), 합천 문림리 Ⅳ구역 1-1호묘(도면1-15)에서 비슷한 뚜껑이 출토되었다.

풍납토성 미래마을부지 라-109호 수혈에서 출토된 뚜껑(도면1-4)은 기고 4.2cm, 구경 9.8cm로 소형이다. 대부직구호의 뚜껑으로 추정되며, 모자형꼭지를 부착하였고 신부에 점열문을 시문하였다. 모자형꼭지를 근거로 대가야토기로 추정하였으나(권오영 · 박지은 2009:126) 기형이나 점열문은 오히려 소가야토기와 유사하다. 금관가야 · 아라가야 대부직구호(도면1-14)의 뚜껑에도 모자형꼭지가 부착되지만, 점열문이 없는 것이 많다. 대가야토기 대부직구호의 뚜껑에는 1~3조의 횡침선과 점열문이 시문된다. 모자형꼭지는 대가야토기의 두드러진 특징이지만 가야 전역에서 변형된 형태가 나타난다. 기형, 꼭지의 형태, 점열문의 시문상태는 산청 옥산리 37호묘에서 출토된 뚜껑(도면1-13)과 거의 흡사하다.

풍납토성 경당지구 유물포함층에서 출토된 뚜껑(도면1-5)은 대부분 결실되어 기형을 알 수 없지만 꼭지의 형태는 진주 무촌유적에서 출토된 뚜껑(도면1-19~22)과 비슷하다.

2) 고배

풍납토성 경당지구 178호(도면1-7) · 상층 유물포함층(도면1-8)에서 출토된 고배 대각은 팔자형으로 벌어졌고 돌대가 없으며 직사각형의 투창이 뚫려 있다. 각단이 둥글고 접지면이 넓은 것이 차이점이나 소가야토기 일단장방형투창고배의 대각으로 추정된다. 이 고배 대각은 약간의 차이는 있지만, 진주 가좌동 2구간 1호묘(도면1-16), 진주 무촌리 2구 55호묘(도면1-18) 출토 일단장방형투창고배와 비슷하다.

몽촌토성 89년 조사구역 S11W06(도면1-9) 성토층에서 출토된 고배 대각은 팔자형으로 벌어졌고 돌대가 없으며 직사각형(삼각형)의 투창이 뚫려 있다. 잔존 높이는 5.6cm이다. 기형이나 투창의 형태로 보아 소가야토기 삼각투창고배로 추정된다.

---

1) 5세기 서부 경남지역 가야토기는 대부분 소가야 계통이지만, 현재로선 출토 수량이 적고 계통을 확정하기 힘든 부분이 있으므로 소가야를 포함하여 서부경남지역으로 설정해 둔다.

3) 장경호

도면 2. 서울 소재 백제역사유적지구 출토 수평구연호, 장경호, 비교 자료(축척: 1/6)

1. 풍납 미래 가-7호, 2~7 · 9 · 10. 경당 206호, 8. 경당 127호, 11. 산청 옥산리 78호묘, 12. 옥산리 28호묘, 13 · 14. 옥산리 344호묘, 15. 옥산리 17호묘, 16. 옥산리 100호묘, 17. 옥산리 147호묘, 18. 산청 묵곡리 39호묘, 19. 산청 옥산리 35호묘, 20. 고흥 장동M1호묘, 21. 광주 동림동102호, 22. 전주 마전 4호묘

풍납토성 미래마을 가-7호 부뚜막에서 출토된 장경호(도면2-1)는 구경부가 외반하며 동체부 상위에 평행타날, 하위에 격자문타날이 선명하게 남아 있다. 기고는 20.8cm, 구경 15.3cm이다. 기형이나 타날문, 제작수법은'수평구연호'로 불리는 소가야토기 장경호와 거의 유사하다. 소가야토기 수평구연호(도면2-15)는 구경부가 외반하고 구연아래와 동체부 접합부분에 1~2줄의 돌대를 돌리며 경부에 파상문을 시문하는 것이 특징이다. 미래마을 가-7호 출토 장경호는 경부에 파상문이 없고 돌대를 돌리지 않았으나 5세기 전반에 제작된 수평구연호에도 파상문이나 돌대가 생략되는 경우가 있으므로 소가야토기로 파악해도 크게 무리는 없다. 5세기 전반에 제작된 수평구연호(도면2-19)는 기고 18cm 내외이고, 구경에 비해 동체부 직경이 크다. 6세기에 제작된 수평구연호는 기고 15cm 정도로 작아지고, 동체부 직경 보다 구경이 커진다. 미래마을 가-7호 출토 장경호는 5세기 전반으로 편년되는 산청 옥산리 35호묘(도면2-19) · 78호묘(도면2-11), 진주 진주 우수리 18호묘 출토 수평구연호와 기고, 기형, 제작수법 등이 유사하다.

4) 광구호

풍납토성 삼화지구 Ⅲ층 유물포함층(도면1-23), 경당지구 9호 수혈(도면1-24)에서 출토된 광구호는 구경부가 외반하고 경부에 1조의 돌대를 돌렸다. 복원된 구경은 15.6cm, 13.2cm이다. 소가야토기 광구호는 구경부가 외반하고 경부 중위에 돌대를 돌리는 것이 특징으로 상기의 출토품과 유사하다. 삼화지구 Ⅲ층 · 경당지구 9호 출토품은 동체부가 결실되어 정확히 판단하기 힘들지만, 구경부의 형태는 5세기 후반으로 편년되는 창원(마산) 합성동 24호묘(도면1-25), 하동 고이리 나10호묘(도면1-28) 출토 소가야토기와 비슷하다.

5) 유대파수부완

풍납토성 미래마을부지 라-5호 구상유구에서 출토된 토기편(도면1-6)은 2조의 횡침선을 돌리고 파상문과 점열문을 시문한 것으로 점열문의 시문수법으로 보아 소가야토기로 추정된다. 4.7cm의 작은 파편으로 기종을 정확히 판별하기 어렵지만 유대파수부완의 동체부일 가능성이 있다.

2. 아라가야토기

아라가야 토기는 석촌동고분군 1호분 북쪽 적석총에서 출토된 통형고배, 석촌동고분군 5호분 남쪽에서 출토된 광구소호, 풍납토성 현대 가-9호 주거지 출토 고배, 풍납토성 미래 나-그리드 출토 뚜껑이 해당된다.

1) 뚜껑

풍납토성 미래마을 나-그리드에서 출토된 뚜껑(도면3-10)은 신부가 반구형이며 외면에 'X', '∨', 마름모 형태의 점열문이 시문되었다. 잔존 기고는 5.4cm로 높고, 구경은 19.2cm로 크다. 아라가야토기 뚜껑 중에서 기형이나 신부 외면의 문양장식이 유사한 것이 있다. 함안 도항리 13호묘(도면3-12 · 13)에서 출토된 뚜껑은 드림부의 형태가 다르지만 기고가 높고 신부 외면에 다양한 문양을 장식하고 있어 공통점이 있다. 합천 어전리 5호 수혈(도면3-11)에서 출토된 뚜껑도 크기가 작지만 신부 외면에 횡침선과 문양이 장식되고 있

도면 3. 서울 소재 백제역사유적지구 출토 아라가야토기, 비화가야토기와 비교 자료(축척: 1/6)

1. 석촌동 1호적석묘, 2. 창원(마산) 진북 대평리 II-27호묘, 3・4. 합천 어전리6호, 5. 합천 삼가8호묘, 6. 진북 대평리 II-30호묘, 7. 창원(마산) 현동(창원대)31호묘, 8. 현동(동서연)18호묘, 9. 현동(동서연)63호묘, 10. 풍납 미래 나-그리드, 11. 합천 어전리 5호, 12・13. 함안 도항리 13호묘, 14. 석촌동 5호분남쪽, 15. 현동(동서연)75호묘, 16. 현동(창원대)60호묘, 17. 함안 도항리10호묘, 18. 산청 옥산리107호묘, 19. 풍납 현대 가-9호, 20. 풍납 미래 다-그리드, 21. 몽촌 I-23호, 22. 창녕 동리유적10호묘, 23. 창녕 계성2호분, 24. 합천 옥전M2호분, 25・26. 창녕 교동3호분, 27~29. 창녕 교동4호분

는 점이 유사하다. 토기 뚜껑에 다양한 문양을 장식하는 것은 아라가야토기의 특징으로 4세기부터 5세기 전반에 유행한다. 합천 어전리유적이 위치한 합천군 삼가면 일대에는 아라가야토기가 많이 출토되고 있어 토기 제작기술이 전해졌던 곳으로 추정된다.

2) 통형고배

석촌동고분군 1호 적석묘에서 출토된 통형고배(도면3-1)는 대각이 '工'자형이고, 4개의 원형투공으로 구성된 4조의 종방향 투공렬이 있다. 대각 하위에는 점열문이 시문되어 있다. 유개식이며, 뚜껑받이턱이 돌출하였고, 그 하위에 2줄의 돌대를 돌렸다. 기고는 15.1cm, 구경 15cm, 저경 12.1cm이다. 기형이나 소성상태, 제작수법 등 제반 정보를 종합하면 가야에서 제작되어 반입된 것이 확실하다. 통형고배는 승석문단경호와 함께 4세기 가야토기를 대표하는 기종이며, 함안을 중심으로 남해안과 서부 경남지역에 넓은 분포권을 형성한다. 최근에는 부산 · 창녕 · 밀양 등 낙동강 동안지역에도 다수 출토된다. 아라가야의 토기제작기술이 주변지역으로 확산되면서 분포권이 확대되었을 가능성이 높다. 4세기대 통형고배는 함안 우거리 · 묘사리 토기생산유적, 함안 말이산고분군과 황사리유적, 남해안에 위치한 창원(마산) 현동유적과 대평리유적 등에서 출토된다. 4세기에 제작되는 통형고배는 대부분 무개식이며 외반하는 구연부 하단에 돌대를 돌리거나 굴곡진 단이 만들어진다. 4세기 말부터 유개식이 출현하며 대각은 '工'자형에서 '八'자형으로 변하고, 삼각형 · 장방형 투창 등이 나타난다. 통형고배는 5세기 전반에 소멸하고, 다양한 형식의 투창고배로 대체된다. 도면3에 제시된 통형고배로 살펴보면, 창원(마산) 진북 대평리 Ⅱ-27호묘(도면3-2) · Ⅱ-30호묘(도면3-6) 출토품은 4세기 중엽, 합천 어전리 6호 수혈(도면3-3 · 4), 창원(마산) 현동(창원대) 31호묘(도면3-7) 출토품은 4세기 후엽 또는 5세기 초, 합천 삼가 8호묘(도면3-5), 창원(마산) 현동(동서연) 18호묘(도면3-8) · 63호묘(도면3-9) 출토품은 5세기 전엽에 해당한다. 석촌동고분군 1호 적석묘 출토 통형고배는 합천 어전리유적 출토품과 가장 유사하다. 통형고배는 4세기 후반에 가야 전역에서 출토되지만, 석촌동 1호묘 출토 고배는 기형이나 문양, 투공 등 제반 특징이 함안 우거리 토기가마, 창원 대평리유적 등 아라가야 권역에서 출토되는 통형고배의 계통을 유지하고 있다. 따라서 석촌동 1호묘 출토 고배는 아라가야에서 제작되어 반입되었을 가능성이 높다.

3) 고배 대각

풍납토성 현대 가-9호 주거지에서 출토된 고배 대각(도면3-19)은 잔존 길이 7.5cm이고 가늘고 긴 나팔형태이다. 대각 중간에 돌출한 돌대를 기준으로 상하로 이등변삼각형투창 6개를 뚫었다. 동일한 형태의 고배는 유례가 없으나 산청 옥산리 107호묘(도면3-18) 출토 고배의 투창과 닮았다. 그러나 대각의 폭에서 차이가 있다. 대각 중간에 돌출한 돌대가 있는 토기는 아라가야 파수부배, 소형기대에서 간혹 보인다. 가늘고 긴 대각도 아라가야 고배의 특징과 유사하다. 따라서 아라가야 고배로 파악해 두고자 한다.

4) 광구소호

석촌동고분군 5호분 남쪽 파괴지역에서 출토된 광구소호(도면3-14)는 평저이고 구경부는 직선적으로 벌어진다. 동체부에 1줄의 돌대를 돌렸다. 기고는 13.0cm로 크다. 석촌동 출토 광구소호는 동체부에 침선이 있는 점에서 차이가 있으나, 창원 현동(동서연) 75호묘(도면3-15), 창원 현동유적 60호묘(도면3-16), 함안 도항리 10호묘(도면3-17) 출토품과 형태적인 속성이 동일하다. 단, 아라가야 광구소호는 기고 10cm 이하로 작고, 동체부에 침선이나 돌대가 없다. 마한 · 백제 권역으로 확산하면서 현지에서도 제작되기 때문에 향후 비교검토가 필요하지만 현재로선 아라가야토기로 분류해두고자 한다.

3. 비화가야토기

서울 소재 백제역사유적에서 출토된 토기 중 비화가야 토기로 분류할 수 있는 것은 풍납토성 미래마을 다-그리드에서 수습한 유대완 대각 1점과 몽촌토성 북문지 주변 Ⅰ지구 23호 수혈에서 출토된 삼이부유대완 1점이다.(정치영 2018:284)

미래마을 다-그리드에서 출토된 유대완(도면3-20) 대각은 잔존 기고 9.7cm, 저경 11.7cm이다. 2단으로 구분된 대각에는 삼각형투창을 뚫었고, 배신부 하단에는 유충문이 시문되어 있다.

몽촌토성 Ⅰ지구 23호 수혈에서 출토된 삼이부유대완(도면3-21)은 동체부와 대각이 일부 잔존한다. 동체부가 직선적으로 올라가고, 대각도 직선적으로 벌어진다. 동체부 중위에 2조의 돌대를 돌렸고 돌대 아래에 파상문을 시문하였다. 동체부 하단에는 점열문을 시문하였다. 대각은 2단으로 구획되며 장방형 투창을 뚫었고, 1조의 돌대와 파상문이 확인된다.

두 점의 유대완은 기형, 소성상태, 제작수법으로 보아 비화가야에서 제작되어 반입된 것으로 추정된다. 대각에 삼각형투창이 뚫린 점에서 차이가 있으나, 배부의 여러 속성은 창녕 계성 2호분(도면3-23)과 교동 3 · 4호분(도면3-25~29), 합천 옥전 M2호분(도면3-24) 출토품과 비슷하다.

4. 대가야토기

서울에 소재한 백제유적에서 출토된 대가야토기는 극히 드물다. 모자형꼭지를 근거로 풍납토성 미래마을 부지 라-109 수혈에서 출토된 뚜껑(도면1-4)을 대가야토기로 보는 견해(권오영 · 박지은 2009:126)도 있으나 꼭지의 형태가 차이가 있으므로 소가야토기일 가능성이 높다.

비록 작은 편이지만, 몽촌토성 87-2호 주거지에서 출토된 뚜껑(도면5-1)은 구경이 15.7cm로 크고, 신부가 두텁고 구연이 직립하며, 점열문이 조밀하게 시문되어 있어 대가야토기로 추정된다. 대가야토기는 6세기에 가야 전역으로 확산하는데, 함안 도항리 5호묘(도면5-2)에서 출토된 대가야토기와 유사하다.

5. 가야계토기

서울에 소재한 백제역사유적에서 출토된 가야토기 중 양식적인 특징이 드렷하지 않아 그 계통을 알 수 없는 토기가 다수 있다.

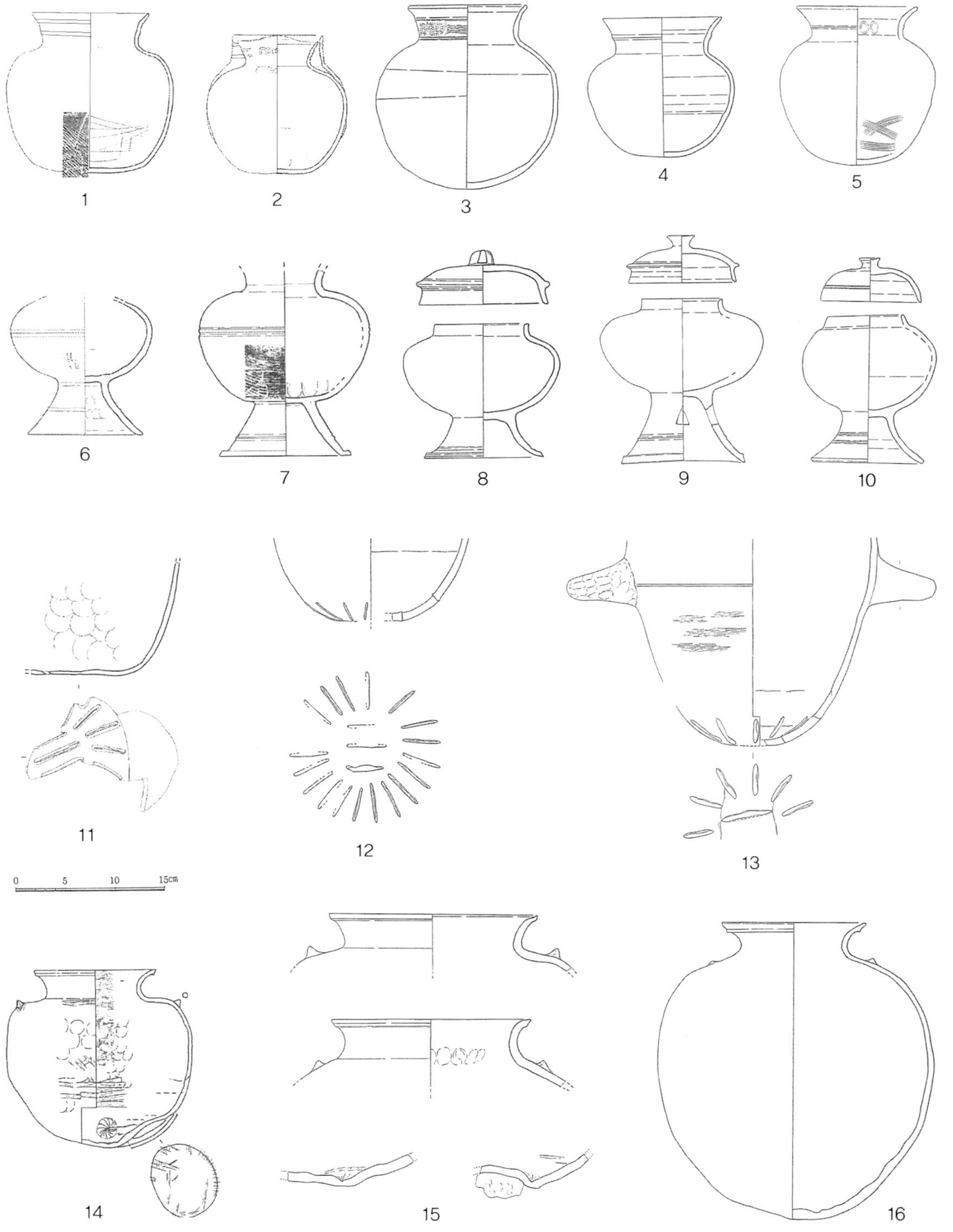

도면 4. 서울 소재 백제역사유적지구 출토 가야계토기와 비교 자료(축척: 1/6)

1 · 2. 석촌동 5호남쪽, 3. 창원(마산)현동(동서연)12호묘, 4. 현동(동서연)18호묘, 5. 산청 묵곡리22호묘, 6. 석촌동76-파괴분, 7. 풍납 경당 유물포함층, 8. 김해 대성동2호묘, 9. 김해 본산리Ⅱ-14호묘, 10. 현동(동서연)35호묘, 11. 풍납 미래라-18호, 12. 함안 우거리 토기가마 폐기장, 13. 김해 망덕리·신문리 145호, 14. 풍납 경당 196호, 15. 창녕 여초리 토기가마, 16. 김해 대성동1호

1) 장경호

석촌동 5호 남쪽에서 출토된 장경호(도면4-1 · 2)는 구경부의 길이가 짧은 편이고, 경부에 1~2줄의 돌대를 돌렸으며, 돌대 사이에 파상문을 시문하였다. 바닥은 말각평저이다. 백제 지방산 장경호와 유사한 점도 있으나, 기형이나 문양, 동체부 타날은 가야토기와도 공통점이 많다. 창원 현동유적(도면4-3 · 4), 산청 묵곡리유적(도면4-5) 등 남해안과 서부 경남지역 고분군에서 비슷한 기형의 장경호가 다수 출토된다.

2) 대부직구호

가야토기 대부직구호는 4세기 금관가야에서 등장하여 아라가야로 확산하며, 5세기에는 소가야, 대가야에서 주요 기종으로 제작된다. 4세기 후반에 제작된 대부직구호는 동최디경이 동체부 상위에 있고, 대각에는 투창이 없거나 작은 삼각형투창을 뚫는다. 대각에는 돌대나 침선을 돌리기도 한다. 석촌동 76-파괴분(도면4-6)과 풍납 경당 유물포함층(도면4-7)에서 출토된 대부직구호는 동체부에 돌대가 돌려진 점, 각단의 접지면이 넓은 점에서 비교대상(도면4-8 · 9 · 10) 가야토기와 차이가 있다. 이러한 점을 근거로 권오영(2002:39)은 논산지방 토기와 연관된 것으로 파악하였다. 동체부에 돌려진 돌대는 가야토기와 금강유역 토기를 구별하는 주요한 근거가 될 가능성이 높지만, 현재 금강유역에서 비교자료가 많지 않은 상태이므로 가야토기의 가능성도 열어두고 계속적으로 논의를 이어갈 필요가 있다.

3) 시루

풍납토성 라-18호 주거지(도면4-11)에서 출토된 시루는 외면에 격자문타날이 있고, 편평한 바닥에 가늘고 길게 짼 형태의 증기공이 있다. 4~5세기 서부 경남지역에서 출토되는 시루는 평저에 원형의 증기공이 있으므로 라-18호 주거지 출토품과 차이가 있다. 가늘고 길게 짼 형태의 증기공을 가진 시루는 함안, 창원, 김해, 부산 등지에 폭넓게 분포한다. 최근 함안 우거리 토기생산유적(도던4-12)에서도 다량 출토된 바 있다. 째진 증기공 시루의 분포권이 넓고 지역적으로 특징이 세분화되어 있지 않아 라-18호 주거지 출토품의 생산지를 특정하기는 어렵다. 단, 한성백제 유적 출토 가야토기와 연계해 유추하면, 아라가야를 비롯하여 창원, 김해 등 남해안 일대의 가야세력과 관련될 가능성이 높다.

4) 대호

풍납토성 경당지구 196호 유구에서 출토된 대호(도면4-14)는 구경부가 'ᄀ'자형으로 외반하며 견부에 작은 돌기가 부착되어 있다. 구경부는 회전물손질로 정면하였고, 동체부 내면에는 박자흔, 접합흔이 뚜렷이 남아 있다. 바닥에는 쪼임흔이 있고, 이상재에 의해 눌린 흔적도 관찰된다. 이 대호와 기형과 제작수법이 유사한 것은 함안, 창녕 등지에서 찾아볼 수 있다. 창녕 여초리 토기가마유적(도면4-15)에서 출토된 대호는 구경부 형태, 견부에 부착된 작은 돌기, 저부의 쪼임흔 등이 거의 동일하다. 김해 대성동 1호 부곽에서 출토된 대호(도면4-16)는 동체부의 형태가 약간 차이가 있지만 제반 속성은 거의 동일하다. 백제 지방산이나 전라도에서 출토된 대호와 비교검토가 필요하지만 가야토기일 가능성을 배제하기 어렵다.

6. 기타

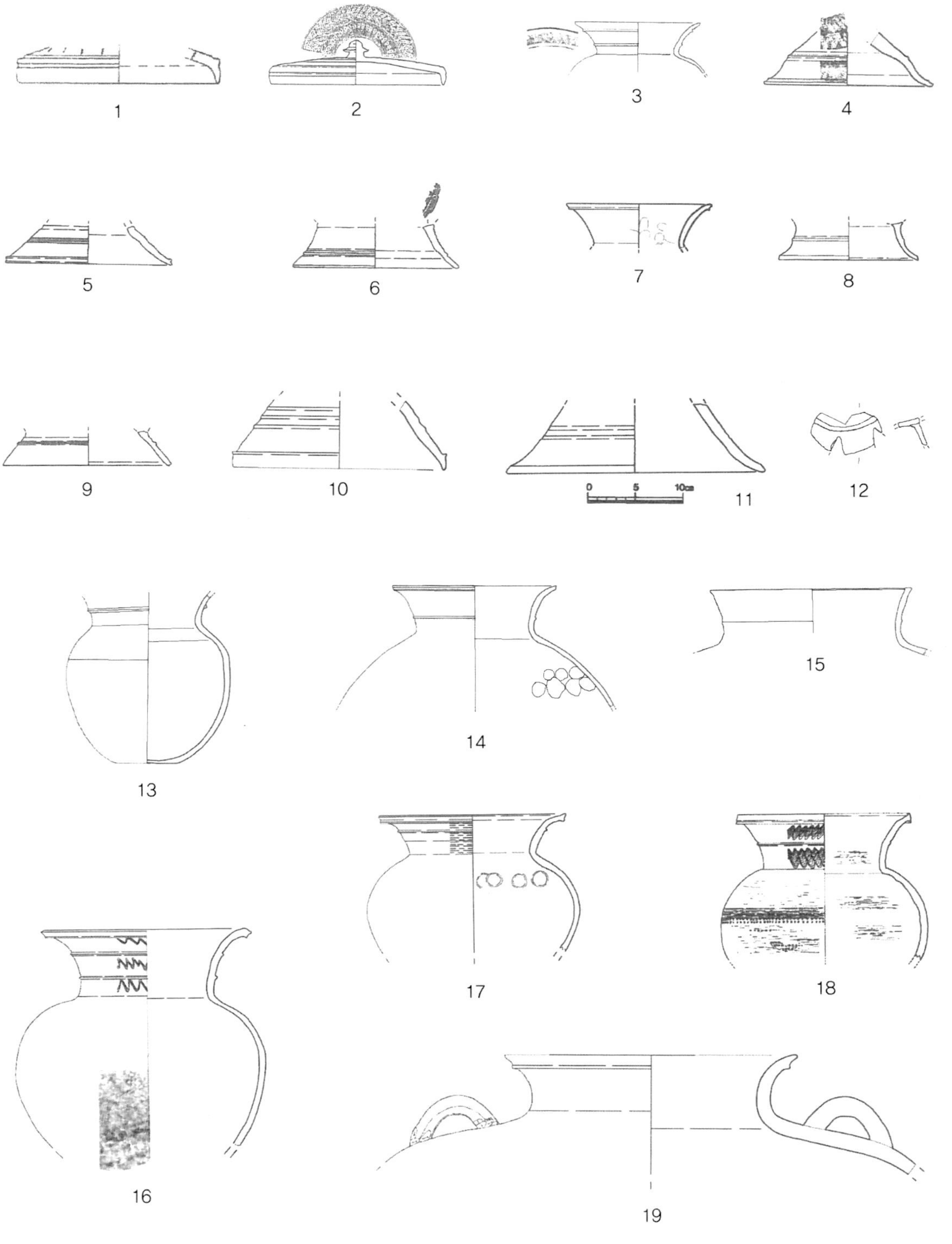

도면 5. 서울 소재 백제역사유적지구 출토 대가야토기, 가야계토기와 비교 자료(축척: 1/6)

1. 몽촌87-2호주거지, 2. 함안 도항리5호묘, 3. 풍납 미래 가-4호부뚜막, 4. 풍납 미래 가-1호 석축수로, 5. 풍납 경당 3호, 6. 경당 20호, 7. 석촌동고분군 3호 연접부, 8. 경당 9호, 9. 경당 3호, 10. 풍납 미래 라-3호, 11. 경당 31호, 12. 풍납 소규모주택신축부지142-1번지, 13 · 14. 풍납 현대리버빌 가-토기산포유구, 15. 풍납 현대 가-그리드, 16. 풍납 미래 가-2호 폐기지, 17. 풍납 동성벽 수습, 18. 몽촌 89-남문지 연못, 19. 풍납 미래 다-12호

이밖에 전체적인 기형이나 특징을 알 수 없지만 가야계 토기로 분류될 가능성이 있는 토기에 대해 소개한다.

풍납토성 소규모 주택신축부지 142-1호에서 출토된 대각(도면5-8)에는 삼각형투창이 뚫려있는 것으로 소가야 고배나 대부호로 추정된다. 경당지구 3호(도면5-5), 20호(도면5-6) 유구에서 출토된 대각은 발형기대나 대부호로 추정되며 가야토기의 가능성이 있다.

풍납토성 미래마을부지 가-4호 부뚜막에서 출토된 대호(도면5-3), 미래마을부지 다-12호 구상유구에서 출토된 양이부대호(도면5-19), 현대리버빌부지 가-토기산포유구에서 출토된 대호(도면5-13 · 14) 등은 기형이나 제작수법이 가야토기와 공통점이 많다.

풍납토성 미래마을부지 가-1호 석축수로에서 출토된 토기(도면5-4)는 기종이나 기형은 알 수 없으나, 파상문 등 제작수법이 가야토기와 유사하다.

한편, 풍납토성 미래마을부지 가-2호 폐기지(도면5-16), 몽촌토성 87-1호 주거지, 89-남문지 연못(도면5-18) 출토 장경호를 소가야 수평구연호와 유사한 것으로 보는 견해(김규운 2011:123; 정치영 2018:283)가 있으나 구연단이 면으로 두툼하게 처리되는 점, 경부 중위에 파상문 대신에 여러 줄의 굵은 돌대를 돌린 점, 동체부 중위에 파상문 · 침선 · 돌대가 있는 점 등에서 차이가 있다. 백제 지방산으로 판단된다.

Ⅳ. 가야토기의 연대

풍납토성, 몽촌토성, 석촌동고분에서 출토된 가야토기의 연대는 한성백제와 가야의 교류에 대한 단서가 될 수 있어 중요하다.

먼저, 가야토기 중 가장 이른 시기에 해당하는 것은 석촌동 1호 적석묘에서 출토된 통형고배(도면3-1)이다. 이 토기는 전형적인 '工'자형 통형고배의 대각을 유지하고 있으나 배부는 유개식으로 변하였다. 통형고배 말기에 해당하는 형식으로, 5세기 전엽에 해당하는 합천 삼가8호묘(도면3-5), 창원 현동(창원대) 31호묘(도면3-7) 출토 고배보다 앞선 4세기 후엽으로 편년할 수 있다.

풍납토성 미래마을 나-그리드에서 출토된 뚜껑(도면3-10)과 석촌동 5호분 남쪽 파괴지역에서 출토된 광구소호(도면3-10)는 5세기 2/4분기로 편년되는 함안 도항리 13호묘 출토 뚜껑(도면3-12 · 13), 도항리 10호묘 출토 광구소호(도면3-17)와 동일한 시기로 볼 수 있다.

풍납 현대리버빌부지 가-9호주거지 출토 고배 대각(도면3-19)은 잔존 길이 7.5cm로 높은 편이고, 가늘고 긴 형태, 이등변삼각형투창 등 5세기 전반에 성행하는 고배의 특징을 노여주고 있다.

비화가야(창녕)토기로 파악된 유대대부완은 기형, 문양배치 등이 합천 옥전 M2호분(도면3-24), 창녕 계성 2호분(도면3-23), 교동 3호분(도면3-25 · 26) 출토품과 유사하다. 이들 고분의 연대는 5세기 3/4분기(하승철 2009)로 편년되고 있다.

풍납토성 미래마을부지 가-7호에서 출토된 소가야토기 수평구연호는 기고 20.8cm로 크고, 구경보다 동체부가 큰 형태로 5세기 전엽으로 편년된다.

소가야토기 뚜껑(도면1-1 · 2)은 구경이 크고, 신부에 2~3줄의 점열문을 돌렸으며, 드림턱이 날카롭게 돌출하였다. 이러한 특징을 가진 뚜껑은 진주 무촌 2구 55호묘(도면1-18) · 3구 55호묘(도면1-12)에서 출토되는데, 필자(하승철 2015)가 분류한 소가야토기 Ⅱ, Ⅲ단계에 속하며 5세기 3/4분기~4/4분기로 편년된다.

가야토기 중 가장 늦은 시기에 해당하는 것은 몽촌토성 87-2호 주거지에서 출토된 대가야토기 뚜껑이다. 배신이 평평하고 구연부가 직립하는 형태는 6세기 전반에 나타난다.

위와 같이 한성 백제역사유적에서 출토된 대부분의 가야토기는 4세기 후엽부터 5세기 후반에 속한다. 5세기 후반의 연대는 세분하여 살펴볼 필요가 있는데, 성정용(2007:110)은 한성백제 유적에 소가야토기가 유입된 시점을 475년 한성 함락 이전으로 파악하였다. 권오영(2011:149)도 한성에 반입된 소가야토기의 연대를 한성 함락 이전으로 파악하고, 475년이란 연대는 삼국시대 물질자료의 연대 결정에 중요한 기준이 될 수 있다는 견해를 제시하였다. 본 글에서 연대추정이 가능한 가야토기도 몽촌토성 87-2호 주거지 출토 대가야토기 뚜껑을 제외하면, 475년 이전에 해당할 것으로 판단한다. 475년 한성 함락의 연대는 5세기 후반 가야토기의 연대결정에 중요한 기준이 될 수 있다.

Ⅴ. 한성백제와 가야의 교류

풍납토성, 몽촌토성, 석촌동고분군에서 출토된 가야토기는 한성기 백제와 가야의 교류를 알려주는 단서가 된다. 가야토기는 4세기 후엽에서 5세기 후반에 집중하는데, 소가야토기의 비율이 높고 그 다음으로 아라가야토기, 비화가야토기와 대가야토기는 1~2점으로 적다. 석촌동 1호 적석묘에서 출토된 통형고배(도면3-1)는 백제와 아라가야의 교섭을 보여주는 중요한 자료이다. 출토 맥락에 대해서는 앞으로 논의가 필요하지만, 풍납토성 미래마을부지 다-그리드 출토 유대완(도면3-20)과 몽촌토성 Ⅰ-23호 출토 대부유대완(도면3-21)은 비화가야토기로 한성 백제와 가야 각 국의 교류가 다방면으로 진행되었을 가능성을 보여준다. 현재 금관가야토기로 분류할 수 있는 자료가 없다는 점이 의문이다. 3~4세기 마한 · 백제계 유물이 낙동강 하류의 금관가야에서 집중적으로 출토되는 점에 비해 한성 백제에 금관가야 유물이 출토되지 않는 사실은 의아하다. 풍납토성 미래마을부지 라-18호 주거지에서 출토된 시루(도면4-11)와 풍납토성 경당 196호 유구에서 출토된 대호(도면4-14)가 금관가야 토기일 가능성이 있지만 가야지역에서 분포범위가 넓어 특정하기 어렵고, 시기도 금관가야가 쇠퇴하는 5세기에 해당하므로 더욱 가능성이 약해진다. 금관가야와 한성 백제의 교류가 영산강수계를 비롯한 서해안의 중계지를 활용했을 가능성에 원인이 있을 수 있지만, 더 이상의 추론은 생략한다.

한성 백제에서 출토되는 소가야토기는 뚜껑 · 고배 · 장경호 등 기종이 다양하며, 출토지점도 제각각이다. 이는 많은 소가야토기가 반입되었고, 그 맥락도 다름을 의미한다. 권오영(2002:36)은 서울 소재 백제역사유적에서 출토된 소가야토기에 주목하여 한성기 백제와 소가야가 긴밀히 교섭을 전개하였던 것으로 파악하였다. 필자 역시 같은 견해이다. 덧붙이자면, 4세기 후엽부터 5세기 전엽에는 아라가야토기, 소가야토기는 5세기 전 · 중엽에 집중하므로 백제와 아라가야의 교섭이, 백제와 소가야의 교섭으로 전환되었을 가능성이 있다. 5세기 서부 경남지역에서도 아라가야를 대신하여 소가야 세력이 성장하며 하나의 큰 연합체를 형성한다. 그 결과 남해안과 남강수계의 토기도 아라가야토기에서 소가야토기로 변화한다. 또한 5세기부터 소가야는 여수 · 순천 · 광양 등 전남 동부지역으로 권역이 확대되고, 영산강수계 등 마한 · 백제지역과도 교류를 확대한다. 여수 차동유적(도면6-4), 광주 동림동유적(도면6-3), 전주 · 연기 · 익산(도면6-2)에서 출토

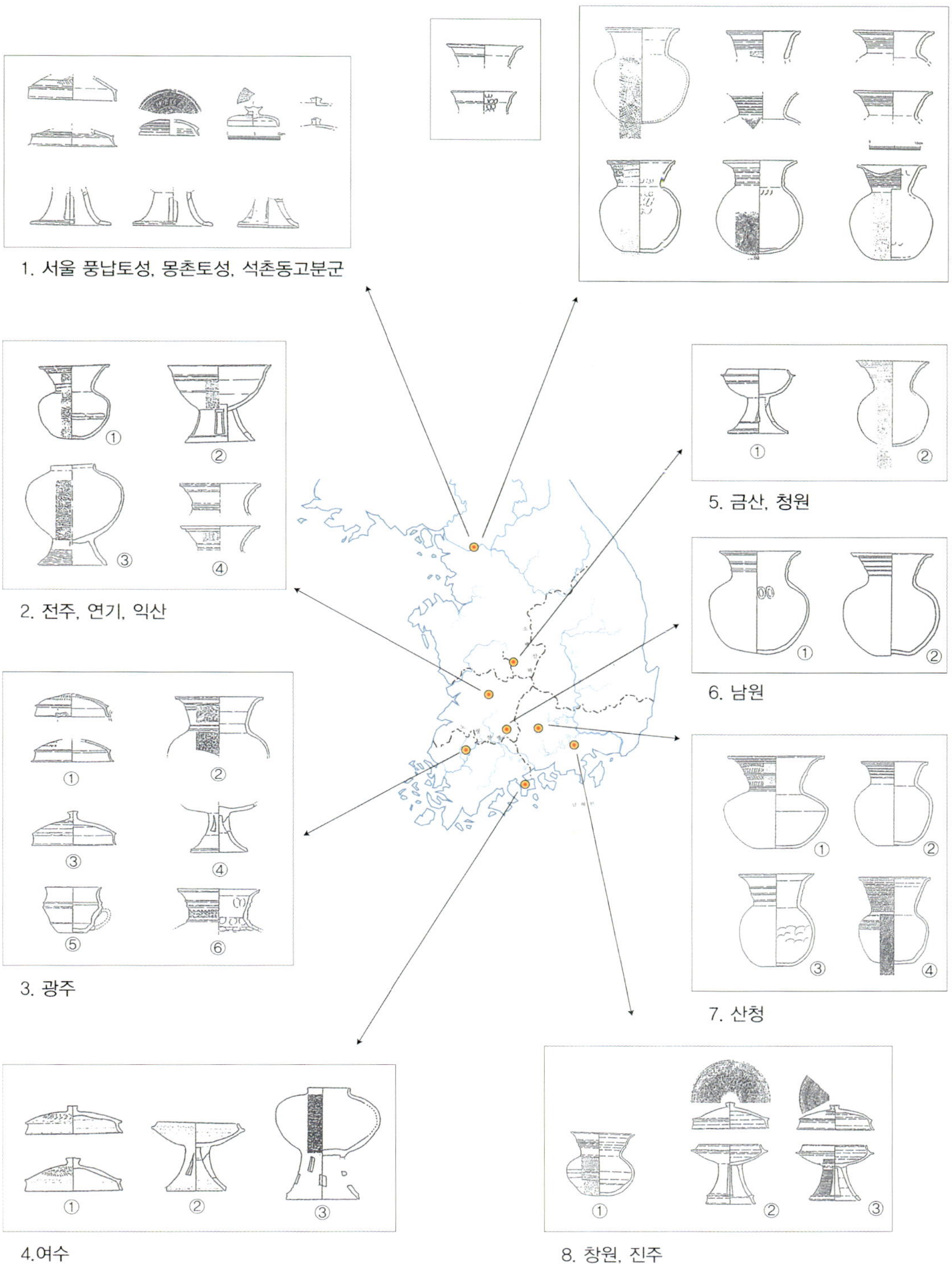

도면 6. 마한 · 백제와 소가야의 교류

1.서울 풍납토성·몽촌토성·석촌동고분군, 2.전주·연기·익산(①전주 마전4호묘, ②연기 송원리KM-046호묘,③익산 입점리 98-1호묘,④입점리 채집), 3.광주 동림동(①②④⑥동림동102호,③동림동101호,⑤동림동1호), 4.전남 여수(①②여수 차동15호 주거지, ③차동10호묘), 5.충남 금산·청원(①금산 창평리, ②청원 주성리2호묘), 6.전북 남원(①월산리채집,②월산리M1-G호묘), 7.경남 산청(①②옥산리344호묘,③옥산리147호묘,④묵곡리39호묘), 8.경남 창원·진주(①창원 합성동24호묘,②진주 무촌3구55호묘,③무촌2구55호묘)

된 소가야토기가 이러한 사실을 뒷받침한다.

남강과 금강수계에서도 가야와 백제의 교섭을 보여주는 많은 자료가 출토되었다. 4세기 후반에 해당하는 천안 두정동 1-3호 주거지 출토 노형기대는 서부 경남지역에서 반입되었을 가능성이 높고, 5세기 전엽에 해당하는 금산 창평리 파괴분 출토 삼각투창고배(도면6-5)도 소가야토기 또는 아라가야토기로 파악되고 있다. 청원 주성리 2호묘 출토 수평구연호, 산청 옥산리 78호묘 출토 금박유리옥, 산청 생초 9호분 출토 백제 고배, 진주 수정봉 2호 · 7호분 출토 백제계 유개합과 탁잔 등은 6세기까지 금강에서 남강으로 이어진 교역로가 유지되고 있었음을 보여준다.

한편, 소가야와 충청도, 한성 백제로 이어지는 교섭을 보여주는 주목되는 자료는 경당지구 127호 · 206호 우물지에서 출토된 다량의 장경호(도면2-2~10)이다. 구경부의 형태는 소가야토기 수평구연호와 유사하지만 경부에 파상문 대신에 여러 줄의 굵은 돌대를 돌린 점에서 차이가 있고, 동체부 중위에 파상문 · 침선 · 돌대가 있는 점도 다르다. 이러한 특징을 가진 장경호는 논산 표정리고분군, 청주 신봉동고분군, 청원 주성리고분군, 군포 부곡동 등지에서 출토되고 있다. 또한 이 토기의 분포권은 금강 상류에서 남강을 따라 소가야로 이어진다. 금강 상류에 위치한 진안 황산리 6호분, 남강 상류에 위치한 남원 월산리 M1-G호묘, 산청 옥산리 28호묘(도면2-12), 344호묘(도면2-14), 147호묘(도면2-17), 산청 묵곡리 39호묘(도면2-18), 산청 명동 12-2호묘에서 이러한 특징을 가진 장경호가 출토되었다. 성정용(2007:118)은 청주 신봉동고분군에서 출토된 이러한 형태의 장경호를 소가야지역권과의 교류 관계 속에서 현지에서 제작되었을 가능성이 있는 소가야계토기라 하였다. 필자 역시 이 견해에 동의하며, 장경호의 형태, 구경부의 돌대와 파상문, 동체부의 타날문 등 제반 특징은 소가야토기 수평구연호와 연관될 가능성이 높다. 남강 수계를 따라 남원 · 장수, 금강 상류지역으로 이어진 교역로를 통해 백제와 가야가 정치, 문화적으로 관계를 맺고 있었음을 보여준다. 풍납토성 경당지구에서 소가야토기와 충청도 지역의 토기가 공반하는 것도 이런 사실을 뒷받침한다.

Ⅵ. 맺음말

서울에 소재한 백제 유적인 풍납토성, 몽촌토성, 석촌동고분군에서 출토된 가야계토기는 40여 점이다. 3곳의 유적 중 풍납토성의 출토비율이 높다. 가야토기는 6세기 전반으로 추정되는 대가야토기 뚜껑을 제외하면, 4세기 후엽부터 5세기 후반에 집중한다. 가야토기 중 가장 많은 수량은 소가야토기이며, 다음으로 아라가야토기이고, 비화가야토기와 대가야토기는 1~2점으로 적다. 아라가야토기는 4세기 후엽에서 5세기 전반에 속하고, 소가야토기는 5세기 전 · 중엽의 시기에 속한다. 석촌동 1호 적석묘에서 출토된 통형고배는 4세기 후엽에 이루어진 백제와 아라가야의 교섭을 보여주며, 풍납토성 경당지구에서 출토된 소가야토기 뚜껑과 고배는 5세기 후반 한성 백제와 소가야의 교섭을 보여주는 자료이다. 가야토기의 연대로 추정하면, 한성 백제와 가야의 교류는 아라가야에서 소가야로 변화한다.

한성 백제와 소가야의 교섭은 5세기에 본격화되었다. 한성 백제역사유적에서 출토되는 소가야토기는 기종이 다양하고, 출토지점도 제각각이다. 이는 많은 소가야토기가 반입되었음을 의미한다. 소가야는 남강수계와 금강수계로 이어진 교역로, 남해안과 서해안으로 이어진 교역로를 통해 한성 백제와 교섭을 진행한 것으로 보인다. 풍납토성 경당지구, 금강수계, 남강수계에서 출토된 장경호와 수평구연호는 백제와 소가야가 정치, 문화적으로 긴밀한 관계를 맺고 있었음을 보여준다.

〈참고문헌〉

논문

권오영, 2002,「풍납토성 출토 외래유물에 대한 검토」,『백제연구』제36집, 충남대학교 백제연구소.

_____, 2011,「한성백제의 시간적 상한과 하한」,『백제연구』제53집, 충남대학교 백제연구소.

권오영 · 박지은, 2009,「출토유물에 대한 몇 가지 관찰」,『풍납토성Ⅹ』, 서울역사박물관 · 한신대학교박물관.

김규운, 2011,「5세기 한성기 백제와 가야 관계」,『중앙고고연구』제9호, 중앙문화재연구원.

김장석, 2004,「물류시스템과 대외교류의 정치경제학에 대한 고고학적 접근」,『한성기백제의 물류시스템과 대외교섭』, 한신대학교 학술원.

박순발, 2000,「가야와 한성백제」,『가야와 백제』, 제6회 가야사 학술회의, 김해시.

성정용, 2002,「대가야와 백제」,『대가야와 주변국가』, 한국상고사학회편.

_____, 2007,「한강· 금강유역의 영남지역계통 문물과 그 의미」,『백지연구』제46집, 충남대학교 백제연구소.

박천수, 2010,『가야토기 – 가야의 역사와 문화』, 진인진.

윤정현, 2018,「1. 통계로 본 서울소재 백제 왕도유적 출토 외래계유물」,『서울 백제역사유적 출토 외래계유물 조사집성 용역 결과보고서』, 서울시청 · 백제학회.

정치영, 2018,「4. 국내 외래계 유물에 대하여」,『서울 백제역사유적 출토 외래계 유물 조사집성 용역 결과보고서』, 서울시청 · 백제학회.

조상기, 2015,『청주지역 백제토기 전개과정과 고대 정치체』, 진인진.

홍보식, 2008,「문물로 본 가야와 백제의 교섭과 교역」,『호서고고학회』제18집, 호서고고학회.

하승철, 2009,「4~6세기대 창녕지역 도질토기의 변천」,『경남연구』1, 경남연구원 역사문화센터.

_____, 2015,『소가야의 고고학적 연구』, 경상대학교대학원 박사학위논문.

〈보고서〉

경남고고학연구소, 2000,『道項里 末山里 遺蹟』

경남고고학연구소, 2007,『마산 합성동유적』

경남대학교박물관, 2013,『경남 묵곡리유적』

경남문화재연구원, 2002,『함안 묘사리 윗장명 토기가마 유적』

_____, 2009,『陜川 於田里遺蹟』

경남연구원 역사문화센터, 2008,『김해 본산리유적』

_____, 2013,『합천 삼가고분군』

_____, 2015,『합천 문림리유적』

__________, 2018, 『진주 가좌동고분군과 취락』
경상대학교박물관, 1994, 『함안 황사리분묘군』
__________, 2002, 『산청 옥산리유적-목곽묘-』
__________, 2003, 『하동 우복리유적』
__________, 2013, 『산청 옥산리유적-석곽묘-』
국립김해박물관, 2007, 『咸安 于巨里土器生産遺蹟』
국립진주박물관, 1992, 『창녕 여초리 토가가마터 Ⅰ』
__________, 1992, 『창녕 여초리 토가가마터 Ⅱ』
동서문물연구원, 2012, 『마산 현동유적 Ⅰ』
동아대학교박물관, 1992, 『창녕 교동고분군』
동아세아문화재연구원, 2017, 『昌原 石洞 複合遺蹟』
마한문화연구원, 2011, 『여수 죽림리 차동유적 Ⅱ』
창원대학교박물관, 1990, 『馬山 縣洞遺蹟』
한겨레문화재연구원, 2014, 『창녕 동리유적 Ⅰ』

서울 백제 한성기 유적 출토 낙랑(계) 토기 검토

정치영(한성백제박물관)

1. 낙랑토기와 낙랑계 토기

백제 한성기 왕도에서 출토된 낙랑 관련 자료는 토기와 칠기이다. 이들은 '지방산(낙랑)'이 아닌 '지방계(낙랑)'로 분류되었는데,'낙랑산'과 '낙랑계'라는 용어로 대체하여도 무방할 것이다. 즉 낙랑계 유물은 '지방산'이 아니라 '지방계'로 분류되고 그 원류를 낙랑으로 본 것이다. '낙랑토기'와 '낙랑계 토기'에 대한 정의는 연구자들마다 약간의 간극이 있지만, 낙랑지역에서 낙랑토기 제작기법에 따라 만든 것과 그러한 일부 기법이 적용된 토기(朴淳發 2004)로 구분하는 개념이 기본틀이 될 수 있다. 타지역의 관점에서 보면 낙랑지역에서 제작된 완제품이 유입(반입)된 것과 낙랑의 기술을 수용하여 변형(金武重 2004) 및 낙랑의 제작요소 또는 특징이 일부라도 반영된 현지 제작품(권도희 2017)으로 구분하는 것이 큰 흐름이다. 원삼국~백제 한성기 중부지역의 입장에서 보면 이들은 외래기종(朴淳發 2004)으로서 형태, 제작기술 등이 완전히 재지화된 것과는 구분된다(金武重 2004). 결국 낙랑계 토기는 기형, 제작기법의 일부 속성만 낙랑토기의 요소가 반영되었거나 일부 변형된 토기를 일컫는 것으로 이해할 수 있다(이나경 2013; 홍주희 2014). 다만 이나경은 서북한 지역에서 생산된 것이 아니라도 기형, 제작기법, 태토, 소성도 등이 서북한 지역의 토기와 일치한다면 제작지와 상관없이 낙랑토기로 본다는 점에서 견해를 달리한다.

낙랑(계) 토기에 대한 변별은 낙랑토기에 대한 이해의 기초 위에서 그와의 비교작업을 수행함으로써 가능하다. 국내에서 낙랑유물에 대한 연구는 2001년 국립중앙박물관의 특별전을 계기로 본격화되었다(국립중앙박물관 2001). 오영찬(2001)은 낙랑토기의 제작기법을 검토하여 소개하였고, 김길식(2001)은 남한에서 출토된 삼한의 낙랑계 유물을 일별하였다. 이어 정인성의 일본 도쿄대학교에 소장된 낙랑토성 출토 토기에 대한 연구성과가 국내에 소개되면서 연구는 본 궤도에 오르게 되었다(정인성 2004a, 2004b, 2006, 2007). 중부지역 각지에서 낙랑계 유물이 출토되는 유적이 지속적으로 발굴되면서 이에 대한 정밀하고 체계적인 연구가 병행되었으며(김무중 2004, 2006; 김기옥 2013; 정인성 2013; 홍주희 2013, 2014; 황윤희 2013), 전공 연구자(이나경 2013; 박종민 2019; 이우재 2020)도 증가하는 추세이다. 최근에는 낙랑계 토기가 출토된 지역의 문화상을 종합적으로 고찰한 연구도 전개되었다(박경신 2018).

낙랑토기에 대한 분류는 태토 조성과 색조를 기준으로 두는 관점(谷豊信 1984, 1985, 1986; 정인성 2004a)과 기종을 기준으로 두는 관점(정찬영 1971; 高久健二 1995, 오영찬 2001)으로 양분된다. 전자는 사용목적에 따라 점토를 엄격히 구분하여 토기를 제작하였다고 보며, 후자는 특정 태토가 특정 기종에 국한되지 않는다는 점을 지적한다. 중부지역에서 출토된 낙랑(계) 토기는 낙랑지역에 비해 기종 구성이 다양하지 않고 태토와 기형, 제작기법이 변형된 경우가 많다(홍주희 2014). 기종 분류안도 연구자 다소 차이가 있다.

〈표 1〉 낙랑(계) 토기 분류안(이나경 2013 및 홍주희 2014 발췌·수정)

<table>
<tr><th colspan="7">낙랑토기</th><th colspan="3">낙랑(계)토기</th></tr>
<tr><th>谷豊信 (1984~1986)</th><th>정찬영 (1971)</th><th>조선유적 유물도감 (1988)</th><th>高久健二 (1995)</th><th>오영찬 (2001)</th><th colspan="2">정인성 (2002, 2014)</th><th>이나경 (2013)</th><th>김무중 (2013)</th><th>홍주희 (2013)</th></tr>
<tr><td>활석혼입 토기</td><td>꽃단지형 질그릇</td><td>화분형단지 (鉢形壺)</td><td>화분형 토기</td><td>화분형 토기</td><td>활석 혼입계</td><td>화분형 토기</td><td>화분형 토기</td><td>화분형 토기</td><td>화분형 토기</td></tr>
<tr><td rowspan="10">회색계토기</td><td>배부른단지</td><td rowspan="5">배부른단지 (丸壺)</td><td rowspan="5">광구 단경호A
광구 단경호B</td><td rowspan="3">원저 단경호</td><td rowspan="10">니질계</td><td rowspan="3">원저단경호</td><td rowspan="2">원저 단경호</td><td rowspan="3">원저단경호
원저세경호</td><td rowspan="3">단경호</td></tr>
<tr><td>회백색 중간단지</td></tr>
<tr><td>회백색 작은단지</td><td rowspan="2">평저 단경호</td></tr>
<tr><td>작은흑회색 단지</td><td>평저 단경호</td><td rowspan="2">평저호</td><td rowspan="2">평저호</td><td rowspan="2">평저호</td></tr>
<tr><td>작은 노끈 무늬단지</td><td>평저 장경호</td><td>평저 장경호</td></tr>
<tr><td rowspan="5"></td><td rowspan="5"></td><td rowspan="5"></td><td rowspan="5"></td><td>분형토기</td><td>분형토기</td><td>분형토기</td><td>분형토기</td></tr>
<tr><td>완형토기</td><td>완</td><td>완형토기</td><td>완형토기</td></tr>
<tr><td>원통형토기</td><td>통형토기</td><td>통형토기</td><td></td></tr>
<tr><td>고배형토기</td><td>고배</td><td>고배</td><td></td></tr>
<tr><td>시루</td><td>시루</td><td>시루</td><td></td></tr>
<tr><td>백색토기</td><td>크고 흰단지</td><td>배부른단지 (丸壺)</td><td>옹</td><td>옹</td><td>석영혼입 계 토기</td><td>옹형토기</td><td>옹</td><td>옹</td><td>옹형토기</td></tr>
</table>

2. 낙랑계 토기의 현상

이 책에 수록된 낙랑계 토기는 15점이며, 기종은 평저호, 원저단경호, 옹, 반이다. 반으로 분류된 369번은 그 특징을 명확히 알기 어려우므로 이를 제외한 기종에 대하여 검토해 보고자 한다.

〈표 2〉 낙랑계 토기 일람

연번	수록번호	유적 –보고서	지점	유구명	유물명	특징
1	113	풍납토성 XV (2013)	미래마을	라-19호 주거지	호	승문타날 잔흔, 12조 횡침선, 외면 박자흔, 구연 내외면 회전물손질, 내면 박자흔, 점토띠 접합흔, 3.65L
2	110	풍납토성 XV (2013)	미래마을	라-10호 주거지	호	외면 동체부 최대경 이하 저부 격자문타날, 외면 강한 회전물손질, 내면 점토띠 접합흔, 박자흔, 1.6L

연번	수록번호	유적 -보고서	지점	유구명	유물명	특징
3	85	풍납토성 XV (2013)	미래마을	다-6호 주거지	평저호	외면 격자문타날+횡침선, 내외면 회전물손질, 내면 점토띠 접합흔, 박자흔. 4.6L
4	115	풍납토성 XV (2013)	미래마을	라-2호 수혈	호	외면 동체 하단 격자문타날, 경부 종향 마연, 견부이하 횡향 마연, 내면 경두 마연, 점토띠 접합흔, 회전물손질
5	58	풍납토성 XIV (2012)	미래마을	가-1호 수혈	평저호	회색. 약간 외반구연, 내외면 회전물손질
6	84	풍납토성 XV (2013)	미래마을	다-6호 주거지	평저호	동체부-저부 경계면 정지깎기, 내외면 회전물손질, 내면 박자흔. 1.9L
7	192	풍납토성 XVI (2014)	동성벽	성벽구간	호	내외면 흑색, 경질. 니질. 구연부 직각 외반. 구순 내면과 끝에 요철. 경부 외면에 1.3cm 간격 종방향 암문. 동체부 마연. 내외면 선명한 회전물손질.
8	57	풍납토성 XIV (2012)	미래마을	가-1호 수혈	외반호	내외면 흑색, 외면 마연(광택, 경부 종방향, 견부 횡방향), 내면 회전물손질
9	201	풍납토성 Ⅲ (2003)	삼화연립	Ⅲ층 1호 폐기장	평저호	외면 깎기, 목리조정, 내면 정면도구흔
10	198	풍납토성Ⅷ (2007)	대진 · 동산 연립	나Tr 우물	소호	우물 내부 출토, 외면 마연 내외면 강한 회전 물손질
11	487	석촌동 고분군 II (서울대 2014)	5호분 남쪽 파괴지역	5호분 남쪽 파괴지역	단경호	견부에 2-3조의 다치 파상문. 내면 구연 상단에 1조의 요철문. 내면 동체 하부 사방향 물손질.
12	515	서울 석촌동 고분군 I (박물관 2019)	1호분 북쪽 연접적석총	3호 목관묘	평저호	견부 2줄의 평행음각선문 내부에 점열문+수장문 시문
13	193	풍납토성 XVI (2014)	동성벽	성벽구간	호	견부 휘장문직구호. 회색. 니질. 2조 횡침선 안에 휘장문 시문. 곡선 6~8개 1조. 찍어낸 듯 정형성
14	207	풍납토성Ⅷ (2007)	삼화연립	표토	백색대옹	

1) 원저단경호

정인성(2002, 2007)은 낙랑토성 출토 타날문 단경호를 세 가지 형식으로 분류하였다. A형은 동체 하위나 저부에만 타날흔이 있는 것이다. 주로 소형이며 목관묘에서 화분형 토기와 공반되는 예가 많고 북한 학계에서 '배부른 단지'로 부르는 기종이다. B형은 구경 및 어깨 일부를 제외한 동체 전면과 저부에 타날이 시행된 원저 단경호이다. 구연의 각도에 따라 직립, 외경, 외경 내만의 양상으로 세분된다. C형은 구연부 끝이 크게 꺾이면서 외반하는 것이다. 경부에 승문 타날흔이 부분적으로 남은 것이 있어 동체에도 타날흔이 있었을 가능성이 있다. D형은 어깨부터 동체 전체에 평행선문 타날이 있는 것이다. 이 중 B형이 중부 및 남부지역의 타날문 단경호와 가장 유사하다. 제작방법은 점토띠 쌓기와 승문타날을 이용한 '기본형'제작(1차 성형타날), 내박자로 두드려 내어 동체부 성형(2차 성형 타날), 구경·구연부의 회전물손질, 견부 무문타날로 이어지는 공정으로 설명되었다.

원저단경호는 풍납토성 미래마을에서 출토된 3점이 수록되었다.

라-19호 주거지 출토품(113번)은 동체에 승문타날 잔흔이 있는데, 내외면에서 무문 박자

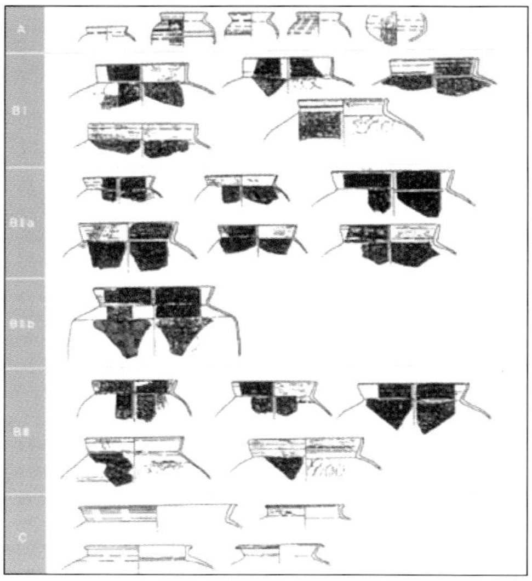

도 1. 낙랑토성 출토 단경호 분류도 (정인성 2002)

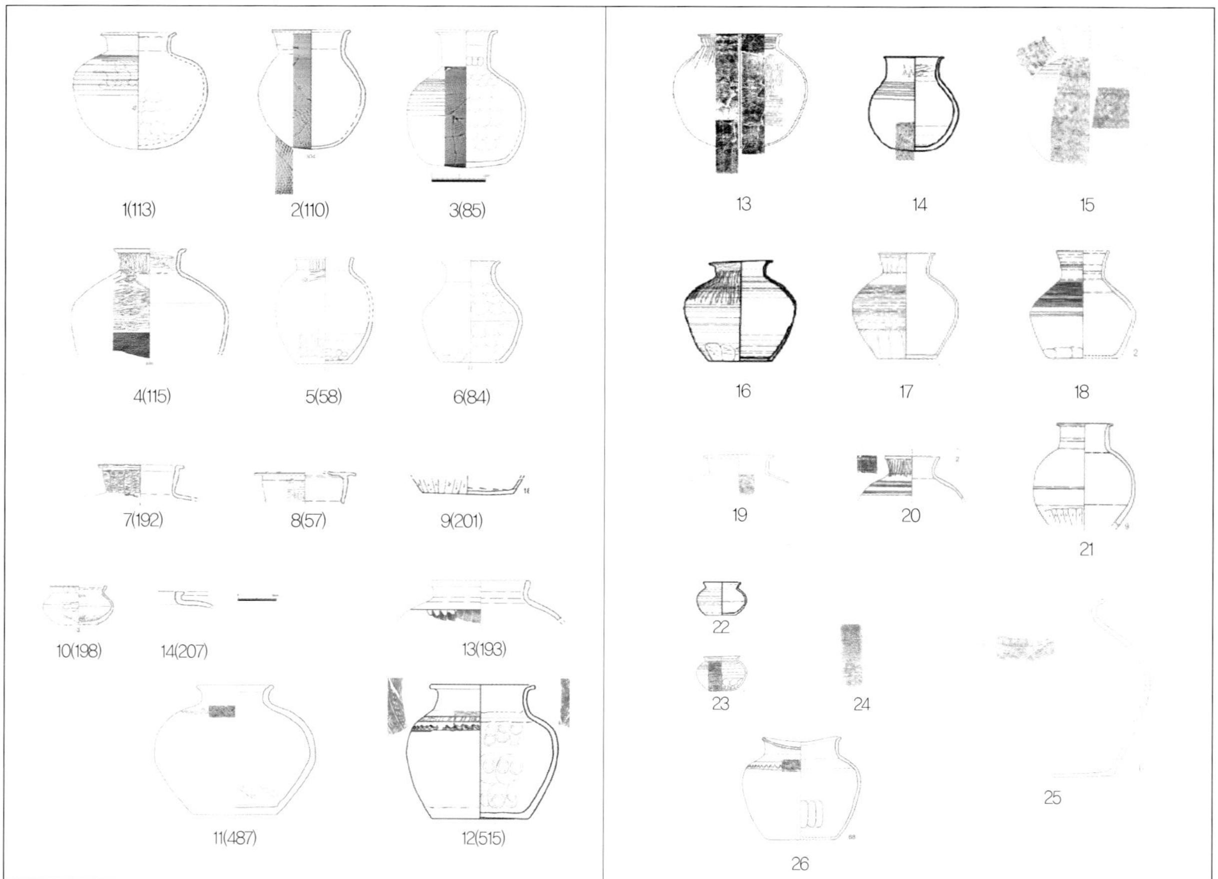

1.풍납 미래 라-19주, 2.풍납 미래 라-10주, 3.풍납 미래 다-6주, 4.풍납 미래 라-2수, 5.풍납 미래 가-1수, 6.풍납 미래 다-6주, 7.풍납 동성벽, 8.풍납 미래 가-1수, 9.풍납 삼화 Ⅲ층 1호 폐기, 10.풍납 410번지 우물, 11.석촌동 5호분 남쪽, 12.석촌동 연접적석총 3호 목관묘, 13.풍납 동성벽, 14. 풍납 삼화

13.정백리 8호, 14.우두동218, 15.가평리 C-1, 16.석암리99호, 17.송정동Ⅰ-6, 18.양촌 3-나 2호 분구, 19. 초당동Ⅳ-6호 주, 20.송정동Ⅲ-3호 주, 21.근화동 A-11호, 22.갈성리 갑분 23. 달전리 2호 목관묘, 24.석암리 9호, 25.파주 주월리(한) 2주, 26.횡성 읍하리(예맥) 4주

도 2. 백제 한성기 유적 출토 낙랑(계) 토기와 비교 자료

흔이 확인되는 점으로 보아 1차 타날(승문)을 지우며 2차 타날(무문)이 시행되었을 것으로 보인다. 이 토기는 구경이 직립하다 구연부에서 꺾인 형태이다. 전반적인 기형이 평양 정백리 8호 출토품과 흡사하다. 라-10호 출토품(110)은 동최대경 이하 저부에 격자문 타날흔이 있고 동체 중상위에는 강한 회전물손질이 가해졌다. 다-6호 주거지 출토품(85)는 말각방형의 동체, 각진 어깨, 좁고 긴 목을 특징으로 한다. 평저에 가까운 저부를 갖고 있어 발굴보고서에는 평저호로 분류되었고, 박경신(2018, 154쪽)도 평저장경호로 보아 평저호의 마지막 단계에 해당하는 것으로 보았다. 하지만 경부를 제외한 동체전반에 격자문 타날을 남긴 점, 바닥이 곡률을 가진 점, 경부의 기형 등 제반 특징을 볼 때 원저단경호로 분류하는 것이 적절하다고 생각된다. 평저호는 바닥이 편평하며, 동체는 타날흔 없이 회전물손질로 정면된 점에서 이와 확연히 구별된다. 여러 연구자들의 개념을 적용한다면 세경호(김무중 2013; 이우재 2020), 원저세경호(홍주희 2014), 원저장경호(이나경 2013)에 해당하는 기종으로 볼 수 있다. 중부지역 출토품 중에서는 양양 가평리 C-1호 주거지 출토품이 가장 비슷한 기형으로 비교될 만하다.

2) 평저호

낙랑토기 평저호는 토성에서 출토된 예가 거의 없고 대부분 고분에서 출토되었다(오영찬 2001). 이 때문에 고분 부장용 토기로 특별히 제작된 것으로 보기도 한다(이나경 2013, 30쪽).

점토띠 쌓기와 승문타날로 기본형 제작, 회전물손질로 2차 성형, 실떼기로 분리, 동체 하단 깎기 조정, 반건조 후 경부에 종방향의 연속적인 암문 발효의 공정으로 제작된다. 따라서 동체 전반의 회전물손질 요철, 희미하게 관찰되는 1차 성형 승문타날흔, 동체 하단 깎기 조정, 바닥면 사절흔은 낙랑 평저호의 대표적 특징이다(정인성 2002; 홍주희 2014).

풍납토성에서 출토된 평저호는 원저단경호와 마찬가지로 낙랑토기라 할 수 있는 것은 확인되지 않았다. 필자가 평저호로 분류한 것은 미래마을 라-2호 출토품(115), 동성벽 출토품(192), 가-1호 수혈(57·58), 다-6호 주거지(84), 삼화지구 출토품(201) 10점이다. 경부에 암문이 있거나 저부 정지깎기의 특징이 있는 호이다. 115, 192번 호는 낙랑토성의 C형 단경호에 해당하는 경부와 구연을 갖고 있는데, 강릉 초당동 유적 등에서 비슷한 사례를 볼 수 있다. 84번 호는 중부지역에서 분포한 낙랑계 토기와 가장 근접한 기형을 갖고 있다. 풍납동 410번지 유물에서 출토된 198번 호는 북한학계에서 '배부른 단지'로 불리는 소형 호와 기형이 닮아 있다. 세부적인 제작기법은 같지 않고 전면적으로 물손질만 베풀어져 있지만 기형상의 상관관계를 인지할 수 있다.

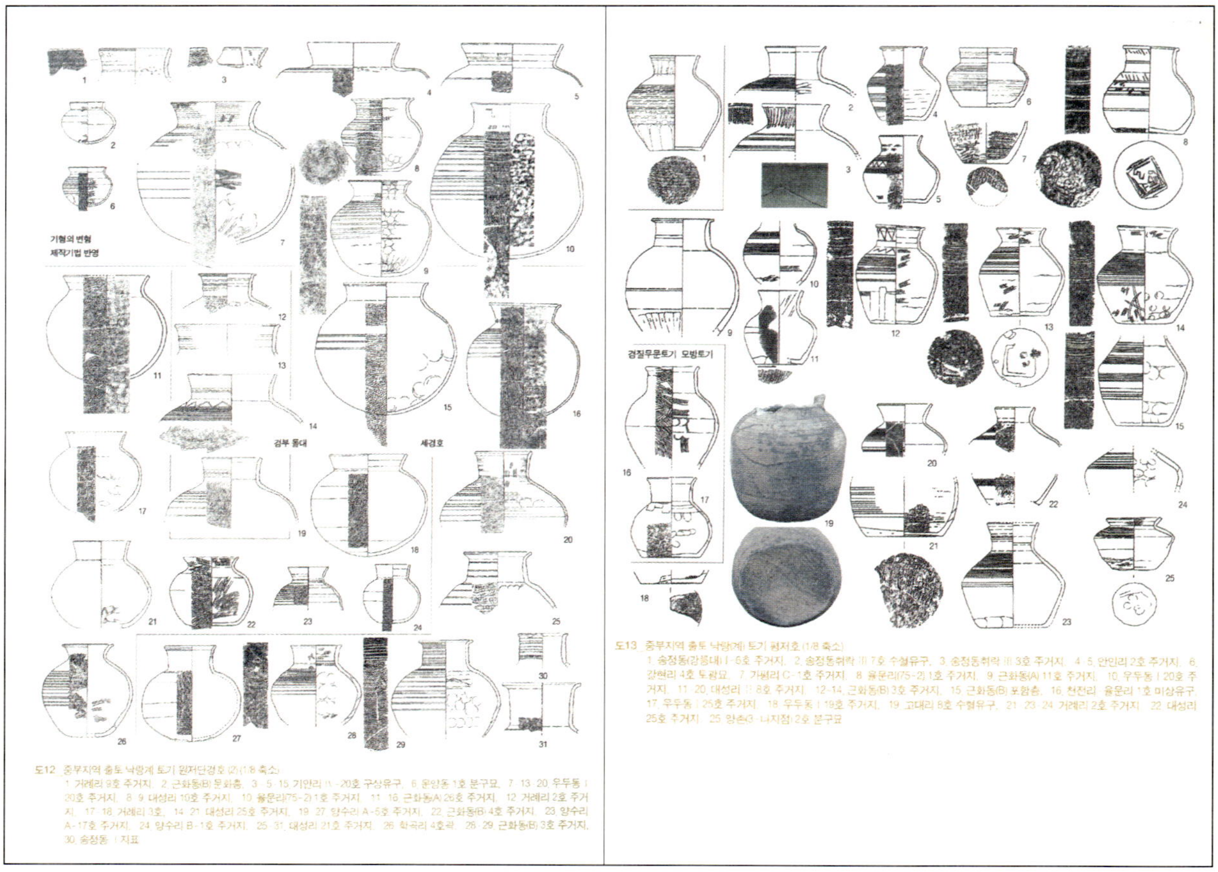

도 3. 중부지역 출토 낙랑(계) 토기 호(1/16) (홍주희 2013 전재, 축소)

견부에 휘장문이 있는 평저호는 석촌동 고분군에서 3점 출토되었다. 종래 알려진 낙랑토기 중에 견부에 문양이 있는 평저호가 있지만 휘장문이나 파상문은 포함되지 않았다. 하지만 박순발은 고구려 토기로 인식되어온 파주 주월리 한양대 2호 주거지에서 출토된 견부 휘장문 평저호를 낙랑 고지에서 연원된 것으로 보는 관점을 피력한 바 있다. 한편 최근 조사된 석촌동 1호분 북쪽 연접적석총에서 출토된 견부 휘장문 평저호와 흡사한 토기가 횡성 읍하리에서 출토된 바 있다. 경질무문토기, 무뉴식 뚜껑, 그리고 낙랑계 토기일 가능성이 있는 기형의 호와 공반 출토되었다. 석촌동 고분군에서 출토된 견부 휘장문 및 파상문 토기의 연원도 그러한 관점을 포함하여 탐구해 볼 필요가 있다.

3) 옹

풍납토성 삼화지구에서 출토된 옹(207)은 수평으로 평탄한 구연, 짧은 목, 넓게 퍼지는 어깨 등을 특징으로하는 옹으로서 谷豊信(1986)이 분류한 백색토기와 같은 부류로 지목되었다(권오영 2002). 이는 풍납토성 내 낙랑토기의 존재에 대한 주의를 환기시킨 첫 사례로서 그 의의가 매우 크다.

백색토기 옹은 구연과 동체의 형태 변화가 뚜렷한데, 풍납토성 출토품의 구연부는 석암리 9호 출토품에 가깝다. 정인성의 분류안을 적용하면 A형에 가깝다. 하지만 목이 매우 짧고 어깨가 넓게 벌어지는 형태는 다소 이례적이다.

정인성은 옹으로 대표되는 석영혼입계 토기가 평양을 중심으로 제작되었을 것으로 보았으나, 중국 산동 지역에서 백색토기를 구운 가마군이 발굴되고 토기 제작도구가 함께 발견된 점에 착안하여 견해를 수정하고 있다. 즉 산동지역에서 백색토기가 생산되어 동아시아 여러 지역으로 유통되었다고 보고 있다(정인성 2014). 특히 인천 운북동 유적의 한식 유물이 낙랑과는 다른 생산환경의 산물이라는 점을 지적함으로써 낙랑 유물에 대한 확정에 신중을 기해야 함을 역설하였다(정인성 2013).

평양 석암리 9호

평양 석암리 99호

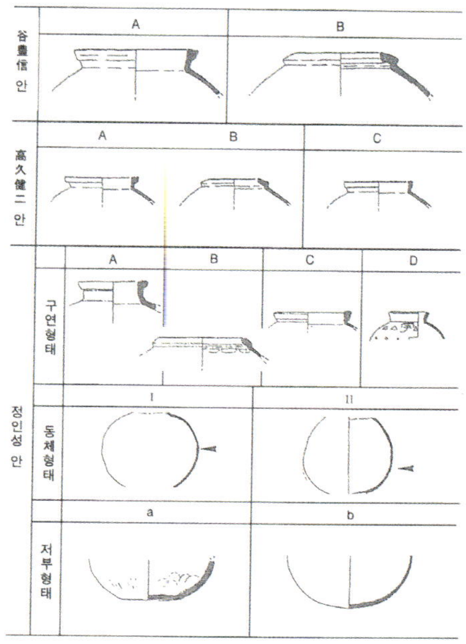

낙랑 옹 형식분류(정인성 2002; 홍주희 2014 전재)

평양 오야리

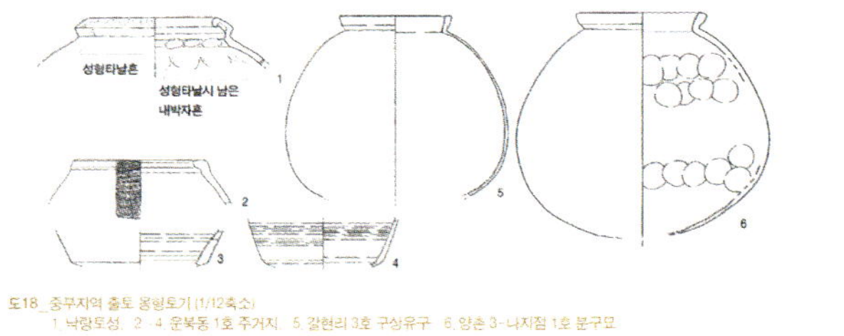

중부지역 출토 옹형토기(1/16) (홍주희 2014 전재)

풍납토성 삼화지구

인천 운북동 5지점 원1호 수혈

김포 운양동

도 4. 낙랑(계) 토기 옹의 제 양상

3. 의미

백제 한성 왕도의 발굴로 출토된 유물의 양에 비추어 보면 낙랑계 유물의 출토 빈도는 매우 소략한 실정이다. 이 책에 낙랑계 토기로 수록한 15점 중 모호한 것을 제외하면 수량은 10점 미만으로 감소한다.

풍납토성에서 낙랑계 유물로 지목도가 높은 토기들은 대부분 미래마을(197번지) 다지구와 라지구에서 출토되었다. 84번 평저호과 85번 원저세경호는 풍납토성 미래마을 다-6호 주거지의 동반 출토품이다. 이 두 토기는 백제 한성에서 출토된 토기 중 중부지역 낙랑계 토기들과 가장 흡사하다. 다-6호 주거지는 북편에 부석식 노지, 중앙부에 무시설식 노지가 설치되었으며, 중복된 라-3호 주거지에 의해 파괴된 후벽에서 동벽으로 이어진 부뚜막과 쪽구들이 있었을 것으로 추정되었다(국립문화재연구소 2013, 『풍납토성 XV』)

113번 원저단경호가 출토된 라-19호 주거지는 바닥을 부석한 점토띠식 노지와 동북 모서리에 'ㄱ'자형 쪽구들이 겸비된 주거지이다. 출토유물은 경질무문토기의 비중이 높다. 라-10호 주거지에서는 유공철착이 공반 출토되었다.

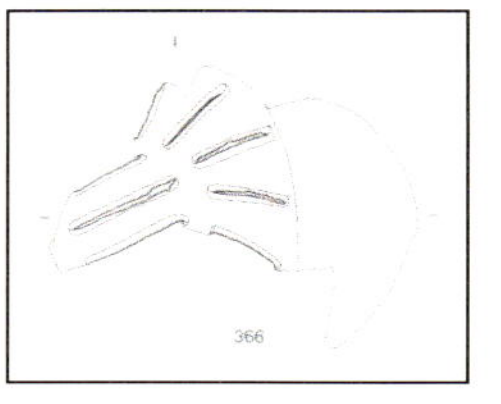

도 6. 낙랑계 시루

한반도 서북한 지역에 자리하였던 낙랑은 물자, 기술, 사상적인 측면에서 한성백제의 성립과 발전에 지대한 영향을 미쳤다(권오영 2003). 그만큼 백제의 국가 형성과 관련한 대외교섭에서 매우 비중있는 역할을 한 상대로 여겨지고 있다. 특히 백제토기 형성과정에서 낙랑 제도술의 기여도가 적지 않았다(朴淳發 2004). 백제 한성기의 왕도에서도 낙랑(계)토기가 출토된다는 사실은 매우 큰 의미가 있다. 하지만 의미의 중대성에 비하여 유물의 출토량과 빈도는 그리 많지 않다. 미래마을 라-18호 주거지에서 출토된 시루(도 6)와 같이 집성에서 누락된 자료를 감안하더라도 그 출토량이 적은 것은 기이한 현상이다.

김무중은 그 배경으로 토기 제작기술의 재지화와 백제 대외 교섭의 창구가 중국 육조로 이행한 점을 지적하고 있다(金武重 2004). 이와 함께 풍납토성이 백제의 도성으로 개발된 점도 그 원인으로 볼 수 있다. 상대적으로 몽촌토성에서 낙랑계 유물의 보고 사례가 전무한 점도 눈여겨 볼 대목이다. 이는 몽촌토성의 점유시기, 구릉이라는 입지와도 무관치 않을 것이다.

낙랑 유물을 비롯한 한식 외래유물은 원삼국기 한반도의 상황이 매우 역동적이었음을 말해주는 한편, 당시의 문화 양상을 보는 눈이 매우 다각적이어야 함을 지적하고 있다.

도 5. 동해 송정동 유적의 낙랑토기(좌)와 풍납토성의 낙랑계 토기(우)

〈참고문헌〉

국립중앙박물관, 2001, 『樂浪』, 솔.

권도희, 2017, 「중부지역 낙랑계 토기 및 철기에 대하여」, 『고고학』제16권 제3호, 중부고고학회.

권오영, 2002, 「풍납토성 출토 외래유물에 대한 검토」, 『百濟硏究』第36輯, 忠南大學校 百濟硏究所.

권오영, 2003, 「物資·技術·思想의 흐름을 통해 본 百濟와 樂浪의 교섭」, 『漢城期 百濟의 物類시스템과 對外交涉』, 학연문화사.

김기옥, 2013, 「한강하류역 원삼국시대 외래계 유물」, 『崇實大學校 韓國基督敎博物館誌』제9호, 숭실대학교 한국기독교박물관.

김길식, 2001, 「삼한지역 출토 낙랑계 문물」, 『樂浪』, 국립중앙박물관, 솔.

金武重, 2004, 「考古資料를 통해 본 百濟와 樂浪의 交涉」, 『湖西考古學』11, 호서고고학회.

김무중, 2006, 「마한 지역 낙랑계 유물의 전개 양상」, 『낙랑 문화 연구』, 동북아역사재단.

박경신, 2018, 「原三國時代 中島類型 聚落으 編年과 展開」, 숭실대학교 대학원 박사학위논문.

朴淳發, 2004, 「百濟土器 形成期에 보이는 樂浪土器의 影響」, 『百濟硏究』40, 충남대학교 백제연구소.

박종민, 2019, 「북한강 유역 원삼국시대 낙랑계유물과 취락의 전개」, 숭실대학교 석사학위논문.

오영찬, 2001, 「낙랑토기의 제작기법」, 『樂浪』, 국립중앙박물관, 솔.

이나경, 2013, 「중부지역 출토 낙랑계토기 연구」, 서울대학교 대학원 석사학위논문.

이우재, 2020, 「북한강유역 낙랑계토기의 변천 양상과 지역성」, 한신대학교 대학원 석사학위논문.

정인성, 2004a, 「낙랑토성의 토기」, 『한국고대사연구』34.

정인성, 2004b, 「樂浪土城의 '滑石混入係'土器와 그 年代」, 『한국고대사연구』34.

정인성, 2006, 「복원실험을 통해 본 樂浪 盆形土器와 평기와의 제작기법」, 『韓國上古史學報』53.

정인성, 2007, 「낙랑 '타날문토기' 연구」, 『江原考古學報』9.

정인성, 2013, 「漢江 下流域 雲北洞 유적의 漢式遺物로 본 對中 交易의 한 형태」, 『崇實大學校 韓國基督敎博物館誌』제9호, 숭실대학교 한국기독교박물관.

정인성, 2014, 「낙랑군의 토기문화」, 『낙랑고고학개론』, 진인진.

홍주희, 2013, 「북한강 유역 원삼국시대 외래계 토기」, 『崇實大學校 韓國基督敎博物館誌』제9호, 숭실대학교 한국기독교박물관.

홍주희, 2014, 「중부지역 낙랑(계)토기」, 『낙랑고고학개론』, 진인진.

황윤희, 2013, 「임진강 유역 원삼국시대 외래계 유물 「외래계유물의 출토현황과 성격-」, 『崇實大學校 韓國基督敎博物館誌』제9호, 숭실대학교 한국기독교박물관.

서울 백제유적 출토 외래유물

부 록

목록 1. 유적별 외래유물 산지 통계표

목록 2. 유적별 외래유물 목록

목록 1. 유적별 외래유물 산지 통계표

○풍납동 토성 통계표

분류	수량	외래계 유물		국외					국내															
				일본	중국																낙랑		미상	
		국외	국내	토기류	자기류	도기류	토기류	금속류	가야	지방산 (충청)	지방산 (전라)	지방산 (충청, 전라)	지방산 (전라 동부)	지방산 (경기 서부)	지방산 (경기 서부, 충청)	지방산 (경기 남부)	지방산 (경기 남부, 충청)	지방산 (경기 북부)	지방산 (충청, 전라 동부)	지방산 (충청 남부, 전라)	산	계	미상	모방품
현대 연합 주택	37	15	22	–	8	7	–	–	2	2	2	3	–	3	1	1	2	–	1	–	–	–	4	1
미래 마을	154	109	45	–	25	81	1	2	7	3	6	–	–	–	2	–	–	–	1	–	–	7	16	3
기타 (성벽, 소규모)	9	2	7	–	–	–	–	2	2	–	–	2	–	–	–	–	–	–	–	–	–	3	–	–
삼화 연립	8	2	6	–	–	2	–	–	–	–	1	–	–	–	1	–	–	–	–	1	1	1	–	1
경당 지구	161	83	78	3	3	76	–	1	2	10	11	27	8	–	–	–	–	–	–	–	–	1	15	4
총계	369	211	158	3	36	166	1	5	13	15	20	32	8	3	4	1	2	–	2	1	1	12	35	9

*기타 : 외환은행 직원숙소 부지, 소규모 주택 신축부지, 대진 · 동산연립주택부지, 동성벽, 서성벽

○몽촌토성 통계표

분류		수량	외래계 유물		국외					국내															
					일본	중국																낙랑		미상	
			국외	국내	토기류	자기류	도기류	토기류	금속류	가야	지방산(충청)	지방산(전라)	지방산(충청, 전라)	지방산(전라 동부)	지방산(경기 서부)	지방산(경기 서부, 충청)	지방산(경기 남부)	지방산(경기 남부, 충청)	지방산(경기 북부)	지방산(충청, 전라 동부)	지방산(충청 남부, 전라)	산	계	미상	모방품
몽촌토성(서울대학교 박물관)	85년 조사구역	13	11	2	1	8	1	–	1	–	2	–	–	–	–	–	–	–	–	–	–	–	–	–	–
	87년 조사구역	14	5	9	–	2	3	–	–	–	4	3	2	–	–	–	–	–	–	–	–	–	–	–	–
	88년 조사구역	7	1	6	–	–	1	–	–	–	3	2	–	–	–	–	–	–	–	–	–	–	–	1	–
	89년 조사구역	15	3	12	–	2	1	–	–	–	4	–	6	–	–	–	–	–	–	–	–	–	–	2	–
소계		49	20	29	1	12	6	–	1	–	13	5	8	–	–	–	–	–	–	–	–	–	–	3	–
몽촌토성(한성백제 박물관)		34	31	3	1	21	9	–	–	1	–	2	–	–	–	–	–	–	–	–	–	–	–	–	–
소계		34	31	3	1	21	9	–	–	1	–	2	–	–	–	–	–	–	–	–	–	–	–	–	–
총계		83	51	32	2	33	15	–	1	1	13	7	8	–	–	–	–	–	–	–	–	–	–	3	–

○ 석촌동 통계표

분류		수량	외래계 유물		국외					국내															
					일본	중국																낙랑		미상	
			국외	국내	토기류	자기류	도기류	토기류	금속류	가야	지방산(충청)	지방산(전라)	지방산(충청, 전라)	지방산(전라 동부)	지방산(경기 서부)	지방산(경기 서부, 충청)	지방산(경기 남부)	지방산(경기 남부, 충청)	지방산(경기 북부)	지방산(충청, 전라 동부)	지방산(충청 남부, 전라)	산	계	미상	모방품
서울 석촌동 고분군 (서울대학교 박물관)	1호분 및 주변지역	1	–	1	–	–	–	–	–	–	–	–	–	–	–	–	–	–	–	–	–	–	–	1	–
	2호분 및 주변지역	5	5	–	–	4	1	–	–	–	–	–	–	–	–	–	–	–	–	–	–	–	–	–	–
	3호분 및 주변지역	7	7	–	–	7	–	–	–	–	–	–	–	–	–	–	–	–	–	–	–	–	–	–	–
	4호분	2	2	–	–	2	–	–	–	–	–	–	–	–	–	–	–	–	–	–	–	–	–	–	–
	5호분	1	–	1	–	–	–	–	–	–	–	–	–	–	–	–	–	–	1	–	–	–	–	–	–
	76-파괴분	2	–	2	–	–	–	–	–	–	2	–	–	–	–	–	–	–	–	–	–	–	–	–	–
	3호분 동쪽고분군	13	3	10	–	3	–	–	–	–	3	–	1	1	–	–	–	–	–	–	–	–	5	–	–
	2호분 동쪽 조사구역	1	1	–	–	1	–	–	–	–	–	–	–	–	–	–	–	–	–	–	–	–	–	–	–
	5호분남쪽 파괴지역	7	–	7	–	–	–	–	–	–	1	1	3	–	–	–	1	–	–	–	–	–	1	–	–
가락동2호분		2	–	2	–	–	–	–	–	–	1	1	–	–	–	–	–	–	–	–	–	–	–	–	–
소계		41	18	23	–	17	1	–	–	–	7	2	4	1			1		1				6	1	
서울 석촌동 고분군 (한성백제박물관)		22	16	6	–	16	–	–	–	2	1	–	–	–	–	–	–	–	–	–	–	–	1	2	–
소계		22	16	6	–	16	–	–	–	2	1	–	–	–	–	–	–	–	–	–	–	–	1	2	–
총계		63	34	29		33	1	–		2	8	2	4	1			1		1				7	3	

목록 2. 유적별 외래유물 목록

○풍납동 토성 통계표

연번	유적명	발굴지점명	유구명	유구 성격	유물종류	유물명	건수	점수	유물번호		비고	국외/국내	추정산지	보고서명
									도면	사진				
1	풍납동 토성	현대연합 주택	가-9호 주거지	주거	토기류	고배	1	1	56_5	107-4		국내	가야(아라가야)	풍 I (2001)
2	풍납동 토성	현대연합 주택	가-16호수혈	폐기	토기류	뚜껑	1	1	99_4	166-5		국내	지방산(경기 서부, 충청)	풍 I (2001)
3	풍납동 토성	현대연합 주택	가-26호수혈	폐기	토기류	뚜껑	1	1	110_2	179-2		국내	지방산(경기서부)	풍 I (2001)
4	풍납동 토성	현대연합 주택	가-26호수혈	폐기	토기류	평저호	1	1	110_3	179-3		국내	지방산(경기서부)	풍 I (2001)
5	풍납동 토성	현대연합 주택	가-그리드 및 유물포함층	폐기	자기류	이수	1	1	134-6	213-1		국외	중국	풍 I (2001)
6	풍납동 토성	현대연합 주택	가-그리드 및 유물포함층	폐기	자기류	호	1	1	134-7	213-2		국외	중국	풍 I (2001)
7	풍납동 토성	현대연합 주택	가-그리드 및 유물포함층	폐기	자기류	호	1	1	134-8	213-3		국외	중국	풍 I (2001)
8	풍납동 토성	현대연합 주택	가-그리드 및 유물포함층	폐기	자기류	호	1	18	134-9	213-4		국외	중국	풍 I (2001)
9	풍납동 토성	현대연합 주택	가-그리드 및 유물포함층	폐기	자기류	반구호	1	7	134-10	214-1		국외	중국	풍 I (2001)
10	풍납동 토성	현대연합 주택	가-그리드 및 유물포함층	폐기	자기류	호	1	1	134-11	214-2		국외	중국	풍 I (2001)
11	풍납동 토성	현대연합 주택	가-그리드 및 유물포함층	폐기	도기류	시유도기	1	1	135-1	216-1		국외	중국	풍 I (2001)

연번	유적명	발굴지점명	유구명	유구 성격	유물종류	유물명	건수	점수	유물번호		비고	국외/국내	추정산지	보고서명
									도면	사진				
12	풍납동 토성	현대연합 주택	가-그리드 및 유물포함층	폐기	도기류	시유도기	1	1	135-2	216-3		국외	중국	풍 I (2001)
13	풍납동 토성	현대연합 주택	가-그리드 및 유물포함층	폐기	도기류	시유도기	1	7	135-3	215-2		국외	중국	풍 I (2001)
14	풍납동 토성	현대연합 주택	가-그리드 및 유물포함층	폐기	도기류	시유도기	1	1	136-1	215-1		국외	중국	풍 I (2001)
15	풍납동 토성	현대연합 주택	가-그리드 및 유물포함층	폐기	토기류	호	1	1	133-3	211-3		국내	지방산 (충청전라)	풍 I (2001)
16	풍납동 토성	현대연합 주택	가-그리드 및 유물포함층	폐기	토기류	고배	1	1	133-11	212-3		국내	지방산 (전라)	풍 I (2001)
17	풍납동 토성	현대연합 주택	가-그리드 및 유물포함층	폐기	토기류	토제거울	1	1	136-2	216-3	중국 모방품	국내	미상	풍 I (2001)
18	풍납동 토성	현대연합 주택	가-토기산포 유구, 트렌치	폐기	토기류	세란형 토기	1	1	143-4	223-4		국내	지방산 (경기남부)	풍 I (2001)
19	풍납동 토성	현대연합 주택	가-토기산포 유구, 트렌치	폐기	토기류	광구 장경호	1	1	146-1	226-3		국내	지방산 (충청, 전라)	풍 I (2001)
20	풍납동 토성	현대연합 주택	가-토기산포 유구, 트렌치	폐기	토기류	광구 장경호	1	1	146-2	226-5		국내	지방산 (충청)	풍 I (2001)
21	풍납동 토성	현대연합 주택	가-토기산포 유구, 트렌치	폐기	토기류	완	1	1	157-5	244-1		국내	지방산 (충청)	풍 I (2001)
22	풍납동 토성	현대연합 주택	가-토기산포 유구, 트렌치	폐기	토기류	대완	1	1	163-3	253-3		국내	지방산 (전라)	풍 I (2001)
23	풍납동 토성	현대연합 주택	가-토기산포 유구, 트렌치	폐기	토기류	뚜껑	1	1	164-4	253-5		국내	지방산 (충청, 전라)	풍 I (2001)
24	풍납동 토성	현대연합 주택	가-그리드	미상	도기류	시유도기	1	1	159-4	248-1		국외	중국	풍 I (2001)
25	풍납동 토성	현대연합주택	가-그리드	미상	자기류	반구호	1	1	177-9	270-7		국외	중국	풍 I (2001)

연번	유적명	발굴지점명	유구명	유구 성격	유물종류	유물명	건수	점수	유물번호		비고	국외/국내	추정산지	보고서명
									도면	사진				
26	풍납동 토성	현대연합 주택	가-그리드	미상	도기류	시유도기	1	1	130-3	272-9		국외	중국	풍 I (2001)
27	풍납동 토성	현대연합 주택	가-그리드	미상	도기류	시유도기	1	1	188-8	283-3		국외	중국	풍 I (2001)
28	풍납동 토성	현대연합 주택	가-그리드	미상	자기류	이수	1	1	204-7	305-1		국외	중국	풍 I (2001)
29	풍납동 토성	현대연합 주택	가-그리드	미상	토기류	뚜껑	1	1	172-2	264-2		국내	미상	풍 I (2001)
30	풍납동 토성	현대연합 주택	가-그리드	미상	토기류	고배	1	1	197-8	296-3		국내	지방산 (충청, 전라)	풍 I (2001)
31	풍납동 토성	현대연합 주택	가-그리드	미상	토기류	고배	1	1	197-9	296-5		국내	미상	풍 I (2001)
32	풍납동 토성	현대연합 주택	가-그리드	미상	토기류	고배	1	1	199-8	299-8		국내	지방산(경기 남부, 충청)	풍 I (2001)
33	풍납동 토성	현대연합 주택	가-그리드	미상	토기류	뚜껑	1	1	200-5	300-5		국내	지방산 (경기서부)	풍 I (2001)
34	풍납동 토성	현대연합 주택	가-그리드	미상	토기류	고배	1	1	203-5	304-5		국내	지방산(경기 남부, 충청)	풍 I (2001)
35	풍납동 토성	현대연합 주택	가-그리드	미상	토기류	파수	1	1	204-6	304-11		국내	미상	풍 I (2001)
36	풍납동 토성	현대연합 주택	가-그리드	미상	토기류	시루	1	1	228-9	329-2		국내	가야	풍 I (2001)
37	풍납동 토성	현대연합 주택	가-그리드	미상	토기류	원통형 토기	1	1	230-8	331-2		국내	지방산(충청, 전라동부)	풍 I (2001)
38	풍납동 토성	미래마을	가-1호주거지	미상	토기류	호	1	1	164	164		국내	미상	풍 XI (2009)
39	풍납동 토성	미래마을	가-3호주거지 (상층)	주거	토기류	기대	1	1	261	261		국내	지방산(전라)	풍 XI (2009)

연번	유적명	발굴지점명	유구명	유구 성격	유물종류	유물명	건수	점수	유물번호		비고	국외/국내	추정산지	보고서명
									도면	사진				
40	풍납동 토성	미래마을	가-5호주거지	주거	도기류	시유도기	1	1	445	445		국외	중국	풍 XI (2009)
41	풍납동 토성	미래마을	가30호 수혈건물지	주거	자기류	청자완	1	1	559	559	무문	국외	중국	풍 XI (2009)
42	풍납동 토성	미래마을	가-4호 부뚜막	주거	토기류	호	1	1	670	670		국내	가야	풍 XI (2009)
43	풍납동 토성	미래마을	가-4호 부뚜막	주거	도기류	시유도기	1	1	700	700		국외	중국	풍 XI (2009)
44	풍납동 토성	미래마을	가-7호부뚜막	주거	토기류	광구 장경호	1	1	716	716		국내	가야	풍 XI (2009)
45	풍납동 토성	미래마을	가-1호 석축수로	폐기	토기류	고배	1	1	729	729		국내	미상	풍 XI (2009)
46	풍납동 토성	미래마을	가-1호 수혈	폐기	자기류	청자완	1	1	1466	1466		국외	중국	풍 XIV (2012)
47	풍납동 토성	미래마을	가-1호 수혈	폐기	토기류	백색옹	1	1	1467	1467	백색 토기	국외	중국	풍 XIV (2012)
48	풍납동 토성	미래마을	가-1호 수혈	폐기	도기류	시유도기	1	1	1468	1468	전문	국외	중국	풍 XIV (2012)
49	풍납동 토성	미래마을	가-1호 수혈	폐기	도기류	시유도기	1	1	1469	1469		국외	중국	풍 XIV (2012)
50	풍납동 토성	미래마을	가-1호 수혈	폐기	도기류	시유도기	1	1	1470	1470		국외	중국	풍 XIV (2012)
51	풍납동 토성	미래마을	가-1호 수혈	폐기	도기류	시유도기	1	1	1471	1471		국외	중국	풍 XIV (2012)
52	풍납동 토성	미래마을	가-1호 수혈	폐기	도기류	시유도기	1	1	1472	1472		국외	중국	풍 XIV (2012)
53	풍납동 토성	미래마을	가-1호 수혈	폐기	도기류	시유도기	1	1	1473	1473		국외	중국	풍 XIV (2012)

연번	유적명	발굴지점명	유구명	유구 성격	유물종류	유물명	건수	점수	유물번호		비고	국외/국내	추정산지	보고서명
									도면	사진				
54	풍납동 토성	미래마을	가-1호 수혈	폐기	토기류	고배	1	1	1357	1357		국내	지방산(전라)	풍 XIV (2012)
55	풍납동 토성	미래마을	가-1호 수혈	폐기	토기류	뚜껑	1	1	1384	1384		국내	지방산(경기 서부, 충청)	풍 XIV (2012)
56	풍납동 토성	미래마을	가-1호 수혈	폐기	토기류	뚜껑	1	1	1385	1385		국내	지방산(경기 서부, 충청)	풍 XIV (2012)
57	풍납동 토성	미래마을	가-1호 수혈	폐기	토기류	외반호	1	1	1410	1410		국내	지방계(낙랑)	풍 XIV (2012)
58	풍납동 토성	미래마을	가-1호 수혈	폐기	토기류	평저호	1	1	1411	1411		국내	지방계(낙랑)	풍 XIV (2012)
59	풍납동 토성	미래마을	가-1호 수혈	폐기	토기류	호	1	1	1420	1420	이중 구연	국내	미상	풍 XIV (2012)
60	풍납동 토성	미래마을	가-1호 수혈	폐기	토기류	대완	1	1	1443	1443		국내	미상	풍 XIV (2012)
61	풍납동 토성	미래마을	가-12호 수혈	폐기	도기류	시유도기	1	1	895	895		국외	중국	풍 XI (2009)
62	풍납동 토성	미래마을	가-37호 수혈	폐기	토기류	기대	1	1	1107	1107		국내	지방산(전라)	풍 XI (2009)
63	풍납동 토성	미래마을	기-48호 수혈	폐기	토기류	부형토기	1	1	1341	1341		국내	지방산(충청)	풍 XI (2009)
64	풍납동 토성	미래마을	가-2호 폐기지	폐기	토기류	광구 장경호	1	1	1650	1350		국내	지방산(전라)	풍 XI (2009)
65	풍납동 토성	미래마을	가-31로 폐기수혈	폐기	토기류	소호	1	1	1708	1708		국내	지방산(전라)	풍 XI (2009)
66	풍납동 토성	미래마을	가-31로 폐기수혈	폐기	토기류	조족문호	1	1	1798	1798		국내	미상	풍 XI (2009)
67	풍납동 토성	미래마을	나-2호주거지	주거	도기류	시유도기	1	1	74	74		국외	중국	풍 XIII (2012)

연번	유적명	발굴지점명	유구명	유구 성격	유물종류	유물명	건수	점수	유물번호		비고	국외/국내	추정산지	보고서명
									도면	사진				
68	풍납동 토성	미래마을	나-4호주거지	주거	도기류	시유도기	1	1	144	144		국외	중국	풍 XIII (2012)
69	풍납동 토성	미래마을	나-7호주거지	주거	도기류	시유도기	1	1	166	166		국외	중국	풍 XIII (2012)
70	풍납동 토성	미래마을	나-18호주거지	주거	자기류	청자완	1	1	384	384	무문	국외	중국	풍 XIII (2012)
71	풍납동 토성	미래마을	나-2호수혈	폐기	도기류	시유도기	1	1	560	560		국외	중국	풍 XIII (2012)
72	풍납동 토성	미래마을	나-5호수혈	폐기	도기류	시유도기	1	1	625	625		국외	중국	풍 XIII (2012)
73	풍납동 토성	미래마을	나-5호수혈	폐기	금속류	은제장식	1	1	626	626		국외	중국	풍 XIII (2012)
74	풍납동 토성	미래마을	나-21호수혈	폐기	도기류	시유도기	1	1	734	734		국외	중국	풍 XIII (2012)
75	풍납동 토성	미래마을	나-21호수혈	폐기	도기류	시유도기	1	1	735	735		국외	중국	풍 XIII (2012)
76	풍납동 토성	미래마을	나-22호수혈	폐기	도기류	시유도기	1	1	752	752		국외	중국	풍 XIII (2012)
77	풍납동 토성	미래마을	나-24호수혈	폐기	도기류	시유도기	1	1	776	776		국외	중국	풍 XIII (2012)
78	풍납동 토성	미래마을	나-25호수혈	불명	자기류	반구호	1	1	779	779		국외	중국	풍 XIII (2012)
79	풍납동 토성	미래마을	나-37호 수혈	불명	금속류	청동포수	1	1	889	889		국외	중국	풍 XIII (2012)
80	풍납동 토성	미래마을	나-41호수혈	폐기	도기류	시유도기	1	1	960	960		국외	중국	풍 XIII (2012)
81	풍납동 토성	미래마을	나-3호 구상유구	구	자기류	청자완	1	1	1305	1305	연판문	국외	중국	풍 XIII (2012)

연번	유적명	발굴지점명	유구명	유구 성격	유물종류	유물명	건수	점수	유물번호		비고	국외/국내	추정산지	보고서명
									도면	사진				
82	풍납동 토성	미래마을	다-5호 주거지	주거	토기류	반	1	1	7	7		국내	미상	풍 XV (2013)
83	풍납동 토성	미래마을	다-6호 주거지	주거	토기류	타날문단경호	1	1	10	10		국내	지방산(충청)	풍 XV (2013)
84	풍납동 토성	미래마을	다-6호 주거지	주거	토기류	평저호	1	1	22	22		국내	지방계(낙랑)	풍 XV (2013)
85	풍납동 토성	미래마을	다-6호 주거지	주거	토기류	평저호	1	1	23	23		국외	지방계(낙랑)	풍 XV (2013)
86	풍납동 토성	미래마을	다-6호 주거지	주거	도기류	시유도기	1	1	58	58		국외	중국	풍 XV (2013)
87	풍납동 토성	미래마을	다-9호 주거지	주거	도기류	시유도기	1	1	72	72		국외	중국	풍 XV (2013)
88	풍납동 토성	미래마을	다-14호 수혈	저장	도기류	시유도기	1	1	518	518		국외	중국	풍 XIV (2012)
89	풍납동 토성	미래마을	다-38호 수혈	저장	자기류	청자완	1	1	558	558	연판문	국외	중국	풍 XIV (2012)
90	풍납동 토성	미래마을	다-60호 수혈	저장	자기류	동체부	1	1	606	606		국외	중국	풍 XIV (2012)
91	풍납동 토성	미래마을	다-60호 수혈	저장	자기류	저부	1	1	607	607		국외	중국	풍 XIV (2012)
92	풍납동 토성	미래마을	다-84호 수혈	저장	도기류	시유도기	1	1	662	662		국외	중국	풍 XIV (2012)
93	풍납동 토성	미래마을	다-90호 수혈	저장	도기류	시유도기	1	1	679	679		국외	중국	풍 XIV (2012)
94	풍납동 토성	미래마을	다-96호 수혈	저장	도기류	시유도기	1	1	707	707		국외	중국	풍 XIV (2012)
95	풍납동 토성	미래마을	다-101호 수혈	저장	도기류	시유도기	1	1	716	716		국외	중국	풍 XIV (2012)

연번	유적명	발굴지점명	유구명	유구 성격	유물종류	유물명	건수	점수	유물번호		비고	국외/국내	추정산지	보고서명
									도면	사진				
96	풍납동 토성	미래마을	다-103호 수혈	저장	도기류	시유도기	1	1	724	724		국외	중국	풍 XIV (2012)
97	풍납동 토성	미래마을	다-3호 구상유구	폐기	도기류	시유도기	1	1	1191	1191		국외	중국	풍 XIV (2012)
98	풍납동 토성	미래마을	다-12호 구상유구	폐기	토기류	호	1	1	1064	1064		국내	가야	풍 XV (2013)
99	풍납동 토성	미래마을	다-12호 구상유구	폐기	자기류	호	1	1	1077	1077		국외	중국	풍 XV (2013)
100	풍납동 토성	미래마을	다-12호 구상유구	폐기	도기류	시유도기	1	1	1078	1078		국외	중국	풍 XV (2013)
101	풍납동 토성	미래마을	다-13호 구상유구	폐기	도기류	시유도기	1	1	1265	1265		국외	중국	풍 XV (2013)
102	풍납동 토성	미래마을	다-13호 구상유구	폐기	도기류	시유도기	1	1	1266	1266		국외	중국	풍 XV (2013)
103	풍납동 토성	미래마을	라-1호 주거지	주거	토기류	타날문 단경호	1	1	1	90		국내	지방산(충청)	풍 XV (2013)
104	풍납동 토성	미래마을	라-1호 주거지	주거	도기류	시유도기	1	1	119	119		국외	중국	풍 XV (2013)
105	풍납동 토성	미래마을	라-1호 주거지	주거	자기류	청자완	1	1	120	120	연판문	국외	중국	풍 XV (2013)
106	풍납동 토성	미래마을	라-3호 주거지	주거	토기류	완	1	1	154	154		국내	미상	풍 XV (2013)
107	풍납동 토성	미래마을	라-4호 주거지	폐기	도기류	시유도기	1	1	215	215		국외	중국	풍 XV (2013)
108	풍납동 토성	미래마을	라-4호 주거지	폐기	도기류	시유도기	1	1	216	216		국외	중국	풍 XV (2013)
109	풍납동 토성	미래마을	라-4호 주거지	폐기	자기류	청자완	1	1	217	217	무문	국외	중국	풍 XV (2013)

연번	유적명	발굴지점명	유구명	유구 성격	유물종류	유물명	건수	점수	유물번호		비고	국외/국내	추정산지	보고서명
									도면	사진				
110	풍납동 토성	미래마을	라-10호 주거지	주거	토기류	호	1	1	304	304		국내	지방계(낙랑)	풍 XV (2013)
111	풍납동 토성	미래마을	라-15호 주거지	주거	자기류	반구호	1	1	351	351		국외	중국	풍 XV (2013)
112	풍납동 토성	미래마을	라-18호 주거지	주거	토기류	시루	1	1	366	366	짼투공	국내	가야	풍 XV (2013)
113	풍납동 토성	미래마을	라-19호 주거지	주거	토기류	호	1	1	384	384		국내	지방계(낙랑)	풍 XV (2013)
114	풍납동 토성	미래마을	라-21호 주거지	주거	도기류	시유도기	1	1	421	421		국외	중국	풍 XV (2013)
115	풍납동 토성	미래마을	라-2호 수혈	폐기	토기류	호	1	1	486	486		국내	지방계(낙랑)	풍 XV (2013)
116	풍납동 토성	미래마을	라-3호 수혈	폐기	자기류	동체부	1	1	812	812		국외	중국	풍 XIV (2012)
117	풍납동 토성	미래마을	라-3호 수혈	폐기	도기류	시유도기	1	1	813	813		국외	중국	풍 XIV (2012)
118	풍납동 토성	미래마을	라-3호 수혈	폐기	토기류	뚜껑	1	1	777	777	점열문	국내	미상	풍 XIV (2012)
119	풍납동 토성	미래마을	라-3호 수혈	폐기	토기류	대각	1	1	787	787		국내	미상	풍 XIV (2012)
120	풍납동 토성	미래마을	라-3호 수혈	폐기	토기류	광구 장경호	1	1	791	791		국내	미상	풍 XIV (2012)
121	풍납동 토성	미래마을	라-13호 수혈	폐기	도기류	시유도기	1	1	886	886		국외	중국	풍 XIV (2012)
122	풍납동 토성	미래마을	라-16-1호 수혈	폐기	도기류	시유도기	1	1	904	904		국외	중국	풍 XIV (2012)
123	풍납동 토성	미래마을	라-16-2호 수혈	폐기	토기류	광구 장경호	1	1	913	913		국내	미상	풍 XIV (2012)

연번	유적명	발굴지점명	유구명	유구 성격	유물종류	유물명	건수	점수	유물번호		비고	국외/국내	추정산지	보고서명
									도면	사진				
124	풍납동 토성	미래마을	라-39호 수혈	폐기	도기류	시유도기	1	1	565	565		국외	중국	풍 XV (2013)
125	풍납동 토성	미래마을	라-80호 수혈	폐기	도기류	시유도기	1	1	740	740		국외	중국	풍 XV (2013)
126	풍납동 토성	미래마을	라-86호 수혈	폐기	도기류	시유도기	1	1	748	748		국외	중국	풍 XV (2013)
127	풍납동 토성	미래마을	라-105호 수혈	폐기	도기류	시유도기	1	1	994	994		국외	중국	풍 XV (2013)
128	풍납동 토성	미래마을	라-105호 수혈	폐기	도기류	시유도기	1	1	995	995		국외	중국	풍 XV (2013)
129	풍납동 토성	미래마을	라-105호 수혈	폐기	도기류	시유도기	1	1	996	996		국외	중국	풍 XV (2013)
130	풍납동 토성	미래마을	라-105 수혈	폐기	도기류	시유도기	1	1	997	997		국외	중국	풍 XV (2013)
131	풍납동 토성	미래마을	라-108-1호 수혈	폐기	도기류	시유도기	1	1	953	953		국외	중국	풍 XIV (2012)
132	풍납동 토성	미래마을	라-109호 수혈	폐기	토기류	뚜껑	1	1	977	977		국내	가야(대,금관 가야)	풍 XIV (2012)
133	풍납동 토성	미래마을	라-115호 수혈	폐기	도기류	시유도기	1	1	1047	1047		국외	중국	풍 XIV (2012)
134	풍납동 토성	미래마을	라-1호 유물 산포유구	폐기	토기류	광구 장경호	1	1	1339	1339		국내	미상	풍 XIV (2012)
135	풍납동 토성	미래마을	라-1호 구상유구	폐기	토기류	호	1	1	1083	1083		국내	미상	풍 XV (2013)
136	풍납동 토성	미래마을	라-5호 구상유구	폐기	토기류	뚜껑	1	1	1103	1103		국내	가야	풍 XV (2013)
137	풍납동 토성	미래마을	라-13호 구상유구	폐기	자기류	반구호	1	1	1143	1143		국외	중국	풍 XV (2013)

연번	유적명	발굴지점명	유구명	유구 성격	유물종류	유물명	건수	점수	유물번호		비고	국외/국내	추정산지	보고서명
									도면	사진				
138	풍납동 토성	미래마을	라-19호 구상유구	폐기	토기류	호	1	1	1154	1154	이중 구연	국내	지방산(전라)	풍 XV (2013)
139	풍납동 토성	미래마을	마-1호건물지	건물지	도기류	시유도기	1	1	44	44		국외	중국	풍 XIV (2012)
140	풍납동 토성	미래마을	마-1호건물지	건물지	도기류	시유도기	1	1	45	45		국외	중국	풍 XIV (2012)
141	풍납동 토성	미래마을	마-1호건물지	건물지	도기류	시유도기	1	1	46	46		국외	중국	풍 XIV (2012)
142	풍납동 토성	미래마을	마-1호건물지	건물지	도기류	시유도기	1	1	47	47		국외	중국	풍 XIV (2012)
143	풍납동 토성	미래마을	마-24호 수혈	폐기	도기류	시유도기	1	1	1174	1174		국외	중국	풍 XIV (2012)
144	풍납동 토성	미래마을	마-24호 수혈	폐기	도기류	시유도기	1	1	1175	1175		국외	중국	풍 XIV (2012)
145	풍납동 토성	미래마을	마-24호 수혈	폐기	도기류	시유도기	1	1	1176	1176		국외	중국	풍 XIV (2012)
146	풍납동 토성	미래마을	마-24호 수혈	폐기	도기류	시유도기	1	1	1177	1177		국외	중국	풍 XIV (2012)
147	풍납동 토성	미래마을	마-24호 수혈	폐기	도기류	시유도기	1	1	1178	1178		국외	중국	풍 XIV (2012)
148	풍납동 토성	미래마을	마-24호 수혈	폐기	도기류	시유도기	1	1	1179	1179		국외	중국	풍 XIV (2012)
149	풍납동 토성	미래마을	나-그리드	미상	도기류	시유도기	1	1	1379	1379		국외	중국	풍 XV (2013)
150	풍납동 토성	미래마을	나-그리드	미상	도기류	시유도기	1	1	1380	1380		국외	중국	풍 XV (2013)
151	풍납동 토성	미래마을	나-그리드	미상	도기류	시유도기	1	1	1381	1381		국외	중국	풍 XV (2013)

연번	유적명	발굴지점명	유구명	유구 성격	유물종류	유물명	건수	점수	유물번호		비고	국외/국내	추정산지	보고서명
									도면	사진				
152	풍납동 토성	미래마을	나-그리드	미상	도기류	시유도기	1	1	1382	1382		국외	중국	풍 XV (2013)
153	풍납동 토성	미래마을	나-그리드	미상	도기류	시유도기	1	1	1383	1383		국외	중국	풍 XV (2013)
154	풍납동 토성	미래마을	나-그리드	미상	도기류	시유도기	1	1	1384	1384		국외	중국	풍 XV (2013)
155	풍납동 토성	미래마을	나-그리드	미상	도기류	시유도기	1	1	1385	1385		국외	중국	풍 XV (2013)
156	풍납동 토성	미래마을	나-그리드	미상	도기류	시유도기	1	1	1386	1386		국외	중국	풍 XV (2013)
157	풍납동 토성	미래마을	나-그리드	미상	토기류	뚜껑	1	1	1325	1325		국내	가야 (아라가야)	풍 XV (2013)
158	풍납동 토성	미래마을	나-그리드	미상	토기류	기대	1	1	1345	1345		국내	미상	풍 XV (2013)
159	풍납동 토성	미래마을	다-그리드	미상	토기류	고배	1	1	1426	1426		국내	가야 (비화가야)	풍 XV (2013)
160	풍납동 토성	미래마을	다-그리드	미상	자기류	청자완	1	1	1458	1458	연판문	국외	중국	풍 XV (2013)
161	풍납동 토성	미래마을	다-그리드	미상	자기류	청자완	1	1	1459	1459	무문	국외	중국	풍 XV (2013)
162	풍납동 토성	미래마을	다-그리드	미상	도기류	시유도기	1	1	1460	1460		국외	중국	풍 XV (2013)
163	풍납동 토성	미래마을	다-그리드	미상	도기류	시유도기	1	1	1461	1461		국외	중국	풍 XV (2013)
164	풍납동 토성	미래마을	다-그리드	미상	도기류	시유도기	1	1	1462	1462		국외	중국	풍 XV (2013)
165	풍납동 토성	미래마을	라-그리드	미상	자기류	계수호	1	1	1511	1511		국외	중국	풍 XV (2013)

연번	유적명	발굴지점명	유구명	유구 성격	유물종류	유물명	건수	점수	유물번호		비고	국외/국내	추정산지	보고서명
									도면	사진				
166	풍납동 토성	미래마을	라-그리드	미상	자기류	청자완	1	1	1512	1512	연판문	국외	중국	풍 XV (2013)
167	풍납동 토성	미래마을	라-그리드	미상	자기류	청자완	1	1	1513	1513	무문	국외	중국	풍 XV (2013)
168	풍납동 토성	미래마을	라-그리드	미상	도기류	시유도기	1	1	1514	1514		국외	중국	풍 XV (2013)
169	풍납동 토성	미래마을	라-그리드	미상	도기류	시유도기	1	1	1515	1515		국외	중국	풍 XV (2013)
170	풍납동 토성	미래마을	라-그리드	미상	도기류	시유도기	1	1	1516	1516	전문	국외	중국	풍 XV (2013)
171	풍납동 토성	미래마을	라-그리드	미상	토기류	파수	1	1	1499	1499	돌대 장식	국내	미상	풍 XV (2013)
172	풍납동 토성	미래마을	라-그리드	미상	토기류	파수	1	1	1500	1500	돌대 장식	국내	미상	풍 XV (2013)
173	풍납동 토성	미래마을	마-그리드	미상	자기류	구연부	1	1	1576	1576		국외	중국	풍 XV (2013)
174	풍납동 토성	미래마을	마-그리드	미상	자기류	동체부	1	1	1577	1577		국외	중국	풍 XV (2013)
175	풍납동 토성	미래마을	마-그리드	미상	자기류	저부	1	1	1578	1578		국외	중국	풍 XV (2013)
176	풍납동 토성	미래마을	마-그리드	미상	자기류	동체부	1	1	1579	1579		국외	중국	풍 XV (2013)
177	풍납동 토성	미래마을	마-그리드	미상	자기류	저부	1	1	1580	1580		국외	중국	풍 XV (2013)
178	풍납동 토성	미래마을	마-그리드	미상	자기류	저부	1	1	1581	1581		국외	중국	풍 XV (2013)
179	풍납동 토성	미래마을	마-그리드	미상	도기류	시유도기	1	1	1582	1582		국외	중국	풍 XV (2013)

연번	유적명	발굴지점명	유구명	유구 성격	유물종류	유물명	건수	점수	유물번호		비고	국외/국내	추정산지	보고서명
									도면	사진				
180	풍납동 토성	미래마을	마-그리드	미상	도기류	시유도기	1	1	1583	1583		국외	중국	풍 XV (2013)
181	풍납동 토성	미래마을	마-그리드	미상	도기류	시유도기	1	1	1584	1584		국외	중국	풍 XV (2013)
182	풍납동 토성	미래마을	마-그리드	미상	도기류	시유도기	1	1	1585	1585		국외	중국	풍 XV (2013)
183	풍납동 토성	미래마을	마-그리드	미상	도기류	시유도기	1	1	1586	1586		국외	중국	풍 XV (2013)
184	풍납동 토성	미래마을	마-그리드	미상	도기류	시유도기	1	1	1587	1587		국외	중국	풍 XV (2013)
185	풍납동 토성	미래마을	마-그리드	미상	도기류	시유도기	1	1	1588	1588		국외	중국	풍 XV (2013)
186	풍납동 토성	미래마을	마-그리드	미상	도기류	시유도기	1	1	1589	1589		국외	중국	풍 XV (2013)
187	풍납동 토성	미래마을	마-그리드	미상	토기류	대부호	1	1	1496	1496	중국모방품	국내	미상	풍 XV (2013)
188	풍납동 토성	미래마을	마-그리드	미상	토기류	양이부호	1	1	1561	1561	중국모방품	국내	미상	풍 XV (2013)
189	풍납동 토성	미래마을	마-그리드	미상	토기류	벼루	1	1	1575	1575	중국모방품	국내	미상	풍 XV (2013)
190	풍납동 토성	미래마을	지표수습	미상	도기류	시유도기	1	1	1603	1603		국외	중국	풍 XV (2013)
191	풍납동 토성	미래마을	지표수습	미상	도기류	시유도기	1	1	1604	1604		국외	중국	풍 XV (2013)
192	풍납동 토성	성벽구간	동성벽	폐기	토기류	호	1	1	17	17		국내	지방계(낙랑)	풍 XVI (2014)
193	풍납동 토성	성벽구간	동성벽	폐기	토기류	호	1	1	58	58		국내	지방계(낙랑)	풍 XVI (2014)

연번	유적명	발굴지점명	유구명	유구 성격	유물종류	유물명	건수	점수	유물번호		비고	국외/국내	추정산지	보고서명
									도면	사진				
194	풍납동 토성	성벽구간	동성벽	폐기	토기류	광구 장경호	1	1	166	166		국내	지방산 (충청, 전라)	풍 XVI (2014)
195	풍납동 토성	외환은행직 원숙소부지	S-1 Tr.	미상	토기류	광구 장경호	1	1	16-58	72-58		국내	지방산 (충청, 전라)	풍Ⅷ (2007)
196	풍납동 토성	풍납동 142-1번지		미상	토기류	고배	1	1	59-31	78-31		국내	가야	풍Ⅷ (2007)
197	풍납동 토성	풍납동 142-1번지		미상	토기류	동이	1	1	62-57	81-57		국내	가야 (비화가야)	풍Ⅷ (2007)
198	풍납동 토성	풍납동 410번지	나Tr	미상	토기류	소호	1	1	142-3	114-6		국내	지방계(낙랑)	풍Ⅷ (2007)
199	풍납동 토성	성벽구간	서성벽 인근수습	불명	금속류	청동초두	1	1		유리원판 20		국외	중국	풍Ⅱ (2002)
200	풍납동 토성	성벽구간	서성벽 인근수습	불명	금속류	청동초두	1	1		유리원판6		국외	중국	풍Ⅱ (2002)
201	풍납동 토성	삼화지구	Ⅲ층 1호 폐기장	폐기	토기류	평저호	1	1	18-7	25-11		국내	지방계(낙랑)	풍Ⅲ (2003)
202	풍납동 토성	삼화지구	Ⅲ층 3호수혈	주거	도기류	시유도기	1	1	23-2	37-2 38-1		국외	중국	풍Ⅲ (2003)
203	풍납동 토성	삼화지구	Ⅲ층 2호 溝	폐기	도기류	시유도기	1	1	8-17 29-13	9-6 47-5		국외	중국	풍Ⅲ (2003)
204	풍납동 토성	삼화지구	Ⅲ층 유물포함층	미상	토기류	개	1	1	30-20	49-9		국내	지방산(전라)	풍Ⅲ (2003)
205	풍납동 토성	삼화지구	Ⅲ층 유물포함층	미상	토기류	대각부 토기	1	1	35-9	60-4	모방품	국내	미상	풍Ⅲ (2003)
206	풍납동 토성	삼화지구	Ⅲ층 유물포 함층	미상	토기류	호	1	1	33-13	56-5		국내	지방산 (충청남부, 전라)	풍Ⅲ (2003)

연번	유적명	발굴지점명	유구명	유구 성격	유물종류	유물명	건수	점수	유물번호		비고	국외/국내	추정산지	보고서명
									도면	사진				
207	풍납동 토성	삼화지구	표토	미상	토기류	대옹	1	1	8-16	9-5		국내	지방산(낙랑)	풍Ⅲ (2003)
208	풍납동 토성	삼화지구	표토	미상	토기류	고배 (뚜껑?)	1	1	7-17	7-2		국내	지방산 (경기서부, 충청)	풍Ⅲ (2003)
209	풍납동 토성	경당지구	9호 유구	제사	도기류	시유도기	1	1	109-1	195-1		국외	중국	풍Ⅳ (2004)
210	풍납동 토성	경당지구	9호 유구	제사	도기류	시유도기	1	1	109-2	195-2		국외	중국	풍Ⅳ (2004)
211	풍납동 토성	경당지구	9호 유구	제사	도기류	시유도기	1	1	109-3	195-3		국외	중국	풍Ⅳ (2004)
212	풍납동 토성	경당지구	9호 유구	제사	도기류	시유도기	1	1	109-4	195-4		국외	중국	풍Ⅳ (2004)
213	풍납동 토성	경당지구	9호 유구	제사	도기류	시유도기	1	1	109-5	195-5		국외	중국	풍Ⅳ (2004)
214	풍납동 토성	경당지구	9호 유구	제사	도기류	시유도기	1	1	109-6	195-6		국외	중국	풍Ⅳ (2004)
215	풍납동 토성	경당지구	9호 유구	제사	도기류	시유도기	1	1	109-7	195-7		국외	중국	풍Ⅳ (2004)
216	풍납동 토성	경당지구	9호 유구	제사	도기류	시유도기	1	1	110-1	195-8		국외	중국	풍Ⅳ (2004)
217	풍납동 토성	경당지구	9호 유구	제사	도기류	시유도기	1	1	110-2	196-1		국외	중국	풍Ⅳ (2004)
218	풍납동 토성	경당지구	9호 유구	제사	도기류	시유도기	1	1	110-3	196-5		국외	중국	풍Ⅳ (2004)
219	풍납동 토성	경당지구	9호 유구	제사	도기류	시유도기	1	1	110-4	196-4		국외	중국	풍Ⅳ (2004)

연번	유적명	발굴지점명	유구명	유구 성격	유물종류	유물명	건수	점수	유물번호		비고	국외/국내	추정산지	보고서명
									도면	사진				
220	풍납동 토성	경당지구	9호 유구	제사	도기류	시유도기	1	1	111-1	196-3		국외	중국	풍Ⅳ (2004)
221	풍납동 토성	경당지구	9호 유구	제사	도기류	시유도기	1	1	111-2	196-7		국외	중국	풍Ⅳ (2004)
222	풍납동 토성	경당지구	9호 유구	제사	도기류	시유도기	1	1	111-3	196-2		국외	중국	풍Ⅳ (2004)
223	풍납동 토성	경당지구	9호 유구	제사	도기류	시유도기	1	1	111-4	196-6		국외	중국	풍Ⅳ (2004)
224	풍납동 토성	경당지구	9호 유구	제사	도기류	시유도기	1	1	111-5	196-8		국외	중국	풍Ⅳ (2004)
225	풍납동 토성	경당지구	9호 유구	제사	자기류	흑유 자기호	1	1	111-6	196-9		국외	중국	풍Ⅳ (2004)
226	풍납동 토성	경당지구	9호 유구	제사	자기류	흑유 자기호	1	1	111-8	196-10		국외	중국	풍Ⅳ (2004)
227	풍납동 토성	경당지구	9호 유구	제사	자기류	청자완	1	1	111-7	197-1		국외	중국	풍Ⅳ (2004)
228	풍동 납토성	경당지구	9호 유구	제사	토기류	개	1	1	29-3	59-8		국내	가야(소가야)	풍Ⅳ (2004)
229	풍납동 토성	경당지구	9호 유구	제사	토기류	대부호	1	1	74-1	134-1		국내	지방산 (충청)	풍Ⅳ (2004)
230	풍납동 토성	경당지구	9호 유구	제사	토기류	대부호	1	1	74-2	134-2		국내	지방산 (전라동부)	풍Ⅳ (2004)
231	풍납동 토성	경당지구	9호 유구	제사	토기류	대부호	1	1	74-3	134-3		국내	지방산 (전라동부)	풍Ⅳ (2004)
232	풍납동 토성	경당지구	9호 유구	제사	토기류	대부호	1	1	74-4	134-4		국내	지방산 (전라동부)	풍Ⅳ (2004)
233	풍납동 토성	경당지구	9호 유구	제사	토기류	대부호	1	1	74-9	135-2		국내	지방산 (전라동부)	풍Ⅳ (2004)

연번	유적명	발굴지점명	유구명	유구 성격	유물종류	유물명	건수	점수	유물번호		비고	국외/국내	추정산지	보고서명
									도면	사진				
234	풍납동 토성	경당지구	9호 유구	제사	토기류	대부호	1	1	74-10	135-3		국내	지방산 (전라동부)	풍Ⅳ (2004)
235	풍납동 토성	경당지구	9호 유구	제사	토기류	대부호	1	1	74-12	135-5	중국 모방품	국내	미상	풍Ⅳ (2004)
236	풍납동 토성	경당지구	9호 유구	제사	토기류	개	1	1	29-2	59-7		국내	지방산(충청)	풍Ⅳ (2004)
237	풍납동 토성	경당지구	9호 유구	제사	토기류	호	1	1	108-14	194-8		국내	미상	풍Ⅳ (2004)
238	풍납동 토성	경당지구	9호 유구	제사	토기류	고배	1	1	13-24	41-12		국내	지방산 (전라동부)	풍Ⅳ (2004)
239	풍납동 토성	경당지구	9호 유구	제사	토기류	파수	1	1	98-17	178-10		국내	지방산(전라)	풍Ⅳ (2004)
240	풍납동 토성	경당지구	9호 유구	제사	토기류	호	1	1	63-36	115-4		국내	미상	풍Ⅳ (2004)
241	풍납동 토성	경당지구	9호 유구	제사	토기류	호	1	1	67-4	121-6		국내	미상	풍Ⅳ (2004)
242	풍납동 토성	경당지구	9호 유구	제사	토기류	미상토기	1	1	108-7	194-1		국내	미상	풍Ⅳ (2004)
243	풍납동 토성	경당지구	9호 유구	제사	토기류	파수	1	1	98-11	178-4		국내	미상	풍Ⅳ (2004)
244	풍납동 토성	경당지구	101호 유구	주거	금속류	오수전	1	1	49-3	72-1		국외	중국	풍Ⅵ (2005)
245	풍납동 토성	경당지구	101호 유구	주거	도기류	시유도기	1	1	45-3	64-1	196호 전문도기 동일개체	국외	중국	풍Ⅵ (2005)
246	풍납동 토성	경당지구	101호 유구	주거	토기류	시유도기	1	1	45-4	64-2		국외	중국	풍Ⅵ (2005)
247	풍납동 토성	경당지구	101호 유구	주거	토기류	시유도기	1	1	45-5	64-3		국외	중국	풍Ⅵ (2005)

연번	유적명	발굴지점명	유구명	유구 성격	유물종류	유물명	건수	점수	유물번호		비고	국외/국내	추정산지	보고서명
									도면	사진				
248	풍납동 토성	경당지구	101호 유구	주거	토기류	시유도기	1	1	45-6	64-4		국외	중국	풍Ⅵ (2005)
249	풍납동 토성	경당지구	101호 유구	주거	토기류	시유도기	1	1	45-7	64-5		국외	중국	풍Ⅵ (2005)
250	풍납동 토성	경당지구	101호 유구	주거	토기류	호	1	1	10-13	16-3		국내	지방산 (충청)	풍Ⅵ (2005)
251	풍납동 토성	경당지구	101호 유구	주거	토기류	이중 구연호	1	1	12-3	18-3		국내	지방산 (전라)	풍Ⅵ (2005)
252	풍납동 토성	경당지구	101호 유구	주거	도기류	파수	1	1	34-13	57-2		국내	지방산 (전라)	풍Ⅵ (2005)
253	풍납동 토성	경당지구	101호 유구	주거	토기류	파수	1	1	34-16	57-5		국내	지방산 (전라)	풍Ⅵ (2005)
254	풍납동 토성	경당지구	1호 유구	폐기	토기류	고배	1	1	7-1	4-1		국내	지방산 (전라)	풍Ⅶ (2006)
255	풍납동 토성	경당지구	2호 유구	주거	도기류	시유도기	1	1	22-86	25-86		국외	중국	풍Ⅶ (2006)
256	풍납동 토성	경당지구	3호 유구	주거	토기류	대각	1	1	25-32	30-32		국내	미상	풍Ⅶ (2006)
257	풍납동 토성	경당지구	5호 유구	주거	도기류	시유도기	1	1	35-13	44-13		국외	중국	풍Ⅶ (2006)
258	풍납동 토성	경당지구	5호 유구	주거	도기류	시유도기	1	1	35-14	44-14		국외	중국	풍Ⅶ (2006)
259	풍납동 토성	경당지구	20호 유구	주거	토기류	대각	1	1	54-7	63-7		국내	미상	풍Ⅶ (2006)
260	풍납동 토성	경당지구	31호 유구	주거	도기류	시유도기	1	1	76-191	94-191	흑유	국외	중국	풍Ⅶ (2006)
261	풍납동 토성	경당지구	31호 유구	주거	도기류	시유도기	1	1	76-192	94-192		국외	중국	풍Ⅶ (2006)

연번	유적명	발굴지점명	유구명	유구 성격	유물종류	유물명	건수	점수	유물번호		비고	국외/국내	추정산지	보고서명
									도면	사진				
262	풍납동 토성	경당지구	31호 유구	주거	도기류	시유도기	1	1	76-193	94-193		국외	중국	풍VII (2006)
263	풍납동 토성	경당지구	31호 유구	주거	도기류	시유도기	1	1	77-194	94-194		국외	중국	풍VII (2006)
264	풍납동 토성	경당지구	31호 유구	주거	도기류	시유도기	1	1	77-195	95-195		국외	중국	풍VII (2006)
265	풍납동 토성	경당지구	31호 유구	주거	도기류	시유도기	1	1	77-196	95-196		국외	중국	풍VII (2006)
266	풍납동 토성	경당지구	31호 유구	주거	도기류	시유도기	1	1	77-197	95-197		국외	중국	풍VII (2006)
267	풍납동 토성	경당지구	31호 유구	주거	도기류	시유도기	1	1	77-198	95-198		국외	중국	풍VII (2006)
268	풍납동 토성	경당지구	31호 유구	주거	토기류	대각	1	1	69-106	82-106		국내	미상	풍VII (2006)
269	풍납동 토성	경당지구	31호 유구	주거	토기류	대각	1	1	69-107	83-107		국내	미상	풍VII (2006)
270	풍납동 토성	경당지구	31호 유구	주거	토기류	파수	1	1	74-168	91-168		국내	지방산 (전라)	풍VII (2006)
271	풍납동 토성	경당지구	31호 유구	주거	토기류	고배	1	1	63-3	72-3		국내	지방산 (충청)	풍VII (2006)
272	풍납동 토성	경당지구	34호 유구	주거	토기류	호	1	1	88-4	111-4		국내	지방산 (충청)	풍VII (2006)
273	풍납동 토성	경당지구	58호 유구	폐기	도기류	시유도기	1	1	110-158	138-158		국외	중국	풍VII (2006)
274	풍납동 토성	경당지구	58호 유구	폐기	도기류	시유도기	1	1	110-159	138-159		국외	중국	풍VII (2006)
275	풍납동 토성	경당지구	58호 유구	폐기	도기류	시유도기	1	1	110-160	138-160	흑유	국외	중국	풍VII (2006)

연번	유적명	발굴지점명	유구명	유구 성격	유물종류	유물명	건수	점수	유물번호		비고	국외/국내	추정산지	보고서명
									도면	사진				
276	풍납동 토성	경당지구	58호 유구	폐기	도기류	시유도기	1	1	110-161	139-161		국외	중국	풍Ⅶ (2006)
277	풍납동 토성	경당지구	58호 유구	폐기	도기류	시유도기	1	1	110-162	139-162		국외	중국	풍Ⅶ (2006)
278	풍납동 토성	경당지구	58호 유구	폐기	도기류	시유도기	1	1	110-163	139-163		국외	중국	풍Ⅶ (2006)
279	풍납동 토성	경당지구	58호 유구	폐기	도기류	시유도기	1	1	110-165	139-165		국외	중국	풍Ⅶ (2006)
280	풍납동 토성	경당지구	58호 유구	폐기	도기류	시유도기	1	1	110-166	139-166		국외	중국	풍Ⅶ (2006)
281	풍납동 토성	경당지구	58호 유구	폐기	토기류	이형토기	1	1	110-164	139-164		국외	미상	풍Ⅶ (2006)
282	풍납동 토성	경당지구	127호 유구	폐기	도기류	시유도기	1	1	135-239	177-239		국외	중국	풍Ⅶ (2006)
283	풍납동 토성	경당지구	127호 유구	폐기	토기류	광구 장경호	1	1	120-47	156-47		국내	지방산 (충청, 전라)	풍Ⅶ (2006)
284	풍납동 토성	경당지구	127호 유구	폐기	토기류	광구 장경호	1	1	120-48	156-48		국내	지방산 (충청, 전라)	풍Ⅶ (2006)
285	풍납동 토성	경당지구	127호 유구	폐기	토기류	장경호	1	1	124-81	162-81		국내	지방산 (충청, 전라)	풍Ⅶ (2006)
286	풍납동 토성	경당지구	127호 유구	폐기	토기류	장경호	1	1	127-155	168-155		국내	지방산 (충청, 전라)	풍Ⅶ (2006)
287	풍납동 토성	경당지구	127호 유구	폐기	토기류	호	1	1	120-49	157-49		국내	지방산 (충청, 전라)	풍Ⅶ (2006)
288	풍납동 토성	경당지구	127호 유구	폐기	토기류	호	1	1	124-77	161-77		국내	지방산 (충청, 전라)	풍Ⅶ (2006)
289	풍납동 토성	경당지구	127호 유구	폐기	토기류	호	1	1	128-158	168-158		국내	지방산 (충청, 전라)	풍Ⅶ (2006)

연번	유적명	발굴지점명	유구명	유구 성격	유물종류	유물명	건수	점수	유물번호		비고	국외/국내	추정산지	보고서명
									도면	사진				
290	풍납동 토성	경당지구	127호 유구	폐기	토기류	호	1	1	128−159	168−159		국내	지방산 (충청, 전라)	풍Ⅶ (2006)
291	풍납동 토성	경당지구	127호 유구	폐기	토기류	유견호	1	1	117−10	151−10		국내	지방산 (충청)	풍Ⅶ (2006)
292	풍납동 토성	경당지구	127호 유구	폐기	토기류	파수	1	1	133−222	175−222		국내	지방산 (충청)	풍Ⅶ (2006)
293	풍납동 토성	경당지구	196호 유구	창고	도기류	시유도기	1	1	6−1	11−1	전문	국외	중국	풍XⅡ (2011)
294	풍납동 토성	경당지구	196호 유구	창고	도기류	시유도기	1	1	8−2	12−2	전문	국외	중국	풍XⅡ (2011)
295	풍납동 토성	경당지구	196호 유구	창고	도기류	시유도기	1	1	9−3	13−3		국외	중국	풍XⅡ (2011)
296	풍납동 토성	경당지구	196호 유구	창고	도기류	시유도기	1	1	11−4	14−4		국외	중국	풍XⅡ (2011)
297	풍납동 토성	경당지구	196호 유구	창고	도기류	시유도기	1	1	13−5	15−5		국외	중국	풍XⅡ (2011)
298	풍납동 도성	경당지구	196호 유구	창고	도기류	시유도기	1	1	15−6	16−6		국외	중국	풍XⅡ (2011)
299	풍납동 토성	경당지구	196호 유구	창고	도기류	시유도기	1	1	16−7	17−7	전문	국외	중국	풍XⅡ (2011)
300	풍납동 토성	경당지구	196호 유구	창고	도기류	시유도기	1	1	18−8	18−8		국외	중국	풍XⅡ (2011)
301	풍납동 토성	경당지구	196호 유구	창고	도기류	시유도기	1	1	20−9	19−9		국외	중국	풍XⅡ (2011)
302	풍납동 토성	경당지구	196호 유구	창고	도기류	시유도기	1	1	22−10	20−10		국외	중국	풍XⅡ (2011)
303	풍납동 토성	경당지구	196호 유구	창고	도기류	시유도기	1	1	24−11	21−1		국외	중국	풍XⅡ (2011)

연번	유적명	발굴지점명	유구명	유구 성격	유물종류	유물명	건수	점수	유물번호		비고	국외/국내	추정산지	보고서명
									도면	사진				
304	풍납동 토성	경당지구	196호 유구	창고	도기류	시유도기	1	1	25-12	22-12	전문	국외	중국	풍XII (2011)
305	풍납동 토성	경당지구	196호 유구	창고	도기류	시유도기	1	1	26-13	22-13	전문	국외	중국	풍XII (2011)
306	풍납동 토성	경당지구	196호 유구	창고	도기류	시유도기	1	1	27-14	23-14		국외	중국	풍XII (2011)
307	풍납동 토성	경당지구	196호 유구	창고	도기류	시유도기	1	1	27-15	23-15		국외	중국	풍XII (2011)
308	풍납동 토성	경당지구	196호 유구	창고	도기류	시유도기	1	1	28-16	24-16		국외	중국	풍XII (2011)
309	풍납동 토성	경당지구	196호 유구	창고	도기류	시유도기	1	1	28-17	24-17		국외	중국	풍XII (2011)
310	풍납동 토성	경당지구	196호 유구	창고	도기류	시유도기	1	1	29-18	25-18		국외	중국	풍XII (2011)
311	풍납동 토성	경당지구	196호 유구	창고	도기류	시유도기	1	1	29-19	25-19		국외	중국	풍XII (2011)
312	풍납동 토성	경당지구	196호 유구	창고	도기류	시유도기	1	1	29-20	25-20		국외	중국	풍XII (2011)
313	풍납동 토성	경당지구	196호 유구	창고	도기류	시유도기	1	1	29-21	26-21		국외	중국	풍XII (2011)
314	풍납동 토성	경당지구	196호 유구	창고	도기류	시유도기	1	1	30-22	26-22		국외	중국	풍XII (2011)
315	풍납동 토성	경당지구	196호 유구	창고	도기류	시유도기	1	1	30-23	26-23		국외	중국	풍XII (2011)
316	풍납동 토성	경당지구	196호 유구	창고	도기류	시유도기	1	1	30-24	26-24		국외	중국	풍XII (2011)
317	풍납동 토성	경당지구	196호 유구	창고	도기류	시유도기	1	1	30-25	27-25		국외	중국	풍XII (2011)

연번	유적명	발굴지점명	유구명	유구 성격	유물종류	유물명	건수	점수	유물번호		비고	국외/국내	추정산지	보고서명
									도면	사진				
318	풍납동 토성	경당지구	196호 유구	창고	도기류	시유도기	1	1	30-26	27-26		국외	중국	풍XII (2011)
319	풍납동 토성	경당지구	196호 유구	창고	도기류	시유도기	1	1	30-27	27-27		국외	중국	풍XII (2011)
320	풍납동 토성	경당지구	196호 유구	창고	도기류	시유도기	1	1	31-28	28-28		국외	중국	풍XII (2011)
321	풍납동 토성	경당지구	196호 유구	창고	도기류	시유도기	1	1	31-29	28-29		국외	중국	풍XII (2011)
322	풍납동 토성	경당지구	196호 유구	창고	도기류	시유도기	1	1	31-30	28-30		국외	중국	풍XII (11)
323	풍납동 토성	경당지구	196호 유구	창고	도기류	시유도기	1	1	31-31	28-31		국외	중국	풍XII (11)
324	풍납동 토성	경당지구	196호 유구	창고	도기류	시유도기	1	1	31-32	28-32		국외	중국	풍XII (11)
325	풍납동 토성	경당지구	196호 유구	창고	도기류	시유도기	1	1	31-33	28-33		국외	중국	풍XII (11)
326	풍납동 토성	경당지구	196호 유구	창고	토기류	대호	1	1	65-113	48-113		국내	지방산 (전라)	풍XII (11)
327	풍납동 토성	경당지구	206호 유구	우물	도기류	시유도기	1	1	54-468	47-468		국외	중국	풍 XVII (2015)
328	풍납동 토성	경당지구	206호 유구	우물	토기류	하니와	1	1	54-461	47-461		국외	중국	풍 XVII (15)
329	풍납동 토성	경당지구	206호 유구	우물	토기류	장경호	1	1	13-70	16-70		국내	지방산 (충청, 전라)	풍 XVII (2015)
330	풍납동 토성	경당지구	206호 유구	우물	토기류	광구 장경호	1	1	13-68	15-68		국내	지방산 (충청, 전라)	풍 XVII (2015)
331	풍납동 토성	경당지구	206호 유구	우물	토기류	광구 장경호	1	1	13-69	16-69		국내	지방산 (충청, 전라)	풍 XVII (2015)

연번	유적명	발굴지점명	유구명	유구 성격	유물종류	유물명	건수	점수	유물번호		비고	국외/국내	추정산지	보고서명
									도면	사진				
332	풍납동 토성	경당지구	206호 유구	우물	토기류	광구 장경호	1	1	14-72	16-72		국내	지방산 (충청, 전라)	풍 XVII (2015)
333	풍납동 토성	경당지구	206호 유구	우물	토기류	장경호	1	1	14-73	16-73		국내	지방산 (충청, 전라)	풍 XVII(15)
334	풍납동 토성	경당지구	206호 유구	우물	토기류	광구 장경호	1	1	14-75	16-75		국내	지방산 (충청, 전라)	풍 XVII (2015)
335	풍납동 토성	경당지구	206호 유구	우물	토기류	장경호	1	1	35-213	32-213		국내	지방산 (충청, 전라)	풍 XVII (2015)
336	풍납동 토성	경당지구	206호 유구	우물	토기류	장경호	1	1	35-217	32-217		국내	지방산 (충청, 전라)	풍 XVII (2015)
337	풍납동 토성	경당지구	206호 유구	우물	토기류	장경호	1	1	35-218	32-218		국내	지방산 (충청, 전라)	풍 XVII (2015)
338	풍납동 토성	경당지구	206호 유구	우물	토기류	사이부호	1	1	12-65	15-65		국내	지방산 (충청, 전라)	풍 XVII (2015)
339	풍납동 토성	경당지구	206호 유구	우물	토기류	유공호	1	1	13-66	15-66		국내	지방산 (충청, 전라)	풍 XVII (2015)
340	풍납동 토성	경당지구	206호 유구	우물	토기류	호	1	1	13-67	15-67		국내	지방산 (충청, 전라)	풍 XVII (2015)
341	풍납동 토성	경당지구	206호 유구	우물	토기류	호	1	1	14-71	16-71		국내	지방산 (충청, 전라)	풍 XVII (2015)
342	풍납동 토성	경당지구	206호 유구	우물	토기류	광구 장경호	1	1	14-74	16-74		국내	지방산 (충청, 전라)	풍 XVII (2015)
343	풍납동 토성	경당지구	206호 유구	우물	토기류	광구 장경호	1	1	15-77	17-77		국내	지방산 (충청, 전라)	풍 XVII (2015)
344	풍납동 토성	경당지구	206호 유구	우물	토기류	광구 장경호	1	1	15-79	17-79		국내	지방산 (충청, 전라)	풍 XVII (2015)
345	풍납동 토성	경당지구	206호 유구	우물	토기류	장군	1	1	34-212	31-212		국내	지방산(전라)	풍 XVII (2015)

연번	유적명	발굴지점명	유구명	유구 성격	유물종류	유물명	건수	점수	유물번호		비고	국외/국내	추정산지	보고서명
									도면	사진				
346	풍납동 토성	경당지구	206호 유구	우물	토기류	호	1	1	35-215	32-215		국내	지방산(충청)	풍 XVII (2015)
347	풍납동 토성	경당지구	유물포함층	미상	도기류	시유도기	1	1	·	·	전문	국외	중국	풍 X (09)
348	풍납동 토성	경당지구	유물포함층	미상	토기류	하니와	1	1	71-1062	83-1062		국외	일본	풍 X (2009)
349	풍납동 토성	경당지구	유물포함층	미상	토기류	하니와	1	1	71-1063	83-1063		국외	일본	풍 X (2009)
350	풍납동 토성	경당지구	유물포함층	미상	토기류	고배	1	1	1-36	2-36		국내	지방산 (충청, 전라)	풍 X (2009)
351	풍납동 토성	경당지구	유물포함층	미상	토기류	고배	1	1	1-37	2-37		국내	지방산 (전라동부)	풍 X (2009)
352	풍납동 토성	경당지구	유물포함층	미상	토기류	개	1	1	10-204	14-204		국내	가야 (소가야)	풍 X (2009)
353	풍납동 토성	경당지구	유물포함층	미상	토기류	기대	1	1	20-388	25-388		국내	미상	풍 X (2009)
354	풍납동 토성	경당지구	유물포함층	미상	토기류	호	1	1	39-670	47-670		국내	미상	풍 X (2009)
355	풍납동 토성	경당지구	유물포함층	미상	토기류	대부호	1	1	48-805	58-805	중국모방품	국내	미상	풍 X (2009)
356	풍납동 토성	경당지구	유물포함층	미상	토기류	대부 직구호	1	1	71-1061	83-1061		국내	지방산 (충청, 전라)	풍 X (2009)
357	풍납동 토성	경당지구	유물포함층	미상	토기류	고배?	1	1	72-1239	83-1239		국내	지방산 (전라동부)	풍 X (2009)
358	풍납동 토성	경당지구	유물포함층	미상	토기류	고배	1	1	1-33	2-33		국내	지방산 (충청)	풍 X (2009)
359	풍납동 토성	경당지구	유물포함층	미상	토기류	개	1	1	10-203	14-203		국내	지방산(전라)	풍 X (2009)

연번	유적명	발굴지점명	유구명	유구 성격	유물종류	유물명	건수	점수	유물번호		비고	국외/국내	추정산지	보고서명
									도면	사진				
360	풍납동 토성	경당지구	유물포함층	미상	토기류	파수	1	1	58-934	69-934		국내	지방산(전라)	풍 X (2009)
361	풍납동 토성	경당지구	유물포함층	미상	토기류	유공토기?	1	1	71-1065	83-1065		국내	지방산(전라)	풍 X (2009)
362	풍납동 토성	경당지구	유물포함층	미상	토기류	개	1	1	71-1077	83-1077	모방품	국내	미상	풍 X (2009)
363	풍납동 토성	경당지구	유물포함층	미상	석재류	수석(壽石)?	1	1	86-1238	92-1238	중국 절강성 태호석(太湖石)일 가능성, 모방품	국내	미상	풍 X (2009)
364	풍납동 토성	경당지구	유물포함층	미상	토기류	개	1	1	10-205	14-205		국내	지방산(충청, 전라)	풍 X (2009)
365	풍납동 토성	경당지구	유물포함층	미상	토기류	개	1	1	10-206	14-206		국내	지방산(충청)	풍 X (2009)
366	풍납동 토성	경당지구	유물포함층	미상	토기류	호	1	1	71-1064	83-1064		국내	미상	풍 X (2009)
367	풍납동 토성	경당지구	유물포함층	미상	토기류	호	1	1	71-1070	83-1070		국내	미상	풍 X (2009)
368	풍납동 토성	경당지구	유물포함층	미상	토기류	호	1	1	71-1071	83-1071		국내	미상	풍 X (2009)
369	풍납동 토성	경당지구	91호주거지	주거	토기류	반	1	1	12	12		국내	지방계(낙랑)	풍 XVIII (2015)
370	몽촌토성	85년 조사구역	85-1호 주거지	주거	금속	진식대구	1	1	30-⑦	51		국외	중국	몽 (1985)
371	몽촌토성	85년 조사구역	85-2호 주거지	주거	자기	청자 반구호	1	1	91-②, 91-④	125		국외	중국	몽 (1985)
372	몽촌토성	85년 조사구역	85-3호수혈	저장	자기	청자 이부호	1	1	90-④	124		국외	중국	몽 (1985)

연번	유적명	발굴지점명	유구명	유구 성격	유물종류	유물명	건수	점수	유물번호		비고	국외/국내	추정산지	보고서명
									도면	사진				
373	몽촌토성	85년 조사구역	85-3호수혈	저장	자기	흑유반 구병	1	1	91-⑤	126		국외	중국	몽 (1985)
374	몽촌토성	85년 조사구역	85-3호수혈	저장	토기	개배	1	1	60-①	85		국외	일본	몽 (1985)
375	몽촌토성	85년 조사구역	85-10호수혈	저장	토기	고배	1	1	69-③	98		국내	지방산(충청)	몽 (1985)
376	몽촌토성	85년 조사구역	85-10호수혈	저장	자기	삼족기	1	1	67-③	94		국내	지방산(충청)	몽 (1985)
377	몽촌토성	85년 조사구역	85-N11E19	미상	자기	청자반 구호	1	1	90-⑤	125		국외	중국	몽 (1985)
378	몽촌토성	85년 조사구역	85-S15E24	미상	자기	청자반 구호	1	1	90-⑥	125		국외	중국	몽 (1985)
379	몽촌토성	85년 조사구역	85-N01E27	미상	자기	청자호	1	1	91-③	125		국외	중국	몽 (1985)
380	몽촌토성	85년 조사구역	85-S20W02	미상	자기	청자완	1	1	91-③	125		국외	중국	몽 (1985)
381	몽촌토성	85년 조사구역	85-N26E04	미상	자기	흑유자기	1	1	91-⑥	126		국외	중국	몽 (1985)
382	몽촌토성	85년 조사구역	85-N06E13 85-S02E05	미상	도기	전문도기	1	6	90-① 90-③	123		국외	중국	몽 (1985)
383	몽촌토성	87년 조사구역	87-1호 주거지	주거	토기	뚜껑	1	1	19-⑦	48		국내	지방산(충청)	몽 (1987)
384	몽촌토성	87년 조사구역	87-1호 주거지	주거	토기	삼족기	1	1	19-⑦	48		국내	지방산(충청)	몽 (1987)
385	몽촌토성	87년 조사구역	87-1호 주거지	주거	토기	수평 구연호	1	1	19-③	47		국내	지방산 (충청, 전라)	몽 (1987)
386	몽촌토성	87년 조사구역	87-2호 주거지	주거	토기	뚜껑	1	1	24-⑥	70		국내	지방산 (전라)	몽 (1987)

연번	유적명	발굴지점명	유구명	유구 성격	유물종류	유물명	건수	점수	유물번호		비고	국외/국내	추정산지	보고서명
									도면	사진				
387	몽촌토성	87년 조사구역	87-3호 주거지	주거	토기	장경호	1	1	27-③	76		국내	지방산(충청, 전라)	몽 (1987)
388	몽촌토성	87년 조사구역	87-3호 주거지	주거	토기	완	1	1	28-⑥	78		국내	지방산 (전라)	몽 (1987)
389	몽촌토성	87년 조사구역	87-3호 주거지	주거	토기	개배	1	1	28-⑧	78		국내	지방산 (충청)	몽 (1987)
390	몽촌토성	87년 조사구역	87-3호 주거지	주거	토기	뚜껑	1	1	29-②	79		국내	지방산 (충청)	몽 (1987)
391	몽촌토성	87년 조사구역	87-1호수혈	저장	자기	청자 이부호	1	1	39-⑪	114		국외	중국	몽 (1987)
392	몽촌토성	87년 조사구역	87-1호수혈	저장	자기	청자완	1	1	40-③	114		국외	중국	몽 (1987)
393	몽촌토성	87년 조사구역	87-1호수혈	저장	도기	흑유도 기병	1	1	35-②	93		국외	중국	몽 (1987)
394	몽촌토성	87년 조사구역	87-1호수혈	저장	도기	시유도 기옹	1	1	38-①	104		국외	중국	몽 (1987)
395	몽촌토성	87년 조사구역	87-3호수혈	저장	토기	개배	1	1	45-③	124		국내	지방산 (전라)	몽 (1987)
396	몽촌토성	87년 조사구역	87-폐기장	도기	도기	도제벼루	1	1	58-①	152, 153		국외	중국	몽 (1987)
397	몽촌토성	88년 조사구역	88-1호 주거지	주거	토기	뚜껑	1	1	31-11	45-3		국내	지방산 (충청)	몽 (1988)
398	몽촌토성	88년 조사구역	88-2호 주거지	주거	토기	소호	1	1	87-12	78-4		국내	지방계 (미상)	몽 (1988)
399	몽촌토성	88년 조사구역	88-4호수혈	저장	도기	시유도기	1	1	79-②	70-2		국외	중국	몽 (1988)
400	몽촌토성	88년 조사구역	88-4호수혈	저장	토기	기대	1	1	85-⑥	75-1		국내	지방산(전라)	몽 (1988)

연번	유적명	발굴지점명	유구명	유구 성격	유물종류	유물명	건수	점수	유물번호		비고	국외/국내	추정산지	보고서명
									도면	사진				
401	몽촌토성	88년 조사구역	88-4호수혈	저장	토기	고배	1	1	16-⑦	34-1		국내	지방산(충청)	몽 (1988)
402	몽촌토성	88년 조사구역	88-주거면	미상	토기	개배	1	1	88-⑩	81-1		국내	지방산(충청)	몽 (1988)
403	몽촌토성	88년 조사구역	88-주거면	미상	토기	고배	1	1	85-②	74-2		국내	지방산(전라)	몽 (1988)
404	몽촌토성	89년 조사구역	89-S20W09 수혈	저장	토기	삼족기	1	1	19-⑨	21-2		국내	지방산(충청)	몽 (1989)
405	몽촌토성	89년 조사구역	89-남문지 연못	폐기	토기	장경호	1	1	23-⑩	25-3		국내	지방산 (충청, 전라)	몽 (1989)
406	몽촌토성	89년 조사구역	89-남문지 연못	폐기	토기	장경호	1	1	23-⑨	25-3		국내	지방산 (충청, 전라)	몽 (1989)
407	몽촌토성	89년 조사구역	S11W06 성토층	미상	자기	청자반	1	1	63-①	64		국외	중국	몽 (1989)
408	몽촌토성	89년 조사구역	S11W06 성토층	미상	자기	청자반 구병	1	1	63-② 63 -③	64		국외	중국	몽 (1989)
409	몽촌토성	89년 조사구역	S11W06 성토층	미상	토기	삼족기	1	1	19-⑧	20-1		국내	지방산(충청)	몽 (1989)
410	몽촌토성	89년 조사구역	S11W06 성토층	미상	토기	삼족기	1	1	18-④	20-1		국내	지방산(충청)	몽 (1989)
411	몽촌토성	89년 조사구역	S11W06 성토층	미상	토기	대각	1	1	41-⑪	44-2		국내	지방산 (충청, 전라)	몽 (1989)
412	몽촌토성	89년 조사구역	S11W06 성토층	미상	토기	대각	1	1	11-③			국내	지방산 (충청, 전라)	몽 (1989)
413	몽촌토성	89년 조사구역	S11W06 성토층	미상	토기	뚜껑	1	1	20-⑪	22-2		국내	지방산(충청)	몽 (1989)
414	몽촌토성	89년 조사구역	S11W04 성토층	미상	도기	전문도기	1	1		64		국외	중국	몽 (1989)

연번	유적명	발굴지점명	유구명	유구 성격	유물종류	유물명	건수	점수	유물번호		비고	국외/국내	추정산지	보고서명
									도면	사진				
415	몽촌토성	89년 조사구역	S08W06 성토층	미상	토기	대각	1	1	41-⑫	44-1		국내	지방산 (충청, 전라)	몽 (1989)
416	몽촌토성	89년 조사구역	S11W16 백제층	미상	토기	대각	1	1	41-16	44-2		국내	지방계(미상)	몽 (1989)
417	몽촌토성	89년 조사구역	S11W05 백제층	미상	토기	대각	1	1	41-17	44-2		국내	지방계(미상)	몽 (1989)
418	몽촌토성	89년 조사구역	S09W06 성토층	미상	토기	대각	1	1	41-⑭	44-2		국내	지방산 (충청, 전라	몽 (1989)
419	몽촌토성 북문지 내측	I 지구	삼국시대 백제 1호 주거지	주거	자기류	청자이부호편	1	1	18-11	2-11		국외	중국	몽 I (2016)
420	몽촌토성 북문지 내측	I 지구	삼국시대 백제 1호 주거지	주거	자기류	청자호편	1	1	18-16	3-16		국외	중국	몽 I (2016)
421	몽촌토성 북문지 내측	I 지구	삼국시대 1호 수혈유구	주거	도기류	시유도기호편	1	1	22-42	8-42		국외	중국	몽 I (2016)
422	몽촌토성 북문지 내측	I 지구	삼국시대 1호 수혈유구	주거	토기류	광구소호	1	1	20-2	4-2		국내	지방산(전라)	몽 I (2016)
423	몽촌토성 북문지 내측	I 지구	삼국시대 1호 구상유구	미상	자기류	청자 뚜껑편	1	1	31-83	17-83		국외	중국	몽 I (2016)
424	몽촌토성 북문지 내측	I 지구	삼국시대 1호 구상유구	미상	자기류	청자호 저부편	1	1	31-84	17-84		국외	중국	몽 I (2016)
425	몽촌토성 북문지 내측	I 지구	삼국시대 1호 구상유구	미상	자기류	청자완 저부편	1	1	31-85	17-85		국외	중국	몽 I (2016)

연번	유적명	발굴지점명	유구명	유구 성격	유물종류	유물명	건수	점수	유물번호		비고	국외/국내	추정산지	보고서명
									도면	사진				
426	몽촌토성 북문지 내측	I 지구	삼국시대 1호 구상유구	미상	자기류	청자완 저부편	1	1	31-86	17-86		국외	중국	몽 I (2016)
427	몽촌토성 북문지 내측	I 지구	삼국시대 1호 도로	정치·국방/교통·통신유구	도기류	시유도기 저부편	1	1	36-6	21-6		국외	중국	몽 I (2016)
428	몽촌토성 북문지 내측	I 지구	통일신라시대 16호 주거지	주거유구	도기류	시유전문 도기저부편	1	1	84-22	68-22		국외	중국	몽 I (2016)
429	몽촌토성 북문지 내측	I 지구	백제 10호 수혈	주거유구	자기류	청자완	1	1	-	-	연판문	국외	중국	전시도록 (2016)
430	몽촌토성 북문지 내측	I 지구	백제문화층 (N5W3)	문화층	자기류	청자완	1	1	-	-	무문	국외	중국	전시도록 (2016)
431	몽촌토성 북문지 내측	I 지구	백제 2호 수혈 (S1W8)	주거유구	자기류	청자완	1	1	-	-	무문	국외	중국	전시도록 (2016)
432	몽촌토성 북문지 내측	II 지구	백제문화층 (S1W9)	문화층	자기류	청자완	1	1	-	-	음각선문	국외	중국	전시도록 (2016)
433	몽촌토성 북문지 내측	I 지구	23호 수혈	주거유구	토기류	삼이부 유대완	1	1	-	-		국내	가야 (비화가야)	전시도록 (2016)
434	몽촌토성 북문지 내측	I 지구	90번 주혈	주거유구	토기류	배	1	1	-	-		국외	중국	발굴자료 (2018)
435	몽촌토성 북문지 내측	III 지구	삼국시대 도로	정치·국방/교통·통신유구	도기류	시유도기	1	1	-	-		국외	중국	발굴자료 (2016)

연번	유적명	발굴지점명	유구명	유구 성격	유물종류	유물명	건수	점수	유물번호		비고	국외/국내	추정산지	보고서명
									도면	사진				
436	몽촌토성 북문지 내측	Ⅰ지구	통일신라시대 1호도로 남북도로	정치·국방/교통·통신유구	도기류	시유도기	1	1	97	97		국외	중국	몽Ⅲ (2019)
437	몽촌토성 북문지 내측	Ⅰ지구	통일신라시대 1호도로 남북도로	정치·국방/교통·통신유구	자기류	저부	1	1	98	98		국외	중국	몽Ⅲ (2019)
438	몽촌토성 북문지 내측	Ⅱ지구	통일신라시대 1호도로 동서도로	정치·국방/교통·통신유구	자기류	동체부	1	1	9	9		국외	중국	몽Ⅲ (2019)
439	몽촌토성 북문지 내측	Ⅰ지구	통일신라시대 2호도로	정치·국방/교통·통신유구	자기류	동체부	1	1	19	19		국외	중국	몽Ⅲ (2019)
440	몽촌토성 북문지 내측	Ⅰ지구	통일신라시대 2호도로	정치·국방/교통·통신유구	자기류	동체부	1	1	20	20		국외	중국	몽Ⅲ (2019)
441	몽촌토성 북문지 내측	Ⅰ지구	통일신라시대 2호도로	정치·국방/교통·통신유구	자기류	동체부	1	1	21	21		국외	중국	몽Ⅲ (2019)
442	몽촌토성 북문지 내측	Ⅰ지구	통일신라시대 2호도로	정치·국방/교통·통신유구	자기류	동체부	1	1	22	22		국외	중국	몽Ⅲ (2019)
443	몽촌토성 북문지 내측	Ⅰ지구	통일신라시대 2호도로	정치·국방/교통·통신유구	도기류	시유도기	1	1	23	23		국외	중국	몽Ⅲ (2019)
444	몽촌토성 북문지 내측	Ⅰ지구	통일신라시대 19호 주거지	주거	도기류	시유도기	1	1	11	11		국외	중국	몽Ⅲ (2019)
445	몽촌토성 북문지 내측	Ⅰ지구	통일신라시대 19호주거지	주거	도기류	시유도기	1	1	12	12		국외	중국	몽Ⅲ (2019)

연번	유적명	발굴지점명	유구명	유구 성격	유물종류	유물명	건수	점수	유물번호		비고	국외/국내	추정산지	보고서명
									도면	사진				
446	몽촌토성 북문지 내측	Ⅰ지구	통일신라시대 27호주거지	주거	자기류	청자계수호 파수	1	1	17	17		국외	중국	몽Ⅲ (2019)
447	몽촌토성 북문지 내측	Ⅲ지구	통일신라시대 주거면유구 성토대지	주거	자기류	동체부	1	1	6	6		국외	중국	몽Ⅲ (2019)
448	몽촌토성 북문지 내측	Ⅲ지구	통일신라시대 주거면유구 문화층	주거	도기류	시유도기	1	1	88	88		국외	중국	몽Ⅲ (2019)
449	몽촌토성 북문지 내측	Ⅲ지구	통일신라시대 주거면유구 문화층	주거	자기류	동체부	1	1	89	89		국외	중국	몽Ⅲ (2019)
450	몽촌토성 북문지 내측	Ⅲ지구	통일신라시대 주거면유구 문화층	주거	자기류	동체부	1	1	90	90		국외	중국	몽Ⅲ (2019)
451	몽촌토성 북문지 내측	Ⅲ지구	통일신라시대 주거면유구 문화층	주거	자기류	동체부	1	1	91	91		국외	중국	몽Ⅲ (2019)
452	몽촌토성 북문지 내측	Ⅲ지구	통일신라시대 주거면유구 문화층	주거	토기류	상경호	1	1	87	87		국내	지방산(신라)	몽Ⅲ (2019)
453	서울 석촌동 고분군	1호분 및 주변지역	1호분 북분 기단부 외곽 적석부	매장	토기류	호 구연부	1	1	28-15	41-⑥		국내	미상	석Ⅰ(서) (2013)
454	서울 석촌동 고분군	2호분 및 주변지역	(87) 2호 석관묘	매장	자기류	계수호	1	1	40-1	46-⑥		국외	중국	석Ⅰ(서) (2013)
	서울 석촌동 고분군									47-①		국외		석Ⅰ(서) (2013)
455	서울 석촌동 고분군	2호분 및 주변지역	(87) 2호분 주변	매장	도기류	전문도기	1	1	42-8	49-②		국외	중국	석Ⅰ(서) (2013)

연번	유적명	발굴지점명	유구명	유구 성격	유물종류	유물명	건수	점수	유물번호		비고	국외/국내	추정산지	보고서명
									도면	사진				
456	서울 석촌동 고분군	2호분 및 주변지역	(87) 2호분 주변	매장	자기류	주구부호	1	1	42-11	50-②		국외	중국	석 I (서)(2013)
457	서울 석촌동 고분군	2호분 및 주변지역	(87) 2호분 주변	매장	자기류	호	1	1	42-10	50-①		국외	중국	석 I (서)(2013)
458	서울 석촌동 고분군	2호분 및 주변지역	(87) 2호분 주변	매장	자기류	병	1	1	42-9	49-③		국외	중국	석 I (서)(2013)
459	서울 석촌동 고분군	3호분 및 주변지역	3호분 N1tr.	매장	자기류	청자반구병	1	1	50-12	53-②		국외	중국	석 I (서)(2013)
460	서울 석촌동 고분군	3호분 및 주변지역	3호분 N1tr.	매장	자기류	흑갈유호	1	1	50-14	53-③		국외	중국	석 I (서)(2013)
461	서울 석촌동 고분군	3호분 및 주변지역	3호분 N1tr.	매장	자기류	흑갈유호	1	1	50-13	53-③		국외	중국	석 I (서)(2013)
462	서울 석촌동 고분군	3호분 및 주변지역	3호분 tr. 및 주변수습	매장	자기류	병	1	1	51-4	54-④		국외	중국	석 I (서)(2013)
463	서울 석촌동 고분군	3호분 및 주변지역	3호분 tr. 및 주변수습	매장	자기류	호	1	1	51-5	55-①		국외	중국	석 I (서)(2013)
464	서울 석촌동 고분군	3호분 및 주변지역	3호분 tr. 및 주변수습	매장	자기류	호	1	1	51-6	55-①		국외	중국	석 I (서)(2013)
465	서울 석촌동 고분군	3호분 및 주변지역	3호분 tr. 및 주변수습	매장	자기류	병	1	1	52-5	56-③		국외	중국	석 I (서)(2013)
466	서울 석촌동 고분군	4호분	4호분	매장	자기류	호	1	1	59-7	61-②		국외	중국	석 I (서)(2013)
467	서울 석촌동 고분군	4호분	4호분	매장	자기류	굽	1	1	59-6	61-①		국외	중국	석 I (서)(2013)
468	서울 석촌동 고분군	5호분	5호분	매장	금속류	청동환	1	1		30-⑧		국내	지방산(경기북부)	석 I (서)(2013)

연번	유적명	발굴지점명	유구명	유구 성격	유물종류	유물명	건수	점수	유물번호		비고	국외/국내	추정산지	보고서명
									도면	사진				
469	서울 석촌동 고분군	76-파괴분	76-파괴분	매장	토기류	대부호	1	1	65-5	63-③		국내	지방산(충청)	석 I (서) (2013)
470	서울 석촌동 고분군	76-파괴분	76-파괴분	매장	토기류	유견호	1	1	69-16	65-⑤		국내	지방산(충청)	석 I (서) (2013)
471	서울 석촌동 고분군	3호분 동쪽고분군	대형토광묘	매장	토기류	칠기반	1	1	그림7	사진3		국내	지방계(낙랑)	석 III (서) (2015)
472	서울 석촌동 고분군	3호분 동쪽고분군	대형토광묘	매장	칠기류	칠기반	1	1	그림8	사진6		국내	지방계(낙랑)	석 III (서) (2015)
473	서울 석촌동 고분군	3호분 동쪽고분군	대형토광묘	매장	칠기류	칠기반	1	1	그림10	사진10		국내	지방계(낙랑)	석 III (서) (2015)
474	서울 석촌동 고분군	3호분 동쪽고분군	대형토광묘	매장	칠기류	칠기이배	1	1	그림11	사진12		국내	지방계(낙랑)	석 III (서) (2015)
475	서울 석촌동 고분군	3호분 동쪽고분군	대형토광묘	매장	칠기류	칠기반	1	1		사진 9		국내	지방계(낙랑)	석 III (서) (2015)
476	서울 석촌동 고분군	3호분 동쪽고분군	86-6호 토광묘	매장	토기류	개배	1	1	24-2	4-6		국내	지방산(충청)	석 III (서) (2015)
477	서울 석촌동 고분군	3호분 동쪽고분군	86-8호 토광묘	매장	자기류	사이부호	1	1	28-3	7-1		국외	중국	석 III (서) (2015)
478	서울 석촌동 고분군	3호분 동쪽고분군	86-A지역	매장	토기류	뚜껑	1	1	40-7	11-6		국내	지방산 (충청, 전라)	석 III (서) (2015)
479	서울 석촌동 고분군	3호분 동쪽고분군	86-화장유구	매장	토기류	유견호	1	1	66-4	33-4		국내	지방산(충청)	석 III (서) (2015)

연번	유적명	발굴지점명	유구명	유구 성격	유물종류	유물명	건수	점수	유물번호		비고	국외/국내	추정산지	보고서명
									도면	사진				
480	서울 석촌동 고분군	3호분 동쪽고분군	86-즙석봉 토분	매장	자기류	반구호	1	3	55-1	23-1		국외	중국	석 III (서) (2015))
	서울 석촌동 고분군								55-2	23-2				석 III (서) (2015)
	서울 석촌동 고분군								55-5	24-2				석 III (서) (2015)
481	서울 석촌동 고분군	3호분 동쪽 고분군	86-즙석봉 토분	매장	자기류	반구호	1	2	55-4	24-1		국외	중국	석 III (서) (2015)
	서울 석촌동 고분군								55-3	23-3				석 III (서) (2015)
482	서울 석촌동 고분군	3호분 동쪽 고분군	86-즙석봉 토분	매장	토기류	양이부호	1	1	52-3	18-1		국내	지방산 (전라동부)	석 III (서) (2015)
483	서울 석촌동 고분군	3호분 동쪽 고분군	86-즙석봉 토분	매장	토기류	난형호	1	1	48-1	15-3		국내	지방산(충청)	석 III (서) (2015)
484	서울 석촌동 고분군	2호분 동쪽	87-4호 석곽묘	매장	자기류	반구호	1	8	24-③ 24-④	77,78,79		국외	중국	석 (1987)
485	서울 석촌동 고분군	5호분 남쪽 파괴지역	5호분 남쪽 파괴지역	매장	토기류	직구호	1	1	10-4	3-1		국내	지방산 (경기남부)	석 II (서) (2014)
486	서울 석촌동 고분군	5호분 남쪽 파괴지역	5호분 남쪽 파괴지역	매장	토기류	단경호	1	1	12-1	3-2		국내	지방산(충청)	석 II (서) (2014)
487	서울 석촌동 고분군	5호분 남쪽 파괴지역	5호분 남쪽 파괴지역	매장	토기류	단경호	1	1	11-1	3-3		국내	지방계(낙랑)	석 II (서) (2014)
488	서울 석촌동 고분군	5호분 남쪽 파괴지역	5호분 남쪽 파괴지역	매장	토기류	장경호	1	1	13-2	4-4		국내	지방산 (충청, 전라)	석 II (서) (2014)
489	서울 석촌동 고분군	5호분 남쪽 파괴지역	5호분 남쪽 파괴지역	매장	토기류	직구호	1	1	8-1	1-3		국내	지방산 (충청, 전라)	석 II (서) (2014)

연번	유적명	발굴지점명	유구명	유구 성격	유물종류	유물명	건수	점수	유물번호		비고	국외/국내	추정산지	보고서명
									도면	사진				
490	서울 석촌동 고분군	5호분 남쪽 파괴지역	5호분 남쪽 파괴지역	매장	토기류	단경호	1	1	13-1	4-2		국내	지방산(충청, 전라)	석 II (서) (2014)
491	서울 석촌동 고분군	5호분 남쪽 파괴지역	5호분 남쪽 파괴지역	매장	토기류	경배	1	1	24-3	11-3		국내	지방산(전라)	석 II (서) (2014)
492	서울 석촌동 고분군	가락동2호분	가락동2호분	매장	토기류	난형호	1	1	22	22		국내	지방산(충청)	가락2호 (2012)
493	서울 석촌동 고분군	가락동2호분	가락동2호분	매장	토기류	이중구연호	1	1	3	3		국내	지방산(전라)	가락2호 (2012)
494	서울 석촌동 고분군	1호분 북쪽 연접적석총	1호 적석묘	매장	토기류	고배	1	1	29	29		국내	가야	석 I (한) (2019)
495	서울 석촌동 고분군	1호분 북쪽 연접적석총	1호 매장 의례부	제의	자기류	청자반구호 저부	1	1	156	156		국외	중국	석 I (한) (2019)
496	서울 석촌동 고분군	1호분 북쪽 연접적석총	1호 매장 의례부	제의	자기류	청자호 동체부	1	1	157	157		국외	중국	석 I (한) (2019)
497	서울 석촌동 고분군	1호분 북쪽 연접적석총	1호 매장 의례부	제의	토기류	원저심발형 토기	1	1	130	130		국내	지방산(충청)	석 I (한) (2019)
498	서울 석촌동 고분군	1호분 북쪽 연접적석총	3호 적석묘	매장	자기류	청자호	1	4	–	–		국외	중국	석촌 II (한) (2020)
499	서울 석촌동 고분군	1호분 북쪽 연접적석총	3호 적석묘	매장	토기류	대부완 대각	1	1	–	–		국내	미상	석촌 II (한) (2020)
500	서울 석촌동 고분군	1호분 북쪽 연접적석총	4호 적석묘	매장	자기류	청자호	1	1	–	–		국외	중국	발굴자료 (2018)
501	서울 석촌동 고분군	1호분 북쪽 연접적석총	4호 적석묘	매장	자기류	청자호	1	1	–	–		국외	중국	발굴자료 (2018)
502	서울 석촌동 고분군	1호분 북쪽 연접적석총	7호 매장 의례부	매장	자기류	청자이부호	1	1	–	–		국외	중국	발굴자료 (2018)

연번	유적명	발굴지점명	유구명	유구 성격	유물종류	유물명	건수	점수	유물번호		비고	국외/국내	추정산지	보고서명
									도면	사진				
503	서울 석촌동 고분군	1호분 북쪽 연접적석총	8호 적석묘	매장	자기류	청자반구호 구연부	1	2	–	–		국외	중국	발굴자료 (2018)
504	서울 석촌동 고분군	1호분 북쪽 연접적석총	8호 적석묘	매장	자기류	청자호	1	1	–	–		국외	중국	발굴자료 (2018)
505	서울 석촌동 고분군	1호분 북쪽 연접적석총	8호 적석묘	매장	자기류	청자호	1	1	–	–		국외	중국	발굴자료 (2018)
506	서울 석촌동 고분군	1호분 북쪽 연접적석총	8호 적석묘	매장	자기류	청자호	1	1	–	–		국외	중국	발굴자료 (2018)
507	서울 석촌동 고분군	1호분 북쪽 연접적석총	11호 적석묘	매장	자기류	청자반구호	1	3	–	–		국외	중국	발굴자료 (2018)
508	서울 석촌동 고분군	1호분 북쪽 연접적석총	11호 적석묘	매장	자기류	청자호	1	1	–	–		국외	중국	발굴자료 (2018)
509	서울 석촌동 고분군	1호분 북쪽 연접적석총	12호 적석묘	매장	자기류	청자호	1	1	–	–		국외	중국	발굴자료 (2018)
510	서울 석촌동 고분군	1호분 북쪽 연접적석총	1호 구획적석 목관묘	매장	자기류	청자호	1	1	–	–		국외	중국	석촌Ⅱ(한) (2020)
511	서울 석촌동 고분군	1호분 북쪽 연접적석총	1호 구획적석 목관묘	매장	자기류	청자호	1	1	–	–		국외	중국	석촌Ⅱ(한) (2020)
512	서울 석촌동 고분군	1호분 북쪽 연접적석총	1호 구획적석 목관묘	매장	토기류	뚜껑	1	1	–	–		국내	가야	석촌Ⅱ(한) (2020)
513	서울 석촌동 고분군	1호분 북쪽 연접적석총	3호 연접부	매장	자기류	청자양이부 반구호	1	4	–	–		국외	중국	석촌Ⅱ(한) (2020)
514	서울 석촌동 고분군	1호분 북쪽 연접적석총	3호 연접부	매장	토기류	이부호	1	1	–	–		국내	미상	석촌Ⅱ(한) (2020)
515	서울 석촌동 고분군	1호분 북쪽 연접적석총	3호 목관묘	매장	토기류	평저호	1	1	363	363		국내	지방계(낙랑)	석Ⅰ(한) (2019)

한성백제박물관 학술자료총서

한성백제 유물자료집 I

서울 백제유적 출토 외래유물

발 행 인 김기섭(한성백제박물관장)
총 괄 조영훈(한성백제박물관 백제학연구소장) · 성정용(백제학회장)
편집교정 이장웅(한성백제박물관 학예연구사) · 전미정(한성백제박물관 학예연구원)

한성백제박물관
05540 서울특별시 송파구 위례성대로 71
Tel 02-2152-5800
http://baekjemuseum.seoul.go.kr

백제학회
02504 서울특별시 동대문구 서울시립대로 163 서울시립대학교 인문학관 5-423호
Tel 02-6490-2555
http://www.baekje.re.kr/

발 행 일 2020년 12월
디자인 · 제작 경인M&B Tel. 031-237-0598~9

ISBN 979-11-86012-77-2
ISBN 979-11-86012-76-5(세트)